法学阶梯 INSTITUTIONES | 普通高等教育**法学规划教材**

普通高等教育“十一五”国家级规划教材

教育部普通高等教育精品教材

# 财政税收法

Fiscal and Tax Law

| 第八版 |

刘剑文　熊　伟 | 著

法律出版社
始创于1954年

www.lawpress.com.cn

好书，同好老师和好学生分享

# 出版说明

法律出版社在其奋进发展的六十年光辉历程中，秉精诚之心，集全社之力，服务于我国法学教育事业，致力于法学教材出版。尤其在改革开放三十余年间，本社以“传播法律信息，推进法制进程，积累法律文化，弘扬法治精神”为宗旨，协同司法部法学教材编辑部，规划并组织出版了国家“八五”、“九五”期间的法学规划教材，为我国改革开放之初的法学教育和法治建设做出了开创性贡献；进入21世纪之后，法律出版社又根据教育部的部署和指导，相继规划并组织出版了“十五”、“十一五”和“十二五”法学规划教材，为我国法学教育事业的发展与改革付出了艰辛努力。

承蒙法学教育领域专家作者的信任，以及广大法律院校师生的支持，法律出版社经过三十年的发展与积累，相继出版各类法学教材达四百余种。在学科范围方面，完成以法学核心课程为重心，涉及法学诸学科的“全品种”横向结构；在培养层次方面，健全以本科教育为根本，兼顾职业教育和研究生教育的“多层次”纵向结构，进而打造“法律版”法学教科书体系，以期更好地为法学教育服务，为法治建设贡献绵薄之力。

近年来，法律出版社应因法学教育的发展变化，在教材编写体例及系列安排方面做出相应调整。在教材编写体例方面，结合当前教学实际与培养方案，将系统、全面的理论知识讲授与灵活、丰富的法律实践和能力训练相结合，倡导教材内容差异化，增加教材可读性，以期更好地培养法科学生的思维能力和法学素养。在教材系列安排方面，全力推进新品教材编写与注重既有教材修订相结合，根据教材风格与特色进行适当的套系整合，集中现有的国家级规划教材和在编的规划教材，形成以“普通高等教育法学规划教材”为名的全新教材系列。

本系列教材多为出版多年并广受好评的经典教科书。此次全新推出，既是向长期以来关心支持法学教育出版事业的专家作者的崇高致敬，也是法律出版社为中国当代法学教育事业发展拳拳努力之情的真诚表达。法律出版社将以高度的精品意识和质量标准，不断丰富、完善本系列教材的结构和内容；除教材文本之外，还将配有多层次、多形式的教辅材料，更好地为广大师生服务。

“好书，同好老师和好学生分享”，法律出版社愿与法律共同体诸同仁，分享好书，分享智识，分享法治进程中的点点滴滴！

法律出版社　谨识

2014年10月

# 出版说明

# 作 者 简 介

**刘剑文**

法学博士。教育部"长江学者特聘教授"、辽宁大学特聘教授、北京大学法学院教授,兼任全国人大常委会立法专家顾问、中共北京市委法律顾问、财政部法律顾问、国家税务总局行政复议委员会委员、中国法学会财税法学研究会会长、中国法学会常务理事、国家社会科学基金重大项目"促进收入公平分配的财税法制创新研究"首席专家。研究领域为财税法、经济法、知识产权法、国际经济法。

**熊　伟**

法学博士。教育部"青年长江学者"、武汉大学财税与法律研究中心主任、武汉大学法学院教授,兼任中国法学会财税法学研究会常务副会长、湖北省法学会财税法学研究会会长。研究领域为财税法、经济法。

# 第八版说明

本书第七版面世至今近三年，书中所列法律法规已有部分过时，加之我们对财税法的认识也有所深化，因此决定对体例和内容进行修改，以体现最新立法成果、实践进展和研究心得。此次修改的主要内容有：(1)优化税种分类，将关税和土地增值税归入商品与服务税，将耕地占用税归入环境资源税，将船舶吨税归入广义的车船税；(2)将环境资源税法独立成章，以体现其不同于其他税种的特质；(3)在财政平衡法一章增加了政府间财政协作法的内容；(4)在所得税法一章中增加了合伙所得税的内容；(5)更新了税收法律法规，补充了财政改革的最新进展；(6)适当精简了篇幅，方便读者有效学习。利用这次机会，我们还更正了个别文字错误，改进了部分语句的表达方式。本次修订得到武汉大学法学院博士生滕文标、邹新凯的协助，特此致谢！

刘剑文　熊伟

2019 年 7 月 5 日

# 第七版说明

自本书第六版出版以来,国家财税改革进入攻坚阶段,相关法律法规也随之发生变化,需要在教材中进行更新,以更好地适应本科教学的需要。本次修改的内容主要有:(1)财税法理论研究的新进展,强化了我们对领域法学、公共财产法和理财治国观的认识,并将其贯穿到财税法学的全过程;(2)体现了2015年《立法法》修改的内容,尤其是税收法定原则的要求,以及国家在未来几年内落实该原则的规划;(3)展示了国家在治理地方债、防范地方政府债务风险方面的新措施;(4)结合财政收支划分的改革,增补了国务院《关于推进中央与地方财政事权与支出责任划分改革的指导意见》的内容;(5)更新了2016年5月1日起实施的营业税改增值税的最新法规,由于营业税被增值税所替代,其在教材中的原有内容相应删除;(6)增加了消费税和资源税改革的最新内容;(7)补充了《环境保护税法》的相关信息。除此之外,利用本次修订的机会,我们还更正了第六版的一些文字错误和印刷疏漏。

特此说明!

刘剑文　熊伟

2016年12月30日

# 第六版说明

本书第五版出版至今已届五年。在这五年里，国家财税立法和政策有较大的变动，需要我们及时更新教材内容，适应教学需要。例如，从2009年开始，预算公开成为财政改革的着力点，“三公经费”被列入严格监管范围；2010年，资源税改革从新疆开始推行，第二年扩至全国，《资源税暂行条例》也随之修订；2011年，《车船税暂行条例》被《车船税法》所替代，征税理念出现重大调整；2012年，“营改增”从上海开始分行业试点，后逐步扩至全国；2014年，《预算法》被修改，理念和内容都有重大变化。这些内容应该在教材中体现出来。此外，鉴于注册税务师不再实行行政许可类准入考试，现有相关制度的合法性存疑，教材中的内容不合适继续保留。

更为重要的是，在此期间，中国共产党十八大和十八届三中全会召开，财税法在国家政治生活中的作用得到前所未有地强调，财政成为国家治理的基础和重要支柱。2014年6月，中共中央政治局通过《深化财税体制改革总体方案》，明确了未来财税改革的总体思路、时间表和路线图，对财税立法及相关政策的完善具有重要指导意义。虽然新一轮财税体制改革目前尚处于启动阶段，具体方案还有一个试错的过程，但是，教材的内容对此应该有所反映，以便读者更好地把握大政方针。

还有一个因素需要考虑的是，在总结国家财税法制建设经验的同时，我们研究的广度和深度也在不断推进，对基础理论和具体制度的认识都有更新。例如我们主张，财税法是一门新型的、交叉性的“领域法学”，财税法的本质属性是公共财产法，而不是宏观调控法（经济法），财税法与经济法是并列的法学二级学科，不是从属关系，二者在宏观调控规则上有一定的交叉；预算不仅是政府管理的工具，更应该是管理政府的工具；征税应体现纳税人同意权，落实税收法定主义；财政是国家反腐的利器，是平衡国家与社会的有效渠道；等等。这些观点对推进法治财税可以发挥积极作用，我们希望能够在教材中呈现出来，虚心接受读者的评判。

基于以上原因，我们对书稿进行了修订，除更新法律和政策之外，还补充了近期有关财税改革的大政方针以及最新研究成果，并更正了部分文字错误。主要的修改变化如下：

(1)导论中补充了公共财产法理论的相关内容。

(2)第二章补充了十八届三中全会深化财税体制改革的总体方案。

(3)第三章增加了预算授权制度和支出基准制度两节。

(4)第四章补充了地方债的改革进展，更新了彩票法外国比较的内容。

(5)第五章补充了《预算法》关于财政收支划分和政府间转移支付的内容。

(6)第六章根据《预算法》修订的内容作了全面修改。

(7)第八章补充了“营改增”的内容,并对增值税及营业税部分做了调整。

(8)第九章补充了2011年个人所得税法修正的内容,并根据《企业所得税法实施条例》及后续的规章、规范性文件修订了企业所得税法部分。

(9)第十章补充了房产税试点的内容,并更新了车船税和资源税部分。

(10)第十一章根据最新立法更新了行邮税和船舶吨税的内容。

(11)第十二章更新了发票管理、税务稽查、行政复议等内容,并删除了税务代理部分。

特此说明!

刘剑文　熊伟

2014年9月2日

# 目　录

# 导　论

财政税收法简称财税法。作为一门综合性的新兴领域法学,财税法学有自己独特的研究领域,它与传统的法学学科既有交叉,又凸显与众不同的特色和个性,对国家法治进步发挥着独特的功效。中共中央十八届三中全会决定指出,财政是国家治理的基础和重要支柱,科学的财税体制是优化资源配置、维护市场统一、促进社会公平、实现国家长治久安的制度保障。学习和了解财税法,可以管窥中国法制建设的全貌,从另一个侧面把握其脉动,提高知识的综合运用能力。

## 一、财税法学的立论基础和研究领域

从语词的逻辑关系上看,财政与税收不是同一层次的概念。财政包含税收,但不限于税收,税收只是财政收入的一种,二者之间是种属关系。从这个意义上看,将统一的财政现象分割为财政与税收不合适,直接用"财政"概念覆盖与之相关的一切收入、支出和管理更为精确。然而从历史的发展线索出发,自从经济学家关注财政伊始,税收就已经成为重要课题。经济学家研究财政时大多以税收作为切入点,税收学研究成果在财政学研究中占相当大的比重。从制度发展的轨迹看,现代意义上的财政法也是以"税收法定主义"为中心而发展起来的。目前,除了少数以石油资源充盈国库的国家,无论是自命为"无产国家"的资本主义国家,还是建立在公有制基础上的社会主义国家,税收在财政收入中都占有绝对比重,税法在整个财政法体系中格外引人注目。

税法的特殊性不仅表现在法律规范数量多、覆盖面广,更主要地表现在它逐渐发展出一个相对独立的内部体系,如税法总则、税收实体法、税收程序法、税收处罚法、税收救济法等;税收实体法也分税种排列,有多少种税就有多少部法律。由于税的侵益性特点,与人民的财产利益息息相关,法学对财政的关注其实也是从税开始的,尽管时间上落后于经济学好几个世纪。从税收到预算,再到其他财政现象,这大致反映了财政法学兴起和发展的历史轨迹。由于税收在财政中的地位如此重要,由于税法在财政法中的相对独立性,也由于人们习惯于将税收与财政相提并论,我们将"税收"一词有意凸显出来,以财政税收法概括地称呼所有与财政收入、财政支出及财政管理有关的法律规范,将法学中专门研究这一领域的学科也称为财政税收法学,简称财税法学。

在传统意义上,举凡一门学科的形成,或者由于其具有独特的研究对象,或者采用独特的研究方法,前者如宪法学、民法学、刑法学,后者如比较法学、经济分析法学。财税法学别具一格的地方在于,它之所以能够形成独立学科,主要在于其与众不同的研究领域,即财税法律现象。这个主题尽管在宪法学、行政法学、经济法学、刑法学等学科的研究中都会有所涉及,但是各个学科之间界限壁垒森严,不利于法学对财税现象统一研究。学科分类只代表现代社会中基于研究者知识和时间的局限而进行的专业分工,它具有相对的合理性,但必须随着时代和法治的发展而进化。

为了克服以往部门法划分的缺陷,我们提出"领域法学"的概念,以期破解上述难题。[1] 领域法学是研究"领域法"及其规律的法律科学。具体而言,它是以问题为导向、以特定经济社会领域全部与法律有关的现象为研究对象,融经济学、政治学和社会学等多种研究范式于一体的交叉性、开放性、应用性和整合性的新型法学学科体系、学术体系和话语体系。领域法学融合部门法学研究方法、工具和手段在内的全要素,但又在方法论上突出体现以问题意识为中心的鲜明特征,是新兴交叉领域"诸法合一"研究的有机结合,与部门法学同构而又互补。[2] 财税法上承宪法体制,下临具体征管情境,贯通公民之财产权与福利权,既保护私人财产权又控制公共财产权,是一个借鉴与融贯各学科与法律部门知识的相对完整的财税法规范体系,任何一个传统法律学科单独调整和研究都容易陷入片面,无法得出全面、系统而令人信服的研究结论。因此,武断地将财税法归入任何一个既有的法律部门都是不合适的。鉴于财税问题的重要性,突破传统部门法的界限,创建专门研究这一领域的财税法学,在学理上就显得十分必要。

在最具体的层面上,财税法学以与财税相关的法律概念、法律规范、法律原则和法律制度作为自己的研究对象。它既能以部门法意义上的财税法作为自己的研究对象,也可以深入到与财税法交叉的其他法律领域。从法律制度的角度看,财税法学的研究对象主要包括税收制度、公债制度、行政收费制度、财政预算制度、国库管理制度、财政分权制度、转移支付制度、财政投资制度、国有资产管理制度、财政监督制度等。如果超越这些具体制度,财税法学还可以研究与财税相关的法律意识、法律文化、经济体制和政治背景。在这个层面,它又会与哲学、社会学、管理学、经济学和政治学等发生交叉。尽管财税法学目前并没有达到如此的广度和深度,但是确立较为广阔的视野对其未来发展更为有利。现阶段不妨更多地借鉴上述相关学科的研究成果,为财税法学的体系拓展积累必要的理论资源。

## 二、财税法学在现代社会中的功能

财税法学在现代社会中的作用非常重要,但这种重要性不能以部门法的效力层次来衡量,更不能以国家为便于对社会科学的管理而创设的学科等级来衡量。学科的存在只是在以一种约定俗成的方式告诉人们,它研究什么、怎么研究、与他人的研究在形式上有何不同。尽管法律之间受效力层次的制约,彼此之间可能存在差异性,例如,下位法不得抵触上位法、任何法律都不得抵触宪法等,但在现代社会之中,任何一部法律的作用都不可替代,法律之间没有高低贵贱之分。尽管法学学科与其所研究的法律之间存在某种对应关系,但

---

[1] 刘剑文、熊伟:《二十年来中国税法学研究的回顾与展望》,载《财税法论丛》(第1卷),法律出版社2002年版,第2页;刘剑文:《财税法——原理、案例与材料》(第三版),北京大学出版社2017年版,导论;刘剑文:《中国大陆财税法学研究视野之拓展》,载《财经法学杂志》(第1期),元照出版有限公司2005年版,第26、66~69页。

[2] 刘剑文:《论领域法学:一种立足于新型交叉领域的法学研究范式》,载《政法论丛》2016年第5期。

也有许多学科根本找不到相对应的具体法律,如法制史学;还有一些则可能突破传统固有的法律分类标准,如国际法学。因此,从兼容、开放、平等的角度看,法学学科之间也不应该有高低贵贱之分,只要有助于法治和社会进步,任何学科都有存在的意义和价值。

如果一定要探寻学科的地位,则只能从其对政治、经济和社会文化生活的作用加以评估。从这个角度看,学科的重要程度因不同国家不同历史时期的不同发展需要而定。在政权更迭时期或政治变革时期,宪法学对建立统治秩序、规范国家权力具有重要作用;在重视自由竞争的经济发展和建设时期,民商法对如何发挥市场调节的内在功能意义非凡;在市场陷阱丛生、无形之手调节失灵的现代市场经济阶段,经济法学所强调的规范和保障国家调节功能的宗旨备受关注。财税法学的作用也只有从这个角度评估才更具有现实性。

长期以来,财政一直被界定为公共服务或阶级统治的物质基础,其依附于国家职能,缺乏独立存在的价值,财政法也变成了纯粹保障国家财政职能的手段。然而在现代福利国家的背景下,任何一种给付行政都必须建立在相应的物质基础上,财力不足已经成为各国普遍的现象。在这种背景下,财政与行政早已成为两股相对独立的力量,互相制约。行政许诺无论如何美好,如果没有财力保障,都只如"镜中花、水中月",不能形成惠及人民的现实利益;如果因为财力不足不能履行法定职责,还会导致人民的基本权利无法得到保障,殃及人民对宪法和法律的信仰,从而动摇国家的统治基础。

正因为财政对国家如此重要,政府才需要筹集足够的财政收入,同时以合理方式实现各种财政开支。毫无疑问,这一过程本身也是行政,它关系到人民的切身利益,具有独立存在的价值,也有待法律约束和规范。因此,在法治国理念的指导下,现代意义上的财政法必须摆脱其对行政职能的依附关系,确立自己独立的价值体系。财政民主主义、财政法定主义、财政平等主义和财政健全主义应该成为人民规范和监督财政权力的重要原则,财税法在保障人民基本权利方面的功能日益凸显,其性质和功能都发生了质的变化。而这一切的发生,除了历史的必然外,财税法学的研究起到了不可替代的先导作用。因此,在一国法律体系中,财税法同民法、行政法、刑法一样重要。

中国目前的财政法仍未超越保障权力运作的阶段,人民主权所固有的财政民主主义要求远未确立,人民对财政的参与、决定和监督缺乏有效渠道。从立法的情况看,财税领域无法可依的现象比比皆是,行政机关自定规则的情况非常普遍;从实践的效果看,财政税收领域侵犯人民利益、危及法治基础的案例层出不穷,财政秩序十分混乱。行政机关违法收费问题、预算外资金体外循环、企业税费负担过重、区域经济发展不平衡、地方财力紧张等问题,都与财税法未能很好发挥作用有关。中共中央十八届三中全会提出,财政是国家治理的基础和重要支柱,这一论断也准确地概括了财税法的使命,对其未来发展预设了广阔的前景。在这样的特殊历史阶段,财税法学肩负着沉重的使命,其重要性是毋庸置疑的。可以将财税法的作用归结为(见图1):[3]

### (一)规范理财行为

作为一种公共财产法,财税法的直接功能就是理好公共之财,既要"定分止争",又要

〔3〕 刘剑文:《财税法功能的定位及其当代的变迁》,载《中国法学》2015年第4期。

"物尽其用"。由于理财行为实质上就是对社会资源的分配与再分配,这一功能从另一角度看其实也就是在以法治方式来优化配置资源。在规范理财行为的功能上,财税法主要是以财政法定的方式来实现的,即构建覆盖财政基本体制和财政收入、支出、监管的科学法律体系,并引导和约束财政权在这一框架内运行,以理财行为的法治化来确保其规范化。应当看到,在规范理财行为的过程中,财税法实际上是在处理中央与地方、立法与行政等主体间的关系,预算审批、财政收支划分等理财问题其实都是关涉国家政治架构与运行的根本性问题。可见,财税法的政治功能极为重要。

(二)促进社会公平

社会本位的思想观念逐步深入财税法的演变之中,形成了促进社会公平的重要功能。近年来,我国经济的高速发展,收入分配秩序失范、格局失衡的情况日益凸显,分配不公越来越成为制约经济社会健康可持续发展的"瓶颈"和诱发社会矛盾的"温床"。在这一背景下,如何促进收入公平分配成为重点议题,而财税法置身于国民财富分配领域,对于促进社会公平的作用最为明显和直接。财税法促进社会公平的作用突出表现为:一方面,这要通过优化税制结构,彰显量能课税来实现;另一方面,这也离不开优化财政支出结构,加大社会保障投入。

(三)保障经济发展

十八届四中全会将财税领域立法放在"加强市场法律制度建设"项下论述,强调其"促进商品和要素自由流动、公平交易、平等使用"的目标。这就要求新时期的财税法经济功能不能再是短期的、直接的"拉动经济增长",而应转变为长期的、间接的"保障经济发展"。具体来说:第一,要营造稳定发展的财税法治环境;第二,要更有效地提供公共产品和公共服务;第三,要稳步推进结构性减税,让企业减负"轻装上阵"。

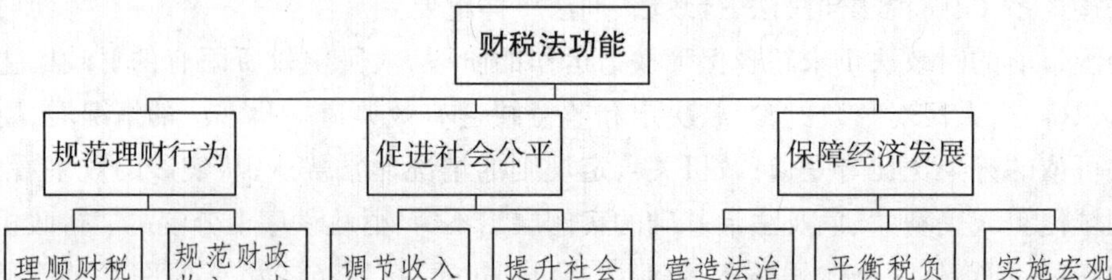


**图1　财税法的三大功能**

## 三、多元交叉:财税法学与相关学科的关系

财税法学需要借鉴经济学、政治学、社会学的科研成果和研究方法,财税法学的研究

成果对经济学、政治学、社会学的发展也会有促进作用。在法学内部,与财税法学关系最为密切学科的说明如下:

（一）财税法学与经济法学的关系

二者共同之处在于,都研究如何依法保障和规范政府利用财税政策调节经济,即在财税宏观调控法上有重合,同时还包括促进财税政策的合法化,即为政府财税政策的制定、实施、变更、调整设定法律准则(见图 2)。二者不同之处在于:其一,在分类标准上,财税法是一门以问题为导向的领域法学,而经济法以调整对象为中心;其二,在产生时间上,财税法在国家产生之初就已存在,而经济法通常被认为肇始于垄断资本主义时期;其三,在核心问题上,财税法的内核是规范公共财产的合法取得、合理使用和有效监管,进而保障私人财产权,而经济法主要关注的是借助多种国家干预手段,达到协调经济运行的效果;其四,在对"财税"的定位上,财税法以财税活动为线索,规范的是组织公共财产和收入分配,而经济法更多强调的是财税作为一种宏观调控工具;其五,在功能取向上,财税法尝试廓清公共财产与私人财产的边界,并以控权、限权为宗旨,其终极目标是保护纳税人权利,而经济法则以规范和保障国家对经济的调节为宗旨,实现社会整体经济利益;其六,在制度结构上,财税法以财政基本法为统帅,并具体涵盖其之下的财政收入法、财政支出法和财政监管法,而经济法包括市场规制法和宏观调控法两大块内容(见表 1)。[4]

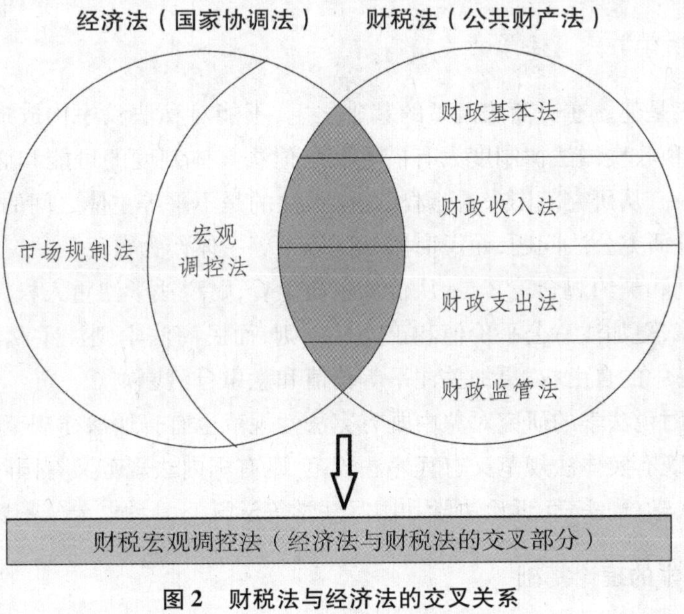


**图 2　财税法与经济法的交叉关系**

〔4〕 20 世纪末,大部分学者将财税法学归入经济法学,使之成为经济法学的一个分支,也有学者将之归入行政法学。我们将这两种有关财税法学的观点通称为"分支学科论"。至于财税法学与宪法学、刑法学、民商法学、诉讼法学和国际法学的关联,在不少学者的论述中也屡有提及。确实,人们观察和思考问题总是有自己的角度和价值判断。如果将财税法规范分解到不同的法律部门,如宪法、行政法、经济法、民商法和国际法等,财税法学或许没有独立存在的价值。然而,面对一个相对完整的财税法规范体系,任何一个传统法律学科都容易陷入片面,都无法得出全面系统的研究结论。在这个意义上讲,财税法也是一门新兴的领域法学。

**表1　财税法与经济法的对比**

| 对比 | 经济法 | 财税法 |
|---|---|---|
| **分类标准** | 调整对象(传统学科) | 问题和领域(新型学科) |
| **产生时间** | 垄断资本主义时期 | 国家形成之初 |
| **核心问题** | 协调经济运行 | 公共财产的取得与使用 |
| **“财税”定位** | 宏观调控的工具 | 组织公共财产和收入分配 |
| **功能取向** | 宏观调控手段的合法化 | 公共财产和私人财产的边界与权利保护 |
| **制度结构** | 市场规制法和宏观调控法 | 财政基本法统帅下的财政收入法、财政支出法和财政监管法 |

### (二)财税法学与行政法学的关系

财税法与行政法的交叉之处在于既要研究如何进行财税授权,也要研究如何科学地进行财税限权。但财税法学的特别之处在于:其一,财税法学不仅涉及行政行为中的财政管理,而且深入具体的财税现象和行为的本质,即通过财税法律秩序的建构,实现纳税人权利保护;其二,财税法学研究具有高度的综合性,不仅从行政法、经济法和社会法的法学角度进行分析,而且通过法学和应用经济学的交叉研究,探索依附于财税现象本身及其发展上的权利义务关系和法律现象,其研究范围跳出了行政法学的形式理性。

### (三)财税法学与民商法学的关系

财税法一般是建立在民商法调整的基础之上,不能对私法秩序构成损害。税法的具体制度,尤其是税收实体法律制度大有借鉴民法债法具体制度的可能和必要。二者的区别主要在于:其一,从研究范围来看,财税法学关注的是不平等主体之间的财产关系,只是注重从私法角度研究公法问题,而民商法学则以平等主体作为自己的研究范围,追求私法上的自主性原则和契约观念。其二,从价值取向上看,财税法学注重人权保障价值特别是纳税人权利保障,更加注意公平价值和正当性原则,而民商法学则注重私法秩序的维护,特别是私人交易中的自由权,更加关注平等价值和意思自治原则。

此外,由于财税法学的研究对象中既有宪法性规范也有普通法律规范,既有行政规范也有刑事规范,既有实体法规范又有程序法规范,既有国内法规范又有国际法规范,因此,财税法学与宪法学、刑法学、诉讼法学和国际法学等学科的关系也十分密切。

## 四、财税法学的理论基础

经过近三十年的发展,具有中国特色的现代财税法学理论的雏形已经凸显,主要包括“领域法学”“公共财产法理论”“理财治国观”,它们与财税法律一体化理论、纳税人权利保护理论、财税契约理论、财税控权理论、财税衡平理论、财税程序正义理论等,构成了中国现代财税法的理论框架。

### （一）领域法学

“领域法学”回答了财税法等新兴学科、交叉学科的学科定位问题。领域法学是一个以问题为导向，注重部门法互动、同构的新型法学学科体系、学术体系和话语体系。该理论回答了财税法等新兴学科、交叉学科的学科定位，回应了现代法学学科分类的棘手问题，既是对部门法体系划分的突破，也是对现有法学研究方法的反思。作为领域法学的财税法学，就其自身特点的本体认识而言，主要体现在其学科地位的相对独立性、学理基础的综合包容性与学术视域上的纵横延展性。在方法论上，财税法学在财政学与法学领域存在交叉领域、在学科内部和学科之间呈现结构协力，且在技术路线上偏重价值分析和实证分析。[5]

### （二）理财治国观

财政是国家治理的基础和重要支柱，理财治国观回答了财税法的目标宗旨问题，它是一种治国理政的新理论新思想，即通过“理财”更好地实现“治国”的目标，它是民主理财、科学理财、法治理财的集大成者；其理论内核是对国家治理语境下财税法宗旨的高度概括和提炼。从过程的角度讲，强调理财过程中的合理、合法、合宪；从目的的角度讲，强调理财目的是为民、为公、为国；从本质的角度讲，则是强调理财的法治性、现代性、公开性和公共性。通过宣扬和落实“理财治国观”，对政府行使财政权力进行有效约束，促进政府依法、民主、合理、高效理财，为化解我国新时期的社会矛盾和社会问题提供了具有启示性的思路。

### （三）公共财产法理论

“公共财产法”是财税法在理念层次的核心范畴，它回答了财税法的属性特质问题。“公共财产法”理论对“财税法是什么”“财税法为什么”“中国需要什么样的财税法”等重大问题做了回应，澄清人们对于财税法认识的误区。公共财产法的要旨是规范和治理公共财产，限制或者控制政府的公共财产权力，以实现对纳税人权利的有效保护。公共财产法作为现代财税法的基石范畴，解决了学科发展的理论瓶颈，并有助于消除传统的对抗关系和偏见，树立一种良性互动、协作共赢的财税法治文化。

---

〔5〕 刘剑文：《作为综合性法律学科的财税法学——一门新兴法律学科的进化与变迁》，载《暨南学报》（哲学社会科学版）2013 年第 5 期。

# 第一章　财政法概述

## 第一节　财政法的概念

### 一、财政法的概念

因为语境不同,“财政”概念被赋予多种含义。首先,财政可以指一种行为,即国家为了满足公共需要而参与国民收入分配的活动,包括财政收入、财政管理和财政支出等。其次,财政可以指一种制度,即财政活动据以运行的机构和规则体系。它既可能是法律规定的显性制度,也可能是财政活动中自发形成的、有待法律确认的隐性制度。最后,财政还可以指一种社会关系,它可能是指国家机关之间以及它们与财政行政相对人之间,在财政活动过程中发生的相互制约的或具有管理性质的社会关系,即财政行政关系,也可能是指各种主体之间的经济利益分配关系,即财政经济关系,还可能两者兼而有之。

从形式层面看,财政法就是调整财政关系之法。按传统的部门法划分标准,这种界定方式因为凸显了财政法独特的规范对象,所以可以使财政法与其他领域法相区分。由于这种定义方式颇具中性色彩,既不涉及意识形态之争,也不涉及法律的价值追求,因此它可以适应各个历史阶段不同国家的所有情况。无论是奴隶社会时期还是封建社会时期,无论是资本主义时期还是社会主义时期,财政法在形式上的共性都可以从其调整财政关系这一点中找到。也正是基于这个共性,财政法学才可能将自己的研究视角延伸到各个历史时期的不同政治经济背景的国家,从而形成财政法制史或比较财政法等研究分支。

然而,概念的广泛适用性必定是以高度抽象作为前提的。当事物的共性被作为唯一的追求对象时,其诸多的特性就不得不被舍弃。对于身处特定历史阶段的特定国家的个人或团体来说,抽象的共性固然重要,但各种与自身发展密切相关的特殊性同样不可忽视。在很大程度上,正是事物的特殊性在决定其发展方向方面发挥着重要作用。

众所周知,自从国家产生、法律创制以来,人类共经历了奴隶社会、封建社会、资本主义社会和社会主义社会四种不同的历史类型,不同历史时期财政法的职能定位和价值追求也不一样。一般情况下,奴隶社会和封建社会时期的财政法都是建立在君主专制的基础上,君王或皇帝是国家权力的源泉和中心,财政权力只是君权的组成部分。在理论上,财政权力并非来自人民;相反,它们是压制人民权利的武器。在这种情况下,财政法仅仅是专制政权利用法律形式推行财政政策的一个工具,缺乏独立的与民众利益声气相求的价值取向。财政法的主要功能在于保障财政收入的征收和管理,而财政支出方面则仅仅停留在技术性层面，满足于统治阶级内部从上到下的管理和监督。

封建社会末期，新兴资产阶级与君权的矛盾集中体现在财政问题上。封建君主的横征暴敛激起了资产阶级和普通民众的强烈不满，市民革命由此爆发。英国的历次革命均因国王滥施税负而起，最终人民通过议会争得“课税同意权”；美国的革命则发端于北美13个州殖民地人民抗缴茶叶税，最终推翻了英国的殖民统治，建立了独立的新国家。资产阶级国家建立之后，至少在形式上开始确认国家权力来源于人民，并在此基础上进行各项制度的设计和建设。基于这个前提，财政法的宗旨和原则都较之前发生质的变化。首先，财政被定义为公共融资，它源自人民的公共需要，因此必须受到人民的制约；其次，财政权力不再是一种单纯用于统治的工具和手段，它源于人民的授权，同时也在此范围内受人民的监督；再次，财政的民主基础备受重视，人民通过议会决定和控制财政成为财政法的基本原则；最后，财政法的功能开始转向保障财政的民主统制，财政权力的滥用和失范成为关注重点，人民的基本权利开始凸显。因此，这一历史时期的财政法明显不同于君主专制时期的财政法，尽管它们都符合在规范对象方面的共性。

社会主义革命在部分国家胜利后，尽管消灭了私有制，在最根本的程度上为人民主权奠定了基础，但是，由于传统和认识方面的原因，公有制的实施并没有为人民如何授权、如何规范和监督权利提供太多的机会。受意识形态的影响，建立在公有制基础上的国家被定性为人民利益的当然代表。由于缺乏民主和法治，权力在造福人民的同时，也曾因为不受限制和监督而酿成大错。财政法虽然理论上代表着人民的意志，但在现实生活中仍旧会变成保障国家行使权力的工具。具体的表现是：大量的财政法规由政府执法部门制定，财政的民主统制被视为毫无必要的妄谈；财政法的核心主要不在于规范财政权力，而更多地在于推行国家政策；人民不仅难以实现对财政的决定和控制，在具体的财政执法中也难以得到程序保障。这种理论和实践的背离使财政法未能走出权力的阴影，其先进性自然大打折扣。

可见，就财政法而言，揭示其调整财政关系的形式共性固然必要，因为这有助于界定财政法与其他法律领域的关系，同时通过对规范对象的解构，可以构建财政法的活动范围与内部体系，但是，新时代的财政法学不能仅仅满足于此，因为它无法揭示出财政法更深层次的内涵，对我国目前的法治建设也没有太大现实意义。故此，财政法的概念还有待于从时代特性方面进行深入挖掘。

从实质的层面出发，我们认为，现代财政法是建立在民主宪制基础上、以增进全民福利和社会发展为目标、调整财政关系的法律规范的总称。其具体内涵包括：

第一，民主宪制是财政法的制度基础。财政法的民主性体现为，财政权力源于人民，人民可以通过选举组成代议制机构，也可以直接通过全民公决行使财政权力，决定和监督重大财政事项。财政法与宪制的关系表现为，财政法涉及公权力的分配，因此必须在宪法的框架下运行。宪法所规定的国家结构形式、政权组织形式、公民的基本权利等都是财政法有效施行的前提。由于财政法与宪法的关系如此密切，因此，各国宪法大都花费较多的篇幅规定基本财政事项。就此而言，财政法其实就是宪法在财政领域的具体化。

第二，财政法的目标在于增进全民福利，促进社会发展。尽管广义的财政法包括税法、行政收费法、政府性基金法等可能导致公民向国家让渡财产的领域,但从整体上看,财政法应该是以维护和保障基本人权、促进人权保护水平不断提高为基本宗旨的。无论是财政收入法还是财政管理或运营法,除保证行政过程的公开、公正、公平,防范行政权力侵犯人民基本权利外,其最主要的目的在于通过规范管理,提高财政资金使用的效益,增进全民福利,促进经济发展。即便是财政收入法,其合法性依据除了遵守相关法律规定外,还在于通过调节资源分配、收入差距、景气周期,以及保证政府合理财政支出等职能,消除社会发展过程中的不公平现象,并最大可能地促进经济总量的增长。因此,财政法的目标不仅在于体现宪法基本权利的质的规定性,同时也在于从量上扩大权利的覆盖范围及实现程度。

第三,财政法以财政关系为规范对象。财政关系是因政府融资而引发的社会关系。政府在获取财政收入、管理财政资金和进行财政支出的过程中,在立法机关与行政机关之间、政府与纳税人之间、政府与社会公众之间,也包括政府与其各个部门之间、政府与其他公共机构之间,会发生一系列社会关系,需要借助法律手段进行规范和约束。通过对财政关系的分析,可以划定财政法的内部体系框架,理清财政法与其他相关部门法的关系,从而确定财政法在法律体系中的地位。

## 二、财政法的规范对象

通常情况下,财政法的规范对象既可以表述为一种财政行为,也可以表述为一种财政制度,还可以表述为一种财政关系。财政行为着眼于财政主体的动态过程,财政制度着眼于财政运转的外在环境,财政关系则着眼于财政现象的内在联系。动态过程受制于外在环境,但也是外在环境的创造力量,而内在联系则是对动态过程和外在环境更高层次的概括,其内容更为丰富和兼容,因此,在表述财政法的规范对象时以财政关系为最优。

在历史上,由于人们对财政职能的理解不同,财政关系的范围也随之变化。自然经济条件下财政的主要职能是替君王筹集行政管理、国防安全与扩张以及皇室开支的经费。自由竞争资本主义时期的财政也仅限于筹集收入满足国家日常经费开支的需要,很少通过再分配的形式调节社会收入不公平,也不需要干预资源配置。

进入垄断资本主义时期以后,市场失灵所带来的种种恶果集中爆发。为了应对危机,财政的职能开始不断扩展。首先,财政需要在市场和国家之间有效配置资源,然后保证财政内部资源的合理分配。如界定财政活动范围,优化财政支出结构,安排财政投融资的规模、结构,并通过税收、补贴等方式,引导社会投资方向等。其次,财政开始通过自身活动进行社会范围内的收入再分配,以缓和两极分化现象,实现社会分配的相对公平。如个人所得税累进征收,开征遗产税、赠与税,实施社会保障等。最后,为解决市场在自发运行中所产生的经济周期问题,“反周期”的财政政策开始实施,如在经济过热时提高财政收入水平、压缩财政支出,而在经济萧条时则通过减税等方式培育消费和投资能力,同时加大财政支出以增加社会需求,以此刺激经济的发展。

在社会主义计划经济体制下,财政的主要职能是进行以国家为主体的、对包括生产资料和生活资料在内的一切社会资源的分配。由于生产和生活都通过财政进行控制,不会出现收入分配不公或生产周期波动，因此，财政的资源配置职能将收入分配和经济调节包容在内。另外，由于财政活动无所不包的禀性，财政与企业财务、财政与金融都呈现出难舍难分的关系。例如，国家从全民所有制企业和集体所有制企业中不仅可以取走企业扩大再生产所需的积累，而且还包括折旧基金等维持简单再生产的物质资料，企业职工的工资标准和工资款的拨付也都是通过财政直接进行。企业财务的独立性丧失，从而依附于国家财政。又如，银行不能自主从事贷款业务，却必须按照财政意图为相关项目提供建设资金，银行存款成为财政建设资金的重要来源，银行因此也被称为“第二财政”。

与计划经济时期相比，中国在改革开放以后对财政职能的探索取得显著进步。第一，国有企业和集体企业都被视为独立经营的商业主体，其财务关系与财政关系完全分开，财政只是在投资和利润分配时才与企业发生联系。第二，财政与金融的关系也已经理顺，财政可以通过经济杠杆引导银行发放贷款，但是不能强迫。财政关系的范围至少将商业性货币资金关系排除在外。第三，在向市场经济推进的过程中，由于收入分配两极分化的现象日益明显，财政的收入分配调节职能开始显现，开征个人所得税、实施社会保障等都是其中之例。第四，受市场失灵的影响，我国经济发展也开始出现周期性波动。为保持经济的稳定性，财政开始主动寻找反周期的对策。

最值得一提的是，我国在财政改革实践中接受公共财政的观念，财政的活动范围及未来发展方向都据此作了大幅度调整。例如，对设计院、工程局等完全能够进入市场的单位，财政不再对其提供资金；对高等院校、文化艺术团体等介于市场性和公共性之间的单位，财政不再全额承担其费用，差额部分由其通过收费加以解决；对于社会保障等关系到人民生命健康权的领域则不断增加投入，社会保障的范围从城镇下岗失业人员扩展到最低生活保障线以下人员，现在又在不断向农村推进；在财政投资方面，对于竞争性产业，财政不再作重点投入，财政资金开始明显地向基础设施、基础产业、战略性新兴产业等倾斜。是否具有公共性以及公共性的大小已经成为中国财政活动范围的一条准则，公共财政已经成为中国财政改革的基本目标。

由此可见，作为财政法规范对象的财政关系在历史上并非等同划一。受财政职能不断变化的影响，财政关系的质和量实际上都在随之变化。从形式上看，财政关系一般包括财政收入关系、财政管理关系和财政支出关系三种，但每一种财政关系的内容在不同时期和不同国度都不一样。因此，在现代市场经济条件下，不能简单地将财政关系界定为以财政为主体所发生的关系。从质的属性看，财政关系是一种具有公共性、必须通过国家筹集资金加以实现的社会关系。所谓公共性，是指某种物品（包括制度、服务）可以用来满足人们的一般需要，但却不能经由市场交换而实现的特性。如果某类物品完全不能通过市场交换而获得，必须由财政全额负担，则可称为具有完全公共性；如果某类物品部分可以通过市场交换而获得，财政只需负担其差额，则可称为具有部分公共性；如果某类物品完全可以通过市场交换而获得，不需要财政负担，则可称为不具有公共性。即便财政已经参与其中，也应该急流勇退。公共性成为判断财政关系内涵和外延的基本准则。

从形式上看，财政关系可以分为财政收入关系、财政管理关系和财政支出关系三种。财政收入关系的范围主要包括税收征纳关系、资产收益关系、公债发行关系、费用征缴关系等;财政管理关系主要包括财政预算关系、国库经理关系、审计监督关系等;财政支出关系主要包括财政给付关系、财政采购关系、财政投资关系等。由于财政收入关系和财政管理关系主要服务于财政支出关系,一般而言,财政支出关系的公共性可以奠定财政收入及管理关系的公共性基础。例如,财政采购的对象如果确属公共物品,为政府公务所必需,该项支出计划就同时具有了公共性。

## 第二节 财政法的体系与渊源

### 一、财政法的体系

法学上体系的思考主要是为了理顺法律各组成部分之间的关系,使其处于同一指导思想之下,消除价值判断上的矛盾。体系确立后,各种法律规范可以按照一定的原理分类排列,从外观上呈现一种透视的效果,这对于法律解释以及制定法的漏洞补充大有好处。一个完整科学的体系首先必须与上位阶的宪法价值及规范体系相符合,其次必须与其他相同位阶的规范体系相调和,最后还必须保证本身没有相互矛盾的现象。

关于财政法的体系问题,苏联学者曾发生过争论。他们首先将财政体系从经济属性上分为两大部分,一部分是集中性的国家财政,另一部分是非集中性的部门财务(相当于我国目前的国有企事业单位财务)。有些学者认为,这两部分都属于国家财政;另一些学者则认为,只有国家机构进行的集中性财务,才属于国家财政的范畴。[1] M. A. 古尔维奇属于前者,他认为:"国家预算、税收、信贷、保险以及国营企业和组织的财务等结合起来构成统一的苏维埃社会主义财政体系,苏维埃国家利用这种财政体系进行财政活动。"相应地,财政法的体系也就包括国家的财政活动(实即国家的财政体制和财政职权划分)、预算法、税法、国家信贷、国营保险、国家支出、信贷和结算、货币流通以及财政监督等。[2]

在我国,20 世纪 80 年代的文献倾向于采用较广义的财政法概念,财政法一般由财政管理体制法、预算法、税法、国营企业财务、预算外资金管理、财政支出制度、基建投资制度、财政监督制度等构成。与苏联的大财政法观点不同的是,保险、信贷、结算和货币流通等从未被我国学者视为财政法的内容。这主要是因为当时我国的公有化程度和经济集中控制程度不如苏联高,财政在我国经济体系中的地位也不如苏联。进入 90 年代以后,不仅会计法、审计法、基建投资法等日渐独立,税法也有逐步分化的趋势,大部分法学文献转而采用较狭义的财政法概念,财政法的体系一般包括财政法总则、财政管理体制法、国家预算法、国有资产管理法、公债法、税收法、政府采购法、转移支付法和财政监督法等。

---

〔1〕 李建英编译:《苏联财政法》,中国财政经济出版社 1985 年版,第 6 页。

〔2〕 [苏]M. A. 古尔维奇:《苏维埃财政法》,刘家辉译,中国人民大学出版社 1956 年版,第 13、40、41 页。

我们认为，依照财政的收入、管理和支出的分类，结合法学上的效力要求及功能定位，财政法的体系可以解构为以下几个层次（见图 1）。

### （一）财政基本法

财政基本法主要涉及财政法的一些基本制度，其对财政收入、支出和财政资金的管理都有普遍的效力。财政法的原则、财政权力的分配、政府间的财政关系，财政收入和支出的形式，重要的财政收支制度、预算制度、监督制度等，都需要在财政基本法中加以规定，以体现其重要性和普适性。财政基本法本身即具有宪法性文件的特性，其内容可能以专门的法律表现出来（如日本 1947 年制定的《财政法》），也可能直接在宪法中加以涵盖（如《德意志联邦共和国基本法》中有关公共财政的内容），对财政法的各个领域都具有普遍指导意义。由于我国宪法缺乏有关财政制度方面的规定，为保证财政领域法律的统一实施，我国宜尽快制定财政基本法，以适应现代财政法治的基本要求。

### （二）财政平衡法

财政平衡法主要涉及政府间的财政关系，它普遍适用于现代社会建立在民主基础上的各国财政实践，是财政分权的必然产物。除了中央政府及各级地方政府的收支范围，下级政府对上级的财政上缴、上级政府对下级的财政拨款，以及政府之间的协作和援助，也可以列入其体系。为了保证各级政府财力的真正均衡，财政平衡法必须科学测算各级财政的收支范围以及转移支付的标准或额度，因而其显示出很强的技术性。另外，为保证财力分配的公平和科学，财政平衡法宜由超越当事人之外的第三主体加以制定，中央政府的立法权应当受到限制。我国财政平衡法的规范形态大多以中央政府制定的行政规范文件呈现，由此引致财政利益分配权过度偏向中央而对地方关注不足的现象。事实上，财政利益分配的标准、程序、价值取向在高度流变的行政规范性文件中也难以稳定。值得肯定的是，国务院《关于推进中央与地方财政事权与支出责任划分改革的指导意见》（国发〔2016〕49 号）提出，要及时总结改革成果，梳理需要上升为法律法规的内容，适时制定与修订相关法律、行政法规，研究起草政府间财政关系法，推动形成保障财政事权和支出责任划分科学合理的法律体系。这意味着财政平衡法的规范形态将由“政策之治”向“法律之治”演进，即注重发挥立法在财政平衡问题的作用。

### （三）财政预算法

财政预算法是政府财政行为科学、民主、公开、规范的重要制度保障，它主要包括预算编制、审批、执行和监督等方面的法律规定，同时也包括财政资金入库、管理和出库的相关内容。由于政府的所有收入都应该纳入预算，所有的开支也必须通过预算，因此，预算可以成为人民控制和监督政府财政权力的重要手段，而预算立法的目的也正在于保障这种积极功能的实现。在预算方案科学合理的基础上，只要财政开支严格遵循预算执行，财政的规范化和法制化就有了可靠的保障。另外，从体系上看，由于国库经理及预算会计与预算法的联系非常密切，因此，财政预算法的范围还可以适当拓宽到与此相关的内容。目前,我国《预算法》包含了一些财政收支划分法、财政转移支付法、政府债务法的内容,甚至还承担了财政基本法的部分功能。这种"诸法合体"应该只是当前财税法制不健全的暂时现象。随着法治程度的推进及立法技术的提升,预算法会逐步回归其本分,侧重解决预算程序和标准。

(四)财政支出法

财政支出法主要包括财政给付法、财政采购法、财政投资法。虽然这几种开支都应该经过财政预算,但其各自的标准、程序、管理和监督本身仍然需要相应的法律规定。财政给付法主要规范政府无对价的资金支付行为,如政府对企业的补贴、对公民的救济等。财政采购法主要规范政府有对价的资金拨付行为,如采购物资、采购劳务等。财政投资法主要规范政府对公用企业及战略新兴产业的投资,通过对选题、立项、评估、审批、监督等环节的制度控制,达到降低成本、提高效率、防治腐败等目的。政策性银行的贷款虽然与财政政策目标一致,其资金也源于政府投资时注入的资本金,但政策性银行成立后就成为独立的金融机构,从法律关系上看,其贷款行为不宜再被视为财政行为,正如全资国有企业的采购行为不宜被视为政府采购一样。

由于财政支出一般都具有受益性,相对人不仅不会受到利益侵害,反而能从中得益,因此向来不受法学研究及立法者的重视。目前除了《政府采购法》外,其余领域都明显缺乏法律的深度干涉,财政权力的自由裁量空间很大。这种不受民主统治的绝对权力能否造福于民,完全取决于执法者的素质,制度上很难得到保障。为了防止权力滥用,强化财政支出法的建设实属必要。另外,政府采购公共服务、公私合作伙伴计划(PPP)、政府与私人资本公共设立投资基金等新型财政支出形式不断涌现,政府与社会之间的界限日趋模糊,无形中对财政支出法提出了更高要求。

(五)财政收入法

财政收入法主要包括税法、行政收费法、政府性基金法、公债法、彩票法以及国有财产收益法。税法在国外是一门非常成熟的学科。由于税收在财政收入结构中的重要地位,由于税收具有侵害纳税人财产的特点,更由于历史上与抗税有关的资产阶级革命的影响,税法很早就成为公法关注的对象,并已经形成相对独立的体系。从广义上说,财政法当然包括税法,但狭义的理解往往将税法排除在外,这充分说明了税法的特殊性。

公债分国债和地方债两种。严格来说,公债并不是财政收入,而是弥补政府赤字的手段。但不可否认,公债在一定期限内会增加政府的可支配资金,因此可以暂列财政收入项目。尽管公债具备有偿性的特点,形式上不会侵害人民的权利,但由于它影响到财政的健全性,并且涉及代际负担分配,因此必须接受民主统制。有关公债发行的结构、上限、程序,公债的使用方向,偿还资金的来源等,都应当由法律法规明确规定。每次公债发行的规模、用途等也必须进入预算,经过议会的审批。为便于公债发行,公债法中还应该规定公债的流通交易制度,为公债进入证券市场提供法律保障。所以,公债法的内容主要包括公债规模控制、公债风险预警、公债发行、公债流通和公债偿还。

费是政府基于一定的受益关系或行政管制目的而收取的代价的总称，它包括规费、受益费和特别公课三种形式。长期以来，由于我国对收费不太注意从法律高度加以规范，政府收费的随意性比较大，造成企业和个人的不合理负担明显加重。行政收费法治化程度有限一直久遭各界诟病，突出表现为法律规范未能就征收依据、标准、程序及权利救济等重要事宜给出明确规定。中共中央十八届三中全会以后，"清费立税"成为财税改革的指导方针，行政收费的法治化步入"快车道"。

国有资产收益是国家基于对一定资产拥有权利而获取的收益，其形式包括土地出让金收入、国有资本投资收入、矿产资源使用费收入、国有资产转让收入等。我国是公有制国家，城市土地、矿产资源、河流等都属于国家所有，国有企业也积淀了大量的国有资产，每年都会产生大量的资产收入。由于这些资产和资源都有专门的管理法规，财政法通常只需要考虑收入形成后如何按照财政级次收归国库、这些收入是否需要设定特定的用途，以及如何设定等，这样可以避免与国有资产管理法产生重叠与交叉。

彩票是政府获取收入的一种新途径，如我国当前发行的福利彩票和体育彩票等，所获得的收入专门用于发展福利事业和体育事业。由于彩票的发行关系到金融市场的稳定，彩票收入的使用关系到部门利益的平衡，彩票的中奖关系到彩民的切身利益，因此，有必要对彩票进行管理和规范。彩票法就是有关彩票的设立、发行、销售、开奖、兑奖，彩票收入的入库、管理、使用以及法律责任等方面的法律规范。

### （六）财政监管法

财政监管法包括财政监督法、国库管理法、政府会计法和审计法，内容既涉及监督也涉及管理。财政监督法专门规范和保障财政监督机关依法行使财政监督权，其内容涉及财政监督机关的设立、财政监督机关的职权、财政监督的途径与程序等，在财政法体系中具有特别重要的意义。我国目前的财政监督机关是审计机关，财政监督法也就表现为《审计法》。由于审计机关隶属于同级政府，因此我国的审计监督属于政府内部监督的形式。为了提高财政监督的独立性，保障监督机关依法履行职责，有不少国家在政府之外设立财政监督机关，如美国、日本等。财政监督机关是国会的一个职能部门，由其代表国会行使对政府的审计权，如英国。[3] 相比而言，这种独立审计的模式更能提高财政监督的效率，防止政府对审计的不当干预，可以成为我国审计体制未来改革的方向。

---

〔3〕 英国1983年《国家审计法》规定，英国国家审计局独立于政府，而审计总长则是议会平民院的官员，对平民院的国家账目委员会报告工作。政府要向审计机关说明自己的账目是否符合会计要求行业原则，下账是否妥当，各笔经费是否的确用于议会制定的工作和任务，资金往来是否符合有关法律和条例的规定，使用经费是否经济、是否有效率和是否有效果。

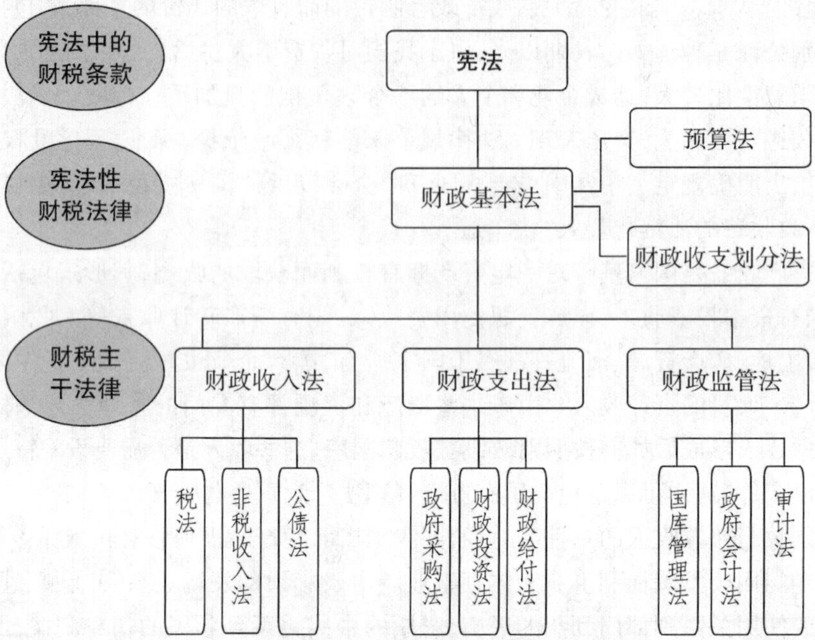


**图1　财税法体系结构**

## 二、财政法的渊源

我国财政法的渊源主要表现为不同的国家机关在其职权范围内所制定的财政法律法规,如宪法、财政法律、财政行政法规、财政行政规章等。由于财政法律文件所涉及的内容不同、制定机关的地位不同,因此其地位和法律效力也会有所区别。

### (一)财政宪法

在一国法律体系中,宪法具有最高的法律地位和法律效力。宪法中有关财政问题的条款在财政法的渊源中也居于首要地位,成为整个财政法的立法依据和效力来源。世界各国的宪法中几乎都有关于财政的内容。例如,日本1947年《宪法》对财政权限、收支职责、国债负担、租税征收、预备费设置、预决算监督等作了规定。德国《联邦基本法》对联邦和州的公共开支、税收立法权、税收分配、财政补贴和财政管理等作了规定。美国的《联邦宪法》对课税权力的授予、统一课征规则、按比例课征规则、禁止课征出口税等也作了规定。

我国现行《宪法》中大多是有关财政立法依据的原则规定,如公民的基本权利、国家基本制度、国家机构设置等。直接涉及财政的条款有"中华人民共和国公民有依照法律纳税的义务"(第56条);"全国人大审查和批准国家的预算和预算执行情况的报告"(第62条);"全国人大常委会审查和批准国家预算在执行过程中所必须作的部分调整方案"(第67条);"民族自治地方的自治机关有管理地方财政的自治权。凡是依照国家财政体制属于民族自治地方的财政收入,都应当由民族自治地方的自治机关自主地安排使用"

(第117条)等。

(二)财政法律

财政是关系到资源配置、收入分配、经济景气调整的重要领域。有关财政的基本制度只能制定法律,税种的设立、税率的确定以及税收征收管理等税收基本制度只能制定法律。[4] 在法理上,其分别可以称为财政法定主义和税收法定主义。新中国成立以来,全国人大及其常委会制定过一些财政法律,如《预算法》《企业所得税法》《个人所得税法》《税收征收管理法》等。与财政税收事项的广泛性相比,法律仅仅涉及其中很小一部分,大量空间仍然没有法律可供遵循。

根据《立法法》的规定,财政税收的基本制度如果尚未制定法律,全国人大及其常委会有权作出决定,授权国务院根据实际需要,对其中的部分事项先制定行政法规。这种做法虽然从形式上填补了立法的空白,但是从财政税收问题的性质看,其中的基本制度应该属于禁止授权之列。因此,从贯彻财政法定主义的角度看,全国人大及其常委会对财政税收的立法职责不宜轻易转移。

(三)财政行政法规

制定行政法规是国务院本身所拥有的一项职权,但由于全国人大及其常委会对财政税收事项拥有专属立法权,因此,国务院对法律未作规定的财政税收问题制定行政法规时,必须得到全国人大或其常委会的授权。根据《立法法》的规定,全国人大及其常委会的授权决定应当明确授权的目的、事项、范围、期限以及被授权机关实施授权决定应当遵循的原则等。授权的期限不得超过5年,但是授权决定另有规定的除外。被授权机关应当在授权期限届满的6个月以前,向授权机关报告授权决定实施的情况,并提出是否需要制定有关法律的意见;需要继续授权的,可以提出相关意见,由全国人大及其常委会决定。授权立法事项,经过实践检验,制定法律的条件成熟时,由全国人大及其常委会及时制定法律。法律制定后,相应立法事项的授权终止。被授权机关应当严格按照授权决定行使被授予的权力。被授权机关不得将被授予的权力转授给其他机关。[5]

新中国成立以来,国务院制定了大量的财政行政法规,如《预算法实施条例》《国家金库条例》《增值税暂行条例》《营业税暂行条例》《消费税暂行条例》《发票管理办法》等,在财政法的规范体系中占有举足轻重的地位。《立法法》颁布以前,我国并未规定财税基本问题只能由法律规定,也没有对授权立法作出明确要求。因此,即使没有经过全国人大或其常委会的授权,上述行政法规也不能为无效。但是自《立法法》生效之日起,如果国务院再制定类似行政法规,则必须经过立法机关的授权。特别是2015年《立法法》修改后,财税授权立法受到更严格的规制,国务院就财税基本制度制定行政法规的权力进一步限缩。

---

〔4〕 参见《立法法》第8条。

〔5〕 参见《立法法》第9、10、12条。

### (四)地方性财政法规、自治条例和单行条例

根据《立法法》的规定,省、自治区、直辖市的人大及其常委会根据本行政区域的具体情况和实际需要,在不同宪法、法律、行政法规相抵触的前提下,可以制定地方性财政法规。设区的市的人大及其常委会根据本市的具体情况和实际需要,在不同宪法、法律、行政法规和本省、自治区的地方性法规相抵触的前提下,可以制定地方性法规,但除非法律另有规定,其范围仅限于城乡建设与管理、环境保护、历史文化保护等方面的事项,不包括财税制度。

地方性财政法规一般遵照财政法律、行政法规的规定,根据本行政区域的实际情况作具体规定。除财政税收的基本制度外,国家尚未制定法律或者行政法规的其他事项,省、自治区、直辖市根据本地方的具体情况和实际需要,可以先制定地方性法规。修改后的《立法法》更是直截了当地规定,部门规章规定的事项应当属于执行法律或者国务院的行政法规、决定、命令的事项。没有法律或者国务院的行政法规、决定、命令的依据,部门规章不得设定减损公民、法人和其他组织权利或者增加其义务的规范,不得增加本部门的权力或者减少本部门的法定职责。

另外,经济特区所在地的省、市的人大及其常委会根据全国人大的授权决定,可以制定财政法规,在经济特区范围内实施。民族自治地方的人大有权依照当地民族的政治、经济和文化的特点,制定自治条例和单行条例。其中涉及财政税收的内容,可以依照当地民族的特点,对法律和行政法规的规定作出变通规定,但不得违背法律或者行政法规的基本原则。

### (五)部门财政规章和地方财政规章

财政部、国家税务总局等发布的有关财政方面的规定、决定、命令、细则等规范性文件,属于部门财政规章。根据《立法法》的规定,国务院对财政税收方面的基本制度虽然可以通过全国人大或其常委会的授权制定行政法规,但这种权力不得再转授给其他单位。因此,部门财政规章不能规定财政税收方面的基本制度,一般只限于对财政法、财政行政法规的具体化,或者为了更好地履行其行政管理职责。修改后的《立法法》更是直截了当地规定,部门规章规定的事项应当属于执行法律或者国务院的行政法规、决定、命令的事项。没有法律或者国务院的行政法规、决定、命令的依据,部门规章不得设定减损公民、法人和其他组织权利或者增加其义务的规范,不得增加本部门的权力或者减少本部门的法定职责。

省、自治区、直辖市和设区的市、自治州的政府根据法律、行政法规和本省、自治区、直辖市的地方性法规所制定的财政规章,属于地方政府规章。地方政府规章主要规定为执行法律、行政法规、地方性法规而需要制定规章的事项,或者属于本行政区域的具体行政管理事项。没有法律、行政法规、地方性法规的依据,地方政府规章不得设定减损公民、法人和其他组织权利或者增加其义务的规范。

（六）特别行政区的财政法律

根据《宪法》和《特别行政区基本法》的规定，特别行政区实行高度自治，享有行政管理权、立法权、独立的司法权和终审权。特别行政区保持财政独立，其财政收入全部由特别行政区自行支配，不上缴中央政府，中央政府不在特别行政区征税；特别行政区的财政预算以量入为出为原则，力求收支平衡，避免赤字，并与本地生产总值的增长率相适应；特别行政区实行独立的税收制度，参照原来实行的低税政策，自行立法规定税种、税率、税收宽免和其他税务事项等。〔6〕

特别行政区的财政法律包括特别行政区予以保留的原有的法律和特别行政区立法机关制定的法律，它们是特别行政区财政法的重要渊源。全国性的财政法律、行政法规不在特别行政区实施，不是特别行政区财政法的渊源。

（七）国际条约

国际条约，是指我国同外国缔结的双边和多边条约及协定性质的文件，其主要调整国家与国家之间的财政税收关系，是财政法的重要渊源。目前，联合国制定的《关于发达国家与发展中国家间避免双重征税的协定范本》和经济合作与发展组织制定的《关于对所得和资本避免双重征税的协定范本》，成为大多数国家对外谈判和缔结双边税收协定的参考性依据。作为我国财政法渊源的国际条约主要是国际税收协定。中国同外国缔结的有关税收的条约、协定同中国税法有不同规定的，依照条约、协定的规定办理。

## 第三节　财政法的基本原则

### 一、财政法的基本原则概述

财政法基本原则，是指财政法中体现法的根本精神、对财政行为具有一般指导意义和普遍约束力的基础性法律规范。财政法基本原则的确定，至少应当考虑到三个方面的因素。首先，应当符合财政法基本原则所具备的内涵和特征，这是财政法基本原则在逻辑上得以成立的必要条件；其次，应当从财政法规范对象的自身特点出发寻找财政法基本原则的客观根据，摆脱对法律原则探索的主观局限性；最后，还应当充分考虑法律体系中宪法、经济法等基本原则的要求，同时保证财政法基本原则内部体系的协调。以上三个方面，可以概括为确定财政法基本原则的逻辑依据、客观根据和法律根据。〔7〕基于以上考虑，我们将财政民主主义、财政法定主义、财政健全主义和财政平等主义确定为财政法的基本

---

〔6〕　参见《香港特别行政区基本法》第106、107、108条；《澳门特别行政区基本法》第104、105、106条。

〔7〕　王源扩：《财政法基本原则研究》，中国人民大学2002年博士学位论文，第25页。

原则。

财政民主主义着眼于财政的民主基础,财政法定主义着眼于财政的法律形式,财政健全主义着眼于财政的安全稳健,财政平等主义着眼于财政的公平合理。这四个基本原则虽然独立表述,但相互间仍然存在内在的联系。总体而言,财政民主主义是现代社会整个财政法的基础,它在财政法体系中居于核心地位。财政法定主义是对财政法在形式上的要求,它旨在保障民主原则在制度上的实现。财政健全主义是对财政法在功能上的要求,它旨在降低财政风险,确保财政运行不至于偏离安全稳健的目标。而财政平等主义则是对财政法在价值上的要求,它保障通过民主机制和法律程序制定的财政法本身是符合正义的。以财政法治的视角衡量,财政法定是财政法治的形式要素,财政健全是财政法治的功能目标,财政平等是财政法治的价值追求,而财政民主则是上述三者有机结合的制度保障,因此完全可以说,它们统一于财政法治的理论和实践。

由于财政法基本原则在整个财政法领域具有普遍的约束力,因此,在具体适用的过程中,它具有不同于一般法律规范的效力。

### (一)对财政立法行为的适用效力

财政法的基本原则一旦被法律确认,它对财政立法反过来又具有法律约束力。财政立法必须在财政法基本原则的指导下进行,不得在形式上和价值追求上有任何违反,否则将可能导致法律本身的无效或被撤销。立法机关在制定财政法律的过程中,必须时时以财政法的基本原则为指导,及时纠正有违财政法基本原则的立法内容。如果进行授权立法,授权过程本身也应接受财政法基本原则的审查。如果有违财政法的基本原则,则不仅授权文件本身不合法,根据该授权而制定的行政法规也是无效的。

### (二)对财政行政行为的适用效力

依法行政是法律对行政机关的基本要求。在法律有具体规定的场合,财政机关严格适用法律本身就是对基本原则的遵守。然而,因立法的简约性所致,法律中的概念、规则有时必须经过解释才能具体适用。财政机关在解释法律时不得违反财政法的基本原则,只能在基本原则允许的范围内进行。如果采用不同的解释方法,其结果存在差异或冲突时,也只能选择符合财政法基本原则的解释结果。另外,现代财政法往往授予财政机关较大的自由裁量权,但这并不意味着财政机关可以任意裁量。这时,财政法的基本原则就可以有效地发挥作用。如果财政机关行使裁量权的方式违反了基本原则,则该行政行为不仅是不合理的,同样也是不合法的。

### (三)对财政司法行为的适用效力

以往财政司法行为仅限于对行政机关作出的具体行政行为的审查,对于行政规范的合法性在所不问。此种司法审查方式无形之中为行政立法的肆意扩张大开方便之门。2017 年修订的《行政诉讼法》中增加了对抽象行政行为的司法审查。具体而言,公民、法人或者其他组织如果认为行政行为所依据的国务院部门和地方政府及其部门制定的规范性文件不合法，在对行政行为提起诉讼时，可以一并请求对该规范性文件进行审查。不过，此处的规范性文件不包含规章。法院在审理行政案件时，经审查认为规范性文件不合法的，不作为认定行政行为合法的依据，并向制定机关提出处理建议。[8] 法院对财政规范性审查时，财政法的基本原则便可派上用场，例如，法院对于法律概念的解释、对于财政规章和规范性文件合法性的判断、对于司法自由裁量的把握等，都不能与财政法的基本原则相冲突。由于财政法基本原则与宪法的原则和精神最为相通，有的甚至直接以宪法条款的形式加以规定，如果我国将来引入违宪审查制度，并且建立相应的司法审查程序，财政法基本原则的法律效力将更加直接和明显。凡是与财政法基本原则相违背的法律，即可判定因违宪而无效。

## 二、财政民主主义

财政民主主义所要求的是人民通过一定的方式对重大财政事项拥有决定权。在现代社会，由于人民行使权力的机构大多是由人民代表所组成的议会，因此财政民主主义又被称为财政议会主义，其直接的要求是，一国的重大财政事项必须经过议会同意才能付诸实施，否则即属于违法。

我国《宪法》第2条规定："中华人民共和国的一切权力属于人民。人民行使国家权力的机关是全国人大和地方各级人大。人民依照法律规定，通过各种途径和形式，管理国家事务，管理经济和文化事业，管理社会事务。"因此，从渊源上看，财政民主主义在我国法律体系中是具有法律依据的，它其实只是宪法上的人民主权理论在财政法领域的落实和体现。

财政法之所以如此强调民主，与财政在社会生活中发挥的作用密不可分。就财富的占有量来看，现代国家财政收入占国民生产总值的比重一般维持在35%左右，北欧的高福利国家甚至超过60%。如此大量的资金集中在国家手中，且通过财政收入和财政支出的形式不断循环，使现代财政在国家生活中的地位远非过去所能比拟。由于财政收入实际上源于人民，理论上又是用于人民，因此，对于如何收取和支配这些资金，人民应该拥有最后的决定权。

财政不仅是经济运转的重要推进器，也是政治活动的主要资金来源。正因如此，每年的财政预算不仅是一种经济计划，也是来年的重大政治活动安排。这些活动在重要性上绝不亚于一般的法律制定，从政治民主的角度看，也应该由人民行使最后的决定权。如果排斥财政民主，拒绝人民对重大财政事项的参与决策，实际上剥夺了人民在政治上的参政议政权，这在现代民主观念已经深入人心的今天是无法接受的。

从理论上看，尽管财政总是与公共物品的提供相关联，但公共性并不是财政活动的必然结果，而只是财政活动所追求的一个目标。在现实生活中，财政偏离公共利益的现象比比皆是。为了防止财政机关滥用"公共"的名义，必须引入民主的机制，由人民自己决定何谓公共利益、公共利益通过何种途径实现等。财政民主主义保留人民对重大财政事项

---

〔8〕 参见《行政诉讼法》第53、64条。

的决定权,正是实现财政活动公共性的重要程序保障。

### 三、财政法定主义

财政法定主义是财政民主主义的具体体现,它以财政民主作为基础,同时也是财政民主非常重要的实现途径。这里所谓的"法",从形式意义上看应该仅指由人民代表所组成的最高权力机关所制定的法律;所谓财政"法定",并不是说对一切财政行为都必须制定专门的法律,而只是说财政行为必须满足合法性的要件,必须得到法律的明确许可或立法机关的专门授权。只有在法律允许的范围内,政府才享有财政方面的自由裁量权。财政法定主义一般表现在:

第一,财政权力(利)法定。财政权所包含的内容是十分宽广的,它既包括立法机关的财政立法权,也包括政府及其所属各部门就财政事项所享有的决策权、执行权和监督权等。它既包括政府作为整体对财政相对人所享有的命令权、禁止权,也包括财政相对人对政府依法享有的监督权、请求权等。财政权力(利)法定的主要目的在于,督促政府在法定的授权范围内行事,防止超越职权和滥用职权,明确财政关系中利益分配的界限,保护财政相对人的合法权益。

第二,财政义务法定。与财政权力(利)一样,财政义务种类也是十分复杂的。由于在财政法领域权力(利)与义务不一定完全形成一一对应的关系,因此通过立法的形式明确规定各个相对主体的财政义务仍然是非常必要的。财政主体只需承受法律明确规定的义务,对超出法定义务范围的事项可以拒绝。

第三,财政程序法定。需要由法律直接规定的程序主要有财政立法程序、财政行政程序、财政监督程序和财政救济程序。财政程序法定的目的在于保障财政权力在既定的制度框架内有效运作,保障财政行为的透明度、公正性和规范性,为财政民主奠定良好的法治基础。

第四,财政责任法定。财政责任是一种督促财政主体合法行使财政权力,切实履行财政义务的外力保障机制。虽然它不是一种常态,但由于它对当事人的财产、职位、机会等影响甚深,因此必须于法有据。财政责任除了属于行政责任,还属于刑事责任。

### 四、财政健全主义

财政健全主义所关注的是财政运行的安全稳健,其核心问题即在于,能否将公债作为财政支出的资金来源。

在资本主义早期,财政健全主义一般要求年度财政平衡,不得在预算中列赤字。国家的财政开支只能以税收、费用等非税收入作为来源,公债的合法性被完全否定。进入垄断时期以后,受经济危机的影响,国家不得不大规模干预经济。由于财政开支的数额剧增,而传统的收入来源不升反降,因此财政赤字成为各国的普遍现象。为了弥补财政赤字,公债手段开始被大量使用,并且逐渐合法化。在这种历史背景下,人们对财政健全主义开始持怀疑态度。在公债发行已经不可避免的情况下,是否还有必要强调财政健全主义?如果是,那么财政健全主义的内容如何衡量?针对这些问题,有的人主张,年度财政平衡事实上无法做到,财政平衡应该建立在动态基础上。如果在一个经济周期内,萧条时期的赤字与高涨时期的盈余能够相抵,这也是一种平衡。还有的人主张,考虑财政本身的平衡问题没有意义,需要考虑的应当是财政的经济效果。如果财政能够促进经济健康发展,即便出现财政赤字也没有关系。

我们认为,随着财政平衡被打破,公债的规模日益扩张,财政风险也越来越大。在这种情况下,就更应该强调财政健全,防止财政突破最大承受能力,引发财政危机。虽然实现财政健全的方式可以变,但财政健全的理念在任何时候都不会过时。

毫无疑问,财政平衡是实现财政健全的一种方式,也是一种理想的财政状态。但是,当年度财政平衡无法坚持时,财政健全主义的重点也应当随之调整。既然公债在现代经济条件下无法避免,就不妨肯定其合法存在。但是,借债毕竟是引发财政风险的重要因素,因此,法律应当着重对公债的发行主体、审批程序、发行方式和限额、使用范围、偿还方式、债务管理等作出限制,以最大可能地发挥公债的积极功效,降低公债的财政风险。当公债的规模和结构已经超出风险预警线时,法律还应该设置紧急应对措施,如强制性要求收缩财政开支规模、调整财政支出结构等。

## 五、财政平等主义

从法学的角度看,财政公平包含着对正义的价值追求,在制度上则主要体现为一种平等的对待,它既包括财政收入方面义务人的平等牺牲,也包括财政开支方面权利人的平等受益,还包括在财政程序方面的同等条件同等处理等。虽然公平原则在我国财政法上没能得到普遍肯定,但由于它是宪法平等原则在财政法领域的延伸,因此完全应该成为一条现实有效的法律原则。

在我国目前城乡差距、地区差距、贫富差距越来越大的社会背景下,财政平等主义的确立和有效发挥作用,有助于将社会的矛盾控制在人们的心理承受能力以内,有助于创造一种平等和谐的竞争环境,以及最低人权的法律保障,因而具有非常重要的现实意义。

财政法所追求的公平,既包括起点的公平,也包括过程的公平,无论在实体法还是在程序法上都可以表现为一种平等的对待。正因如此,在财政法的不同领域其要求会有所不同。

在税收方面,公平主要体现为量能课税,即根据纳税人税负能力的大小设计税制,收入多的人须缴纳更多的税收;收入少的人相应的税收负担则较轻。在费用征收方面,公平主要体现在受益的关联度上。例如,规费应当体现一种直接受益性,不能要求没有享受公共服务的个体缴纳;又如,建设基金应当根据工程的受益面合理确定义务人的范围。受益程度不同的人,缴费的标准也应该有所不同。

在地区间财政关系方面,财政法应该保证最低限度的财政均衡。例如,除了中央政府通过转移支付增加财政困难地区的财政供给能力外,还可以设计一种地区间横向财政均衡的模式,由富裕地区按照一定的标准向贫困地区进行财政援助。

在社会阶层间的财政关系方面,应该保障每一个群体具有同等的机会和待遇,不能出现制度性歧视。例如,我国目前的城乡差距很大程度上即与财政支出的不平衡有关,应该通过一定的财政法律措施予以反向调节,以促进城乡的机会均等。

在财政支出的标准方面,除了公务所需或无法逾越的客观困难外,相同的情况应当相同处理,不能因为人为原因导致受体之间的差异过大。正因如此,预算编制过程中部门间行政管理费用贫富不均的现象必须加以改变。

在最低人权的保护方面,财政应当保障每一个公民的生存权、受教育权等基本人权,为社会弱者提供力所能及的帮助和救济。例如,最低生活保障制度的实施范围不仅限于城市,农村同样也应该普遍推行。如果本级财政缺乏足够的支付能力,上级财政应当通过转移支付予以足额补充。

在财政法的体系中,除基本原则外,还存在一些仅仅在某一个方面具有约束力的原则,如预算法中的公开性原则、统一性原则,税法中的量能课税原则,处理中央和地方关系的财政自治原则等。这些原则或者是基本原则在具体领域中的适用,或者是从该领域的法律规范中总结和提炼而来,它们都在各自的范围内发挥着重要的指导作用和规范效力。

## 第四节　财政法的地位与功能

### 一、财政法在法律体系中的地位

自国家和财政产生以来,也就同时产生了以法律手段调整财政关系的客观需要。然而,在中国和外国的古代法上,虽有大量的调整财政关系的法律规范,但由于当时的财政所依附的国家专制性质,以及法律体系自身演化的历史局限性,诸法合体的古代法中不可能有财政法的独立地位。

近代的资产阶级革命书写了财政关系变革的新篇章。资产阶级革命的结果是新型的资本主义式的财政关系的确立。然而,在自由竞争资本主义时代,财政活动的范围被严格限制在“夜警国家”所要求的狭小区域,财政对行政的附属作用难以突破,所以,确立这种新型财政关系的法律规范主要是集中在宪法和行政法中。从部门法的定位来看,这一时期的财政法主要属于行政法的范畴。

进入垄断资本主义阶段以后,随着国家职能的扩张,财政的活动范围也越来越广,财政在资源配置、收入分配和经济景气调整方面的作用也逐渐显现出来。由于财政对社会经济生活的影响日益增强,财政逐渐摆脱对行政的依附,开始具备自己独立的品格,财政的权力性由此凸显。[9] 调整财政关系的财政法的性质和职能也随之发生变化,财政法的行政法色彩逐渐淡化,经济法的色彩逐渐增强。

关于财政法地位的理解,苏联的情况较为特殊。由于当时的经济集中程度非常之高,

〔9〕 蔡茂寅:《财政作用之权力性与公共性》,载《台大法学论丛》第25卷第4期。

所有的货币资金往来关系基本上都被纳入财政管辖的范围。除了财政部本身的活动外，经济单位、银行和保险机关之间的经济往来也具有国家财务活动的性质。针对这种情况，有些学者认为，社会主义财政关系与资本主义时期相比已经发生质的飞跃，财政法应当被视为一个独立的法律部门，以调整统一的资金货币往来关系。也有的学者认为，财政法是“相对独立的部门法”“行政法的一部分”“综合部门法”。争论的焦点主要集中于财政法与行政法的关系、法律体系的结构中是否包括综合部门法等问题。从发展过程来看，苏联在列宁领导下制定的第一部宪法的第五章就是预算法，从那时起就开始了社会主义国家预算法的研究；1926 年，库特利亚列夫斯基教授的《财政法》一书问世，“走出了第一步”；1928 年佐格拉科夫教授的《行政财政法》一书出版，认为财政法是行政法的一部分；经 1938～1940 年的大讨论，苏联科学院法学研究所公布了《苏联社会主义法制体系研究提纲》，指出应按所调整的社会关系的性质划分不同法律部门，财政法作为一个独立部门法的地位得以确立。[10]

新中国成立之后，财政法学研究未能得到充分发展，有关我国法律体系的结构以及财政法在法律体系中的地位问题，尚未得到认真的讨论。改革开放以后，在我国学者自行编撰的第一部《中国大百科全书》法学卷中，专列了比较详尽的“财政法”词条，并且在体例编排上独立于行政法和经济法，反映了当时我国法学界占主导地位的观点依然还受苏联法学界的影响。然而，随着经济法学的发展和日益成熟，自 20 世纪 80 年代中期以来，在几乎所有的经济法学教科书中，财政法都被列为专门的一章；专门的财税法教材也主动将自己归入经济法体系之下；[11] 可见，财政法作为我国经济法学体系中的组成部分，是我国经济法学界目前的主流观点。

其实，无论是将财政法视为一个独立部门法的苏联时期，还是将财政法视为经济法体系构成的现代中国，学者们都注意到了财政领域两类不同性质的法律规范。例如，苏联学者认为：“苏联财政部系统中所包括的各种财政信贷机关间的关系，如果不直接与这些机关执行其职能——动员和分配货币资金，拨款，贷款，监督各单位遵守专款专用和节约国家资金的制度——相联系，则建立在国家管理的一般原则上，受行政法的调整……如果财政信贷机关作为一种进行财政活动的机关，作为一种受国家委托征集货币资金，对有关权力机关所批准的发展国民经济、教育和保健事业等措施进行拨款和贷款的机关，那么它们的活动以及因其活动而发生的各种关系，都由财政法调整。”[12] 这说明，行政法在调整财政关系方面还是可以发挥一定作用的。

无独有偶，我国学者在论述财政法的属性时也实事求是地承认它与行政法的联系。例如，有学者认为，国家的财政活动可以区分为两个不同的层次：第一层次是作为行政范畴的财政活动，其目的在于满足国家机关活动经费的需要；第二层次是作为经济范畴的财政活动，其目的在于调节社会经济。两者虽然都涉及经济领域，但后者涉及经济领域的更

---

〔10〕 李建英编译：《苏联财政法》，中国财政经济出版社 1985 年版，第 19～39 页。

〔11〕 张守文主编：《财税法教程》，中国政法大学出版社 1996 年版，第 27～29 页。

〔12〕 [苏]M. A. 古尔维奇：《苏维埃财政法》，刘家辉译，中国人民大学出版社 1956 年版，第 36～37 页。

深层次。反映到立法上,前者规定的主要是关于国家财政管理机关的设置与职权、财政管理活动的原则、程序和制度,以及财政管理机关与社会组织或公民在一般性收支活动中的权利义务等,而后者所规定的主要是有关国家调节经济的一些财政政策方面的规定。前者是国家进行一般行政管理的法律,属于行政法的范畴;后者是国家调节社会经济的法律,属于经济法的范畴。在现实生活中,这两类法律一般都由国家财政机关负责执行,很难区分哪些规范是经济法性质,哪些规范是行政法性质,也没有必要区分。〔13〕的确,随着政府职能的扩展,财政法的形式和内容都在发生变化,原来属于行政法的财政法现在开始具有经济法的色彩。然而这种转变不可能十分彻底,财政法与行政法的联系是不可割断的。

我们认为,行政法在财政法中仍然发挥着基础性的作用,有关财政职权的分配、财政行为的作出、财政救济的实施等,都必须遵守行政法的一般性规定。从分类的标准来看,财政法的经济法属性往往不是体现在法律规范的外在形式,而是着眼于其内涵的价值取向和政策意图。这种宏观的政策目标必须借助现有的行政组织、行政行为、行政程序、行政争议处理机制等才能实现其功效。正因如此,在财政法领域常常可以发现,有些法律规范从形式上看是一种典型的行政法律规范,但它在价值取向上又是服务于某种经济政策目的的。这些财政法律规范既可以称为经济法律规范,又可以称为行政法律规范,其“一体两面”的特征十分明显。正因如此,我们认为,在法律体系中无论将财政法归入经济法或行政法都不是一个妥当的结论。事实上,财政法既有经济法成分,也有行政法成分,其与经济法和行政法存在交叉。

除了与经济法、行政法的交叉,财政法与社会法、刑法、诉讼法、国际法等都存在一定的交叉。在这些交叉领域,财政法需要采纳相关领域的调整思维和方法,在法律规范的形式上也存在很大共性。因此,武断地将财政法归入任何一个既有的法律部门,都是不合适的做法。事实上,财政法的核心领域是公共财产法,它调整公共财产的取得、管理和使用关系。正是在公共财产法的运行过程中,财政法与相关的部门法发生了关联,或者是财政法借用了其他领域的规则和制度,或者是其他法律借用了财政法手段。这些可以归入财政法的外延部分,财政法的核心仍然是公共财产法。从这个角度而言,在现有的法律体系中,应该确立财政法的独立地位,使其与经济法、行政法、诉讼法、国际法等并列,在市场经济法治建设中发挥更大作用。

## 二、财政法的规范功能

财政法的功能,是指财政法在调整财政关系过程中所表现出的一种外在功效。从学理上看,因为财政是财政法规范和调整的对象,所以财政法的功能应当区别于财政的职能。但从实践上看,在现代社会中,由于财政关系总是以财政法律关系的形式而存在,因此,财政职能的实现过程与财政法的实施过程在很多方面会出现重合。

在一定程度上,财政法是财政活动的一种外在形式,因此,财政法应当服务于不同历

〔13〕 漆多俊:《经济法基础理论》,武汉大学出版社2000年版,第123~126页。

史条件下财政活动的内在需要。由此可以推知,在不同的政治经济体制下,由于财政活动的历史基础不同,财政法的功能也是不一样的。

在奴隶制和封建制社会中,财政的主要职能是获取财政收入,满足以君王为首的统治阶级内部基本的分配需要。受当时历史条件的限制,财政纯粹成为君主专制的工具,很难诞生出民主、法治等现代观念。由于财政权被定性为源自君权,因此,财政法的功能也就表现为通过强制手段,保障君权在财政领域的顺利实施。进入资本主义社会后,财政的收入支出职能虽然依旧存在,但财政法的功能却发生了不小的变化。由于政府财政权力源于人民,因此,财政法的功能主要表现为防范政府滥用财政权力,损害人民的利益。财政民主主义、财政法定主义、财政健全主义、财政平等主义等,都是人民通过法律对政府财政活动提出的要求。尽管在资本决定一切的社会中,"人民"的范围实质上不可能扩展到一般的平民阶层,但是这一时期的财政法无论在形式上还是在理念上,对中国的财政法治建设都具有很好的借鉴意义。

中国没有经历真正的资本主义时期,在新中国成立之前,财政法也从未发挥过依民主机制规范政府财政权力的作用。新中国成立之后,虽然在经济上消灭了私有制,奠定了社会主义公有制,但在上层建筑方面,对如何保障人民行使政治经济权利重视不够。财政法理论上应是人民当家做主的法律保障,但实际上,由于缺乏正常的民主参与和监督机制,保障政府财政权力的运作仍然是其首要的目的。改革开放以后,随着市场经济观念深入人心,民主和法治成为时代的主旋律,财政法的内容和形式也发生了很大变化。总体来说,财政法的功能从绝对服务于财政职能转向对财政权力施加控制,具体表现在如下三个方面:

### (一)财政权力授予功能

在公共领域,任何权力的存在都会导致支配性的效果,影响到人民的切身利益,因此必须从权力的来源上证明其合法性。根据我国宪法,一切权力源于人民,任何公共权力的存在必须通过人民的授权。"授权"不是简单的政治口号,而应该是精致的法律程序。从根本上说,由于立法机关是由人民或人民选举的代表组成,法律的制定过程在理论上应当是人民意志和利益的体现,因此,当法律赋予有关机构一定的财政权力时,应当视为已取得人民的授权。

财政法的授权功能在财政组织法中可以得到佐证。财政组织法的存在不仅限于规范相关财政主体的组织机构,更重要的在于依法授予该主体相应的职权。只有具备财政组织法上的依据,财政机关才能合法拥有财政权力。可以说,现代法治社会中,财政法的授权功能是财政活动的前提和基础。如果没有财政权力的存在作为前提,财政法的权力规范功能和监督功能都将失去意义。

财政法的授权功能最初表现为就具体事项所作的具体授权,这种消极行政模式与自由市场经济时期的国家观是相适应的。财政机关只能在具体授权的范围内活动。然而时至今日,随着财政职能的日益扩张,财政所面临的社会关系也越来越复杂,财政法的授权方式也不得不有所调整。如针对财政的经济景气调整职能,财政法不可能预见到未来经济发展的所有情况,具体授权难以有效发挥作用,一般性授权逐渐被立法机关所承认和接受。

### (二)财政权力规范功能

财政权力一旦产生,就必须按照法治社会的要求进行规范。财政法的规范功能主要通过财政行为法、财政程序法及财政责任法表现出来。财政行为法一般规定各种财政行为的前置条件、实体标准、程序要求及法律后果,财政程序法则专门规定财政活动的具体程序。至于财政责任法,它是通过负面的法律责任督促财政机关依法履行职责,因而也能起到一种间接的规范作用。

除了规定标准、设置程序、课予责任之外,财政法还可以通过为权力划定边界而起到规范作用。例如,尽管一般性授权在财政法中越来越普遍,但并不意味着财政法对此完全放任不管。最起码的要求是,财政法应当为这种概括性权力设置上限。如果权力本身也是一种职责,那么上限的存在也必不可少。否则,权力就会真正成为不受约束的"利维坦",对人民的基本权利构成现实威胁。

当然,受认识水平的限制,规范只能是一个逐步完善的过程。在某个既定的时点上,权力边界的科学性总是相对而言的。问题的关键不在于找到终极真理,而在于确认一种不断追寻真理的机制。只要财政法切实发挥规范权力的功能,财政法治的目标就会一步一步接近。

### (三)财政权力监督功能

财政法的规范功能和监督功能在目标上是完全一致的,都是为了防止财政权力的滥用和失范。但在具体方式上,前者主要通过制定行为准则而实现,后者则有意设置一种外在的强制,督促财政机关切实履行职责。

以财政监督法为例,其制定和实施的目的就在于监督财政权力的合法有效运行。按照财政监督法的要求,财政监督机关应当依法监督财政机关正确履行职责。如果发现违法行为,可以进行相应的处理甚至制裁。我国《审计法》的主要功能就在于此。[14]

为了使财政法的权力监督功能更加深入细致,除了专门的财政监督法之外,财政法一般都赋予权力机关对财政行政机关、上级财政机关对下级财政机关的财政监督权。另外,财政相对人对财政行政机关提起的财政行政诉讼也是人民凭借司法途径监督财政权力的有效方式。

---

〔14〕 从1996年起国家审计署每年向全国人大常委会提交中央预算执行情况和其他财政收支情况的审计工作报告。国家审计署从2003年开始向社会公开审计报告,政府预算的审计才逐渐进入社会公众的视线。例如,2014年6月24日国家审计署公布的《国务院关于2013年度中央预算执行和其他财政收支的审计工作报告》中所公布的终点审计的32个中央部门结存资金半数闲置超过一年,在后期整改过程中,大部分部门改变了这一现状,提高了资金的使用效率。

# 第二章　财政支出法

## 第一节　财政支出法概述

财政支出是指政府基于提供公共服务的目的，通过补助、采购和投资的形式，将财政资金向企业、个人等社会主体转移的行为。由于财政支出关系一般都具有受益性，相对人不仅不会受到利益侵害，反而能从中得益，因此我国财政支出法向来不受法学研究及立法者的重视。目前除了《政府采购法》外，其余领域都缺乏法律的深度干预，使财政权力具备很大的自由裁量空间。这种不受民主掣肘的绝对权力能否造福于民，完全取决于执法者的个人素质，制度上很难得到保障。为了防止权力滥用，强化财政支出法的建设实属必要。

### 一、财政支出法的规范类型

财政支出法主要包括财政给付法、财政采购法、财政投资法。虽然这几种财政支出都应该经过财政预算，但其各自的标准、程序、管理和监督仍然需要相应的法律规定，从而使财政支出法成为财政法中最复杂、最重要的领域之一。

财政给付法主要规范政府无对价的资金支付行为，如社会福利和救助、政府对企业的补贴、政府对公民的奖励、国家赔偿、土地征用补偿等。除了财政给付的指导思想和原则外，财政给付法目前亟待解决的问题是给付的标准和程序问题。对于法定的财政给付义务，应通过切实有力的方式保障相对人的受领权。对于行政机关基于裁量的财政给付，也应该通过一定的标准和程序加以规范。从这方面看，财政给付法必须与社会保障法、行政标准法、产业政策法等相结合，才能真正达到目的。

财政采购法主要规范政府有对价的资金支付行为，如采购物资、工程和劳务等，其目的在于提高财政资金的使用效率，保证政府采购过程的廉洁透明，同时贯彻国家的宏观经济政策。财政采购法主要规定采购原则、采购主体、采购范围、采购方式、采购程序、采购的监督与投诉等问题，它主要集中于采购程序，具体的采购标准和资金来源都必须以财政预算作为基础，不能超出预算核准的范围。

财政投资法主要规范政府通过资本金的方式，对公用企业、战略新兴产业等的投资行为，通过选题、立项、评估、审批、监督等环节的制度控制，达到降低成本、提高效率、防治腐败等目的。由于财政投资通常以设立企业的形式进行，因此财政投资法与国有企业法的关系十分密切。一般而言，财政投资法主要规定投资行为的立项、投资形式的选择、投资范围的确定、投资项目的管理、投资利益的回收等内容。这些内容确定后,企业的设立、管理等完全可以由国有企业法甚至普通的公司法进行规范。

### 二、财政支出法相关概念辨析

需要辨明的是,财政支出是指财政资金从政府向财政相对人的转移,财政相对人包括个人,也包括企业和其他非公机构。财政资金在公务系统内部通过国库进行资金拨付,虽然也是一种预算执行措施,但并不会导致资金从政府流出,因此不宜界定为财政支出行为。例如,预算审批通过后,财政部将资金从国库一级账户拨付到教育部的二级账户,经教育部确认后再将资金按照预算拨付到中央直属大学的三级账户,资金只是在国库单一账户体系内部转移,并未实现财政支出。只有通过给付、采购、投资等形式,将其支付和转移给个人、企业和其他非公机构,才真正完成财政支出。

不言而喻,财政支出的前提是资金到账。如果政府没有按照财政管理和预算执行的流程,将资金拨付给直接进行财政支出的主体,如负责社会救助的民政部门、负责教育管理的教育部门、负责社会治安的警察部门等,财政支出行为不可能完成。因此,政府内部的资金拨付与财政支出存在紧密关联。尽管如此,还是有必要将二者进行区分。一旦混同,财政支出的法律特性将非常难以界定,容易引发概念紊乱。

另外一对需要辨明的概念是,财政投资区别于《政府投资条例》所指的基本建设投资。基本建设投资需要进行工程招标,由专业的建筑单位承揽施工。基本建设过程中所需要的设备和设施,可能纳入工程款由建筑单位统一采购,也可能由政府单独采购安装。政府支付工程款和购买设备设施都属于政府采购的范畴,是等价交换的市场交易行为。基于此,政府取得了公路、桥梁、公共设施的所有权,并将之投入公共服务。本书所谓的财政投资,仅仅限于政府投入资本金创立企业,通过公用企业间接提供公共服务,或者通过经营性企业参与市场竞争。由于投资有风险,且与政府不参与市场竞争的精神相悖,财政投资的范围必须受到严格限制,财政投资的立项和审批自然也会有特别要求。

严格来说,政府之间的贷款行为也不会导致资金从政府向企业、个人支付,而只是政府内部的资金流转,因此不属于财政支出行为,而属于财政平衡法的调整对象,需要处理政府之间的财政关系。至于政策性银行向企业的贷款,从表面上看是金融行为,实质上还是一种财政行为,因为政策性银行的注册资金主要来自财政拨款。不过,就其法律形式而言,只有政府出资的行为构成财政支出。政策性银行成立之后对外贷款,不是直接的财政支出行为。

### 三、收支分离制度与财政支出法

收支分离是财政支出法的基础性、前提性制度。在我国财税实践中,收支分离通常被称为“收支两条线”,与财政执收执罚单位自收自支相对而言。根据财政部、国家发展改革委员会、监察部、审计署《关于加强中央部门和单位行政事业性收费等收入“收支两条线”管理的通知》(财综〔2003〕29 号)的规定,收支分离管理的主要内容是,中央部门和单位按照国家有关规定收取或取得的政府非税收入,必须严格按照国务院或者财政部规定全额上缴国库或财政专户,不得隐瞒、截留、挤占、坐支和挪用。实行中央与地方分成的政府非税收入,应当按照国务院或者财政部规定的分成比例分别上缴中央和地方国库或者财政专户。

根据税法与预算法相关规定,税务机关所收取的税款必须限期缴入相对应的国库。税务机关正常的经费开支则必须通过财政预算,从国库所管理的资金中支付。由于税收收入征管本就收支分离,收支分离的意义主要体现在非税领域。行政事业性收费、政府性基金、罚没收入等非税收入应及时、足额缴入国库或财政专户,各执收执罚部门正常的经费开支,统一由财政部门按照预算审核拨付,这可以进一步加强财政收支管理,规范财政分配秩序,提高政府收入的使用效益。收支分离制度的强化与稳固还有利于从源头上预防和治理腐败,促进依法行政与公正执法,对于改进机关作风,树立良好的党风、政风都具有重要作用。

"收支两条线"或收支分离的要求最初主要针对预算外资金。预算内资金被纳入预算管理,本来就实行收支分离,不会发生自收自支的问题。财政收支分离是财政资金管理从自收自支向预算管理转变的必要环节。随着收支分离制度的推进,越来越多的公共资金将进入财政监管的范畴。如果配合部门预算制度,或者进一步将其转入预算管理,财政收入和支出的规范性程度将随之提高。

随着财政改革的深入和《预算法》修改,目前所有财政资金都被纳入预算管理,除了一般公共预算外,政府性基金预算、国有资本经营预算、社会保障预算等都在发挥应有的作用,收支分离已经成为财政管理的普遍样态。

不过在实践中,对于执收执罚部门上缴财政的资金,部分地区仍然能够得到一定的返还。这种将支出与收入相结合的制度,只是形式上做到了"收支两条线",事实上违反了收支分离的本意。按照这种制度安排,政府部门收费、罚款的冲动并不会减少。[1] 相反,经过"收支两条线"的洗礼后,违法收费或罚款似乎合法化,执收执罚部门会更加有恃无恐,不用顾及自己行为的合法性。从这个角度而言,"收支两条线"有待进一步改革,使之真正做到收入和支出分离,才有可能与预算制度的精神保持一致。

## 第二节　预算授权制度

财政支出必须经过预算授权,没有预算授权政府不得支出,这是现代法治国家的基本

---

〔1〕 计生部门负责征收的社会抚养费之所以备受诟病,除了计划生育政策本身遭受质疑,还跟目前社会抚养费管理不善有关。《社会抚养费征收管理办法》第10条规定,社会抚养费及滞纳金应当全部上缴国库,按照国务院财政部门的规定纳入地方财政预算管理;任何单位和个人不得截留、挪用、贪污、私分。计划生育工作必要的经费,由各级政府财政予以保障。这其实就是收支分离制度最直接的体现。然而在实践中,地方政府直接将其收支挂钩的情况仍然屡见不绝。社会抚养费缴入财政后,又被按比例返还给计生部门作为其办公经费和人员开支,不仅用途的正当性存在问题,财政管理的程序也明显有瑕疵,导致很多地方对超生漠视,对创收热情高涨。参见董碧水:《社会抚养费究竟抚养了谁?》,载《中国青年报》2013年7月12日,第1版。

准则。只有这样,人民才有可能通过预算控制政府的“钱袋子”。我国《预算法》虽然确立预算授权制度,但并未清晰界定其内容和效力,违反预算授权的法律责任也比较含糊,导致财政开支纪律松散,腐败和浪费现象频生。2014 年修订的《预算法》在这方面有所强化,可以更好地发挥规范政府支出的作用。相信预算授权将成为未来财税改革中的重头戏。

## 一、预算授权制度的重要意义

2019 年,我国一般公共预算收入约 19 万亿元,政府性基金预算收入约 7.8 万亿元,国有资本经营预算收入约 3365 亿元,三项之和超过 27 万亿元。[2] 如此巨额的资金如何开支,才能保证其符合公共目的,这对国家治理能力是一个挑战。可供考虑的第一个选择是,政府享有决定支出的权力,不受任何外在力量的制约。也许政府内部也可以分权,例如,职能部门编制预算,财政部门汇总预算,政府首长审批预算,就像 2009 年之前试点的国有资本经营预算一样。甚至政府首长也会要求下属部门,未经预算不得开支财政资金。但是,这种不受民主统制的财政支出模式明显违反我国《宪法》确立的人民主权原则,与现代国家的品性格格不入。《宪法》因此选择了第二种模式,即国务院享有预算编制权,审批预算的权力则保留在全国人大。这意味着,政府无权自行决定财政开支;未经预算,政府开支缺乏法律效力。这种模式的选择和确立,本身就是预算授权制度的体现。

预算授权制度的意义体现在三个方面:

第一,预算授权是财政民主主义的要求。《宪法》第 2 条规定,中华人民共和国一切权力属于人民。人民行使权力的机构是各级人大。政府的财政权力同样源于人民,其具体行使也需要经过人民授权。如果财政支出无须预算授权,就意味着政府可以随意花钱,意味着人民对财政失去最终控制。事实上,无论执政者如何宣称自己代表人民利益,只要没有良好的制度约束,权力滥用都不可避免。既然社会主义财政承认“取之于民”,为了保证“用之于民”,就必须尊重人民的决定权,让政府臣服于人民主权之下。预算授权就是将权力关进制度笼子的良方。

第二,预算授权是现代财政制度的要求。党的十八届三中全会要求建立“现代财政制度”。现代财政制度不仅仅体现于先进的理念,更需要落实于先进的制度,财政支出的预算授权就是其中之一。相比于设立政府机构和任命政府官员,预算授权属于一年一度的经常性活动,不仅可以监控政府的总开支,还可以掌握不同类型的具体开支,深入政府的日常业务中,为控制和监督政府提供了便利手段。虽然直接行使预算决定权的是代议制机构,但是,人民和代议制机构以及政府之间存在各种形式的制度互动。正是这种互动,奠定了现代财政制度的根基。

第三,预算授权是政府科学管理的要求。预算不仅是管理政府的工具,也是政府管理的工具。即便在专制体制下,从加强资金管理效能的角度看,政府也有编制资金使用计

---

〔2〕 参见《关于 2018 年中央和地方预算执行情况及 2019 年中央和地方预算草案的报告》,载 http://www.mof.gov.cn/zhengwuxinxi/caizhengxinwen/201903/t20190318_3194653.htm,最后访问日期:2019 年 6 月 25 日。

划、实现财政开支内部授权的要求。民主国家建立之后,人民通过代议制机构对财政开支实行预算授权,凭借制度约束提高政府财政管理的效能,可以最大限度地降低政府开支的随意性,防止腐败和浪费。从科学管理的角度看,相比政府的自觉自省,这种模式的效用更加持久和可靠,更能提高财政资金使用的效率。

## 二、预算授权制度的基本内容

对财政开支进行预算授权,这是现代民主国家的通例,我国也不例外。继《宪法》确认人大的预算审批权之后,《预算法》进一步明确了预算授权的流程,将其从原则落实到具体的制度和规则。综合而言,预算授权制度包括以下内容:

第一,预算程序即财政授权的过程。如前所述,按照现代民主国家的要求,政府依法获取财政收入后,本身无权动用这些资金,除非得到恰当的授权。既然我们承认人民是国家的主人,国家一切权力源于人民,那么决定财政资金如何使用的权力,就只能由人民通过某种方式行使。政府根据其职能编制财政预算,报送人大审查批准,就是人民行使决定权的过程,也就是对财政支出进行授权的过程。因此可以说,预算法就是财政授权法,没有预算的授权,政府无权开支。

既然预算是对政府的授权,就政府而言,在预算授权范围内开支即属合法,超过预算授权的范围就是违法。基于授权的法律性质,对于已经审批的预算项目,如果政府缩小或者取消开支,不应该定性为违法。这是因为,在授权范围内,政府拥有审时度势相机决策的权力,如果有机会节约资金,没有必要反其道而行之,强迫政府将钱花出去。政府一旦决策失误,导致影响民生或建设,也需要承担相应的责任,只是这种责任与预算法无关。

第二,预算授权是应申请而为的授权。就财政开支而言,对政府的预算授权可以有两种方式。一种是直接由立法机关编制资金使用计划,授权政府照章行事。政府在预算范围内所进行的财政开支,都具有合法性。这种模式意味着预算编制和审批权都集中在立法机关,政府只是负责执行。从技术上考虑,由于立法机关无法深入行政细节,不能准确测定每个环节的资金需求,客观上也无法编制出科学合理的财政预算。从建立责任政府的角度看,这种模式不利于调动政府的施政积极性,也不利于厘清政府与立法机关之间的责任。

目前各国普遍采用的是另一种模式,即政府根据施政需要编制资金使用计划,申请立法机关授权,立法机关审议批准政府提交的预算草案,完成预算授权程序。在这种模式下,虽然资金使用需要经过立法机关审批,但是编制预算的权力仍然在政府,政府的施政计划和财政计划可以协调统一。一旦预算执行达不到理想效果,审批机关对此无须承担责任,需要对此负责的仍然是政府。我国《宪法》和《预算法》所确立的也是这种授权结构。

第三,未经预算授权的开支违法。《预算法》第13条规定,经人大批准的预算,非经法定程序,不得调整。各级政府、各部门、各单位的支出必须以经批准的预算为依据,未列入预算的不得支出。这可以说是我国法律关于预算效力的直接依据。不过,本条实际上只能适用于财政支出,不能适用于财政收入。正如《预算法》第55条所言,预算收入征收部门和单位必须依照法律、行政法规的规定,及时、足额征收应征的预算收入。言外之意,收入征收无须经过预算授权,遵循法律和行政法规即可。不得违反预算授权的,是财政开支。

未经预算授权的财政开支主要有两类,一是支出方案完全不在预算范围内,属于新增项目;二是对已有的项目扩大支出范围,增加支出额度。既然我国已在2011年全面取消预算外资金,财政性资金全部纳入预算管理,[3]就应该旗帜鲜明地坚持任何未经预算的支出都属于违法,都必须追究法律责任。如果因为情况发生变化,需要追加资金或者增列开支项目,政府必须报送预算调整方案,提交本级人大常委会审批。不能因为情况紧急,就置预算授权程序于不顾;也不能因为存在超收收入,就允许政府自行动用公款。

第四,预算授权的原则性与灵活性。未经预算不得开支,这是预算授权的基本原则。在此前提下,预算授权也需要考虑情势变更的因素,从制度设计上兼顾政府施政的灵活性。例如,如前所述,政府视情况而减少预算支出,不能被认定为违反预算法。另外,可以设计预备费制度,安排一定规模的应急资金,应付预算年度中可能的意外情况。实在需要调整预算总规模的,必须履行预算调整程序,报立法机关批准。如果支出的总规模不变,只是在科目之间调剂用途,除非属于法定开支项目或者重要开支项目,一般可以授权政府自行决定。鉴于我国预算分为政府、部门、单位三个层面,可以考虑根据金额大小授权不同层级的行政首长。例如,一定额度范围内的科目调剂,单位领导可以决定;超出范围的,由部门领导决定;金额继续增大的,则可以考虑由财政部门领导或政府首长决定。总之,预算授权不能过于机械和僵化,必须考虑政府施政的灵活性。

### 三、违反预算授权的法律责任

违反预算授权的财政开支,必须被追究法律责任,否则预算的权威性将荡然无存,财政纪律也会被破坏殆尽。而要做到这一点,一是需要建立良好的监督追责机制,二是要明确违法行为的法律责任,二者缺一不可。

就监督追责机制而言,《预算法》专设第九章,赋予了各级人大及其常委会监督本级预算、决算的权力。例如,各级人大和县级以上各级人大常委会有权就预算、决算中的重大事项或者特定问题组织调查;各级人大和县级以上各级人大常委会举行会议时,人大代表或者常委会组成人员可以就预算、决算中的有关问题提出询问或者质询;国务院和县级以上地方各级政府应当在每年6月至9月向本级人大常委会报告预算执行情况。

就法律责任而言,《预算法》专设了第十章,虽然只有5条,但覆盖范围较广,且都涉及财政支出。例如,第92条规定,各级政府及有关部门有下列行为之一的,责令改正,对负有直接责任的主管人员和其他直接责任人员追究行政责任:(1)未依照本法规定,编制、报送预算草案、预算调整方案、决算草案和部门预算、决算以及批复预算、决算的;(2)违反本法规定,进行预算调整的;(3)未依照本法规定对有关预算事项进行公开和说明的;(4)违反规定设立政府性基金项目和其他财政收入项目的;(5)违反法律、法规规定

---

〔3〕 参见《财政部关于将按预算外资金管理的收入纳入预算管理的通知》(财预〔2010〕88号)。

使用预算预备费、预算周转金、预算稳定调节基金、超收收入的;(6)违反本法规定开设财政专户的。

《预算法》第93条规定,各级政府及有关部门、单位有下列行为之一的,责令改正,对负有直接责任的主管人员和其他直接责任人员依法给予降级、撤职、开除的处分:(1)未将所有政府收入和支出列入预算或者虚列收入和支出的;(2)违反法律、行政法规的规定,多征、提前征收或者减征、免征、缓征应征预算收入的;(3)截留、占用、挪用或者拖欠应当上缴国库的预算收入的;(4)违反法律规定,改变预算支出用途的;(5)擅自改变上级政府专项转移支付资金用途的;(6)违反本法规定拨付预算支出资金,办理预算收入收纳、划分、留解、退付,或者违反本法规定冻结、动用国库库款或者以其他方式支配已入国库库款的。

《预算法》第94条规定,各级政府、各部门、各单位违反本法规定举借债务或者为他人债务提供担保,或者挪用重点支出资金,或者在预算之外及超预算标准建设楼堂馆所的,责令改正,对负有直接责任的主管人员和其他直接责任人员给予撤职、开除的处分。

《预算法》第95条规定,各级政府有关部门、单位及其工作人员有下列行为之一的,责令改正,追回骗取、使用的资金,有违法所得的没收违法所得,对单位给予警告或者通报批评;对负有直接责任的主管人员和其他直接责任人员依法给予处分:(1)违反法律、法规的规定改变预算收入上缴方式的;(2)以虚报、冒领等手段骗取预算资金的;(3)违反规定扩大开支范围、提高开支标准的;(4)其他违反财政管理规定的行为。

但是在实践中,人大及其常委会很难启动特别调查程序,人大代表或常委会组成人员的询问、质询权也没有起到应有的作用。政府每年向人大或其常委会报告预算执行情况虽然不难做到,但如果没有专业机构和人员的辅助,一旦信息笼统粗略,即便其中存在问题,在会期紧张、审查时间有限的情况下,也不太可能被发现。至于违反预算授权的法律责任,目前都只是局限于行政责任,追责主体是政府自己,立法机关和司法机关无法介入;承责主体也只限于负有直接责任的主管人员和其他直接责任人员,背后真正行使决定权的高级领导不在追责范围。按照这个模式运作下去,财政支出很难严格遵守预算授权,因为缺乏遵守规则的动力和压力。

## 第三节　支出基准制度

在规范财政支出行为时,除了要遵守预算授权之外,还要考虑支出基准。支出基准是指事先确定的财政支出标准,包括数量方面的基准和行为方面的基准。支出基准既是预算编制的依据,也是预算执行时政府实际开支的依据。支出基准和预算授权分别从实体和程序两个方面约束政府财政开支。一项具体的开支,即便得到了立法机关的预算授权,如果不符合支出基准的要求,也不得进行实际开支。

## 一、支出基准的重要意义

尽管预算是一个资源分配和政治博弈的平台,可以凭借政府的专业和立法机关的权威,尽可能科学地确定财政支出的规模和方向,但是,并不见得事无巨细都要通过预算分配财政资金。事实上,面对林林总总的财政主体与纷繁复杂的财政行为,要求预算编制和审批机关在有限时间内洞悉每个细节,是不可能完成的任务。例如,就公务员工资而言,每个人的职位、工龄、绩效都不一样,政府编制预算草案时,不可能深入了解每个公务员的情况,只能报出一个工资总额。对立法机关而言,它也不可能对每一个公务员的工资作出评判,能够对工资总额进行若干年份的对比,并结合生活水平上升及物价变动的因素来确定开支是否合理,就已经很不错了。

事实上,政府预算公务员工资时,其数据并非源于想象,而是基于现实的依据。例如,国务院《关于改革公务员工资制度的通知》(国发〔2006〕22 号)规定了公务员基本工资构成、不同职务和级别的工资标准以及基本工资的正常晋升办法。在实际发放工资时,除了遵守预算总额的限制外,也必须遵守公务员工资规则。可见,预算授权与支出基准相辅相成,共同发挥约束财政支出的作用。

支出基准往往通过立法程序单独规定,尽管立法的效力层级大都不高,中央部委和地方政府的规范性文件居多。支出基准之所以有存在的必要性,除了合法性方面的考虑外,效率方面的追求也是重要因素。例如,对于工资福利、会议费和差旅费等大量反复发生的项目,事先确定标准并普遍适用于所有对象,可以有效降低预算过程中的协商成本,提高人们对财政行为和自身利益的可预见性。

当然,只有科学合理的支出基准,才能真正发挥其配合预算的作用。如果基准本身就不合理,要么会损害相关当事人利益,要么会浪费财政资金,增大纳税人的负担,对预算反而产生副作用。为了避免自肥,凡是涉及政府及其工作人员利益的,如工资福利标准、办公用房标准、差旅费报销标准,不应该由政府自己行使决定权,而应该由立法机关启动立法程序。此外,决策过程还应该尽量公开透明,采纳吸收社会公众的意见。

## 二、支出基准的表现形式

在我国现行财政法体系中,支出基准大致可以分为法定支出、支出定额、支出限额和禁止支出事项,分述如下:

### (一)法定支出

所谓法定支出,是指有关法律法规明确规定了支出比例或增长幅度要求的特定支出项目。目前,各级财政一般将支农支出、教育支出、科技支出作为法定支出来安排。例如,《农业法》第 38 条规定,国家逐步提高农业投入的总体水平。中央和县级以上地方财政每年对农业总投入的增长幅度应当高于其财政经常性收入的增长幅度。《教育法》第 55、56 条规定,国家财政性教育经费支出占国民生产总值的比例应当随着国民经济的发展和财政收入的增长逐步提高。全国各级财政支出总额中教育经费所占比例应当随着国民经济的发展逐步提高。各级政府教育财政拨款的增长应当高于财政经常性收入的增长，并使按在校学生人数平均的教育费用逐步增长，保证教师工资和学生人均公用经费逐步增长。《科学技术进步法》第59条规定，国家逐步提高科学技术经费投入的总体水平；国家财政用于科学技术经费的增长幅度，应当高于国家财政经常性收入的增长幅度。全社会科学技术研究开发经费应当占国内生产总值适当的比例，并逐步提高。第61条规定，审计机关、财政部门应当依法对财政性科学技术资金的管理和使用情况进行监督检查。任何组织或者个人不得虚报、冒领、贪污、挪用、截留财政性科学技术资金。这就是学理上的法定支出，其开支标准或增长基准由法律直接规定。尽管这种方式频遭诟病，比如使政府预算权受到限制，以及不能照顾不同地方不同需求的问题等，但是，这种直接确定支出标准的做法，毫无疑问属于立法机关的权限，今后是继续保留还是取消，取决于立法机关的裁量。

### （二）支出定额

支出定额是指财政部门对行政事业单位开展业务活动，完成行政工作任务所规定的经费支出额度。支出定额是编制、核定单位预算、考核资金使用效益的重要依据之一，也是财务活动分析、监督和检查单位预算执行的依据。

支出定额由财政部门或主管部门会同财政部门制定。各单位在其范围内根据本单位的实际情况制定若干具体项目。制定支出定额需要遵循一系列原则。其一，既要保证合理的需要，又要考虑财力的可能；其二，既要坚持区别对待，又要注意综合平衡；其三，既要具有先进性，又要切实可行；其四，既要保持相对稳定，又要根据变化的情况适时进行调整。

划分标准不同，支出定额的表现形式也会有所不同。其一，按开支范围划分，可分为单项定额和综合定额。单项定额是指某一项具体开支的定额，如电费定额、水费定额、办公费定额等；综合定额是根据同类型、同性质的单项开支，加以综合、分析、平衡后制定的定额，如公务费定额是按办公费、差旅费、水费、电费、邮电费、公用取暖费等单项定额制定的。其二，按费用形态划分，可分为实物定额和货币定额。实物定额是按实物数量规定的各项开支额度，如一所中学按教学大纲规定进行教学实验应配备的仪器设备和应消耗的各种材料数量；货币定额是实物定额的货币表现形式，按实物数量乘以价格折算而成，如一所中学的教学实验费用就是根据确定的实验设备、消耗材料等实物定额，分别乘以价格折算出来的；有的货币定额可直接按费用开支标准计算产生，如人员工资、差旅费、会议费等。但各种定额最终都要以货币形式表现出来。

既然称其为定额，说明标准固定不变，只要符合条件，就必须按章执行。例如，国务院《关于改革公务员工资制度的通知》（国发〔2006〕22号）规定，公务员工资构成包括职务工资和级别工资。职务工资主要体现公务员的工作职责大小。一个职务对应一个工资标准，领导职务和相当职务层次的非领导职务对应不同的工资标准。级别工资主要体现公务员的工作实绩和资历。每一职务层次对应若干个级别，每一级别设若干个工资档次。公务员根据所任职务、德才表现、工作实绩和资历确定级别与级别工资档次，执行相应的级别工资标准。只要能确定相应的职务和级别,公务员的工资标准就可以确定,无须借助任何行政裁量。

(三)支出限额

所谓限额,是指规定支出的下限或上限,作为编制预算和实际开支的依据。标准指向的对象既包括绝对值,也包括增长或降低的比例。

例如,为节约会议经费开支,2014 年 1 月 1 日实行的《中央和国家机关会议费管理办法》规定,各单位召开的会议实行分类管理、分级审批,要严格控制会议规模。其中,一类会议会期和参会人员按照批准文件,根据工作需要从严控制;二、三、四类会议会期不得超过 2 天,传达、布置类会议不得超过 1 天;二类会议人员不得超过 300 人,三类会议人员不得超过 150 人,四类会议一般不得超过 50 人。会议费开支范围包括会议住宿费、伙食费、会议室租金、交通费等方面。会议费实行综合定额控制,一类会议每人每天 660 元,二类会议 550 元,三、四类会议 450 元。这里所提到的会议规模和会议费标准都是上限,执行单位不得超过,但可以降低。《中央和国家机关差旅费管理办法》中所提到的差旅费标准,也属于这种类型。

在压缩财政支出方面,2013 年 7 月,财政部发出通知,要求中央国家机关各部门对 2013 年一般性支出统一按 5% 的比例压减,重点压减办公楼和业务用房建设及修缮支出、会议费、办公设备购置费、差旅费、车辆购置和运行经费、公务接待费、因公出国(境)经费等。[4] 这只是近年来中央压缩一般性支出的努力之一,地方也在不断跟进。这种限额虽然以比例的方式表达出来,但由于基数是确定的,需要削减的金额最终可以明确,对财政支出产生直接的约束力。

(四)禁止支出事项

禁止支出本身就是一种基准,它从反面对财政支出构成限制,相当于一条不得逾越的红线,无论是预算编制还是预算执行,政府都不得对其安排资金;即便已经列编预算,审批机关也应该予以否决。相关的实例如 2013 年 7 月 23 日,中共中央办公厅、国务院办公厅印发《关于党政机关停止新建楼堂馆所和清理办公用房的通知》,自文件印发之日起 5 年内各级党政机关一律不得以任何形式和理由新建楼堂馆所,包括停止新建、扩建、迁建、购置楼堂馆所;严禁以"学院""中心"等名义建设楼堂馆所;对于已批准但尚未开工建设的楼堂馆所项目,一律停建。有了这项禁令之后,新建楼堂馆所就失去了合法性,财政支出也失去了合法性。

## 三、支出基准的法律效力

支出基准是财政支出的基本准则,无论是法定支出基准还是支出定额、限额,包括禁

---

〔4〕 参见《中央国家机关各部门对 2013 年一般性支出按 5% 压减》,载 http://news.xinhuanet.com/2013-07/07/c_116436686.htm,最后访问日期:2019 年 6 月 20 日。

止支出事项，对财政开支都具有约束力。支出基准可以有法律、行政法规、部门规章、地方性法规以及规范性文件等各类形式，在其效力范围内，任何机构或个人都不得违反。对于违反基准的财政开支，除了追究相关人员的法律责任外，能追回的款项应予追回，能索赔的损失应该索赔。对于已经形成资产的开支，如兴建楼堂馆所、购买高档汽车等，则可以通过拍卖、变卖方式处理，所得资金收归国库。

从效果上看，一项开支要取得合法性，既要得到预算授权，也要符合支出基准。仅有预算授权而不符合支出基准的行为，终会被认定为违法。这是因为，预算属于授权性行为，政府并非必须完成各项预算项目，而是可以根据情况斟酌决定，或者依照法定程序进行调整。而支出基准属于强制性标准，任何机构和个人都不得违反。突破基准即构成违法，需要被追究法律责任。

## 第四节 国库集中支付制度

国库集中支付制度改革是我国财政支出管理制度改革的重要内容，是我国建立公共财政框架的重要组成部分。实行国库集中支付，其实质就是将政府所有财政性资金（包括预算内和预算外资金）集中在国库或国库指定的代理行开设的账户，所有财政支出（包括预算内和预算外支出）均通过这一账户进行拨付，以进一步增强财政资金支出的透明度，提高财政资金的使用效益。

我国于2001年启动国库制度改革，其主要内容即国库集中支付制度。具体的标志是2001年3月16日财政部发布《财政国库管理制度改革试点方案》（财库〔2001〕24号）。根据该方案的要求，2001年7月，财政部下发《财政国库管理制度改革试点会计核算暂行办法》；2002年5月和7月，财政部和中国人民银行相继发布《中央单位财政国库管理制度改革试点资金支付办法》和《中央单位财政国库管理制度改革试点资金银行支付清算办法》；2003年12月，财政部下发《财政国库管理制度改革试点年终预算结余资金管理暂行办法》。此外，各地也根据自己的情况开展了国库制度改革。

### 一、国库的法律地位及其职能

通常而言，国库是指国家金库，是一个存放具体实物、货币和黄金的库房。但现代意义上的国库已经不再限于物理意义上的库房，它担负着管理财政资产和负债，反映预算执行情况的职能。国库的职能已由传统的"库藏"管理发展成全面的财政管理，即控制政府预算内、外资金，管理政府现金和债务等。传统的"财产"国库逐步发展为"财政"国库。

每个国家都有自己的国库制度。日本的国库由财务省主管，但绝大部分具体业务委托中央银行实施。1993年，俄罗斯政府颁布了建立联邦国库的政府令，在俄罗斯财政部设立了联邦国库管理局，委托中央银行具体管理。美国的国库预算由财政部主管，但财政部主要是管理资金的使用,具体保管是由其下属的美国国库局来执行。

我国很早就建立了国库制度。1950 年 3 月 3 日,政务院公布《中央金库条例》,规定设立中央金库,各级金库均由中国人民银行代理,一切国家财政收入均由经收机关按照规定期限全额交纳同级金库,除特别有规定者外,不得坐支及自行保管;金库款的支配权属于财政部,各级金库间存款的运解调度权属于中央总金库。1950 年 3 月 25 日,财政部制定了《中央金库条例施行细则(草案)》并通知试行。该施行细则对收解款项手续、支拨款手续、会计科目、账簿、报告制度、往来项目的处理等作了详细规定。1952 年 12 月 22 日,财政部正式发布《中央金库条例施行细则》。

1985 年 7 月 27 日,国务院废止了《中央金库条例》,同时发布实施《国家金库条例》。与此相适应,1986 年 1 月 1 日,财政部发布《国家金库条例实施细则(试行)》。《国家金库条例》规定,中国人民银行具体经理国库,各级库款的支配权按照国家财政体制的规定,分别属于同级财政机关,初步形成了国家预算资金收支办理和国家国库库款支配权相分离的国家预算资金管理体制。

国库最基本的职责是负责办理国家预算资金的收入和支出,具体说就是办理国家预算收入的收纳、划分和留解,以及办理国家预算支出的拨付。《国家金库条例》规定,按照统一组织国家财政收支的原则,国家的一切预算收入应按照规定全部缴入国库,任何单位不得截留、坐支或自行保管;国家的一切预算支出一律凭各级财政机关的拨款凭证,经国库统一办理拨付。这里规定的一切预算收入全部缴入国库,一切预算支出经国库统一拨付,是办理国家预算收支的最基本原则。

除了负责办理国家预算资金的收入和支出外,《国家金库条例》还规定,国库必须认真贯彻执行国家的方针、政策和财经制度,发挥国库的促进和监督作用。国库监督职权主要体现在:督促检查国家预算收入是否按照规定全部缴入国库,发现违法不缴的,要及时查处;对擅自变更各级财政之间收入划分范围、分成留解比例,以及随意调整库款账户之间存款余额的,国库有权拒绝执行;监督财政存款的开户和财政库款的支拨等。

1995 年 1 月 1 日生效的《预算法》第 48 条规定,县级以上各级预算必须设立国库;具备条件的乡、民族乡、镇也应当设立国库。中央国库业务由中国人民银行经理,地方国库业务依照国务院的有关规定办理。2014 年 8 月《预算法》修改后进一步要求,各级国库应当按照国家有关规定,及时准确地办理预算收入的收纳、划分、留解、退付和预算支出的拨付。各级国库库款的支配权属于本级政府财政部门。除法律、行政法规另有规定外,未经本级政府财政部门同意,任何部门、单位和个人都无权冻结、动用国库库款或者以其他方式支配已入国库的库款。各级政府应当加强对本级国库的管理和监督,按照国务院的规定完善国库现金管理,合理调节国库资金余额。

1995 年 3 月 18 日,《中国人民银行法》颁布生效,“经理国库”被确定为中国人民银行的一项主要职责。2003 年 12 月 27 日,全国人大常委会对《中国人民银行法》进行修改,对中国人民银行“经理国库”职责作了补充,规定中国人民银行有权对金融机构“代理中国人民银行经理国库行为”和“执行有关资金清算管理规定行为”进行检查监督。从以上法律规定可知,我国目前实行委托国库制,而不是独立国库制。独立国库制是指国家专门设立相应的机构办理国家财政预算收支的保管、出纳工作。委托国库制是指国家不单独设立机构，而是委托中央银行代理国库业务。

在预算和国库制度改革过程中，财政部建立独立国库的呼声较高，而中国人民银行则坚持委托国库制。在《预算法》修改的过程中，围绕国库体制曾发生激烈争议。财政部试图全面主导国库管理和运营，将中国人民银行“经理国库”的职能改为“代理国库”。经理国库意味着央行独立行使法定职责，不依附于任何其他机构，可以对支付指令的合规性进行独立判断。代理国库意味着央行只是代理人的职责，必须服从被代理人的命令，无法独立审查支付指令的合规性。全国人大从有利于加强财政资金监管的角度出发，决定维持现有的规定，央行经理国库的体制得以保留，同时增加要求各级政府按照国务院的规定完善国库现金管理，合理调节国库资金余额。

从目前的情况看，中国人民银行负责国家支付、清算系统的正常运行，在中国的支付清算体系中处于核心地位；中国人民银行作为中央银行，不以盈利为目标，有利于国家财政资金的安全；中国人民银行作为银行，具有完备的会计、核算、审计监察制度，有利于国家财政资金的管理；中国人民银行作为国家机关，实行垂直管理，有利于加强对国家财政资金的监督。因此，委托国库制仍然具有生命力。

## 二、2001 年国库管理制度改革的试点内容

在 2001 年之前，我国财政性资金的缴库和拨付方式是通过征收机关和预算单位设立多重账户分散进行的。这种在传统体制下形成的运作方式，不能适应市场经济体制下公共财政的发展要求，其主要弊端有：重复和分散设置账户，导致财政资金活动透明度不高，不利于对其实施有效管理和全面监督；财政收支信息反馈迟缓，难以及时为预算编制、执行分析和宏观经济调控提供准确依据；财政资金入库时间延滞，收入退库不规范，大量资金经常滞留在预算单位，降低了使用效率；财政资金使用缺乏事前监督，截留、挤占、挪用等问题时有发生，甚至出现腐败现象。因此，《财政国库管理制度改革试点方案》要求，必须对财政国库管理制度进行改革，逐步建立和完善以国库单一账户体系为基础、资金缴拨以国库集中收付为主要形式的财政国库管理制度。

### （一）建立国库单一账户体系

1. 国库单一账户体系的构成

（1）财政部门在中国人民银行开设国库单一账户，按收入和支出设置分类账，收入账按预算科目进行明细核算，支出账按资金使用性质设立分账册。

（2）财政部门按资金使用性质在商业银行开设零余额账户；在商业银行为预算单位开设零余额账户。

（3）财政部门在商业银行开设预算外资金财政专户，按收入和支出设置分类账。

（4）财政部门在商业银行为预算单位开设小额现金账户。

（5）经国务院和省级政府批准或授权财政部门开设特殊过渡性专户（以下简称特设专户）。

建立国库单一账户体系后,相应取消各类收入过渡性账户。预算单位的财政性资金逐步全部纳入国库单一账户管理。

2. 国库单一账户体系中各类账户的功能

(1)国库单一账户为国库存款账户,用于记录、核算和反映纳入预算管理的财政收入和支出活动,并用于与财政部门在商业银行开设的零余额账户进行清算,实现支付。

(2)财政部门的零余额账户,用于财政直接支付和与国库单一账户支出清算;预算单位的零余额账户用于财政授权支付和清算。

(3)预算外资金财政专户,用于记录、核算和反映预算外资金的收入和支出活动,并用于预算外资金日常收支清算。

(4)小额现金账户,用于记录、核算和反映预算单位的零星支出活动,并用于与国库单一账户清算。

(5)特设专户,用于记录、核算和反映预算单位的特殊专项支出活动,并用于与国库单一账户清算。

上述账户和专户要与财政部门及其支付执行机构、中国人民银行国库部门和预算单位的会计核算保持一致性,相互核对有关账务记录。

在建立健全现代化银行支付系统和财政管理信息系统的基础上,逐步实现由国库单一账户核算所有财政性资金的收入和支出,并通过各部门在商业银行的零余额账户处理日常支付和清算业务。

### (二)规范收入收缴程序

适应财政国库管理制度的改革要求,将财政收入的收缴分为直接缴库和集中汇缴。直接缴库是由缴款单位或缴款人按有关法律、法规规定,直接将应缴收入缴入国库单一账户或预算外资金财政专户。集中汇缴是由征收机关(有关法定单位)按有关法律、法规规定,将所收的应缴收入汇总缴入国库单一账户或预算外资金财政专户。

### (三)规范支出拨付程序

财政支出总体上分为购买性支出和转移性支出。根据支付管理需要,具体分为:工资支出,即预算单位的工资性支出;购买支出,即预算单位除工资支出、零星支出之外购买服务、货物、工程项目等支出;零星支出,即预算单位购买支出中的日常小额部分,包括《政府采购品目分类表》所列品目以外的支出,以及列入《政府采购品目分类表》所列品目,但未达到规定数额的支出;转移支出,即拨付给预算单位或下级财政部门的支出,包括拨付企业补贴和未指明具体用途的资金、中央对地方的一般或专项转移支付等。

按照不同的支付主体,对不同类型的支出分别实行财政直接支付和财政授权支付。

1. 财政直接支付

由财政部门开具支付令,通过国库单一账户体系,直接将财政资金支付到收款人(商品和劳务供应者)或用款单位账户。实行财政直接支付的支出包括:工资支出、购买支出以及中央对地方的专项转移支付,拨付企业大型工程项目或大型设备采购的资金等,直接支付到收款人;转移支出(中央对地方专项转移支出除外),包括中央对地方的一般性转移支付中的税收返还、原体制补助、过渡期转移支付、结算补助等支出,对企业的补贴和未指明购买内容的某些专项支出等,支付到用款单位(包括下级财政部门和预算单位)。

2. 财政授权支付

预算单位根据财政授权,自行开具支付令,通过国库单一账户体系将资金支付到收款人账户。实行财政授权支付的支出包括未实行财政直接支付的购买支出和零星支出。

### 三、国库集中支付制度的进一步改革

推行国库集中支付制度改革具有重要的现实意义。首先,它有利于库款统一调度,降低财政资金运行成本,提高财政资金使用效益;其次,它有助于强化财政预算执行,有效防止单位挤占、挪用和截留财政资金;最后,它有利于健全财政监督机制,从源头上有效预防和遏制腐败。不过,由于国库集中支付是一项新措施,其在推行过程中必然会遇到阻力。例如,一些部门和单位可能会由于原先既得利益受损而对改革产生抵触情绪;作为国库集中支付基础的部门预算,其编制和管理还不够规范;信息化建设尚不能完全满足国库集中支付的要求;预算外资金管理还不够健全到位等。尽管如此,从财政规范化的角度看,只有实行国库集中支付,才有可能遏制政府财力分散以及各种可能的财政浪费。因此,随着我国财政法制化的深入,国库集中支付仍将是推进的重点。

2011 年,财政部发布《关于进一步加强和规范财政资金管理的通知》,其对国库管理提出了三方面的要求:(1)进一步优化非税收入收缴流程,在取消执收单位设立的过渡性账户的基础上,实现非税收入直接上缴财政。(2)深化完善国库集中支付改革,确保 2012 年年底前,所有市县、所有预算单位和所有财政性资金全部实施到位;进一步完善国库集中支付运行机制,提高资金运行效率和效益;积极推进公务卡改革,推行公务卡强制结算目录制度;推进会计集中核算向国库集中支付转轨。(3)严格规范财政专户和预算单位银行账户管理,凡是没有国务院、财政部、省级政府和省级财政部门有效文件依据的财政专户,要全部予以撤销;凡是属于同类或相似资金性质的财政专户,要按规定合并到一个财政专户分账核算;凡是一年内没有发生资金往来业务的专户,要立即办理撤户手续,专户资金余额应按规定转入国库或在其他财政专户中分账核算。要积极创造条件,逐步将预算单位实有资金账户纳入国库单一账户体系。要规范财政专户和预算单位银行账户开户银行的选择方式,应当实行招投标的要坚决采用招投标方式。

目前,虽然经过不断清理,我国仍然存在大量的财政专户,国库集中支付的难度不小,也严重威胁财政资金的安全,降低了资金使用的效率。虽然从广义上可以说,财政专户已经纳入国库集中支付体系,但是,这种纳入只是就净额而言的,国库并不能实施监控财政专户每笔资金的往来,而只是周期性地接受财政专户的结果性信息。因此,在《预算法》修改的过程中,我们曾经提出,应该旗帜鲜明地取消财政专户,将所有的财政资金纳入国库集中支付系统。即便政府部门或机构有必要设置过渡账户,也必须实行每日零余额管理,保证国库对财政专户的实时监控权。

修改后的《预算法》第 56 条规定,政府的全部收入应当上缴国家金库,任何部门、单

位和个人不得截留、占用、挪用或者拖欠。对于法律有明确规定或者经国务院批准的特定专用资金,可以依照国务院的规定设立财政专户。第61条规定,国家实行国库集中收缴和集中支付制度,对政府全部收入和支出实行国库集中收付管理。可见,《预算法》修改后的结果是,财政专户制度虽然得以保留,但是其设立程序变得更加严格,只有在极为特殊的情况下才允许其存在,一般情况下都应该实行国库集中收缴和集中支付制度。

## 第五节 政府集中采购制度

### 一、我国政府集中采购的立法概况

政府集中采购是指一国政府部门、政府机构以及直接或间接受政府控制的企事业单位,为实现其相关职能、满足公共利益要求,使用公共资金获得货物、工程和服务的财政基本支出行为。

我国政府集中采购制度的立法研究和发展进程,大致可以划分为几个阶段:

第一阶段为1998年以前。在这一时期,一些经济发达的城市开始有意识地规范政府的集中采购活动,如1995年上海市财政局率先开展政府集中采购试点。部分财政实务工作者和财政理论研究者开始初步介绍政府集中采购制度,讨论政府集中采购立法的必要性和可行性,如1996年财政部专家组通过参加亚太经合组织的政府集中采购专家组活动、出国专题考察及举办国际研讨会等方式,对政府集中采购制度进行了比较全面的了解。之后,专家组结合一些地方财政部门的政府集中采购试点情况,对在我国建立政府集中采购制度的可行性问题进行了比较系统的研究,并于1997年12月和1998年5月向国务院法制局提出了制定《政府采购法》的建议。1998年7月4日《国务院办公厅关于印发财政部职能配置内设机构和人员编制规定的通知》(国办发〔1998〕101号)中,将拟定和执行政府集中采购政策明确作为财政部的主要职责之一。〔5〕

第二阶段为1998年至2002年6月。在这一时期,发生了两件具有标志性意义的事件:一是1998年深圳市制定了《深圳经济特区政府采购条例》,这是我国第一部规范政府集中采购行为的地方性法规,此后不少中央部委和省市也纷纷颁布类似法规规章;二是1998年11月第九届全国人大常委会第五次会议将《政府采购法》纳入立法规划,并于1999年4月9日由全国人大财经委员会牵头成立政府采购法起草小组,正式启动立法起草工作。以这两件事情为契机,法学界开始大规模地关注政府集中采购制度立法,为中国《政府采购法》的制定献计献策。

第三阶段为2002年6月至今。2002年6月29日,经第九届全国人大常委会第28次

---

〔5〕 张月姣:《中国应尽快制定政府采购法》,载《法制日报》1993年10月13日,第3版。

会议审议通过,《政府采购法》正式颁布,并于2002年1月1日起生效实施。《政府采购法》的颁布也标志着法学学者们对政府集中采购的立法研究进入了一个新阶段。一部分学者开始进行普法宣传和条文注释工作,形成了一批注释性读本。[6] 另一部分学者已经开始有意识地摆脱纯注释法学的路径依赖,在法条释义的过程中注意运用比较研究的方法,从国外一些相关立法的内容中抽象出一般原理,对我国的立法进行反思、批判和补足,体现了学者释法的法理优势和理论深度。[7] 还有一部分学者结合立法规定,继续讨论立法前悬而未决的焦点问题,如政府集中采购制度的适用范围、政府集中采购合同的性质、政府集中采购法律关系中各方主体的权利义务等,并针对《政府采购法》的立法不足,检讨了实践中已经或可能出现的适用困境,提出了自己的修正意见。

## 二、政府集中采购的一般原则

政府采购之所以区别于一般商业采购,就在于其是用财政资金,为政府和公共利益服务,所以其法律原则也有不同于一般商业采购之处。《政府采购法》规定了四条原则:公开透明、公平竞争、公正和诚实信用原则。

### (一)公开透明原则

公开透明原则是指所有政府集中采购活动均必须公开进行,这是各国通用的一条原则,贯穿在政府集中采购制度的运行过程中,包括有关集中采购的法律和程序应公开并严格执行;集中采购的项目要求、合同条件、采购过程、采购结果等采购信息要公开;采购活动要逐项做好采购记录以备审查监督;供应商还可对有关活动和程序进行质疑和投诉。正是因为政府集中采购活动公开透明的特性,政府集中采购才被称为"阳光工程"。也只有在阳光下进行,才能最有效地保证政府集中采购的运行实效,使供应商和社会公众了解采购情况,监督采购资金的使用。

### (二)公平竞争原则

公平竞争原则是指政府集中采购要通过公平竞争选择最优的供应商,取得最好的采购效果,所有参加竞争的供应商机会均等并受到同等待遇,不得有任何歧视行为,同时应在程序上保证有利于合同相对方权利的实现。政府集中采购使用的是财政性资金,是纳税人的钱,只有公平竞争才是提高财政性资金使用绩效的最有利方法。为此《政府采购法》还作出了一些相关规定,尤其反对依靠行政首长的命令来决定采购事项。如第19条第2款规定"采购人有权自行选择采购代理机构,任何单位和个人不得以任何方式为采购人指定采购代理机构";第22条第2款规定采购人"不得以不合理的条件对供应商实

[6] 如朱少平主编:《〈中华人民共和国政府采购法〉〈中华人民共和国招标投标法〉条文释义与理解适用》,方正出版社2002年版;扈纪华等:《中华人民共和国政府采购法释义》,中国法制出版社2002年版;曹富国:《中华人民共和国政府采购法释义》,机械工业出版社2002年版;何红锋:《政府采购法详解》,知识产权出版社2002年版。

[7] 曹富国:《中华人民共和国政府采购法释义》,机械工业出版社2002年版。

行差别待遇或者歧视待遇”;第25条第1款规定政府采购当事人“不得以任何手段排斥其他供应商参与竞争”;第64条第2款规定“任何单位和个人不得违反本法规定,要求采购人或者采购工作人员向其指定的供应商进行采购”。只有公平竞争才能保证财政资金的使用效益,也只有公平竞争才能让参与政府集中采购的供应商信服,维护政府集中采购在市场上的声誉,有利于引导整个市场形成良性竞争的环境。

(三)公正原则

公正原则分为在公开、公平原则上所取得的结果的公正和整个操作程序和过程的公正。公正原则在政府集中采购制度中的运用更多体现在确定供应商上,如评标标准明确严格、评标程序的公正、利害关系人的回避制度等。政府集中采购的双方当事人在采购活动中地位平等,任何一方不得向另一方提出不合理的要求,不得将自己的意志强加给对方。公正原则是建立在公开透明和公平竞争基础上的,只有坚持公开透明和公平竞争,才有助于产生公正的集中采购结果。

(四)诚实信用原则

诚实信用原则是民事活动的基本原则,政府行政亦强调对行政相对人信赖利益的保护。政府集中采购包含民事因素与行政因素,无论从何角度审视,皆有必要遵守诚实信用原则。诚实信用原则要求政府采购各方都要诚实守信,不得有欺骗背信的行为,以善意的方式行使权力(利),尊重他人利益和公共利益,忠实地履行合同义务。

## 三、政府集中采购的适用范围

政府集中采购的适用范围,是指受到《政府采购法》规制的采购活动的种类和内容。目前,国际上对于“政府集中采购”或“政府采购”一词从来没有统一的定义,各国也往往是根据一定时期本国的社会经济形势和政府职能状况来决定政府集中采购的适用范围,甚至还经常出于某种特殊因素考虑,将某些典型的政府集中采购行为排除在《政府采购法》调整范围之外。从这一意义上讲,政府集中采购的适用范围以政府采购的法律概念为中心,但又并不完全重合。

(一)政府集中采购活动的种类与内容

政府集中采购的范围包罗万象,国际上通行的做法是按其性质将采购对象分为货物、工程和服务三大类。我国《政府采购法》在第2条中也将采购对象规定为货物、工程和服务。

与政府采购范围相关的另一个问题是门槛金额。门槛金额又称门槛价,指法律设定的适用政府采购法中特定采购模式的采购项目的最低金额标准。它是界定采购标的范围的定量参数,将达不到法定规模的采购项目排除在政府采购法适用范围之外,避免因采购成本相对采购标的过大而泯灭采购效率。门槛金额在我国《政府采购法》中体现为“集中采购目录”和“采购限额标准”两种技术性指标,同时规定禁止拆分采购对象,我国《政府采购法》第28条规定,“采购人不得将应当以公开招标方式采购的货物或者服务化整为零或者以其他任何方式规避公开招标采购”,并规定其具体内容由国务院和省、自治区、直辖市政府或其授权的机构根据采购项目的预算级别分别确定并公布。

(二)政府集中采购适用范围的除外规定

根据《政府采购法》的规定,对于特定类型和地域的采购活动,不适用该法。具体包括:(1)考虑到军事采购的特殊性,军事采购法规由中央军事委员会另行制定;(2)采购人使用国际组织和外国政府贷款进行的政府采购,贷款方、资金提供方与中方达成的协议对采购的具体条件另有规定的,可以适用其规定;(3)因严重自然灾害和其他不可抗力事件所实施的紧急采购及涉及国家安全和秘密的采购,不适用该法。

**四、政府集中采购的当事人**

政府集中采购的当事人是指在政府集中采购活动中享有权利和承担义务的各类主体,包括采购人、采购代理机构和供应商,不包括政府采购的监督管理部门。

(一)采购人

《政府采购法》第15条规定,采购人是指依法进行政府采购的国家机关、事业单位、团体组织。根据我国《宪法》的规定,国家机关包括国家权力机关、国家行政机关、国家审判机关、国家监察机关和军事机关。事业单位是指政府为实现特定目的而批准设立的事业法人。团体组织是指各党派及政府批准设立的社会团体。我国《政府采购法》规定的采购人不包括国有企业,主要是考虑到企业为生产经营性单位,其资金并非全部是财政性资金,而且其采购活动关系到生产效率,所以不能完全套用政府采购的规定进行运作。而军事机关的采购之所以由中央军事委员会另行制定,也是因为考虑到军事物品采购的特殊性。

(二)采购代理机构

采购人采购纳入集中采购目录的政府采购项目,必须委托集中采购机构代理采购;采购未纳入集中采购目录的政府采购项目,可以自行采购,也可以委托集中采购机构在委托的范围内代理采购。纳入集中采购目录属于通用的政府采购项目的,应当委托集中采购机构代理采购;属于本部门、本系统有特殊要求的项目,应当实行部门集中采购;属于本单位有特殊要求的项目,经省级以上政府批准,可以自行采购。

集中采购机构为采购代理机构。设区的市、自治州以上政府根据本级政府采购项目组织集中采购的需要设立集中采购机构。集中采购机构是非营利事业法人,根据采购人的委托办理采购事宜。集中采购机构进行政府采购活动,应当符合采购价格低于市场平均价格、采购效率更高、采购质量优良和服务良好的要求。

采购人可以委托经国务院有关部门或者省级政府有关部门认定资格的采购代理机构,在委托的范围内办理政府采购事宜。采购人有权自行选择采购代理机构,任何单位和个人不得以任何方式为采购人指定采购代理机构。采购人依法委托采购代理机构办理采购事宜的,应当由采购人与采购代理机构签订委托代理协议,依法确定委托代理的事项,约定双方的权利义务。

(三)供应商

供应商是指向采购人提供货物、工程或者服务的自然人、法人或者其他组织。供应商参加政府采购活动应当具备下列条件:(1)具有独立承担民事责任的能力;(2)具有良好的商业信誉和健全的财务会计制度;(3)具有履行合同所必需的设备和专业技术能力;(4)有依法缴纳税收和社会保障资金的良好记录;(5)参加政府采购活动前三年内,在经营活动中没有重大违法记录;(6)法律、行政法规规定的其他条件。

采购人可以根据采购项目的特殊要求,规定供应商的特定条件,但不得以不合理的条件对供应商实行差别待遇或者歧视待遇。采购人可以要求参加政府采购的供应商提供有关的资质证明文件和业绩情况,并根据《政府采购法》规定的供应商条件和采购项目对供应商的特定要求及供应商的资格进行审查。两个以上的自然人、法人或者其他组织可以组成一个联合体,以一个供应商的身份共同参加政府采购。

**五、政府集中采购的方式**

《政府采购法》第26条规定,政府采购采用以下方式:

1. 公开招标。公开招标应作为政府采购的主要采购方式。公开招标的优点是,程序透明、竞争范围大,有利于节约财政资金。采购人采购货物或者服务应当采用公开招标方式的,其具体数额标准,属于中央预算的政府采购项目,由国务院规定;属于地方预算的政府采购项目,由省、自治区、直辖市政府规定;因特殊情况需要采用公开招标以外的采购方式的,应当在采购活动开始前获得设区的市、自治州以上政府采购监督管理部门的批准。采购人不得将应当以公开招标方式采购的货物或者服务化整为零或者以其他任何方式规避公开招标采购。

2. 邀请招标。邀请招标和公开招标的不同在于,前者需要通过一定的方式确定供应商,投标人的范围相对较窄,竞争自然也不如公开招标充分,所以只有在满足一定条件时才能采用。《政府采购法》规定,符合下列情形之一的货物或者服务,可以采用邀请招标方式采购:(1)具有特殊性,只能从有限范围的供应商处采购的;(2)采用公开招标方式的费用占政府采购项目总价值的比例过大的。

3. 竞争性谈判。《政府采购法》规定,符合下列情形之一的货物或者服务,可以采用竞争性谈判方式采购:(1)招标后没有供应商投标或者没有合格标的或者重新招标未能成立的;(2)技术复杂或者性质特殊,不能确定详细规格或者具体要求的;(3)采用招标所需时间不能满足用户紧急需要的;(4)不能事先计算出价格总额的。

4. 单一来源采购。《政府采购法》规定,符合下列情形之一的货物或者服务,可以采用单一来源方式采购:(1)只能从唯一供应商处采购的;(2)发生了不可预见的紧急情况不能从其他供应商处采购的;(3)必须保证原有采购项目一致性或者服务配套的要求,需要继续从原供应商处添购，且添购资金总额不超过原合同采购金额10%的。

5. 询价。采购的货物规格、标准统一、现货货源充足且价格变化幅度小的政府采购项目，可以采用询价方式采购。

6. 国务院政府采购监督管理部门认定的其他采购方式。

### 六、政府集中采购合同

根据《政府采购法》的规定，政府采购合同适用《合同法》。采购人和供应商之间的权利和义务，应当按照平等、自愿的原则以合同方式约定。采购人可以委托采购代理机构代表其与供应商签订政府采购合同。由采购代理机构以采购人名义签订合同的，应当提交采购人的授权委托书，作为合同附件。

政府采购合同应当采用书面形式。采购人与中标、成交供应商应当在中标、成交通知书发出之日起30日内，按照采购文件确定的事项签订政府采购合同。中标、成交通知书对采购人和中标、成交供应商均具有法律效力。中标、成交通知书发出后，采购人改变中标、成交结果的，或者中标、成交供应商放弃中标、成交项目的，应当依法承担法律责任。

经采购人同意，中标、成交供应商可以依法采取分包方式履行合同。政府采购合同分包履行的，中标、成交供应商就采购项目和分包项目向采购人负责，分包供应商就分包项目承担责任。政府采购合同履行中，采购人需追加与合同标的相同的货物、工程或者服务的，在不改变合同其他条款的前提下，可以与供应商协商签订补充合同，但所有补充合同的采购金额不得超过原合同采购金额的10%。

政府采购合同的双方当事人不得擅自变更、中止或者终止合同。政府采购合同继续履行将损害国家利益和社会公共利益的，双方当事人应当变更、中止或者终止合同。有过错的一方应当承担赔偿责任，双方都有过错的，各自承担相应的责任。

国务院政府采购监督管理部门应当会同国务院有关部门，规定政府采购合同必须具备的条款。政府采购项目的采购合同自签订之日起7个工作日内，采购人应当将合同副本报同级政府采购监督管理部门和有关部门备案。

### 七、政府集中采购的质疑与投诉

根据《政府采购法》的规定，供应商对政府采购活动事项有疑问的，可以向采购人提出询问，采购人应当及时作出答复，但答复的内容不得涉及商业秘密。供应商认为采购文件、采购过程和中标、成交结果使自己的权益受到损害的，可以在知道或者应知其权益受到损害之日起7个工作日内，以书面形式向采购人提出质疑。采购人应当在收到供应商的书面质疑后7个工作日内作出答复，并以书面形式通知质疑供应商和其他有关供应商，但答复的内容不得涉及商业秘密。采购人委托采购代理机构采购的，供应商可以向采购代理机构提出询问或者质疑，采购代理机构应当就采购人委托授权范围内的事项作出答复。

各级政府财政部门是负责政府采购监督管理的部门，依法履行对政府采购活动的监督管理职责。各级政府其他有关部门依法履行与政府采购活动有关的监督管理职责。质疑供应商对采购人、采购代理机构的答复不满意或者采购人、采购代理机构未在规定的时间内作出答复的,可以在答复期满后15个工作日内向同级政府采购监督管理部门投诉。政府采购监督管理部门应当在收到投诉后30个工作日内,对投诉事项作出处理决定,并以书面形式通知投诉人和与投诉事项有关的当事人。政府采购监督管理部门在处理投诉事项期间,可以视具体情况书面通知采购人暂停采购活动,但暂停时间最长不得超过30日。投诉人对政府采购监督管理部门的投诉处理决定不服或者政府采购监督管理部门逾期未作处理的,可以依法申请行政复议或者向人民法院提起行政诉讼。

### 八、政府集中采购的监督检查

政府集中采购虽然应遵守《合同法》的规定,但是它本身具有许多特殊性,需要通过外在途径进行监督。《政府采购法》规定,政府采购监督管理部门应当加强对政府采购活动及集中采购机构的监督检查。监督检查的主要内容是:(1)有关政府采购的法律、行政法规和规章的执行情况;(2)采购范围、采购方式和采购程序的执行情况;(3)政府采购人员的职业素质和专业技能。为了保证政府采购监督管理部门的独立性,政府采购监督管理部门不得设置集中采购机构,不得参与政府采购项目的采购活动。采购代理机构与行政机关不得存在隶属关系或者其他利益关系。

《政府采购法》要求,集中采购机构应当建立健全内部监督管理制度。采购活动的决策和执行程序应当明确,并相互监督、相互制约。经办采购的人员与负责采购合同审核、验收人员的职责权限应当明确,并相互分离。集中采购机构的采购人员应当具有相关职业素质和专业技能,符合政府采购监督管理部门规定的专业岗位任职要求。集中采购机构对其工作人员应当加强教育和培训;对采购人员的专业水平、工作实绩和职业道德状况定期进行考核。采购人员经考核不合格的,不得继续任职。《政府采购法》还要求,政府采购项目的采购标准应当公开。采用该法规定的采购方式的,采购人在采购活动完成后,应当将采购结果予以公布。采购人必须按照本法规定的采购方式和采购程序进行采购。任何单位和个人不得违反本法规定,要求采购人或者采购工作人员向其指定的供应商进行采购。

政府采购监督管理部门应当对政府采购项目的采购活动进行检查,政府采购当事人应当如实反映情况,提供有关材料。政府采购监督管理部门应当对集中采购机构的采购价格、节约资金效果、服务质量、信誉状况、有无违法行为等事项进行考核,并定期如实公布考核结果。依照法律、行政法规的规定对政府采购负有行政监督职责的政府有关部门,应当按照其职责分工,加强对政府采购活动的监督。审计机关应当对政府采购进行审计监督。政府采购监督管理部门、政府采购各当事人有关政府采购活动,应当接受审计机关的审计监督。监察机关应当加强对参与政府采购活动的国家机关、国家公务员和国家行政机关任命的其他人员实施监察。

# 第三章　财政收入法

## 第一节　财政收入法概述

根据现代国家财政收入的构成，财政收入法主要包括税法、费用法、公债法、彩票法以及某些特定的资产收益法等。财政收入行为立法的目的，一方面是解决政府行为的合法性，为财政收入的获取提供法律依据；另一方面是约束政府的行为，防止其滥用行政权力，随意侵犯公民财产权。财政收入法虽然在形式上表现为给财产设定负担，但这种负担本身是以尊重财产权、保护财产权作为前提。因此，政府汲取财政收入必须遵循一定的原则，使负担在公民之间平等分配，同时还必须遵守一定的程序，以体现财产权人的参与和同意，并督促相关政府部门依法行政。

在不同的历史时期，政府财政收入来源也不一样。在封建制时期，官产收入，如土地收入、盐铁专营等，是政府主要的收入来源。在这种背景下，土地租赁或买卖法、盐铁专营法等，事实上具有财政收入法的内容。在资本主义时期，由于财产私有制广泛推行，税收开始取代官产收入，成为政府的主要收入来源。与此相适应，税法开始备受瞩目，成为财政收入法的主要形式。不过，随着资本主义政府职能的扩展，税收开始难以满足日益膨胀的财政需要，公债、规费、政府性基金等逐渐在财政收入结构中发挥不可取代的作用。与此相适应，公债法、规费法、政府性基金法等在财政法中逐渐成为新兴领域。

在不同的经济体制背景下，政府财政收入来源也不一样。在公有制的计划经济时期，由于国有经济成分占绝对比重，投资利润成为政府主要收入来源。加之政府对国有企业直接控制，企业收入甚至泛化为财政收入，企业支出也泛化为财政支出。所以，根本无须对财政收入专门立法，通过国营企业法就可以达到目的。不过，这种体制在中国已成为历史。由于企业的资本来源多元化，政府不得不考虑以税收的方式获取收入。和利润不同的是，税收无须以投资关系或者所有权作为前提。对于私人所有的企业或者财产，政府仍然可以基于一定原则而分享。在这种情况下，税法开始出现并逐渐发达。与此同时，公债法、行政收费法、彩票法等也相继涌现。

在权力专制时期，创造相关的财政缴纳义务、保障政府获得财政收入、制裁财政违法行为，是财政收入法的主要功能。但是在民主法治时期，法律的作用在于保护公民权利，维护公民的财产和自由。因此，财政收入法的功能也同样经历了转型。例如，在传统的观念中，税法是侵犯人民财产的法律。但在现代法治观念的指导下，税法已经成为限制课税权、保护公民合法财产的法律。“无代表,不纳税”就是其最好的体现。如果没有经过公民的同意,或不将税款用于合宪目的,或税收侵犯公民的生存权,公民就有权拒绝纳税。在现代社会中,税收经过公民同意的途径,就是由代议制机关制定法律。除此之外的规费法、公债法、彩票法等,虽然法律规制形式不一,但其出发点都是一样的。

需要着重加以说明的是,在我国财政收入体系中,税与费是一对绕不开的锁链,如何从理论上廓清两者的界限,成为财政学和财政法学的重要关注点。

在财政学上,费与税的共同点在于:其一,两者的征收主体均为政府及其授权单位;其二,两者均是政府参与国民收入或国民生产总值分配的形式;其三,两者都以行政权力为依据;其四,两者都以行使社会职能为前提,都是国家提供公共物品、满足社会需求的一种方式;其五,两者的征收都有一定的规则。

费与税的不同点在于:其一,费具有有偿性,而税具有无偿性。其二,费具有自愿性,而税具有强制性。其三,两者的功能不同。费主要是满足公共部门的某种需求或者促使公共财货节约、有效地使用以缓解拥挤;而税的功能是筹集财政收入、调控国民经济。其四,两者的规模不同。税收收入是国家财政收入的主要来源,收费是政府收入的补充形式。其五,收费立项的灵活性与税收立法的稳定性。[1]

在法学上,可以从不同角度考察税与费的界限。就理论框架而言,税费的区别表现在:其一,在公共产品理论视角下,税基于纯公共产品而产生,费基于准公共产品而出现;其二,在公民社会理论视角下,税的征收以强制性和无偿性为原则,费的收取以公民意思自治和对等交易法则为基础;其三,在债模型的视角下,税之债和具体的费之债之间,在产生和性质、构成和内容、效力和实现等方面也存在诸多不同。

就实践样态而言,税与费的区别主要有:其一,从外在表征上看,税与不同类型的费在产生前提、强制性、征收方式和款项用途上存在诸多不同,而这是由税与费在财政收入上地位高低的基本属性决定的;其二,从内在取向上看,税的征收体现为量能负担原则,费的收取体现受益者付费原则,而这又是由税之注重纵向公平与费之强调横向公平的内在本质所决定的;其三,从现代社会税费功能延展上看,税发展出目的税和诱导税,费的内容中出现了政府性基金,税费界限开始变得模糊,但依然还能基本厘清。

就法律规制方面而言,在立法理念上,税的规制奉税收法定主义为圭臬,费的规制以费用理性主义为基础;在立法层次上,税应当入宪并遵循法律保留原则,费则是在行政法层面,即在基本事项法律保留前提下政府可裁量决策。

鉴于本书有专门的篇幅介绍税法,而资产收益的法律规则还并不稳定和系统,本章仅对行政事业性收费法、政府性基金法、公债法和彩票法进行评介。

---

[1] 陆振萍:《从费与税的关系看“费改税”》,载《理论探索》1999 年第 11 期;贾康、赵全厚:《税费体制的理论分析框架、国际比较研究与中国的税费改革研讨》,载刘溶沧、赵志耘主编:《中国财政理论前沿Ⅱ》,社会科学文献出版社 2001 年版,第 424 ~428 页;曹雪琴:《新编财政与税收》,立信会计出版社 2003 年版,第 194 页。

## 第二节　行政事业性收费法

行政事业性收费，是指国家机关、事业单位、代行政府职能的社会团体及其他组织根据法律法规等有关规定，依照国务院规定程序批准，在实施社会公共管理，以及在向公民、法人提供特定公共服务过程中，向特定对象收取的费用。行政事业性收费的核心是“费”，从政府公课的角度看，它对应于“基金”和“税”，是一种比较特殊的财政工具，可以发挥独特的财政功效，也需要接受与之相应的法律调整和规范。

### 一、费的法学内涵

关于费的概念，有的学者认为，从政府干预的角度看，费“是指受国家或政府规制的，存在‘市场失败’因素的产业和行业、公共部门（包括有关国有企业和事业单位）、民间团体和私人企业所提供的有偿劳务的价格”。从税收收入补充的角度看，费是“社会公共机构规制的无形产品的比例价，同时又是补充财力的继补税”。从受益者付费的角度看，费是“指政府部门、企业和事业单位，由于给受益人提供一定劳务或者资源使用权等而向受益者收取的费用”。从公共产品理论的角度看，费是“提供混合商品（准公共产品，又称混合商品，具有公共产品和私人产品的双重性质）的价格，它构成政府收入中的重要部分”。[2]

我们认为，费可以从广义和狭义两个层面上进行理解。在狭义的层面上，费是指基于受益负担理论，以现实的和潜在的对待给付为要件，在政府与公民间形成的价格关系和债权债务关系，具体而言，包括规费和受益费两种；在广义的层面上，费还包括基于特定经济社会政策需要，以专项基金方式收取和使用的各种政府性基金，也就是德国法和我国台湾地区所称的“特别公课”。“特别公课”一般是指根据国家实施一定政策目标的需要，对于有特定关系的公民所课征的公法上负担，并限定其课征所得的用途。[3]

关于费的理论分类，也是众说纷纭。OECD 国家把费分为四大类：一是非税收入；二是具有税收性质的特殊费；三是资源开采特许权使用费；四是罚款。而我国在财政实务中，先后产生四种不同观点：

第一种观点是在 1981 年辽宁省整顿“乱收费”工作时提出来的，认为费包括行政性收费、事业性收费、经营性收费三大类。

第二种观点是原国家计委在《关于费改税的几点建议》中提出的分类方式，把我国的

〔2〕 贾康、赵全厚：《税费体制的理论分析框架、国际比较研究与中国的税费改革研讨》，载刘溶沧、赵志耘主编：《中国财政理论前沿Ⅱ》，社会科学文献出版社 2001 年版，第 415 ~ 422 页。

〔3〕 葛克昌：《论公法上金钱给付义务之法律性质》，载葛克昌：《行政程序与纳税人基本权》，翰芦图书出版有限公司 2002 年版，第 62 ~ 77 页。

收费划分为五类,即第一类是以国家机关为特征对象提供专门服务,费用不该由全社会纳税人负担的证照工本费、注册登记费、环境补偿治理费和诉讼费等;第二类是国家机关进行公共管理、提供公共服务时,为弥补机关经费不足时收取的管理费;第三类是公益服务收费,包括教育、医疗、卫生等方面的收费;第四类是中介服务收费,包括评估、鉴定、检验、代理、公证、律师的服务费;第五类是以筹集建设资金为目的而设立的各种附加费、基金等。

第三种观点是原国家计委起草的《国家机关收费管理暂行条例》中提出的按收费主体进行的分类方法,该条例取消了行政事业性收费的提法,代之以"国家机关收费""中介机构收费""公益服务收费"。

第四种观点是1998年《价格法》中的分类方法,将收费分为国家机关收费、公用事业收费、中介机构收费、公益服务收费和经营服务收费。

目前,我国财政法重点关注的是行政事业性收费和政府性基金,即以政府为主体所收取的费用。公用事业性单位的收费虽然也客观存在,但法律对其介入程度远远逊于上述两种。本节专注于行政事业性收费,第三节再来阐述政府性基金。

## 二、行政事业性收费的规范实践

我国大陆的行政事业性收费与台湾地区的规费大致相当。[4] 行政性收费与事业性收费的区分,是根据收费主体的身份决定的,行政机关征收的费用则为行政性收费,事业单位征收的费用则为事业性收费,统称为行政事业性收费。行政事业性收费要解决的法律问题通常为,谁有权设定收费项目,收费的理由是否正当,收费的标准是否合规,收费的程序是否合法;等等。

根据《国务院关于加强预算外资金管理的决定》(国发〔1996〕29号),行政事业性收费要严格执行中央、省两级审批的管理制度。收费项目按隶属关系分别报国务院和省、自治区、直辖市政府的财政部门会同计划(物价)部门批准;确定和调整收费标准,按隶属关系分别报国务院和省、自治区、直辖市政府的计划(物价)部门会同财政部门批准;重要的收费项目和标准制定及调整应报请国务院或省级政府批准。省、自治区、直辖市政府批准的行政事业性收费项目和收费标准报财政部、国家计委备案。省、自治区、直辖市以下各级政府(包括计划单列市)及其部门无权审批设立行政事业性收费项目或调整收费标准。行政事业性收费中的管理性收费、资源性收费、全国性的证照收费和公共事业收费,以及涉及中央和其他地区的地方性收费,实行中央一级审批。对于国家法律、法规中已明确的

〔4〕 我国台湾地区现行"规费法"第6条将规费分为行政规费和使用规费,并仅以列举方式阐明含义;而学理上一般认为,规费可区分为行政规费、使用规费和特许管制规费三种。具体而言,所谓行政规费,是指其对待给付为行政机关职务上的行为,如证书、誊本的发给;所谓使用规费,是指政府或公用机构提供公共设施供特定人使用所收取的费用;所谓特许管制规费,则是指授予特许权利或使用许可的对价。参见廖钦福:《迎接规费法制化的来临?台湾地区"规费法"之评析——以规费之概念及分类为中心》,载廖钦福:《驯服于宪法秩序下的财政国家》,翰芦图书出版有限公司2003年版,第135~138页。其中各类规费含义之界定,参见葛克昌:《论公法上金钱给付义务之法律性质》,载葛克昌:《行政程序与纳税人基本权》,翰芦图书出版有限公司2002年版,第65~70页。

收费,其具体征收管理办法的制定和修改由财政部、国家计委会同有关部门负责。对于地方性法规中已明确的收费,具体征收管理办法的制定和修改由省级财政、计划(物价)部门会同有关部门负责。未按规定报经批准的或不符合审批规定的各种行政事业性收费,都属乱收费行为,必须停止执行。财政部、国家计委要会同有关部门抓紧起草《行政性收费管理条例》,报国务院审批发布。

根据上述精神,针对中央部门和单位的行政事业性收费,财政部、国家发改委、监察部、审计署《关于加强中央部门和单位行政事业性收费等收入"收支两条线"管理的通知》要求,中央部门和单位设立行政事业性收费项目,必须报财政部会同国家发改委审批;中央部门和单位制定或调整行政事业性收费标准,必须报国家发改委会同财政部审批;重要的行政事业性收费项目由财政部、国家发改委报国务院审批,重要的收费标准由国家发改委、财政部报国务院审批。

《财政部关于加强政府非税收入管理的通知》(财综〔2004〕53 号)进一步规定,审批行政许可收费要严格执行《行政许可法》,除法律、行政法规另有规定外,凡是行政机关实施行政许可、对行政许可事项进行监督检查以及提供行政许可申请书格式文本的,一律不得批准收费。在清理整顿的基础上,取消不合法、不合理的行政事业性收费,合理控制行政事业性收费规模,规范行政事业性收费征收行为。未经财政部和省、自治区、直辖市财政部门批准,执收单位不得减免行政事业性收费。通知发放之日起新设立的行政事业性收费一律上缴国库,纳入财政预算,不得作为预算外资金管理。

为规范收费标准行为,2006 年 3 月 27 日,国家发改委、财政部以发改价格〔2006〕532 号印发《行政事业性收费标准管理暂行办法》。该办法分总则、收费标准的申请和受理、收费标准的审批、收费标准的公布和管理、法律责任、附则 6 章共 38 条,自 2006 年 7 月 1 日起执行。

### 三、行政事业性收费的设立标准

行政事业性收费标准实行中央和省两级审批制度。国务院和省级政府的价格、财政部门按照规定权限审批收费标准。中央有关部门和单位,以及全国或者跨省级区域实施收费的收费标准,由国务院价格、财政部门审批。其中,重要收费项目的收费标准应由国务院价格、财政部门审核后报请国务院批准。除上款规定的其他收费标准,由省级政府价格、财政部门审批。其中,重要收费项目的收费标准应当由省级政府价格、财政部门审核后报请省级政府批准。而地域成本差异较大的全国或者跨省级区域实施的收费标准,国务院价格、财政部门可以授权省级政府价格、财政部门审批;专业性强且类别较多的考试、注册等收费,省级以上政府价格、财政部门可以制定收费标准的上限,由行业主管部门在上限范围内确定具体收费标准。公民、法人或者其他组织有权对收费的实施和管理进行监督,可以拒绝缴纳和举报违反法律法规以及本办法规定的收费。

对符合规定申请的收费标准,审批机构应根据收费的不同性质实行分类审核。

第一,行政管理类收费,即根据法律法规规定,在行使国家管理职能时,向被管理对象收取的费用,收费标准按照行使管理职能的需要从严审核。其中,各种证件、牌照、簿卡等证照收费标准按照证照印制、发放的直接成本,即印制费用、运输费用、仓储费用及合理损耗等成本进行审核。证照印制费用原则上按招标价格确定。全国统一印制,分散发放的证照,应分别制定印制证照和具体发放证照部门的收费标准。

第二,资源补偿类收费,即根据法律法规规定向开采、利用自然和社会公共资源者收取的费用,收费标准参考相关资源的价值或其稀缺性,并考虑可持续发展等因素审核。对开采利用自然资源造成生态破坏、环境污染或其他环境损坏的,审核收费标准时,应当充分考虑相关环境治理和恢复成本。

第三,鉴定类收费,即根据法律法规规定,行使或代行政府职能强制实施检验、检测、检定、认证、检疫等收取的费用,收费标准根据行使管理职能的需要,按照鉴定的场地费用、人员劳务费、仪器设备折旧、流动耗材损耗及其他成本审核。

第四,考试类收费,即根据法律法规、国务院或省级政府文件规定组织考试收取的费用,以及组织经人力资源和社会保障部批准的专业技术资格、执业资格和职业资格考试收取的费用,收费标准按照考务工作、组织报名、租用考试场地、聘请监考人员等组织考试的成本审核。在全国范围内统一组织的考试,可以分别制定中央有关单位向各地考试机构收取的考务费标准和各地考试机构向考生收取的考试费标准。

第五,培训类收费,即根据法律法规或国务院规定开展强制性培训收取的费用,收费标准按照聘请师资、租用培训场地、编制培训资料、交通支出等培训成本审核。

第六,其他类别的收费标准,根据管理或服务需要,按照成本补偿和非营利原则审核。收费涉及与其他国家或地区关系的,收费标准按照国际惯例和对等原则审核。

价格、财政部门原则上自受理申请之日起60个工作日内作出收费标准审批决定。申请单位同时申请设立收费项目和制定收费标准的,原则上在收费立项文件印发之日起60个工作日内作出收费标准审批决定。价格、财政部门审批收费标准的决定,以公文形式发布。主要内容包括:收费主体、收费对象、收费范围、计费(量)单位和标准、收费频次、执行期限等。初次制定的收费标准,可以规定试行期限。试行期满后继续收费的,申请单位应当在试行期满60个工作日前,按照规定程序和要求重新申请收费标准,由价格、财政部门根据试行情况和本办法规定重新审批。

除涉及国家秘密外,价格、财政部门应当及时将审批的收费标准告知申请单位,并向社会公布。收费单位应在收费地点的显著位置公示收费项目、收费标准、收费主体、计费单位、收费依据、收费范围、收费对象、减免规定、监督举报电话等,自觉接受社会监督。价格、财政部门应当加快建立收费标准执行情况后评估制度,对收费标准执行情况进行监测或定期审核,加强事中事后监管。法律法规及国务院规定发生变化,或者收费成本、范围、对象等情况变动较大的,价格、财政部门应当及时调整收费标准。收费单位应当建立健全内部收费管理制度,严格执行国家各项收费管理规定。行业主管部门应当加强对本行业收费单位的指导,督促收费单位依法依规收费。

## 第三节 政府性基金法

### 一、政府性基金概述

我国所谓的政府性基金,相当于德国法上的“特别公课”,是政府基于特定的政策目的,或为弥补财政收入的不足,针对特定人或不特定人征收,并设定特定用途的一种费用。政府性基金的征收,从直接效果上看,弥补了现代国家财政收入的不足。现代国家的重要特征是职能扩展,收入不足成为常态。除了继续挖掘税源之外,举借公债、征收特别性基金已经成为财政的主要收入来源。不过,从事物的内在特性看,政府性基金的征收与使用之间存在一定的关联性。缴费人要么因自己的行为给社会造成负担,要么可以从基金的开支中受益,所以,相比一般性的税收而言,这种收入形式更能体现公平性。因此,在严格的法律规范之下,政府性基金的存在仍有一定意义。

政府性基金的出现,使政府费用的特定性有所淡化。而特定目的税的出现,则使税收的一般性有所淡化。而这两种现象的同时存在,则使税收与费用的界限日趋模糊。特定目的税又可分为经济诱导税和狭义目的税。前者的设置原因在于,对特定经济行为进行调节和诱导,以熨平经济周期;后者的设置原因在于,基于特定社会政策或纯粹技术上考虑(如环境污染税等)对不特定人进行征收,以达成整体上的税收正义。我国近年来所提倡的“费改税”,被改革的对象主要是政府性基金,其转换后形成的税收也主要是特定目的税。例如,燃油税也是以养路费等公路收费作为基础的。

政府性基金与特定目的税的界限尽管不是非常清晰,但还是有一些可供辨别的线索。在外部特征上,特定目的税仍是一种税,必须遵守税收法定主义,由立法机关以法律加以规定。而政府性基金仅须履行行政程序,无须制定法律。此外,政府性基金的征收对象不仅包括受益人,也包括因自己行为给政府增加负担的人,如污染企业等。受益与补偿成为政府性基金的主要理由。而特别目的税的征收与使用之间未必存在直接联系。针对一般人征收的用于特定目的的税收,一样被称为特定目的税。正因如此,特定目的税仍然有可能基于量能负担的原则而征收,以体现纵向和实质公平。而政府性基金则基于特定行政给付,主要体现横向公平以及政策调节目的。在资金的使用上,特定目的税尽管被要求用于特定项目,但其受益对象未必特定,有可能是所有的纳税人。而政府性基金则强调受益的群体性,只能针对特定人且在特定目的和范围内使用。

### 二、政府性基金的法律规制

政府性基金的法律规制主要体现在两个方面。首先,法律法规应当规定政府性基金的设定权,即谁可以决定设立政府性基金。中央政府拥有全国性基金的设定权,对此一般没有多大的争议。但地方政府是否可以设定政府性基金,如果可以的话,这种权力可以下放到哪一个级别,恐怕就不会那么容易回答了。从理论上说,政府性基金对公民财产权的影响虽然不如税收,但仍然是一种财产利益的牺牲。因此,即便其不用遵守法定主义,但是也应该有比较严格的程序。即使地方政府有权决定开征基金,其决定权也应该保留在较高级别的地方政府,或者经过中央政府主管部门的审批。其次,对于具体的基金项目,谁是征收人、谁是义务人,缴纳标准如何确定,缴纳的期限、地点等,也应该有专门的法律法规文件加以规定。就如税法一样,仅仅说明谁有税收立法权是不够的,还必须针对每一个税种制定单独的规则。

### (一)政府性基金的设定权限

根据《财政部关于加强政府非税收入管理的通知》的规定(财综〔2004〕53号),政府性基金是指各级政府及其所属部门根据法律、行政法规和中共中央、国务院有关文件规定,为支持某项公共事业发展,向公民、法人和其他组织无偿征收的具有专项用途的财政资金。征收政府性基金必须按照国务院规定统一报财政部审批,重要的政府性基金项目由财政部报国务院审批。严禁各地区、各部门越权审批政府性基金项目、扩大征收范围、提高征收标准,禁止以行政事业性收费的名义变相批准征收政府性基金,不得将国家明令取消的行政事业性收费、政府性基金转为经营服务性收费继续收取。在清理整顿的基础上,取消不合法、不合理的政府性基金项目,合理控制政府性基金规模,规范基金征收行为。符合国家规定审批程序批准设立的政府性基金,必须严格按照规定范围和标准及时足额征收。未经国务院或财政部批准,执收单位不得减免政府性基金。

### (二)政府性基金的规制内容

2010年9月,为加强政府性基金管理,保护公民、法人和其他组织的合法权益,财政部印发了《政府性基金管理暂行办法》(财综〔2010〕80号),对政府性基金的审批、征收、使用、监管等做了进一步的规范,是目前为止有关政府性基金最为系统、效力最高的规范性文件。

政府性基金实行中央一级审批制度,遵循统一领导、分级管理的原则。政府性基金属于政府非税收入,全额纳入财政预算,实行"收支两条线"管理。各级政府财政部门以及政府性基金征收、使用部门和单位,分别负责政府性基金的监督、征管和使用。财政部门是负责政府性基金管理的职能部门。

财政部应于每年3月31日前编制截至上年12月31日的全国政府性基金项目目录,向社会公布。各省、自治区、直辖市政府(以下简称省级政府)财政部门按照财政部规定,于每年4月30日前编制截至上年12月31日在本行政区域范围内实施的政府性基金项目,向社会公布。

国务院所属部门、地方各级政府及其所属部门申请征收政府性基金,必须以法律、行政法规和中共中央、国务院文件为依据,法律、行政法规和中共中央、国务院文件没有明确规定征收政府性基金的,一律不予审批。法律、行政法规和中共中央、国务院文件明确规

定征收政府性基金,但没有明确规定征收对象、范围和标准等内容的,应当按照下列程序进行申请和审批:

第一,国务院所属部门、地方各级政府及其所属部门申请附加在税收、价格上征收,或者按销售(营业)收入、固定资产原值等的一定比例征收的政府性基金项目,应当由国务院所属部门或者省级政府提出书面申请,经财政部会同有关部门审核后,报国务院批准。

第二,国务院所属部门申请征收除前款以外的其他政府性基金项目,应当向财政部提出书面申请,由财政部审批。

第三,地方各级政府及其所属部门申请征收除前款以外的其他政府性基金项目,应当提出书面申请,经省级政府财政部门审核后,由省级政府财政部门或者省级政府报财政部审批。

第四,法律、行政法规和中共中央、国务院文件已经明确政府性基金征收对象、范围和标准等内容的,其具体征收使用管理办法由财政部会同有关部门负责制定。

政府性基金在执行过程中,如遇征收政府性基金依据的法律、行政法规修改或者中共中央、国务院出台新的规定,应当按照修改后的法律、行政法规或新的规定执行。因客观情况发生变化,对不宜再继续征收的政府性基金,由财政部按照规定程序报请国务院予以撤销,或者按照法律、行政法规规定程序予以撤销。除法律、行政法规和中共中央、国务院或者财政部规定外,其他任何部门、单位和地方各级政府均不得批准设立或者征收政府性基金,不得改变征收对象、调整征收范围、标准及期限,不得减征、免征、缓征、停征或者撤销政府性基金,不得以行政事业性收费名义变相设立政府性基金项目。

### 三、政府性基金的预算管理

政府性基金按照规定实行国库集中收缴制度。各级财政部门可以自行征收政府性基金,也可以委托其他机构代征政府性基金。委托其他机构代征政府性基金的,其代征费用由同级财政部门通过预算予以安排。政府性基金征收机构应当严格按照法律、行政法规和中共中央、国务院或者财政部规定的项目、范围、标准和期限征收政府性基金。除财政部另有规定外,政府性基金征收机构在征收政府性基金时,应当按照规定开具财政部或者省级政府财政部门统一印制或监制的财政票据;不按规定开具财政票据的,公民、法人和其他组织有权拒绝缴纳。政府性基金收入应按规定及时、足额缴入相应级次国库,不得截留、坐支和挪作他用。各级财政部门应当按照有关规定,监督政府性基金的征收和解缴入库。

政府性基金收支纳入政府性基金预算管理。政府性基金预算编制遵循"以收定支、专款专用、收支平衡、结余结转下年安排使用"的原则。政府性基金支出根据政府性基金收入情况安排,自求平衡,不编制赤字预算。各项政府性基金按照规定用途安排,不得挪作他用。各级财政部门应当建立健全政府性基金预算编报体系,不断提高政府性基金预算编制的完整性、准确性和精细化程度。政府性基金使用单位应当按照财政部统一要求以及同级财政部门的有关规定,编制年度相关政府性基金预算,逐级汇总后报同级财政部门审核。各级财政部门在审核使用单位年度政府性基金预算的基础上,编制本级政府年度政府性基金预算草案，经同级政府审定后，报同级人大审查批准。财政部汇总中央和地方政府性基金预算，形成全国政府性基金预算草案，经国务院审定后，报全国人大审查批准。

各级财政部门要加强政府性基金预算执行管理，按照经同级人大批准的政府性基金预算和政府性基金征收缴库进度，以及国库集中支付的相关制度规定及时支付资金，确保政府性基金预算执行均衡。政府性基金使用单位要强化预算执行，严格遵守财政部制定的财务管理和会计核算制度，按照财政部门批复的政府性基金预算使用政府性基金，确保政府性基金专款专用。

政府性基金预算调整必须符合法律、行政法规规定的程序。政府性基金使用单位按照财政部统一要求以及同级财政部门的有关规定，根据年度相关政府性基金预算执行情况，编制政府性基金决算，报同级财政部门审核。各级财政部门汇总编制本级政府性基金决算草案，报同级政府审定后，报同级人大常委会审查批准。财政部汇总中央和地方政府性基金决算，形成全国政府性基金决算草案，经国务院审定后，报全国人大常委会审查批准。

需要特别说明的是，所谓政府性基金预算，其实只是一种资金核算方式。由于政府性基金本身需要专款专用，政府性基金预算也就变成了专款专用预算的代名词。除了预算政府性基金之外，各种专款专用的财政资金，即便不属于政府性基金，也被纳入了政府性基金预算进行管理。也是因为这个原因，每年政府预算报告中呈现的政府性基金预算收入并不等于政府性基金的收入总额，而是必然会大于政府性基金的收入。例如，2018 年，全国政府性基金预算收入约 7.5 万亿元，但其中国有土地出让权出让收入就达到了 6.5 万亿元。而按照政府性基金的定义，国有土地使用权出让收入并不属于政府性基金，只是被纳入政府性基金预算管理而已。这些表述如果不仔细甄别，很容易让公众陷入误解，与预算的公开性、参与性、民主性背道而驰。可见，我国财政法范畴的提炼还需要进一步优化。

## 四、政府性基金的监督检查

各级财政部门、政府性基金征收机构和使用单位应当严格按照国家规定征收、使用和管理政府性基金。对未按规定的审批程序批准，自行设立政府性基金项目，或者改变政府性基金征收对象、范围、标准和期限的，财政部应当会同有关部门予以纠正，公民、法人和其他组织有权拒绝缴纳并向财政部举报。

各级财政部门应当按照财政部规定，加强政府性基金收支管理及相关财政票据使用情况的监督检查。政府性基金征收机构和使用单位应当建立健全相关政府性基金的内部财务审计制度，自觉接受财政、审计部门的监督检查，如实提供相关政府性基金收支情况和资料。财政部应当定期向社会公布新批准征收或取消的政府性基金项目等相关信息。省级政府财政部门应当定期向社会公布本行政区域内实施的政府性基金项目等相关信息。

政府性基金征收机构应当按照规定在征收场所公布政府性基金的征收文件，自觉接受社会监督。省级政府财政部门可以结合本地区实际情况，制定政府性基金管理的具体实施办法，经同级政府批准后，报财政部备案。

# 第四节　公　债　法

## 一、公债的概念、特点与类型

公债是政府以其信用为基础,按照债的一般原则,通过向社会筹集资金所形成的债权债务关系。在这种债权债务关系中,中央政府或地方政府作为债务人,根据还本付息的信用原则,通过在国内外发行债券或向外国政府、金融机构借款方式筹集财政资金,取得财政收入。在当代,公债已构成重要的财政收入形式,也成为财政政策的重要手段。

公债是债的一种特殊形式,同一般债权债务关系相比具有以下特点:

第一,从法律关系主体来看,公债的债权人既可以是国内外的公民、法人或其他组织,也可以是某一国家或地区的政府以及国际金融组织,而债务人一般只能是政府,既包括中央政府,也包括地方政府。

第二,从法律关系的性质来看,公债法律关系的发生、变更和消灭较多地体现了政府单方面的意志。尽管与其他财政法律关系相比,公债法律关系属平等型法律关系,但与一般债权债务关系相比,又体现出一定的隶属性和国家政策性。

第三,从法律关系实现来看,公债属信用等级最高、安全性最好的债权债务关系。例如,国债以国家信用和国家财力作为担保,一般不再需要其他特别担保,其风险非常小。地方债的安全系数虽然没有国债高,但相比其他商业性的债务,仍然具有很高的可信赖性。

## 二、国债法律制度

### (一)国债法概述

国债法是调整国债发行、流通、转让、使用、偿还和管理的法律规范。它主要规范国家(政府)、国债中介机构和国债投资者涉及国债时的行为,调整各相关主体之间的法律关系。《预算法》第34条规定:“中央一般公共预算中必需的部分资金,可以通过举借国内和国外债务等方式筹措,举借债务应当控制适当的规模,保持合理的结构。对中央一般公共预算中举借的债务实行余额管理,余额的规模不得超过全国人大批准的限额。国务院财政部门具体负责对中央政府债务的统一管理。”这是我国目前关于国债的最高效力的法律依据。

与民法中的债法不同,国债法调整的是以国家为一方主体所发生的债权债务关系,这与财政法主体的一方始终是国家这一特征是一致的,而且国债是国家取得财政收入的重要途径,其目的是满足社会需要,实现国家职能。因此,国债法是财政法的重要部门法。但是,国债法调整的社会关系的核心是国债主体之间的债权债务关系,即国家作为债务人与其他债权人之间的权利义务关系,因此,国债法与民法特别是与民法中的债法有密切关系,民法中有关债的理论及其具体规定常常也可适用于国债法。

国债法虽属于财政法的重要一域,但与税法等其他财政收入法相比也有比较明显的区别,如国债法主体的平等性即明显区别于其他财政法。尽管国债法的一方主体必须是国家,但在国债法律关系中,国家是作为债务人与其他权利主体发生权利义务关系的,其他权利主体是否与国家发生债权债务关系,一般都由自己的意志决定。在国债法律关系中,他们与国家处于平等的地位,但在其他财政法律关系中,主体间的隶属性则明显不同于国债法。另外,国债法律关系基本上属于双方法律关系,国家取得国债收入的权利与其还本付息的义务是紧密联系在一起的,其他权利人要享有还本付息的权利,也必须履行支付购买国债资金的义务。

### (二)国债的分类

按举借债务方式不同,国债可分为国家债券和国家借款。国家债券,是指通过发行债券形成国债法律关系。国家债券是国家内债的主要形式,我国发行的国家债券主要有国库券、财政债券、国家经济建设债券、国家重点建设债券等。国家借款,是指按照一定的程序和形式,由借贷双方共同协商,签订协议或合同,形成国债法律关系。国家借款是国家外债的主要形式,包括外国政府贷款、国际金融组织贷款和国际商业组织贷款等。

按偿还期限不同,国债可分为定期国债和不定期国债。定期国债,是指国家发行的严格规定有还本付息期限的国债。定期国债按还债期长短又可分为短期国债、中期国债和长期国债。短期国债通常是指发行期限在 1 年以内的国债;中期国债是指发行期限在 1 年以上 10 年以下的国债;长期国债是指发行期限在 10 年以上的国债。不定期国债,是指国家发行的不规定还本付息期限的国债。这类国债的持有人可按期获得利息,但没有要求清偿债务的权利。英国曾发行的永久性国债即属此类。

按发行性质不同,国债可分为自由国债和强制国债。自由国债,又称任意国债,是指由国家发行的由公民、法人或其他组织自愿认购的国债。它是当代各国发行国债普遍采用的形式,易于为购买者所接受。强制国债,是指国家凭借政治权力,按照规定的标准,强制公民、法人或其他组织购买国债。这类国债一般是在战争时期或财政经济出现异常困难或为推行特定的政策、实现特定目标时采用。

按使用用途不同,国债可分为赤字国债、建设国债和特种国债。赤字国债,是指用于弥补财政赤字的国债。在实行复式预算制度的国家,纳入经常预算的国债属于赤字国债。由于经常性预算缺乏还本付息的资金来源,且不会产生任何直接的收益,因此,一般各国预算法都禁止发行赤字国债。建设国债,是指用于增加国家对经济领域投资的国债。在实行复式预算制度的国家,纳入资本(投资)预算的国债属于建设国债。特种国债,是指为实施某种特殊政策在特定范围内或为特定用途而发行的国债。

按是否可以流通,国债可分为上市国债和不上市国债。上市国债,也称可出售国债,是指可在证券交易所自由买卖的国债。不上市国债,也称不可出售国债,是指不能自由买卖的国债。这类国债一般期限较长,利率较高,多采取记名方式发行。

新中国成立以来,我国已发行的国家内债种类有20世纪50年代发行的人民胜利折实公债、经济建设公债,80年代以来发行的国库券、国家重点建设债券、特种国债、国家建设债券、财政债券、保值公债和特定定向债券等。

近年来,我国发行的国债种类主要有记账式国债、无记名国债、凭证式国债和特种定向债券。记账式国债,以记账的形式记录债权,通过证券交易所的交易系统发行和交易,可以记名、挂失。无记名国债,以实物券面的形式记录债权,不记名、不挂失,可上市流通交易。凭证式国债是一种国家储蓄债,可以记名、挂失,不可上市流通。特种定向债券为不可上市国债,面向社会养老保险基金和待业保险基金的管理机构发行。

(三)国债法律制度

国债包括国家内债和国家外债。国家内债是指在国内发行的国债,其债权人多为本国公民、法人或其他组织,还本付息均以本国货币支付。国家外债,是指国家在国外举借的债,包括在国际市场上发行的国债和向外国政府、国际组织及其他非政府性组织的借款等。本部分所涉国债专指国家内债,国家外债后文专门阐述。

1. 国债的发行对象

目前我国国债的持有者主要是个人投资者。个人投资者的特点是,他们一部分主要适合购买不上市的储蓄债券和投资基金等,另一部分资金雄厚或具有投资意识和市场操作能力的人则适合在一级市场或二级市场上购买可上市的债券。个人投资者购买的对象一般为凭证式国债。凭证式国债具有服务上的优势而且风险小,经办该项业务的银行网点和各地财政部门的国债服务部遍及城乡,能最大限度地满足个人投资者购买、变现以及兑付的需要,且手续非常简便。但凭证式国债不能上市,难以推动国债的完全市场化。过多的个人投资者参与国债交易市场,还可能使国债市场的投机性趋强。因此,发达的国债市场不应以个人投资者为主要发行对象和交易对象,而应该重点考虑商业银行、保险公司、养老基金、医疗基金以及投资基金等机构投资者。

2. 国债的发行价格与利率

国债发行的价格,是指国债发行时的出售价格或购买价格。国债发行的价格不一定就是国债的票面值,它可以低于票面值发行,即减价发行;也可以按照票面值发行,即平价发行;少数情况下还可以高于票面价值发行,即增价发行。从财政的角度看,平价发行是最为有利的。首先,采取这种发行价格发行国债,政府按事先规定的票面值取得预期收入,又按此偿还本金。除需按正常的利息率支付一定的债息外,不会给政府财政带来额外的负担,有利于财政收入的管理和预算的顺利执行。其次,按照票面值出售债券,不会对市场利率带来上涨或下降的压力,如果不考虑政府宏观调控的因素,这有利于经济的稳定,而且还有助于避免债券投机行为。

国债的利率是指政府因举债所应支付的利息额与借入本金额之间的比率。利率的确定主要参照以下三种因素:金融市场利率水平、政府信用状况和社会资金供给量。自1981年起,中国发行的国债均为固定利率国债,其票面利率与银行利率直接挂钩,通常比银行同期存款利率高0.5%~2.0%,即使在2000年开始发行的记账式浮动利率国债,其浮动基准仍然离不开银行存款利率。随着银行商业化、银行存款利率市场化改革的深入,国债市场的扩大和统一,以及国债流通性的日益增强,由于国债的偿付安全度远比银行高,因此,国债发行的利率最终会调到银行存款利率以下,这样既可以减轻财政的筹资成本和还息负担,又可以促进资本市场根据价值规律相互补充。

3. 国债的偿还

税收、举借新债以及国债投资项目的收益是国债偿还的主要资金来源。国债的偿还方式主要有四种:(1)直接偿还法,是指由政府或其委托的金融机构按照发行国债时所规定的偿还条件进行偿还,可以是一次性全部偿还,也可以是分期分批偿还;(2)买销偿还法,是指在国债的最终偿还期以前,政府在证券市场收购国债,当国债到期时已全部为政府所持有,以此方法来偿还国债,一般偿还成本低,并能体现国家的经济政策;(3)抽签偿还法,是指政府通过定期抽签来确定应偿还的国债的方法,一般以国债的号码为抽签依据,一旦公开抽签确定应偿还国债的号码,所有相同号码的国债都同时予以偿还;(4)轮次偿还法,是指政府按照债券号码的一定顺序分次偿还的方法。

4. 国债余额管理

2005 年 12 月 18 日,十届全国人大常委会第四十次委员长会议通过了全国人大常委会预算工委关于实行国债余额管理的意见,这意味着从 2006 年起,中国参照国际通行做法,采取国债余额管理方式管理国债发行。所谓国债余额,是指中央政府历年的预算差额,即预算赤字和预算盈余相互冲抵后的赤字累计额、向国际金融组织和外国政府借款统借统还部分(含统借自还转统借统还部分)和经全国人大常委会批准的特别国债累计额,是中央政府以后年度必须偿还的国债价值总额,能够客观反映国债负担情况。自 1981 年恢复发行国债以来,我国一直采取逐年审批年度发行额的方式管理国债。但年度国债发行额不能全面反映国债规模及其变化情况,控制年度国债发行额也不利于合理安排国债期限结构,不利于促进国债市场平稳发展,不利于财政与货币政策协调配合,也不利于提高国债管理效率。

全国人大常委会预算工委同意了国务院提出的五条建议:一是在每年向全国人大作预算报告时,报告当年年度预算赤字和年末国债余额限额,全国人大予以审批;一般情况下,年度预算赤字即为当年年度新增国债限额。二是在年度预算执行中,如出现特殊情况需要增加年度预算赤字或发行特别国债,由国务院提请全国人大常委会审议批准,相应追加年末国债余额限额。三是当年期末国债余额不得突破年末国债余额限额。四是国债借新还旧部分由国务院授权财政部自行运作。财政部每半年向全国人大有关专门委员会书面报告一次国债发行和兑付等情况。五是每年一季度在中央预算批准前,由财政部在该季度到期国债还本数额以内合理安排国债发行数额。这些就是国债余额管理的基本内容。

2014 年修改后的《预算法》第 34 条确认,对中央一般公共预算中举借的债务实行余额管理,余额规模不得超过全国人大批准的限额,其要求与前期的改革成果完全一致。

### (四)国家外债法律制度

《预算法》第 34 条同样确认中央一般公共预算可以举借外债。外债是一国政府或政府授权的部门、单位在国外举债并承担具有契约性偿还义务的债务，一般由政府借款和在国外发行外币债券两部分组成。我国政府对外借债又分为统借统还外债和统借自还外债。统借统还外债，是指由国家财政部门、政府部门以及政府指定的金融机构统一借入，用于国家计划内重点项目建设，最终由国家财政负责对外还款的债务。统借自还外债，是指由政府部门或政府指定的金融机构对外借入，根据重点建设规划转贷给用款单位使用，到期后由用款单位负责偿付本息的债务。

我国现行的外债管理体制属于统一管理、分工负责的管理体制，即在国务院统一领导下，由国家发改委、财政部、中国人民银行三个部门共同实施分工管理。中国人民银行具体负责外债监管的是国家外汇管理局。

发行国家外债应遵循以下三个原则：

第一，国家主权原则。发行外债，要以国家根本利益为重，在平等的国家主权地位上自主进行，严禁有损国家主权借入外债。在举借外债时，要争取最有利的条件，借入外债的形式要灵活多样，相互补充，灵活调剂；争取尽可能长的借款期限和尽可能低的利息和费用，尽量增加政府外债和国际金融组织的贷款，减少商业贷款；减少外汇风险。

第二，经济效益原则。外债管理包括外债的举借、使用和偿还。举借是为了使用，只有充分利用所借入的外债，形成良好的生产能力，取得利润和外汇，才能保证还本付息，所以外债管理的核心是合理使用外债，提高外债的使用效益，合理安排借入资金的使用方向和结构，较多地用于加强农业、能源、交通、原材料、教育等薄弱环节的建设，发展出口创汇率高的项目，利用外资与引进先进技术结合起来，并做到内外结合，充分发挥外债资金的作用，加强对使用外债的监督管理。

第三，量力而行原则。发行外债的预算规模应同我国的国力相适应，要符合经济发展规划和国家产业政策，不得盲目大量借入不必要的外债。同时，国家用于清偿债务的外汇资金应主要来自出口商品的创汇收入，举债规模应与出口创汇数量相适应。

为了加强外债监管，2013 年 4 月 28 日，国家外汇管理局发布《外债登记管理办法》。债务人按规定借用外债后，应按照规定方式向所在地外汇局登记或报送外债的签约、提款、偿还和结售汇等信息。根据债务人类型实行不同的外债登记方式。外债借款合同发生变更时，债务人应按照规定到外汇局办理外债签约变更登记。外债未偿余额为零且债务人不再发生提款时，债务人应按照规定到外汇局办理外债注销登记手续。

### 三、地方债法律制度

公债虽然可以根据不同的标准作多种分类，但在目前中国的特定背景下，将其分为国债和地方债更具现实意义。国债是财政部代表中央政府举借的债务，地方债是地方政府所举借的债务。虽然我国没有制定专门的《公债法》，但《预算法》早就确认中央政府的举债权。中央预算中必需的建设投资的部分资金、中央预算中对已经举借的债务还本付息所需的资金，可以通过举借国内和国外债务等方式筹措。但是，在 2014 年《预算法》修改之前，地方政府的举债权受到严格限制。该法第 28 条规定，地方各级预算按照量入为出、收支平衡的原则编制，不列赤字。除法律和国务院另有规定外，地方政府不得发行地方政府债券。

历史地来看,为解决地方财力不足的问题,规范地方政府性债务,探索解决地方债负担的方法,2009 年,经国务院批准同意,多个省(市)发行了地方政府债券,这是自 1993 年以来地方政府债券被国务院叫停后的首次发行。此次地方政府债券以省、自治区、直辖市和计划单列市政府为发行和偿还主体,是由财政部代理发行并代办还本付息和支付发行费的可流通记账式债券。地方政府债券冠以发债地方政府名称,具体为"2009 年××省(自治区、直辖市、计划单列市)政府债券(××期)"。债券期限为 3 年,利息按年支付,利率通过市场化招标确定,发行的总规模为 2000 亿元。这种发债模式此后每年都在延续,其发债规模不断扩大,2013 年增至 3500 亿元。

1994 年《预算法》第 28 条规定:"除法律和国务院另有规定外,地方政府不得发行地方政府债券。"2009 年,为启动本次地方债券发行程序,国务院据此先行作出决定,允许地方政府发行地方债券,同时限定发行额度为 2000 亿元,所筹资金主要用于配套中央投资项目。但是,地方债券属于地方预算事项,在地方层面也需要履行法定手续。因此,省级政府在国务院核准的额度内决定发行的地方债券,需要提请同级地方权力机关审查批准。财政部《2009 年地方政府债券预算管理办法》第 6 条要求,2009 年度政府预算未报经本级人大审查批准的,要将本地区地方政府债券收入或者债券转贷收入和支出纳入预算,报请同级人大审查批准。2009 年度政府预算已经报本级人大审查批准的,要根据地方政府债券收支计划及时编制预算调整方案,报同级人大常委会审查批准。

在具体的发行方案中,针对地方无力偿还的问题,虽然中央从来没有正式表达过担保的意思,但是,中央也从未试图划清自己与地方债的界限,将自己完全置身于事外。客观上,代借代还本身就已经给人提供足够的联想空间。加之,财政部发言人在答记者问时指出,中央代借代还地方债,有利于保障投资者按时收到本金和利息,提升地方政府债券信用等级,充分保护投资者利益。[5] 发言人还特别指出,这种地方债的信用实际上接近于国债,很明显地表达了中央政府担保的意思,使中央政府远远超过了代理人的角色,成为 2000 亿元地方债的总担保人。不仅如此,由于财政部承诺统一代还债券本息,而不以地方缴足还本付息资金为条件,中央政府事实上成为了第一债务人,而不仅仅是一个第二位的担保人。无论中央与地方之间如何结算,债权人的利益都不会受到影响。

2011 年,经国务院批准,财政部印发《2011 年地方政府自行发债试点办法》,允许上海、浙江、广东、深圳开展地方政府自行发债试点,这预示着地方政府债务管理从中央代理阶段进入地方自行发债管理阶段。此后几年,试点范围逐渐扩大。2013 年,江苏和山东加入自行发债试点。相比 2009 年的代借代还地方债模式,自行发债试点的不同之处在于,试点省市在国务院批准的发债规模限额内,自行组织发行本省市政府债券,无须由财政部代为发行。但是,所发债券仍由财政部代办还本付息。试点省市应在规定时间将财

---

〔5〕《财政部有关负责人就财政部代理发行 2009 年地方政府债券有关问题答记者问》,载 http://www.mof.gov.cn/zhuantihuigu/jijicaizhengzhengce/xinwenfabujiji/200904/t20090428_137429.html,最后访问日期:2019 年 6 月 18 日。

政部代办债券还本付息资金足额缴入中央财政专户。在这种模式下,由于财政部代为还债,实际上中央仍在为地方债担保,甚至直接成为第一债务人。就这一点而言,它和2009年地方债试点模式并无不同。

2014年,国务院批准上海、浙江、广东、深圳、江苏、山东、北京、江西、宁夏、青岛试点地方政府债券自发自还。自发自还是指试点地区在国务院批准的发债规模限额内,自行组织本地区政府债券发行、支付利息和偿还本金的机制。[6] 试点地区发行政府债券实行年度发行额管理,全年发行债券总量不得超过国务院批准的当年发债规模限额。债券为记账式固定利率附息债券,期限为5年、7年和10年,结构比例为4:3:3。

比2013年试点更进一步的是,2014年的自行发债试点要求试点地区承担债券还本付息责任。财政部要求,试点地区应当建立偿债保障机制,统筹安排综合财力,及时支付债券本息、发行费等资金,切实履行偿债责任,维护政府信誉。不过,在中国现行国家结构形式之下,任何地方债对中央都是风险。为加强监管,财政部要求,试点地区应将本地区政府债券信用评级、信息披露、承销团组建、发行兑付等有关规定及时报财政部备案。政府债券发行兑付过程中出现重大事项及时向财政部报告。年度发行结束两周内向财政部报送债券发行情况。如地方政府债券发行利率低于招标日前1~5个工作日相同待偿期国债收益率,须在债券发行情况中进行重点说明。

在总结上述试点经验的基础上,《预算法》第35条规定,地方各级预算按照量入为出、收支平衡的原则编制,除本法另有规定外,不列赤字。经国务院批准的省、自治区、直辖市的一般公共预算中必需的建设投资的部分资金,可以在国务院确定的限额内,通过发行地方政府债券举借债务的方式筹措。举借债务的规模,由国务院报全国人大或者全国人大常委会批准。省、自治区、直辖市依照国务院下达的限额举借的债务,列入本级预算调整方案,报本级人大常委会批准。举借的债务应当有偿还计划和稳定的偿还资金来源,只能用于公益性资本支出,不得用于经常性支出。除前款规定外,地方政府及其所属部门不得以任何方式举借债务。除法律另有规定外,地方政府及其所属部门不得为任何单位和个人的债务提供担保。国务院建立地方政府债务风险评估和预警机制、应急处置机制以及责任追究制度。国务院财政部门对地方政府债务实施监督管理。

相比旧法,新《预算法》为地方政府发行债券提供了方便。但是,它也通过层级限定、总额限定、预算管理、民主控制、用途管控等方式进行限制,与此同时,它还堵塞了地方政府的其他举债渠道。这种"开正门、堵后门"的方式既尊重了地方的财政需要,又可以很大程度上防止地方滥用举债权,是我国地方债管理中基于利益平衡的一种新尝试。

地方政府举债并非洪水猛兽,疏堵结合便可成为支应地方政府提供公共服务的物质保障。只要能够保证债务规范有序、规模可控,那么发行地方债就可以成为开辟地方财源的有效路径。事实上,政府债券是国际通行的地方政府融资方式。新《预算法》表面上放开了地方政府的发债权力,实际上却是为了将原先不受约束的"隐形"发债权引导到阳光下,使之受到法治规范和预算约束,从而防范和化解债务风险。具体来说,《预算法》主要

---

〔6〕 参见《2014年地方政府债券自发自还试点办法》(财库〔2014〕57号)。

从以下三点建立地方发债权的规范机制:

一是举债有度。在主体上,限定于“经国务院批准的省、自治区、直辖市”,暂不允许财政统筹能力相对较弱的市、县政府发债,体现了审慎放开的态度。在方式上,有疏有堵,只放开透明度高、最利于监管的“发行地方政府债券”,同时明文禁止以其他任何方式举借债务或提供担保;在用途上,将借债定位为补充性、临时性财源,要求只能用于“建设投资”和“公益性资本支出”,不得用于经常性支出。

二是监管到位。新《预算法》大大强化了权力机关、上级行政机关和社会公众的监督权,构建了对地方政府发债权的权力制约监督机制。根据规定,地方借债规模由国务院报全国人大或全国人大常委会批准后分别下达限额,财政部对地方政府债务实施监督,这保障了中央对地方债务的总体控制。而省级政府在限额内举借债务,也必须报本级人大常委会批准,体现了权力机关对行政机关的有效监督。同时,坚持“预算管债”,并将地方债作为各级人大对预决算的重点审查内容,还专门要求公开预决算时必须对举借债务的情况作出说明。

三是风险可控。在“量入为出、收支平衡”的预算编制原则指导下,新《预算法》要求“举借的债务应当有偿还计划和稳定的偿还资金来源”,厘清了政府的还债责任。同时,提出“国务院建立地方政府债务风险评估和预警机制、应急处置机制以及责任追究制度”,高度重视风险防控。此外,还要求各级地方政府财政部门编制以权责发生制为基础的政府综合财务报告,并公布政府资产负债表,这一提升财政透明度的有力举措无疑也有助于地方债风险的检测与预防。

新《预算法》已经搭建起了规范地方债的法律框架,但要真正化解现有的债务难题、将法律落到实处,可以说仍然任重道远。2014 年 9 月 2 日召开的国务院常务会议明确提出,要“规范地方政府性债务”。为此,国务院制定了《国务院关于加强地方政府性债务管理的意见》(国发〔2014〕43 号),至今仍在地方债风险管理中发挥重要作用,其内容主要包括如下方面:

其一,对地方政府债务实行规模控制和预算管理。地方政府债务规模实行限额管理,地方政府举债不得突破批准的限额。地方政府一般债务和专项债务规模纳入限额管理,由国务院确定并报全国人大或其常委会批准,分地区限额由财政部在全国人大或其常委会批准的地方政府债务规模内根据各地区债务风险、财力状况等因素测算并报国务院批准。地方政府在限额内举借债务,必须报本级人大或其常委会批准。地方政府不得通过企事业单位等举借债务。地方政府举借的债务,只能用于公益性资本支出和适度归还存量债务,不得用于经常性支出。地方政府要将一般债务收支纳入一般公共预算管理,将专项债务收支纳入政府性基金预算管理,将政府与社会资本合作项目中的财政补贴等支出按性质纳入相应政府预算管理。

其二,控制和化解地方政府性债务风险。首先,建立地方政府性债务风险预警机制。列入风险预警范围的债务高风险地区要积极采取措施,逐步降低风险;债务风险相对较低的地区要合理控制债务余额的规模和增长速度。其次,建立债务风险应急处置机制。[7] 要硬化预算约束，防范道德风险，地方政府对其举借的债务负有偿还责任，中央政府实行不救助原则。各级政府要制定应急处置预案，建立责任追究机制。最后，严肃财经纪律。建立对违法违规融资和违规使用政府性债务资金的惩罚机制，加大对地方政府性债务管理的监督检查力度。

其三，完善配套制度。首先，完善债务报告和公开制度。完善地方政府性债务统计报告制度，加快建立权责发生制的政府综合财务报告制度，全面反映政府的资产负债情况。各地区要定期向社会公开政府性债务及其项目建设情况，自觉接受社会监督。其次，建立考核问责机制。把政府性债务作为一个硬指标纳入政绩考核。对脱离实际过度举债、违法违规举债或担保、违规使用债务资金、恶意逃废债务等行为，要追究相关责任人责任。最后，强化债权人约束。金融机构等不得违法违规向地方政府提供融资，不得要求地方政府违法违规提供担保。

其四，妥善处理存量债务和在建项目后续融资。首先，抓紧将存量债务纳入预算管理。以 2013 年政府性债务审计结果为基础，结合审计后债务增减变化情况，经债权人与债务人共同协商确认，对地方政府性债务存量进行甄别。对地方政府及其部门举借的债务，相应纳入一般债务和专项债务。对企事业单位举借的债务，凡属于政府应当偿还的债务，相应纳入一般债务和专项债务。其次，积极降低存量债务利息负担。对甄别后纳入预算管理的地方政府存量债务，各地区可申请发行地方政府债券置换。再次，妥善偿还存量债务。处置到期存量债务要遵循市场规则，减少行政干预。对项目自身运营收入能够按时还本付息的债务，应继续通过项目收入偿还。对项目自身运营收入不足以还本付息的债务，可以通过依法注入优质资产、加强经营管理、加大改革力度等措施，提高项目盈利能力，增强偿债能力。最后，确保在建项目后续融资。地方政府要统筹各类资金，优先保障在建项目续建和收尾。

### 四、债务风险处置中的地方财政地位

从获批限额、预算管理、债券发行，到资金使用、债务偿还，地方政府债券制度基本形成一个闭环。尽管目前还没有制定《政府公债法》，但以《预算法》为龙头，辅之以《国务院关于加强地方债务管理的意见》《地方政府一般债券发行管理暂行办法》《地方政府一般债券预算管理办法》《地方政府专项债券发行管理暂行办法》《地方政府专项债券预算管理办法》《地方政府债务信息公开办法（试行）》，我国地方债务管理体系基本得以建立。不过，以上内容都属于正常状态下的债务管理制度。在我国局部地区负债率较高、风险突

[7] 2016 年 10 月，国务院办公厅印发了《地方政府性债务风险应急处置预案》（以下简称《预案》）（国办函〔2016〕88 号）。同时，经国务院批准，财政部印发《地方政府性债务风险分类处置指南》（财预〔2016〕152 号）。按照风险事件性质、影响范围和危害程度等，政府性债务风险事件被划分为Ⅳ级（一般）、Ⅲ级（较大）、Ⅱ级（重大）、Ⅰ级（特大）四个等级。对Ⅳ级、Ⅲ级债务风险，主要由市县政府立足自身化解；对Ⅱ级、Ⅰ级债务风险，除上述措施外，省级政府可依据市县政府申请予以适当救助。当地方政府出现极大风险时，中央政府可适当指导，但中央不救助地方债务。最具特色的是，《预案》提出了地方政府财政重整的概念。财政重整是指高风险地区通过实施一系列增收、节支、资产处置等短期和中长期措施安排，使债务规模和偿债能力相一致，恢复财政收支平衡状态。

出的背景下,还有必要居安思危,考虑发生地方债务风险时的应急处置问题。从这个角度而言,2016 年 12 月 27 日,国务院办公厅印发《地方政府性债务风险应急处置预案》,对完善地方债务法律体系的贡献颇巨。

这份预案所指的地方政府性债务,不仅包括地方政府债券,也包括其他各种需要政府承担偿还责任或担保责任的债务。预案所称地方政府性债务风险事件,是指地方政府已经或者可能无法按期支付政府债务本息,或者无力履行或有债务法定代偿责任,容易引发财政金融风险,需要采取应急处置措施予以应对的事件。建立预案的目的是建立健全地方政府性债务风险应急处置工作机制,坚持快速响应、分类施策、各司其职、协同联动、稳妥处置,防范和化解财政金融风险,维护经济安全和社会稳定。除总则和附则之外,预案包括应急组织机构、预警和预防机制、应急响应、后期处置、保障措施五个部分。最值得一提的是,它将地方政府性债务风险分成四个等级,随着风险的升级,应对措施逐步升级。作为应急响应措施之一的"地方政府财政重整计划",与域外国家的地方政府破产制度异曲同工,与我国民主集中制的宪法体制也高度吻合,体现了制度设计者的胆略和智慧。

从地方财政自主权的角度观察,这也是一份信息量十分丰富的文件。其中有关风险应对主体、上级救助机制、地方财政重整、法律责任追究等内容,生动地展示了现行体制下我国中央与地方之间、省与省以下政府之间围绕债务风险处置的互动往来。我们认为,从这些主题中可以总结出若干内容,丰富和验证地方财政自主权的研究。

首先,地方法律上自主独立的财政主体。每一级地方政府都在法律范围内自主举债,也需要为自己的决定承担相应责任。无论是债务发行时设置条件,还是资金使用时进行监管,抑或是风险应对时中央或上级干预,都无法改变债务关系的内容。谁发行的债券,谁举借的债务,谁就是地方债的债务人。审批、监管、干预都是来自第三者的行为,与地方政府作为债务人的身份不矛盾。正是因为债务人身份固定,不能向上级或者中央转移,才有可能实施财政重整,才有可能以其名义申请救助,才有可能被上级追究法律责任。无论多少主体参与债务风险处置,所有的行为都是围绕债务人这个主体而生。换一个角度来说也是这样。债权人只能向举债的地方政府请求还债,不能要求上级或中央政府代为偿还。在这一点上,预案的立场非常鲜明,没有含糊之处。

其次,财政救助不改变债权债务关系的结构。从文义上看,"救助"与"偿还"是两个完全不同的概念,偿还是债务人的行为,救助是第三人的行为。即便中央或上级政府实施救助,债务仍然不能转移。在"国发〔2014〕43 号文"中,国务院已经表明了立场,要硬化预算约束,防范道德风险,地方政府对其举借的债务负有偿还责任,中央政府实行不救助原则。但在这份地方债风险处置预案中,省级政府在县市发生债务风险事件时对其进行救助,属于可以选择的财政重整措施之一。在拓宽财源渠道、优化支出结构、处置政府资产后,风险地区财政收支仍难以平衡的,可以向省级政府申请临时救助,包括但不限于:代偿部分政府债务,加大财政转移支付力度,减免部分专项转移支付配套资金。待财政重整计划实施结束后,由省级政府自行决定是否收回相关资金。可见,这种临时救助并不会混淆财政责任,债权人不能申请,只有债务人才有资格;即便实施,债务人仍然是举债的地方政府,法律责任不会发生改变。

再次,财政管理权与债务偿还责任无关。依据我国《宪法》的规定,国务院领导全国地方政府的工作,省级政府领导本区域内地方政府的工作,因此,中央对地方财政拥有领导权,省级政府对县市财政拥有领导权,这是毫无疑问的事情。从这份预案中可以看出,县市政府是债务风险处置的第一责任人,不过,随着债务风险的升级,省级政府乃至中央的干预力度越来越大,包括监控事态发展、指导应急处置、提供临时救助、实施财政接管、追究法律责任等。特别是在财政接管的情形下,可以想象,地方的财政自主空间会被压缩到最低限度,重要事情都需要实施接管的上级政府决定。尽管如此,这方预案仍然强调,地方对其举借的债务负有偿还责任,不会因为中央或上级的干预而改变责任归属。即便是被接管,用于承担责任的财产仍然是举债政府的财产,而不是实施接管的上级政府的财产。上级政府的财政管理权不改变下级政府的债务清偿责任。

最后,地方发生债务风险后,会面临中央或上级的追责。地方政府面对债权人是一个债务人,有义务按照约定还本付息。即便出现债务违约,债权人也只能要求地方政府承担赔偿责任。然而,在国家权力结构体系中,地方举债并不是一个简单的民事行为,而是国家公权力运作的环节之一。在这方面,地方财政自主权不可能没有限度。地方债务风险发生后,上级或中央有责任调查事件发生的原因,如果发现财政违法行为,必须追究举债政府及直接责任人的责任。预案专门规定了责任追究一节,详细列举了需要被追责的债务违法违规行为,并列举了责任追究程序。其中特别提到,省级政府应将债务风险处置列入政绩考核范围。政府领导即便已经离任,如果对债务风险的发生负有责任,也要依法依纪被追究。可见,地方政府虽然在财政上有一定自主权,但在更广泛的意义上,这种自主权实际上受到重重约束。一旦出现违法违规,地方领导人所要承担的不仅是法律责任,还包括各种党纪政纪责任。

## 第五节　彩　票　法

新中国彩票始于改革开放初期,其发行初衷多是为某一个项目或活动筹集资金。[8] 1987 年和 1994 年,国务院分别批准设立了福利彩票和体育彩票。三十年来,我国彩票从无到有,发行量逐年攀升,屡创新高。[9] 彩票的发行为福利、体育等公益事业筹集了大量的资金,缓解了财政压力,促进了公益事业的发展。与之形成对比的是彩票立法的滞后。在我国彩票法规体系中,层次最高的也只是 2009 年由国务院制定的《彩票管理条例》。

---

〔8〕 据有关资料记载,新中国最初发行的彩票是 1984 年的"北京国际马拉松赛奖券"。参见中国彩票年鉴编辑委员会:《中国彩票年鉴(2002)》,中国财政经济出版社 2003 年版,第 3 页。

〔9〕 2016 年 1 月至 5 月累计,全国共销售彩票 1602.92 亿元,2019 年 1 月至 5 月累计,全国共销售彩票 1778.29 亿元,载 http://zhs.mof.gov.cn/zhengwuxinxi/zonghexinxi/201607/t20160701_2343966.html, http://zhs.mof.gov.cn/zhengwuxinxi/zonghexinxi/201906/t20190625_3284468.html,最后访问日期:2019 年 6 月 19 日。

彩票业规制更多的是依靠大量效力层次较低的行政规章和规范性文件。西方国家彩票业发展经验显示,发达的彩票业需要强有力的法治作保障。有理由相信,中国彩票业会继续发展下去。因此,提升中国彩票法治水平是中国彩票业进一步发展的必由之路。

### 一、彩票的概念

依照《彩票管理条例》的规定:彩票是指国家为筹集社会公益资金,促进社会公益事业发展而特许发行、依法销售,自然人自愿购买,并按照特定规则获得中奖机会的凭证。彩票不返还本金、不计付利息。

在我国,官方对“彩票”的界定历经“奖券—凭证—有价凭证—凭证”的演变过程。彩票发行初期,彩票在中国被称为“有奖募捐奖券”而非“彩票”,例如,福利彩票在1987年正式发行时被称为“中国社会福利奖券”。“为了同各种有奖销售划清界限,并使中国彩票逐步走上世界”,1994年中国社会福利奖券发行中心更名为中国社会福利彩票发行中心,与之相适应,“中国社会福利奖券”被“中国福利彩票”所取代。随后,中国人民银行在1995年发布的《关于加强彩票市场管理的紧急通知》中将彩票界定为“印有号码、图形或文字供人们填写、选择、购买并按特定规则取得中奖权利的凭证”。与中国人民银行的界定不同,2002年财政部制定的《彩票发行和销售管理暂行规定》将彩票定义为“国家为支持社会公益事业而特许专门机构垄断发行,供人们自愿选择和购买,并按照事前公布的规则取得中奖权利的有价凭证”。2009年国务院制定的《彩票管理条例》将“彩票”界定为“中奖机会凭证”。

受官方对“彩票”定义的影响,学界关于“彩票”的解释形成了以下两种主要观点:(1)有价证券说。这种认识以韩世远教授为代表,其认为:彩票属于无记名的有价证券,有纸型的彩票既表彰一定的权利,也具有“物”的属性,又可以作为一种合同凭证。[10] 持相似观点的还有宋一欣[11]等。与上述观点稍有不同的是,陈兴华认为并非所有的彩票都是有价证券,只有中奖彩票才是有价证券。[12] (2)凭证说。如刘中杰认为:“彩票是国家为筹集社会公益资金而发行,供人们自愿购买并据以获得获奖机会的凭证。”[13]持有类似观点的还有朱彤[14]等。

界定概念的目的是要告诉我们“事物是什么”,从而帮助我们将“此事物”与“彼事物”区别开来。彩票的核心是“机会游戏”(game of chance),是一种博彩。这种游戏通过“运气”分配奖金。同时,社会民众需支付对价以换取参加游戏的资格和获取中奖的机会。因此,彩票应包含三个基本要素:奖金、奖金的“运气”分配机制、民众为获取中奖机会而支付的对价。

至于彩票的“公益性”“应受严格监管性”,不过是由“机会游戏”这一核心的衍生或

〔10〕 韩世远:《彩票的法律分析》,载《法学》2005年第2期。
〔11〕 宋一欣:《彩票法律制度初探》,载《政治与法律》1999年第3期。
〔12〕 陈兴华:《彩票的民法学分析》,载《云南大学学报》(法学版)2002年第2期。
〔13〕 刘中杰:《彩票的法理分析》,载《中国律师》2004年第8期。
〔14〕 朱彤、余晖:《彩票市场的竞争性质与中国彩票监管体制的重构》,载《中国工业经济》2004年第4期。

外来“附加”。例如,正因为彩票是一种“机会游戏”,公正诚实是基本要求。为了保证彩票的公正诚实,发行彩票的国家普遍对彩票实施了严格的监管。

## 二、彩票法律关系

彩票法律关系是一种多重法律关系。它主要包括发行人与购彩人之间形成的权利义务关系;发行人与中彩人之间形成的权利义务关系;发行人与彩票承销人之间形成的权利义务关系;在某些时候,还可能存在彩票奖品的供应商(以下简称间接供奖人)与发行人及中彩人三方之间形成的权利义务关系。

### (一)发行人与购彩人之间的法律关系

该法律关系是有关彩票法律关系中的核心部分。在这层法律关系中,发行人以自己的名义向社会公开发布了有关彩票发行的对世要约,因而其主要义务有:(1)按彩票发行公告内容,即按约定时间、地点、方式发行彩票。(2)保证彩票开奖即产生中奖号码的过程公开、公正、公平。(3)如果彩票发行公告或彩票纸上已说明了本次彩票的筹资目的,则保证本次发行彩票所筹集到的资金用于该彩票发行的目的事项。如1998年长江特大洪水后,国家彩票发行中心发行的赈灾彩票所筹集到的资金就必须用于此次洪灾的善后救济。作为该法律关系另一方的购彩人在根据自愿原则支付了价款后,获得彩票所有权和中奖机会。

### (二)发行人与中彩人之间的法律关系

他们之间的法律关系是建立在发行人与购彩人之间的法律关系基础上的一层关系。在这层法律关系中,中彩人具有双重法律身份,既是购彩人又是中彩人。正因为他是购彩人,他才有可能成为中彩人。因此,他除了拥有购彩人的权利义务外,还特别享有获取奖金、奖品的权利。但他同时也负有遵循中奖规则,按规定领取奖金、奖品的义务。

### (三)发行人与彩票承销人之间的法律关系

这其实是一种特别授权代理关系。承销人以发行人名义向社会公开发行彩票,对外所产生的权利义务仍然由发行人承担。承销人通过为发行人销售彩票,从中获取手续费和佣金。彩票发行面很广,往往是全国范围的,因而有必要在一定的区域内授权特定机构代理发行。如中国福利彩票的发行就由中国福利彩票发行中心授权各省福利彩票发行中心承销。

### (四)供奖人与发行人、中彩人之间的法律关系

这层法律关系并不是所有的彩票经营中都会产生的,仅在一些由供奖人提供中彩奖品的彩票发行中才会出现。在一些管理不规范的地方,发行人与供奖人恶意串通,利用奖品推销伪劣产品的事情时有发生,因而有必要对这层法律关系作简要探讨。在这层法律关系中,中彩人通过发行人领取了奖品,不直接与供奖人发生关系,但他们之间间接地存

在一种商品生产者、供应者与消费者之间的关系。发行人以一定价款向供奖人购买商品作为奖品,因而他们之间是一种商品买卖关系。由于发行人不是最终的商品(奖品)使用者,某些善于钻营的发行人可能会利用这个空子,低价购入一些质量低劣的商品,虚报价值充当奖品,并认为中彩奖品不同于商品,不实行等价交换。《中国福利彩票管理办法》明文规定:凡是以实物作为奖品的,该实物必须是质量良好、市场畅销的名优产品,其计价不得高于当地市场零售中间价。中彩者一旦发现奖品是伪劣产品,可依据《产品质量法》《消费者权益保护法》向发行人或供奖人索赔。

### 三、我国彩票法律制度的主要内容

我国现行规范彩票业的主要法律性文件为2009年4月22日国务院通过的《彩票管理条例》,已于2009年7月1日起施行。该条例主要内容如下:

#### (一)总则

第一,进行了立法目的的说明。为了加强彩票管理,规范彩票市场发展,维护彩票市场秩序,保护彩票参与者的合法权益,促进社会公益事业发展,制定本条例。

第二,对彩票概念进行了定义。本条例所称彩票,是指国家为筹集社会公益资金,促进社会公益事业发展而特许发行、依法销售,自然人自愿购买,并按照特定规则获得中奖机会的凭证。彩票不返还本金、不计付利息。

第三,规定了国家对彩票发行的垄断。国务院特许发行福利彩票、体育彩票。未经国务院特许,禁止发行其他彩票。禁止在中国境内发行、销售境外彩票。

第四,彩票的发行、销售和开奖的原则。彩票的发行、销售和开奖,应当遵循公开、公平、公正和诚实信用的原则。

第五,彩票监督管理的职责。国务院财政部门负责全国的彩票监督管理工作。国务院民政部门、体育行政部门按照各自的职责分别负责全国的福利彩票、体育彩票管理工作。省、自治区、直辖市政府财政部门负责本行政区域的彩票监督管理工作。省、自治区、直辖市政府民政部门、体育行政部门按照各自的职责分别负责本行政区域的福利彩票、体育彩票管理工作。县级以上各级政府公安机关和县级以上工商行政管理机关,在各自的职责范围内,依法查处非法彩票,维护彩票市场秩序。

#### (二)彩票发行和销售管理

1. 彩票发行和组织销售工作的主体

国务院民政部门、体育行政部门依法设立的福利彩票发行机构、体育彩票发行机构(以下简称彩票发行机构),分别负责全国的福利彩票、体育彩票发行和组织销售工作。省、自治区、直辖市政府民政部门、体育行政部门依法设立的福利彩票销售机构、体育彩票销售机构(以下简称彩票销售机构),分别负责本行政区域的福利彩票、体育彩票销售工作。

2. 彩票发行机构申请开设、停止彩票品种或者申请变更彩票品种审批事项的程序

国务院财政部门应当根据彩票市场健康发展的需要,按照合理规划彩票市场和彩票

品种结构、严格控制彩票风险的原则,对彩票发行机构的申请进行审查。彩票发行机构申请开设彩票品种,应当经国务院民政部门或者国务院体育行政部门审核同意,向国务院财政部门提交下列申请材料:(1)申请书;(2)彩票品种的规则;(3)发行方式、发行范围;(4)市场分析报告及技术可行性分析报告;(5)开奖、兑奖操作规程;(6)风险控制方案。国务院财政部门应当自受理申请之日起90个工作日内,通过专家评审、听证会等方式对开设彩票品种听取社会意见,对申请进行审查并作出书面决定。彩票发行机构申请变更彩票品种的规则、发行方式、发行范围等审批事项的,应当经国务院民政部门或者国务院体育行政部门审核同意,向国务院财政部门提出申请并提交与变更事项有关的材料。国务院财政部门应当自受理申请之日起45个工作日内,对申请进行审查并作出书面决定。彩票发行机构申请停止彩票品种的,应当经国务院民政部门或者国务院体育行政部门审核同意,向国务院财政部门提出书面申请并提交与停止彩票品种有关的材料。国务院财政部门应当自受理申请之日起10个工作日内,对申请进行审查并作出书面决定。经批准开设、停止彩票品种或者变更彩票品种审批事项的,彩票发行机构应当在开设、变更、停止的10个自然日前,将有关信息向社会公告。因维护社会公共利益的需要,在紧急情况下,国务院财政部门可以采取必要措施,决定变更彩票品种审批事项或者停止彩票品种。

3. 彩票发行、销售机构的技术性要求

彩票发行机构、彩票销售机构应当依照政府采购法律、行政法规的规定,采购符合标准的彩票设备和技术服务。彩票设备和技术服务的标准,由国务院财政部门会同国务院民政部门、体育行政部门依照国家有关标准化法律、行政法规的规定制定。

4. 彩票发行、销售机构的行业规范

彩票发行机构、彩票销售机构应当建立风险管理体系和可疑资金报告制度,保障彩票发行、销售的安全。彩票发行机构、彩票销售机构负责彩票销售系统的数据管理、开奖兑奖管理以及彩票资金的归集管理,不得委托他人管理。彩票发行机构、彩票销售机构可以委托单位、个人代理销售彩票。彩票发行机构、彩票销售机构应当与接受委托的彩票代销者签订彩票代销合同。福利彩票、体育彩票的代销合同示范文本分别由国务院民政部门、体育行政部门制定。彩票代销者不得委托他人代销彩票。彩票销售机构应当为彩票代销者配置彩票投注专用设备。彩票投注专用设备属于彩票销售机构所有,彩票代销者不得转借、出租、出售。彩票销售机构应当在彩票发行机构的指导下,统筹规划彩票销售场所的布局。彩票销售场所应当按照彩票发行机构的统一要求,设置彩票销售标识,张贴警示标语。

5. 彩票发行机构、彩票销售机构、彩票代销者的行为禁止

彩票发行机构、彩票销售机构、彩票代销者不得有下列行为:(1)进行虚假性、误导性宣传;(2)以诋毁同业者等手段进行不正当竞争;(3)向未成年人销售彩票;(4)以赊销或者信用方式销售彩票。

6. 关于彩票销毁的规定

需要销毁彩票的,由彩票发行机构报国务院财政部门批准后,在国务院民政部门或者国务院体育行政部门的监督下销毁。

7. 彩票发行机构、彩票销售机构社会监督

彩票发行机构、彩票销售机构应当及时将彩票发行、销售情况向社会全面公布，接受社会公众的监督。

### (三)彩票开奖和兑奖管理

1. 彩票的开奖管理

彩票发行机构、彩票销售机构应当按照批准的彩票品种的规则和开奖操作规程开奖。国务院民政部门、体育行政部门和省、自治区、直辖市政府民政部门、体育行政部门应当加强对彩票开奖活动的监督，确保彩票开奖的公开、公正。彩票发行机构、彩票销售机构应当确保彩票销售数据的完整、准确和安全。当期彩票销售数据封存后至开奖活动结束前，不得查阅、变更或者删除销售数据。彩票发行机构、彩票销售机构应当加强对开奖设备的管理，确保开奖设备正常运行，并配置备用开奖设备。彩票发行机构、彩票销售机构应当在每期彩票销售结束后，及时向社会公布当期彩票的销售情况和开奖结果。

2. 彩票的兑奖管理

彩票中奖者应当自开奖之日起 60 个自然日内，持中奖彩票到指定的地点兑奖，彩票品种的规则规定需要出示身份证件的，还应当出示本人身份证件。逾期不兑奖的视为弃奖。禁止使用伪造、变造的彩票兑奖。彩票发行机构、彩票销售机构、彩票代销者应当按照彩票品种的规则和兑奖操作规程兑奖。彩票中奖奖金应当以人民币现金或者现金支票形式一次性兑付。不得向未成年人兑奖。彩票发行机构、彩票销售机构、彩票代销者以及其他因职务或者业务便利知悉彩票中奖者个人信息的人员，应当对彩票中奖者个人信息予以保密。

### (四)彩票的资金管理

1. 彩票资金的类型

彩票资金包括彩票奖金、彩票发行费和彩票公益金。彩票资金构成比例由国务院决定。彩票品种中彩票资金的具体构成比例，由国务院财政部门按照国务院的决定确定。随着彩票发行规模的扩大和彩票品种的增加，可以降低彩票发行费比例。

2. 彩票资金的账户及信息系统管理

彩票发行机构、彩票销售机构应当按照国务院财政部门的规定开设彩票资金账户，用于核算彩票资金。国务院财政部门和省、自治区、直辖市政府财政部门应当建立彩票发行、销售和资金管理信息系统，及时掌握彩票销售和资金流动情况。

3. 彩票奖金的管理

彩票奖金用于支付彩票中奖者。彩票单注奖金的最高限额，由国务院财政部门根据彩票市场发展情况决定。逾期未兑奖的奖金，纳入彩票公益金。

4. 彩票发行费的管理

彩票发行费专项用于彩票发行机构、彩票销售机构的业务费用支出以及彩票代销者的销售费用支出。彩票发行机构、彩票销售机构的业务费实行收支两条线管理，其支出应

当符合彩票发行机构、彩票销售机构财务管理制度。

5. 彩票公益金的管理

彩票公益金专项用于社会福利、体育等社会公益事业，不用于平衡财政一般预算。彩票公益金按照政府性基金管理办法纳入预算，实行收支两条线管理。彩票公益金的分配政策，由国务院财政部门会同国务院民政、体育行政等有关部门提出方案，报国务院批准后执行。

6. 彩票发行费、彩票公益金的监督

彩票发行费、彩票公益金的管理、使用单位，应当依法接受财政部门、审计机关和社会公众的监督。彩票公益金的管理、使用单位，应当每年向社会公告公益金的使用情况。国务院财政部门和省、自治区、直辖市政府财政部门应当每年向本级政府报告上年度彩票公益金的筹集、分配和使用情况，并向社会公告。

《彩票管理条例》的颁布实施，改变了我国彩票业长期以来无法可依的局面，对彩票业的健康发展起到十分重要的作用。为了贯彻和实施《彩票管理条例》，经国务院批准，2012 年财政部、民政部和体育总局又联合发布了《彩票管理条例实施细则》，该细则于 2018 年 8 月修订，重点加强对互联网彩票的管控。

应该看到，《彩票管理条例》的制定只是对我国多年来彩票的做法予以确定，并未有新的突破。例如，诟病多年的彩票发行销售体制仍然予以了保留。随着现代通讯技术对现代彩票业影响的加深和互联网彩票的出现，我国彩票业将面临越来越大的挑战。就彩票而言，收入筹集可能只是其中一个方面，此外还有诸多问题需要彩票法予以关注，包括问题博彩、责任彩票等。

# 第四章　预　算　法

## 第一节　预算法概述

### 一、财政预算及其立法规制

财政预算是按法定程序编制、审查和批准的政府年度财政收支计划，是政府组织与分配财政资金的重要工具，也是宏观调控的重要经济杠杆。从形式上看，预算按照一定标准将财政收入和财政支出分门别类地列入特定表格，使人们清楚地了解政府的财政活动，其功能首先是反映政府的财政收支状况。但从实际内容来看，预算编制是政府对财政收支的计划安排，预算执行是财政收支的实现过程，决算则是预算执行的总结。因此，预算反映政府活动的范围、方向和政策。

现代意义上的预算不是从来就有的概念，它是一个历史范畴，是伴随着资本主义发展而逐步形成的。在前资本主义时期，作为国家代表的统治者，权力至高无上，国家财政收入由统治者任意支配和享用，导致财政出现收不抵支状况的出现。为弥补财政赤字，封建统治阶级开始借债，新兴资产阶级是主要的债权人。随着经济和社会的发展，新兴资产阶级的经济实力日益雄厚，但政治地位依然无法得到提升。为争夺财政权并最终打击封建统治者，新兴资产阶级提出，政府的财政收支必须要编制计划，且账目要公开。随着政府财权被限制和削弱，新兴资产阶级的实力逐渐强大。

新兴资产阶级推翻封建制度后，为了保障经济的自由发展，加速私人资本的积累，资产阶级通过议会来限制和规定政府的活动范围，要求国家活动所需的支出和收入都必须有事前的计划，规定其取得收入的办法和额度，以及财政支出的方向。财政收支计划经议会通过，就形成具有约束力的预算法案。与此同时，这种计划还规定了财政收支方面的权利和责任，并对国家收支和王室收支作了明确的划分。这些制度的总和，就是早期的国家预算。英国于17世纪编制了第一个国家预算。此后，其他资本主义国家也开始接受这一做法。

1789年，英国首相威廉·皮特在议会提出了一项联合基金法案，把全部财政收支统一在一个文件中。至此，才有了正式的预算文件。到19世纪初，英国才确立了按年度编制和批准预算的制度，即政府财政大臣每年提出财政收支一览表，由议会审核批准，并且规定设立国家审计部和审计官员，对议会负责，监督政府按指定用途使用经费。其他资本主义国家的预算制度发展相对缓慢，法国在大革命时期的《人权宣言》里对预算作出了规定，到1817年时，规定立法机关有权分配政府经费。美国纽约市在1908年推出了美国历史上第一份现代预算。到1919年，全国已有44个州通过了预算法。1921年，国会通过《预算与会计法》，预算制度才真正在联邦建立。

目前，预算制度在各国普遍推广，不仅宪法会对此加以规定，而且还专门制定了相关的法律。例如，联邦德国有关预算的法律规定，既包括宪法即《基本法》中有关预算的原则规定和《促进经济稳定和增长法》(1967年)中对预算所作的规定，也包括专门的《联邦和州预算法原则法》(1969年)和《联邦预算法》。美国有《国会预算法》(1974年)、《预算与会计法》、《国会预算和拨款扣押控制法》(1974年)、《平衡预算和紧急赤字控制法》(1985年)等。日本有关预算的法律包括《宪法》《财政法》《地方财政法》等，日本的《财政法》主要是有关预算的规定。

我国也很重视预算立法。1951年，我国政务院就颁布了《预决算暂行条例》，这个条例一直沿用了40年。1991年10月，国务院发布《国家预算管理条例》。1994年3月，第八届全国人大通过《预算法》，自1995年1月1日起施行。1995年11月，国务院发布施行《预算法实施条例》。《预算法》的颁布施行，对加强财政资金的管理，具有十分重要的意义。不过，由于预算外资金仍然大量存在，预算审批机关的权威不足，且缺乏相关的法律责任追究机制，预算的编制、审批和执行不透明，预算在国家政治生活中的作用有限。预算的功能远未充分发挥，与人民对它的期望严重不符。

《预算法》修改启动于2004年，第十届、第十一届和第十二届全国人大常委会都将其列入立法规划，但一直都没有实质性进展。中共十八大之后，《预算法》修改进度开始加快。中共中央十八届三中全会之后，预算体制改革被确定为财税体制改革的排头兵，《预算法》的修改进入"快车道"。2014年8月31日，全国人大常委会表决通过新《预算法》，标志着预算法修改正式告一段落。新《预算法》升华了立法宗旨，对预算编制、审批和执行提出了许多新的要求，增加了预算审查批准、地方发行债券、财政转移支付、预算公开透明、国库集中支付等内容，违法行为的法律责任部分也做了补充和完善，对约束政府权力、保障公款安全有重要意义，代表我国财政法治建设的最新成就。

《预算法》修改前，其第1条规定，为了强化预算的分配和监督职能，健全国家对预算的管理，加强国家宏观调控，保障经济和社会的健康发展，根据宪法，制定本法。按照这种立法宗旨，预算被定位为"政府管理的工具"，旨在实现财政资源分配，加强经济调控，限权、控权的功能由此被忽略。《预算法》修改后，立法宗旨有了很大变化，其第1条规定，为了规范政府收支行为，强化预算约束，加强对预算的管理和监督，建立健全全面规范、公开透明的预算制度，保障经济社会的健康发展，根据宪法，制定本法。据此，预算不再是政府的经济调控工具，而成为"人民管理政府的工具"。这种顺应时势的修改，既体现了我国财政法的进步，也为《预算法》定下了基调。

## 二、财政预算的原则

预算原则是指在预算编制、批准、执行和监督过程中必须遵守的基本准则。20世纪以前，由于各国普遍信奉古典经济学及其预算平衡理论，所以在编制政府财政预算时，一般遵循以下五个主要原则:完整性、年度性、统一性、可靠性和公开性。在财政学理论中,这些原则被称为“传统预算原则”。垄断资本主义形成后,特别是20世纪30年代资本主义经济大危机后,凯恩斯主义风行西方各国。为了加强政府行政机构应付危机、治理经济的财政权,加强政府在预算问题上的主动性,预算原则有所修改和补充。总的精神是加强政府的财政权,缩小国会的权力。它一方面反映了垄断资产阶级加强对财政的控制,另一方面也反映了20世纪30年代以来资本主义国家充分运用财政作为调节经济的手段。例如,日本有关财政立法中规定的四条原则是:预算的事前议论原则、总计主义原则、公开性原则和分类原则。在法国预算立法中,也规定了年度性、完整性、包括性和实行专款专用原则。

虽然西方国家预算原则是随着资本主义政治和经济的发展,根据各国的国情而提出的对预算加强管理的一种方法,但是这里面也包含了许多对国家财政活动内在规律性的认识,对预算活动的进行的确有较好的指导作用,因此应当可以为我国所借鉴。概括而言,预算活动主要应遵循以下原则:

### (一)民主性原则

民主性原则,是指预算必须接受立法机关的审查和批准,以体现人民的意志和利益。预算之所以具有支出授权的功能,是因为其经过民意代表机构的审批,也就相当于经过了人民的同意。虽然预算也具有健全政府财务管理的功能,但是,现代预算的价值正在于控制政府的“钱袋子”,实现人民对政治的具体决定权和监督权。未经代议制民主机构同意的预算,对人民不应该产生法律效力,也不会产生预算授权的效果,政府不能据此而取得财政支出权。正如我国《预算法》第13条所言,经人大批准的预算,非经法定程序,不得调整。各级政府、各部门、各单位的支出必须以经批准的预算为依据,未列入预算的不得支出。

### (二)公开性原则

公开性原则,是指全部预算收支必须经过权力机构审查批准,并以一定形式向社会公布,将政府的预算收支活动置于社会监督之下。《预算法》第1条即要求建立公开透明的预算制度;第14条进一步规定,经本级人大或者本级人大常委会批准的预算、预算调整、决算、预算执行情况的报告及报表,应当在批准后20日内由本级政府财政部门向社会公开,并对本级政府财政转移支付安排、执行的情况以及举借债务的情况等重要事项作出说明。经本级政府财政部门批复的部门预算、决算及报表,应当在批复后20日内由各部门向社会公开,并对部门预算、决算中机关运行经费的安排、使用情况等重要事项作出说明。各级政府、各部门、各单位应当将政府采购的情况及时向社会公开。本条前三款规定的公开事项,涉及国家秘密的除外。这是我国法律第一次对预算公开提出明确要求。

### (三)完整性原则

完整性原则,是指国家预算应包括全部财政收支,反映全部财政活动,不应有预算以外的财政收支，也不应有预算规定以外的财政活动。《预算法》修改前，其第 19 条规定，预算由预算收入和预算支出组成。从字义上即可推出，非预算收入和非预算支出不在该法的规范之内。事实上，在 2011 年之前，我国残存大量的预算外收入和支出，它们不在预算表格中反映，不接受立法机关的审批，长期在预算体系外循环，成为政府自由支配的资金。随着复式预算体系的建立和展开，预算外收入逐渐被纳入一般公共预算之外的其他预算管理，预算外收支的范围越来越窄。2011 年，财政部宣布我国取消预算外收支，这意味着财政的完整性形式上得以实现。修改后的《预算法》也增补一款，要求政府的全部收入和支出都应当纳入预算。不过，要想真正贯彻完整性原则，还必须充分发挥复式预算的作用，让立法机构的监管权能够深入各种专项资金。

（四）统一性原则

统一性原则，是指各级预算收支要按照统一的口径、程序来计算和编制，无论是中央预算还是地方预算，无论是政府综合预算还是部门预算、单位预算，只要成为预算法规范的对象，就应该遵守统一的政府收支分类，使用统一的政府收支科目，采用统一的收支预算方法。例如，《预算法》第 32 条要求，各部门、各单位应当按照国务院财政部门制定的政府收支分类科目、预算支出标准和要求，以及绩效目标管理等预算编制规定，根据其依法履行职能和事业发展的需要以及存量资产情况，编制本部门、本单位预算草案，就体现了统一性原则。再如，预算收支应该体现总额主义，而不是净额主义，不允许预算单位坐收坐支，这也应是基本的资金核算方法，以保证政府预算口径的统一性。

（五）年度性原则

年度性原则，是指国家预算必须按预算年度编制，不应把本预算年度以外的财政收入列入本年度预算中。预算年度，又称财政年度或会计年度，是国家预算收支的起止期限，通常为 1 年。世界各国采取的预算年度有历年制和跨年制两种。我国和大多数国家都采用历年制，即预算年度始于公历 1 月 1 日，止于 12 月 31 日。有些国家采用跨年制，如日本的预算年度是从当年 4 月 1 日起至次年 3 月 31 日止。年度性原则的意义在于与政府的施政计划保持一致，便于根据项目安排资金，也便于监督和问责。不过，随着预算管理技术的进步，周期预算或滚动预算的理念开始出现。中共中央十八届三中全会决定就要求，要建立跨年度预算平衡机制，《预算法》修改后也增加了这个要求。[1] 由于跨年度预算只是年度预算的滚动，它需要以年度预算作为基础，因此，年度性原则仍可成为预算的一般性要求。

---

〔1〕《预算法》第 12 条第 2 款规定，各级政府应当建立跨年度预算平衡机制。第 32 条第 1 款继而规定，各级预算应当根据年度经济社会发展目标、国家宏观调控总体要求和跨年度预算平衡的需要，参考上一年预算执行情况、有关支出绩效评价结果和本年度收支预测，按照规定程序征求各方面意见后，进行编制。

## 三、财政预算的类别

### (一)中央预算和地方预算

无论是联邦制国家还是单一制国家,只要承认一级政府、一级预算原则,就必然存在中央预算和地方预算的区分。中央预算是指反映中央政府及其职能部门的财政收支计划,它一般由最高立法机关审批,对中央政府的财政行为具有约束力。地方预算是指反映地方政府及其职能部门的财政收支计划,它一般由本级议会审批,在所属区域范围内对地方政府具有约束力。中央预算和地方预算的联系在于,中央对地方的转移支付属于中央预算支出,同时为地方的预算收入。中央预算通过转移支付,可以事实上影响地方预算。

在我国预算法制史上,还曾经存在国家预算的形式。在《宪法》第62条所规定的全国人大的职权中,包括审查和批准国家的预算和预算执行情况的报告。这里所谓"国家的预算",并不是指中央预算,而是指汇总中央预算和地方总预算的国家预算。新《预算法》考虑到全国人大审批地方预算有违"一级政府、一级预算"原则,国家预算被取消。[2]目前的要求是,财政部汇总各地预算草案,编制地方总预算,报全国人大审议,而不是审批。不过,这仅仅是针对一般公共预算而言,对政府性基金预算和社会保险基金预算,仍然存在汇总地方预算与中央预算,形成全国总预算后报全国人大审批的情况。这方面的内容有待国务院进一步明确和完善。

### (二)单式预算和复式预算

单式预算是指将政府在一个财政年度内的全部财政收支汇编于单一格式的总预算表内,而不区分各项财政收支的经济性质。单式预算起源于英国,是一种传统的国家预算方式,它的优点是整体性强、编制简单、易于操作,主要缺点是对预算执行结果难以得出正确的结论。在国家预算收支规模较小、功能单一且一般不举债的条件下,单式预算适应了国家编制预算的要求。然而,随着社会经济的发展,政府收支范围不断拓宽,公共经济的比重越来越大,单式预算难以适应政府干预经济的要求,因而逐步为复式预算所取代。

复式预算是指国家将本年度内的全部预算收支按照经济性质划分,分别编成两个或两个以上的预算。复式预算起源于丹麦,1927年丹麦政府先将财政收支按经济性质分别编成两种收支表,创立了资本预算,从而产生了复式预算,但其在当时并没产生影响,直到20世纪30年代资本主义国家发生了经济危机和凯恩斯主义流行以后,瑞典设计了新的复式预算方案,才引起其他国家注意并纷纷采用。复式预算的产生和推广并不是偶然的变革,总体来说,资本主义经济的发展,特别是资本主义国家爆发的周期性经济危机,是复式预算产生的社会经济根源;凯恩斯主义的兴起,是复式预算产生和发展的重要理论因素;而资本主义国家政府职能的变化以及国家预算功能的扩大,是复式预算产生的直接

[2] 《预算法实施条例征求意见稿》第2条规定,国家实行一级政府一级预算。地方各级政府的派出机关,根据本级政府授权进行预算管理活动,其收支纳入本级预算。

原因。

我国目前也实行复式预算制度。《预算法》第5条规定,预算包括一般公共预算、政府性基金预算、国有资本经营预算、社会保险基金预算。一般公共预算、政府性基金预算、国有资本经营预算、社会保险基金预算应当保持完整、独立。政府性基金预算、国有资本经营预算、社会保险基金预算应当与一般公共预算相衔接。不过,这种复式结构的分类标准是否合理,仍有很大的可争议空间。例如,国有资本收益是否有必要单独预算、社会保险资金是否属于财政资金、其收支能否遵循预算程序,政府性基金预算是否应该遵循"一笔基金、一个预算"的原则等。

### (三)政府预算、部门预算与单位预算

《预算法》规定,政府预算由政府各部门(含直属单位)预算组成,部门预算由本部门及所属单位的预算组成。[3] 从这个角度而言,政府预算应该包含部门预算和单位预算的全部信息。各级人大审批政府预算,也就意味着审批了部门预算和单位预算。但是,从2000年起财政部所推行的部门预算改革,却与前述结论不甚吻合。这主要是因为,部门预算改革中所称的"部门预算",包括该部门所能掌控的全部资金,既有预算内资金也有预算外资金。而所谓的政府预算,则仅仅只限于预算内资金。因此,不难得出结论,部门预算之和大于政府预算。政府预算审批后,其效力仅仅只限于部门预算中的预算内资金。随着2011年财政部宣布取消全部预算外资金,这个问题也许已经成为历史。需要我们继续思考的是,部门预算和单位预算的法律效力究竟如何;它们可以成为预算法上的单独概念,还是仅仅作为政府预算的附件即可;部门预算是否还有必要报送人大常委会审议;如果部门预算之和就等于政府预算,将来是否有可能推行按部门预算分项审批,以增加预算审批的灵活性;等等。

## 第二节 预算编制程序

预算编制是政府的职责,具体而言主要是财政部门的职责。它既是一种义务,也是一种权力。政府享有预算编制、执行权,立法机关享有预算审查批准和监督权,这反映了我

---

〔3〕《预算法实施条例(征求意见稿)》第17条第3款规定,部门预算,是指与本级政府财政部门直接发生预算拨款关系的国家机关、军队、政党组织、社会团体、事业单位和其他单位,依据预算法和本条例的规定及其履行法定职能的需要编制的本部门及其所属各单位年度收入支出预算。第4条规定,各部门预算应当包括一般公共预算、政府性基金预算、国有资本经营预算安排给本部门及其所属各单位的所有预算资金。各部门预算收入包括本级财政安排给本部门及其所属各单位的预算拨款以及合法取得的其他各项收入。各部门预算支出为部门预算收入相对应的支出,包括基本支出和项目支出。各部门及其所属各单位的本级预算拨款和相对应的支出应当在部门预算中单独反映。部门预算编制、执行的具体办法,由本级政府财政部门依法作出规定。

国国家权力的基本架构,不仅体现了财政民主,也与责任政府的要求保持一致。预算编制首先要解决收支范围和科目设置,其次要确定预算编制的依据和基准,最后根据法定程序编出预算草案,提交立法机关审查和批准。

## 一、预算收支范围

《预算法》第4条要求,政府的全部收入和支出都应当纳入预算。相比允许预算外收支的存在,这种规定无疑是一个巨大的进步。不过,由于我国实行复式预算体系,不同的预算有不同的收支范围,但其间会存在联系和互通。在复式预算体系中预算类型不同,则意味着收支范围也有所不同,但由于法律规则的不确定性,导致不同类型的预算收支范围有所交叉。《预算法》划定了一般公共预算的收支范围,对于政府性基金预算、国有资本经营预算和社会保险基金预算的收支范围,则要求其按照法律、行政法规和国务院的规定执行。

### (一)一般公共预算

一般公共预算是将以税收为主体的财政收入,安排用于保障和改善民生、推动经济社会发展、维护国家安全、维持国家机构正常运转等方面的收支预算。

一般公共预算收入包括各项税收收入、行政事业性收费收入、国有资源(资产)有偿使用收入、转移性收入和其他收入。一般公共预算支出按照其功能分类,包括一般公共服务支出,外交、公共安全、国防支出,农业支出,环境保护支出,教育、科技、文化、卫生、体育支出,社会保障及就业支出和其他支出。一般公共预算支出按照其经济性质分类,包括工资福利支出、商品和服务支出、资本性支出和其他支出。

中央一般公共预算包括中央各部门、各直属单位的预算和中央对地方的税收返还、转移支付预算。中央一般公共预算收入包括中央本级收入和地方向中央的上解收入。中央一般公共预算支出包括中央本级支出、中央对地方的税收返还和转移支付。

地方各级一般公共预算包括本级各部门、各直属单位的预算和税收返还、转移支付预算。地方各级一般公共预算收入包括地方本级收入、上级政府对本级政府的税收返还和转移支付、下级政府的上解收入。地方各级一般公共预算支出包括地方本级支出、对上级政府的上解支出、对下级政府的税收返还和转移支付。

### (二)政府性基金预算

政府性基金预算是指将依照法律、行政法规的规定在一定期限内向特定对象征收、收取或者以其他方式筹集的资金,专项用于特定公共事业发展的收支预算。

《预算法》要求,政府性基金预算应当按基金项目编制,做到以收定支。这意味着,每一种基金都需要编制一本预算,按照相应的管理层级,报送同级人大审批。每一种基金的收入和支出都是特定的,例如,民航发展基金的收支范围就不同于铁路建设基金,具体范围由设定基金的法律、法规加以规定。不仅如此,每一种基金预算都要做到自求平衡,不同基金的结余和赤字不能相互抵消。《预算法实施条例征求意见稿》第19条规定,政府性基金预算收入包括政府性基金各项目收入和转移性收入。政府性基金预算支出包括与政府性基金预算收入相对应的各项支出和向一般公共预算调出资金等转移性支出。

《预算法》也要求,政府性基金预算应当与一般公共预算相衔接。这种衔接既可能表现为一般公共预算对政府性基金预算的支持,如安排资金作为政府性基金预算的收入,也可能表现为政府性基金预算的资金转入一般公共预算。从法理上看,既然政府性基金有独立的来源和开支,强调专款专用,应该尽量保持基金预算的独立性,它和一般公共预算之间的互通只宜作为特例处理。

(三)国有资本经营预算

国有资本经营预算是对国有资本收益作出支出安排的收支预算。《预算法》要求,国有资本经营预算应当按照收支平衡的原则编制,不列赤字,并安排资金调入一般公共预算。之所以要安排资金从国有资本经营预算调入一般公共预算,是因为国有资本收益是全民所有的财产,理应全民受益,而不应仅在国有经济内部循环。其收入调入一般公共预算之后,可以用于全民所需要的任何用途,减少人民需要负担和缴纳的税款,这样才能真正体现国有经济的全民共益性。《企业国有资产法》第59条规定,国家取得的下列国有资本收入,以及下列收入的支出,应当编制国有资本经营预算:(1)从国家出资企业分得的利润;(2)国有资产转让收入;(3)从国家出资企业取得的清算收入;(4)其他国有资本收入。依照上述规定,国有资本收益的用途并未特定化,可以根据需要用于任何不特定用途。如果真是这样,其实没有必要编制独立的国有资本经营预算,将其并入一般公共预算即可。

然而事实上,按照国务院《关于试行国有资本经营预算的意见》,国有资本经营预算的支出主要包括:(1)资本性支出。根据产业发展规划、国有经济布局和结构调整、国有企业发展要求,以及国家战略、安全等需要,安排的资本性支出。(2)费用性支出。用于弥补国有企业改革成本等方面的费用性支出。(3)其他支出。具体支出范围依据国家宏观经济政策以及不同时期国有企业改革和发展的任务,统筹安排确定。必要时,可部分用于社会保障等项支出。这种状况反映了国有资本经营预算的定位不清。

(四)社会保险基金预算

社会保险基金预算是对通过社会保险缴款、一般公共预算安排以及其他方式筹集的资金,专项用于社会保险的收支预算。《预算法》第11条要求,社会保险基金预算应当按照统筹层次和社会保险项目分别编制,做到收支平衡。目前,我国社会保险基金包括基本养老保险基金、基本医疗保险基金、工伤保险基金、失业保险基金。各项社会保险基金按照社会保险险种分别建账,也就意味着和政府性基金一样,并不存在统一的社会保险基金预算,只有按各个险种独立运行的预算形式。

社会保险基金预算的收支范围按照各种不同类型保险基金分别确定。《社会保险法》第65条规定,社会保险基金通过预算实现收支平衡。县级以上政府在社会保险基金出现支付不足时,给予补贴。这种补贴可能来自一般公共预算,也可能来自国有资本经营预算,它体现了政府对社会保险的财政责任。

我国之所以将社会保障预算限缩为社会保险基金预算,社会优抚、社会救济、社会福利不在涵盖之内,主要是因为社会保险基金实行累积制,资金主要源于参保人的缴款,而社会优抚、社会救济、社会福利的资金主要来自一般公共预算。两类资金虽然都冠以社会保障之名,但性质迥异,无法融于同一种类型的预算中。[4]

## 二、政府收支分类体系

要做到预算编制的科学细致,必须建立完善的政府收支分类体系。《预算法》第32条要求,各部门、各单位按照国务院财政部门制定的政府收支分类科目编制本部门、本单位预算草案。而政府收支分类科目中,支出应当按照其功能分为类、款、项,按其经济性质分为类、款。这与我国自2007年以来实施的政府收支分类改革相一致,对推进部门预算和单位预算向细节延伸,提供了足够的技术支撑。

我国原有的预算科目体系是新中国成立初期参照苏联体制设计的,与计划经济体制下的建设型财政管理体制相适应,带有浓厚的计划经济条件下财政管理体制色彩。自2007年1月1日起,国务院批准实施《政府收支分类改革方案》,以"体系完善、反映全面、分类明细、口径可比、便于操作"为具体改革目标,新的政府收支分类体系主要包括建立新的收入分类、支出功能分类和支出经济分类三方面内容:

第一,对政府收入进行统一分类。从分类方法上看,原有收入分类基本上是罗列各种收入,如各项税收、行政事业性收费、罚没收入等。新的收入分类按照科学标准和国际通行做法将政府收入划分为税收收入、社会保险基金收入、非税收入、贷款转贷回收本金收入、债务收入以及转移收入等。从分类结构上看,原有收入分类分设类、款、项三级,改革后变为类、款、项、目四级。

第二,建立新的政府支出功能分类体系。政府支出原来总体上是按经费性质分类的,把预算支出分为基建费、行政费、事业费等,非常抽象。新的支出功能分类不再按经费性质设置科目,而是按政府的职能和活动设置科目。按照这种思路,支出功能分类设置类、款、项三级。类级科目反映政府的某一项职能,款级科目反映为完成某项政府职能所进行的某一方面工作,项级科目反映某一方面工作的具体支出。政府大的职能活动主要反映在"类级科目"中,分为17类,主要包括:一般公共服务、外交、国防、公共安全、教育、科学技术、文化体育与传媒、社会保障和就业、社会保险基金支出、医疗卫生、环境保护、城乡社区事务、农林水事务、交通运输、工业商业金融等事务,以及其他支出、转移性支出。如果想知道用在"医疗卫生"类上的钱具体又花在哪些方面,是"医疗服务"、"疾病预防控制"、"妇幼保健"还是"农村卫生",就需要查看款级科目。其中,"疾病预防控制"之下又设置了"疾病预防控制机构""重大疾病预防控制""突发公共卫生事件应急处理"等项级科目,都是社会各方面普遍关注的支出事项。

第三,建立新型的支出经济分类体系。支出经济分类是对支出的具体经济构成进行分类。如果说功能分类是反映政府支出"做了什么事",经济分类则是反映"怎么去做",

---

[4] 熊伟、张荣芳:《全口径预算管理之惑:论社会保险基金的异质性》,载《法律科学》2015年第3期。

它是财政预算管理和财务经济分析的重要工具和手段。按照这个思路,支出经济分类对原来的支出目级科目作了扩充和完善,按照简便、实用的原则,设置类、款两级。类级科目具体包括:工资福利、商品和服务支出、对个人和家庭的补助、转移支付、基本建设支出、其他资本性支出等。款级科目是对类级科目的细化,如其他资本性支出进一步细分为房屋建筑物购建、专用设备购置、大型修缮、土地资源开发等。

### 三、预算编制的基本依据

预算编制基本模式大致可以归结为零基预算和增量预算。前者是指在编制政府预算时,不考虑以往预算期间的开支情况,而是从零出发,根据实际需要与可能,逐项审议预算期内各项费用的内容及其开支标准是否合理,在综合平衡的基础上编制预算。而后者则是在往年预算的基础上,根据对下一年度的预测进行增减,其开支依据很大程度上依赖于往年的数据。不仅如此,由于从零出发衡量开支的合理性,原有的项目开支很难简并或删除,预算支出的合理性难以得到保证。

《预算法》第 32 条第 1 款规定,各级预算应当根据年度经济社会发展目标、国家宏观调控总体要求和跨年度预算平衡的需要,参考上一年预算执行情况、有关支出绩效评价结果和本年度收支预测,按照规定程序征求各方面意见后,进行编制。这种思路非常接近"零基预算"的理念,摒弃了"增量预算"的做法。1994 年《预算法》第 25 条规定,中央预算和地方各级政府预算,应当参考上一年预算执行情况和本年度收支预测进行编制,基本上就是增量预算的模式。

### 四、预算编制的基本准则

在收入方面,《预算法》要求,各级预算收入的编制,应当与经济社会发展水平相适应,与财政政策相衔接。各级政府、各部门、各单位应当依照本法规定,将所有政府收入全部列入预算,不得隐瞒、少列。各级政府不得向预算收入征收部门和单位下达收入指标。

在支出方面,《预算法》要求,各级预算支出应当依照本法规定,按其功能和经济性质分类编制。各级预算支出的编制,应当贯彻勤俭节约的原则,严格控制各部门、各单位的机关运行经费和楼堂馆所等基本建设支出。各级一般公共预算支出的编制,应当统筹兼顾,在保证基本公共服务合理需要的前提下,优先安排国家确定的重点支出。

在预算平衡方面,《预算法》要求,中央一般公共预算中必需的部分资金可以通过举借国内和国外债务等方式筹措,举借债务应当控制适当的规模,保持合理的结构。地方各级预算按照量入为出、收支平衡的原则编制,除本法另有规定外,不列赤字。

在转移支付方面,《预算法》要求,一般性转移支付应当按照国务院规定的基本标准和计算方法编制。专项转移支付应当分地区、分项目编制。县级以上各级政府应当将对下级政府的转移支付预计数提前下达下级政府。地方各级政府应当将上级政府提前下达的转移支付预计数编入本级预算。

《预算法》还对预算编制设置了硬性标准。例如,中央预算和有关地方预算中应当安排必要的资金,用于扶助革命老区,民族地区、边疆地区、贫困地区发展经济社会建设事业。各级一般公共预算应当按照本级一般公共预算支出额的1% ~3%设置预备费,用于当年预算执行中的自然灾害等突发事件处理增加的支出及其他难以预见的开支。各级一般公共预算按照国务院的规定可以设置预算周转金,用于本级政府调剂预算年度内季节性收支差额。各级一般公共预算按照国务院的规定可以设置预算稳定调节基金,用于弥补以后年度预算资金的不足。

在编制预算时,各级政府上一年预算的结转资金,应当在下一年用于结转项目的支出;连续两年未用完的结转资金,应当作为结余资金管理。各部门、各单位上一年预算的结转、结余资金按照国务院财政部门的规定办理。

## 第三节　预算审批程序

按照《预算法》的规定,中央预算由全国人大审查和批准,地方各级预算由本级人大审查和批准。经人大批准的预算,非经法定程序,不得调整。各级政府、各部门、各单位的支出必须以经批准的预算为依据,未列入预算的不得支出。可见,预算审批具有授权的效力,政府据此获得财政支出的权力。如果预算未能得到批准,意味着政府没有得到合法授权,不能进行正常的财政支出。

### 一、预算草案初步方案的初步审查

预算草案的初步方案是指预算草案形成之前的状态,或者说即将提交立法机关的预算草案。不过,由于尚未正式提交,其也就不具备预算草案的效力,可以自由协商和修改。设置这种非正式的沟通和协调,对促进政府与立法机关的互动、完善预算草案具有重要意义。

《预算法》第32条规定,各级预算应当根据年度经济社会发展目标、国家宏观调控总体要求和跨年度预算平衡的需要,参考上一年预算执行情况、有关支出绩效评价结果和本年度收支预测,按照规定程序征求各方面意见后,进行编制。第44条规定,国务院财政部门应当在每年全国人大会议举行的45日前,将中央预算草案的初步方案提交全国人大财经委进行初步审查。省、自治区、直辖市政府财政部门应当在本级人大会议举行的30日前,将本级预算草案的初步方案提交本级人大有关专门委员会进行初步审查。设区的市、自治州政府财政部门应当在本级人大会议举行的30日前,将本级预算草案的初步方案提交本级人大有关专门委员会进行初步审查,或者送交本级人大常委会有关工作机构征求意见。县、自治县、不设区的市、市辖区政府应当在本级人大会议举行的30日前,将本级预算草案的初步方案提交本级人大常委会进行初步审查。另外,《预算法》第22条规定,设区的市、自治州以上各级人大有关专门委员会进行初步审查、常委会有关工作机构研究提出意见时,应当邀请本级人大代表参加。

《预算法》目前没有正式确认各级人大对预算草案的修正权,尽管这并不意味着人大没有对预算草案的修正权,但是,以目前紧张有限的人大会期安排,即便正式确认了这项权力,其效果也不会理想。初步审查程序的意义在于,财政部门在预算草案正式形成前,将其初步方案提交人大的相关机构,供其在初步审查后提出修改建议,有助于了解审批机关的态度和立场,为进一步修改和完善预算草案提供了机会。就此而言,预算草案初步方案的初步审查在一定程度上起到了预算草案修正程序的作用。

## 二、预算草案的审查和批准

预算草案的初步方案经过审批机关初步审查之后,政府可以调整和优化方案,并最终形成预算草案。《预算法》规定,报送各级人大审查和批准的预算草案应当细化。本级一般公共预算支出,按其功能分类应当编列到项;按其经济性质分类,基本支出应当编列到款。本级政府性基金预算、国有资本经营预算、社会保险基金预算支出,按其功能分类应当编列到项。国务院在全国人大举行会议时,向大会作关于中央和地方预算草案以及中央和地方预算执行情况的报告。地方各级政府在本级人大举行会议时,向大会作关于总预算草案和总预算执行情况的报告。

全国人大和地方各级人大对预算草案及其报告、预算执行情况的报告重点审查下列内容:(1)上一年预算执行情况是否符合本级人大预算决议的要求;(2)预算安排是否符合本法的规定;(3)预算安排是否贯彻国民经济和社会发展的方针政策,收支政策是否切实可行;(4)重点支出和重大投资项目的预算安排是否适当;(5)预算的编制是否完整,是否符合《预算法》第 46 条的规定;(6)对下级政府的转移性支出预算是否规范、适当;(7)预算安排举借的债务是否合法、合理,是否有偿还计划和稳定的偿还资金来源;(8)与预算有关重要事项的说明是否清晰。

全国人大财经委向全国人大主席团提出关于中央和地方预算草案及中央和地方预算执行情况的审查结果报告。省、自治区、直辖市、设区的市、自治州人大有关专门委员会,县、自治县、不设区的市、市辖区人大常委会,向本级人大主席团提出关于总预算草案及上一年总预算执行情况的审查结果报告。审查结果报告应当包括下列内容:(1)对上一年预算执行和落实本级人大预算决议的情况作出评价;(2)对本年度预算草案是否符合本法规定,是否可行作出评价;(3)对本级人大批准预算草案和预算报告提出建议;(4)对执行年度预算、改进预算管理、提高预算绩效、加强预算监督等提出意见和建议。

按照全国人大及地方人大的议事规则,大会全体会议表决议案,由全体代表的过半数通过。因此,预算草案只要获得大会表决时过半票数同意即可通过。《预算法》没有规定预算草案未获通过的应急规则,这是《预算法》的一大硬伤。尽管在我国财政实践中,受现实政治格局的影响,预算草案不获通过的可能性很小,但是,法律的作用在于未雨绸缪,不能排除任何现实存在的可能性。下一次修改《预算法》时,还是应该将这一程序补齐。

## 三、预算备案程序

《预算法》要求乡、民族乡、镇政府应当及时将经本级人大批准的本级预算报上一级政府备案,县级以上地方各级政府应当及时将经本级人大批准的本级预算及下一级政府报送备案的预算汇总,报上一级政府备案。县级以上地方各级政府将下一级政府依照前款规定报送备案的预算汇总后,报本级人大常委会备案,国务院将省、自治区、直辖市政府依照前款规定报送备案的预算汇总后,报全国人大常委会备案。

预算备案的意义不仅在于向上级政府和人大报告预算信息,更重要的在于为上级政府提请人大撤销违法或不当的财政预算做制度铺垫。《预算法》第51条因此规定,国务院和县级以上地方各级政府对下一级政府依照预算法第50条规定报送备案的预算,认为有同法律、行政法规相抵触或者有其他不适当之处,需要撤销批准预算的决议的,应当提请本级人大常委会审议决定。

**四、批复预算和下达转移支付**

批复预算是在预算经批准后财政部门对部门预算的确认,也包括各部门对所属单位预算的确认。《预算法》第52条规定,各级预算经本级人大批准后,本级政府财政部门应当在20日内向本级各部门批复预算。各部门应当在接到本级政府财政部门批复的本部门预算后15日内向所属各单位批复预算。只有经过财政部门的批复,部门预算才能正式执行。只有经过部门的批复,所属单位的预算才能正式执行。为保证预算执行的时效性,预算法才会对预算批复规定严格的时限。

下达转移支付也是一种财政确认程序,只是发生在上下级政府之间。和批复程序一样,转移支付金额只有下达后,下级政府才能动用这笔资金。《预算法》第52条规定,中央对地方的一般性转移支付应当在全国人大批准预算后30日内正式下达。中央对地方的专项转移支付应当在全国人大批准预算后90日内正式下达。省、自治区、直辖市政府接到中央一般性转移支付和专项转移支付后,应当在30日内正式下达到本行政区域县级以上各级政府。县级以上地方各级预算安排对下级政府的一般性转移支付和专项转移支付,应当分别在本级人大批准预算后的30日和60日内正式下达。对自然灾害等突发事件处理的转移支付,应当及时下达预算;对据实结算等特殊项目的转移支付,可以分期下达预算,或者先预付后结算。

县级以上各级政府财政部门应当将批复本级各部门的预算和批复下级政府的转移支付预算,抄送本级人大财经委、有关专门委员会和常委会有关工作机构。

## 第四节　预算执行程序

预算一经批准,就要由具体的执行机构来组织实施。《预算法》第53条规定,各级预算由本级政府组织执行,具体工作由本级政府财政部门负责。各部门、各单位是本部门、本单位的预算执行主体,负责本部门、本单位的预算执行,并对执行结果负责。审批通过的预算只有得到有效执行，才能真正起到规范财政收支行为的作用。

## 一、预算执行的基本要求

### （一）预算收入的征收

《预算法》第55条规定，预算收入征收部门和单位，必须依照法律、行政法规的规定，及时、足额征收应征的预算收入。不得违反法律、行政法规规定，多征、提前征收或者减征、免征、缓征应征的预算收入，不得截留、占用或者挪用预算收入。这条规定很清楚地告诉我们，预算执收的依据并不是预算，而是相关的法律、行政法规。易言之，预算执收单位并不能将预算作为执法依据，而必须在预算之外另行根据法律或法规执法。只要符合法律、法规的要求，无论是否在预算的范围内，执收单位都必须严格执行。这进一步说明，依法定程序通过的预算，对预算执收单位并没有约束力。

《预算法》的约束力在于，它要求政府的全部收入应当上缴国家金库（以下简称国库），任何部门、单位和个人不得截留、占用、挪用或者拖欠。例外的情况在于，对于法律有明确规定或者经国务院批准的特定专用资金，可以依照国务院的规定设立财政专户。不过，这应该是极为特殊的情况，国库集中收缴是基本规则。

### （二）预算资金的拨付

《预算法》第14条已经确认，经人大批准的预算，非经法定程序，不得调整。各级政府、各部门、各单位的支出必须以经批准的预算为依据，未列入预算的不得支出。预算对支出的管控力可见一斑。在此基础上，第57条进一步要求，各级政府财政部门必须依照法律、行政法规和国务院财政部门的规定，及时、足额地拨付预算支出资金，加强对支出的管理和监督。各级政府、各部门、各单位的支出必须按照预算执行，不得虚假列支。各级政府、各部门、各单位应当对预算支出情况开展绩效评价。易言之，财政支出是否合法，除了观察其支出是否超标、支出是否符合程序，更重要的是，需要对照政府预算，了解其是否得到法定授权。

### （三）收付实现制与权责发生制

《预算法》第58条第1款规定，各级预算的收入和支出实行收付实现制。收付实现制是以现金收到或付出为标准，记录收入的实现和费用的发生。现金收支行为在其发生的期间全部记作收入和费用，而不考虑与相关经济业务是否发生在本期。权责发生制是以应收应付作为确定本期收入和费用的标准，只要权利已经形成或义务（责任）已经发生，就确认收入和费用，不问是否在本期收到或付出现金。既然预算法确认财政收支实行收付实现制，也就意味着尚未入库的资金不计入预算收入，尚未拨付的资金不计入预算支出，无论其在法律上是否应该入库或拨付。

当然，《预算法》第58条第2款又确认，特定事项按照国务院的规定实行权责发生制的有关情况，应当向本级人大常委会报告。这说明，权责发生制在我国预算体系中并非绝对不可行,只不过需要按照国务院的规定特事特办。例如,《预算法》第97条就提到,各级政府财政部门应当按年度编制以权责发生制为基础的政府综合财务报告,报告政府整体财务状况、运行情况和财政中长期可持续性,报本级人大常委会备案。

## 二、预算执行的特别规则

### (一)安排临时支出

我国预算年度起始于公历1月1日,止于12月31日。但是,各级人大每年开会的时间都在1月1日之后。从预算年底的开始日到预算获批,中间会有几个月的效力真空,政府没有预算可供执行。为了解决这个问题,《预算法》第54条规定,预算年度开始后,各级预算草案在本级人大批准前,可以安排下列支出:(1)上一年度结转的支出;(2)参照上一年同期的预算支出数额安排必须支付的本年度部门基本支出、项目支出,以及对下级政府的转移性支出;(3)法律规定必须履行支付义务的支出,以及用于自然灾害等突发事件处理的支出。根据前款规定安排支出的情况,应当在预算草案的报告中作出说明。预算经本级人大批准后,按照批准的预算执行。

这种临时支出制度虽然解了燃眉之急,但是,这也让预算的法律效力大打折扣。实际上,由于临时支出每年固定存在,且规模庞大、周期漫长,立法机关审批通过的预算无法在整个年度执行。未来要么调整预算年度的起止时间,使其与人大的会期保持一致,要么调整人大的会期,使其在预算年度开支之前召开,否则临时支出的问题还将继续存在下去。

### (二)动用预备费

预备费是各级政府预留的特定资金,用于当年预算执行中的自然灾害等突发事件处理增加的支出及其他难以预见的开支。《预算法》第64条规定,各级政府预算预备费的动用方案,由本级政府财政部门提出,报本级政府决定。《预算法》第69条规定,在预算执行中,由于发生自然灾害等突发事件,必须及时增加预算支出的,应当先动支预备费;预备费不足支出的,各级政府可以先安排支出,属于预算调整的,列入预算调整方案。

### (三)启用预算周转金

政府各月的预算收入与支出往往不同步,月份之间、季度之间总是不平衡,不是收大于支,就是支大于收。如果没有一定的周转金,难以完成预算收支任务。因此,《预算法》规定,各级一般公共预算按照国务院的规定可以设置预算周转金,用于本级政府调剂预算年度内季节性收支差额。各级一般公共预算按照国务院的规定可以设置预算稳定调节基金,用于弥补以后年度预算资金的不足。《预算法》第65条规定,各级预算周转金由本级政府财政部门管理,不得挪作他用。

### (四)限定超收收入用途

所谓预算超收收入,是指超过预算规模而实际征收入库的收入。这部分收入如果不列入预算监控的范围,很容易成为政府自主支出的资金来源,形成预算监督的空白地带。因此,财政超收收入一直是人大监督的重点。2006年,全国人大常委会通过《各级人大常委会监督法》,规定常委会重点审查内容就包括“预算超收收入的安排和使用情况”。2007年是该法开始实施的第一年,全国人大常委会依法加大了对超收收入安排和使用情况的监督。自2008年起,我国进一步改进中央财政超收收入使用办法,年度执行中如有超收,除了一些必要支出外,原则上不再追加具体支出,都列入中央预算稳定调节基金,转到以后年度经过预算安排使用。地方也逐步采用上述做法。《预算法》对此加以确认,第66条规定,各级一般公共预算年度执行中有超收收入的,只能用于冲减赤字或者补充预算稳定调节基金。

## 三、预算调整与变更

### (一)预算调整

预算调整是指预算在执行过程中出现重大变化,需要制定调整方案报经预算审批机关批准。《预算法》第67条规定,经全国人大批准的中央预算和经地方各级人大批准的地方各级预算,在执行中出现下列情况之一的,应当进行预算调整:(1)需要增加或者减少预算总支出的;(2)需要调入预算稳定调节基金的;(3)需要调减预算安排的重点支出数额的;(4)需要增加举借债务数额的。

在预算执行中,各级政府一般不制定新的增加财政收入或者支出的政策和措施,也不制定减少财政收入的政策和措施;必须作出并需要进行预算调整的,应当在预算调整方案中作出安排。预算调整方案应当说明预算调整的理由、项目和数额。在预算执行中,由于发生自然灾害等突发事件,必须及时增加预算支出的,应当先动支预备费;预备费不足支出的,各级政府可以先安排支出,属于预算调整的,列入预算调整方案。

国务院财政部门应当在全国人大常委会举行会议审查和批准预算调整方案的30日前,将预算调整初步方案送交全国人大财经委进行初步审查。省、自治区、直辖市政府财政部门应当在本级人大常委会举行会议审查和批准预算调整方案的30日前,将预算调整初步方案送交本级人大有关专门委员会进行初步审查。设区的市、自治州政府财政部门应当在本级人大常委会举行会议审查和批准预算调整方案的30日前,将预算调整初步方案送交本级人大有关专门委员会进行初步审查,或者送交本级人大常委会有关工作机构征求意见。县、自治县、不设区的市、市辖区政府财政部门应当在本级人大常委会举行会议审查和批准预算调整方案的30日前,将预算调整初步方案送交本级人大常委会有关工作机构征求意见。

中央预算的调整方案应当提请全国人大常委会审查和批准。县级以上地方各级预算的调整方案应当提请本级人大常委会审查和批准;乡、民族乡、镇预算的调整方案应当提请本级人大审查和批准。未经批准,不得调整预算。经批准的预算调整方案,各级政府应当严格执行。未经《预算法》第69条规定的程序,各级政府不得作出预算调整的决定。对违反规定作出的决定,本级人大、本级人大常委会或者上级政府应当责令其改变或撤销。地方各级预算的调整方案经批准后,由本级政府报上一级政府备案。

《预算法》第71条规定,在预算执行中,地方各级政府因上级政府增加不需要本级政府提供配套资金的专项转移支付而引起的预算支出变化,不属于预算调整。接受增加专项转移支付的县级以上地方各级政府应当向本级人大常委会报告有关情况;接受增加专项转移支付的乡、民族乡、镇政府应当向本级人大报告有关情况。

(二)预算变更

预算变更不同于预算调整,它虽然也属于预算的变动,但其重要性未达到需要报经预算审批机关批准的程度。例如,《预算法》第72条规定,各部门、各单位的预算支出应当按照预算科目执行。严格控制不同预算科目、预算级次或者项目间的预算资金的调剂,确需调剂使用的,按照国务院财政部门的规定办理。不过,这种授权也为政府提供了广泛的空间,只要不触及预算调整的红线,对于审批生效的预算,理论上政府可以做任何变更。所谓"按照国务院财政部门的规定办理",只是政府内部的控制程序。一旦该规定将决定权转授地方财政部门,地方财政部门再将决定权授予各部门的首长,而其间没有任何控制和监督机制,财政预算的"防波堤"就会千疮百孔,难以发挥应有的规范财政收支的作用。

## 第五节 财政决算与监督

### 一、财政决算程序

决算是指核算预算收支年度执行结果的程序。如果说预算是年度财政计划的起点,决算则是年底财政计划的终点。预算所报告的是政府未来的财政收支计划,决算则是对预算执行情况的核查和定论。预算所展示的是预算年度开始前预估的数字,决算所记载的则是预算年度终了后查证无误的金额。通过决算的编制、审批和公示,政府、审批机关和公众可以了解上一年度政府收支的实际情况,并通过跟预算对比、跟以往年度对比,发现其中存在的问题,把握政府的施政方向。

(一)决算草案的编制

决算草案由各级政府、各部门、各单位,在每一预算年度终了后按照国务院规定的时间编制。编制决算草案,必须符合法律、行政法规,做到收支真实、数额准确、内容完整、报送及时。决算草案应当与预算相对应,按预算数、调整预算数、决算数分别列出。一般公共预算支出应当按其功能分类编列到项,按其经济性质分类编列到款。

各部门对所属各单位的决算草案,应当审核并汇总编制本部门的决算草案,在规定的期限内报本级政府财政部门审核。各级政府财政部门对本级各部门决算草案审核后发现有不符合法律、行政法规规定的,有权予以纠正。

国务院财政部门编制中央决算草案,经国务院审计部门审计后,报国务院审定,由国务院提请全国人大常委会审查和批准。县级以上地方各级政府财政部门编制本级决算草案,经本级政府审计部门审计后,报本级政府审定,由本级政府提请本级人大常委会审查和批准。乡、民族乡、镇政府编制本级决算草案,提请本级人大审查和批准。

#### (二)决算草案的初步审查

和预算草案一样,除乡镇决算以外,各级决算草案都要提交审批机构初步审查。国务院财政部门应当在全国人大常委会举行会议审查和批准中央决算草案的30日前,将上一年度中央决算草案提交全国人大财经委进行初步审查。省、自治区、直辖市政府财政部门应当在本级人大常委会举行会议审查和批准本级决算草案的30日前,将上一年度本级决算草案提交本级人大有关专门委员会进行初步审查。设区的市、自治州政府财政部门应当在本级人大常委会举行会议审查和批准本级决算草案的30日前,将上一年度本级决算草案提交本级人大有关专门委员会进行初步审查,或者送交本级人大常委会有关工作机构征求意见。县、自治县、不设区的市、市辖区政府财政部门应当在本级人大常委会举行会议审查和批准本级决算草案的30日前,将上一年度本级决算草案送交本级人大常委会有关工作机构征求意见。

全国人大财经委和省、自治区、直辖市、设区的市、自治州人大有关专门委员会,向本级人大常委会提出关于本级决算草案的审查报告。

#### (三)决算草案的审查和批准

县级以上各级人大常委会和乡、民族乡、镇人大对本级决算草案,重点审查下列内容:(1)预算收入情况;(2)支出政策实施情况和重点支出、重大投资项目资金的使用及绩效情况;(3)结转资金的使用情况;(4)资金结余情况;(5)本级预算调整及执行情况;(6)财政转移支付安排执行情况;(7)经批准举借债务的规模、结构、使用、偿还等情况;(8)本级预算周转金规模和使用情况;(9)本级预备费使用情况;(10)超收收入安排情况,预算稳定调节基金的规模和使用情况;(11)本级人大批准的预算决议落实情况;(12)其他与决算有关的重要情况。

县级以上各级人大常委会应当结合本级政府提出的上一年度预算执行和其他财政收支的审计工作报告,对本级决算草案进行审查。常委会组成人员过半数表决通过,决算草案即为获得批准。

#### (四)决算的批复和备案

各级决算经批准后,财政部门应当在20日内向本级各部门批复决算。各部门应当在接到本级政府财政部门批复的本部门决算后15日内向所属单位批复决算。

地方各级政府应当将经批准的决算及下一级政府上报备案的决算汇总,报上一级政府备案。县级以上各级政府应当将下一级政府报送备案的决算汇总后,报本级人大常委会备案。

国务院和县级以上地方各级政府对下一级政府报送备案的决算,认为同法律、行政法规相抵触或者有其他不适当之处,需要撤销批准该项决算的决议的,应当提请本级人大常委会审议决定;经审议决定撤销的,该下级人大常委会应当责成本级政府依照本法规定重新编制决算草案,提请本级人大常委会审查和批准。

## 二、对预算、决算的监督

财政监督是预决算发挥作用的重要环节。2006年,全国人大常委会制定了《各级人大常委会监督法》,为各级人大常委会监督预算、决算提供了法律依据。《预算法》在此基础上进一步确认,全国人大及其常委会对中央和地方预算、决算进行监督;县级以上地方各级人大及其常委会对本级和下级预算、决算进行监督;乡、民族乡、镇人大对本级预算、决算进行监督。

《预算法》列举了人大监督的方式和手段。例如,各级人大和县级以上各级人大常委会有权就预算、决算中的重大事项或者特定问题组织调查,有关的政府、部门、单位和个人应当如实反映情况和提供必要的材料;各级人大和县级以上各级人大常委会举行会议时,人大代表或常委会组成人员可以依照法律规定程序就预算、决算中的有关问题提出询问或者质询,受询问或者受质询的有关政府或者财政部门必须及时给予答复。国务院和县级以上地方各级政府应当在每年6月至9月向本级人大常委会报告预算执行情况。

就政府内部监督而言,《预算法》要求,各级政府监督下级政府的预算执行,下级政府定期向上一级政府报告预算执行情况。各级政府财政部门负责监督检查本级各部门及其所属各单位预算的编制、执行,并向本级政府和上一级政府财政部门报告预算执行情况。县级以上政府审计部门依法对预算执行、决算实行审计监督。政府各部门负责监督检查所属各单位的预算执行,及时向本级政府财政部门反映本部门预算执行情况,依法纠正违反预算的行为。

就社会监督而言,《预算法》规定,公民、法人或者其他组织发现有违反本法的行为,可以依法向有关国家机关进行检举、控告。接受检举、控告的国家机关依法进行处理,并为检举人、控告人保密。任何单位或者个人不得压制和打击报复检举人、控告人。

《预算法》还特别规定,省、自治区、直辖市人大或者其常委会根据该法,可以制定有关预算审查监督的决定或者地方性法规。这为发挥地方人大及其常委会的职能提供了依据。

# 第五章　财政平衡法

## 第一节　财政平衡法概述

财政平衡法涉及政府间财政关系，包括财政收支划分法、财政转移支付法以及财政协作法等。财政平衡法以财政民主为基础，是财政分权的必然产物。中央政府及各级地方政府的收支范围、下级政府对上级的财政上缴、上级政府对下级的财政拨款以及中央与地方政府、上级与下级政府甚至是不同地域不同层级间政府的相互合作，都通过财政平衡法予以规范。为了保证各级政府财力真正均衡，财政平衡法必须科学测算各级财政的收支范围及转移支付的标准或额度，因而使其显示出很强的技术性特征。另外，为保证财力分配的公平与科学，财政平衡法宜由超越当事人之外的立法机关加以制定，中央政府的立法权应当受到限制。

财政平衡法的立法宗旨，在于维持一国中央和地方之间、地方相互之间的财力均衡，建设协调和良性的政府间财政关系。事实上，中央与地方之间的财力均衡取决于制度安排。例如，通过财政收支划分法，可以对央地政府财政收入的分享、财政支出的范围进行划分。一般而言，在划分收入时需要赋予中央机动财力，以满足其维护国家统一和宏观调控经济的职能。不过，通过转移支付制度的实施，这部分机动财力可以通过不同形式返还给地方。财政平衡制度设计的好坏，直接影响到中央和地方财力的均衡。当然，财力均衡的标准不在于绝对数字，而在于各自行使职能的需要。中央财力的有余或者不足，地方财力的不足或者有余，都会影响其职能的有效发挥，因此有必要通过一定的方式予以调节。

地方之间的财力均衡仅是指各地之间的相对平衡。由于经济发展的起点不一、机会不等，不同地域之间的差距客观存在。财政平衡法的作用，不在于在规定时期内消除这种差距，而在于通过积极的努力，不断缩小这种差距，使各个地方提供公共服务的能力大致相当。一般而言，由于需要建立全国统一的规则，财政收支划分法很难体现对落后地区的特别照顾。考虑到特别地区的特殊需要，在划分财政收入时，中央获得充裕的财政资金，以保证转移支付职能的发挥，就是一种不容置疑的正当需求了。通过中央这个环节的转移支付，先进地区的收入部分转移到落后地区，从而使地区间的差距逐渐缩小。从这个角度而言，财政平衡是一个动态的过程，是一个追求的目标，它并不代表绝对的平均化。

财政平衡法在一国法律体系中具有重要地位。财政平衡法的内容或者体现于宪法，或者体现于专门的财政法。例如，德意志联邦共和国由联邦、州和地方(市镇)三级政府组成。每个州都有自己的宪法，联邦政府和各州政府依据宪法分别在各自的范围内履行宪法赋予的职责。1949 年《联邦基本法》专辟第十章《财政》，对联邦和州的公共开支、税收立法权、税收分配、财政补贴和财政管理等基本事项作出了明确的规定。1969 年的《联邦财政均衡法》是实行州财政平衡改革的产物，集中体现了德国的转移支付制度，自生效以来，经过了多次修订。现行的《联邦财政均衡法》是于 1993 年 6 月修订，1995 年开始生效的，其主要通过规定纵向财政平衡和横向财政平衡两种方法来实现各级政府的财政平衡。

美国是由 50 个州组成的联邦制国家，州以下有 8 万多个地方政府。联邦政府和各州政府依据宪法分别在各自的范围内履行宪法赋予的职责。《联邦宪法》中关于财政的规定是国家财政法的立法基础，联邦议会、州议会、地方议会都有根据《联邦宪法》的规定通过相应财政立法的权力。日本于 1947 年颁行《财政法》，其中第一章总则以保持适度的财政收支划分等内容为中心，对财政均衡、公债制度等作了总的规定。1948 年，日本又颁行《地方财政法》。除此之外，日本《地方自治法》中也有大量内容涉及财政平衡。

我国目前还没有专门的财政平衡法，但在国务院和财政部发布的规范性文件中，有一些涉及财政收支划分、转移支付以及区域协作的内容，事实上构成了我国财政平衡法的主要内容。例如，1993 年国务院发布了《关于实行分税制财政管理体制的决定》；2001 年国务院印发了《所得税收入分享改革方案》；2003 年国务院又发布了《关于明确中央与地方所得税收入分享比例的通知》。再如，1994 年财政部发布了《过渡期转移支付办法(1995)》，并经历若干次修正。从 2002 年起，财政部开始发布《一般性转移支付办法》，并针对民族地区、农村税费改革等，制定了一些专项转移支付办法。又如，当前中央积极推动京津冀、长三角、粤港澳大湾区实施区域合作，建立上下游流域间的横向生态补偿机制，此皆成为政府间财政合作的规制热点。

除此之外，对于跨地域的大型工程，如电厂、铁路、城际交通等，税收如何在省级行政区域中划分，财政部也有一些相关的专项规定。例如，财政部《关于三峡电站税收分配有关问题的通知》(财预〔2003〕7 号)就对三峡电站的税收如何在重庆市和湖北省之间进行分配做了规定。另外，根据《国务院关于印发所得税收入分享改革方案的通知》，企业所得税是向中央与地方分享。对于跨地区经营集中缴库的企业所得税，其中属于地方分享的部分，需要在地方政府间进行分配。为此财政部、国家税务总局和中国人民银行联合下发了《跨省市总分机构企业所得税分配及预算管理暂行办法》(财预〔2008〕10 号)。该办法规定，属于中央与地方共享收入范围的跨省市总分机构企业缴纳的企业所得税，按照统一规范、兼顾总机构和分支机构所在地利益的原则，实行"统一计算、分级管理、就地预缴、汇总清算、财政调库"的处理办法，总分机构统一计算的当期应纳税额的地方分享部分，25% 由总机构所在地分享，50% 由各分支机构所在地分享，25% 按一定比例在各地间进行分配。[1]

## 第二节 财政收入划分法

1994年以前,我国曾广泛实行不同形式的财政承包制。财政承包制以承认地方政府的自主权为条件,以垂直划分各级政府的经济职责为前提,具体的做法是,由地方政府将其税收中的特定份额上解给中央政府,或者中央政府给予地方政府特定数额的资金补助。一旦承包方案确定下来,若干年内保持不变。在财政收入的划分上,虽然地方没有税收立法权,但是在收入分享的层面,除了中央固定收入之外,地方也有固定的收入,同时还可以与中央共享部分收入。中央对各省、自治区、直辖市、计划单列市实行财政承包,必然导致各省、自治区、计划单列市在其管辖的范围内推行财政承包。中央政府对省级以下政府之间的财政承包办法不作统一规定,各地因地制宜,做法上差异很大,形成了从中央到地方各种类型的层层承包体制。

中央推行财政承包制的目的在于适当增加地方政府的财力,激发地方财政增收的愿望。这与我国改革初期放权让利的思想相吻合。财政承包制值得肯定的方面有:第一,基本适应双重经济体制相互渗透、相互交替阶段的客观情况,为实行分级分税的财政体制作了必要铺垫。第二,强调了地方财政责、权、利的结合,使地方财政逐渐成为一级相对独立的财政主体。第三,扭转了若干富裕地区财政收入下滑的局面。财政承包制的问题在于,中央与地方通过一对一谈判确立的利益分配关系,缺乏契约上的约束性、稳定性和法律保障。具体表现为,在确定基数、划分税收时,必然存在讨价还价的局面。地方政府压低收入基数、抬高支出基数,争取对自己有利的分配比例,甚至隐瞒财政收入,都是非常常见的现象。而基数一旦确定,就不能随意调整,历史上造成的不合理因素就会延续下来,一定程度上加重了地区之间的苦乐不均。

此外,在实行财政承包制时,大部分地区都按照企业的隶属关系划分政府间的收入,而不是按照税种进行划分。这种强化政府与企业血缘联系的做法,很容易引发地方政府

---

[1] 根据该文件规定,总机构在每月或每季终了之日起10日内,按照以前年度(1~6月按上上年,7~12月按上年)各省市分支机构的经营收入、职工工资和资产总额三个因素,将统一计算的企业当期应纳税额的50%在各分支机构之间进行分摊(总机构所在省市同时设有分支机构的,同样按三个因素分摊),各分支机构根据分摊税款就地办理缴库,所缴纳税款收入由中央与分支机构所在地按60:40分享。分摊时三个因素权重依次为0.35、0.35和0.3。当年新设立的分支机构第二年起参与分摊,当年撤销的分支机构第二年起不参与分摊。总机构应将统一计算的企业当期应纳税额的剩余25%,就地全额缴入中央国库,所缴纳税款收入60%为中央收入,40%由财政部按照2004年至2006年各省市三年实际分享企业所得税占地方分享总额的比例定期向各省市分配。跨省市总分机构企业缴纳的所得税税款滞纳金、罚款收入,不实行跨地区分享,按中央与地方60:40分成比例就地缴库。需要退还的所得税税款滞纳金和罚款收入仍按现行管理办法办理审批退库手续。分配给地方的跨省市总分机构企业所得税收入,以及省区域内跨市县经营企业缴纳的企业所得税收入,可参照本办法制定省以下分配与预算管理办法。

对企业的行政干预,难以使企业成为真正的市场主体。另外,财政承包一般实行包死上缴基数,超收多留。随着经济规模的增长,尽管整个财政收入也随之增长,但是相对而言,地方政府从增量中留取的份额越来越大,中央政府得到的份额则相应减少。由于中央的财力逐渐减弱,而地方的财力日趋加强,中央缺乏对地方必要的制约能力,不仅导致经济宏观调控方面的种种问题,甚至引发人们对国家能力方面的种种担忧。有的学者因此提出,国家必须有足够的财政汲取能力,中央政府必须有足够的财政汲取能力,否则,中央政府的权威可能丧失殆尽,国家就可能分崩离析。正因如此,财政分权必须有底线。而中国当时的情况是,中央与地方之间的财政分权超出底线,中国处在非常危险的边沿。[2]

为了解决上述问题,1993 年 12 月 15 日国务院发布了《关于实行分税制财政管理体制的决定》(国发〔1993〕85 号),决定从 1994 年 1 月 1 日起,改革地方财政承包体制,对各省、自治区、直辖市及计划单列市实行分税制。这是我国央地财政收入与支出划分法的主要法律文件。1994 年《预算法》第 8 条规定:"国家实行中央和地方分税制",实际上是对国务院文件的法律确认。此外,《预算法》中关于预算级次的划分、预算收支的范围,以及预算管理的职权分割等内容,也构成央地财政收支划分法的重要内容。

## 一、1994 年分税制改革中的财政收入划分

根据国务院《关于实行分税制财政管理体制的决定》,1994 年推行的分税制包括下述收入划分法内容:

### (一)分税制财政体制改革的指导思想

第一,正确处理中央与地方的分配关系,调动两个积极性,促进国家财政收入合理增长。既要考虑地方利益,调动地方发展经济、增收节支的积极性,又要逐步提高中央财政收入的比重,适当增加中央财力,增强中央政府的宏观调控能力。为此,中央要从财政收入的增量中适当多得一些,以保证中央财政收入的稳定增长。

第二,合理调节地区之间财力分配。既要有利于经济发达地区继续保持较快的发展势头,又要通过中央财政对地方进行税收返还和转移支付,扶持经济不发达地区的发展和老工业基地的改造。同时,促使地方加强对财政支出的约束。

第三,坚持统一政策与分级管理相结合的原则。划分税种不仅要考虑中央与地方的收入分配,还必须考虑税收对经济发展和社会分配的调节作用。中央税、共享税以及地方税的立法权都要集中在中央,以保证中央政令统一,维护全国统一市场和企业平等竞争。税收实行分级征管,中央税和共享税由中央税务机构负责征收,共享税中地方分享的部分,由中央税务机构直接划入地方金库,地方税由地方税务机构负责征收。

第四,坚持整体设计与逐步推进相结合的原则。分税制改革既要借鉴国外经验,又要从我国的实际出发。在明确改革目标的基础上,办法力求规范化,但必须抓住重点,分步实施,逐步完善。针对当时收入流失比较严重的状况,通过划分税种和分别征管堵塞漏

---

〔2〕 王绍光:《分权的底线》,中国计划出版社 1997 年版,第 19～31 页。

洞，保证财政收入的合理增长；先把主要税种划分好，其他收入的划分逐步规范；作为过渡办法，现行的补助、上解和有些结算事项继续按原体制运转；中央财政收入占全部财政收入的比例要逐步提高，对地方利益格局的调整也宜逐步进行。

（二）中央与地方收入的划分

根据事权与财权相结合的原则，按税种划分中央与地方的收入。将维护国家权益、实施宏观调控所必需的税种划为中央税；将同经济发展直接相关的主要税种划为中央与地方共享税；将适合地方征管的税种划为地方税，并充实地方税税种，增加地方税收入。

中央固定收入包括：关税；海关代征消费税和增值税；消费税；中央企业所得税；地方银行和外资银行及非银行金融企业所得税；铁道部门、各银行总行、各保险总公司等集中交纳的收入（包括营业税、所得税、利润和城市维护建设税）；中央企业上缴利润等。[3]

外贸企业出口退税，除1993年地方已经负担的20%部分列入地方上交中央基数外，以后发生的出口退税全部由中央财政负担。[4]

地方固定收入包括：营业税（不含铁道部门、各银行总行、各保险总公司集中交纳的营业税）；地方企业所得税（不含上述地方银行和外资银行及非银行金融企业所得税）；地方企业上缴利润；个人所得税；城镇土地使用税；固定资产投资调节税；[5]城市维护建设税（不含铁道部门、各银行总行、各保险总公司集中交纳的部分）；房产税；车船使用税；[6]印花税；屠宰税；[7]农牧业税；[8]对农业特产收入征收的农业税（以下简称农业特产税）；耕地占用税；契税；遗产和赠与税；土地增值税；国有土地有偿使用收入等。

中央与地方共享收入包括：增值税；资源税；证券交易税。增值税中央分享75%，地方分享25%。资源税按不同的资源品种划分，大部分资源税作为地方收入，海洋石油资

〔3〕 根据《车辆购置税暂行条例》（国务院令第294号），原车辆购置附加费改为车辆购置税，于2001年1月1日起开始征收，为中央税。

〔4〕 根据2003年《国务院关于改革现行出口退税机制的决定》，从2004年起，以2003年出口退税实退指标为基数，对超基数部分的应退税额，由中央和地方按75:25的比例共同负担。2005年8月1日，国务院发布《关于完善中央与地方出口退税负担机制的通知》，决定从2005年1月1日起，再次调整中央与地方出口退税分担比例。国务院核准的2003年各地出口退税基数不变，超基数部分中央财政与地方财政按92.5:7.5的比例共同承担。

〔5〕 2013年1月1日施行的《国务院关于修改和废止部分行政法规的决定》废止了《固定资产投资方向调节税暂行条例》。

〔6〕 根据2006年12月27日国务院第162次常务会议通过的《车船税暂行条例》，我国已于2007年1月1日开征车船税，以取代车船使用牌照税和车船使用税。

〔7〕 根据第459号国务院令，《国务院关于对农业特产收入征收农业税的规定》和《屠宰税暂行条例》自2006年2月17日起废止。对该规定中的烟叶收入征税，另行制定办法。《烟叶税暂行条例》2006年4月28日实施，烟叶税属于地方税。

〔8〕 根据第46号主席令，《农业税条例》自2006年1月1日起废止。此前的2005年，牧业税已在全国范围内取消。

源税作为中央收入。证券交易税,中央与地方各分享50%。[9]

(三)1994年分税制改革中的收入划分简评

1994年分税制的推行,增加了国家的财政汲取能力,也增加了中央的可支配财力。1994年以后,财政收入占国内生产总值的比重逐渐上升,中央财政收入占全国财政收入的比重稳步提高,基本上达到了推行分税制的初衷。另外,相比财政承包制,分税制的规范性也明显增强。至少在收入分配方面,中央无须每年面对三十多个主体,逐一签订财政承包合同。分税制实施之后,财政收入划分方案虽然也经历了调整,但其稳定性还是远远超过了财政承包合同。

尽管如此,分税制的内容主要在于"分级分税",财政支出改革方面的措施乏善可陈。即便仅就财政收入而言,分税制也没有触动既有的改革思路,而只是就收入的归属进行了分割。至于收入的设定权,无论是政府性基金还是税收,中央都予以牢牢掌控。地方只是在行政事业性收费方面有一些决定权。

不仅如此,国务院作为中央与地方财政关系的一方,行使着财政收支划分的决定权,既充当裁判,又充当运动员,本身也存在角色方面的冲突。为了充分反映地方的意见和利益,防止国务院过分照顾自己的利益,财政收支划分法还是应当由全国人大立法。[10]

另外,分税制并未改变企业所得税按隶属关系划分的情状,混淆了税收与利润的界限,有悖于市场经济下的税收原理,带有很大的局限性。这个问题一直到2002年所得税收入分享改革,才得以彻底解决。

## 二、2002年所得税收入分享改革

为了促进市场经济的健康发展,进一步规范中央和地方政府之间的分配关系,建立合理的分配机制,防止重复建设,减缓地区间财力差距的扩大,支持西部大开发,逐步实现共同富裕,国务院决定从2002年1月1日起实施所得税收入分享改革。改革的基本原则是:第一,中央因改革所得税收入分享办法增加的收入全部用于对地方主要是中西部地区的一般性转移支付;第二,保证地方既得利益,不影响地方财政的平稳运行;第三,改革循序渐进,分享比例分年逐步到位;第四,所得税分享范围和比例全国统一,保持财政体制规范和便于税收征管。

改革的主要内容是,除少数特殊行业或企业外,对其他企业所得税和个人所得税收入

---

[9] 证券交易税至今尚未开征。现实中中央与地方分享的只是证券交易印花税。在早期的印花税分成比例中,国家和地方各50%。从1997年1月1日起,国务院决定将证券交易印花税分享比例调整为中央80%,地方20%。从1998年6月起,证券交易印花税再次被调整分享比例,改为中央88%、地方12%。从2000年10月1日起,分享比例由中央88%、地方12%,分3年调整到中央97%、地方3%,即2000年中央91%、地方9%,2001年中央94%、地方6%,从2002年起中央97%、地方3%。

[10] 2014年修改的《预算法》仍然没有解决这个问题。其第29条规定:"中央预算与地方预算有关收入和支出项目的划分、地方向中央上解收入、中央对地方税收返还或者转移支付的具体办法,由国务院规定,报全国人民代表大会常务委员会备案。"可见,财政收支划分及转移支付具体办法决定权继续保留在国务院,向全国人大常委会备案的程序并无实质性意义。

实行中央与地方按比例分享。中央保证2001年各地方实际的所得税收入基数,实施增量分成。

第一,分享范围。除铁路运输、国家邮政、中国工商银行、中国农业银行、中国银行、中国建设银行、国家开发银行、中国农业发展银行、中国进出口银行以及海洋石油天然气企业缴纳的所得税继续作为中央收入外,其他企业所得税和个人所得税收入由中央与地方按比例分享。

第二,分享比例。2002年所得税收入中央分享50%,地方分享50%;2003年所得税收入中央分享60%,地方分享40%;2003年以后年份的分享比例根据实际收入情况再行考虑。[11]

第三,基数计算。以2001年为基期,按改革方案确定的分享范围和比例计算,地方分享的所得税收入如果小于地方实际所得税收入,差额部分由中央作为基数返还地方;如果大于地方实际所得税收入,差额部分由地方作为基数上解中央。具体计算办法由财政部另行通知。

第四,跨地区经营、集中缴库的中央企业所得税等收入,按相关因素在有关地区之间进行分配。具体办法由财政部另行制定。

中央财政因所得税分享改革增加的收入,按照公平、公正的原则,采用规范的方法进行分配,对地方主要是中西部地区实行转移支付。具体办法由财政部另行制定。地方所得的转移支付资金由地方政府根据本地实际,统筹安排,合理使用。首先用于保障机关事业单位职工工资发放和机构正常运转等基本需要。

事实上,伴随社会主义市场经济体制不断发展,加强国家经济调控与政治稳定的需要日益提升,中央财政压力进一步增大,除上述央地所得税收入分享改革外,94分税制铺开后,国务院又相继出台了《关于调整证券交易印花税中央与地方分享比例的通知》(国发〔1996〕49号)、《关于调整金融保险业税收政策有关问题的通知》(国发〔1997〕5号)、《关于实施成品油价格和税费改革的通知》(国发〔2008〕37号)、《关于完善出口退税负担机制有关问题的通知》(国发〔2015〕10号)等规范性文件,通过不断提高证券交易印花税中的中央分享比例、改革所得税收入分享机制、完善出口退税负担机制以及实施成品油价税改革等方式,将增值税、营业税、所得税等主要税种收入全部改造为央地共享,并逐渐扩大中央在共享税种中的收入占比,[12]中央财政收入集中度进一步提高。

根据1995年《预算法实施条例》以及2015年《预算法实施条例》(修订草案征求意见稿)第6条规定,分税制财政管理体制的具体内容和实施办法按照国务院的有关规定执行;根据第7条的规定,县级以上地方各级政府应当根据中央和地方分税制的原则和上级政府的有关规定,确定本级政府对下级政府的财政管理体制。基于下管一级的原则,各省当时遵循的省以下财政体制建制逻辑与中央方案一致,但也只是规定与地级市的财政收

---

〔11〕 根据《国务院关于明确中央与地方所得税收入分享比例的通知》,从2004年起,中央与地方所得税收入分享比例继续按照中央分享60%、地方分享40%执行。

〔12〕 例如,企业所得税和个人所得税的央地收入分享比都是6:4;主要属于地方自有收入的营业税,在金融保险业有3%的营业税收入归属中央财政,营改增铺开后央地增值税分享比直接调整为5:5。

支如何划分。至于市与所辖县如何划分收支，县与所辖乡如何划分收支，分别由市、县政府决定，呈现出“法律授权国务院，国务院授权给省级地方，一级管一级”的财政赋权总特征。

具体考察收入方面，根据《国务院批转财政部关于完善省以下财政管理体制有关问题意见的通知》（国发〔2001〕37号），省以下各级政府间财政收入的划分，要按照完善省以下财政管理体制的原则，结合各地实际，采用按税种或按比例分享等规范办法。鉴于各地资源禀赋、经济发展、文化传统等因素殊异，各地分税制实施程度不一，税收收入的省内划分呈现出“一省一式”的明显特点，总体上可大致区分为“基数加增量定比分成”和“按税种划分”两种模式。不同模式间并非截然分立，你中有我、我中有你的混合型体制是省以下财政收入划分的常态。此外，省级地方享有地方收费的批准权、地方政府性基金的申请权、较大规模财政投资的审核权以及延迟纳税的批准权等。在地方举债权的法律配置层面，根据2014年《预算法》第35条第2、3款的规定，地方举债权只配置给省一级政府，其他地方政府及部门举债属于非法行为，分税制下省级政府相较市县享有较多的财政收入自主权。综合考察税收与非税收入划分规则，省及省以下各级政府财权与财力配置整体呈现省 > 市 > 县 > 乡的逐级递减态势。

### 三、新时期财政收入划分的变迁与展望

政府之间的财政收入与支出划分是国家治理的重大议题，关系到国家的长治久安。1994年的分税制改革目的很明确，就是为了解决财政收入的两个比重，即财政收入占国民生产总值的比重，中央收入占全国财政收入的比重，以应对当时中央权威不足、财政汲取能力弱的问题。从1994年迄今已届20年，分税制改革的初衷早已达到，但另一方面的问题却暴露出来，且越来越严重。这个问题就是，政府间的财政支出划分。

政府间财政支出划分本是分税制的应有之义。不解决好支出责任的划分，划分财政收入没有实质性意义。所谓政府间财政平衡，必须将收入和支出综合考虑，根据各级政府的支出范围，需要确定财政收入的划分。1994年分税制的问题在于，虽然财政收入形式上划分清楚了，但是，中央和地方之间的事权与支出责任依旧不清晰。一方面，如前所述，在财力已经向中央倾斜的情况下，后续实施过程中财政收入还在不断向中央集中，客观上持续削弱地方财力；另一方面，受加快城镇化、完善社会保障、建设民生财政、追求经济增长等因素的驱使，地方政府的财政支出责任却在不断增加，原本应当由中央承担的财政事权与开支，如社会保障、司法、国防等，也不知不觉成为了地方的职责。地方财政入不敷出的情况越来越严重。

自2012年1月1日起，营业税改增值税的大幕启动，并逐渐向纵深推进。自2016年5月1日起，营业税改增值税在生活服务业、金融保险业、建筑房地产业等行业全面铺开，营业税全部被增值税所取代。按照现行分税制，除铁道部门、各银行总行、各保险总公司集中交纳的营业税，其余营业税全部都是地方财政收入。虽然在“营改增”过程中，中央承诺不减少地方的财政收入，对应原营业税的中央新增增值税收入返还给地方，但是，这只是改革试点过程中的过渡做法。改革全部完成之后，地方政府原先来自营业税的这块

收入是否还能继续保留，目前很难得出乐观的结论。这种判断一旦成真，地方财政将陷入更加困难的境地，从而倒逼政府间财政收支划分的进一步改革。2016 年 4 月 30 日，国务院印发了《全面推开营改增试点后调整中央与地方增值税收入划分过渡方案》。根据该方案，中央与地方增值税分成比例，将原来的中央占 75%、地方占 25% 的比例调整为中央与地方各占 50%。过渡期完成后，分税制如何适时调整，尤其是财政支出方面如何划分，仍将是我国财政体制改革的一大挑战。

中共中央《关于全面深化改革若干重大问题的决定》提出，要建立事权和支出责任相适应的制度，适度加强中央事权和支出责任。国防、外交、国家安全、关系全国统一市场规则和管理等作为中央事权；部分社会保障、跨区域重大项目建设维护等作为中央和地方共同事权，逐步理顺事权关系；区域性公共服务作为地方事权。中央和地方按照事权划分相应承担、分担支出责任。中央可通过安排转移支付将部分事权与支出责任委托地方承担。对于跨区域且对其他地区影响较大的公共服务，中央通过转移支付承担一部分地方事权与支出责任。保持现有中央和地方财力格局总体稳定，结合税制改革，考虑税种属性，进一步理顺中央和地方收入划分。

由此可知，财政支出责任适当上移，解决地方财力失衡，这应该是中央决策的中心思想。至于“进一步理顺中央和地方收入划分”，主要是在保持中央与地方收入格局大体不变的前提下，合理调整中央和地方收入划分，遵循公平、便利、效率等原则，考虑税种属性和功能，将收入波动较大、具有较强再分配作用、税基分布不均衡、税基流动性较大的税种划为中央税，或中央分成比例多一些；将地方掌握信息比较充分、对本地资源配置影响较大、税基相对稳定的税种划为地方税，或地方分成比例多一些。收入划分调整后，地方形成的财力缺口由中央财政通过税收返还方式解决。我们认为，这应该是营业税改增值税后解决地方财力的思路。

## 第三节 财政支出划分法

### 一、1994 年分税制方案中的财政支出划分

分税制改革的主要内容之一是，按照中央与地方政府的事权划分，合理确定各级财政的支出范围。根据当时中央政府与地方政府事权的划分，中央财政主要承担国家安全、外交和中央国家机关运转所需经费，调整国民经济结构、协调地区发展、实施宏观调控所必需的支出以及由中央直接管理的事业发展支出。具体包括：国防费；武警经费、外交和援外支出；中央级行政管理费；中央统管的基本建设投资；中央直属企业的技术改造和新产品试制费；地质勘探费；由中央财政安排的支农支出；由中央负担的国内外债务的还本付息支出以及中央本级负担的公检法支出和文化、教育、卫生、科学等各项事业费支出。

地方财政主要承担本地区政权机关运转所需支出以及本地区经济、事业发展所需支出。具体包括:地方行政管理费;公检法支出;部分武警经费;民兵事业费;地方统筹的基本建设投资;地方企业的技术改造和新产品试制经费;支农支出;城市维护和建设经费;地方文化、教育、卫生等各项事业费;价格补贴支出以及其他支出。

回望1994年分税制中的财政支出改革,事权方面,除国防、外交以及各级国家机关运转所需经费属于政府间较为清晰的事权外,中央与地方在其他事权上存在高度重合。由于其他事权界分的模糊以及中央对地方的政治优势,中央政府在履行其调控国民经济发展、平衡地区差距以及直接管理所属事业等事权过程中极有可能与地方管理本地区经济、事业发展的事权相重合并由此带来地方实际事权增加、支出责任加重而财权财力供给不足的风险。

在支出责任方面,除国防费、外交和援外支出、政府本级的行政管理费、地质勘探费、国内外债务还本付息支出、民兵事业费以及城市维护和建设经费等在央地政府之间有所区别之外,武警经费属于中央与地方共担责任,民兵事业费本属国防开支,理应由中央承担,形式上却划归地方。[13] 同时,中央与地方的支出责任都涵盖基本建设投资,企业技术改造和新产品试制费,支农支出,公检法支出,文化、教育、卫生、价格补贴等各项事业费支出。综合来看,和改革前相比,分税制对央地事权与支出责任的划分没有注意与其时的税收划分相协调,只是对当时中央与地方事权与支出责任现状的一种概括。[14] 这种概括不仅存在诸多不合理之处,更给中央留下了巨大的操作空间。

时至今日,鉴于政治集权的领导体制和固有的行政传统,政府间事权与支出责任划分仍是“上下一般粗”,中央往往通过确立支出依据、设立支出标准以及规定强制性支出、禁止性支出等方式干预地方。例如,只有先设立机构、安排编制,才能安排财政资金,用于办公设施、公务活动、人员工资等,而地方机构和编制的决定权掌握在中央。楼堂馆所的建筑和装修标准,会议、差旅等经费的报销标准,地方公务人员的基本工资标准等,在全国范围内具有共通性,中央可以规定统一的标准,也可以设定一定的幅度。再如,尽管争议很大,但现行《农业法》《科学技术进步法》《教育法》等确实为地方政府在相关项目上设定了财政支出的增长比例,[15] 国务院近十年来也持续要求地方提高养老保险待遇,这些都属于强制性支出。此外,在特定时期,基于节约资金、提高清廉度等考虑,中央会对地方设定一些禁止性支出项目,如“三公经费”每年递减,禁止新建或改扩建办公场所,禁止投资淘汰落后产业等。

总之,分税制改革以来,政府承担的职能上下对口,上出政策下出对策,最终都压到基层政府,[16] 以致存在“中央负责事权由地方管理,地方负责事权由中央承担”的混乱现象。事权划分办法不仅分散,对于新增事权亦多采取“一事一议”的办法,政府间事权划分不

[13] 参见1990年《民兵工作条例》。

[14] 参见《国务院关于实行分税制财政管理体制的决定》“三、分税制财政管理体制的具体内容(一)中央与地方事权和支出的划分”。

[15] 参见《农业法》第38条、《科学技术进步法》第29条、《教育法》第56条。

[16] 楼继伟:《中国政府间财政关系再思考》,中国财政经济出版社2013年版,第296页。

合理进而导致了支出责任错配,[17]财政支出的规范化和透明度始终十分欠缺。[18]更严重的是,面对中央不断推卸事权并下沉支出责任,地方在正式制度层面无任何抵御和抗争能力。最终,中央与地方财政收入渐成五五比例,[19]但支出差距却不断扩大,地方财力愈加捉襟见肘。中央与地方间的财政收支增减变化将分税制的集权导向更加凸显。

## 二、财政事权与支出责任划分改革重启

为了进一步扭转财权与支出责任的不平衡,按照中共中央十八届三中全会决定的要求,国务院出台了《关于推进中央与地方财政事权和支出责任划分改革的指导意见》(国发〔2016〕49号),要求坚持法治化、规范化道路,将中央与地方财政事权和支出责任划分基本规范以法律和行政法规的形式规定,将地方各级政府间的财政事权和支出责任划分相关制度以地方性法规、政府规章的形式规定,逐步实现政府间财政事权和支出责任划分法治化、规范化,使行政权力在法律和制度的框架内运行。

### (一)财政事权和支出责任划分的原则

其一,体现基本公共服务受益范围。体现国家主权、维护统一市场以及受益范围覆盖全国的基本公共服务由中央负责,地区性基本公共服务由地方负责,跨省(区、市)的基本公共服务由中央与地方共同负责。

其二,兼顾政府职能和行政效率。结合我国现有中央与地方政府职能配置和机构设置,更多、更好发挥地方政府尤其是县级政府组织能力强、贴近基层、获取信息便利的优势,将所需信息量大、信息复杂且获取困难的基本公共服务优先作为地方的财政事权,提高行政效率,降低行政成本。信息比较容易获取和甄别的全国性基本公共服务宜作为中央的财政事权。

其三,实现权、责、利相统一。在中央统一领导下,适宜由中央承担的财政事权执行权要上划,加强中央的财政事权执行能力;适宜由地方承担的财政事权决策权要下放,减少中央部门代地方决策事项,保证地方有效管理区域内事务。要明确共同财政事权中央与地方各自承担的职责,将财政事权履行涉及的战略规划、政策决定、执行实施、监督评价等各环节在中央与地方间作出合理安排,做到财政事权履行权责明确和全过程覆盖。

其四,激励地方政府主动作为。通过有效授权,合理确定地方财政事权,使基本公共服务受益范围与政府管辖区域保持一致,激励地方各级政府尽力做好辖区范围内的基本公共服务提供和保障,避免出现地方政府不作为或因追求局部利益而损害其他地区利益

---

〔17〕 例如,即便明显属于中央事权的国防,中央往往也会以"军民联防""军民共建"等名义要求地方参与其中,部分本应中央掌握的经济案件司法审判权也大多交由地方履行。参见楼继伟主编:《深化财税体制改革》,人民出版社2015年版,第52页;杨志勇:《分税制改革中的中央和地方事权划分研究》,载《经济社会体制比较》2015年第2期。

〔18〕 贾康、梁季:《辨析分税制之争:配套改革取向下的全面审视》,载《财政研究》2011年第12期。

〔19〕 国家统计局网站相关统计数据,载 http://data.stats.gov.cn/easyquery.htm? cn = C01,最后访问日期:2019年6月9日。

或整体利益的行为。

其五,做到支出责任与财政事权相适应。按照"谁的财政事权,谁承担支出责任"的原则,确定各级政府支出责任。对属于中央并由中央组织实施的财政事权,原则上由中央承担支出责任;对属于地方并由地方组织实施的财政事权,原则上由地方承担支出责任;对属于中央与地方共同财政事权,根据基本公共服务的受益范围、影响程度,区分情况确定中央和地方的支出责任以及承担方式。

### (二)财政事权与支出责任划分的主要内容

#### 1. 推进中央与地方财政事权划分

(1)适度加强中央的财政事权。坚持基本公共服务的普惠性、保基本、均等化方向,加强中央在保障国家安全、维护全国统一市场、体现社会公平正义、推动区域协调发展等方面的财政事权。强化中央的财政事权履行责任,中央的财政事权原则上由中央直接行使。中央的财政事权确需委托地方行使的,报经党中央、国务院批准后,由有关职能部门委托地方行使,并制定相应的法律法规予以明确。对中央委托地方行使的财政事权,受委托地方在委托范围内,以委托单位的名义行使职权,承担相应的法律责任,并接受委托单位的监督。要逐步将国防、外交、国家安全、出入境管理、国防公路、国界河湖治理、全国性重大传染病防治、全国性大通道、全国性战略性自然资源使用和保护等基本公共服务确定或上划为中央的财政事权。

(2)保障地方履行财政事权。加强地方政府公共服务、社会管理等职责。将直接面向基层、量大面广、与当地居民密切相关、由地方提供更方便有效的基本公共服务确定为地方的财政事权,赋予地方政府充分自主权,依法保障地方的财政事权履行,更好地满足地方基本公共服务需求。地方的财政事权由地方行使,中央对地方的财政事权履行提出规范性要求,并通过法律法规的形式予以明确。要逐步将社会治安、市政交通、农村公路、城乡社区事务等受益范围地域性强、信息较为复杂且主要与当地居民密切相关的基本公共服务确定为地方的财政事权。

(3)减少并规范中央与地方共同财政事权。考虑到我国人口和民族众多、幅员辽阔、发展不平衡的国情和经济社会发展的阶段性要求,需要更多发挥中央在保障公民基本权利、提供基本公共服务方面的作用,因此应保有比成熟市场经济国家相对多一些的中央与地方共同财政事权。但在现阶段,针对中央与地方共同财政事权过多且不规范的情况,必须逐步减少并规范中央与地方共同财政事权,并根据基本公共服务的受益范围、影响程度,按事权构成要素、实施环节,分解细化各级政府承担的职责,避免由于职责不清造成互相推诿。要逐步将义务教育、高等教育、科技研发、公共文化、基本养老保险、基本医疗和公共卫生、城乡居民基本医疗保险、就业、粮食安全、跨省(区、市)重大基础设施项目建设和环境保护与治理等体现中央战略意图、跨省(区、市)且具有地域管理信息优势的基本公共服务确定为中央与地方共同财政事权,并明确各承担主体的职责。

(4)建立财政事权划分动态调整机制。财政事权划分要根据客观条件变化进行动态调整。在条件成熟时,将全国范围内环境质量监测和对全国生态具有基础性、战略性作用的生态环境保护等基本公共服务，逐步上划为中央的财政事权。对新增及尚未明确划分的基本公共服务，要根据社会主义市场经济体制改革进展、经济社会发展需求以及各级政府财力增长情况，将应由市场或社会承担的事务交由市场主体或社会力量承担，将应由政府提供的基本公共服务统筹研究划分为中央财政事权、地方财政事权或中央与地方共同财政事权。

2. 完善中央与地方支出责任划分

中央的财政事权由中央承担支出责任。属于中央的财政事权，应当由中央财政安排经费，中央各职能部门和直属机构不得要求地方安排配套资金。中央的财政事权如委托地方行使，要通过中央专项转移支付安排相应经费。

地方的财政事权由地方承担支出责任。属于地方的财政事权原则上由地方通过自有财力安排。对地方政府履行财政事权、落实支出责任存在的收支缺口，除部分资本性支出通过依法发行政府性债券等方式安排外，主要通过上级政府给予的一般性转移支付弥补。地方的财政事权如委托中央机构行使，地方政府应负担相应经费。

中央与地方共同财政事权区分情况划分支出责任。根据基本公共服务的属性，体现国民待遇和公民权利、涉及全国统一市场和要素自由流动的财政事权，如基本养老保险、基本公共卫生服务、义务教育等，可以研究制定全国统一标准，并由中央与地方按比例或以中央为主承担支出责任；对受益范围较广、信息相对复杂的财政事权，如跨省（区、市）重大基础设施项目建设、环境保护与治理、公共文化等，根据财政事权外溢程度，由中央和地方按比例或中央给予适当补助方式承担支出责任；对中央和地方有各自机构承担相应职责的财政事权，如科技研发、高等教育等，中央和地方各自承担相应支出责任；对中央承担监督管理、出台规划、制定标准等职责，地方承担具体执行等职责的财政事权，中央与地方各自承担相应支出责任。

3. 加快省以下财政事权和支出责任划分

省级政府要参照中央做法，结合当地实际，按照财政事权划分原则合理确定省以下政府间财政事权。将部分适宜由更高一级政府承担的基本公共服务职能上移，明确省级政府在保持区域内经济社会稳定、促进经济协调发展、推进区域内基本公共服务均等化等方面的职责。将有关居民生活、社会治安、城乡建设、公共设施管理等适宜由基层政府发挥信息、管理优势的基本公共服务职能下移，强化基层政府贯彻执行国家政策和上级政府政策的责任。

省级政府要根据省以下财政事权划分、财政体制及基层政府财力状况，合理确定省以下各级政府的支出责任，避免将过多支出责任交给基层政府承担。

### （三）财政事权与支出责任划分的保障和配套措施

第一，加强与相关改革的协同配套。财政事权和支出责任划分与教育、社会保障、医疗卫生等各项改革紧密相连、不可分割。要将财政事权和支出责任划分改革与加快推进相关领域改革相结合，既通过相关领域改革为推进财政事权和支出责任划分创造条件，又将财政事权和支出责任划分改革体现和充实到各领域改革中，形成良性互动、协同推进的局面。

第二,明确政府间财政事权划分争议的处理。中央与地方财政事权划分争议由中央裁定,已明确属于省以下的财政事权划分争议由省级政府裁定。明确中央与地方共同财政事权和中央委托地方行使的财政事权设置的原则、程序、范围和责任,减少划分中的争议。

第三,完善中央与地方收入划分和对地方转移支付制度。加快研究制定中央与地方收入划分总体方案,推动进一步理顺中央与地方的财政分配关系,形成财力与事权相匹配的财政体制。进一步完善中央对地方转移支付制度,清理整合与财政事权划分不相匹配的中央对地方转移支付,增强财力薄弱地区尤其是老少边穷地区的财力。严格控制引导类、救济类、应急类专项转移支付,对保留的专项转移支付进行甄别,属于地方财政事权的划入一般性转移支付。

第四,及时推动相关部门职责调整。按照一项财政事权归口一个部门牵头负责的原则,合理划分部门职责,理顺部门分工,妥善解决跨部门财政事权划分不清晰和重复交叉问题,处理好中央和省级政府垂直管理机构与地方政府的职责关系,为更好地履行政府公共服务职能提供保障。

第五,督促地方切实履行财政事权。随着中央与地方财政事权和支出责任划分改革的推进,地方的财政事权将逐渐明确。对属于地方的财政事权,地方政府必须履行到位,确保基本公共服务的有效提供。中央要在法律法规的框架下加强监督考核和绩效评价,强化地方政府履行财政事权的责任。

#### (四)财政事权与支出责任划分的时间安排

2016 年,有关部门要按照本指导意见要求,研究制定相关基本公共服务领域改革具体实施方案。选取国防、国家安全、外交、公共安全等基本公共服务领域率先启动财政事权和支出责任划分改革。同时,部署推进省以下相关领域财政事权和支出责任划分改革。

2017 ~ 2018 年,总结相关领域中央与地方财政事权和支出责任划分改革经验,结合实际、循序渐进,争取在教育、医疗卫生、环境保护、交通运输等基本公共服务领域取得突破性进展。参照中央改革进程,加快推进省以下相关领域财政事权和支出责任划分改革。

2019 ~ 2020 年,基本完成主要领域改革,形成中央与地方财政事权和支出责任划分的清晰框架。及时总结改革成果,梳理需要上升为法律法规的内容,适时制修订相关法律、行政法规,研究起草政府间财政关系法,推动形成保障财政事权和支出责任划分科学合理的法律体系。督促地方完成主要领域改革,形成省以下财政事权和支出责任划分的清晰框架。

### 三、财政事权与支出责任划分改革进展

为进一步促推中央与地方财政事权与支出责任划分改革落地,加快实现各领域政府间财政关系规范化、法治化,国务院在《关于推进中央与地方财政事权和支出责任划分改革的指导意见》之后,陆续出台《基本公共服务领域中央与地方共同财政事权和支出责任

划分改革方案》《医疗卫生领域中央与地方财政事权和支出责任划分改革方案》《科技领域中央与地方财政事权和支出责任划分改革方案》《教育领域中央与地方财政事权和支出责任划分改革方案》,央地政府间、地方各级政府间财政事权与支出责任划分渐次启动,正在走向精细化、公开化、规范化。兹选取其中的基本公共服务领域和医疗卫生领域事权和支出责任划分改革方案简述如下几方面:

### (一)基本公共服务领域支出责任划分

1. 明确中央与地方共同事权范围

改革方案将涉及人民群众基本生活和发展需要、现有管理体制和政策比较清晰、由中央与地方共同承担支出责任、以人员或家庭为补助对象或分配依据、需要优先和重点保障的主要基本公共服务事项,首先纳入中央与地方共同财政事权范围,目前暂定为8类18项。

2. 制定基本公共服务保障国家基础标准

国家基础标准由中央制定和调整,要保障人民群众基本生活和发展需要,兼顾财力可能,并根据经济社会发展逐步提高,所需资金按中央确定的支出责任分担方式负担。

3. 规范中央与地方支出责任分担方式

根据地区经济社会发展总体格局、各项基本公共服务的不同属性以及财力实际状况,基本公共服务领域中央与地方共同财政事权的支出责任主要实行中央与地方按比例分担,根据经济发展水平和财政能力,东中西部地区的分担比例有所差别。总体而言,对东部地区,中央分担支出责任的比例更高;对西部地区,中央分担的比例更低。

4. 调整和完善转移支付制度

在一般性转移支付下设立共同财政事权分类分档转移支付,原则上将改革前一般性转移支付和专项转移支付安排的基本公共服务领域共同财政事权事项,统一纳入共同财政事权分类分档转移支付,完整反映和切实履行中央承担的基本公共服务领域共同财政事权的支出责任。

5. 推进省以下支出责任划分改革

中央财政要加强对省以下共同财政事权和支出责任划分改革的指导。对地方承担的基本公共服务领域共同财政事权的支出责任,省级政府要考虑本地区实际,根据各项基本公共服务事项的重要性、受益范围和均等化程度等因素,结合省以下财政体制,合理划分省以下各级政府的支出责任,加强省级统筹,适当增加和上移省级支出责任。县级政府要将自有财力和上级转移支付优先用于基本公共服务,承担提供基本公共服务的组织落实责任;上级政府要通过调整收入划分、加大转移支付力度,增强县级政府基本公共服务保障能力。

### (二)医疗卫生领域中央与地方支出责任划分

1. 公共卫生方面

公共卫生主要包括基本公共卫生服务和重大公共卫生服务,划分为中央财政事权、中央与地方共同财政事权两类。基本公共卫生服务明确为中央与地方共同财政事权,由中央财政和地方财政共同承担支出责任。中央制定基本公共卫生服务人均经费国家基础标准,并根据经济社会发展情况逐步提高。基本公共卫生服务支出责任实行中央分档分担办法。全国性或跨区域的重大传染病防控等重大公共卫生服务上划为中央财政事权,由中央财政承担支出责任。将原重大公共卫生服务中的中医药事业传承与发展划入能力建设方面。

2. 医疗保障方面

医疗保障主要包括城乡居民基本医疗保险补助和医疗救助,明确为中央与地方共同财政事权,由中央财政和地方财政共同承担支出责任。城乡居民基本医疗保险补助方面,中央财政和地方财政按规定对城乡居民基本医疗保险予以缴费补助。中央财政按照一定补助标准,参照上述基本公共卫生服务支出责任中央分档分担办法安排补助资金。医疗救助包括城乡医疗救助和疾病应急救助。中央财政根据救助需求、工作开展情况、地方财力状况等因素分配对地方转移支付资金。

3. 计划生育方面

计划生育主要包括农村部分计划生育家庭奖励扶助、计划生育家庭特别扶助、计划生育"少生快富"补助 3 个计划生育扶助保障项目,明确为中央与地方共同财政事权,由中央财政和地方财政共同承担支出责任。除上述 3 个项目之外的原计划生育项目,纳入基本公共卫生服务统筹安排。中央制定计划生育扶助保障补助国家基础标准,并根据经济社会发展情况逐步提高。中央财政参照上述基本公共卫生服务支出责任中央分档分担办法安排补助资金。

4. 能力建设方面

能力建设也分成不同的方面。医疗卫生机构改革和发展建设方面,国家对医疗卫生机构改革和发展建设的补助,按照隶属关系分别明确为中央财政事权或地方财政事权,由同级财政承担支出责任。卫生健康能力提升方面,国家根据战略规划统一组织实施的卫生健康人才队伍建设、重点学科发展等项目明确为中央与地方共同财政事权,中央财政根据工作任务量、补助标准、绩效考核情况等因素分配对地方转移支付资金。地方自主实施的能力提升项目明确为地方财政事权,由地方财政承担支出责任。卫生健康管理事务按照承担职责的相关职能部门隶属关系分别明确为中央财政事权或地方财政事权,由同级财政承担支出责任。医疗保障能力建设按照承担职责的相关职能部门及其所属机构隶属关系分别明确为中央财政事权或地方财政事权,由同级财政承担支出责任。在深化医药卫生体制改革期间,中央财政对地方医疗保障能力建设按规定给予补助。

中医药事业传承与发展明确为中央与地方共同财政事权,由中央财政和地方财政共同承担支出责任,中央财政根据工作任务量、绩效考核情况、地方财力状况等因素分配对地方转移支付资金。

医疗卫生领域其他未列事项,按照改革的总体要求和事项特点具体确定财政事权和支出责任。党中央、国务院明确规定比照享受相关区域政策的地区继续按相关规定执行。中央基本建设支出按国家有关规定执行。军队、国有和集体企事业单位等举办的医疗卫生机构按照现行体制和相关领域改革要求落实经费保障责任。中央与新疆生产建设兵团财政事权和支出责任划分,参照中央与地方划分原则执行;财政支持政策原则上参照新疆维吾尔自治区执行,并适当考虑兵团的特殊因素。

明确为中央财政事权且确需委托地方行使的事项,受委托地方在委托范围内,以委托单位名义行使职权,承担相应的法律责任,并接受委托单位监督。明确为中央与地方共同财政事权的事项中,基本公共卫生服务、计划生育扶助保障等中央制定国家基础标准的事项,地方政府可以在确保国家基础标准全部落实到位的前提下,在国家基础标准之上合理增加保障内容或提高保障标准,增支部分由地方财政负担。对于医疗救助、卫生健康人才队伍建设、重点学科发展等不易或暂不具备条件统一制定国家基础标准的事项,中央提出原则要求并设立绩效目标,地方据此自主制定本地区标准,中央财政给予适当补助。地方政府制定出台地区标准要充分考虑区域间基本医疗卫生服务的公平性、当地经济社会发展水平和财政承受能力,确保财政可持续。地区标准高于国家基础标准的,需事先按程序报上级备案后执行;地方政府出台涉及重大政策调整等事项的,需事先按程序报中央有关部门备案后执行。

## 第四节　财政转移支付法

### 一、财政转移支付法概述

在财政法上,转移支付有广义和狭义之分。广义的转移支付既包括政府对私人的转移支付,也包括政府间的转移支付;狭义的转移支付仅指政府间的转移支付。本章所谓的转移支付,就是从狭义的角度而言的。和政府采购等有偿性财政资金的转移不同的是,无论是政府间的转移支付,还是政府对私人的转移支付,都是无偿不对等的。即便有些转移支付附有条件,与转移支付的内容相比,该条件也不构成支付对价。例如,专项转移支付可能要求将资金用于特定目的,包括社会救济、教育、医疗等。这种资金使用方面的要求明显不构成对价。再如,有些中央转移支付可能要求地方政府提供配套资金。但配套资金的受益人仍然是地方政府,而不是中央政府。所以,这种要求也不构成对价。

所谓政府间财政转移支付,是指一个国家的各级政府在既定的事权、财权和财力划分框架下,为实现双向均衡而进行的财政资金的相互转移,包括上级政府对下级政府的各项补助、下级政府对上级政府的上解[20]以及地方政府间发达地区对不发达地区的补助

〔20〕 下级政府对上级政府的上解是我国所特有的一种政府间转移支付方式,它与政府间转移支付制度的目的背道而驰,因此应予以取消,以规范我国的政府间转移支付。参见王丽娟、李亚宁:《我国政府间转移支付制度的发展方向》,载《经济师》2004 年第 2 期。

等。[21] 从各国的实践来看,政府间的转移支付既包括财政资金在上下级政府间的纵向流动,也包括在同一级的不同政府间的横向流动,其中上级政府对下级政府的纵向转移支付为各国政府普遍采用,是政府间转移支付的主要内容。它在平衡地方政府预算收支、调节国内横向公平、加强中央政府宏观调控能力、保证公共物品的有效供给以及促进资源优化配置上起着重大作用。

由于各国的历史背景、政治经济和社会的发展状况各不相同,对转移支付的具体规定也就各不相同。依据各国的政体组织形式,可以将政府间转移支付制度分为联邦制和单一制两种。前者以美国、德国、澳大利亚等国为代表,后者则以英国、日本、韩国等为代表。总体来说,实行财政高度集权的单一制国家,中央在财政收入中占绝大比重,因而对地方政府的转移支付规模较大。而实行分权财政体制的联邦制国家,地方政府多拥有较大的经济自主权,相对来说转移支付规模较小。在制度设计上,各国多根据国情建立具有本国特色的政府间转移支付制度,相互之间并没有完全统一的模式。但在调节地方财政能力、均等化公共服务目标等方面,转移支付制度并不存在实质的区别。

由于财政转移支付的重要性,各国大都通过法律对其加以规范。财政转移支付法就是调整财政转移支付行为的法律规范,是财政法律制度的重要组成部分。财政转移支付法律制度的内容一般包括:(1)转移支付的目标和原则;(2)转移支付的形式;(3)转移支付的资金来源、核算标准、分配方法、支付规模和程序;(4)转移支付的管理和分配机构;(5)转移支付的监督及法律责任。严格来说,按照现代国家财力分配的格局,转移支付应成为中央政府的义务。为了督促中央政府履行这种义务,提高财政转移支付的规范性和透明度,有关转移支付的规则不应该由中央政府制定,而应该由最高立法机关通过法律加以规定。不过,考虑到转移支付与政府职能紧密相关,对于涉及政策调控的转移支付,其决定权可以授予中央政府,由其根据具体的情况予以定夺。但是,对于一般性的转移支付,即以缩小地区间财力差距为目的的转移支付,最好能通过法律直接规定标准和程序,以便于地方政府合理安排财政计划,减少中央政府滥用权力的机会。

我国没有专门的转移支付法。就中央与地方之间的关系而言,国务院和财政部曾经制定过一些有关转移支付的规则。例如,在国务院《关于实行分税制财政管理体制的决定》中,就有一些内容涉及中央与地方的税收返还、地方对中央的上缴、中央对地方的补助等,这是目前我国关于转移支付最基本的法律依据。为了弥补1994年分税制改革的不足,财政部于1995年制定了《1995年过渡期转移支付办法》,试图通过一般性的转移支付缩小地区间的财政差距,逐步实现财政均等化。在以后的年份中,该方案经过多次调整。2002年《所得税分享改革方案》发布后,国务院承诺,中央新增资金全部用于向西部地区的转移支付。基于此,财政部发布《2002年一般性转移支付办法》,将过渡期转移支付更名为一般性转移支付,并逐年延续下来。至于省以下的转移支付办法,由各省、自治区、直辖市自行规定,目前没有统一的要求。

2014年修订的《预算法》第16条规定:"国家实行财政转移支付制度。财政转移支付

---

〔21〕 韩宗保、刘建芍:《科学界定政府间转移支付的含义》,载《财税与会计》1999年第11期。

应当规范、公平、公开，以推进地区间基本公共服务均等化为主要目标。财政转移支付包括中央对地方的转移支付和地方上级政府对下级政府的转移支付，以为均衡地区间基本财力、由下级政府统筹安排使用的一般性转移支付为主体。按照法律、行政法规和国务院的规定可以设立专项转移支付，用于办理特定事项。建立健全专项转移支付定期评估和退出机制。市场竞争机制能够有效调节的事项不得设立专项转移支付。上级政府在安排专项转移支付时，不得要求下级政府承担配套资金。但是，按照国务院的规定应当由上下级政府共同承担的事项除外。"这是我国关于财政转移支付的最高法律效力的规定。有关财政转移支付的具体办法，《预算法》授权国务院规定，并报全国人大常委会备案。

## 二、我国转移支付法的主要内容

根据新《预算法》第16条，转移支付通常划分为一般性转移支付和专项转移支付两类，兹详述如下：

### (一)一般性转移支付

一般性转移支付由原财力性转移支付更名而来，我们认为，其归类依据是只要非属基于具体项目或特定目的的转移支付，都可被划入此范畴。其主要类型包括：

1. 均衡性转移支付

均衡性转移支付是实现政府间纵向和横向财力均衡与基本公共服务均等化的有效手段。作为1994年分税制财政管理体制改革的配套措施，我国从1995年起实施以均等化为目标的均衡性转移支付制度，即当时所谓的过渡时期转移支付办法。现行的均衡性转移支付资金按照公平、公正，循序渐进的原则，并体现向少数民族地区适当倾斜的政策，主要参照各地标准财政收入和标准财政支出及可用于转移支付的资金数量等客观因素，按统一公式计算确定。其中，标准收入是指各地的财政收入能力，主要按税基和税率分税种测算；标准支出是指各地的财政支出需求主要按地方政府规模、平均支出水平和相关成本差异系数等因素测算。财政越困难的地区，中央财政补助程度越高。[22]

均衡性转移支付资金最开始只有20亿元，随后逐年增多，转移支付的技术方法也在不断改进，均衡效果日益显现。特别是2002年所得税收入分享改革，将中央财政从所得税改革集中的收入全部用于均衡性转移支付，建立了均衡性转移支付稳定增长机制，转移支付规模持续快速增长，2012年中央对地方均衡性转移支付8582.62亿元，[23]2018年中央对地方均衡性转移支付13350.20亿元，[24]其中绝大部分用于财政较为困难的中西部地区，使中西部地区与东部地区的财力差距明显缩小。

均衡性转移支付的快速增长对于缓解财政困难地区财政运行中的突出矛盾、保障机

---

〔22〕 参见《2012年中央对地方均衡性转移支付办法》(财预〔2012〕300号)。

〔23〕 参见《关于2012年中央对地方税收返还和转移支付决算的说明》，载 http://yss.mof.gov.cn/2012qhczjs/201307/t20130715_965322.html，最后访问日期：2019年6月19日。

〔24〕 参见《2018年中国中央财政对地方均衡性转移支付资金分配表》，载 http://www.qqjjsj.com/show69a11502，最后访问日期：2019年6月20日。

关事业单位职工工资发放和机构正常运转等发挥了重要作用，推动了地区间基本公共服务均等化进程，为实现区域协调发展构建和谐社会提供了财力支持。另外，各地也陆续建立了省以下均衡性转移支付制度，省以下财力分布格局渐趋合理，基层财政困难状况得到了明显改善。

2. 民族地区转移支付

民族地区转移支付是指中央政府对民族地区安排的一种财力性转移支付。为配合西部大开发战略的实施，国务院决定，从2000年起实施民族地区转移支付。2000年以来，中央财政以民族地区转移支付为重要抓手，不断增强民族地区基本公共服务保障能力，支持民族地区加快发展。一是转移支付规模快速增长。2017年，中央财政下达民族地区转移支付704亿元，比2000年增加678.47亿元，年均增幅达21.5%。二是转移支付范围逐步扩大，内蒙古、广西、西藏、宁夏、新疆这5个民族自治区和青海、云南、贵州这3个财政体制上视同少数民族地区对待的省份，以及民族自治州、民族自治县被纳入民族地区转移支付范围。三是转移支付办法不断完善。2010年建立了转移支付规模稳定增长机制，2017年引入了民族人口占比、世居少数民族个数、人口较少民族种类等体现民族特征的因素，加大了对少数民族占比大、少数民族种类多、人口较少民族分布丰富地区的支持力度。[25]

党的十九大报告提出："加大力度支持革命老区、民族地区、边疆地区、贫困地区加快发展。"为落实上述要求，2019年5月，财政部重新制定了《民族地区转移支付办法》。可以预期，中央财政将继续加大民族地区转移支付力度，不断完善转移支付办法，提高转移支付资金使用绩效，提升民族地区基本公共服务水平。

一般性转移支付除了以上两类外，依《2014年中央对地方税收返还和转移支付预算表》的分类，还有革命老区、边境地区转移支付；资源枯竭城市转移支付；成品油税费改革转移支付；固定数额补助、体制结算补助；基层公检法司转移支付；义务教育等转移支付；基本养老金和低保等转移支付；城乡居民医疗保险等转移支付；农村综合改革转移支付。

### （二）专项转移支付

专项拨款是指附加条件的政府间财政转移支付，拨款提供者在某种程度上指定了资金的用途，拨款接受者必须按照规定的方式使用这些资金，专款专用是其最基本的特征。按照有无配套要求，专项拨款可区分为非配套拨款和配套拨款两种形式，前者不要求接受方提供配套资金，后者要求接受方提供一定比例的配套资金。按照政府间支出责任划分，专项拨款可划分为委托事务拨款、共同事务拨款和鼓励或扶持性拨款。目前，我国专项转移支付包括一般预算专项拨款和国债补助等。按照用途划分，《2014年中央对地方税收返还和转移支付预算表》中列出了20类135项专项转移支付，内容涉及一般公共服务、国防、公共安全、教育、科学技术、社会保障和就业、医疗卫生、环境保护、农林水事务等。目

---

〔25〕　参见《中央财政不断完善民族地区转移支付制度　加大力度支持民族地区加快发展》，载 http://www.gov.cn/xinwen/2017－12/26/content_5250519.htm，最后访问日期：2019年6月26日。

重会相对降低,但是,以目前的经济发展速度观察,这个过程过于漫长。我们认为,还是应该尝试修改规则,尽快废止税收返还这种落后的转移支付方式,取消旧体制延续下来的上缴和补助,只采用一般性转移支付和专项转移支付两种形式。对一般性转移支付,应当通过立法程序,对资金来源、支付方法、资金用途等明确规定,以便地方政府预测财政收入的进项。对于专项转移支付,也应该建立一套公开、透明的规则,通过程序约束和舆论监督,使专项转移支付不致成为腐败的渊薮。

中国共产党十八届三中全会决定指出,要完善一般性转移支付增长机制,重点增加对革命老区、民族地区、边疆地区、贫困地区的转移支付。中央出台增支政策形成的地方财力缺口,原则上通过一般性转移支付调节。清理、整合、规范专项转移支付项目,逐步取消竞争性领域专项和地方资金配套,严格控制引导类、救济类、应急类专项,对保留专项进行甄别,属地方事务的划入一般性转移支付。通过这种釜底抽薪式的改革,中央部门所掌握的专项资金可以大大压缩,财政管理的专业性和规范性也可以大大提高。从地方政府的角度看,如果可以采用公开透明、规范精确的方式取得转移支付资金,而且不用担心配套资金无从落实,就可以有更多精力提高资金使用的质量,而不用纠结于如何跟资金分配部门搞好关系。

回应上述要求,《预算法》新增第 16 条,确认国家实行财政转移支付制度,并对转移支付的原则、目标、结构作出要求,特别是对专项转移支付作出了明确的限制。只要严格落实这些要求,可以预见,财政转移支付的规范性、透明性、公正性将得到很大提升,一般性转移支付的规模和比重将大大提高,专项转移支付将受到更加严格的约束,这无疑将有助于维护地方政府的财政自主权。

## 第五节　政府间财政协作法

政府间财政协作是指中央与地方政府、上级与下级政府,以及不同地区、不同层级地方政府间的财政协调与合作。当中央与地方政府、上级与下级政府在某一领域中的事权与支出责任厘定后,便需要在法律法规的范围内相互配合、通力协作,以共同完成国家责任,保障经济社会繁荣、健康发展。不同地区、不同层级地方政府,面对同一地域内的共通性问题,如环境保护、生态补偿、区域规划等,更有必要积极磋商、谋求合作,才有机会实现优劣互补、互惠共赢。如果各行其是,甚至恶性竞争、互相伤害,绝非经济社会深化发展的妥善之道,严重者还会相互间形成掣肘。因此,横向、纵向、斜向间的财政合作关系就有必要加以推进和研究。

### 一、对口支援中的政府间财政协作

新中国成立后,党中央和国务院针对民族地区经济社会发展长期落后的状况,不断实践探索出一种行之有效的、旨在帮助落后地区加快发展的“对口支援”模式,也称为“结对支援”。它极大地体现出了社会主义制度的优越性和协作精神,是区域、行业乃至部门间开展协作交流的有效形式。从总体上看,对口支援在促进落后地区发展、加强区域间经济交流、促进民族团结等方面发挥了非常积极的作用,产生了良好的政治效益、经济效益和社会效益。该制度从20世纪50~60年代萌芽,1979年全国边防工作会议以国家政策形式正式确定。1991年12月16日,国家民委转发了《全国部分省、自治区、直辖市对口支援工作座谈会纪要》,指出对口支援应按照“支援为主,互补互济,积极合作,共同繁荣”的原则进行。

在中央政府的大力支持下,对口支援的范围和领域不断扩大,形式也日益多样化。随着援藏援疆、三峡工程移民安置和唐山、汶川灾后重建等顺利推进,对口支援逐渐发展成熟,成为在财力差距较大的地方政府之间建立“援助与被援助”关系的模式,主要有灾难援助、经济援助、医疗援助、教育援助等。

中国单一制的国家结构使中央政府在处理灾害援助等紧急事件时,具有高度的权威。当自然灾害、经济落后等原因所带来的巨大损失超越了地方政府自身应对能力的时候,中央政府成为调配资源的主导者,对口支援正是依靠这种政治动员得以启动。在对口支援进行的过程中,援助方和受援方的关系也由单边支援向对口合作模式演变。援助方和受援方基于自愿协议的合作行为,其法律性质显然不存在疑问,问题在于,对口支援的启动和初始阶段,中央政府所倡导的地区间对口支援究竟是一种法律强制还是仅仅是政治动员。

以汶川地震为例,其对口支援先是通过行政法规确立规则,再由国务院制定并发布方案,紧接着由中共中央、国务院召开高规格会议进行动员部署。从形式上看,对口支援具备了确立法律制度,依法组织实施的一般程序,但进一步研究会发现,《汶川地震灾后重建恢复条例》只对对口支援作出了原则性规定,并未确定对口支援的实施主体、责任义务和实施方式。对口支援工作的刚性目标要求、任务量、对口支援责任主体等都是在国务院办公厅发布的《汶川地震灾后重建对口支援方案》中予以规定。由此可见,汶川地震灾后对口支援机制的建立,出发点是中央政府举全国之力推动灾后恢复重建,可操作性体现在中央政府的文件安排和会议部署。因此,汶川地震灾后重建的对口支援,表面上看是《汶川地震灾后恢复重建条例》这一行政法规设立的工作制度,实则是基于我国社会制度和政治体制的政治动员。承担对口支援工作的省市是基于完成中央政府交给他们的政治任务而参与到灾后恢复重建中来的。

作为纵向转移支付的有效补充,世界上多国运用横向转移支付调节各级政府和各个地区之间的财政分配关系,横向转移支付成为了财政再分配过程中的重要环节和分税制财政体制的重要组成部分。我国并未在制度层面上明确规定横向转移支付。随着分税制改革的不断推进,转移支付制度日趋规范,理论界针对横向转移支付制度化的呼声也越来越高。多数学者认为,虽然我国不存在真正意义上的横向转移支付,但是存在具有横向转移支付性质的对口支援,即认为对口支援是横向转移支付的实践基础,甚至有人认为,对口支援本质上就是横向转移支付。除此之外,近年来有学者认为“生态补偿”也是横向转移支付的一种形式。从这个层面上讲,我国具备横向转移支付制度化的条件,只是长期没有形成合理稳定的规范机制,不仅缺乏法律依据,还没有科学的计算公式,激励机制不健全,评估机制空白,使对口支援往往只能在灾后重建、扶贫攻坚上解决燃眉之急,而对于实现公共服务均等化的作用十分微弱。当然,也有学者独树一帜,认为对口支援不宜制度化为横向转移支付制度,因为对口支援体现的主要是财政的收入分配职能,属于中央政府的职责,将该职责强行划分给地方政府,无疑会使政府间财政职能划分错位。

暂且不从优劣这个角度进行评议,我们认为,地区间对口支援的确难以纳入法治框架,无法从法律上的权力、义务层次进行规范。对口支援之所以能够顺利运行,并不是出于对法律义务的尊重,而是支援方对中央政治权威的遵从。从法律的角度看,它是一种具有中国特色的非正式制度。不过,在中国的财政实践中,基于特定的政治背景,尽管属于非正式制度,其功效仍可期待,中国共产党的政治动员能力、民主集中制赋予中央的优势地位,可以在这方面发挥重要作用。就此而言,急于下结论也许有些草率,我们对此不妨继续观察,探寻制度演进的轨迹。假以时日,从对口支援演进到横向转移支付,在中国这片改革热土上并非完全没有可能。

当前的首要任务是,完善对口支援的法律制度,为对口支援提供法律依据,更好地促进横向与斜向间的政府财政合作。因此有必要制定"协调"和"干预"相结合的专门法律,适应对口支援的特殊性,把对口支援工作纳入法治化轨道,为推动地方合作提供法律保障,弱化政治动员所带来的消极影响,化被动响应为主动关注。另外,在构建法律制度的同时,也不能忽略激励制度的设计。在缺乏整体法制的前提下,一味强调贡献和牺牲,对支援方而言难以保持持续性,良好的政府间财政合作机制难以构建。

### 二、政府间财政协做法的规制热点

如前所述,政府间财政协作的主体是中央与地方、上级与下级以及不同地区、不同层级间政府。中央与地方、上级与下级政府间关系更多由政治体制与行政层级所主导,领导与被领导实为常态,财政合作的空间不大。但随着财税法治的稳步推进,在全面深化改革开放的新时代,地方财政自主权被日益强调,不仅"一级政府、一级财政、一级预算"更加坚实,地方的收入自主权、支出自主权皆不同程度获得中央承认、保障。在推进财政事权与支出责任改革过程中,中央依旧较为尊重地方的事权与支出责任,至少对完全属于地方的事权与支出责任,中央不会进行干预。中央与地方共同的财政事权与支出责任框定后,对于下放给地方的决策权、执行权、支出责任,中央即便要进行回收或加以指导,也会通过法治化、规范化途径,并使其具备充分的正当性,否则,深化改革的成效就会降低,深化改革的步伐便会停滞。当某一领域中央事权与支出责任、地方事权与支出责任、中央与地方共同事权与支出责任建立起较为规范、清晰、透明的法治化框架后,中央与地方需各司其职、通力合作,促进该领域繁荣、健康发展。对于交叉事权,建立规范化的财政合作机制,中央通过立法或行政方式,委托地方履行职能,并通过专项转移支付承担费用;反之,地方亦如此。

不难看出,中央与地方、上级与下级政府间的纵向财政合作机制建设任重道远。相比之下,不同地区、不同层级地方政府间的财政合作更为可能。前有对口支援,后有区域合作。当前,这些横向、斜向政府间的财政合作主要表现为环境保护、生态补偿以及区域经济发展等。

### (一)区域环境保护中的财政协作

国务院《关于印发大气污染防治行动计划的通知》要求建立区域协作机制。例如,建立京津冀、长三角区域大气污染防治协作机制,由区域内省级人民政府和国务院有关部门参加,协调解决区域突出环境问题,组织实施环评会商、联合执法、信息共享、预警应急等大气污染防治措施,通报区域大气污染防治工作进展,研究确定阶段性工作要求、工作重点和主要任务。

在此基础上,国务院印发了《打赢蓝天保卫战三年行动计划》,进一步规定将京津冀及周边地区大气污染防治协作小组调整为京津冀及周边地区大气污染防治领导小组;建立汾渭平原大气污染防治协作机制,纳入京津冀及周边地区大气污染防治领导小组统筹领导;继续发挥长三角区域大气污染防治协作小组作用。相关协作机制负责研究审议区域大气污染防治实施方案、年度计划、目标、重大措施,以及区域重点产业发展规划、重大项目建设等事关大气污染防治工作的重要事项,部署区域重污染天气联合应对工作。此后,生态环境部联合相关地方和部门印发实施京津冀及周边地区、长三角地区、汾渭平原等重点区域 2018 ~ 2019 年秋冬季大气污染综合治理攻坚行动方案,强化区域协作机制,狠抓秋冬季污染治理,推进大气污染防治各项制度措施落实。

### (二)区域生态补偿中的财政协作

国务院办公厅《关于健全生态保护补偿机制的意见》要求推进横向生态保护补偿,研究制定以地方补偿为主、中央财政给予支持的横向生态保护补偿机制办法;鼓励受益地区与保护生态地区、流域下游与上游通过资金补偿、对口协作、产业转移、人才培训、共建园区等方式建立横向补偿关系;鼓励在具有重要生态功能、水资源供需矛盾突出、受各种污染危害或威胁严重的典型流域开展横向生态保护补偿试点。

与之相适应,财政部、生态环境部、发改委、水利部联合发布《关于加快建立流域上下游横向生态保护补偿机制的指导意见》,秉持"区际公平、权责对等;地方为主、中央引导;试点先行、分步推进"等原则,通过采取明确补偿基准、科学选择补偿方式、合理确定补偿标准、建立联防共治机制以及签订补偿协议等措施,力争到 2020 年,各省(区、市)行政区域内流域上下游横向生态保护补偿机制基本建立;在具备重要饮用水功能及生态服务价值、受益主体明确、上下游补偿意愿强烈的跨省流域初步建立横向生态保护补偿机制,探索开展跨多个省份流域上下游横向生态保护补偿试点,到 2025 年,跨多个省份的流域上下游横向生态保护补偿试点范围进一步扩大;流域上下游横向生态保护补偿内容更加丰富、方式更加多样、评价方法更加科学合理、机制基本成熟定型,对流域保护和治理的支撑保障作用明显增强。

在此基础上,《关于建立健全长江经济带生态补偿与保护长效机制的指导意见》(财预〔2018〕19号)明确一系列推动长江流域生态保护与治理的区域协作举措。例如,以“生态优先,绿色发展;统筹兼顾,有序推进;明确权责,形成合力;奖补结合,注重绩效”为基本原则,通过统筹一般性转移支付和相关专项转移支付资金,建立激励引导机制,明显加大对长江经济带生态补偿和保护的财政资金投入力度。到2020年,长江流域保护和治理多元化投入机制更加完善,上下联动协同治理的工作格局更加健全,中央对地方、流域上下游间生态补偿效益更加凸显,为长江经济带生态文明建设和区域协调发展提供重要的财力支撑和制度保障。为此,中央采取增加均衡性转移支付分配的生态权重、加大重点生态功能区转移支付对长江经济带的直接补偿、实施长江经济带生态保护修复奖励政策、加大专项对长江经济带的支持力度等措施,地方需要统筹加大生态保护补偿投入力度、因地制宜突出资金安排重点、健全绩效管理激励约束机制、建立流域上下游间生态补偿机制、完善财力与生态保护责任相适应的省以下财政体制以及充分引导市场发挥作用。

(三)区域经济发展中的财政协作

2015年9月,中共中央办公厅、国务院办公厅印发《关于在部分区域系统推进全面创新改革试验的总体方案》的通知,要求结合东部、中部、西部和东北等区域发展重点,围绕推动京津冀协同发展、加快长三角核心区域率先创新转型、深化粤港澳创新合作、促进产业承东启西转移和调整、加速军民深度融合发展、推进新型工业化进程,选择1个跨省级行政区域(京津冀)、4个省级行政区域(上海、广东、安徽、四川)和3个省级行政区域的核心区(武汉、西安、沈阳)进行系统部署,重点促进经济社会和科技等领域改革的相互衔接和协调,探索系统改革的有效机制、模式和经验。其中,河北依托石家庄、保定、廊坊,广东依托珠江三角洲地区,安徽依托合(肥)芜(湖)蚌(埠)地区,四川依托成(都)德(阳)绵(阳)地区,开展先行先试。在相关地方提出改革试验方案的基础上,按照方案成熟程度,逐个报国务院审批后启动实施。

具体而言,京津冀方面,以质检总局《关于加强京津冀区域质量发展合作的实施意见》为例,质检总局将“发挥标准先行作用,服务区域融合发展;推进行政审批互认,服务北京非首都功能疏解;加强质量监管协同,深化质量安全保障合作;构建统一开放的质量技术基础服务平台,推进质量资源共享;促进质量发展政策互惠,提升区域质量发展水平;深化检验检疫监管协同,服务外向型经济发展”等六大重点任务,分解为42项细分任务,详细勾勒了京津冀的质量发展合作蓝图。

粤港澳方面,以《粤港澳大湾区发展规划纲要》为基础,中央要求相关主体加强对规划实施的统筹指导,设立粤港澳大湾区建设领导小组,研究解决大湾区建设中政策实施、项目安排、体制机制创新、平台建设等方面的重大问题。广东省政府和香港、澳门特别行政区政府要加强沟通协商,稳步落实《深化粤港澳合作推进大湾区建设框架协议》与本规划确定的目标和任务。鼓励大湾区城市间开展多种形式的合作交流,共同推进大湾区建设。中央有关部门要结合自身职能,抓紧制定支持大湾区发展的具体政策和措施,与广东省政府和香港、澳门特别行政区政府加强沟通,坚持用法治化、市场化方式协调解决大湾区合作发展中的问题。广东省政府和香港、澳门特别行政区政府要在相互尊重的基础上,积极协调配合,共同编制科技创新、基础设施、产业发展、生态环境保护等领域的专项规划或实施方案并推动落实。

目前来看,政府间财政合作关系的规范化、法治化依旧处于萌芽期,行政主导还是占了很大一部分,财政协作法的框架与边界仍属模糊、难言健全。但只要将法治化因素融入政府间横向、纵向、斜向的财政合作,如坚持公开透明、政府文件预期明确、吸纳社会参与以及保障纳税人法律权利等,便是推进财税法治的康庄大道。

# 第六章　税法总论

## 第一节　税收的概念与类型

### 一、法律意义上的税收概念

税收是国家或其他公法团体为财政收入或其他附带目的，对满足法定构成要件的人强制课予的无对价金钱给付义务。

一般情况下，税收具有以下明显的特征：

第一，税收的权利主体是国家或地方公法团体。国家是税收的征收主体，这在我国学界不存在异议，但地方公法团体能否成为课税主体，还需要一些时日才能达成共识。《宪法》第2条规定，国家的一切权力属于人民，人民行使权力的机构是全国人民代表大会和地方各级人民代表大会。这说明，在宪法层面上，人民的身份是双重的：一方面作为国家的国民，参与国家事务的决策程序；另一方面作为地方的居民，参与地方事务的决策程序。因此，从尊重宪法赋予地方的权力来看，我国现行的地方税制度似乎应当正名，将有限的地方收益权扩大为地方课税权。这一点对于实行自治的民族地方来说更为迫切和重要。不过，从我国现实的国情看，由于财政管理体制未能理顺，地方政府存在很大的收入冲动。如果没有强有力的权力制约机制，可能出现难以预料的风险。因此，就具体的过程和步骤而言，地方课税权还有待进一步探索。

第二，税收的义务主体包括自然人和社会组织。虽然我国《宪法》第56条仅规定了公民依照法律纳税的义务，但从宪法解释学的角度看，这是一种宣示性而非创设性条款。即使没有这一条款，也可以从宪法财产权保障的条款，推演出公民依法纳税的义务。确定外国人的纳税义务的宪法依据在于《宪法》第32条。既然我国保护在中国境内的外国人的合法权益，那么外国人在一定范围内承担财产义务，也就成为宪法的必然要求。至于对外国使馆人员的免税，则是基于国际礼让及对等互惠原则，并不是对治外法权的承认。

税法上的义务主体除了自然人外，还应该包括社会组织，即法人或不具有法人资格的其他组织体。我们认为，只有从宪法保护财产权利的角度出发，才能推演出社会组织相应的纳税义务。如果宪法不保护自然人和社会组织的财产权，即意味着国家可以随时随意将社会财产取为己用。在这种情况下，税收根本没有存在的意义。所以纳税义务的前提只能是合法财产权的存在。

就公法团体而言，由于其存在的目的在于公共服务，而非营利，因此一般情况下，税法不能以其为义务主体加以课税。这包括公立医院、公立学校、乡村自治组织等。当然，如果它们从事目的外行为，偏离了公法团体的本性，则应该如对其他私法团体一样对其征税。

第三，税收以财政收入为主要目的或附随目的。自产生以来，税收就是以财政收入为主要目的。特别是到了近现代，税收已经成为庶政之母，其在财政收入中占据绝对地位。税收以财政收入为主要目的不仅是一种事实表述，同时也是一种法律要求。如果税收偏离了财政收入的目的，纯粹作为一种禁止性的手段而存在，或者事实上已经出现了寓禁于征的效果，就会与税收的宗旨背道而驰。例如，罚金、罚款、强制金、滞纳金、滞报金等，[1]并非为获得财政收入而课征，而是违反义务的法律结果，或是对不法行为的制裁，所以其不在税收概念的范围内。

另外，为了达到财政收入目的，税收也必须考虑保障纳税人的生存权，以及税收的替代效应。例如，纳税人的生计费用不能课税，否则会影响纳税人的生存质量，最终影响税收的来源。又如，所得税的税率不能超过一定的边界，否则就会扼杀纳税人创造财富的积极性，最后导致杀鸡取卵，枯竭税源。税收的分配还应当遵循一定的法则，必须保证纳税人之间的相对公平。

税收在传统上都是以财政收入为目的的，然而，随着社会的发展，税收开始在经济、社会、文化政策中发挥一定的职能，各种与直接财政收入目的相悖的税收特别措施频繁出现。税收特别措施的特点是，对相同的纳税能力赋予不同的税收待遇，税收的管制诱导作用被前所未有地加以强调，财政收入功能反倒处于次要的位置。这样的措施在我国的税收实践中比比皆是，但在宪法上常常引起合宪性的质疑，主要问题集中在其对平等原则和量能课税的违反。

既然是一种税收，无论是增税还是减税，税收特别措施只能表现为诱导，不能成为强制，甚至是变相的剥夺。税收的政策目的可以成为税收的主要目的，但不能由此完全否定财政收入作为税收的附带目的，否则，税收就可能名存实亡。因此，税收特别措施也应当受到法律的制约，必须保证其在合法的范围内活动。如果目的与手段之间不存在比例关系，税收特别措施即可能遭受违宪的质疑。

第四，税收以满足法定构成要件为前提。税收以法定构成要件为前提不仅要求依法征税，而且强调税收义务的发生不以行政权力的干预为前提。税收是一种法定的债务，满足法律规定的构成要件后，纳税义务即自动发生，行政机关只能确定、催缴或实现税收债权，而不能创设税收义务。从这个意义上说，在税收的存在与否的问题上，行政机关的恣意是不允许存在的，法律将判断权掌控在自己手中，即便授权也必须受到严格的限制。

在税收征收的过程中，法定构成要件对行政机关会构成很大的制约。例如，在税收尚未发生时，税务机关不能对纳税人采取核定、催收、保全、强制执行等措施，纳税人也不必向税务机关申报纳税。不仅税收的发生以满足构成要件为前提，税收的变更、消灭等都有

[1] 滞纳金、滞报金、利息等虽不是税收，但在税法上被视为基于税收债务关系而产生的请求权，而与税收作相同的处理。在学理上，这被称为税收附带债务。

相应的构成要件。一旦出现法定的税收事由，相应的法律后果自然出现。税务机关在这些问题上没有裁量权，只有依法办事的职责。

税收构成要件满足后，如果随意进行减免税，就会在纳税人之间形成一种不平等状态。在一般情况下，这种做法必须具备正当的理由，否则就会损害税收的合法性基础。这里所谓的正当理由可以从两个方面观察，一是基于公平的量能课税，二是基于合乎比例的经济、社会、文化政策。前者主要针对以收入目的为主的税收，后者则针对以管制诱导目的为主的税收。如果符合上述条件，税收构成要件满足后，已经发生的税收也有可能发生变更甚至消灭。

第五，税收是一种公法上的金钱给付义务。税收的存在形式先是实物，之后随着经济的发展才逐渐转为金钱。因此，从历史上看，税收既可能是货币税，也可能是实物税。即便在今天，货币税与实物税并存的局面也还时有出现。不过，在现代经济社会中，金钱给付已经成为税收的一般形式，而实物给付仅仅只是一种特例，不具有代表性。我国台湾地区的遗产税虽然也允许实物抵缴，但这只是在纳税人无力缴纳货币时的一种变通，遗产税的一般形式还是货币税。至于印花税的税票，其实只是一种税款缴纳方式而已，并不影响其金钱给付义务的特征。

税收之所以要被限定为金钱给付义务，这固然与货币经济的发展有关，但更主要的原因还在于经济自由的理念。一般情况下，金钱给付义务对行为自由的限制最少，人们通过交纳一定的金钱，免去劳役、实物的限制，从而获得了最大的自由。从财产权的社会义务来看，虽然现代社会财产权神圣的教条已经被打破，财产权负有社会义务已经成为共识，但基于手段与目的之间的比例原则，这种社会义务应当以最少损害的方式为之。如果能够以金钱给付方式为之，自然也就保全了营业和职业自由，因而是一种最优的选择。[2]

作为一种公法上的金钱给付义务，税收与私法上的金钱之债的区别是非常明显的。首先，税收义务是由公法设定的，而私法上的金钱之债一般通过私法主体之间的约定，或者是由私法直接规定，二者的法律性质明显不同；其次，税收较之私法上的金钱给付义务拥有一些优越和便利，如税收优先权、自力执行权等；最后，税收较之私法上的金钱给付义务也有一些额外的限制和负担，如税收不能放弃、禁止税收协议等。另外，我们也应注意到，税收只是公法上金钱给付义务的一种。除此之外，规费、受益费及特别公课都在其列。

第六，税收是一种无对价的给付。税收究竟是一种无对价的给付，还是一种等价交换，这在税收经济学史上曾发生很大争论。经济学成果无疑对法学具有借鉴意义，但法学分析更侧重于权利义务的结构，并注意分清法律关系的不同层次。就法律层次的税收而言，纳税义务发生以后，税务机关可以凭借行政强制权，将税收归入国库。纳税人可以主张程序上的权利，但在实体上，除非发生应当退税的情形，纳税人无法对国家请求对等的给付。就此而言，税收对纳税人来说无疑是一种牺牲，而这正是税收区别于公债、规费甚至受益费的地方。

至于在宪法的层次上，从保护纳税人权利、维护财政民主的角度出发，应该将税收与

---

〔2〕　葛克昌：《行政程序与纳税人基本权》，翰芦图书出版有限公司2002年版，第33页。

财政支出结合起来理解,将国家进行合乎宪法目的的财政支出,作为纳税人缴纳税收的前提条件。如果财政支出违反了宪法目的,破坏了税收的前提条件,纳税人可以通过政治途径或法律途径予以抵制。不过,即使是在宪法的层次,也难以按经济学观点将税收作为财政支出的价格。因为一旦将其等价化,财政支出的效能就必须量化到纳税人,形成一个个具体的权利请求内容。至少在目前阶段,这一点还不容易做到。

第七,税收是一种强制性的给付。粗略看来,税收与私法上的捐赠行为具有相同之处,都是一种无对价的给付。然而仔细分析就可发现,二者之间其实还是有很大差别的。捐赠的发生尽管在法律上没有表现出对价,但在其他方面,可能存在很坚实的社会伦理基础。一种捐赠,或是出于友善,或是出于同情,或是出于情感联系,或是出于道德义务等,总有一种动机促使捐赠人认为,捐赠能为自己带来快乐,或者可以消灭自己道德上的给付义务,所以他才会愿意作出捐赠。捐赠的原因建立在当事人自愿的基础上,捐赠人对受赠人没有法律上的义务。如果当事人不愿意捐赠,任何人甚至法律都不能强迫他捐赠。这其实是宪法财产权保障的必然法理。

税收不仅固定地、定期地发生,而且在制度设计上也不在乎人们的主观愿望。即便人们非常不情愿,只要符合法定的构成要件,税收也会自动发生,纳税人和税务机关的意志都不在其考虑范围之内。由于税收与财政给付之间的联系较为间接,特别是由于财政支出过程中的浪费、挪用甚至贪污,可能使纳税人对政府陷入不信任状态。如果将财政收入建立在纳税人自愿的基础上,国家的财政开支将是无法维系的。

正因如此,税收只能借助于国家的强制力才能最终达到目的。通过与捐赠的比较可以发现,这种强制力其实只是在发生的阶段存在区别,即捐赠是自愿发生的,而税收是强制发生的,至于在实现阶段,还是存在许多可比性。例如,一旦捐赠成立生效,捐赠人就有义务交付捐赠物或捐赠金,如果捐赠人不履行义务,受赠人可以申请法院强制执行。同理,税收发生之后,如果纳税人自动履行债务,税收的强制性隐而不显。只有当纳税人拒绝纳税时,才需要通过国家强制力予以干预。在不少国家,税务机关自身并没有强制执行权,只能向法院提出申请,由法院通过民事强制执行的途径执行。这种情形与捐赠的效力并无二致。只是在一些赋予税务机关自力执行权的国家,由于不需要通过法院,情况才有一些变化。总体来说,对于税收的强制性必须分阶段理解,其在税收执行阶段的表现其实并不典型。

### 二、税收概念的宪法学评述

宪法是国家的根本大法,是具有最高法律效力的母法,在宪政国家模式下,这不是一句空洞的口号,它具有实实在在的含义。例如,当我们强调依法治税时,“税”的标准究竟是由法律规定,还是由宪法规定?立法者在制定税法时是否享有不受限制的自由裁量权?如果要对立法者加以限制,宪法在其中能起到什么样的作用?要回答这些问题,必须承认宪法对税的理解具有高于法律的效力,立法者只能在宪法所界定的税收范围内行使权力,不能滥用立法权。

宪法对税的界定当然可以借鉴一般法律的税概念,但对其中的每一项具体特征,都必须从保护公民基本权利、促进社会全面发展、限制国家权力滥用的宪法角度加以把握。如果税收立法违背了宪法对税收的界定,则应当通过违宪审查使之归于无效。因此,从根本上说,宪法中税的概念是沟通宪法与税法的桥梁,宪法通过对税概念的解释贯彻自己的精神和理念,税法通过与宪法中税概念的衔接,保证自己在法律效力方面不至于违反宪法。

我国目前无论是宪法还是普通法律,都没有关于税概念的条款,学理上也很少有人讨论税概念在宪政实践中的积极意义。由于税概念的定义缺位,导致税与其他财政收入形式的界限模糊,同时也使立法机关在制定税法方面的形成权过大,容易对宪法所规定的基本权利构成侵犯。综上所述,我们认为,宪法上的税概念可以从三个层次加以阐释:

第一,税是面向不特定公众强制征收的无对价金钱给付义务。在这个层次上,宪法对税的界定与法律对税的界定应该是同一的,用以说明税作为其本身存在的最基本的形式特征。这个层次的界定主要为了使税区别于其他的财政收入形式,防止立法机关混淆财政收入的界限,逃避税收法定主义的管制,通过规费、受益费或者特别公课的形式变相增加民众的负担。换句话说,税在宪法上的这层含义是法律上税概念的效力源泉。不是法律上的税概念直接用于解释宪法上的税概念,而是宪法上税概念的第一层含义适用于法律后,即成为法律上税概念的约束。

第二,税是遵从宪法最低约束的给付义务。这是宪法上税概念消极保障功能的体现。国家开征税收时,即便完全符合宪法对税收形式特征的界定,没有超出"面向不特定公众征收的无对价金钱给付义务"的范围,也不见得就已经合乎宪法,不受其他方面的限制。宪法对税的限制体现在许多方面,如开征税收必须遵守税收法定主义,课税要件和征收程序都只能通过法律加以规定。又如,以财政收入为目的的税收应当符合公平课税原则,对所有纳税人平等对待,保证不因纳税而影响纳税人的人性尊严和生存权;对以经济、社会或文化政策为目的的管制诱导性税收,则应从比例原则的角度,衡量其目的与手段之间的适当性。

第三,税是用于合宪开支的给付义务。这是宪法税概念积极保障功能的体现。国家开征税收时,即便完全符合宪法对税收性质特征的界定,也完全遵守宪法的最低约束,如果其收入不能用于合乎宪法目的的用途,则对于税的正当性仍然存在疑问。以往的税法学总认为税法的研究范围仅限于收入,如何使用纳税人缴纳的税收,是税法研究领域以外的问题。即便是研究视野稍显开阔的财政法学,其在研究税收问题时,也是不自觉地将其与财政支出割裂,主张纳税人的权利保护与财政支出无关。这说明,传统的税概念是以割裂征收与使用的方式构筑而成的。因此,我们认为,宪法对税第三层次的保障,应当是督促政府将税收收入用于合乎宪法规定的用途。如果税收不能"用之于民",国家则无权"取之于民"。

### 三、税收的分类及其意义

税收的分类标准和方法很多。法学上比较典型的分类形式主要有:

### (一)中央税与地方税

按照收入的归属级次,税收可以分为中央税与地方税。中央税的收入归属中央政府,地方税的收入归属地方政府。如果遵循规范的财政收支划分,按照地方政府的层级不同,地方税还可以分为省税、县税、乡镇税等。不过,我国对税收收入的划分还只限于中央和地方,至于地方政府内部的收入划分,目前还没有统一的法律依据,而是由上级地方政府通过行政命令加以规定。

至于税收立法权的归属,中央税的立法权当然在中央,而地方税的立法权则呈现不同的模式。在美国等联邦制国家,只要不与中央税发生冲突,地方可以独立开征地方税,不需要经过中央的授权。而在日本等单一制国家,地方税虽然由地方行使立法权,但必须符合中央所制定的地方税法,如果在地方税法之外开征税收,则必须经过中央的审批同意。我国地方税的立法权集中在中央,地方只能在一定范围内进行调整。

在各国的实践中,除了中央税与地方税之外,还存在中央、地方共享税的形式。例如,我国的增值税即属于此种类型,增值税收入的50%归中央,50%归地方。除此之外,从2002年开始,企业所得税和个人所得税也开始实行按比例分享。

至于中央和地方之间的税收如何划分,这虽然取决于立法过程中的政策衡量,但法律并非完全无可作为。例如,从法治国家的角度看,划分中央和地方税收收入的权力,只能由最高权力机关行使,不能由中央政府自行决断。在划分税收收入时,固然应该考虑中央的宏观调控能力,但地方的基本开支更应当得到保障。如果地方政府的财政陷入困境,就无法为居民提供起码的公共产品。而我国目前政府间的税收关系,就同时存在这两方面的问题。

### (二)直接税和间接税

一般认为,直接税和间接税的划分标准主要有以下几种:一是以行政规定为标准,凡是由征税机关根据税籍底册,直接向纳税人征缴的为直接税;由征税机关经过第三者之手间接征缴的为间接税。二是以税收来源为标准,凡是对所得获取课征的为直接税;对所得支出课征的为间接税。三是以税负转嫁为标准,凡税负不容易转嫁于他人,由纳税人直接承担的税种,即为直接税;凡税负容易转嫁于他人,纳税人只是间接承担税负,负税人并不负法定纳税义务的税种,即为间接税。我们持第三种观点。

直接税以所得额或财产额为课税对象,税源比较固定,较易适用累进税率,对经济能起到重要的调节作用。它还能考虑基本扣除、配偶扣除以及抚养扣除等个人情况,符合公平负担原则。但由于税负不可转嫁,纳税人普遍感到负担重,抗拒心理较强,偷、逃、漏税的现象较为普遍,税款损失不易控制。且由于主体复杂、收入多样,需要考虑的特殊因素太多,故而稽征程序较为复杂,征税成本偏高,对整个税收征管制度的科学性、严密性以及税务人员征管水平有更高的要求。

而间接税的课税对象则更为广泛,其税基宽、税源稳定,税收收入可随经济的发展而增加。由于税款可计入成本,影响商品价格的高低,故对纳税人降低消耗、节约成本还能起积极的导向作用。特别要指出的是,由于税负可以转嫁,因此负担人的负税感不强,征收时阻力较小,征收成本较低。不过,间接税具有累退性的特点,不符合公平原则,且收入缺乏弹性,一旦提高税率就容易使价格上涨,抑制需求,导致税收减少。

尽管能否转嫁税负是划分直接税和间接税的标准,但这种分类也是相对而言的。因为影响税负转嫁的因素非常之多,即便是间接税,其税负转嫁也是有条件的,如消费者的承受能力、商品的平均价格和可替代性,以及纳税人的市场营销能力等。如果负税商品卖不出去,则间接税也可能难以转嫁。而在消费完全缺乏弹性的状态下,将价格提高到足以消化税负的程度,也可以达到转嫁直接税税负的目的。

在税收征收的层次,直接税和间接税的划分没有太大的意义。税务机关只能针对法律上的纳税义务人征税,而不必顾及经济上的税收负担人。但在税收立法的层次,立法者则必须考虑税收的转嫁效果,否则就可能达不到预期的税收目的。另外,从宪政的层次看,除了直接的纳税人之外,也必须考虑负税人的基本权利,使其有机会从税法的角度参与国家权力。

### (三)一般目的税与特定目的税

根据收入的目的是否特定,税收可以分为一般目的税与特定目的税。从税收收入的用途看,一般目的税并没有特定的用途,而是为了满足政府一般性的经费开支。而特定目的税进入国库之后,则会用于特定项目的开支,如环境保护税用于环境保护和污染治理、教育税用于教育事业的促进和发展等,无论是政府还是议会都不得改变。由于一般目的税的用途不特定,政府应当编制开支预算,且必须经过议会审批。甚至在有些国家,议会还可以修改预算草案,从而改变税收收入的用途。但对特定目的税而言,其大多设立特定的基金。从税收收入的结构来看,一般目的税是财政开支的主要经费来源,而特定目的税则只是特定范围内的补充。

根据收入是否为了满足财政需要,税收还可以分为财政目的税与经济诱导税。相比而言,前者属于一般目的税,而后者则属于特定目的税。财政目的税必须坚持公平课征原则,保证税收负担在纳税人之间平等分配。而经济诱导税则可能基于政策的衡量,对相同情况作不同处理,或对不同情况作相同处理。不过,从宪法的角度看,这种区别对待必须有足够的理由,且必须符合比例原则。当然,在具体的税收立法中,财政目的税与经济诱导税之间不一定界限分明。在同一部税法中,有的规范可能是出于财政收入目的,而有的规范则可能出于经济诱导的目的。例如,企业所得税本来属于财政目的税,但其中的税收优惠措施则可能例外。

### (四)对人税和对物税

若把课税对象划为人和物两大块,则可把税收分为对人税和对物税。以人为课税对象的,如人头税,属于对人税。以物为课税对象的,如货物税,属于对物税。这是西方国家对税收的最早分类。但在现代国家,由于人已成为税收主体而非税收客体,因而人头税多已被废除。在西方各国停止对人课征人头税后,对人税和对物税的界限已不是十分清楚。

现在只是就税收立法时考虑的侧重点的不同来划分这两种税收。

一般认为,以作为主体的"人"为基础并考虑其纳税数额、投资方式、负担能力等具体情况而征税的税为对人税,如所得税;以作为客体的"物"为基础且不考虑纳税人的具体情况而征收的税为对物税,如商品税。由此看来,对人税和对物税的划分仅具有相对的意义,因为税收最终关注的毕竟只是纳税人向国家或政府的财产转移和让渡,无论是代表对人税的所得税,还是代表对物税的流转税,人和物都是不可分离的,没有不发生财产关系的对人税,也没有不牵涉到纳税人的对物税。

不过,由于对人税可以考虑纳税人的特殊情况,而对物税只考虑征税对象的多少,难以顾及纳税人的各种特殊情况,因此,从量能课税和税收公平的角度看,对人税代表着现代税法发展的总体方向。正因如此,日本学者北野弘久主张,在租税中应当尽量考虑纳税者各种人的因素,实现"租税的人税化"。[3]

(五)内地税(internal revenue)与关税

内地税与关税的相异之处非常明显。关税针对商品进出关境而征收,内地税则是针对境内的商品、劳务、所得、财产而征收。不过,针对进出口商品,我国仍然征收增值税;如果符合条件,也可能征收消费税。对于境外的所得或财产,如果属于我国的居民纳税人,还会征收所得税或财产税。尽管如此,关税仍然不同于内地税。关税考虑的并不是商品交易或者是所得与财产的取得,它只考虑商品是否进出国境。而增值税或消费税考虑的是交易,所得税考虑的是取得收益,财产税考虑的是取得财产。正因如此,对于进出口商品,完全可能同时征收三种税:增值税、消费税和关税。如果在境外取得所得或财产,还需要缴纳所得税与财产税。

(六)所得税、商品税、财产税

由于征税对象可以分为所得额、流转额、财产额,因此税收也可以分为上述三种,这通常被认为是税收最重要和最基本的分类。不过,这仅仅是针对内地税而言,不包括进出口环节的税收。

所得税是针对纳税人一年纳税期限的纯收益而征收的税,它包括企业所得税和个人所得税。商品税是针对商品或服务的流通交易额而征收的税,它所包含的具体税种非常丰富,如增值税、消费税等,国家可以选择最适合自己的税种加以适用。财产税是针对某些价额较高、对国民经济影响较大的稳定财产,如房地产、车船等征收的税,它是抛开财产的流通或交易过程,是特别着眼于财产本身而设计的税种。

一般情况下,我们都可以根据征税对象对税收分类。但是在某些情况下,商品、所得和财产可能是同一个过程的不同表述形式,如通过促销行为获得销售额、通过商品流通而取得财产、通过财产的利用而获取收益等。因此,一个税种究竟应该归入何种类型,并不一定只有一个答案。例如,契税在我国长期归入财产税,但契税的计税依据却是房地产的

---

[3] [日]北野弘久:《税法学原论》(第四版),陈刚、杨建广等译,中国检察出版社2001年版,第105页。

交易额，这又与商品税非常相似。又如，如果着眼于房地产，土地增值税似乎应当归入财产税；如果着眼于房地产的交易，土地增值税似乎应当归入商品税；如果着眼于房地产交易的增值，土地增值税似乎又应当归入所得税。除此之外，车辆购置税也存在类似的问题，无论将其归入财产税还是商品税，都具有一定的合理性。

在我国传统税收理论中还存在一类税，它们是针对经济生活中纳税人的特定行为而开征，因而被称为行为税。它们既可能出于财政目的，如印花税、屠宰税，也有可能出于对特定行为的鼓励或限制等政策目的，如我国曾经开征的固定资产投资方向调节税。行为税的征税范围一般都比较小，收入也不多，其地位远不如所得税和商品税重要。行为税一般针对事实行为而征收，不考虑该行为的法律效果。无论该行为在法律上是否合法，是否符合法律规定的形式要件，是否一直维持特定的法律效力，只要该行为曾经发生，就必须缴纳税款。除了这个共性之外，行为税之间似乎没有太多联系，其独立性很容易遭受质疑。

除了以传统征收对象而致的分类，随着国家对生态环境保护力度的加大，环境资源税法逐渐成为一类新兴的特殊类型，尤其是独立成税种的耕地占用税、资源税、环境保护税。如资源税，其征税对象并不是“财产”，而是可能作为工业原料的矿产品，其征收依据是为了促进自然资源的综合利用。环境保护税的立法目的更是与众不同，不是为了获取财政收入，而是为了保护生态环境。这与一般的税收基本假设是有很大差异的。

## 第二节　税法基本原则

税法基本原则是指在税法领域贯穿于税收立法、执法和司法全过程的具有普遍指导意义的法律准则。对于税法基本原则的探讨，存在多家之言，如17世纪威廉·配第在《赋税论》中提出“公平、简便、节省”三原则；18世纪末“经济自由主义”的倡导者——亚当·斯密在《国富论》中则提出了“平等、确定、便利、最少征费”四原则。随着19世纪后期“社会政策”改良模式的引入，德国学者瓦格纳认为税法基本原则包括“财政政策原则、国民经济原则、社会正义原则、税务行政原则”。借鉴西方学界对税法基本原则的研究，结合我国税法实践与研究，我们认为税法基本原则至少包括“税收法定原则”“税收公平原则”“税收效率原则”。其中税收效率原则要求征税应以最小的费用获取最大的税收收入，并且通过税收调控作用最大限度地促进经济发展或者减轻税收对经济发展的阻碍。因此，税收效率原则又可以分为税收行政效率原则和税收经济效率原则。出于教材安排，不再专门探讨税收效率原则，而会在与其他原则的关系中加以简要介绍。

税收法定原则，或者称税收法定主义，是一项历史悠久的法律原则，它的产生和发展真切地展现了近代史上阶级力量的强弱对比，对民主和宪政在资本主义国家的确立起了极大的推动作用。现代法治中的依法行政、法律保留、法律优位等原则，莫不是源自税收法定主义的基本精神。可以说,税收法定主义是近代法治的先驱。按传统观点,税收法定主义大致包括税收要件法定原则和税务合法性原则。前者要求对有关纳税主体、课税对象、归属关系、课税标准、缴纳程序等,应尽可能在法律中作明确详细的规定。后者则要求税务机关严格依法征税,不允许随意减征、停征或免征,更不能超出税法的规定加征。这两部分内容囊括了税收立法和执法,而具体的税法实践又复杂多变,因此,如何运用这些要求解决税法中的实际问题,才是税收法定主义真正面临的挑战。

税收公平原则在税法上的体现主要是量能课税原则。量能课税是宪法平等原则在税法领域的应用。量能课税的基本要求是,根据纳税人的税收负担能力课征税收。税收负担能力强的纳税人,应该多负担税收。税收负担能力弱的纳税人,可以少负担税收。没有税收负担能力的纳税人,则不应该负担税收。税法学者将其上升为法律的原则,认为其对税法具有普遍的约束力。

## 一、税收法定主义

### (一)税收法定主义的法律依据

中国究竟是否在立法上存在税收法定主义,在 2015 年 3 月 15 日《立法法》被修改以前,这是学界和实务界经常讨论的一个热点话题。由于每个人看问题的角度不一致,最后的结论只能见仁见智。

《税收征收管理法》第 3 条规定:"税收的开征、停征以及减征、免税、退税、补税,依照法律的规定执行;法律授权国务院规定的,依照国务院制定的行政法规的规定执行。任何机关、单位和个人不得违反法律、行政法规的规定,擅自作出税收开征、停征以及减税、免税、退税、补税和其他同税收法律、行政法规相抵触的决定。"不过,《税收征收管理法》的立法目的,是为了加强税收征收管理,规范税收征收和缴纳行为。它不可能超越《宪法》或《立法法》,对授权立法采取过于严格的态度。而税收法定主义在现代的重点之一,就是规范税收授权立法。所以,上述条款并不足以成为税收法定主义的法律依据。

《立法法》修改以前,其第 7 条规定,全国人大制定基本法律,全国人大常委会制定基本法律之外的其他法律,而第 8 条则将税收方面的基本制度列入只能制定法律的范围。如果税收法定主义观念在中国深入人心,而且立法机关行使严格的法律解释权,这条规定的确可以作为税收法定主义的依据。因为税种的开征、税收要素的设定等,无疑都是涉及宪法财产权的问题,当然应该属于税收方面的基本制度。如果再将《立法法》第 9 条的内容结合起来,将其视为对授权立法的一种限制,则税收法定主义在立法方面的要求已相当完备了。[4] 尽管对于何谓税收方面的"基本制度""部分事项",《立法法》一直未予明确,但是,如果立法机关有足够的权威,并坚持从税收法定主义的立场进行解释,那么,其内容无疑可以视为税收法定主义的重要一环。如能将《立法法》和《税收征收管理法》的相关

---

[4] 《立法法》第 9 条规定:"本法第八条规定的事项尚未制定法律的,全国人民代表大会及其常务委员会有权作出决定,授权国务院可以根据实际需要,对其中的部分事项先制定行政法规,但是有关犯罪和刑罚、对公民政治权利的剥夺和限制人身自由的强制措施和处罚、司法制度等事项除外。"

规定结合起来,并且对授权立法作出严格限定,即便没有更高效力层级的法律规定,税收法定主义在中国也可以找到实定法上的依据,而不仅是一种理论上的设想。不过,从税收法定主义的历史传统和现实功能来看,其法律依据必须从宪法的高度加以确定。因此,我们仍将《立法法》和《税收征收管理法》的内容,视为税收法定主义的具体适用,而不是税收法定主义的终极源泉。

从各国宪法的内容看,税收法定主义的确认方式是不一样的。有的从规范权力的角度直接规定税收法定主义,有的没有明确规定,还有的则只规定了公民依法纳税的义务。例如,我国《宪法》有关税收的条款只有第56条,该条规定"中华人民共和国公民有依照法律纳税的义务",并没有从正面直接肯定税收法定主义。有的学者从文义解释的角度出发,会认为既然宪法明文规定公民依照"法律"纳税,那么就排除了其他法律文件的可能性,这是典型的税收法定主义的表述方式。如果从体系解释的角度主张,则会有学者认为《宪法》第56条只是对公民纳税义务的规定,没有解决税收由谁立法的问题,不足以成为税收法定主义的宪法依据。我们认为,这两种解释方式都难以在宪法上为税收法定主义正名,必须求助于目的解释。

从宪法发生、发展的历史看,宪法的目的并不像平常宣传的一样,是对国家政治、经济、社会领域里重要制度的确认,以维护正常的统治秩序。相反,宪法的目的只有一个,即保护公民基本权利。无论是公民义务的设定,还是国家机构的安排,或是国家职能的定位,都是以人民主权为基础,服务于保护公民基本权利的目的。既然如此,税收的开征必须受制于公民的基本权利,也只有从这个角度才能正确理解如何对税收进行法律规范。

《宪法》第13条规定:"公民的合法的私有财产不受侵犯。"如果剥夺公民代表在税收问题上的决定权,而直接由政府或其他机构向公民开征税收,这与宪法保护公民财产权的宗旨是背道而驰的。正因如此,我们认为,《宪法》第56条既是对公民纳税义务的确认,也是对国家课税权的一种限制。此处所谓的"法律",应该仅指全国人大及其常委会制定的法律,不包括国务院的行政法规,更不包括部门行政规章和地方行政规章。这样,《宪法》第56条就可以成为税收法定主义的最高法律依据,而《立法法》和《税收征收管理法》不过是从各自不同的角度体现税收法定主义的要求。[5]

中共中央第十八届三中全会决定提出,要加强人民代表大会制度建设,落实税收法定原则。这是我国官方第一次提到税收法定,其针对性非常明显。从执政党的角度出发,"落实"既可以理解为将已有的原则和要求付诸实施,也可以理解为通过立法的形式,将政党意志转化为国家意志,创设税收法定原则,使之成为议会、政府和纳税人普遍遵从的行为准则。根据我们的观察和研究,如前所述,中国现行宪法和法律已经确立税收法定主义,目前需要解决的问题确实主要在于如何"落实",而不在于如何去"创设"。

如1985年六届全国人大三次会议曾决定,授权国务院对于有关经济体制改革和对外

---

〔5〕 2015年3月25日全国人大常委会法工委负责人就《贯彻落实税收法定原则的实施意见》答新华社记者问时明确指出,税收法定是宪法确立的基本原则,其具体依据在于《宪法》第56条。参见 http://www.gov.cn/xinwen/2015-03/25/content_2838356.htm,最后访问日期:2015年6月1日。

开放方面的问题,必要时可以根据宪法,在同有关法律和全国人大及其常委会的有关决定的基本原则不相抵触的前提下,制定暂行的规定或者条例,颁布实施,并报全国人大常委会备案。这是目前仍然有效的一个立法授权。尽管和《立法法》第10条的要求相比,此次授权过于宽泛,接近空白授权,但是,此次授权令发布在前,《立法法》生效在后,在全国人大明确宣布其无效之前,仍然不得不承认其法律效力。相应地,对于依据此次授权令而制定的税收行政法规,也必须历史地看待,积极稳妥地处理。[6]

2015年3月15日,全国人大修改《立法法》,进一步确认税收法定原则,课税作为法律保留事项被单独列举。根据该法第8条第6项,"税种的设立、税率的确定和税收征收管理等税收基本制度"只能制定法律。相对于对第7项的非国有财产的征收、征用,第8项的民事基本制度,第9项的基本经济制度以及财政、海关、金融和外贸的基本制度,第10项的诉讼和仲裁制度,税收法定的重要性更加凸显。当然,"税收基本制度"并非仅限于税种的设立、税率的确定和税收征收管理,纳税人、税基、税目、税收特别措施都在当然之列。出于立法语言简洁的考虑,《立法法》第8条第6项只列举部分重要项目,其余则用"等"字加以概括,并不代表将其他税法要素排除在外。

不仅如此,新《立法法》还对授权立法做了更加严格的限制,这种限制同样适用于税收领域。该法第9、10、11条规定,对于拥有专属立法权的事项,尚未制定法律的,全国人大及其常委会有权作出决定,授权国务院可以根据实际需要,对其中的部分事项先制定行政法规,但是有关犯罪和刑罚、对公民政治权利的剥夺和限制人身自由的强制措施和处罚、司法制度等事项除外。由此可知,课税并非绝对的法律保留事项,而只是相对的法律保留事项,并非不能授权行政立法。只是,《立法法》进一步要求,授权决定应当明确授权的目的、事项、范围、期限以及被授权机关实施授权决定应当遵循的原则等。授权的期限不得超过五年,但是授权决定另有规定的除外。被授权机关应当在授权期限届满的6个月以前,向授权机关报告授权决定实施的情况,并提出是否需要制定有关法律的意见;需要继续授权的,可以提出相关意见,由全国人民代表大会及其常务委员会决定。授权立法事项,经过实践检验,制定法律的条件成熟时,由全国人民代表大会及其常务委员会及时制定法律。法律制定后,相应立法事项的授权终止。被授权机关应当严格按照授权决定行使被授予的权力。被授权机关不得将被授予的权力转授给其他机关。

根据中共十八大和中共中央十八届三中、四中全会精神,为全面落实依法治国基本方略,加快建设社会主义法治国家,按照中央全面深化改革领导小组的统一部署,《立法法修正案》生效后,全国人大常委会法工委牵头起草了《贯彻落实税收法定原则的实施意见》(以下简称《实施意见》),并报中共中央审议通过。《实施意见》根据相关改革任务的进展情况,对2020年前完成相关立法工作作出了安排:(1)不再出台新的税收条例;拟新开征的税种,将根据相关工作的进展情况,同步起草相关法律草案,并适时提请全国人大常委会审议。(2)与税制改革相关的税种,将配合税制改革进程,适时将相关税收条例上升为法律,并相应废止有关税收条例。在具体工作中,有一些税种的改革涉及面广、情况

---

[6] 熊伟:《重申税收法定主义》,载《法学杂志》2014年第2期。

复杂,需要进行试点,可以在总结试点经验的基础上先对相关税收条例进行修改,再将条例上升为法律。(3)其他不涉及税制改革的税种,可根据相关工作进展情况和实际需要,按照积极、稳妥、有序、先易后难的原则,将相关税收条例逐步上升为法律。(4)待全部税收条例上升为法律或废止后,提请全国人民代表大会废止全国人民代表大会《关于授权国务院在经济体制改革和对外开放方面可以制定暂行的规定或者条例的决定》。(5)全国人大常委会将根据上述安排,在每年的立法工作计划中安排相应的税收立法项目。

按照《实施意见》的要求,落实税收法定原则的改革任务将力争在2020年年底前完成。在此期间,税收暂行条例将被上升为法律或者废止,并相应废止全国人民代表大会《关于授权国务院在经济体制改革和对外开放方面可以制定暂行的规定或者条例的决定》。这是一项艰巨的任务,在此期间,全国人大的授权决定依然有效;国务院仍可根据客观情况变化和税制改革需要,依据授权决定和相关税收条例的规定,对相关税收政策进行必要的调整和完善。

### (二)税收法定主义的作用

税收法定主义形成后,不仅约束了税收立法和税收执法,而且还对税法实践的各个方面产生了深刻的影响。我们将这种影响称为税收法定主义的作用。

#### 1. 税收法定主义与税法解释

法律解释是指确定法律规范的内容,探求立法意图,说明法律规范含义的行为和活动过程。在法律概念或法律规范含义不明的情况下,法律解释是法律适用的前提和基础,税法也不例外。然而税法解释的过程除遵守一般解释规则外,还需受税收法定主义的限制。

中国目前税法解释的现状是,法律解释的性质模糊,借解释之名行漏洞补充之实,甚至行立法之实的现象比比皆是。由于立法本身的粗糙,而立法机关又疏于进行解释,因此行政解释占有十分重要的地位。如果司法机关正确行使职权,往往还能对行政解释产生一些制约。但我国法院基本上不涉及对税法的解释,只是一味地迎合行政机关的解释,这就使行政机关的权力无限膨胀。即便解释错误,或者超越了法律的文义,也很难通过司法程序得到救济。在司法实践中,我们应该注意区分行政解释与抽象行政行为。行政解释只是行政机关对法律的理解,它是一种内部规则,对相对人并不发生直接的法律效力。而抽象行政行为是针对不特定相对人的一种行政行为,它具有对外效力,对相对人直接发生法律效力。

当前我国一个非常不合理的现实是,法院不能受理对抽象行政行为的起诉。但行政解释不是外部法律行为,最多只是一个内部行政行为,法院完全不受其约束,只需在审理具体案件时排除适用就可达到目的,根本不需要进入诉讼程序。因此,即便在现阶段,如果法院正确履行职能,许多行政解释侵害纳税人利益的现象也是可以得到解决的。当然,最理想的状况是,立法机关努力提高立法水平,减少法律概念模糊不清的现象。对有争议的名词,则直接在法律文本中加以定义,防止法律适用过程中出现理解歧义。如果随着形势的变化需要调整对法律的理解,或者行政、司法解释都出现了明显的错误,则通过专门的文件予以澄清。只有这样,税法解释才可能不至于偏离税收法定主义的预定轨道。

2. 税收法定主义与税法漏洞补充

税法漏洞就是税法文义无法承载立法意图,导致某些情况应该规定而没有规定的状态。由于人类认识的有限性和立法过程的利益妥协,法律漏洞的存在无法避免。特别对于税法而言,由于其本身的技术性和复杂性,法律文义与立法意图的不一致更容易发生。对于这种漏洞,能否直接作为法外空间处理?如果不行的话,法律解释可否担当解决问题的重任?如果还是不行的话,那么,可以由行政机关或者司法机关进行漏洞补充吗?这些都是税收法定主义必须予以回答的问题。

由于法律漏洞是一种超出法律文义之外的不圆满性,而纳税人的行为一般都受法律文义的指导,为保证法律的安定性和可预测性,从税收法定主义出发,税法的漏洞补充一般情况下都应当被禁止。如果允许由行政机关进行漏洞补充,似乎无异于变相地转移了创制法律的权力。不过,除了追求形式上的税收法定,税法更要考虑实质正义。税法漏洞被人滥用之后造成避税,导致相同负担能力的人缴纳不同的税收,不同负担能力的人却只需要缴纳相同的税收,违反量能课税原则。这种漏洞虽然可以借助于立法程序予以弥补,但启动和完成这种程序耗时费力,往往缓不济急。因此,我们也不反对税务机关补充税法漏洞。只不过,这种权力必须受到限制,以免过度侵害纳税人权利。正如《企业所得税法》第47条所设计的一般反避税条款一样,首先,这种权力来自法律的授予,而不是税务机关的内在职能。其次,权力行使遵守正当程序,公开透明,给纳税人提供申辩和救济机会。再次,税务机关内部设置制约机制,只允许较高层级的主体动用此权。最后,税务机关经常公布指导性案例,帮助纳税人识别风险,提高遵从度。

3. 税收法定主义与税法溯及既往

税法能否溯及既往对纳税人的利益影响很大。纳税人在进行经济活动或社会交往时,往往首先衡量其行为的税法评价。是否需要缴税、缴税的多少、期限、地点、缴税方式、处罚力度等,都会成为影响纳税人是否继续其行为,以及如何进行其行为的重要因素。从最简单的事理可以推出,纳税人只可能遵从当前有效的税法,不可能预测到税法今后的发展和变化。要求纳税人依据将来可能的税法,以决定自己的行为,这明显是十分荒谬的。正因如此,法律必须确定,即便将来修改法律,纳税人也只需要考虑现行税法的要求,只需要履行现行税法所规定的义务。因此,否定税法的溯及既往效力,是维持纳税人行为有计划性的必然前提。

由于征税将导致纳税人财产利益的直接减少,因此税收法律规范是一种侵权性法律规范,必须受严格的税收法定主义的控制,以实现税法的安定性和可预测性。这种安定性和可预测性都是对纳税人而言的,如果纳税人今天的行为可能受到将来税法的拘束,而将来税法的内容现在又难以知晓,这就会让纳税人无所适从,无法预测行为的法律后果。因此,从税收法定主义的角度看,至少国家应当保证,即便将来税法修改或变化,对于法律变化之前的行为,纳税人的负担和责任不会增加。按照这种要求,不利于纳税人的税法不能溯及既往,而有利于纳税人的税法则可以溯及既往。

4. 税收法定主义与税收协议

税收协议是指税法上各种与纳税问题有关的协议。总体来说,由于受税收要素法定和税务合法性的约束,税务机关只能依法征税,纳税人也只能依法纳税,改变法定义务的税收协议在税法上是不允许存在的。不过,在不改变法定义务的前提下,税法对税收协议可以在一定范围内予以肯认,只不过不同的税收协议有不同的法律效力而已。

税收协议的第一种形式表现为税收担保协议。尽管税收担保可能出于法律的直接规定,也有可能出于税务机关的指定,但担保本身是一种协议,担保的方式、担保的期限、担保责任的范围、担保物的保管和风险承担等,都需要双方的约定。有的担保协议由纳税人与税务机关直接签订,有的则是在第三人与税务机关之间签订的。由于税务机关的行为受税收法定主义的限制,因此除了法律直接规定和授权之外,税务机关不能指令纳税人或第三人提供担保。如果违反这种限制,这种担保协议应当是无效的,对担保人没有法律约束力。

税收协议的第二种形式表现为纳税承担协议。例如,房屋买卖的契税本应由买方承担,但买卖双方约定由卖方承担契税,同时相应提高房屋价格。在税法上,这种涉及纳税承担的协议对税务机关没有约束力。税务机关仍然需要按照税法的规定对买方征收契税,买方不能以纳税协议对抗税务机关。当然,如果卖方按照协议向税务机关缴税,税务机关没有必要拒绝。一旦接受,买方的纳税义务随之消灭。但这种接受只是接受卖方的代为履行而已,并不表示接受双方的纳税协议。在私法上,纳税承担协议合法有效。如果税务机关向约定不需承担税款的一方征税,他有权通过民事程序向另一方追偿。

税收协议的第三种形式表现为税务机关与纳税人之间在纳税事实难以查清时签订的协议。发生这种现象的原因在于,在税收稽征的实务上,有时查清一个事实需要花费大量的时间和精力,它既需要税务机关的大量付出,也需要纳税人的通力配合,对双方都是一个沉重的负担。为了当事人的便利,也为了提高税收征收的效率,税务机关与纳税人之间才有可能就收入金额、必要费用等达成协议,以免除双方今后的争议。这种情况在法律上不应理解为双方当事人就某种税法上的效果进行合意,而应理解为双方当事人就课税事实的妥协。在税收法定主义的标准下,这种纳税协议必须有法律依据,而不能完全任由税务机关裁量。

税收协议的第四种形式表现为税务机关与纳税人之间针对关联企业的预约定价。例如,我国《税收征收管理法实施细则》第 53 条规定:“纳税人可以向主管税务机关提出与其关联企业之间业务往来的定价原则和计算方法,主管税务机关审核、批准后,与纳税人预先约定有关定价事项,监督纳税人执行。”这种事先的预约定价协议的特点在于,它是在纳税义务发生之前的一种约定,是根据税法的规定对纳税事实的预先评估,在很大程度上可以降低关联企业内部交易的税收风险,提高税收征收的可预见性,因此即便从税收法定主义衡量,也应该是合法有效的。

### (三)税收法定主义的适用范围

#### 1. 税收法定主义与其他税法原则的关系

税收法定主义虽然是广泛适用于税收立法、执法和司法的基本原则,但这并不意味着税法上的其他原则都源自税收法定主义。应该说,税法上的原则各有其不同的适用范围,各自起到不同的规范和指引作用。原则和原则之间有的存在效力隶属关系,有的则并非一一对应的等级关系。之所以称税收法定主义为基本原则,并不是因为其效力比其他任何税法原则都高,而是因为其在税法中的适用范围最广,影响最大,且许多具体原则都与其存在一定的渊源关系,所以成为税法中最重要的原则。

例如,在立法领域,税收法定主义原则与量能课税原则即没有效力隶属关系。税收立法既要贯彻税收法定主义,也要尊重纳税人的税收负担能力,保证税收平等。量能课税原则与税收法定主义原则是同等重要的。只是在行政执法和法院司法的领域,量能课税原则的效力才会因为税收法定主义的要求而受到较强的限制。

又如,从税收法定主义出发,为了维持法的安定性和可预测性,税法当然只能适用于其生效之后的事件。另外,禁止税法的溯及既往也在考虑纳税人对税法的信赖利益。如果法律可以随意破坏这种信赖,将对整个社会良好法律意识的形成非常不利。因此,税收法定主义固然可以推演出税法溯及禁止,但并不足以证明税法溯及禁止只是源于税收法定主义。

再如,由于税收法定主义本身就存在适用范围的限制,因此,在其适用范围之外发挥作用的法律原则就与其没有任何关系了。例如,在税收犯罪领域,刑法上一直坚持罪刑法定主义,强调税收犯罪的法律责任只能由法律加以规定,不能授权立法,更不能由其他机关擅自规定。尽管税收法定主义与罪刑法定主义的法例存在相通之处,一个保护公民的财产权,一个保护公民的人身自由和生命权,但二者的适用对象毕竟存在很大的不同。在法理上,罪刑法定主义绝对不是税收法定主义的衍生原则,而是一种并列的关系。

因此,虽然税收法定主义在税法中地位重要,但这并不代表税法只有这一个原则,也并不说明其他原则都是从税收法定主义推衍而出。在研究税法时,既要考虑到税收法定主义对其他原则的影响,也要顾及其他原则对税收法定主义的限制或修正。只有认真提炼各种原则的特性,并注意区分各自之间的关系,才能逐渐理顺各种原则的相互关系,形成一个互动开放的原则体系。

2. 税收法定主义的适用范围

从税收法定主义的内容来看,税收要件法定原则和税务合法性原则分别针对税收实体法和税收征收法而设,因此,将税收法定主义的适用范围限于税收实体法和税收征收法,在理论上和实务中一般都不会出现异议。税收责任法和处罚法所针对的是违反税收实体法和征收法的行为,税收争讼法也是为了解决以税收实体法和税收征收法为基础的争议。因此,只有在税收实体法和税收征收法中很好地贯彻税收法定主义,才能使其功效得以充分显现。

在税收诉讼领域,诉讼法自有一套公正司法的逻辑,无须税收法定主义干预。只是对于与税法特性息息相关的问题,税收法定主义可能具有适用的空间。例如,在事实认定的举证责任上,税务机关经常通过推定加重纳税人的举证责任,如果纳税人在征税程序中不能提出充分的反证,就必须承担纳税义务。在诉讼程序中,对这类问题的审查应当贯彻税收法定主义,不能轻易认同税务机关将举证责任转移到纳税人的行为。

在税收刑罚领域,罪刑法定主义是最高的原则,税收法定主义没有适用的余地。而行政处罚强调法律保留和法律优位，要求违法的构成要件明确，不得进行创设或加重处罚的法律漏洞补充，禁止创设或加重处罚的法律溯及生效，等等，与税收法定主义非常相似。但行政处罚领域则未必存在“程序合法性原则”，税务机关对税收违法行为之“罚或不罚”“罚多罚少”存在裁量空间，很难做到绝对的法定，这与税收法定主义有一定差距。[7] 因此，税收行政处罚与其适用税收法定主义，不如直接适用依法行政原则和比例原则。

3. 税收法定主义的限制或例外

税收法定主义本来要求税务机关遵守合法性原则，对所有满足税收要件的行为或事件及时足额课征税款，不得违法加征、停征、减征或免征，但是在特定的条件下，为了求得具体案件的妥当和合理，必须牺牲合法性原则，对税收法定主义施加一定程度的限制。例如，如果税务机关在减轻或免除纳税义务时，已经形成了对纳税人有利的行政先例，税务机关即可能要受其拘束。另外，如果税务机关对税法一般地进行有利于纳税人的解释，但却对特定的纳税人作不利的处理，即便上述有利解释尚未构成先例，即便不利的解释才是真正正确合法的，在采取改正措施之前，税务机关的行为也会因违反平等原则而为法所不许，税收法定主义即会因此受到限制。除此之外，税收法定主义还会受到当事人信赖的限制。

## 二、量能课税原则

### （一）量能课税原则的基本要求

在西方税收思想史上，税收公平的衡量主要依据利益原则和支付能力原则。利益原则的提出时间早于支付能力原则，它要求国家的各种活动对人民有利，人民则按照各人所享用利益的多寡缴纳税收，从而体现一种交换关系。但是，除了在特殊领域，人民因缴纳规费而获得政府的特殊服务之外，在绝大多数情况下，税收与财政支出之间的利益联系并不能准确衡量，因此，支付能力说逐渐取代利益交换说。支付能力说认为，衡量税收公平的标准不是纳税人能否从税收中获得利益，而是税收是否与纳税人的税收负担能力一致。至于如何衡量税收负担能力，其标准本身有一个发展过程。例如，以塞利格曼为代表的客观负担能力说就认为，相比人丁、财产、消费或产品，在现代社会中，以所得为标准最能反映纳税人的能力。[8]

作为一种学术思想，量能课税的影响早已超越经济学，而开始为法学所关注。许多学者直接将量能课税作为税法的基本原则甚至宪法原则，并在内容上结合法学的特点进行了具体化。例如，日本学者北野弘久认为，量能课税只是立法原则，不是解释和适用税法的指导性原则。如果已经成立的税收立法违反了这项原则，将导致违宪和无效的后果。量能课税原则是从日本《宪法》第 13 条关于“尊重个人”、第 14 条关于“法律面前人人平等”、第 25 条关于“健康且富有文化性的最低限度的生活”以及第 29 条关于“生存权保

---

〔7〕 陈清秀：《税法之基本原理》，三民书局 1994 年版，第 93、94 页。

〔8〕 杨斌：《治税的效率与公平》，经济科学出版社 1999 年版，第 58～70 页。

护”的规定中抽象出来的,因此它不再单纯是财政学上的原则,而是宪法规定的原则。量能课税原则要求,不仅要考虑课税物品量的税负能力,更应考虑其质的税负能力。例如,最低生活费不能课税,生存权财产不能课税或只能课轻税;税收应当尽量向人税化方向发展,尊重纳税者各个方面的个性和差异;高额所得者应当承担高税负,低收入阶层的税负则应相应减轻;同样数额的所得,则应根据劳动所得或资产所得区别对待;大企业相对于中小企业有更高的税负能力,中小企业在法理上可作为生存权或产业权的适用对象,因此大企业不仅应当作为独立纳税主体而存在,而且还应当适用累进税率;由于物价上涨带来隐性增税,因此应当使课税标准与物价指数联动;等等。至于从产业经济政策出发的税收特别措施,北野弘久明确指出其违反量能课税原则,如果能够证明其有违政策目的,则应从法律上视为违宪而无效。[9] 事实上,将量能课税原则视为立法原则与视为贯穿于立法、司法与法律实施的税法基本原则本身并无实质差异。解释适用税法,最主要在于探求立法意旨,立法者如果依量能课税原则而为立法,探求其意旨时却对该原则弃之不顾,岂非自相矛盾?[10] 也就是说,如果量能课税原则为税法立法原则,对税法立法者所立之法的解释和适用也必须遵循量能课税原则,量能课税对税法解释和适用具有指导意义。[11] 从这个角度看,如果视为其立法原则甚至是财税思想,司法者与执法者就必将会将之贯彻到税法解释与适用中。

我国台湾学者葛克昌也认为,税法不能仅仅视为政治决定的产物,更不能经由形式上的立法程序即取得正当合法依据,相反,它必须受正义等价值观念的拘束,而量能课税正是税法体现伦理要求的基本原则。量能课税不仅应成为税收立法的指导理念、税法解释的准则,同时还应是税法漏洞补充的指针和行政裁量的界限。量能课税原则还使税法成为可理解、可预计、可学习的一门科学。与体现“受益者付费”的税收利益原则不同的是,量能课税原则以纳税人的负担能力分配税收,旨在创设纳税人与国家之间的距离,以确保国家对每一国民的给付无偏无私,不受其所纳税额的影响。量能课税原则确保税课的平等性,同时也用于防范税课的过度。因此,税收的平等,是一种合乎比例原则的平等。税收的界限也就是税法的比例原则,特别是适当性原则和禁止过度原则。各种违反量能课税原则的税收优惠,虽然有经济政策或社会政策方面的考虑,但在目的和手段之间是否适当,更需受严格的比例原则的限制。由此可知,量能课税原则所要求的平等性并非仅从形式上衡量,立法者在选择课税对象或课税强度时,必须要考虑其合理正当性,这与国家对人民权利和自由的干预,必须适当节制的法治原理是相通的。[12]

与上述肯定论截然相反的是德国学者 Kruse 的否定论观点。Kruse 认为,量能课税原则并不是课税的基础原则。德国联邦宪法法院仅将量能课税的要求特别限制在所得税法上,消费税以及一切其他间接税则不考虑纳税人的给付能力。正因为间接税没有考虑量能课税,所以其自 17 世纪以来即在政治上引发许多争议。而现实的发展趋势是,间接税

---

〔9〕 [日]北野弘久:《税法学原论》(第四版),陈刚、杨建广等译,中国检察出版社 2001 年版,第 95 ~ 113 页。

〔10〕 葛克昌:《量能课税原则为税法的结构性原则》,载《月旦财经法杂志》2005 年第 1 期。

〔11〕 朱一飞:《税收调控权研究》,法律出版社 2012 年版,第 294 页。

〔12〕 葛克昌:《量能原则与所得税法改革》,载《中原财经法学》1995 年第 1 期。

占税收总收入的比例日益增加，其所对应的竞争中立性原则的影响远远超过了量能课税原则。在量能课税原则的宪法依据上，Kruse针锋相对地认为，量能课税原则既非从正义理念导出，也非从税收正义或平等原则所导出，它仅仅是平等原则的具体化。Kruse还认为，量能课税原则并未说明什么表现出给付能力，根据什么标准衡量给付能力，以及从已经明了的给付能力导出何种法律效果。在法律效力上，Kruse主张，量能课税原则与其他差别待遇的理由相互竞争，它并没有一般有效的优先权。因此，量能课税原则仅仅是财政学上的基准，或者是一种论证理由，并不是具有规范效力的法律原则。[13]

我们曾经注意到，税法学者大多从所得税角度阐述量能课税原则，没有注意到增值税、消费税等间接税的特殊性，以及税收减免措施与量能课税的矛盾，同时也没有考虑量能课税与税收法定、稽征便利等原则的关系。基于中国税法发展的现实，我们当时主张，量能课税仅仅是一种财税理想，或者说财税理论，而不是法律原则，对税收立法、执法只具有观念上的指导意义，而没有法律上的约束力。[14] 针对我们的观点，葛克昌教授撰文回应，强调量能原则为税法结构性原则。他认为，税收特别措施不属于税法，而属于经济法，它只是以税收作为调节经济的工具，不必遵守量能课税原则，而应遵守宪法上的比例原则。间接税虽然不直接根据个人负担能力课税，但仍然从消费行为间接推估其购买力，也从另外一个角度体现了量能课税。至于特别目的税，如果仅仅是指定用途，不影响其量能负担的性质。如果纳税人本身也予以特定化，并且体现与税收开支的连结，这种税收事实上只是费用，也可以不受量能课税原则的约束。[15]

如果将特定目的税和税收特别措施撇开，仅就以财政收入为目的的税收而言，量能课税的确是一项比较理想的原则。从效力来源看，量能课税的依据是宪法平等原则，要求相同的情况相同对待，不同的情况区别对待。从形式上看，这些内容在所得税中比较容易体现，但在间接税和财产税中则不是非常直接。不过，这只是反映了量能课税的标准差异，而不会动摇量能课税原则本身。鉴于多种类型的税收并存于现代社会，就应该考虑量能课税的不同标准。例如，所得税实行净所得课税原则，当然最能反映量能课税。但消费税以商品消费额为课税对象，也与消费者的购买力紧密相连，况且在实行直接消费税的国家，消费税直接针对消费者征税，多消费、多纳税实质就是量能原则的表现。此外，对于实行间接消费税的国家，往往选择狭窄型的税基，这种间接税更多是调节消费的调控税，应接受比例原则的约束，而不该纳入量能课税原则的衡量视野中。此外，无论是营业税还是增值税，税法可以设计起征点的规定，没有超过起征点的销售或服务行为，无须向政府纳税。这与量能课税的要求是一脉相承的。至于税收减免等特别措施，不考虑纳税人的负担能力，而主要着眼于对经济的管制或诱导，与一般的税收的确大相迥异，无法从传统税法的角度进行归纳，而只能从经济法的立场出发，适用合目的性原则、比例原则等进行约束。

对于将量能课税原则视为税法基本原则，必须有实证法将之纳入立法规范这一观点，

---

〔13〕 陈清秀：《税法总论》（第二版），翰芦图书出版有限公司2001年版，第23～26页。

〔14〕 刘剑文、熊伟：《税法基础理论》，北京大学出版社2004年版，第六章。

〔15〕 葛克昌：《量能原则为税法结构性原则》，载《月旦财经法杂志》2005年第1期。

我们持充分肯定的态度。因为量能课税原则的适用,将赋予税务司法者、执法者较大的解释权甚至漏洞补充权,势必冲击税收法定主义的观念与规范。只有将之纳入立法中,明确量能的判断标准、适用程序与权力界限,才得以有效寻求形式与实质法治的平衡。正因如此,法国《人权宣言》中规定,“税收应在全体公民之间平等分摊”。西班牙《宪法》第31条第1款规定,“所有人民依据其经济上的负担能力,透过正义税收系统负担公共支出”。葡萄牙《宪法》第106条第1款规定:“税收由法律构建,以公平分配财富与权益并满足政府的财政需要。”巴西《宪法》第145条第1款规定,“尽可能地,税捐课征依据个人特征及分等级地依据分税捐负担经济上生产能力”。土耳其《宪法》第73条第2款规定:“公平合理地分担纳税义务是财政政策的社会目标。”意大利《宪法》第53条规定:“所有的人均根据其纳税能力,负担公共开支。税收制度应按累进税率制订。”我国《宪法》第33条第2款规定:“中华人民共和国公民在法律面前一律平等。”这一条可以视为为我国量能课税原则确立了宪法依据与标准。但是,宪法平等原则只是一个可以辐射所有部门法、所有领域的一种抽象表述或理念,落实到部门法中可能会有不同的表现形式。如宪法平等原则具体在财税法领域,至少可以表现为对征税的量能课税原则、对收费的量益收费或成本填补原则。可以说,税收公平是量能课税的上位概念,然而,税收公平所指的是相同情况相同处理、不同情况不同处理,至于何谓相同情况则判断标准各异。[16] 如果依税负能力为标准,税收公平在纳税人负担分配上体现为量能课税,税收公平即是量能课税。可见,单从宪法平等权中难以得出税法领域存在量能课税原则,最多只是说明税法领域存在平等和公平的理念而已,更难以佐证宪法中规定了量能课税原则。我们建议,未来的税法基本法立法起草,如果要将量能课税视为一种税法基本原则,有必要在税法中明确立法确认,只有这样才能为税收立法者、司法者和执法者注入公平的观念与制度依据。

### (二)量能课税与其他法律原则的耦合

量能课税与其他法律原则可能存在渊源,也可能存在效力范围的重叠。探讨量能课税与其他法律原则的耦合,主要是为了厘清量能课税与其他法律原则的关系。

1. 量能课税与生存权保障

以往的学说总是认为,根据量能课税的观点,公民的最低生活费缺乏税负能力,不应列为课税对象。最低生活费不课税也就因此成为量能课税原则的一项内容。其实,虽然从量能课税原则固然可以得出这个结论,但未必只有它能够得出这个结论。如果没有法律上的量能课税原则,公民最低生活费仍然不能被课税。生存权保障原则也可以为此提供保障。

生存权保障源自人类的基本人权,各国宪法一般都对此有明确的规定。由于不同国家的经济文化发展水平不一,因此关于“生存”的标准要求也不一样。如发展中国家一般指维持基本温饱的能力,而在发达国家,生存的标准则可能延伸到健康而有文化的最低限度的生活,也就是符合人性尊严的生活。如果国家对最低生活费课税,则会侵犯公民的基本权利,从而造成违宪的后果。

---

〔16〕 刘剑文、熊伟:《税法基础理论》,北京大学出版社2004年版,第139页。

最低生活费不课税还可以结合福利国家观念进行理解。现代国家既是税收国家,也是以人性尊严为前提的福利给付国家。如果国家一方面从最低生活费中获取财政收入,另一方面又通过财政支出保证公民的最低生活待遇,这一取一予之间看似没有差异,其实对公民的权利影响深远。因为财政支出需要履行繁杂的手续,与公民保留最低生活费相比,自然是对个人自由的一种限制。所以,对最低生活费不课税也可以视为国家社会二元化的体现,国家不必对个人的自由空间横加干预。

我国法律虽然没有关于生存权的一般性条款,但《宪法》第 44 条规定,退休人员的生活受到国家和社会的保障;第 45 条规定,公民在年老、疾病或者丧失劳动能力的情况下,有从国家和社会获得物质帮助的权利;国家和社会保障残废军人的生活;国家和社会帮助安排盲、聋、哑和其他有残疾的公民的劳动、生活和教育;等等。说明我国对生存权还是给予了一定程度的重视。另外,我国于 1998 年 10 月签署了《公民权利和政治权利国际公约》,其中明确肯定了对公民生存权的保障。这些都是最低生活费不课税的基本法律依据。

实际上,量能课税最初只是一个负担分配原则,只强调税收在纳税人之间相对公平地分配。最低生活费不课税是一个伦理原则,它代表着人们对"税负能力"的一种价值判断。如果不是因为社会的进步所带来的生存权保障要求,量能课税也就简单地停留在依据收入或财富的多少决定税课的阶段。因此,我们认为,最低生活费不课税并不是量能课税的必然要求,而是人性尊严的基本体现,是宪法生存权保障的作用结果。

2. 量能课税与平等原则

量能课税本身就是为解决税收公平问题而提出的,它所主张的同等负担能力的人负担同样的税收、不同纳税能力的人负担不同的税收的思想,其实也就是税收横向公平和纵向公平的基本要求。在法律上,税收的公平问题主要通过平等原则加以解决,而平等原则是否与量能课税思想完全吻合,则不能轻易下结论。

我国《宪法》第 33 条规定,公民在法律面前一律平等。这种平等首先否定凌驾在法律之上的特权,要求相同的情况作相同的处理。尽管不同的人会因民族、种族、性别、职业、家庭出身、宗教信仰、教育程度、财产状况、居住期限等事实存在差别,但如果这种差别不足以或不能够在法律上区别对待,则应忽视这种差别而从形式上作相同的处理。只有在差异的存在足以影响到法律上权利时,才能考虑对不同的情况作不同的处理。在这种情况下,平等已经不是一种绝对状态,而是一种比例的平等,即尽管在法律上区别对待,但这种区别是与公民自身的特质相适应的,因而是一种实质的平等。

平等原则适用在税法领域也会产生相同情况相同处理、不同情况不同处理的结果,只是判断相同和不同的标准可能会受到不同观点的影响。例如,税收的区别对待究竟是因为负担能力的不同还是因为税收利益的不同,这就涉及不同的经济学思想和法学流派。无论如何,这两种情况都可以为平等原则所包容。在法律没有明确选择的情况下,很难用一种思想去否定另一种思想。因此,即便税法在一个领域贯彻量能课税,而在另一个领域则适用应益课税,也很难说即违反平等原则。

平等没有绝对的标准,处在不同经济发展水平和政治历史传统的不同国家,可能会有不同的平等观。法律所规定的标准经常只是一种表面的规范,它无法脱离当时当地的具体国情。正因如此,立法者在把握这些背景约束的前提下,对平等的实现方式应该有一定的自由裁量空间,不能刻意与其他国家保持绝对一致。

3. 量能课税与净所得课税原则

净所得课税原则是所得税法上一项基本制度,它要求所得税的课税对象只能是扣除了成本、费用、损失和税金之后的净收益,不得对毛收入课征所得税。在理解上,人们往往将其与量能课税联系在一起,认为成本、费用、损失和税金是为了获得收入的必要开支,不具有税收负担能力,因此必须从总收入中扣除。也是因为量能课税思想的影响,人们总是认为,最理想的税制是只对净所得征税,唯有净所得才能真正反映纳税人相互之间的税收负担能力。

由于同样的毛收入不一定带来同样的净所得,相对而言,净所得当然能比毛收入更准确地衡量税收负担能力,这也是所得税经常引以为豪的地方。如果不采用净所得课税制度,就可能出现税收损及资本的情况,这才是所得税法不能越雷池半步的地方。由是观之,净所得课税原则的理论依据究竟是来源于量能课税还是其他,这并不像平常我们想象的那么简单。我们认为,量能课税只能解释净所得课税的部分原理,真正深层次的原因在于宪法上私有财产的法律保护。

在传统理论上,税是与私有财产相对而言的,而财产被认为是资本主义自由的象征,因此,宪法对财产权给予高度的保护。税是财产权的一种社会义务,但这种义务限制在有限的范围内。对所得税法而言,不得对资本课税是一条隐含的逻辑。如果违反了这条逻辑,则不仅会窒息市场的活力,而且可能会破坏私有制社会的基础。因此,公民或企业对社会所尽的社会义务,只能限制在净受益的范围内,不能以毛收入作为课税对象。与这种思路相同的是,所得税只能采取对已实现所得课税的做法。土地升值、固定资产评估增值、股价上扬等未实现收入,尽管可能在未来带来收益,但也可能随着形势的变化而不复存在。如果对这些潜在的收益课税,也有可能伤及资本本身。因此,在遵守私有财产权保护的所得税法中不容其存在。

可见,量能课税只是净所得课税一个相对表面的理由,财产权保护才是其背后的真正动因。尽管量能课税原则后来基于社会政策的考虑而与累进税率相结合,但是也仅仅属于财产增量分配比例的变动,不涉及财产本身。在一个财产分布极不公平的社会中,量能课税所考虑的"能",只是整个社会税收负担能力中极小的一部分,因此其作用范围也是极为有限的。

(三)量能课税在税法中的适用限制

1. 量能课税与税法漏洞补充

从税收法定主义的角度看,量能课税只能作为一个立法原则,在行政执法和法院司法的阶段无法发挥规范作用。正如日本学者北野弘久所言:"如果执意将应能课税或公平税负原则也当作解释或适用税法时的指导性原则,那么税法将成为单纯的行政'手段',

租税法律主义原则也将走向崩溃。”[17]但是，在现代社会中，面对来势汹汹的避税浪潮，如果只是凭借立法机关孤军奋战，以其被动滞后的行事风格，要想应对层出不穷的避税，总是会显得有心无力。换一个角度来说，虽然我们强调纳税人权利保护，但现实中纳税人其实可以有三类，一类诚实守法，另一类逃税漏税，还有一类则热衷避税。前两类对应的法律手段比较具体，前者保护，后者打击。立法机关制定出明确的规则，税务机关严格执行即可。但对第三类纳税人，由于其可以利用税法漏洞，凭借私法意思自治和契约自由，设计出纷繁复杂的税法规避手段，单凭立法机关的事先规划，不足以有效应对。在这种情况下，我们以为，立法机关不得不与税务机关合作，共同规制避税行为，维护量能课税原则。

以税法漏洞补充为例，一般而言，量能课税的确可以在其中发挥积极作用，正如诚实信用原则在私法漏洞补充中所发挥的作用一样。不仅立法机关可以遵循量能课税的法例填补税法漏洞，行政机关和司法机关也可以在其指导下，通过类推适用、目的性扩张、目的性限缩等方式达到完善税法的目的。在理论上，人们对类推适用中的相类似情况、目的性限缩或扩张中目的的判断，其实都建立在税收负担能力的基础上。所谓相类似情况，并不是指交易形式或事物性质的相类似，而是指税收负担能力相当。税法的目的，除经济社会政策性规范外，在宪法上既不是指“有疑则有利于国库”的国库主义，也不是指“有疑则有利于纳税人”的纳税人主义，而是根据税收负担能力平等地分配税负。[18] 如果将这种观点适用于整个税法，则意味着不仅立法机关有权根据税负能力分配税收负担，对立法中所出现的各种漏洞，税务行政机关和司法机关也有权根据量能课税原则进行调整。

量能课税原则与税收法定主义彼此独立，不存在相互包容的关系，但是可以合作。在税收立法环节，二者的合作最为典型。在执法环节，当税收法定主义无法应对税法缺陷，以至于有必要进行漏洞补充时，量能课税原则仍然可以介入，给僵硬机械的税务执法提供一些弹性空间。这种介入，一方面意味着税收法定的适度抑制；另一方面也是为了防止税务机关滥用权力，借漏洞补充之名蚕食税收立法权，过度侵入纳税人的自由和财产。因此，虽然可以赋予税务机关漏洞补充权，但这种权力必须适度，只能在特定的情况下使用，除了奉行量能课税原则外，还要遵循正当程序的约束，从事实认定、标准适用、案例指导等方面，尽可能给纳税人提供相对明确的遵从指引。

2. 量能课税与税法稽征便宜

税法的稽征便宜，是指为避免税法过于复杂而导致实际上无法执行，允许在一定的范围内对课税的实体标准或程序要件进行简化，以减轻稽征机关的工作负担。稽征便宜的要求是与税法的高度复杂，以及税务行政大量发生的特性相联系的。税务机关每天都要应付数目众多的稽征案件，如果要求其把握纳税人各种不同的信息，以便准确测算其纳税能力，从而做到区别对待，公平课税，这实际上是不切实际的。因此，税法必须在一定程度上进行简化，使之便于操作，这就是稽征便宜原则的事理基础。

---

〔17〕［日］北野弘久：《税法学原论》（第四版），陈刚、杨建广等译，中国检察出版社 2001 年版，第 95 页。

〔18〕陈清秀：《税法之基本原理》，三民书局 1994 年版，第 23 页；葛克昌：《税法基本问题》，月旦出版股份有限公司 1996 年版，第 42 页。

稽征便宜在税法中的表现形式非常多,但最常见的还是通常所说的类型化观察法。类型化观察法是指为追求一般的税收公平,有意忽略个别纳税人的特殊情况,直接对其依照法律上认为典型的事实关系,以拟制或推定的形式课税。类型化观察法与经济观察法不同。经济观察法把握的是一项事实关系的经济核心,即其经济上的"实然",而类型化观察法则取向于通常案件,即把握普遍流行的"应然";经济观察法探求实际上已经发生的事实关系,并对之作与民法不同的定性,而类型化则是对一项实际上并未发生的事实关系假定其已经发生;经济观察法更多地考虑个别案件的真实性,而类型化则有意识地不考虑个别案件,而直接对一般情况进行公式化运作。

税法的类型化观察可以从不同的角度进行分类。从类型化的主体看,既有立法机关进行的类型化,也有行政机关进行的类型化,还有司法机关进行的类型化。立法机关的类型化直接在立法中加以体现,如我国《个人所得税法》针对工资薪金所规定的每月5000元的扣除即属此类。行政机关的类型化主要以行政规章或行政解释的形式存在,例外地也会表现在行政授权立法中,如估价准则、折旧年限表、费用扣除标准等。司法机关类型化的案例虽不多见,但在德国早期帝国财务法院的判例中曾经出现,认为任何一个税法争讼不仅对于直接的当事人,而且对于无数的第三人也具有意义。〔19〕

根据类型化的作用,还可以将其分为实质的类型化和形式的类型化。实质的类型化所进行的推定和拟制不允许提出反证推翻,而形式的类型化则容许提出反证予以推翻。德国帝国财务法院及早期的联邦财务法院主张实质类型化,但自1957年以后即开始采纳形式类型化观点。在我国立法中,绝大部分表述为"推定""视为"的类型化做法都不允许提出反证推翻,如《增值税暂行条例》《消费税暂行条例》所规定的"视同销售行为"等,因而都属于实质类型化之列,即法律拟制。

税法类型化所涉及的法律问题非常多,例如,类型化究竟是事实判断的方法,还是法律解释的方法,或者二者兼而有之;又如,类型化的法律依据究竟是实用性原则,还是课税平等原则,或者体现对私人领域的尊重;还如,立法机关类型化的权力界限如何划定,行政机关的类型化如何同税收法定主义协调,司法机关是否有权进行类型化处理;再如,实质的类型化如何保证个别案件的正义,而形式的类型化如何缓和纳税人举证不能的不利后果;等等。我们认为,税法类型化主要是出于税收稽征的便宜,对量能课税原则构成一种技术限制。

一般而言,从税收公平的角度出发,量能课税不仅要从理论上考虑到税种之间税负能力的差别,更应该尽可能准确地衡量纳税人之间各种纳税事实的差异,并作出不同的处理。但从技术上看,无论是立法机关、行政机关还是司法机关,要做到这一点实际上是不可能的。因此,税法上对税负能力只能从一般可能性的角度进行评估,无法做到对每个细节的客观真实性百分之百地准确把握。所以,在现实生活中,量能课税的贯彻受到了技术方面的限制。税法类型化就是其中一个例子。

如前所述,税法类型化并不追求具体个案的公平,它为了税法的可操作性,将生活中

〔19〕 陈清秀:《税法之基本原理》,三民书局1994年版,第288页。

的典型事实拟制或推定为纳税人所经历的真实事实。尽管不排除二者可能存在契合之处,但在绝大多数情况下,税法的类型化与真实的纳税事实之间还是存在差距的。这就可能导致对纳税能力不同的人做了相同处理,而对纳税能力相同的人却做了不同的处理。有学者认为,在此一般的平等乃优先于个别的平等,此种类型化并未抵触平等原则。只有当法律规定实际上使相关纳税人比其他人产生更大负担,致使其陷入更不利的竞争状态时,才抵触了平等原则。[20] 尽管如此,类型化与量能课税在理论上是互相冲突的,而其现实生活中的大量存在又足以说明量能课税在税法实践中受到限制。

正因为税法类型化与量能课税的冲突,所以不同主体的类型化应该受到不同程度的限制。立法机关所进行的类型化固然不违反税收法定主义,但这种形式上的合法并不足以提供其正当性的全部基础。因此,为调和理想和现实的冲突,首先,立法者应当加强对税法实践的总结,使类型化概念更具有典型性和代表性,以减轻法律拟制与真实事实之间的差距。其次,应尽可能采用形式的类型化,而非实质的类型化,使纳税人有机会以反证推翻法律的假定。再次,法律还应提供一种个案衡平机制,使因类型化受到严重损失的纳税人获得一个救济的机会。最后,还应当通过违宪审查机制,审查类型化措施的目的与手段之间是否合乎比例。如果纯粹属于立法的恣意,则应当撤销或宣告无效。至于行政机关的类型化,更多地应受税收法定主义的限制,其适用范围不能超出法律规定之外。

3. 量能课税与税法政策衡量

量能课税的政策限制是一个历史的过程。在早期,税收的功能比较单一,财政收入几乎成为课税的唯一目的。税收的分配只需要考虑不同纳税人的不同税收负担能力,不需要考虑其他额外的政策因素。但随着社会的发展,税收开始越来越多地用于解决各种经济、社会和文化问题。税种的开征或停征、纳税人及课税范围的选定、税率的高低、减免税的幅度等,成为完成上述目的的有力武器。例如,税法对外国投资所提供的各种优惠即是出于经济政策的衡量,目的是通过刺激投资带动经济的发展;又如,税法对残疾人、下岗失业人员所提供的各种优惠即是出于社会政策的衡量,目的是保护弱者,提高他们的竞争能力和生活质量;再如,税法对学校、文化馆、博物馆、图书馆等所提供的各种优惠即是出于文化政策的衡量,目的是促进各种文化事业的发展,提高全民族的文化素质。就连平常我们总是习惯性地与量能课税联系在一起的累进税率,其实也不是量能课税的本来含义,而是一种地地道道的社会政策衡量。

由于政策性因素已经深入税法的各个角落,量能课税的基本要求随时都在遭遇挑战。从宪法的角度而言,既然已经放弃消极的自由国家角色,并以社会福利国家取而代之,就必须赋予国家达到目的的各种工具。例如,我国宪法要求,国家应当发展经济,促进社会公平,提高全民文化素质。如果税收可以达到上述目的,自然没有必要弃之不用。因此,从法律上说,基于政策考虑而破坏量能课税原则并不一定为宪法所不容,前提是其需通过税收法定主义和比例原则的审查。

除了减免税等税收优惠外,税法的政策措施还包括各种形式的加重负担。无论是其

---

〔20〕 陈清秀:《税法总论》(第二版),翰芦图书出版有限公司 2001 年版,第 35、36 页。

中的哪一种,都必须通过对税收构成要件的调整才能实现。按照税收法定主义的要求,这种权限属于税收立法权,必须保留在立法机关。即便进行授权立法,也只能在有限的范围内进行。

税收法定主义解决的是税收特别措施的形式合法性问题,但仅到此为止仍嫌不够。对于立法机关量能课税之外的权限,还应该对其目的和手段根据比例原则进行审查,包括必要性审查、适当性审查和衡平性审查。只有通过这三个方面的审查,税收特别措施才能称得上实质合法。

## 第三节　税 收 之 债

### 一、税收债务关系理论

关于税收法律关系的性质,理论与实务界的认识都发生了明显变化。这其中,以德国税法为代表。在第一次世界大战之前,以奥托·梅耶(Otto Mayer)为代表的德国传统行政法一直主张,税收法律关系是依靠财政权力而产生的关系,国家或地方公共团体享有优越于人民的权力,而人民则必须服从此种权力。税收法律关系是以行政行为为中心所构成的权力服从关系,其性质与其他行政法并无不同。然而,1919年《帝国税收通则》第81条明确规定:"税收债务在法律规定的课税要件充分时成立。为确保税收债务而须确定税额的情形不得阻碍该税收债务的成立。"该规定区分税收的成立与税收的确定,并且第一次使用"债"的概念概括税收,这为税法的发展提供了一种全新的思路。该通则制定后,学者们以此为契机,就税收债务关系的理论体系展开了深入论证,并最终促使税法从传统的行政法中独立出来。其中最有代表性的是阿尔伯特·海扎尔(Albert Hensel),也有译为阿尔伯特·亨塞尔)于1924出版的《税法》一书,它明确主张税收法律关系在性质上属于一种公法的债权债务关系,认为税收债务的成立不以行政权介入为必要条件。

随着阿尔伯特·海扎尔这部著作的问世,传统行政法学派和主张税法独立的学者之间,就税收法律关系的性质展开了一场针锋相对的大论战。例如,1926年3月30日,在明斯特召开的德国法学家大会上,海扎尔代表债权债务关系说,布勒(Bühler)代表权力关系说,双方以"税法对私法概念构造的影响"为题,就有关的税法基本问题进行了观点对立的报告。经过这次讨论,税收债权债务关系说逐渐深入人心,从而为税法从行政法中独立出来创造了条件。正因如此,当人们追溯现代税法学的起源时,也总是将这次德国法学家大会作为一个明显的标志。

税收债务关系说的提出,打破了传统行政法学界对税法"权力关系说"的认识垄断。不过在制度实践上,我们也能看到,债务关系说虽然否认整个税收法律关系的权力属性,但是在税收程序法领域,权力服从关系还是明显存在的。例如,在1926年的德国法学家大会上，布勒的报告完全以税收程序法为依据，而海扎尔的报告则基本上以税收实体法为依据，其结论都未必能够支持对整个税收法律关系的诠释。Bühler 最后自己也说，并不可因其肯定权力关系，即谓其否定债务关系。而海扎尔也的确承认在税收程序法领域的权力关系，他只是反对将局部结论推广到整个税法领域。[21]

同样，在深受德国税法影响的日本税法学界，对税收法律关系的认识是分层次的，不同的认识层次可能会有不同的结论，但这并不意味着学者们的观点截然对立。如金子宏向来被认为是二元论的代表，即主张将税收实体法和税收程序法分别按其性质归入债权债务关系和权力服从关系。不过，从金子宏的原文来看，这个结论的形成是有前提的："当用法技术观点来看实定税法时，则可发现很难把税的法律关系一元性地归为权力关系和债务关系，因在税的法律关系中包括各种法律关系。即不得不承认有些关系是债务关系，有些关系是权力关系。例如，更正、决定和滞纳处分等的关系从法技术上来看显然是权力关系的结构。因此，将税的法律关系一元性地给以定性的观点是不适当的。而把税的关系作为性质不同的诸法律关系的群体来理解，可以说是对税的法律关系的正确认识。"[22] 这个前提就是"从法律技术观点来观察实定税法"。

结合德国、日本的税法学说与实践，关于税收法律关系的性质是一元论的债务关系说还是二元论的债务关系和权力关系并存说，我们认为，可以从以下三个层次加以论述：

第一，税收实体法和程序法的分立是现代税法的基本结构，实体法在税法中具有独立的意义，不是依附于程序法的附庸。就此而言，税收实体法律关系的发生、变更和消灭完全以法律规定为依据，行政行为对此只具有确认的意义，不具有创造性的法律效果。因此，税收实体法律关系是一种公法上的债权债务关系，其与权力服从关系没有直接的联系。而税收程序法则更多地受到公法上的权力服从关系所支配，税务机关相对纳税人的法律地位较为优越，而纳税人对税务机关的行政行为首先必须服从，然后才能根据法律进行救济。

第二，在现实生活中，由于税务机关掌握行政自力执法权，而司法机关又未必能够全面妥善地进行救济，因此，虽然纳税人只须依法纳税，税务机关依法征税，但事实上，税务机关在执法过程中还是拥有较大的自由空间。广泛存在的税收授权立法和税务机关超出解释权限变相立法等，使税务机关对纳税人始终占据优势地位。因此，原本应该独立于税收程序法的实体法律关系，仍然处处受到行政权力的掣肘。从这个意义上说，税收法律关系事实上表现出权力服从关系的特征。

第三，从原理上看，为了推进税法学与传统行政法学的诀别，税法的研究必须以实体法为核心。为了规范行政权力，落实税收法定主义，必须清楚地认识到，税收程序只是实现税收债权的法律保障，其不能越俎代庖成为税法的中心。因此，应该以税收债务关系为基础，将程序权力置于实体法的制约之下。

---

〔21〕［日］村井正：《现代租税法之课题》，陈清秀译，中国台湾地区"财政部"财税人员训练所 1989 年版，第 80、84 页。

〔22〕［日］金子宏：《日本税法》，战宪斌、郑林根等译，法律出版社 2004 年版，第 21 页。

税收债务关系说的提出和普及,对于税法的理论、实践都具有显著影响。它可以使税法摆脱对行政法的依附,将其重心转移到税收实体法律关系上来,使税收程序法的功能仅限于服务于税收债权的实现;可以帮助税法学厘清与税收政策学的关系,为税法学研究提供理想的分析工具,使债权债务成为税收实体法的核心范畴。从税收之债的构成要件,到税收之债的发生、变更、消灭;从税收主债务,到税收责任债务、连带债务、附带债务;从税收权利能力到税收行为能力,税收实体法的解构方式完全转移到传统的法学思维上来。即便对于税收程序法而言,也完全可以用税收之债的实现加以统括。

与此同时,税收债务关系说的确立为税收法律实践提供新的路径。可以看出,去掉税务机关在征税时拥有的特权后,税收之债与私法之债在形式上无异。在理论上,税收之债的发生、变更和消灭遵循法定的要件,不以税务机关的行政行为为转移。因此,税务机关的特权仅仅是实现税收债权的一种方式,对债权本身原则上不产生任何影响。基于这种思考,税法既可以通过赋予税务机关行政特权的方式实现税收债权,也可以通过其他私法的途径达到目的,如我国《税收征收管理法》所规定的税收代位权和撤销权就属于此种类型。另外,既然税收是一种债权,就应当遵循债法共同的规则,如允许税收与其他金钱给付义务抵消,税收长期不行使即可能因时效届满而消灭,等等。此外,国家除作为税收债权人外,也可能成为债务人。例如,按照我国法律的规定,当纳税人生产的产品出口时,国家有义务退还一定比例的增值税和消费税。

更为直接显性的影响则是,税收债务关系说可以解决中国税法的体系化问题,构筑与其他法学分支自由交流的宽阔平台。至少在实体法上,税收债务关系可以成为贯穿始终的逻辑主线。当符合法定的构成要件时,税收债权债务关系自动发生。税收之债的构成要件包括征税主体、纳税主体、代扣代缴主体、征税对象、征税对象的归属、征税标准等。当符合法定的构成要件时,税收债务关系也可能发生变更。税法上对减税条件的规定即属于此种类型。税收债务关系还会因为法定构成要件的满足而消灭。税法对免税、清偿、抵消的规定即为实现这一目的。这样,用税收债务关系的发生、变更和消灭就可以解释税收实体法,其脉络十分清楚明晰。除此之外,对于有关责任债务、连带债务、附带债务的规定,也可以从相关法律关系的角度进行理解。至于税收责任法、税收征收法、税收处罚法和税收救济法等,则可以视为税收债法的外围领域,是实现税收之债的法律手段。因而,教材接下来将就税收之债的发生、变更及消灭加以介绍。

## 二、税收之债的发生

### (一)税收之债的发生概述

税收之债的发生是指税收之债关系在当事人之间的成立。关于税收之债成立的时间,在理论上存在两种学说,分别是税收核定说和构成要件实现说。

税收核定说源于奥托·梅耶的税收权力关系说,该说主张税收债务必须经由行政行为才能发生,税收构成要件的满足并不成立税收债务,只能成为行政机关行使课税权的根据。如果没有行政机关核定税收的行为,即便税收构成要件已经满足,税收债务也不会发生。[23] 构成要件实现说源自阿尔伯特·海扎尔的税收债务关系说,其主张税收债务的发生以构成要件的满足为条件,而构成要件的内容又是由法律直接设定的。因此,税务机关的行政行为对税收债务的发生没有任何意义,它最多只在程序上起到确认作用。

税收核定说将税收构成要件的满足和税收行政核定相结合,增加了税收债务发生的限制性条件,从形式上来看可能对纳税人有利。在税收债务的发生时间上,纳税人在税收构成要件满足后,至少可以享受税务机关采取行政措施之前的时差利益。不过,这种做法也会带来另一方面的问题。如果以税收核定为标准,税收债务的成立时间势必因税务机关的工作差异而难以统一。即便税收要件同时满足,只要税务核定的时间不同,税收债务发生的时间必然不同。如果税收核定行为在法律救济途中被变更或暂时撤销,确定税收债务的成立时间也会出现困难。

构成要件实现说将税收债务的成立独立于核定税收的行政行为,使行政行为对税收债务的发生仅具有宣示的作用,这对提升纳税人的主体地位和约束行政机关以权谋私,无疑是大有帮助的。据此,纳税人只需要根据法律判断自己是否发生纳税义务,而行政机关的税收核定行为也只有在构成要件满足时才具有合法性。税法通过对各种具体生活事实的抽象,将可能发生税收的关联条件以法律标准的形式表达出来,也就成为税收的构成要件。当纳税人真实发生的具体生活事实符合税法的抽象条件时,即意味着税收构成要件的实现和税收债务的发生。

### (二)税收之债的构成要件

#### 1. 税收债务人

税收债务人是指税法规定的负有纳税义务的单位和个人。由于税收债务法所要解决的核心问题之一是对谁征税或由谁来承担税收债务的问题,没有税收债务人则没有征税对象,因此,税收债务人是税收要素中的首要因素。

不同的税种,规定的税收债务人并不相同,也往往存在重复、交叉现象。同一主体可能要承担多个税种的纳税义务,如企业除了要缴纳企业所得税外,还可能是增值税、消费税、营业税等税种的纳税人。

在税法上,与税收债务人概念相关的是代扣代缴义务人和代征代缴义务人,这两个概念平常很少受到人们的关注。代扣代缴义务人一般是向纳税人支付款项的单位,如个人所得税法中发放工资薪金的学校、支付股息红利的公司等。代征代缴义务人一般是向纳税人收取款项的单位,如消费税中受托加工消费品的加工单位。这两类主体虽然不是名义上的纳税人,但当纳税人的纳税义务发生时,其代扣、代征的义务实际上也随之发生。因此,税法在设定代扣代缴和代征代缴义务时,也应该注意对两类主体的权利保护。另外,代扣代缴或者代征代缴也只能由法律加以规定,不能由税务行政机关任意设定。

还要注意的是,税收债务人是一个法律上的概念,是形式上的税收关系的义务主体。至于税收实际上的负担人,如最终承担消费税的消费者,在税收债法上并没有实际意义,

---

〔23〕 陈清秀:《税法总论》(第二版),翰芦图书出版公司2001年版,第312页。

不是税收法律关系的主体。

2. 征税对象

征税对象用以表明立法者对什么对象征税,通常人们也用课税对象、征税客体等进行表达。税收客体是重要的税收要素之一。如果没有税收客体,就不知道对什么征税,也就无从征税。

在现实生活中,由于税法规范对象的复杂性和纳税人避税活动的影响,如何确定税收客体的归属并不是一件十分简单的事情。例如,在房产税中,与房屋发生联系的有房屋所有权人、承租人、承典人、实际管理人等,到底谁应该缴纳房屋税就是一个需要解决的问题。在一般情况下,由于税收客体与所有权人联系最为密切,因此税法总是倾向于将其归属于法律上的所有人。只有当该所有人不适合作为归属对象时,才可能考虑其他主体。例如,对于上述房产税问题,我国《房产税暂行条例》第2条规定,房产税的纳税主体是在我国境内拥有房屋产权的单位和个人。产权属于全民所有的,以经营管理者为纳税人;产权出典的,以承典人为纳税人;产权所有人、承典人不在房产所在地,或产权未确定的,或者租典纠纷未解决的,以房屋代管人或使用人为纳税人。

但是,征税对象的确定也不是随意的,必须根据税收法定主义的要求,充分考虑经济、政治和社会因素,符合民主法治国家的一般价值判断标准,才能决定是否对某一对象进行征税、免税。在税法领域,征税对象的确定要符合以下两条原则:一是公平原则,即征税对象的确定要充分把握税收债务人经济上的承担能力从而公平税负;二是财政政策和行政效率原则,即征税对象的确定要能充分保证国家财政收入的稳定和充足以及征收成本的高低。

3. 税基

税基,又称课税基础、计税依据、课税标准,在税法上,税基既可以指将税收客体转化成数量的"法律规定",也可以指这些法律规定的内容,还可以指根据法律规定计算出来的数量结果。[24] 这三个定义虽然表达方式不同,但相互之间的联系非常紧密。在不同的场合,税基可以用不同的定义加以表达。例如,当人们讨论税款的征收是否具有法律依据时,税基指的是关于税收客体如何量化的法律规定;当人们讨论税收构成要件是否实现时,税基指的是法律规定中关于税收事实的内容;当人们具体计算税款时,税基指的是征税对象量化的结果。目前我国税法关于税基的规定有:所得税法上涉及收入确认、费用扣除的规定;增值税法上有关销售额如何确定的规定;土地增值税法有关不动产交易增值额如何计算的规定;等等。税基乘以所适用的税率得出的结果就是应纳税额。没有税基,就无法计算应纳税额,因此,税基也是税收的要素之一。

4. 税率

税率是税基与税额之间的函数关系,税基乘以税率后可以计算出应纳税额的具体数值。可供选择的税率形式不止一种,既有固定税率,又有比例税率;既有单一税率,又有复合税率;既有差别税率,又有累进税率和累退税率,每一种税率各有其优缺点,可以分别对

---

〔24〕 黄茂荣:《税法总论》(第一册),植根法学丛书编辑室2002年版,第282、283页。

应于不同的税收客体,以及国家不同的政策导向。

固定税率一般不用百分比的形式加以表述,而是直接针对特定单位的税收客体征收固定的税额。如针对出厂环节的汽油每升征收1.52元消费税;针对大城市的土地每平方米每年征收1.5元至30元的城镇土地使用税;针对排气量1.0升(含)以下的乘用车,每辆每年征收60元至360元的车船税;等等,都属于我国税法所采用的固定税率。固定税率一般适合以体积、面积、容积、数量等加以量化的征税客体,其特点是简单明了,计税方便。不过这类客体在税法中所占比重一般不大,因此固定税率采用的频率没有其他税率形式高。

与固定税率相对应的是比例税率,它一般针对税收客体的价值采用百分比的方式征收。比例税率比较适合当前货币社会的经济形势,也能使国家的税收与物价波动幅度保持一致,因此很容易成为各国的主体税率。比例税率又可以分为多种形式,每一种形式都具有特定的功能。如果采用单一比例税率,则意味着整部税法只采用一个百分比。由于这种税率不利于根据不同情况采取不同对策,因此被采用的机会实际上非常之少。我国目前的车辆购置税采用的是单一比例税率。复合比例税率允许针对不同的纳税人和税收客体的不同类型采用不同的百分比,可以满足国家经济政策和社会政策方面的需要,因此在现行税法中是一种更为常见的税率形式。

累进税率是指税率随着税基而升高的税率结构。我国现行税法中存在两种累进税率的形式:个人所得税中针对综合所得所采取的超额累进税率和土地增值税中的超率累进税率。

由于税率关系到税额的计算,影响应纳税额的大小,因此,其与纳税人的切身利益息息相关。鉴于此,有关税率的种类、税率的高低、优惠税率的适用、累进税率的级距及累进幅度等,在税法中都应有明确的规定,并应受税收法定主义的严格管制。在我国目前的税收实践中,地方政府随意降低税率、恶意进行税收竞争的现象非常普遍。这虽然没有对直接的纳税人造成损失,但从长远来看,它造成了纳税人之间的歧视待遇,而且使国家正常的税收秩序陷入混乱,因此非常有必要加以制止。针对国务院掌握税收立法权的事实,税收法定主义虽然无法不折不扣地推行,但起码应该做到税率的决定权掌握在国务院,地方政府只能在授权的范围内加以调整。

## 三、税收之债的变更

税收之债的变更,是指税收之债要素发生的变化,即税收之债的主体、客体和内容发生的变化。

### (一)税收债权人的变更

如果将抽象的国家作为税收债权人,已经确定的税收债权人不大可能变更。然而,如果将现实享受税款的各级政府作为税收的债权人,由于政府间财政收支关系的调整,税收债权人即便已经确定,事后也可能发生变更。如果再将税收征收机关考虑进来,税收债权人变更对纳税人的影响就更加凸显。据我们观察,这三种现象在税收实践中都可能存在,只不过有的表现得较为明显,有的较为隐蔽而已。

根据税收债权人变更的原因来分,包括以下两类:

1. 基于法律行为的变更

以法律行为变更税收债权人只能是税收请求权的让与或出租。我国清朝政府为了向外国借款,也曾经以若干年的关税收入作为担保。如果发生偿款不能,关税的债权人就可能因此发生变更。在民国中期,国民党政府还曾经对屠宰税采取包税的办法,先由承包人向税务机关承包税额,然后再由承包人向纳税人征收。这些做法不仅有悖法理,而且弊端丛生,早已被历史所唾弃。按照现代法治国家的观点,公法法律关系的主体必须有法律依据时才允许变更。税收请求权的让与及出质,不符合税收债务关系的目的,如果没有法律的特别授权,应当予以禁止。因此,税收债权人既不能将难以征收的税收,以让与第三人的方式变价,更不能将税收请求权作为国际交往的代价或筹码。

2. 基于法律规定的变更

由于税法的公法属性,税收债权人虽然可能基于行为而变更,但必须经过法律的特别授权,因此出现的机会非常少。现实生活中偶尔能见的,主要是基于法律规定而发生税收债权人变更的情形。如政府间税收收益权的调整,就属于这种现象。当然,这里所谓的税收债权人,不是指抽象的国家,而是以具体的政府作为代表。其范围既包括中央政府,也包括地方政府。

政府间税收收益权的调整一般是因政府间财政收支划分法的内容变动而引起。例如,1994 年,我国推行分税制改革,国务院发布了《关于实行分税制财政管理体制的决定》,将原先许多属于地方政府的财政收入,收归中央所有。2002 年,国务院又实施所得税收入分享改革,将原按企业隶属关系划分中央和地方所得税的办法,改为中央与地方按统一的比例分享。毫无疑问,这两次改革都涉及政府间税收利益的调整,因此必然发生税收债权人的变更。

当地方政府之间的行政区划发生变化时,税收债权人也可能因此发生变更。如果在行政区划调整之前,纳税人的税收债务已经发生,但还未到履行期限,行政区划调整后,该纳税人已经不属于本地管辖,那么,其最直接的结果是,原先归属本地的税收现在只能由外地政府收取。外地政府即由此取代本地政府成为新的税收债权人。

### (二)税收债务人的变更

由于税收债务人法律特征的复杂性,相对于税收债权人的变更,税收债务人变更的可能性更大一些。例如,自然人的死亡,企业的合并、分立,纳税人与第三人签订债务承担协议等,这些都会导致税收债务人的变更。税收债务人的变更既可能基于法律行为,也可能基于法律的直接规定,其中尤以后者更为常见。

1. 基于法律行为的变更

从债的清偿角度来看,既然税收是一种金钱债务,由债务人履行债务或由第三人履行债务,对税收债权人来说并没有区别。不过,税收这种金钱债务具有公法属性,税收债务人负担的是一种公法上的义务。由于债务承担契约必须以税务机关为一方主体,如果原债务人可以免除税收债务,并脱离税收债务关系,对税务机关来说,这就是一种处分债权的行为。基于税收法定主义的要求,如果没有法律的规定,税务机关不得处分税收债权,公民也不得通过约定丧失税收债务人的地位。因此,在法律没有明文规定时,不允许设定免责的税收债务的承担。[25] 而第三人加入税收债务关系,可以使税收请求权的安全保障得到加强,同时又不与税收法定主义相悖,因此,并存的债务承担在税法上具有一定的适用空间。

在税收实务中,经常可以看到一种与债务承担相类似的情形。例如,房屋买卖契约中约定由卖方缴纳契税,房屋出租协议中约定由承租人缴纳房产税,等等。这实际上只是一种代为履行债务的私法协议,与税收债务承担有很大的区别。该协议不以变更税收债务人为目的,因此无须通知税收债权人,对税务机关没有约束力。税务机关也不能以代缴税款协议为依据,请求第三人履行。不过,代缴税款协议虽然在税法上没有效力,但在私法上,如果第三人不依约缴纳税收,税收债务人不仅可以要求第三人赔偿税款的本金,对由此发生的滞纳金、罚款等也应该有权要求赔偿。另外,如果第三人依据协议向税务机关缴纳税款,税务机关尽管不受协议的约束,但也没有必要予以拒绝。第三人缴纳税款后,税收债务人的法定缴纳义务即可以相应地消灭。

2. 基于法律规定的变更

在我国的税收实践中,税收债务人发生变更主要有以下几种情形:

(1)纳税人死亡。税收债务的可继承性与民法上的债务没有区别。不过,毕竟公私有别,如果法律没有对此予以规定,就容易产生理解上的不一致。按照德国和日本的立法例,被继承人生前没有偿还的税收债务,应当由继承人继承。[26] 我国《继承法》第33条规定:"继承遗产应当清偿被继承人依法应当缴纳的税款和债务,缴纳税款和清偿债务以他的遗产实际价值为限。超过遗产实际价值部分,继承人自愿偿还的不在此限。继承人放弃继承的,对被继承人依法应当缴纳的税款和债务可以不负偿还责任。"这说明,在纳税人死亡时,继承人虽然可以继承纳税人的全部财产,但同时也必须承担全部税款和债务。不过,我国继承法普遍采纳限制继承原则,如果继承人所继承的财产不足以清偿全部税款和债务,则只需以所继承财产为限承担责任。

继承法虽然肯定了税收债务的继承,但这并没有解决所有的问题。从税法的角度来看,哪些税收债务可以被继承,被继承人的税收权利如何处理,继承人的纳税期限从何时起算,多数继承人之间的税收如何分配,继承人内部关系如何处理,这些都是税收继承无法回避的问题。我们认为,税收继承的范围包括纳税人生前所欠的税收以及滞纳金、利息,同时也包括罚款、罚金等给付义务。这主要是因为,滞纳金和利息相当于纳税人占用税款的代价,所以应当从纳税人的遗产中扣除。罚款和罚金的目的在于惩戒违法行为,当实施违法行为的纳税人死亡后,税务机关不能继续对其进行处罚。但原先已经作出的罚款或罚金决定,在纳税人所遗留的财产范围内,还是应当予以执行。

---

〔25〕 陈敏:《租税债务关系之变更》,载《政大法学评论》第30期。
〔26〕 参见日本《国税通则法》第5条、德国《税收通则》第45条。

在继承税收债务的同时,继承人还应继承纳税人在税法上的各项权利,如税收减免权、退税权、保密权、申请救济权等,除非某些权利专属于被继承人所有。另外,当税收债务人因纳税人死亡而发生变更后,还应当给予继承人合理的缴税期限,否则,如果税款已经超期,继承人将每天承受滞纳金的重压。至于税收债务如何在继承人之间分配,则不妨根据财产分配比例进行,多得财产的人多承担税收,少得财产的人少承担税收,放弃继承的人则不承担税收。为了保证税收得以清偿,还可以考虑在继承人之间设置连带责任,使税务机关不必向每一个继承人求偿,从而降低稽征的成本。

(2)纳税人的合并与分立。除了自然人之外,其他纳税人都可能存在合并与分立的情形。在2001年《税收征收管理法》修订以前,我国缺乏纳税人合并、分立后欠税如何承担的规定,导致实践中税务机关工作十分被动。

《合同法》第90条规定:"当事人订立合同后合并的,由合并后的法人或者其他组织行使合同权利,履行合同义务。当事人订立合同后分立的,除债权人和债务人另有约定的以外,由分立的法人或者其他组织对合同的权利和义务享有连带债权,承担连带债务。"但这毕竟只能适用于合同债务关系,对税收债务关系只具有参考意义,没有直接的法律效力。2001年《税收征收管理法》修改后,其第48条规定:"纳税人有合并、分立情形的,应当向税务机关报告,并依法缴清税款。纳税人合并时未缴清税款的,应当由合并后的纳税人继续履行未履行的纳税义务;纳税人分立时未缴清税款的,分立后的纳税人对未履行的纳税义务应当承担连带责任。"至此,税收债务的承继问题才得到基本的解决。由于合并后的纳税人必须概括承担合并前的税收债务,而分立后的纳税人也必须对分立前的税收承担连带清偿责任,因此,税收债务人必然由此发生变更。

### (三)税收债务内容的变更

税收债务内容的变更,主要是有关税收构成要件的要素发生变动,主要包括以下几类:

1. 税收债务数额的变更

在税法中,税收债务数额的变更主要是税收减免,如2015年修订的《税收征收管理法》第33条规定:"纳税人依照法律、行政法规的规定办理减税、免税。地方各级人民政府、各级人民政府主管部门、单位和个人违反法律、行政法规规定,擅自作出的减税、免税决定无效,税务机关不得执行,并向上级税务机关报告。"

2. 清偿期的变更

税收债务的清偿期是决定纳税是否延迟的重要标准,它大多在各个具体税法中加以规定。受税收法定主义的限制,税收债务的清偿期不得随意变更,税务机关只能严格按照法律规定的期限进行征收。只有在一定的原因出现时,税务机关才能基于法律的规定将清偿期予以提前或延后,已在强制执行中的税收债务,也可以停止执行。由于税收清偿期的变动,税收债务的内容也就随之发生变动。

(1)提前清偿。一般情况下,税务机关无权要求纳税人提前清偿税收,但出于保全税收的目的,税法也可能例外地予以准许。例如,《税收征收管理法》第38条规定,税务机关有根据认为从事生产、经营的纳税人有逃避纳税义务行为的,可以在规定的纳税期之前,责令限期缴纳应纳税款。第 44 条也规定,欠缴税款的纳税人或者其法定代表人需要出境的,应当在出境前向税务机关结清应纳税款、滞纳金或者提供担保。未结清税款、滞纳金,又不提供担保的,税务机关可以通知出境管理机关阻止其出境。

除了法定的提前征收事由之外,税务机关一般不得在清偿期之前征收税收,纳税人也享有无须在清偿期之前缴纳税收的期限利益。不过,如果纳税人愿意抛弃这种利益,主动申请提前清偿税款,这对国家税收债权并无不利之处。因此,如果没有特殊合理的理由,税务机关不应予以拒绝。另外,既然在延期清偿时纳税人都须支付占用税款的损失,在提前清偿的情况下,除非纳税人主动申请,否则,是否也应该考虑从税款中减除从提前征收日至期限届满日的利息?即便在纳税人有违法情节时不予考虑,在纳税人死亡、解散、破产等无过错的情形中也应该有所体现。

(2)延期清偿。税收债务的延期清偿一般出现在纳税人因为资财限制无力按时缴纳税款的情形。正常情况下,税法都会要求纳税人按照法定的清偿期履行纳税义务。如果超过法定期限,税收征收机关则适用滞纳金等法律手段督促其履行。然而,如果纳税人确实有困难,无法在法定期限内完纳税款,那么,再严厉的督促手段也无法达到目的。况且,就人道的角度而言,只要不是纳税人有意拖延,税法也应该对纳税人的困难有所考虑。如果不考虑纳税人的实际情况而强行征收,则只能使纳税人更加陷入困境,这对国家培育税源也是十分不利的。因此,各国在税法上往往都设置了税收延期清偿的规定。例如,我国《税收征收管理法》第 31 条规定,纳税人、扣缴义务人必须按照法律、行政法规规定的期限缴纳税款。纳税人因有特殊困难,不能按期缴纳税款的,经省、自治区、直辖市国家税务局、地方税务局批准,可以延期缴纳税款,但是最长不得超过 3 个月。

除了这种与纳税人经济困难有关的延期纳税外,我国税法中还有一种关于延期申报的规定。例如《税收征收管理法》第 27 条规定,纳税人、扣缴义务人不能按期办理纳税申报或者报送代扣代缴、代收代缴税款报告表的,经税务机关核准,可以延期申报。经核准延期办理前款规定的申报、报送事项的,应当在纳税期内按照上期实际缴纳的税额或者税务机关核定的税额预缴税款,并在核准的延期内办理税款结算。在这种情况下,纳税人并非缺乏缴纳税款的能力,只是由于特殊原因的出现,致使其不能按时申报,因此必然影响税款的缴纳。为了照顾双方的利益,税法一方面要求预缴税款;另一方面同意给予延期申报的机会。这样,纳税人的税收清偿期事实上即被延后。不过,由于有纳税人预缴税款作为担保,这种延期不必经过上级税务机关的批准。

### 四、税收之债的消灭

和私法上的债务一样,税收债务也存在一条发生、变更和消灭的逻辑主线。税收之债是法定之债,其消灭的原因必须具有法律的明确规定。税收债务的消灭包括履行、抵消、免除和消灭时效等几种情形。

#### (一)税收之债的履行

大多数情况下,纳税人都会按照税法的要求如期缴纳税款,因此,履行是消灭税收债务的主要途径。不过,由于履行的方式方法并不统一,其对税收债务的影响也难以一致,因此,还必须区分各种不同的情况分别加以探讨。

一般情况下,税收债务应当由纳税人自己履行,但在税法中,纳税人之外的第三人履行税收债务也不在少数。如果纳税人没有行为能力,税收债务就只能由其法定代理人代为履行。如果第三人与纳税人有利害关系,他也可能代替纳税人履行,从而取得代位求偿权。另外,在并存的债务承担或者债务履行承担的情况下,也都会存在第三人清偿税收债务的可能。二者区别在于,在并存的债务承担中,第三人本身也成为纳税人,税务机关可以直接向第三人求偿;而在债务履行承担中,纳税人与第三人的约定对税务机关不生效力。不过,当第三人代纳税人履行债务时,税务机关不能拒绝。在法律效力上,无论是纳税人本人履行,还是第三人履行,税收债务都会归于消灭。

除此之外,在连带责任中,税收债务成为多数人之债,因此其履行主体可能不止一个。连带债务既可能发生在纳税人相互之间,也有可能发生在纳税人与第三人之间。前者如我国《税收征收管理法》第48条所规定的企业分立的情况,后者如第三人提供连带责任担保的情况。无论哪种类型,税务机关都可以就全部债权选择求偿的对象。任何主体对税收债务的清偿,都将导致其他人的给付义务归于消灭。在补充责任的情况下,尽管第三人也需要对税收债务承担赔缴责任,但这属于"第二次纳税义务",〔27〕纳税人承担的责任才是第一位的。税务机关只能在对纳税人采取强制措施后,就剩余的款项向第三人求偿。因此,第三人享有检索抗辩权。不过,如果其履行补充责任,纳税人的税收债务同样会因此而消灭。

### (二)税收之债的免除

债务免除是指债权人对债务的事后解除。债务免除后,债权不复存在,债务人不再承担任何给付义务。税收债务免除的范围并不是整齐划一的,税法上所谓的免税属于全部免除,而减税或减征则属于部分免除。在民法上,由于更侧重于债务数量的变化,部分免除一般归入债务变更的范畴。然而,就被免除的这部分债务而言,其已经不复存在,因此,将其归入债务消灭的范畴也合乎逻辑。

税收债务的免除可以分为法定免除和酌定免除两种类型,二者适用的条件也各不一样。在法定免除的情况下,法律或行政法规已经直接规定减免税的条件,税务机关只能严格执行,没有裁量适用的空间。例如,2017年修订的《增值税暂行条例》第15条规定,农业生产者销售的自产农业产品;避孕药品和用具;古旧图书;直接用于科学研究、科学试验和教学的进口仪器、设备;外国政府、国际组织无偿援助的进口物资和设备;由残疾人组织直接进口供残疾人专用的物品;销售的自己使用过的物品,免征增值税。

在税收债务酌定免除的情况下,税务机关对是否减免税拥有一定的自由裁量权。酌定免除又可以分为依职权免除和依申请免除两种类型。依职权免除以发生特定情事为前提,不需要纳税人的申请。申请免除则必须以纳税人的申请作为前提,如果纳税人不申

---

〔27〕[日]金子宏:《日本税法》,战宪斌、郑林根等译,法律出版社2004年版,第116页。

请,税务机关不能主动减免税收。

税收债务免除的原因多种多样,一般可以分为照顾性和鼓励性两类。照顾性的情况是,由于特定情事的出现或特定状态的存在,纳税人无力缴纳税款,或者虽然可以勉强缴纳税款,但缴纳税款之后将可能陷入困境。例如,纳税人为鳏寡孤独或残疾者,纳税人遭受重大自然灾害,纳税人因为疾病而丧失劳动能力,等等。在这种情况下,税收债务应当得以免除。除了照顾性的免税外,目前我国税法大量采纳鼓励性的免税措施。例如,针对出口企业、高新技术企业、外商投资企业等所制定的税收优惠政策,大都是通过减免税而实现的。

### (三)税收之债的抵销

抵销是民事债务消灭的途径之一。我国《合同法》第99条规定:"当事人互负到期债务,该债务的标的物种类、品质相同的,任何一方可以将自己的债务与对方的债务抵销,但依照法律规定或者按照合同性质不得抵销的除外。当事人主张抵销的,应当通知对方。通知自到达对方时生效。抵销不得附条件或者附期限。"第100条又规定:"当事人互负债务,标的物种类、品质不相同的,经双方协商一致,也可以抵销。"这说明,抵销在民法上有较为广阔的应用空间。税收债务虽然属于公法之债,但在特定的情况下,如果满足特定的条件,也应该能够适用抵销,以实现税收之债的消灭。

例如,《企业所得税法》第54条规定,企业所得税分月或者分季预缴。企业应当自年度终了之日起5个月内,向税务机关报送年度企业所得税纳税申报表,并汇算清缴,结清应缴应退税款。此处的汇算清缴,就存在用预缴税款抵销应缴税款的现象。此外,在增值税的征收中,如果出现退货情形,纳税人可以抵扣退货当期的销项税额。出口退税管理中也存在"免、抵、退"等不同的情形,其中的"抵",其实就是以出口退税抵销纳税人应当缴纳的其他税款。[28] 这些都是税收债务抵销的形式。

从理论上说,抵销权的主体既包括税收债权人,也包括拥有反对债权的纳税人。就税收抵销而言,税务机关和纳税人都应该成为抵销权的主体。但是,在我国税收立法中,对税务机关的抵销权规定较多,而对纳税人的抵销权规定较少。在当前抵销权范围不清的情况下,这也是可以理解的。但是,如果税收债权和反对债权都已严格限定,那么,法律就应该赋予双方平等的抵销权。抵销权的好处在于,纳税人可以及时回笼资金,增加生产、消费方面的投入,消除税务机关长期占用资金的隐患;税务机关则可以省去退税成本,提高税收行为的效率。因此,二者应当受到平等的对待。

### (四)税收之债罹于消灭时效

消灭时效是指一定期间不行使权利,而使其请求权归于消灭的法律制度。在税法领

---

〔28〕 实行免、抵、退税办法的"免"税,是指对生产企业出口的自产货物,免征本企业生产销售环节增值税;"抵"税,是指生产企业出口自产货物所耗用的原材料、零部件、燃料、动力等所含应予退还的进项税额,抵顶内销货物的应纳税额;"退"税,是指生产企业出口的自产货物在当月内应抵顶的进项税额大于应纳税额时,对未抵顶完的部分予以退税(财税〔2002〕7号)。

域同样有必要采用消灭时效的制度,目的是促使税收债权人及时行使税收债权,使税收债务人及时从这种债务关系中解脱出来。

我国《税收征收管理法》第52条规定,因税务机关的责任,致使纳税人、扣缴义务人未缴或者少缴税款的,税务机关在3年内可以要求纳税人、扣缴义务人补缴税款,但是不得加收滞纳金。因纳税人、扣缴义务人计算错误等失误,未缴或者少缴税款的,税务机关在3年内可以追征税款、滞纳金;有特殊情况的,追征期可以延长到5年。对偷税、抗税、骗税的,税务机关追征其未缴或者少缴的税款、滞纳金或者所骗取的税款,不受前款规定期限的限制。从这一条的规定来看,尽管没有明确规定消灭时效,但可以看出,其中的"三年""五年"的期限,表示税收债权人行使权利的期限,超过这个期限,则不再享有税收债权,其功能与消灭时效是一致的。

## 第四节　纳税人的权利保护

纳税人的权利可以从不同的层面进行探讨,有些是纳税人在税法领域所独有的,有些则是纳税人作为公民而普遍享有的,还有些则只能从国际法的角度进行探讨。近年来,有关纳税人权利的理论诉求似乎存在泛化的一面。实际上,中国的法律并不缺乏有关纳税人权利的文字规定,难的是如何实现的问题。

### 一、有关纳税人权利的国际实践

在市场经济国家,纳税人权利普遍受到重视,如不少国家公布了纳税人权利宣言或制定了纳税人权利法案,对纳税人的权利作了比较详细的规定。纳税人权利宣言一般是由民间组织发起制定的,其内容虽然不具有法律效力,但可以真切地反映纳税人的权利诉求,也可以从侧面反映该国纳税人权利保护的进展情况。例如,日本的《纳税者权利宣言》就是在北野弘久的主持下,由社团法人"自由人权协会"于1986年2月发表的。该宣言全面接受纳税者基本权的理念,分七个方面阐述了纳税人的权利要求:(1)最低生活费等非课税的权利;(2)接受"正当程序"的权利;(3)对违法课税处分有接受救济的权利;(4)统制租税征收方式和用途等的权利;(5)工薪阶层纳税者平等的申报及扣除等权利;(6)纳税者的个人秘密不得受侵害的权利;(7)要求公开情报、参加财政过程的权利。[29]

在美国,税收几乎关系每个普通人的生活,保护纳税人的权利也得到各方面的重视。例如,美国政府于1988年专门制定了《纳税人权利法案》,经1994年和1996年两次修改,该法案逐步趋于完善、具体和明确,成为美国纳税人保护自身权利的重要法律依据。同

---

〔29〕［日］北野弘久:《纳税者基本权论》,陈刚等译,重庆大学出版社1996年版,第249~261页。

时，美国联邦税务机构——国内收入署也制定了很多规章制度，要求各级税务官员严格执行《纳税人权利法案》，为纳税人提供全面而周到的服务。美国纳税人的权利主要包括自然权利和抗辩权利，前者如信息权、隐私权和忠诚推定权，后者如权益保障权和数量抗辩权等。[30] 此外，加拿大、比利时、法国、澳大利亚、韩国、日本等也对纳税人的权利作出了比较详细的规定。[31]

近年来，一些国际组织也日益重视纳税人权利保护的问题。例如，经济合作与发展组织为成员国制定了《纳税人宣言》范本，规定了纳税人的基本权利：(1)信息权。纳税人有权要求税务机关提供有关税制及如何测算税额的最新信息，同时，税务机关有义务告知纳税人包括诉讼权在内的一切权利。(2)隐私权。纳税人有权要求税务机关不侵害其个人权利，纳税人有权拒绝税务机关无理搜查住宅及被要求提供与正常课税不相关的信息。(3)只缴纳法定税款的权利。纳税人有权考虑个人的具体情况和收入多少，并按税法规定只缴应纳税金，拒缴额外税金。(4)税收预测与筹划的权利。纳税人对自己的经营行为的课税结果有权进行预测和税收筹划。(5)诉讼权。纳税人对税务机关行政行为的合法性、适当性存在异议时，有权提起诉讼。

2000年9月，国际财政协会在德国慕尼黑召开第54届会议。会议专门召开了一个研讨会，讨论纳税人权利的法律保护问题，从而使保护纳税人权利第一次成为国际会议的议题。各国专家一致认为，随着世界经济的发展，跨国纳税现象越来越频繁，纳税人权利保护问题也日趋国际化。而与此同时，各国对纳税人权利保护的立法层次差别很大，有的用行政规章来规定，有的散见于税务管理的法律，有的则制定了专门的纳税人权利法。在这种情况下，确定一个统一的纳税人权利保护最低国际标准非常必要。在国内法上，专家们则认为，鉴于纳税人权利的内容日益复杂，纳税人权利的法律保护应当分层次进行。对个人隐私权保护、财产权保护、不受歧视的权利等规定最好在宪法层次上加以明确，而涉及纳税程序方面的权利，如信息保密权等，应该制定专门法规加以明确。会议还介绍了《公民权利和政治权利国际公约》中适用于纳税人权利保障的国际立法状况。据称，在其生效的二十多年里，已有12个税务案件的审理适用了公约的相关条款。[32]

根据我国《税收征收管理法》的规定，纳税人的权利达十几项之多，如知情权、保密权、申请减免税权、申请退税权、陈述申辩权、申请复议权、提起诉讼权、请求国家赔偿权、控告检举权、请求回避权、举报权、延期申报权、取得代扣代收手续费权、申请延期缴纳税款权、索取完税凭证权、索取收据或清单权、拒绝非法检查权、委托税务代理权等。如果再将税收保全、强制执行、行政处罚、行政复议、行政诉讼等程序中的程序权利予以分解，特别是将税务机关的每一项义务转换成纳税人的权利，纳税人权利的数量显然十分

---

〔30〕 王岩、靳东升、李秉瑞：《我国与美国纳税人权利的比较研究》，载《涉外税务》2000年第2期。

〔31〕 杨小强：《税法总论》，湖南人民出版社2002年版，第309页。

〔32〕 梅子：《制定国际公约保护纳税人权利》，载《中国税务报》2001年8月6日。

可观。[33] 从宪法的角度看,我国宪法在规定公民纳税义务的同时,也承诺对公民的财产权、平等权、生存权、选举权与被选举权、言论自由、结社权等提供广泛的保护。从国家职能的角度看,任何有关国家机关的职权设定可以理解为公民权的积极实现权能,而有关国家机关义务的规定也可以理解为公民权的消极防御权能。因此,即便在宪法上,纳税人所享有的权利也应该远远超过条文字面的规定。

不容否认,在一个民主和法治的社会中,纳税人的主体地位主要通过人民主权和宪法公民权加以体现。因此,在考察纳税人的权利体系时,不仅要关注纳税人在税法上的权利,更应关注宪法对纳税人权利的保护;不仅要关注宪法的条文,更要关注宪法的实践。这主要是因为,在目前的情况下,税法只能规范税收负担的分配问题,无法将财政收入和财政支出统一,对税款的使用缺乏有效的规范方式。虽然财政法在形式上可以做到这一点,但其对支出也是单独立法的。从纳税人的角度看,其对税收支出的干预最终只能求助于宪法公民权。因此,在纳税人的权利体系中,最根本的就是纳税人所享有的宪法权利,其次才是税法所规定的各种实体和程序权利。

### 二、纳税人的宪法性权利

在宪法上,纳税人的权利主要以公民权的形式存在,同时附加有关国家机关的义务性规定。我国宪法对公民权利的保护虽然与现实存在很大的反差,但就文义而言,除了财产权的内容存在一些不确定性以外,其余都给予了明确的肯定或承诺。下文所列的只是纳税人宪法权利的基本类型,并不代表穷尽的列举。只要将纳税人的权利延伸到税款的使用,延伸到对税款使用的监督和控制,那么,许多看起来与纳税人无关的宪法权利,其实都是实现纳税人权利的基本保障。

#### (一)纳税人的财产权

就纳税人而言,其最重要的宪法权利首先是财产权。虽然税收对纳税人而言是一种直接的财产牺牲,但从辩证的角度看,税收又必须以财产权的存在为前提。如果宪法不承认或者不保护纳税人的财产权,则会置纳税人于一无所有的境地,其最终后果必然是无税可征。有效的财产权必然反对课税过度、提倡平等课税、坚持税收法定主义,其存在对税收将构成有力的制约。从理论上说,纳税人让渡部分财产权也是以国家保证税款的使用合乎宪法目的为前提的。如果国家滥用财政权力,在税款的使用上随心所欲,或者无力监

---

〔33〕 2009年,国家税务总局发布《关于纳税人权利和义务的公告》,在现有法律法规基础上,将纳税人的权利和义务集中呈现。纳税人的权利包括:(1)知情权;(2)保密权;(3)税收监督权;(4)纳税申报方式选择权;(5)申请延期申报权;(6)申请延期缴纳税款权;(7)申请退还多缴税款权;(8)依法享受税收优惠权;(9)委托税务代理权;(10)陈述与申辩权;(11)对未出示税务检查证和税务检查通知书的拒绝检查权;(12)税收法律救济权;(13)依法要求听证的权利;(14)索取有关税收凭证的权利。
纳税人的义务包括:(1)依法进行税务登记的义务;(2)依法设置账簿、保管账簿和有关资料以及依法开具、使用、取得和保管发票的义务;(3)财务会计制度和会计核算软件备案的义务;(4)按照规定安装、使用税控装置的义务;(5)按时、如实申报的义务;(6)按时缴纳税款的义务;(7)代扣、代收税款的义务;(8)接受依法检查的义务;(9)及时提供信息的义务;(10)报告其他涉税信息的义务。

督贪污、腐败、挪用等财政违法现象,实际上就是对纳税人财产权的侵害。

（二）纳税人的平等权

除了财产权之外,纳税人另一项重要的宪法权利是平等权。在税收立法的阶段,平等要求根据每个纳税人税负能力的多少,或从国家享受服务的多少确定征税标准。前者为量能课税,后者为应益课税,它们在税法上有各自不同的适用范围。一般来说,在无法确定税收缴纳与政府服务之间存在对价关系的场合,应尽量追求量能课税,使税收负担能力大的人承担更多的税收,税收负担能力小的人承担较少的税收。在税收执法的阶段,平等要求税法无差别、无歧视地适用,不允许存在法律之上的特权。税务机关应当平等地对待每一个纳税人,既不能在法律之外随意加税,也不能在法律之外随意减免税。在其他法律领域,纳税人凭借公民的身份也享有各种平等参与和平等对待的权利,如纳税人平等地参与选举与被选举,平等地获得教育、就业、文化发展的机会,平等地获得社会保障等,国家应当保证纳税人不因性别、种族、宗教信仰、受教育程度等受到歧视待遇。

（三）纳税人的生存权

纳税人的生存权同样表现在两个方面。从税法的角度看,首先,在税收立法阶段,对涉及纳税人基本生存需要的财产或收益应当免予征税或者视情况从轻课税,对纳税人的个人基本生活开支以及家庭必要抚养开支等,应该从应税所得中予以扣除;其次,在税收执法阶段,如果纳税人确实无力缴纳税款,则应当视情况予以缓征、减征或者免征。在税收保全或者税收强制执行时,对纳税人维持基本生活所必需的财产也应当排除在外。在税法之外,纳税人生存权保障的内容显得更为丰富。例如,对因疾病、年老等原因而丧失劳动能力的纳税人,国家有义务提供必要的帮助。因自然灾害、失业而造成生活困难的纳税人,也有权向国家请求给予物质帮助。当然,处在不同发展阶段的国家,生存权的保障标准是不一致的,必须与该国经济、社会、文化发展水平保持一致。

如果将纳税人的宪法性权利予以归纳,可以得出一个非常基本的结论,即纳税人仅在税的征收和使用符合宪法规定的条件下,才需要承担纳税义务。按照日本学者北野弘久的观点,这就是纳税人的基本权利。[34] 其实,我国《宪法》第 56 条对公民纳税义务的规定,也可以从这个角度给予全新解释。首先,公民的纳税义务以国家进行合乎宪法的财政开支为前提。而保护公民基本权利,促进公民经济、政治、文化权利的增长,则是宪法永恒不变的主题。因此,纳税义务服务于公民权,离开公民权谈纳税义务不符合宪法精神。其次,在公民身上,税的收入和开支是天然的整体,不可分割。从形式上看,公民纳税是为了供养国家权力的运行,但国家权力存在的目的是有效维护公民权利,因此从根本上说,公民的纳税义务与公民的权利是统一的。再次,公民有权通过行使公民权监督税款的使用,保证税款的用途不至于偏离宪法的宗旨和精神。公民的选举和被选举权、检举权、批评建议权、申诉权等,都可以起到保障依法用税的作用。最后,如果税款的使用偏离了宪法保

---

〔34〕［日］北野弘久:《税法学原论》(第四版),陈刚、杨建广等译,中国检察出版社 2001 年版,第 57、58 页。

护公民权利的宗旨,公民可以通过行使公民权要求国家予以纠正,并追究相关人员的责任。

### 三、纳税人在税法上的权利

纳税人在税法权利虽然存在适用范围的限制,但其与纳税人的宪法权利并不是分割的。正如税法与宪法的关系一样,纳税人在税法上的权利只是其宪法权利的具体化,二者之间的联系十分紧密。在税收立法中,由于纳税人的权利可以分为不同的层次,每一种权利又由不同的子权利构成,因此,我们对纳税人权利的阐述只是一种简单的分类,并不代表穷尽列举。

#### (一)纳税人在税收征收中的权利

当税收征收程序启动的时候,纳税人的权利才开始显现其实效。首先,纳税人有要求依据法律纳税的权利,这是税收法定主义的必然要求。税收构成要件应当由立法机关通过法律加以规定,而不能委由行政机关各行其是。也只有在符合税收构成要件时,纳税人才发生纳税义务。在此之前,纳税人有权拒绝纳税。如果满足法定条件,纳税人还有权申请减免税或者退税。其次,为了保障纳税人正确行使权利,纳税人有权要求国家提供充分公开的税法信息。为此,税务机关有义务通过文字材料、电脑网络、口头咨询、电话值班等形式为纳税人免费提供服务。与此同时,税务机关应当对所获得的纳税人信息采取保密措施,以免侵犯纳税人的商业秘密和个人隐私。再次,纳税人有要求税务机关依法征税的权利。税务机关的每一项行政行为都必须有法律依据,不能超出法律授权的范围。不仅如此,税务机关还必须遵守法律规定的程序,如果程序不合法,同样会影响行政行为的效力。对税务机关及其工作人员的违法犯罪行为,纳税人有权向有关部门投诉、检举、控告。最后,对于超过法定征收期限的税款,纳税人有拒绝缴纳的权利。

#### (二)纳税人在税收处罚中的权利

即便违反税法的规定,需要接受税收处罚时,纳税人也享有一系列的权利。税收处罚分行政处罚和刑事处罚两种。税收行政处罚自始至终受到处罚法定主义的限制,因此,对违法设定的行政处罚和不合格主体作出的行政处罚,纳税人有权通过复议或者行政诉讼申请救济。在处罚过程中,纳税人有陈述、申辩的权利,对于符合条件的还有申请听证的权利。无论是简易程序还是一般程序,税务机关都必须遵循法律的规定,不得擅自增加或减少程序,否则其效力也会受到影响。对于行政处罚决定,纳税人在法定期限内还有权申请复议或提起行政诉讼。在税收刑事处罚中,罪刑法定主义是保护纳税人、防范国家权力滥用的重要原则,纳税人有权通过公开、公正的审判确定其罪行,对符合从轻、减轻条件的,纳税人也有权在量刑方面申请从轻、减轻处罚。从刑事侦查程序开始,纳税人就有权聘请律师为自己辩护,也有权自我辩护。对于在侦查、起诉阶段所遭受的非法待遇也有权向有关部门投诉控告。在审判过程中,纳税人还可以行使回避权、辩护权、质证权等。如果对于一审的结果不服,纳税人还可向上一级人民法院上诉。

### (三)纳税人在税收救济中的权利

税收救济是保障纳税人权利的重要措施,对税收争议请求救济本身也是纳税人的一项权利。在我国税法中,纳税人救济的途径包括行政复议和行政诉讼两种。对于税款征收方面的问题,纳税人必须足额缴纳税款或者提供相应担保,才能申请行政复议。如果对行政复议的结果不服,可以向法院提起行政诉讼。对于税收保全、强制执行措施、行政处罚等行政行为,纳税人可以不必经过行政复议程序,直接向法院起诉。在行政复议和行政诉讼过程中,纳税人作为当事人又分别享有相应的程序权利。例如,纳税人在申请税务行政复议时,对税务机关作出的具体行政行为所依据的行政规范性文件,有一并提出申请审查的权利。在行政复议中,纳税人有查阅证据、依据和其他有关材料的权利,有要求复议机关对其复议申请在规定限期内予以答复的权利。如果符合法律规定的条件,纳税人还可以要求税务机关停止执行行政行为。在行政诉讼的过程中,纳税人有通过律师查阅资料、调查、收集证据的权利,有向人民法院申请证据保全的权利,有要求法院审判人员回避的权利,也有进行陈述和辩论的权利。如果纳税人对于一审的判决或裁定不服,还可以向上一级法院上诉。

从以上纳税人权利体系的介绍中不难看出,我国纳税人所拥有的权利在数量上还是比较丰富的。如果这些权利能够在税法实践中得以实现,则纳税人的法律地位可以得到很大的提升。然而遗憾的是,就现有的权利体系而言,能够真正被落实的还是少数。因此,在税法学研究的过程中,我们不仅要关注纳税人权利的应然设计,更要关注其实然的状态;不仅要关注法律对纳税人权利的规定,更要关注法定权利在税法实践中的实现。

## 四、纳税人权利的实现机制

### (一)纳税人在税收征管中的权利实现机制

就纳税人在税收征收中的具体权利而言,其实现存在三个明显的障碍。

首先,法律虽然从正面规定了纳税人的权利,但没有规定纳税人权利受到侵害时应如何救济,这使权利的内容陷入空洞。例如,《税收征收管理法》第 8 条第 2 款规定:“纳税人、扣缴义务人有权要求税务机关为纳税人、扣缴义务人的情况保密。税务机关应当依法为纳税人、扣缴义务人的情况保密。”如果因税务机关或其工作人员泄密,给纳税人带来损失,税务机关是否应当承担民事赔偿责任,法律却没有作出规定。

其次,税法在赋予纳税人权利的同时,本身就设置了不合理的限制,给纳税人权利的实现增加了不必要的障碍。例如,《税收征收管理法》第 88 条第 1 款规定:“纳税人、扣缴义务人、纳税担保人同税务机关在纳税上发生争议时,必须先依照税务机关的纳税决定缴纳或者解缴税款及滞纳金或者提供相应的担保,然后可以依法申请行政复议;对行政复议决定不服的,可以依法向人民法院起诉。”如果纳税人有能力缴纳税款或者提供相应担保,其申请复议的权利还有行使的可能。如果纳税人缺乏经济能力,不能缴纳税款或者提供担保,即便整个征税行为是完全错误的,纳税人权利也没有任何途径可以得到救济。

最后,尽管法律明确规定了纳税人的权利,但现实生活中纳税人却未必能够承受争取权利的代价。由于权力系统内部的密切联系,单纯的检举控告不仅收不到效果,纳税人反而可能遭到打击报复。即使进入行政复议,由于复议机关与税务机关的同质性,其公正性也难以得到保证。主持行政诉讼的法院虽然在角色上超脱,但诉讼程序的冗长及司法人员的腐败仍然可能使纳税人叫苦不迭。即便纳税人的权利在某一个案件中得到实现,税务机关还可以在今后的征收管理中设置难题,使纳税人付出更大的成本。因此,在许多情况下,纳税人宁愿放弃权利主张,而选择与税务人员共同勾结,大肆瓜分国家的税收利益。

我们无须指责纳税人缺乏权利意识,纳税人的选择对他自己来说都是最为理性和经济的,需要反思的是促使纳税人权利意识淡薄的制度环境。促进立法的完善,消除法律规范的内在矛盾,这些固然是实现纳税人具体权利的必要途径,但从大的方面看,由于宪法实施的进程缓慢,权力还处在不受约束的阶段,中国至今仍然是一个权力本位的国家。纳税人在权力垄断的环境中求生存,采取明哲保身的态度是可以理解的。因此,即便是纳税人具体权利的实现,也离不开宪法性权利的保障。而要落实纳税人作为公民的宪法权利,除大力推进政治体制改革之外,别无他途。

### (二)纳税人在税收立法中的权利实现机制

纳税人不仅面对税收执法者享有权利,即便是面对税收立法者,纳税人的权利也是不容剥夺的。虽然我国宪法只规定纳税人有依据法律纳税的义务,但反过来也可以理解为纳税人纳税的依据只能是法律,推行税收法定主义便成为国家的义务。这里的法律当然应该是狭义的法律,即全国人大及其常委会制定的法律,不能包括国务院制定的行政法规,更不能包括国务院各部委制定的行政规章。如果立法机关放弃这种不可推卸的职责,任由行政机关创设纳税的依据,这对纳税人的政治权利其实是一种莫大的侵犯。《立法法》第8条形式上确认了税收事项的专属立法权,但在第9条又事实上否定了这种权利,允许全国人大及常委会将税收立法权授予国务院行使。而国务院又经常将这种权力转授予财政部或国家税务总局,造成税收行政机关"一边执行规则,一边制定规则"的不正常现象。纳税人的利益很多时候都是行政机关凭借手中的立法权予以剥夺的,因此,为保护纳税人的权利,必须旗帜鲜明地主张税收法定主义,限制行政机关的立法权。

### (三)纳税人宪法权利的实现机制

税收法定主义只能保证纳税人基于同意而合理分摊税收负担,并不能保证税款都能用于合理合法的开支项目。从纳税人基本权利的角度看,这是远远不够的。在宪法上,纳税人不仅对于税款的征收拥有同意权,其对税款的使用也应该享有同样的权利。这种权利也是通过公民的财产权、平等权、生存权、选举与被选举权、言论自由、结社权等体现出来的,因此,在现实生活中,如果公民的权利能够得到充分的实现,那么,纳税人对税款征收和使用的控制就能够得到强有力的保证。如果公民的权利只是停留在宪法的条文中,实际的行使受到诸多的限制,那么纳税人的权利不可能得到很好的实现。

我国目前经济发展加快,人们的物质生活水平有了很大的改善,但政权的合法性不能长久地寄托在经济的增长上。否则，一旦有一天经济发展停顿，人们很快就会失去对政府的信心，从而引发政治危机。因此，必须利用经济发展的大好形势大力推进政治体制改革。长远的改革方案可以在实践中不断摸索，但在现阶段，必须从落实宪法公民权入手，在全国上下营造一个良好的政治氛围，为将来的进一步改革奠定基础。只有真正落实公民权利，特别是公民的政治权利，纳税人的基本权利才有机会得以实现。

公民的选举权与被选举权、言论自由权和结社权是非常重要的三项权利。选举权与被选举权可以保证公民真正参与政治决策过程，参与对权力的监督和制约；言论自由权可以保障公民充分了解公共信息，同时也可以使权力在阳光之下运作，成为消除腐败最好的方剂；而结社权既是丰富公民生活乐趣的有效途径，更是公民壮大个体政治力量的最佳选择。上述权利都是我国宪法所明文规定的，无论是公民还是纳税人都有资格全力争取。如果不能在这些方面获得突破，奢谈纳税人的基本权利没有任何实质性意义。

当然，作为更具体的方案，我们只有期盼中国的宪法审查制度早日建立起来。从宪法关于全国人大常委会职权的规定来看，其对宪法的解释权应该包括对法律法规合法性的审查权。虽然法律难以包括在全国人大常委会审查的范围之内，但最起码行政法规、行政规章、地方性法规和规章等可以包含在内。哪怕是这么保守的一小步，对中国法治建设的影响也将是极其深远的。倘若真能实现，时下各种权力部门借规则制定权侵犯公民合法权利的现象就会大为减少，纳税人也可以通过申请合法性审查，监督税收收入和税款开支。[35]

由此可知，纳税人权利的实现绝不是简单地加强税收立法就可以解决的，它需要各个方面的全面协作。纳税人的权利意识也不能满足于简单的税收征收阶段，应当尽可能在税收立法阶段和财政支出阶段争取权利，而这一切又离不开宪法公民权的实现，离不开中国的政治体制改革。从长远来看，只有使权力置于权利的制约和监督之下，纳税人的权利才有可能真正实现。

## 第五节　中国税法的由来与发展

### 一、1949 年前中国税法概貌

在奴隶制的夏、商、周时期，我国税收的主要特点是贡赋不分，租税合一，以土地税为主，税收制度也极为简单，与此相适应，税收法制也处于低级阶段。

---

〔35〕 中共中央十八届三中全会提出，要健全法规、规章、规范性文件备案审查制度；十八届四中全会提出，加强备案审查制度和能力建设，把所有规范性文件纳入备案审查范围，依法撤销和纠正违宪违法的规范性文件，禁止地方制发带有立法性质的文件。2018 年《宪法》修改后，全国人大法律委员会更名为宪法与法律委员会，凸显了宪法实施的重要意义，为备案审查的职能强化奠定了制度基础。

战国时代,我国开始进入封建社会,税收制度也随之逐步完善起来,并用法律的形式将其固定下来。公元前361年,秦孝公继位后,任用商鞅先后两次实行变法图强,其内容大多涉及赋税制度的变革。秦朝颁布的《秦律》,是我国封建社会第一部成文法,其中一些内容涉及秦代的税收制度。

此后,我国税法制度历经汉、三国、魏晋南北朝、隋、唐、宋、元、明等各朝各代的发展。清朝鸦片战争后,中国开始沦为半殖民地半封建社会,关税的立法权、司法权开始丧失,盐税征收权也落入强权手中,税法建设方面无所建树。

北洋政府时期,借鉴西方国家的税制,颁布了一些新的单行税法。国民党政府时期,税收制度受到西方国家影响,各个时期的宪法对税法内容均有规定,除制定《财政收支系统法》外,还调整、修改和制定了一系列单行税收法规。

我国社会主义税收法律制度萌芽于土地革命时期,经过抗日战争、解放战争,并随着革命斗争的发展和苏维埃政权的建立以及根据地经济的恢复和发展,逐步建立和完善起来。土地革命时期,根据地的税制是在各苏维埃政权废除一切新旧军阀政府捐税的基础上形成的。抗日战争开始后,作为敌后抗日根据总后方的陕甘宁地区,制定了一系列税收条例,逐步建立了一套适合边区财政、经济和对敌斗争需要的税收制度。抗日战争胜利后,进入解放战争时期,各新老解放区进一步建立和健全了税收制度,为新中国税法的诞生做了充分准备。

## 二、1949~1979年中国税法概况

1949年,中华人民共和国成立,标志着我国政权性质和法律制度的根本转变,我国社会主义税收法律制度,是按照党和政府的路线、方针、政策,根据各个历史时期的政治经济形势与中心任务,以及各种税收本身特征而制定的。自中华人民共和国诞生至1979年,税收法律制度经历了建立、发展和不断完善的过程,可概括为以下几个阶段:

### (一)1950年全国税法的统一

新中国成立之初,为了适应全国政治上统一、经济上迅速恢复和发展的要求,政务院于1950年颁布了新中国成立后第一个统一的税收法规,即《全国税政实施要则》,这标志着全国统一的社会主义新税制的建立。该要则是一个综合性的税收法规,除规定征收农业税以外,还要求在全国还开征货物税、工商业税、盐税、关税、薪给报酬所得税、存款利息所得税、印花税、遗产税、交易税、屠宰税、房产税、地产税、特种消费行为税和车船使用牌照税14种税。其中,遗产税、薪给报酬所得税实际并未征收。

### (二)1953年修正税法

随着1952年恢复国民经济的任务基本完成,为配合进行社会主义改造,我国于1953年1月起实施修改后的工商税制。1952年12月31日,政务院发布了《关于税制若干修正及实行日期的通告》,同时公布了《商品流通税试行办法》等有关税收条例和规定,在“保证税收,简化手续”原则的指导下,对原来的工商税制作了若干修正,从1953年1月1

日起执行。修正的主要内容有:试行商品流通税;简化货物税;修订营业税;取消特种消费行为税;将交易税改为牲畜交易税等。

### (三)1958 年工商税制改革和全国农业税法的统一

1956 年生产资料私有制社会主义改造基本完成以后,社会主义经济结构变为基本单一的社会主义公有制经济。在"大跃进"的形势下,按照"基本上在原有税负基础上简化税制"的方针,我国于 1958 年 9 月对原工商税制进行了重大改革。主要内容有:将原来的商品流通税、货物税、营业税、印花税合并为工商统一税;简化纳税环节;简化纳税办法。这次税制改革使税种大大减少,税制也进一步简化。与此同时,1958 年 6 月 3 日全国人民代表大会常务委员会通过了《农业税条例》。该条例规定在全国统一按地区差别比例税率征收农业税,并贯彻了稳定负担、增产不增税的政策。

### (四)1973 年工商税制改革

这次工商税制改革在基本上保持原有税负的前提下,按照"合并税种、简化征收方法、改革不合理的工商税收制度"的原则,片面强调合并税种,简化税目、税率,破坏了课税要素的统一规范性,使税收的经济调节职能大大削弱。这次工商税制改革的依据是 1973 年 2 月国务院批准的《工商税条例(草案)》,其主要内容是:把工商统一税及其附加、城市房地产税、车船使用牌照税和屠宰税合并为工商税;简化税目和税率;改革税收征管制度。

## 三、1979 ~ 1993 年中国税法的变革

1978 年中共十一届三中全会以后,我国推行经济改革和对外开放政策,既有的税收法律制度已难以适应经济发展的要求,我国税法进入全面改革时期。这一阶段税收立法的基本思路是:适应调整各种经济分配关系的需要设置一些新税种;以利改税为中心理顺国家与国有企业的分配关系;适应对外开放的需要建立涉外税法体系;充分发挥地方征税积极性,将税收划分为中央税、中央和地方共享税、地方税,明确中央、地方税收管理权限。1979 ~ 1993 年,我国初步建立了包括流转税法、所得税法、财产税法、行为税法、税收征管法等相对完备的税法体系。税收立法的重点是国有企业的利改税、涉外税法方面的立法。

### (一)围绕国有企业利改税进行税收立法

利改税的第一步是开征国营企业所得税,将国有企业利润大部分改为所得税上缴国家。为此,1983 年 4 月,财政部发布了《关于对国营企业征收所得税的暂行规定》。1984 年的第二步利改税,从税利并存过渡到完全以税代利,把国家同企业的分配关系用税法的形式固定下来。1984 年 9 月 18 日,国务院正式颁布《国营企业所得税条例(草案)》和《国营企业调节税征收办法》。

### (二)工商税制全面改革

将综合性的工商税改为按产品、行业、各个生产环节的增值额不同,分别征收产品税、

营业税、增值税和盐税,并由国务院于1984年9月发布了上述4种税的暂行条例(草案)。同时对原煤、原油、天然气、金属矿产品和其他非金属矿产品开征资源税;对国内企业单位开征或恢复开征城市维护建设税、城镇土地使用税、房产税和车船使用税。

(三)涉外税收立法

涉外税收立法是我国改革开放初期税收立法的另一重点。(1)在涉外企业所得税方面,国务院于1980年颁布了《中外合资经营企业所得税法》,1981年公布了《外国企业所得税法》。为更好地解决涉外企业所得税法存在的问题,适应新的发展要求,1991年又将上述二法合并,颁布了《外商投资企业和外国企业所得税法》。(2)在涉外个人所得税立法方面,1980年颁布了《个人所得税法》,并于1993年进行了修订。(3)在关税立法方面,1980~1993年,相继制定和修订进出口关税法规,并颁布了新的关税条例和进出口关税条例。(4)在涉外税收优惠立法方面,国务院单独颁布了《关于经济特区和沿海十四个港口城市减征、免征企业所得税和工商统一税的暂行规定》《关于鼓励外商投资的规定》等一系列行政法规。

此外,根据经济情况的发展变化,对农业税多次作了较大范围的调整。与此同时,除了进行一系列税收实体法的法制建设以外,我国还逐步建立和发展税收程序法体系,加强了在税收征管和违反税法的法律责任等方面的税收立法工作。例如,1986年国务院发布了《税收征管暂行条例》,并在此基础上于1992年由七届全国人大通过了《税收征管法》以及《全国人大关于惩治偷税、抗税犯罪的补充规定》。

到1993年年底,我国依法开征的税收除上述税种外,还有集市交易税、牲畜交易税、印花税、集体企业所得税、私营企业所得税、城乡个体工商业户所得税、个人收入调节税、工商统一税、耕地占用税、契税、烧油特别税、建筑税、奖金税、工资调节税、屠宰税,此外还有"能源交通建设基金"和"教育附加费"。

经过上述税制的全面改革,我国完成了从基本单一的税制转换到多税种、多环节、多层次发挥作用的复税制;由原来以流转税为主体的税制转换到以流转税和所得税为主体,特定目的税相互配合的税法体系。但随着向市场经济转型改革的深入,原有的税收法律制度带有浓厚的计划经济色彩,已不适应新形势的需要,必须加以改革。因此,改革税收法律制度,使之适应市场经济建设的需要,便成为我国税收法制建设的重要任务。

## 四、1994年的税制改革

我国从1994年1月1日开始全面实施新税制。它是我国市场经济体制条件下税收法制建设的一个重要里程碑。这次税制改革,无论从其所涉及的范围还是变更的程度来说,都是前所未有的。新税法的实施,为加快建立我国市场经济体制打下了坚实的基础。

(一)1994年税法改革的指导思想和基本原则

1994年税法改革的主要目的在于提高中央的财政能力,规范中央和地方的财政关系,同时适应改革发展的需要,调整和规范各项税收的内容,促进市场主体的公平竞争。

因此，税制改革的指导思想是：统一税法、公平税负、简化税制、合理分权、理顺分配关系、规范分配方式、保障财政收入，建立符合市场经济要求的税制体系。

1994 年税法改革基本原则是：税法改革要有利于加强中央的宏观调控能力；税法改革要有利于发挥税收调节个人收入相差悬殊和地区间经济发展差距过大的作用，促进经济协调发展，共同富裕；体现公平税负，促进公平竞争；体现国家产业政策，促进经济结构的有效调整，促进国民经济整体效益的提高和持续发展；简化、规范税法。

### （二）1994 年税法改革的主要内容

除了分税制的内容外，这次税法改革全面改革了商品与服务税，规范了个人所得税，统一了内资企业所得税，并根据实际情况的需要，开征了一些新税种。改革的具体内容如下：

1. 商品与服务税法的改革

流转税改革的主要目标是按照公平、中性、透明、普遍的原则，形成有利于资源优化配置的税收分配机制，贯彻公平税负、鼓励竞争、促进专业合作化的精神，使总的税收负担基本维持原有水平。

改革后的商品与服务税由增值税、消费税、营业税、关税组成，统一适用于内资、涉外企业，取消对外商投资企业和外国企业征收的工商统一税。对商品的生产、批发、零售和进口普遍征收增值税，并选择部分消费品交叉征收消费税，对不实行增值税的劳务交易和第三产业征收营业税，对进口货物或物品征收关税。

2. 所得税法的改革

第一，企业所得税改革的目标是调整、规范国家与企业的分配关系，促进企业经营机制的转换，实现公平竞争。合并了原国营企业所得税、集体企业所得税、私营企业所得税，取消国营企业调节税，统一为内资企业所得税，并降低了企业所得税税率。第二，合并个人所得税、个人收入调节税和城乡个体工商业户所得税，建立统一的个人所得税法。

3. 其他税种法的改革

包括强化资源税，开征土地增值税；拟开征证券交易税、遗产税，将城市维护建设税改为城乡维护建设税；取消产品税、盐税、集市交易税、牲畜交易税、特别消费税、烧油特别税、资金税、工资调节税，拟取消对外商投资企业和外籍人员征收的城市房地产税和车船使用牌照税，统一开征房地产税和车船税，以及下放屠宰税、筵席税。〔36〕

4. 税收征管制度的改革

改革的目标是建立一个以税收征管法为依据，以计算机现代化手段为依托，征收、管理、检查相互制约，申报、服务、稽核相互配合，科学、严密、实效的税收征管模式。改革的具体内容有：普遍建立纳税申报制度；积极推行税务代理制度；加速推进税收征管计算机

---

〔36〕　根据国发〔1994〕第 007 号文件的规定，自 1994 年 1 月 1 日起，国务院下放屠宰税和筵席税的管理权。屠宰税和筵席税下放地方管理后，各省、自治区、直辖市政府可以根据本地区经济发展的实际情况，自行决定继续征收或者停止征收。继续征收的地区，省、自治区、直辖市人民政府可以根据《屠宰税暂行条例》和《筵席税暂行条例》的规定，制定具体征收办法，并报国务院备案。

化的进程;建立严格的税务稽核制度;适应分税制的需要,组织中央税收和地方税收两套税务机构;较为明确地划分各级政权机关的税收立法权和管理权。

### 五、2004~2012年的税法改革

2003年11月,中共十六届三中全会通过中共中央《关于完善社会主义市场经济体制若干问题的决定》,要求按照简税制、宽税基、低税率、严征管的原则,稳步推进税收改革。具体包括:改革出口退税制度;统一各类企业税收制度;增值税由生产型改为消费型,将设备投资纳入增值税抵扣范围;完善消费税,适当扩大税基;改进个人所得税,实行综合和分类相结合的个人所得税制;实施城镇建设税费改革,条件具备时对不动产开征统一规范的物业税,相应取消有关收费;在统一税政前提下,赋予地方适当的税政管理权;创造条件逐步实现城乡税制统一;完善农村税费改革试点的各项政策,取消农业特产税,加快推进县乡机构和农村义务教育体制等综合配套改革;在完成试点工作的基础上,逐步降低农业税率,切实减轻农民负担。

为了贯彻执政党决议的要求,我国从2004年之后稳步推进税法改革,在商品与服务税、所得税、财产税、农业税等方面,都作出了较大幅度的调整,事实上形成了新一轮的税收法制改革。

#### (一)商品与服务税方面

先是从2004年7月1日起,允许东北三省和大连市部分行业抵扣购进设备所含进项税金,到后来扩大到中部地区,再到从2009年1月1日起开始实施的新修订的《增值税暂行条例》,逐步实现了增值税从生产型向消费型的转变,恢复了税收的中性功能。从2012年开始,营业税改增值税进入试点阶段。从2006年4月1日起,消费税也有较大调整,新增高尔夫球及球具、高档手表、游艇、木制一次性筷子、实木地板等税目,调整了成品油的征税范围,取消了"护肤护发品"税目,同时对原有税目的税率进行有高有低的调整,以促进资源节约和环境保护。从2009年1月1日起,我国实施成品油价税费改革方案,取消公路养路费等收费,提高了成品油消费税单位税额。

#### (二)所得税方面

自2006年1月1日起,修订后的《个人所得税法》正式生效,个人工资薪金的费用扣除标准从每月800元提高到1600元,个人自行申报纳税人的范围扩大,同时要求推行全员扣缴申报制度,实行纳税人与扣缴义务人双向申报。2008年,《个人所得税法》再次修改,工资薪金的费用扣除标准提高到2000元。2011年的修改则不仅将该标准提高到3500元,而且将工资薪金原先的九级超额累进税率改为七级超额累进税率。总体而言,个人所得税的历次改革大多侧重于工资薪金扣除标准方面,其他领域的改革乏善可陈。

这一阶段企业所得税制的最标志性改革举措无疑是企业所得税两税合一改革。2007年3月16日,全国人大审议通过《企业所得税法》。自2008年1月1日起,内外资企业统一适用《企业所得税法》,基本实现统一法律适用、统一税率、统一收入确认和税前扣除标

准、统一税收优惠政策。

（三）财产税方面

自2007年1月1日起，我国将城镇土地使用税每平方米年税额在原规定基础上提高两倍，同时将外商投资企业和外国企业纳入城镇土地使用税的征税范围。从2007年1月1日起，《车船税暂行条例》生效，车船使用税和车船使用牌照税被废止，车船税内外有别的历史就此告别。2012年1月1日，《车船税暂行条例》被《车船税法》所取代，车船税成为我国第三个由全国人大立法设立的税种。自2009年1月1日起，《城市房地产税暂行条例》被废止，外商投资企业、外国企业和组织以及外籍个人依照《房产税暂行条例》缴纳房产税。2011年1月28日，上海、重庆两地政府相继发布暂行办法，决定即日起对两地个人所有非营利性住房开征房产税，由此启动地方房产税试点改革。

（四）农业税方面

新中国成立后，全国人大常委会于1958年通过《农业税条例》。据此，我国在广大农村地区征收农业税。从1983年开始，除农业税外，国务院还根据农业税条例的规定，决定开征农林特产农业税，1994年改为农业特产农业税；牧区省份则根据授权开征牧业税。2004年国务院作出承诺，在5年之内全国取消农业税。事实上，截至2005年年底，全国已经全部停征农业税。2005年12月29日，全国人大常委会决定废止《农业税条例》，并自2006年1月1日起开始生效。这样，包括农业特产税、牧业税在内的农业税，在法律上完全失去法律依据。[37]

## 六、2013年以来的税收深化改革

按照2013年中共中央十八届三中全会《关于全面深化改革若干重大问题的决定》以及2014年中共中央审议通过的《深化财税体制改革总体方案》的部署，至2020年我国将实现基本建立现代财政制度的总体目标。2017年党的十九大报告中再次提出加快建立现代财政制度，其中税收制度的深化改革是重要组成部分。从立法实践看，近几年来，我国明显加快了包括税收改革在内的财税体制与制度改革，突出体现在如下几个方面：

（一）总体安排

加快建立现代财政制度，要深化税收制度改革，完善地方税体系，逐步提高直接税比重。优化税制结构、完善税收功能、稳定宏观税负、推进依法治税，建立有利于科学发展、社会公平、市场统一的税收制度体系，充分发挥税收筹集财政收入、调节分配、促进结构优化的职能作用。

---

〔37〕　考虑到烟叶产区地方政府的财政收入，国务院于2006年4月28日制定了《烟叶税暂行条例》，用烟叶税替代原来的烟叶特产农业税。从具体内容来看，除了收入归属不同之外，烟叶税与消费税非常相似，可以定性为一种特别消费税，因此，将其归入商品与服务税更加合适。

总体来看，我国的税制改革，呈现出的趋势包括：一是落实税收法定原则。自十八届三中全会提出“落实税收法定原则”后，2015 年全国人大常委会法工委发布《贯彻落实税收法定原则的实施意见》，提出 2020 年全面落实税收法定原则的目标，并具体明确了各税种的立法工作计划与大致时间表。截至目前，已经通过环境保护税法、烟叶税法、船舶吨税法、车船税法、耕地占用税法、车辆购置税法，修改了企业所得税法和个人所得税法。二是完善地方税体系。营改增之后，地方失去了很多税收，加之因为房地产市场不景气导致土地出让金收入急剧下降，地方政府财力吃紧，债务风险凸显。合理稳步推进房地产税制，对地方税体系影响重大。三是绿色税制改革。环境保护和资源节约的基本国策，在税制上也逐步凸显，如《环境保护税法》出台，资源税的改革，消费税的扩围。四是提高直接税比重。税制结构偏重于间接税，不尽合理，改革并逐步提高直接税比重也是方向之一。五是实施减税政策。自 2015 年国务院常务会议提出扩大小微企业所得税减半征收范围后，减税逐渐成为政府工作的重点内容之一，用以减轻企业负担，促进经济结构转型升级，如 2019 年政府工作报告提出的“降低增值税税率，小微企业普惠性和结构性减税”举措。

#### （二）具体税种立法

2013 年以来的 5 年时间，可以说是我国税收立法的黄金期，几乎没有哪个国家在如此短暂的时间内出台或者升级如此规模数量的税收法律。其中改革重点集中于商品与服务税、个人所得税、环境与资源税法上，财产税的改革更多的是“税制平移”立法，在税制内容上变化不多。

1. 商品与服务税法

在增值税上，2016 年 5 月 1 日后，国务院决定对生活服务业、金融保险业、建筑业、房地产业四大行业推行营业税改征增值税改革，标志营改增基本完成，增值税全面取代营业税。2017 年 10 月，国务院废止了《营业税暂行条例》，并修订了《增值税暂行条例》，营业税成为历史。

在消费税上，2014 年 11 月至 2015 年 1 月，在国际油价不断下调以及国内油价连续十三次下降的形势下，财政部、国家税务总局分三次提高成品油的消费税单位税额，这一举措招致社会舆论的广泛批评，也反映消费税改革的立法民主程序议题。2015 年，消费税扩大范围至电池、涂料，更加凸显消费税的节能环保功能。

2. 所得税法

在个人所得税上，2018 年 8 月 31 日全国人大常委会审议通过《个人所得税法》（第七次修正）。修改的主要内容包括：完善居民个人和非居民个人规定；实行综合与分类相结合的征税方式，将工资、薪金所得，劳务报酬所得，稿酬所得，特许权使用费所得等 4 项劳动性所得纳入综合征税范围；优化调整税率结构；提高综合所得的基本减除费用标准，将综合所得的基本减除费用标准提高到 6 万元/年；设立专项附加扣除，设定了子女教育、继续教育、大病医疗、住房贷款利息或者住房租金、赡养老人等 6 项专项附加扣除；增加反避税条款。

3. 环境与资源税法

在资源税上，资源税改革从 2010 年在新疆开展试点，将原油和天然气资源税从既往的从量计征改为从价计征，这一改革后续扩展至西部地区。2014 年、2015 年，资源税从价计征改革又陆续扩展到煤炭、稀土、钨、钼等领域。2016 年 5 月 10 日，财政部和国家税务总局发布《关于全面推进资源税改革的通知》，决定自 7 月 1 日起全面推进资源税改革，全面推开从价计征方式。2016 年 7 月 1 日起，国务院在河北省推行水资源税改革试点，并于 2017 年 12 月 1 日，将其扩大至北京、天津、山西、内蒙古、山东、河南、四川、陕西、宁夏共 9 个省区市。

在环境保护税上，2016 年 12 月 25 日，全国人大常委会审议通过了《环境保护税法》，并于 2018 年 1 月 1 日正式生效施行，意味着环境保护费改税的正式启动。[38] 这是中央提出"落实税收法定原则"要求后，全国人大常委会审议通过的第一部单行税法。

（三）清理税收优惠

按中共中央三中全会决定的精神，清理税收优惠政策的总体目标是要按照统一税制、公平税负、促进公平竞争的原则，加强对税收优惠特别是区域税收优惠政策的规范管理。税收优惠政策统一由专门税收法律法规规定，清理规范税收优惠政策。据此，2014 年 11 月 27 日，国务院发布《关于清理规范税收等优惠政策的通知》，规定凡违背法律法规以及违反公平竞争的税收优惠政策一律从严清理，明确了税收优惠政策的统一立法权限问题。但鉴于这一政策对地方政府招商引资造成过度影响，以及触及对纳税人既有信赖利益的保护问题，2015 年 5 月，国务院又发布《关于税收等优惠政策相关事项的通知》，对清理优惠政策的执行做了重新解释。无论如何，清理地方税收优惠政策是未来税制改革和税收立法的重要一环。

（四）税收征管体制改革

国地税分离征管是 1994 年分税制改革的产物。2015 年 12 月 24 日，中共中央办公厅、国务院办公厅印发《深化国税、地税征管体制改革方案》，提出在国税、地税分离征管的体制与机构设置格局。按照这一改革方案，国税与地税体制与机构继续维持分离，在此基础上合理划分国税、地税征管职责，创新纳税服务机制，转变征收管理方式，深度参与国际合作，优化税务组织体系，构建税收共治格局。即所谓的"合作不合并"。然而这种分离模式不利于减少纳税人成本和负担，也不利于国家统一执法标准，共享税务信息。为此，在 2018 年十三届全国人大一次会议通过的"国务院机构改革方案"中，明确指出"改革国税地税征管体制。将省级和省级以下国税地税机构合并，具体承担所辖区域内的各项税收、非税收入征管等职责。国税地税机构合并后，实行以国家税务总局为主与省（区、市）人民政府双重领导管理体制"。2018 年 6 月 15 日上午，全国各省（自治区、直辖

---

〔38〕《环境保护税法》全文 5 章共 28 条，分别为总则、计税依据和应纳税额、税收减免、征收管理、附则。《环境保护税法》的总体思路是"费"改"税"，即按照"税负平移"原则，实现排污费制度向环保税制度的平稳转移。法案将"保护和改善环境，减少污染物排放，推进生态文明建设"写入立法宗旨，明确"直接向环境排放应税污染物的企业事业单位和其他生产经营者"为纳税人，确定大气污染物、水污染物、固体废物和噪声为应税污染物。该税种由税务机关负责征收，环保部门予以协助，在程序启动方面，纳税人主动申报仍是前提。

市)级以及计划单列市国税局、地税局合并且统一挂牌。2018 年 7 月 20 日,全国省市县乡四级新税务机构全部完成挂牌。至此,跨越 24 年的国地税分离征管模式被正式取消。

距离 2020 年落实税收法定原则的目标,剩余时间不多,任务相当艰巨,截至目前还有 10 个税种依然是以国务院条例或暂行条例形式规范的,如增值税、消费税、土地增值税、资源税、契税、印花税、房产税等。此外,在多个中央文件中出现的“房地产税”立法,也牵动着广大纳税人的神经。我国税制改革与税收立法,依然任重而道远。

# 第七章　商品与服务税法

## 第一节　商品与服务税法概述

### 一、商品与服务税的概念与特点

商品与服务税,一般以纳税人的商品和非商品的流转额为征税对象。商品流转额是指因销售或购进商品而发生的货币金额,既可以是销售收入额,也可以是购进商品支付金额。非商品流转额是指各种劳务收入或服务性业务收入金额,通常称营业额或营业收入。

商品和服务税是间接税,具有税源稳定、征收及时、征收便利、税负隐蔽的优点,在大多数发展中国家和少数发达国家中构成主体税种。

第一,商品与服务税的征税对象是商品或服务的流转额。只要存在商品生产流通,无论生产经营单位的成本、费用高低,无论是营利还是亏损,都能按照流转额的一定比例征收商品与服务税。因此,商品与服务税收入可以随着经济的自然增长而增长,是财政收入的稳定来源。不仅如此,商品与服务税的纳税期限比较短,一般最长不超过一个月,有的甚至只有一天。政府可以均匀地、源源不断地获取财政收入。

第二,商品与服务税简便易行。商品与服务税的税率一般为比例税率,计税依据为销售收入或营业收入,从价定率或从量定额计征,比对财产课税或所得课税计算简单,征收便利。同时,商品与服务税的纳税人较为固定,管理方便,征收成本较低。

第三,商品与服务税课税隐蔽。商品与服务税的纳税人不是商品与服务税的负税人,其税款通常包含在价款内,随同价款由商品或服务的最终消费者负担。

第四,商品与服务税可以从多方面对经济加以调节。例如,商品与服务税法对不同商品课征负担不同的商品与服务税,可以鼓励或抑制某种商品生产流通。商品与服务税法对商品课税,直接影响消费,可以调节消费与储蓄的比例。

### 二、商品与服务税的范围

1994 年税制改革后,我国商品与服务税形成了增值税、消费税、营业税及关税的税制体系。2013 年开始,我国推进营业税改征增值税试点改革,营业税逐步被增值税取代,这一改革于 2016 年 5 月 1 日完成。自此,我国商品与服务税主要包括增值税、消费税和关税这三大税种。增值税针对市场流通中的所有商品和劳务征税,以销售额为计税依据,同时允许扣除进项税额,所以体现为一种“增值”税。消费税选择部分商品而征收,与增值税形成相互补充关系,目的是调节消费行为。关税是对货物或者物品进出境所征收的一种税。虽然进出口主体可能是同一主体,称其征税对象为商品流转额并不完全准确,但是其课税主要对象也是货物或者物品,将其归入商品与服务税并无不当。此外,土地增值税作为对转让房地产的增值额征税的税种,虽然理论和实务界对其性质的探讨并不统一,但我们认为就征税对象而言,其与增值税并无实质性差异,可以纳入商品与服务税中。在增值税、消费税应纳税额上,附加有一种城市维护建设税〔1〕。在我国传统的税法学教材中,城市维护建设税也被归入商品与服务税。我们认为,城市维护建设税并非针对流通行为而征收,它仅是一种附加税,没有独立的征税对象,所以不宜归入商品与服务税。

## 三、商品与服务税法的沿革

### (一)1994 年前的商品与服务税法

商品与服务税法是随着商品交换的出现而产生的。我国古代虽未形成完整的商品与服务税法,但对商品课征商品与服务税的历史却延续了三千余年。周代"关市之征"和"山泽之赋"即是我国商品与服务税的萌芽。在我国漫长的封建社会中,商品与服务税的征税范围不断扩大,至国民党政府统治时期,商品与服务税已成为主体税种。

新中国成立之初,老解放区继续沿用各根据地时期的税收制度;新解放区则基本上暂时沿用国民党政府统治时期的税法征收货物税、营业税、交易税等商品与服务税。1950 年 1 月,政务院颁布《全国税收实施要则》,统一全国税政,规定开征的商品与服务税主要有货物税、工商营业税和关税,并随后按税种公布相应的税收条例。1951 年 5 月实施"暂行海关法"及《海关进出口税则》,统一了全国的关税制度。

1952 年 12 月 31 日,政务院财经委员会颁布《关于税制若干修正及实行日期的通告》,将对卷烟等 22 种产品征收的货物税、营业税、印花税、棉纱统销税、棉花交易税等简化合并为商品流通税,在工业批发环节按销售额一次征收。

1958 年 9 月,国务院公布试行《工商统一税条例(草案)》,将货物税、商品流通税、营业税、印花税简化合并为工商统一税,以工农业产品和服务性业务的流转额为征税对象,在商品的生产和零售两个环节征收。

1972 年 3 月,国务院批准国家税务总局拟定的《工商税条例(草案)》,将国营企业、集体企业缴纳的工商统一税、城市房地产税、车船使用牌照税、屠宰税简化合并为工商税,并将盐税作为一个税目列入工商税收征收范围。

---

〔1〕 城市维护建设税是对从事生产经营活动的单位和个人,以实际缴纳的增值税、营业税、消费税的税额为计税依据,按纳税人所在地适用的不同税率计算征收的一种税,其征税范围包括城市、县城、建制镇以及农村。外资企业目前暂不征收此税。城市维护建设税的适用税率,按纳税人所在地的行政区划来规定:(1)纳税人所在地在市区的(包括县级市的市区),税率为 7%;(2)纳税人所在地在县城、镇的,税率为 5%;(3)纳税人所在地不在市区、县城或镇的,税率为 1%。税法规定对纳税人缴纳的增值税、消费税、营业税减免时,相应减免城市维护建设税;海关对进口产品征收增值税、消费税,不征收城市维护建设税;出口产品按规定退还增值税、消费税时,不退还已征的城市维护建设税;对个别纳税确有困难的,可由省、自治区、直辖市酌情予以减免税照顾;对于因减免税而需要进行"三税"退库的,城市维护建设税也可同时退库。

1984 年,我国全面改革工商税。国务院根据全国人大授权,于 1984 年 9 月 18 日发布《产品税暂行条例(草案)》《增值税暂行条例(草案)》《营业税暂行条例(草案)》,对商品流转额和非商品营业额分别征收产品税、增值税、营业税。

1985 年 3 月,为了适应国家对外开放政策需要,国务院颁发了《进出口关税条例》,并修订了《海关进出口税则》。在 1987 年,全国人大常委会审议通过了《海关法》,从而废止了施行三十余年的"暂行海关法"。据此,1987 年 9 月,国务院重新修订了《进出口关税条例》。

### (二)1994 年后的商品与服务税法

1984 年全面工商税制改革,初步构建了我国商品与服务税法体系,确立了商品与服务税法在我国税制中的主体地位,但仍存在一些问题。主要表现在:税制比较复杂,税率档次过多,名义税率高,减免税失控,税基不断被侵蚀,产品税与增值税存在重复征税,内资、涉外企业商品与服务税法不统一。针对上述问题,1993 年 12 月 13 日国务院颁布《增值税暂行条例》《土地增值税暂行条例》《消费税暂行条例》《营业税暂行条例》,对商品与服务税法进行了重大改革。

1993 年 12 月 29 日,全国人大常委会通过《关于外商投资企业和外国企业适用增值税、消费市、营业税等税收暂行条例的决定》。自 1994 年 1 月 1 日起,外商投资企业和外国企业适用国务院发布的《增值税暂行条例》《消费税暂行条例》《营业税暂行条例》,《工商统一税条例(草案)》同时废止,从而统一了内资、涉外企业适用的商品与服务税法。

### (三)2004 年后的商品与服务税法

2003 年 11 月,中共十六届三中全会通过中共中央《关于完善社会主义市场经济体制若干问题的决定》,要求按照简税制、宽税基、低税率、严征管的原则,稳步推进税收改革。其中对商品与服务税的要求体现为,增值税由生产型改为消费型,将设备投资纳入增值税抵扣范围。完善消费税,适当扩大税基。

增值税改革方面,自 2004 年起,我国开始推行增值税转型改革,从东北三省和大连市试点,逐步扩大到中部地区、汶川地震受灾严重地区、内蒙古东部地区,从 2009 年 1 月 1 日起增值税转型改革全面推向全国。与此同时,2008 年 12 月,国务院修改《增值税暂行条例》,实现了增值税从生产型向消费型转变的立法确认。2011 年开始,增值税扩围即营业税改征增值税改革大幕开启,先在上海地区交通运输业和部分现代服务业启动这一改革试点,后续逐步扩大到北京等 8 个省、市开展交通运输业和部分现代服务业的营改增改革。2013 年 5 月 24 日,经国务院批准,交通运输业和部分现代服务业的营改增改革扩展到全国。

消费税改革方面,遵照十六届三中全会扩大税基的改革导向,2006 年消费税新增高尔夫球及球具、高档手表、游艇、木质一次性筷子、实木地板等税目,调整了成品油的征税范围,取消了"护肤护发品"税目。2009 年,我国实施成品油价税费改革方案,取消公路养路费等收费,提高了成品油消费税单位税额。

关税改革方面,入世以后,为与世贸组织规则接轨,全面履行入世承诺,国务院于2004年1月1日施行新修订的《进出口关税条例》,对关税税率设置、国别适用原则作了重新表述,依据估价协定对海关估价作了调整,并且进一步完善了关税征管体制。

(四)新时期商品与服务税立法与改革展望

2013年中共中央十八届三中全会提出“财政是国家治理的基础与重要支柱”重要论断,在这一背景下,新一轮税制改革扬帆起航。按照《关于全面深化改革若干重大问题的决定》以及《深化财税体制改革总体方案》的精神部署,要推进增值税改革,适当简化税率;调整消费税征收范围、环节、税率,把高耗能、高污染产品及部分高档消费品纳入征收范围。

近几年来,商品与服务税制改革开始加大力度与步伐。在交通运输业和部分现代服务业改征增值税的改革基础上,2013年开始,营业税改征增值税试点改革逐步扩展到铁路运输业、邮政业、电信业。2016年5月1日开始,建筑业、房地产业、金融业、生活服务业全部纳入营改增试点,营业税改征增值税试点改革正式完成。这是1994年以来,我国商品与服务税制一次重大全面的改革,影响深远。未来的增值税改革,将是在此基础上的修补,不断厘清营改增遗留下来的问题,建立更加科学、严谨、规范的增值税制度。同时,按照落实税收法定原则的时代导向,由全国人大常委会出台《增值税法》。

消费税扩围改革在不断推进。例如,2014年财政部、国家税务总局发布《关于调整消费税政策的通知》,取消气缸容量250毫升(不含)以下的小排量摩托车消费税、汽车轮胎税目、车用含铅汽油消费税、酒精消费税。2015年1月26日,财政部、国家税务总局颁布《关于对电池、涂料征收消费税的通知》,将电池、涂料纳入征税范围,进一步扩大消费税范围。2016年9月30日,财政部、国家税务总局发布《关于调整化妆品消费税政策的通知》以及《关于调整化妆品进口环节消费税的通知》,取消对普通美容、修饰类化妆品征收消费税,将“化妆品”税目名称更改为“高档化妆品”等。值得注意的是,消费税改革远远不止于扩大征税范围,调整征税环节,将消费税课税从生产环节向批发、销售环节转移正在探索之中,重新划分消费税收入在中央与地方间的分享也正在考量当中。沿着三中全会及深化财税体制改革总体方案的改革思路与路线,未来消费税的属性、功能及税制地位可能将发生重大的改变与调整,我们拭目以待。

## 第二节　增值税法

### 一、我国增值税改革历程

就计税原理而言,增值税是对商品或者服务在生产和流通中各环节的新增价值或附加值进行征税,所以称之为“增值税”。然而,在具体的计税方法上,由于新增价值或附加值在流通过程中难以准确计算,因此,增值税实际上采用间接计算办法,即发生应税销售行为的纳税人,根据货物销售额或者服务的营业额,按照规定的税率计算出税款,然后从中扣除上一道环节已纳的增值税款,其余额即为纳税人当期应缴纳的增值税税款。

增值税制度起源于法国。1954 年,法国将生产阶段的营业税改为增值税,首开增值税立法之先河。我国从 1979 年开始在部分城市试行增值税。1982 年,财政部制定了《增值税试行办法》,自 1983 年 1 月 1 日起在全国试行。1984 年 9 月,国务院颁布《增值税暂行条例(草案)》,自 1984 年 10 月 1 日起执行。至此,增值税被正式引入中国。1993 年 12 月 13 日,国务院颁布《增值税暂行条例》,按照普遍征收、中性、简化、多环节多次征收的原则对增值税进行改革。例如,将增值税的征税范围扩大到商品流通领域,将原征收产品税的工业品改征增值税,将原征收营业税的商品批发、零售改征增值税。又如,增值税原来与产品税并立,互不交叉。产品税取消之后,对商品生产和流通而言,增值税与消费税双层调节、互相补充。除此之外,增值税的税率由 12 档简并为 2 档,同时采用价外税模式,取消账簿法,实行凭发票注明税款的扣税法,奠定了我国增值税制的基本现状与格局。

2004 年开始至今,我国增值税经历两次重大的税制改革,第一次是增值税的转型改革,由生产型增值税向消费型增值税转型;第二次是增值税扩围改革即营业税改征增值税改革。2004 年 7 月 1 日起,辽宁、吉林、黑龙江等地,在装备制造业、石油化工业、冶金业、船舶制造业、汽车制造业和农产品加工业六个行业,启动增值税由生产型向消费型的转型试点,即允许企业购进的固定资产和生产设备中所含的进项税额在销项税额中予以抵扣。2007 年 7 月 1 日起,增值税转型被推广到中部六省 26 个老工业基地城市从事装备制造业、石油化工业、冶金业、汽车制造业、农产品加工业、电力业、采掘业、高新技术产业为主的增值税一般纳税人。2008 年,内蒙古东部地区和汶川地震受灾严重地区也被纳入试点范围。2009 年 1 月 1 日起,国务院在全国所有地区、所有行业推行增值税转型改革。改革的主要内容是:允许企业抵扣新购入设备所含的增值税,同时,取消进口设备免征增值税和外商投资企业采购国产设备增值税退税政策,将小规模纳税人的增值税征收率统一调低至 3%,将矿产品增值税税率恢复到 17%。2008 年 11 月 10 日,国务院修订《增值税暂行条例》,将消费型增值税上升为立法层面,增值税由生产型向消费型转变。这对于降低企业设备投资的税收负担,促进企业技术进步、产业结构调整和转变经济增长方式具有重大的推进意义。

在增值税转型改革完成以后,增值税扩围改革即“营改增”逐渐走入决策层与公众的视野。所谓“营改增”,就是从根本上改变现行对商品(附部分劳务)征收增值税、对劳务(附部分商品)征收营业税的格局,将营业税的征税范围逐步纳入增值税中,并最终取消营业税,实现对商品与劳务的税制统一。2012 年 1 月 1 日,经国务院批准,上海开始对交通运输业和部分现代服务业开展“营改增”试点,“营改增”正式拉开序幕。2012 年 8 月 1 日起,试点范围分批扩大至北京、江苏、安徽、福建(含厦门)、广东(含深圳)、天津、浙江(含宁波)、湖北;2013 年 8 月 1 日,交通运输业和部分现代服务业被纳入试点范围;2014 年 1 月 1 日,铁路运输和邮政业被纳入;2014 年 6 月 1 日,电信业被纳入;2016 年 5 月 1

日,中国全面推开营改增试点,将建筑业、房地产业、金融业、生活服务业全部纳入“营改增”试点。这是自1994年分税制改革以来,增值税制乃至于财税体制的一次重大变革,简化完善了商品税制,消除了重复征税,降低了企业税负成本,是结构性减税的重大举措,促进了第三产业及现代服务业的发展以及经济结构的转型调整,也完善了税收征管,保障了增值税抵扣链接的统一完整,改革试点意义重大,影响深远。

目前有效的增值税法规除了《增值税暂行条例》,还有上述“营改增”配套规则,主要是2016年3月24日财政部、国家税务总局发布的《营业税改征增值税试点实施办法》《营业税改征增值税试点有关事项的规定》《营业税改征增值税试点过渡政策的规定》《跨境应税行为适用增值税零税率和免税政策的规定》。“营改增”试点完成以后,营业税正式取消,所有商品与劳务统一征收增值税。2017年国务院废止了《营业税暂行条例》,并吸收“营改增”的成果对《增值税暂行条例》进行了修订,从立法上为“营改增”画上了一个阶段性句号。按照落实税收法定原则的要求,财政部和国家税务总局正在起草增值税法,待条件成熟时报送全国人大常委会审议。

## 二、增值税的纳税人

我国采用属地原则确定增值税的纳税义务人。根据《增值税暂行条例》的规定,凡在中国境内销售货物或者加工、修理修配劳务,销售服务、无形资产、不动产以及进口货物的单位和个人,为增值税的纳税义务人。凡销售货物的所在地或起运地、销售劳务的发生地、服务(租赁不动产除外)或者无形资产(自然资源使用权除外)的销售方或者购买方、销售或者租赁的不动产、销售自然资源使用权的自然资源以及进口货物的关境在中国境内的,中国政府都拥有税收管辖权。在上述区域内发生的应税销售行为及进口货物,无论是单位还是个人,无论是何种单位,无论企业是否在中国境内设立经营机构,无论是中国居民还是外国居民,都是增值税的纳税义务人。

作为增值税纳税人的个人,既包括自然人,也包括个体经营者。作为增值税纳税人的单位,包括国有企业、集体企业、私有企业、股份制企业、其他企业和行政单位、事业单位、军事单位、社会团体及其他单位。自1994年1月1日起,外商投资企业和外国企业凡从事货物销售或进口、提供应税劳务的,都不再缴纳工商统一税,改为统一缴纳增值税,成为增值税纳税义务人。需要注意的是,是否具备法人资格并不是成为增值税纳税人的前提。企业的分支机构虽然不具有法人资格,同样可以成为独立的纳税人。

进口货物以海关完税凭证上的收货人或办理报关手续的单位和个人为进口货物增值税的纳税义务人。单位以承包、承租、挂靠方式经营的,承包人、承租人、挂靠人(以下统称承包人)以发包人、出租人、被挂靠人(以下统称发包人)名义对外经营并由发包人承担相关法律责任的,以该发包人为纳税人,否则,以承包人为纳税人;期货交割时由期货交易所开具发票的,以期货交易所为期货交易增值税的纳税人;交割时由供货会员单位直接将发票开给购货会员单位的,以供货会员单位为纳税人;两个或者两个以上的纳税人,经财政部和国家税务总局批准,可以视为一个纳税人合并纳税。此外,境外的单位或者个人在境内销售劳务,在境内未设有经营机构的,以其境内代理人为扣缴义务人;在境内没有代理人的，以购买方为扣缴义务人。

我国增值税实行凭专用发票抵扣税款的制度，要求纳税人会计核算健全，并能够准确核算销项税额、进项税额和应纳税额。目前，我国众多纳税人的会计核算水平参差不齐，加上某些经营规模小的纳税人直接面向最终消费者发生应税销售行为，无须开具增值税专用发票，这给增值税的征收管理带来很大困难。为了严格增值税的征收管理，《增值税暂行条例》将纳税人按其经营规模大小及会计核算健全与否划分为一般纳税人和小规模纳税人。

### （一）小规模纳税人标准

小规模纳税人是指年应税销售额在规定标准以下，并且会计核算不健全，不能按规定报送有关税务资料的增值税纳税人。为完善增值税制度，进一步支持中小微企业发展，按照财政部、税务总局《关于统一增值税小规模纳税人标准的通知》规定，自 2018 年 5 月 1 日起，小规模纳税人标准为年应征增值税销售额 500 万元及以下。其中年应税销售额，是指纳税人在连续不超过 12 个月或四个季度的经营期内累计应征增值税销售额，包括纳税申报销售额、稽查查补销售额、纳税评估调整销售额。销售服务、无形资产或者不动产（以下简称应税行为）有扣除项目的纳税人，其应税行为年应税销售额按未扣除之前的销售额计算。纳税人偶然发生的销售无形资产、转让不动产的销售额，不计入应税行为年应税销售额。

### （二）一般纳税人标准

一般纳税人是指年应税销售额超过财政部、国家税务总局规定的小规模纳税人标准的企业和企业性单位。对于增值税一般纳税人的管理，自 2018 年 2 月 1 日起，由认定转为登记，企业应向其所在地主管税务机关办理一般纳税人登记。

纳税人兼有销售货物、提供加工修理修配劳务（以下简称应税货物及劳务）和应税行为的，应税货物及劳务销售额与应税行为销售额分别计算，分别适用增值税一般纳税人登记标准，其中有一项销售额超过规定标准，就应当按照规定办理增值税一般纳税人登记相关手续。

纳税人在年应税销售额超过规定标准的月份（或季度）的所属申报期结束后 15 日内按照《增值税一般纳税人登记管理办法》的有关规定办理相关手续；未按规定时限办理的，主管税务机关应当在规定时限结束后 5 日内制作《税务事项通知书》，告知纳税人应当在 5 日内向主管税务机关办理相关手续；逾期仍不办理的，次月起按销售额依照增值税税率计算应纳税额，不得抵扣进项税额，直至纳税人办理相关手续为止。

年应税销售额未超过规定标准的纳税人，会计核算健全，能够提供准确税务资料的，可以向主管税务机关办理一般纳税人登记。

### （三）一般纳税人转登记

纳税人一经登记为增值税一般纳税人，不得再转为小规模纳税人，国家税务总局另有规定的除外。为了配合小规模纳税人标准调整,财政部、税务总局《关于统一增值税小规模纳税人标准的通知》规定,已登记为增值税一般纳税人的单位和个人,在2018年12月31日前,可转登记为小规模纳税人,其未抵扣的进项税额作转出处理。根据国家税务总局公告2019年第4号,这一政策的实施期延长至2019年12月31日。

转登记的条件为:一是根据《增值税暂行条例》第13条和《增值税暂行条例实施细则》第28条的有关规定,登记为一般纳税人。二是转登记日前连续12个月(以1个月为1个纳税期,下同)或者连续4个季度(以1个季度为1个纳税期,下同)累计应征增值税销售额(以下简称应税销售额)未超过500万元;转登记日前经营期不满12个月或者4个季度的,按照月(季度)平均应税销售额估算上款规定的累计应税销售额。

## 三、增值税的征税范围

根据新修订《增值税暂行条例》的规定,增值税的征税范围包括在中国境内销售货物或者加工、修理修配劳务,销售服务、无形资产、不动产以及进口货物。货物是指有形动产,包括电力、热力、气体在内。加工是指受托加工货物,即委托方提供原料及主要材料,受托方按照委托方要求制造货物并收取加工费的业务。修理修配是指受托对损伤和丧失功能的货物进行修复,使其恢复原状和功能的业务。销售服务是指提供交通运输服务、邮政服务、电信服务、建筑服务、金融服务、现代服务、生活服务。销售无形资产是指转让无形资产所有权或者使用权的业务活动。销售不动产是指转让不动产所有权的业务活动。

自营改增完成之后,对增值税征税范围的探讨,重点聚焦于其中的一些特殊规定:

### (一)视同发生应税行为

单位或个体经营者的下列行为,视同发生应税行为:(1)将货物交付他人代销;(2)销售代销货物;(3)设有两个以上机构并实行统一核算的给税人,将货物从一个机构移送至其他机构用于销售,但相关机构设在同一县(市)的除外;(4)将自产或委托加工的货物用于非应税项目;(5)将自产、委托加工或购买的货物作为投资,提供给其他单位或个体经营者;(6)将自产、委托加工或购买的货物分配给股东或投资者;(7)将自产、委托加工的货物用于集体福利或个人消费;(8)将自产、委托加工或购买的货物无偿赠送他人;(9)向他人无偿提供服务、无偿转让无形资产或者不动产,但用于公益事业或者以社会公众为对象的除外。

上述行为之所以被视同发生应税行为,一是为了保证增值税税款抵扣制度的实施,防止因发生上述行为而造成税款抵扣环节的中断;二是为了防止纳税人利用上述行为逃避纳税,造成税收负担的不平衡。

### (二)混合销售行为

混合销售行为是指一项销售行为既涉及增值税应税货物又涉及应税服务。混合销售行为具有以下的特征:一是在同一次交易中发生;二是涉及的是同一个纳税人(销售方);三是涉及的是同一个消费者;四是交易的内容既涉及货物又涉及服务。在营改增之前,对混合销售课税涉及增值税与营业税的交叉征税问题，营改增改革以后，对混合销售行为一并征收增值税。混合销售在目前依然需要探讨，是因为增值税存在多档税率，一旦增值税税率统一，混合销售的问题也就迎刃而解了。

目前，对于混合销售行为的税务处理方法是：一项销售行为如果既涉及货物又涉及服务，为混合销售。从事货物的生产、批发或者零售的单位和个体工商户的混合销售行为，按照销售货物缴纳增值税；其他单位和个体工商户的混合销售行为，按照销售服务缴纳增值税。上述从事货物的生产、批发或者零售的单位和个体工商户，包括以从事货物的生产、批发或者零售为主，并兼营销售服务的单位和个体工商户在内。

但是纳税人销售活动板房、机器设备、钢结构件等自产货物的同时提供建筑、安装服务的，不属于混合销售行为，应分别核算货物和建筑服务的销售额，分别适用不同的税率或者征收率。一般纳税人销售电梯的同时提供安装服务，其安装服务可以按照甲供工程选择适用简易计税方法计税。纳税人对安装运行后的电梯提供的维护保养服务，按照"其他现代服务"缴纳增值税。

### （三）兼营行为

与混合销售行为相区别，兼营行为是指增值税纳税人在生产经营活动中，既存在销售货物的行为，又存在销售服务的行为，并且从事的销售服务与销售货物并无直接的联系和从属关系。例如，某建筑装饰材料商店一方面批发、零售货物，另一方面又对外承揽属于应纳营业税的安装、装饰业务。

根据《增值税暂行条例》规定，纳税人兼营不同税率的项目，应当分别核算不同税率项目的销售额；未分别核算销售额的，从高适用税率。纳税人兼营免税、减税项目的，应当分别核算免税、减税项目的销售额；未分别核算销售额的，不得免税、减税。

## 四、增值税的税率与征收率

降低增值税税率是减税降费的重要举措之一，经过几轮的税率调整，根据2019年4月1日执行的《关于深化增值税改革有关政策的公告》，我国目前的增值税税率规定为：

### （一）税率

#### 1. 一般税率

增值税一般纳税人销售或者进口货物（除特殊规定外），加工修理修配劳务，有形动产租赁服务，税率为13%。一般纳税人销售服务（除特殊规定外），税率为6%。

#### 2. 特别税率

特殊规定如下：增值税一般纳税人发生下列增值税应税销售行为或者进口货物的，按9%的税率计征增值税：（1）粮食等农产品、食用植物油、食用盐；（2）自来水、暖气、冷气、热水、煤气、石油液化气、天然气、二甲醚、沼气、居民用煤炭制品；（3）图书、报纸、杂志、音像制品、电子出版物；（4）饲料、化肥、农药、农机、农膜；（5）不动产租赁服务；（6）销售不动产；（7）建筑服务；（8）交通运输服务；（9）转让土地使用权；（10）邮政服务；（11）基础电信服务。

3. 零税率

纳税人出口货物,境内单位和个人跨境销售国务院规定范围内的服务、无形资产,适用零税率,但是,国务院另有规定的除外。

零税率不同于免税。出口货物免税仅指在出口环节不征收增值税,而零税率是指对出口货物除了在出口环节不征增值税外,还要对该产品在出口前已经缴纳的增值税进行退税,使该出口产品在出口时完全不含增值税税款,从而以无税产品进入国际市场。

(二)征收率

小规模纳税人经营规模小,会计核算不健全,难以按上述税率计税和使用增值税专用发票抵扣进项税款,因此实行按销售额与征收率计算应纳税额的简易办法。从2009年1月1日起,小规模纳税人增值税征收率统一为3%,除了财政部和国家税务总局另有规定的。一般纳税人在特殊情况下,也按简易办法分别依照3%、4%和6%的征收率计算缴纳增值税。从2014年7月1日起,将6%和4%两档增值税征收率统一调整为3%,国务院另有规定的除外。

对征收率的特殊规定,下列应税销售行为的征收率为5%:

1. 一般纳税人选择简易计税

(1)销售、出租2016年4月30日前取得的不动产,房地产开发企业出租、销售自行开发的房地产老项目;(2)2016年4月30日前签订的不动产融资租赁合同,以2016年4月30日前取得的不动产提供的融资租赁服务;(3)转让2016年4月30日前取得的土地使用权;[2](4)提供劳务派遣服务、安全保护服务(含提供武装守护押运服务)选择差额纳税的;(5)收取试点前开工的一级公路、二级公路、桥、闸通行费;(6)提供人力资源外包服务;(7)中外合作油(气)田按合同开采的原油、天然气。

2. 小规模纳税人

(1)出租取得的不动产(不含个人出租住房),房地产开发企业出租自行开发的房地产项目,其他个人出租其取得的不动产(不含住房)。个人出租住房,应按照5%的征收率减按1.5%计算应纳税额;(2)销售其取得(不含自建)的不动产(不含个体工商户销售购买的住房和其他个人销售不动产),纳税人销售其自建的不动产,房地产开发企业销售自行开发的房地产项目,其他个人销售其取得(不含自建)的不动产(不含其购买的住房);(3)转让2016年4月30日前取得的土地使用权选择简易计税的;(4)提供劳务派遣服务、安全保护服务,可以选择差额纳税。

## 五、一般纳税人应纳税额的计算

增值税的计税方法通常有税基列举法、税基相减法和税额扣除法三种。税基列举法

---

[2] 2016年5月1日,"营改增"全面推行"营改增",金融保险业、销售不动产被纳入增值税课税范围。在此前的营业税模式下,它们的税率都是5%。

简称“加法”，是指将构成工商企业增值额的各个项目，如工资薪金、租金、利息、利润等，直接相加作为增值额，乘以相应的税率，从而计算出应纳增值税额。税基相减法简称“减法”，是指将工商企业一定时间内的商品和劳务销售收入减去应扣除项目的余额，乘以相应的税率，从而计算出应纳增值税额。税额扣除法是指以工商企业一定时期内商品和劳务的销售额乘以适用税率，计算出本环节全部销项税额，然后将同期外购项目所负担的增值税额（增值税进项税额）从销项税额中扣除，从而计算出本期应纳增值税额，我国目前采用的就是这种扣税法。

### （一）销项税额的计算

销项税额是指纳税人发生应税销售行为，按照销售额和规定的税率计算并向购买方收取的增值税税额。销项税额的计算公式为：

销项税额 = 销售额 × 税率

需要强调的是，销售额是指纳税人发生应税销售行为向购买方收取的全部价款和价外费用，但是不包括收取的销项税额。增值税之所以被称为价外税，正是从这个角度而言的。

价外费用其实属于价外收入，它包括纳税人在价外向购买方收取的手续费、补贴、基金、集资费、返还利润、奖励费、违约金（延期付款利息）、包装费、包装物租金、储备费、优质费、运输装卸费、代收款项、代垫款项及其他各种性质的价外收费，但下列项目不包括在内：(1)受托加工应征消费税的消费品所代收代缴的消费税。(2)同时符合以下条件的代垫运费：承运者的运费发票开具给购货方的；纳税人将该项发票转交给购货方的。(3)同时符合以下条件代为收取的政府性基金或者行政事业性收费：由国务院或者财政部批准设立的政府性基金，由国务院或者省级人民政府及其财政、价格主管部门批准设立的行政事业性收费；收取时开具省级以上财政部门印制的财政票据；所收款项全额上缴财政。(4)纳税人销售货物时代办保险而向购买方收取的保险费，以及从事汽车销售的纳税人向购买方收取的代购买方缴纳的车辆购置税、牌照费，不作为价外费用征收增值税。

凡随同发生应税销售行为向购买方收取的价外费用，无论其会计制度如何核算，均应并入销售额计算应纳税额。税法之所以规定各种性质的价外收费都要并入销售额计算征税，主要是为了防止纳税人以各种名目的收费来减少销售额，逃避纳税义务。

在销售活动中，为了达到促销的目的，纳税人可能采取多种销售方式，不同销售方式下，销售者取得的销售额会有所不同。具体而言，分别有以下几种情况：

1. 采取折扣方式销售

折扣销售是指销售方在发生应税销售行为时，因购买方购货数量较大等原因而给予购买方的价格优惠。由于折扣是在实现销售时同时发生的，因此，税法规定，如果销售额和折扣额在同一张发票上分别注明，可按折扣后的余额作为销售额计算增值税；如果将折扣额另开发票，无论其在财务上如何处理，均不得从销售额中减除折扣额。税法这样规定的原因在于，如果允许对销售额开一张销货发票，对折扣额再开一张退款红字发票，就可能造成增值税计算征收的混乱，即销售方按减除折扣额后的销售额计算销项税额，而购买方却按未减除折扣额的销售额抵扣进项税款。

折扣销售不同于销售折扣。销售折扣是指销售方在发生应税销售行为后,为了鼓励购买方及早偿还款项而许诺给予购买方的一种折扣优待。例如,买卖双方可能约定,如果买方10天内付款,可得货款折扣2%;20天内付款,可得折扣1%;30天内全价付款。这就是一种销售折扣,而不属于折扣销售。销售折扣发生在销售行为之后,是一种融资性质的理财费用,因此,销售折扣不得从销售额中减除,只能作为财务费用扣除。

销售折扣也不同于销售折让。销售折让是指应税销售行为发生后,由于其品种、质量等原因购买方虽未予退货,但销售方需给予购买方的一种价格折让。销售折让与销售折扣虽然都是在销售行为后发生的,但销售折让是由于货物品种和质量引起销售额的减少,因此,对销售折让可以折让后的货款为销售额。

折扣销售仅限于价格折扣,如果销售者将自产、委托加工和购买的货物用于实物折扣,则该实物款额不能从货物销售额中减除。相反,该实物还应按增值税条例"视同销售"中的"赠送他人"计算征收增值税。

2. 采取以旧换新方式销售

以旧换新是指纳税人在发生应税销售行为时,有偿收回旧货物的行为。采取以旧换新方式销售货物的,应按新货物的同期销售价格确定销售额,不得扣减旧货物的收购价格。考虑到金银首饰以旧换新业务的特殊情况,对金银首饰以旧换新业务,可以按销售方实际收取的不含增值税的全部价款征收增值税。

3. 采取还本销售方式销售

还本销售是指纳税人在发生应税销售行为后,到一定期限由销售方一次或分次退还给购买方全部或部分价款。这种方式实际上是一种筹资,是以货物换取资金的使用价值,到期还本不付息的方法。采取还本销售方式销售的,其销售额就是销售行为的销售价格,不得从销售额中减除还本支出。

4. 采取以物易物方式销售

以物易物是一种较为特殊的购销活动,是指购销双方不是以货币结算,而是以同等价款的货物相互结算,实现货物购销的一种方式。以物易物双方都应作购销处理,以各自发出的货物核算销售额并计算销项税额,并应分别开具相应的票据。收到的货物不能取得相应的增值税专用发票或其他合法票据的,不能抵扣进项税额。

5. 包装物押金是否计入销售额

包装物是指纳税人包装本单位货物的各种物品。纳税人为销售货物而出租出借包装物收取的押金,单独记账核算的,时间在1年以内又未过期的,不并入销售额征税;但对因逾期未收回包装物不再退还的押金,应按所包装货物的适用税率计算销项税额。其中,"逾期"是指按合同约定实际逾期或以1年为期限,对收取1年以上的押金,无论是否退还,均并入销售额征税。从1995年6月1日起,对因销售除啤酒、黄酒外的其他酒类产品而收取的包装物押金,无论是否返还,或会计上如何核算,均应并入当期销售额征税。对销售啤酒、黄酒所收取的押金,按上述一般押金的规定处理。

6. 视同销售或者销售价格明显不合理行为的销售额确定

对视同销售征税而无销售额的，以及发生应税销售行为价格明显偏低或者偏高且不具有合理商业目的的，按下列顺序确定其销售额：(1)按纳税人最近时期同类销售行为的平均销售价格确定；(2)按其他纳税人最近时期同类销售行为的平均销售价格确定；(3)按组成计税价格确定。组成计税价格的公式为：

组成计税价格 = 成本 ×(1 + 成本利润率)

征收增值税的货物，同时又征收消费税的，其组成计税价格中应加计消费税税额。其组成计税价格公式为：

组成计税价格 = 成本 ×(1 + 成本利润率) + 消费税税额

或

组成计税价格 = 成本 ×(1 + 成本利润率) ÷(1 − 消费税税率)

公式中的成本，销售自产货物的为实际生产成本，销售外购货物的为实际采购成本。成本利润率由国家税务总局确定。

不具有合理商业目的是指以谋取税收利益为主要目的，通过人为安排，减少、免除、推迟缴纳增值税税款，或者增加退还增值税税款。

7. 含税销售额的换算

在计算销项税额时，一般纳税人发生应税销售行为取得的含税销售额，须换算为不含税的销售额。将含税销售额换算为不含税销售额的计算公式为：

不含税销售额 = 含税销售额 ÷(1 + 税率)

### (二)进项税额的计算

纳税人购进货物、劳务、服务、无形资产、不动产所支付或者负担的增值税额为进项税额。进项税额是与销项税额相对应的一个概念。销售方收取的销项税额，就是购买方支付的进项税额。就同一个纳税人而言，其在经营活动中既会发生应税销售行为，又会发生购进货物、劳务、服务、无形资产或者不动产的行为，因此，每一个纳税人都会有收取的销项税额和支付的进项税额。用纳税人收取的销项税额抵扣其支付的进项税额，其余额即为纳税人实际应缴纳的增值税税额。

1. 准予从销项税额中抵扣的进项税额

(1)从销售方取得的增值税专用发票上注明的增值税额。

(2)从海关取得的海关进口增值税专用缴款书上注明的增值税额。

(3)购进农产品，除取得增值税专用发票或者海关进口增值税专用缴款书外，按照农产品收购发票或者销售发票上注明的农产品买价和9%的扣除率计算的进项税额。[3]其计算公式为：

---

〔3〕 如果纳税人购进用于生产或者委托加工13%税率货物的农产品，则按照10%的扣除率计算进项税额。财政部、税务总局、海关总署《关于深化增值税改革有关政策的公告》(财政部、税务总局、海关总署公告2019年第39号)。

进项税额 = 买价 × 扣除率

买价包括纳税人购进农产品在农产品收购发票或者销售发票上注明的价款和按规定缴纳的烟叶税。购进农产品,按照《农产品增值税进项税额核定扣除试点实施办法》抵扣进项税额的除外。

(4)自境外单位或者个人购进劳务、服务、无形资产或者境内的不动产,从税务机关或者扣缴义务人取得的代扣代缴税款的完税凭证上注明的增值税额。

自 2004 年 12 月 1 日起,增值税一般纳税人购置税控收款机所支付的增值税税额(以购进税控收款机取得的增值税专用发票上注明的增值税税额为准),准予在该企业当期的增值税销项税额中抵扣。

自 2011 年 12 月 1 日起,增值税纳税人初次购买增值税税控系统专用设备支付的费用,可凭购买增值税税控系统专用设备取得的增值税专用发票,在增值税应纳税额中全额抵减(抵减额为价税合计额),不足抵减的可结转下期继续抵减。增值税纳税人非初次购买增值税税控系统专用设备支付的费用,由其自行负担,不得在增值税应纳税额中抵减。

2.“营改增”进项税抵扣的特别规定

(1)不动产分期抵扣。一般纳税人在 2016 年 5 月 1 日后取得并在会计制度上按固定资产核算的不动产或者 2016 年 5 月 1 日后取得的不动产在建工程,其进项税额应自取得之日起分 2 年从销项税额中抵扣,第一年抵扣比例为 60%,第二年抵扣比例为 40%。融资租入的不动产以及在施工现场修建的临时建筑物、构筑物,其进项税额不适用上述分 2 年抵扣的规定。

自 2019 年 4 月 1 日起,纳税人取得不动产或者不动产在建工程的进项税额不再分 2 年抵扣。此前按照上述规定尚未抵扣完毕的待抵扣进项税额,可自 2019 年 4 月税款所属期起从销项税额中抵扣。

(2)通行费扣除。自 2016 年 8 月 1 日起,增值税一般纳税人支付的道路、桥、闸通行费,暂凭取得的通行费发票(不含财政票据)上注明的收费金额按照下列公式计算可抵扣的进项税额:

高速公路通行费可抵扣进项税额 = 高速公路通行费发票上注明的金额 ÷ (1 + 3%) × 3%

一级公路、二级公路、桥、闸通行费可抵扣进项税额 = 一级公路、二级公路、桥、闸通行费发票上注明的金额 ÷ (1 + 5%) × 5%

通行费,是指有关单位依法或者依规设立并收取的过路、过桥和过闸费用。

3.减税降费政策的特别规定

为了配合减税降费的改革目标,财政部、税务总局、海关总署发布的《关于深化增值税改革有关政策的公告》中,对纳税人购进国内旅客运输服务的进项税额抵扣进行了特别规定:

纳税人未取得增值税专用发票的,暂按照以下规定确定进项税额:(1)取得增值税电子普通发票的,为发票上注明的税额;(2)取得注明旅客身份信息的航空运输电子客票行程单的,为按照下列公式计算进项税额:航空旅客运输进项税额 = (票价 + 燃油附加费) ÷

(1+9%)×9%;(3)取得注明旅客身份信息的铁路车票的,为按照下列公式计算的进项税额:铁路旅客运输进项税额=票面金额÷(1+9%)×9%;(4)取得注明旅客身份信息的公路、水路等其他客票的,为按照下列公式计算进项税额:公路、水路等其他旅客运输进项税额=票面金额÷(1+3%)×3%。

同时,在本公告中,还引入了此前国家税务总局公告2017年第19号出现的"加计抵减"的规定:自2019年4月1日至2021年12月31日,允许生产、生活性服务业纳税人按照当期可抵扣进项税额加计10%,抵减应纳税额。生产、生活性服务业纳税人,是指提供邮政服务、电信服务、现代服务、生活服务取得的销售额占全部销售额的比重超过50%的纳税人。按照现行规定不得从销项税额中抵扣的进项税额,不得计提加计抵减额;纳税人出口货物劳务、发生跨境应税行为不适用加计抵减政策,其对应的进项税额不得计提加计抵减额;加计抵减政策执行到期后,纳税人不再计提加计抵减额,结余的加计抵减额停止抵减。

4. 不得从销项税额中抵扣的进项税额

纳税人购进货物、劳务、服务、无形资产、不动产,取得的增值税扣税凭证不符合法律、行政法规或者国务院税务主管部分有关规定,其进项税额不得从销项税额中抵扣。

按照《增值税暂行条例》及"营改增"的相关规定,下列项目的进项税额不得从销项税额中抵扣:(1)用于简易计税方法计税项目、免征增值税项目、集体福利或者个人消费的购进货物、劳务、服务、无形资产和不动产;免税项目的销售额虽然免征增值税,但是由于其购进行为所含进项税额不允许抵扣,所以纳税人的销售行为仍然含税。其所免除的只是本环节增值部分应当缴纳的税款。纳税人购进行为用于集体福利、个人消费时,已经使其成为最终消费品,因此,其进项税额不能抵扣。(2)非正常损失的购进货物,以及相关的劳务和交通运输服务。所谓非正常损失,是指生产经营过程中正常损耗外的损失,包括:自然灾害损失;因管理不善造成货物被盗窃、发生霉料变质等损失;等等。由于纳税人的这部分损失与其生产经营活动没有直接的关系,因此,其中的进项税额不宜由国家承担。(3)非正常损失的在产品、产成品所耗用的购进货物(不包括固定资产)、劳务和交通运输服务。(4)购进的贷款服务、餐饮服务、居民日常服务和娱乐服务。(5)国务院规定的其他项目。

一般纳税人兼营简易计税项目、免税项目而无法划分不得抵扣的进项税额的,按下列公式计算不得抵扣的进项税额:

不得抵扣的进项税额=当期无法划分的全部进项税额×(当期简易计税方法计税项目销售额+免税项目销售额)÷当期全部销售额

已抵扣进项税额的购进货物(不含固定资产)、劳务、服务,发生上述不得从销售额中抵扣进项税额的行为情形的,应当将该进项税额从当期进项税额中扣减;无法确定该进项税额的,按照当期实际成本计算应扣减的进项税额。

已抵扣进项税额的无形资产或者不动产,发生上述情形的,按照下列公式计算不得抵扣的进项税额:

不得抵扣的进项税额=无形资产或者不动产净值×适用税率

按照上述情形和《增值税暂行条例》第10条不得抵扣且未抵扣进项税额的固定资产、无形资产、不动产,发生用途改变,用于允许抵扣进项税额的应税项目,可在用途改变的次月按照下列公式,依据合法有效的增值税扣税凭证,计算可以抵扣的进项税额:

可以抵扣的进项税额=固定资产、无形资产、不动产净值/(1+适用税率)×适用税率

（三）增值税应纳税额的计算

销项税额和进项税额确定后,就可以得出增值税应纳税额。纳税人发生应税销售行为,其应纳税额为当期销项税额抵扣当期进项税额后的余额。基本计算公式为:

应纳税额=当期销项税额-当期进项税额

上述计算公式虽然非常直观,但在具体操作时,还需要注意如下几个细节:

1. 计算应纳税额的时间限定

在计算销项税额和抵扣进项税额时,“当期”是个重要的时间限定,具体是指税务机关依照税法规定对纳税人确定的纳税期限。只有在纳税期限内实际发生的销项税额、进项税额,才是合法的当期销项税额或当期进项税额。例如,在计算销项税额时,必须根据《增值税暂行条例》及其实施细则所规定的纳税义务发生时间,确定当期是否发生销项税额。

此外,当期发生的进项税额还应该遵守现行发票认证和税款抵扣的时间规定。例如,自2017年7月1日起,增值税一般纳税人取得的2017年7月1日及以后开具的增值税专用发票和机动车销售统一发票,应自开具之日起360日内认证或登录增值税发票选择确认平台进行确认,并在规定的纳税申报期内,向主管国税机关申报抵扣进项税额。增值税一般纳税人取得的2017年7月1日及以后开具的海关进口增值税专用缴款书,应自开具之日起360日内向主管国税机关报送《海关完税凭证抵扣清单》,申请稽核比对。

2. 计算应纳税额时进项税额不足抵扣的处理

我国增值税实行购进扣税法。有时企业当期购进的货物很多,导致当期进项税额大于销项税额的情况。根据现行税法的规定,当期进项税额不足抵扣销项税额的部分,可以结转下期继续抵扣。

从2018年起,开始实行退还部分行业增值税期末留抵税额的政策。如2018年对装备制造等先进制造业、研发等现代服务业和电网企业中的纳税信用等级为A级或B级的纳税人实行期末留抵退税。纳税人向主管税务机关申请退还期末留抵税额,当期退还的期末留抵税额,以纳税人申请退税上期的期末留抵税额和退还比例计算,并以纳税人2017年年底期末留抵税额为上限。

这一退税政策自2019年4月1日起,开始全面试行。符合下列条件的纳税人,可以向主管税务机关申请退还增量留抵税额:(1)自2019年4月税款所属期起,连续6个月(按季纳税的,连续两个季度)增量留抵税额均大于零,且第6个月增量留抵税额不低于50万元;(2)纳税信用等级为A级或者B级;(3)申请退税前36个月未发生骗取留抵退税、出口退税或虚开增值税专用发票情形的;(4)申请退税前36个月未因偷税被税务机

关处罚两次及以上的;(5)自2019年4月1日起未享受即征即退、先征后返(退)政策的。

3. 扣减发生期进项税额的规定

(1)已抵扣的进项税额改变用途。纳税人购进货物、劳务、服务用于生产经营的,并已经抵扣进行税额的,如果事后改变用途,用于集体福利或者个人消费、或者购进货物发生非正常损失、在产品或产成品发生非正常损失等,应当将该项购进行为的进项税额从当期的进项税额中扣减;无法确定该项进项税额的,按当期实际成本计算应转出的进项税额。

(2)进货退出或折让。一般纳税人因购进货物退出或者折让而收回的增值税额,应从发生购进货物退出或者折让当期的进项税额中扣减。

4. 销货退回或折让的税务处理

一般纳税人因销货退回或折让而退还给购买方的增值税额,应从发生销货退回或折让当期的销项税额中扣减。因进货退出或折让而收回的增值税额,应从发生进货退出或折让当期的进项税额中扣减。

5. 向供货方取得返还收入的税务处理

自2004年7月1日起,对商业企业向供货方收取的与商品销售量、销售额挂钩(如以一定比例、金额、数量计算)的各种返还收入,均应按照平销返利行为的有关规定冲减当期增值税进项税金。

## 六、小规模纳税人应纳税额的计算

小规模纳税人发生应税销售行为,按照销售额和《增值税暂行条例》规定的3%征收率计算应纳税额,不得抵扣进项税额。应纳税额计算公式为:

应纳税额 = 销售额 × 征收率

小规模纳税人取得的销售额与一般纳税人的销售额范围一致,包括向购买方收取的全部价款和价外费用,不包括按3%的征收率收取的增值税税额。与一般纳税人应纳税额计算方法不同的是,小规模纳税人不得抵扣进项税额。这是因为,小规模纳税人会计核算不健全,不能准确核算销项税额和进项税额,所以不实行税款抵扣制度,而实行简易计税办法。也正因如此,增值税征收率远远低于增值税的税率,以保证小规模纳税人的税收负担与一般纳税人基本一致。

小规模纳税人发生应税销售行为时,一般只能开具增值税普通发票,其所取得的销售收入均为含税销售额。为了满足增值税作为价外税的要求,小规模纳税人在计算应纳税额时,必须将含税销售额换算为不含税的销售额。小规模纳税人不含税销售额的换算公式为:

不含税销售额 = 含税销售额 ÷ (1 + 征收率)

不过,为了支持民营经济和小微企业发展,自2016年8月1日起,国家开始试点小规模纳税人自开增值税专用发票工作,试点范围由住宿业开始,不断扩大,截至2019年3月1日,已经涵盖了住宿业,鉴证咨询业,建筑业,工业,信息传输、软件和信息技术服务业,租赁和商务服务业,科学研究和技术服务业,居民服务、修理和其他服务业等8个行业。

## 七、进口货物增值税征收和管理

根据《增值税暂行条例》的规定,在中国境内,一切进口货物的单位和个人都应当缴纳增值税。确定一项货物是否属于进口货物,首先看其是否有报关进口手续。一般来说,境外产品要输入境内,都必须向我国海关申报进口,并办理报关手续。只要是报关进口的应税货物,无论其是国外产制还是我国已出口而转销国内的货物,是进口者自行采购还是国外捐赠的货物,是进口者自用还是作为贸易或其他用途,均应按照规定缴纳进口环节的增值税。不过,“来料加工、进料加工”贸易方式进口国外的原材料、零部件等在国内加工后复出口的,对进口的料、件按规定给予免税或减税。如果这些进口免、减税的料件未能加工复出口,而是销往国内,则予以补税。对进口货物是否减免税由国务院统一规定,任何地方、部门都无权规定减免税项目。

纳税人进口货物,按照组成计税价格和《增值税暂行条例》规定的税率计算应纳税额,不得抵扣任何税额。组成计税价格和应纳税额的计算公式是:

组成计税价格 = 关税完税价格 + 关税 + 消费税

应纳税额 = 组成计税价格 × 税率

按照《海关法》和《进出口关税条例》的规定,一般情形下进口货物的关税完税价格以海关审定的成交价格为基础的到岸价格作为完税价格。所谓成交价格是指一般贸易项下进口货物的买方为购买该项货物向卖方实际、应当支付的,直接支付、间接支付的价款。到岸价格,是指成交价格加上货物运抵我国境内输入地点起卸前的运输及相关费用、保险费等费用构成的一种价格。特殊情形下进口的货物,进口时“成交价格”不符合相关法律规定条件,或者不能确定的,依据《进出口关税条例》规定的估定方法予以确定。

进口货物的增值税由海关代征。其增值税纳税义务发生时间为报关进口的当天。进口人或其代理人应当向报关地海关申报纳税,并应自海关填发税款缴款书之日起 15 日内向指定银行缴纳税款。

## 八、出口货物退(免)税

出口货物退(免)税是国际贸易中通常采用的、旨在鼓励各国出口货物公平竞争的一种退还或免征间接税的税收措施,具体方法既包括对该货物出口前所包含的税金在出口后予以退还,也包括对出口的货物在出口前即予以免税。我国根据本国的实际,采取出口退税与免税相结合的政策。对某些非生产性企业和国家紧缺的货物,则采取限制从事出口业务或限制该货物出口,不予出口退(免)税。目前,我国的出口货物税收政策分为以下三种形式。

### (一)出口免税并退税

出口免税是指对货物在出口销售环节不征增值税、消费税,这是把货物出口环节与出口前的销售环节都同样视为一个征税环节。出口退税是指对货物在出口前实际承担的税收负担,按规定的退税率计算后予以退还。

（二）出口免税不退税

出口免税与上述第（一）项含义相同。出口不退税是指由于出口货物在前一道生产、销售环节或进口环节是免税的，出口时该货物的价格中本身就不含税，所以就无须退税。

（三）出口不免税也不退税

出口不免税是指对国家限制或禁止出口的某些货物，出口环节视同内销环节，照常征税；出口不退税是指这些货物出口时，不退还出口前其所负担的税款。适用这个政策的主要是税法列举的限制或禁止出口的货物，如天然牛黄、麝香、白银等。

1994年，国家税务总局依据《增值税暂行条例》和《消费税暂行条例》的规定，制定实施了《出口货物退（免）税管理办法》，具体规定了出口货物退（免）税的范围、出口货物退税率、出口退税的税额计算方法、出口退（免）税办理程序及对出口退（免）税的审核和管理。2002年1月23日财政部、国家税务总局发布《关于进一步推进出口货物实行免抵退办法的通知》。2002年2月6日，国家税务总局又印发了《生产企业出口货物"免、抵、退"税管理操作规程（试行）》。至此，我国出口退（免）税政策得到基本理顺。

此后，出口退（免）税政策又进行了多次的调整完善。2003年10月13日国务院发布《关于改革现行出口退税机制的决定》，对出口退税作了相应调整，如适当降低出口退税率；加大中央财政对出口退税的支持力度；建立中央与地方负担出口退税的新机制；等等。2015年1月1日起，则将出口退税负担改为全部由中央财政负担。而在出口退（免）税具体操作层面，2012年5月25日，财政部，国家税务总局颁布《关于出口货物劳务增值税和消费税政策的通知》；相应的，国家税务总局于2012年6月14日出台《出口货物劳务增值税和消费税政策的通知》，政策从2012年7月1日起开始实施，原有的《出口货物退（免）税管理办法》被废止。此后，为配合营改增政策落实，国家税务总局又于2014年2月8日出台《适用增值税零税率应税服务退（免）税管理办法》，对一般纳税人提供适用增值税零税率的应税服务进行退（免）税。

对出口货物劳务，除了国家规定适用增值税免税和征税政策的货物劳务，实行免征和退还增值税政策。

对下列服务和无形资产，适用增值税零税率，实行退税政策：（1）国际运输服务；（2）航天运输服务；（3）向境外单位提供的完全在境外消费的下列服务：研发服务、合同能源管理服务、设计服务、广播影视节目（作品）的制作和发行服务、软件服务、电路设计及测试服务、信息系统服务、业务流程管理服务、离岸服务外包业务、转让技术。

《增值税暂行条例》第2条规定，"纳税人出口货物，税率为零；但是国务院另有规定的除外"。事实上，按照国务院的规定，出口货物退税时，必须遵循规定的退税率，而不是完全适用零税率。出口货物的退税率，是出口货物的实际退税额与退税计税依据的比例。根据财政部、税务总局《关于调整部分产品出口退税率的通知》、财政部、税务总局、海关总署《关于深化增值税改革有关政策的公告》的规定，现行出口货物的增值税退税率有13%、10%、9%、6%四档。出口退税率的差别和调整，可以成为国家宏观调控的重要手段,对进出口贸易的平衡、人民币汇率稳定等都具有重要意义。

出口货物只有在适用既免税又退税的政策时,才会涉及如何计算退税的问题。由于各类出口企业对出口货物的会计核算办法不同,有对出口货物单独核算的,有对出口和内销的货物统一核算成本的。为了与出口企业的会计核算办法相一致,《关于出口货物劳务增值税和消费税政策的通知》规定了两种退税计算办法:第一种办法是"免、抵、退"办法,主要适用于生产企业出口自产货物和视同自产货物及对外提供加工修理修配劳务,以及列名生产企业出口非自产货物的情形;第二种办法是"先征后退"办法,即免征增值税,相应的进项税额予以退还。此种方法适用于不具有生产能力的出口企业(外贸企业)或其他单位出口货物劳务的情形。

实行免、抵、退税管理办法的"免"税,是指对生产企业出口的自产货物,免征本企业生产销售环节增值税;"抵"税,是指生产企业出口自产货物所耗用的原材料、零件、燃料、动力等所含应予退还的进项税额,抵顶内销货物的应纳税额;"退"税是指生产企业出口的自产货物在当月内应抵顶的进项税额大于应纳税额时,对未抵顶完的部分予以退税。

此外,为促进旅游业发展,完善增值税制度,2015 年 1 月 6 日,财政部发布《关于实施境外旅客购物离境退税政策的公告》,对境外旅客在离境口岸离境时,对其在退税商店购买的退税物品退还增值税的政策。境外旅客,是指在我国境内连续居住不超过 183 天的外国人和港澳台同胞。离境口岸,是指实施离境退税政策的地区正式对外开放并设有退税代理机构的口岸,包括航空口岸、水运口岸和陆地口岸。退税物品,是指由境外旅客本人在退税商店购买且符合退税条件的个人物品。适用 13% 税率的境外旅客购物离境退税物品,退税率为 11%;适用 9% 税率的境外旅客购物离境退税物品,退税率为 8%。

### 九、增值税减免措施

#### (一)免税项目

根据《增值税暂行条例》的规定,下列项目免征增值税:(1)农业生产者销售的自产农产品;(2)避孕药品和用具;(3)古旧图书;(4)直接用于科学研究、科学试验和教学的进口仪器、设备;(5)外国政府、国际组织无偿援助的进口物资和设备;(6)由残疾人的组织直接进口供残疾人专用的物品;(7)销售的自己使用过的物品。除前款规定外,增值税的免税、减税项目由国务院规定。任何地区、部门均不得规定免税、减税项目。

遗憾的是,新修订的《增值税暂行条例》的免税项目,并没有考虑原来营业税暂行条例所规定的免税项目。"营改增"所带来的增值税免税项目,依然根据《营业税改征增值税试点过渡政策的规定》予以执行,而这与《增值税暂行条例》所规定的免税项目由国务院规定明显相悖。

#### (二)起征点

增值税起征点的适用范围限于个人。纳税人销售额未达到起征点的,免征增值税;达到起征点的,全额计算缴纳增值税。增值税起征点的幅度规定如下:(1)按期纳税的,为月销售额 5000～20000 元；(2)按次纳税的，为每次(日)销售额 300～500 元。

起征点的调整由财政部和国家税务总局规定。省、自治区、直辖市财政厅(局)和国家税务局应在规定的幅度内，根据实际情况确定本地区适用的起征点，并报财政部、国家税务总局备案。

为了支持小微企业发展，自 2019 年 1 月 1 日起，对增值税小规模纳税人中月销售额 10 万元以下的，免征增值税。政策实施期限暂定为 3 年。

## 十、增值税纳税义务发生时间、纳税期限与纳税地点

### (一)纳税义务发生时间

发生应税销售行为的增值税纳税义务发生时间为收讫销售款项或者取得索取销售款项凭据的当天；先开具发票的，为开具发票的当天；进口货物，为报关进口的当天。

收讫销售款项或者取得索取销售款项凭据的当天，按销售结算方式的不同，具体确定为：(1)采取直接收款方式销售货物，无论货物是否发出，均为收到销售款或者取得索取销售款凭据的当天。(2)采取托收承付和委托银行收款方式销售货物，为发出货物并办妥托收手续的当天。(3)采取赊销和分期收款方式销售货物，为书面合同约定的收款日期的当天，无书面合同的或者书面合同没有约定收款日期的，为货物发出的当天。(4)采取预收货款方式销售货物，为货物发出的当天，但生产销售生产工期超过 12 个月的大型机械设备、船舶、飞机等货物，为收到预收款或者书面合同约定的收款日期的当天。(5)委托其他纳税人代销货物，为收到代销单位的代销清单或者收到全部或者部分货款的当天。未收到代销清单及货款的，为发出代销货物满 180 天的当天。(6)销售应税劳务，为提供劳务同时收讫销售款或者取得索取销售款的凭据的当天。(7)纳税人发生视同销售货物行为，为货物移送的当天。(8)纳税人提供建筑服务、租赁服务采取预收款方式的，其纳税义务发生时间为收到预收款的当天。(9)纳税人从事金融商品转让的，为金融商品所有权转移的当天。(10)纳税人发生本办法第 14 条规定情形的，其纳税义务发生时间为服务、无形资产转让完成的当天或者不动产权属变更的当天。(11)增值税扣缴义务发生时间为纳税人增值税纳税义务发生的当天。

### (二)纳税期限

根据《增值税暂行条例》及其实施细则的规定，增值税的纳税期限分别为 1 日、3 日、5 日、10 日、15 日、1 个月或者 1 个季度。纳税人的具体纳税期限，由主管税务机关根据纳税人应纳税额的大小分别核定；不能按照固定期限纳税的，可以按次纳税。

纳税人以 1 个月或者 1 个季度为 1 个纳税期的，自期满之日起 15 日内申报纳税；以 1 日、3 日、5 日、10 日或者 15 日为 1 个纳税期的，自期满之日起 5 日内预缴税款，于次月 1 日起 15 日内申报纳税并结清上月应纳税款。

扣缴义务人解缴税款的期限，依照前两款规定执行。

纳税人进口货物，应当自海关填发海关进口增值税专用缴款书之日起 15 日内缴纳税款。

(三)纳税地点

固定业户应当向其机构所在地的主管税务机关申报纳税。总机构和分支机构不在同一县(市)的,应当分别向各自所在地的主管税务机关申报纳税;经国务院财政、税务主管部门或者其授权的财政、税务机关批准,可以由总机构汇总向总机构所在地的主管税务机关申报纳税。

固定业户到外县(市)销售货物或者应税劳务,应当向其机构所在地的主管税务机关报告外出经营事项〔4〕,并向其机构所在地的主管税务机关申报纳税;未报告的,应当向销售地或者劳务发生地的主管税务机关申报纳税;未向销售地或者劳务发生地的主管税务机关申报纳税的,由其机构所在地的主管税务机关补征税款。

非固定业户销售货物或者应税劳务,应当向销售地或者劳务发生地的主管税务机关申报纳税;未向销售地或者劳务发生地的主管税务机关申报纳税的,由其机构所在地或者居住地的主管税务机关补征税款。

进口货物,应当向报关地海关申报纳税。

扣缴义务人应当向其机构所在地或者居住地的主管税务机关申报缴纳其扣缴的税款。

## 第三节　土地增值税法

### 一、土地增值税简介

土地增值税是对转让国有土地使用权、地上建筑物及其附着物并取得收益的单位和个人,就其转让房地产所取得的增值额征收的一种税。现行土地增值税的基本规范,是1993年12月13日国务院颁布的《土地增值税暂行条例》。

我国开征土地增值税的主要背景是,1993年前后,我国房地产开发过热,炒买炒卖房地产的投机行为盛行,房地产价格上涨过猛,投入开发的资金规模过大,土地资源浪费严重,对国民经济发展造成了不良影响。开征土地增值税的目的是抑制炒买炒卖土地,遏制投机行为获得暴利,调节房地产开发过热的现象,改善国民经济的运行质量。故土地增值税又称为“反房产暴利税”,是一种政策性调控工具。

土地收益主要来自土地的增值收益,包括自然增值和投资增值。土地资源属于国家所有,国家为整治和开发国土投入了巨额资金,应当在土地增值收益的分配中取得较多份额。故土地增值税奉行“涨价归公”的税制设计原则。通过征收土地增值税,对转让房地产的过高增值收益进行分配,一方面维护了国家权益,保护了房地产正当开发者的合法权

〔4〕 根据国家税务总局《关于创新跨区域涉税事项报验管理制度的通知》(税总发〔2017〕103号)的规定,“外出经营税收活动管理”更名为“跨区域涉税事项报验管理”。

益;另一方面也使投机者不能获取暴利,抑制炒买炒卖房地产的现象。

1994 年 1 月 1 日前,我国涉及房地产交易市场的税收主要有营业税、企业所得税、个人所得税、契税、印花税等。这些税对转让房地产收益可以起一般调节作用,但对土地增值所获得的高收益起不到特殊调节作用。在土地增值税未开征前,有些地区已通过征收土地增值费的办法,对土地增值过高收益进行调控。但各地征收办法不统一,征收标准差别也比较大。开征土地增值税可以统一和规范国家参与土地增值收益分配的方式。

为此,1993 年年底,国务院制定颁布了《土地增值税暂行条例》,并于 1994 年 1 月 1 日起施行。财政部也发布了《土地增值税暂行条例实施细则》,从 1995 年 1 月 27 日起施行。对 1994 年 1 月 1 日至 1995 年 1 月 27 日的土地增值税,参照实施细则的规定计算征收。2011 年 1 月 8 日,国务院修订《土地增值税暂行条例》,对个别文字做了调整。

由于土地增值税主要针对具体的房地产项目征收,而项目的划分和清算标准不明,实务中征纳双方的争议非常之大,征管难度前所未有,严重影响了土地增值税立法宗旨的实现。2013 年土地增值税欠税清缴风波将这一税种推向"风口浪尖",其中暴露出土地增值税的设计复杂、征管成本高、征纳双方争议普遍的问题,引发对土地增值税的税制改革及其存废问题的反思。[5] 随着营业税改增值税的推行,房地产行业适用增值税,土地增值税与增值税将并行。加之其与所得税在制度设计上也存在很大的重合性,土地增值税在税制体系中的定位越来越不明确。另外,随着土地市场交易制度的健全,土地的升值潜力已经通过土地出让金体现,后续即便升值巨大,政府也不宜再行开征特别税,借助现有的所得税、商品与服务税、财产税调节即可。相信随着税制改革的推进,改革土地增值税必将尽快提上议事日程。

## 二、土地增值税的纳税人和征收范围

土地增值税的纳税人为转让国有土地使用权、地上的建筑及其附着物(以下简称转让房地产)并取得收入的单位和个人。无论是企业、事业单位、国家机关、社会团体及其他组织,还是个人;无论是全民所有制企业、集体企业、私营企业、个体经营者,还是联营企业、外商投资企业、外国企业;无论是中国公民、港澳台居民、海外华侨,还是外国公民,只要有偿转让房地产,并且产生土地增值,都是土地增值税的纳税人。

土地增值税的征税对象是转让国有土地使用权及其地上建筑物和附着物的行为。这里所谓的"国有土地",是指按国家法律规定属于国家所有的土地;这里所谓的"地上的建筑物",是指建于土地上的一切建筑物,包括地上地下的各种附属设施;这里所谓的"附着物",是指附着于土地上的不能移动或一经移动即遭损坏的物品。无论是单独转让国有土地使用权,还是房屋产权与国有土地使用权一并转让,只要取得收入,均属于土地增值税的征税范围。

根据我国《宪法》和《土地管理法》的规定,城市的土地属于国家所有。农村和城市郊

---

〔5〕 熊伟、叶金育:《土地增值税的制度缺陷》,载《东方早报》2014 年 1 月 28 日;杨小强:《土地增值税何去何从?》,载《东方早报》2014 年 1 月 28 日。

区的土地除由法律规定属于国家所有的以外,属于集体所有。国家为了公共利益,可以依照法律规定对集体土地实行征用,依法被征用后的土地属于国家所有。对于上述法律规定属于国家所有的土地,其土地使用权在转让时,按照《土地增值税暂行条例》的规定,属于土地增值税的征税范围。而农村集体所有的土地,根据《土地管理法》《城市房地产管理法》及其他有关规定,不得自行转让。只有根据有关法律规定由国家征用以后变为国家所有后,才能进行转让,并被纳入土地增值税的征税范围。

转让国有土地使用权、地上的建筑物及其附着物并取得收入,是指以出售或者其他方式有偿转让房地产的行为,不包括以继承、赠与方式无偿转让房地产的行为。根据财政部、国家税务总局《关于土地增值税一些具体问题规定的通知》(财税字〔1995〕48 号),这里所谓的赠与,是指如下情况:(1)房产所有人、土地使用权所有人将房屋产权、土地使用权赠与直系亲属或承担直接赡养义务人的。(2)房产所有人、土地使用权所有人通过中国境内非营利的社会团体、国家机关将房屋产权、土地使用权赠与教育、民政和其他社会福利、公益事业的。上述社会团体是指中国青少年发展基金会、希望工程基金会、宋庆龄基金会、减灾委员会、中国红十字会、中国残疾人联合会、全国老年基金会、老区促进会以及经民政部门批准成立的其他非营利的公益性组织。这种解释大大限缩了赠与的范围,虽然有利于防范纳税人避税,但超出了《土地增值税暂行条例》第 2 条的文义,与“取得收入”的要求明显不一致。土地增值税的征税范围也不包括国有土地使用权出让。国有土地使用权出让,是指国家以土地所有者的身份将土地使用权在一定年限内让与土地使用者,并由土地使用者和国家支付土地使用权出让金的行为。土地出让的目的是实行国有土地的有偿使用制度,合理开发、利用、经营土地。因此,土地使用权的出让不属于土地增值税的征税范围。此外,土地使用权、房产产权未转让的,如房地产的出租,也不征收土地增值税。

以出售方式转让国有土地使用权、地上的建筑物及附着物,同时符合上述三个标准,所以属于土地增值税的征税范围。这种方式又可分为三种情况:

第一,出售国有土地使用权。这种情况是指土地使用者通过出让方式,向政府缴纳了土地出让金,有偿受让土地使用权后,仅对土地进行通水、通电、通路和平整地面等土地开发,不进行房产开发,然后直接将空地出售出去。

第二,取得国有土地使用权后进行房屋开发建造,然后出售,即一般所谓的房地产开发。虽然这种行为通常被称为卖房,但按照国家有关规定,卖房的同时,土地使用权也随之发生转让,所以应纳入土地增值税的征税范围。

第三,存量房地产的买卖。这种情况是指已经建成并已投入使用的房地产,其房屋所有人将房屋产权和土地使用权一并转让给其他单位和个人。这种情况既发生了产权转移又取得了收入,因此应纳入土地增值税的征税范围。

### 三、几种特殊房地产交易的处理

#### (一)房地产的抵押

在这种情况下,房产的产权、土地使用权在抵押期间产权并没有发生权属的变更,房产的产权所有人、土地使用权人仍能对房地产行使占有、使用、收益等权利。房产的产权所有人、土地使用权人虽然在抵押期间取得了一定的抵押贷款,但这些贷款在抵押期满后需要加上利息偿还给债权人。因此,对房地产的抵押,在抵押期间不征收土地增值税。待抵押期满后,视该房地产是否转移占有而确定是否征收土地增值税。对于以房地产抵债而发生房地产权属转让的,应列入土地增值税的征税范围。

(二)房地产的交换

房地产的交换行为既发生了房产产权、土地使用权的转移,交换双方又取得了实物形态的收入,按《土地增值税暂行条例》的规定,应属于土地增值税的征税范围。但个人之间互换自有居住用房地产,经当地税务机关核实,可以免征土地增值税。

(三)企业的兼并重组[6]

非公司制企业整体改建为有限责任公司或者股份有限公司,有限责任公司(股份有限公司)整体改建为股份有限公司(有限责任公司)。对改建前的企业将国有土地、房屋权属转移、变更到改建后的企业,暂不征土地增值税。整体改建是指不改变原企业的投资主体,并承继原企业权利、义务的行为。

按照法律规定或者合同约定,两个或两个以上企业合并为一个企业,且原企业投资主体存续的,对原企业将国有土地、房屋权属转移、变更到合并后的企业,暂不征土地增值税。企业分设为两个或两个以上与原企业投资主体相同的企业,对原企业将国有土地、房屋权属转移、变更到分立后的企业,暂不征土地增值税。

单位、个人在改制重组时以国有土地、房屋进行投资,对其将国有土地、房屋权属转移、变更到被投资的企业,暂不征土地增值税。

上述改制重组有关土地增值税政策不适用于房地产开发企业,执行期限为 2015 年 1 月 1 日至 2017 年 12 月 31 日。该政策现已延长至 2020 年 12 月 31 日。[7]

(四)合作建房

对于一方出土地,另一方出资金,双方合作建房,建成后按比例分房自用的,暂免征收土地增值税;房屋建成后转让的,应征收土地增值税。

(五)房地产的代建房行为

房地产的代建房行为是指房地产开发公司代客户进行房地产的开发,开发完成后向客户收取代建收入的行为。就房地产开发公司而言,虽然取得了收入,但没有发生房地产权属的转移,其收入属于劳务收入性质,不属于土地增值税的征税范围。

---

〔6〕 财政部、国家税务总局《关于企业改制重组有关土地增值税政策的通知》(财税〔2015〕5 号)。

〔7〕 财政部、税务总局《关于继续实施企业改制重组有关土地增值税政策的通知》(财税〔2018〕57 号)。

(六)房地产的重新评估

国有企业在清产核资时,由于对房地产进行重新评估,有可能使其升值。在这种情况下,房地产虽然有增值,但其既没有发生房地产权属的转移,房产产权、土地使用权人也未取得收入,所以不属于土地增值税的征税范围。

## 四、土地增值税的税率

土地增值税实行四级超率累进税率,税率表如表1所示:

表1 土地增值税四级超率累进税率

| 级数 | 增值额与扣除项目金额的比率 | 税率(%) | 速算扣除系数(%) |
|---|---|---|---|
| 1 | 不超过50%的部分 | 30 | 0 |
| 2 | 50%~100%的部分 | 40 | 5 |
| 3 | 100%~200%的部分 | 50 | 15 |
| 4 | 超过200%的部分 | 60 | 35 |

上述四级超率累进税率,每级"增值额与扣除项目金额"的比率,均包括本比例数。

## 五、土地增值税应税收入的确定

根据《土地增值税暂行条例》及其实施细则的规定,纳税人转让房地产取得的应税收入,应包括转让房地产的全部价款及有关的经济收益。从收入的形式来看,包括货币收入、实物收入和其他收入。

(一)货币收入

货币收入是指纳税人转让房地产而取得的现金、银行存款、支票、银行本票、汇票等各种信用票据和国库券、金融债券、企业债券、股票等有价证券。这些收入都属于转让方因转让土地使用权、房屋产权而向取得方收取的价款。

(二)实物收入

实物收入是指纳税人转让房地产而取得各种实物形态的收入,如钢材、水泥等建材、房屋、土地等不动产。实物收入的价值不太容易确定,一般要对这些实物形态的财产进行估价。

(三)其他收入

其他收入是指纳税人转让房地产而取得的无形资产收入或具有财产价值的权利,如专利权、商标权、著作权、专有技术使用权、土地使用权、商誉权。这种类型的收入在交易中比较少见,其价值需要进行专门评估。

## 六、土地增值税扣除项目的确定

土地增值税和针对一般商品和服务的增值税不一样,在计算应纳税额时,它没有采用税额扣除法,直接对转让房地产所取得的收入征税,而是采用税基相减法,将纳税人一定时间内的房地产销售收入减去应扣除项目,计算出转让房地产的增值额,然后乘以相应的税率,计算出应纳增值税额。因此,要计算应纳税额,首先要计算增值额。而要计算增值额,首先要确定扣除项目。税法准予纳税人从转让收入额减除的扣除项目包括如下几项:

### (一)取得土地使用权所支付的金额

第一,纳税人为取得土地使用权所支付的地价款。以协议、招标、拍卖等出让方式取得土地使用权的,地价款为纳税人所支付的土地出让金;以行政划拨方式取得的土地使用权,地价款为按照国家有关规定补交的土地出让金;以转让方式取得土地使用权,地价款为向原土地使用权人实际支付的地价款。

第二,纳税人在取得土地使用权时按国家规定缴纳的费用,如登记、过户手续费。

### (二)房地产开发成本

房地产开发成本是指纳税人开发房地产项目实际发生的成本,包括土地的征用及拆迁补偿费、前期工程费、建筑安装工程费、基础设施费、公共配套设施费、开发间接费用等。

第一,土地征用及拆迁补偿费,包括土地征用费、耕地占用税、劳动力安置费及有关地上、地下附着物拆迁补偿的净支出、安置动迁用房支出等。

第二,前期工程费,包括规划、设计、项目可行性研究和水文、地质、勘察、测绘、“三通一平”等支出。

第三,建筑安装工程费,指以出包方式支付给承包单位的建筑安装工程费,以自营方式发生的建筑安装工程费。

第四,基础设施费,包括开发小区内道路、供水、供电、供气、排污、排洪、通讯、照明、环卫、绿化等工程发生的支出。

第五,公共配套设施费,包括不能有偿转让的开发小区内公共配套设施发生的支出。

第六,开发间接费用,指直接组织、管理开发项目发生的费用,包括工资、职工福利费、折旧费、修理费、办公费、水电费、劳动保护费、周转房摊销等。

### (三)房地产开发费用

房地产开发费用是指与房地产开发项目有关的销售费用、管理费用和财务费用。根据现行财务会计制度的规定,这三项费用作为期间费用,直接计入当期损益,不按成本核算对象进行分摊。所以,作为土地增值税扣除项目的房地产开发费用,不按纳税人房地产开发项目实际发生的费用进行扣除,而按《土地增值税暂行条例实施细则》的标准进行扣除。具体的要求是:(1)财务费用中的利息支出,凡能够按转让房地产项目计算分摊并提供金融机构证明的,允许据实扣除,但最高不能超过按商业银行同类同期贷款利率计算的金额。其他房地产开发费用,按取得土地使用权所支付的金额和房地产开发成本之和的5%以内计算扣除。(2)凡不能按转让房地产项目计算分摊利息支出或不能提供金融机构证明的,房地产开发费用按取得土地使用权所支付的金额和房地产开发成本之和的10%以内计算扣除。计算扣除的具体比例,由各省、自治区、直辖市人民政府规定。

### (四)与转让房地产有关的税金

与转让房地产有关的税金是指在转让房地产时缴纳的营业税、城市维护建设税、印花税。因转让房地产缴纳的教育费附加,也可视同税金予以扣除。

需要明确的是,房地产开发企业按照《施工、房地产开发企业财务制度》有关规定,其在转让时缴纳的印花税列入管理费用中,故在此不允许再扣除。其他纳税人缴纳的印花税,即按产权转移书据所载金额的5‰贴花,允许在此扣除。

### (五)旧房及建筑物的评估价格

旧房及建筑物的评估价格是指在转让已使用的房屋及建筑物时,由政府批准设立的房地产评估机构评定的重置成本价乘以成新度折扣率后的价格。评估价格须经当地税务机关确认。"重置成本价"的含义是,对旧房及建筑物,按转让时的建材价格及人工费用计算,建造同样面积、同样层次、同样结构、同样建设标准的新房及建筑物所需花费的成本费用。"成新度折扣率"的含义是,按旧房的新旧程度做一定比例的折扣。

### (六)其他扣除项目

对从事房地产开发的纳税人可按取得土地使用权所支付的金额和房地产开发成本之和,加计20%的扣除。这条优惠只适用从事房地产开发的纳税人,除此之外的其他纳税人不适用。

## 七、应纳税额的计算

土地增值税按照纳税人转让房地产所取得的增值额和规定的税率计算征收。具体的计算公式是:

应纳税额=Σ(每级距的土地增值额×适用税率)

在实际工作中,分步计算比较烦琐,采用速算扣除法会更加简便。具体的做法是,先计算土地增值税税额,然后将增值额乘以适用的税率,并减去扣除项目金额乘以速算扣除系数,就可以得出应纳税额的数值。速算扣除系数参见上文所列的土地增值税税率表。

从上述公式可知,增值额是土地增值税的本质所在。增值额是纳税人转让房地产所取得的收入减除规定的扣除项目金额后的余额。增值额越大,计税基数越高,即便税率保持不变,应纳税额自然越大。况且,在计算土地增值税时,以增值额与扣除项目金额的比率大小,按累进的方式适用税率。增值额与扣除项目金额的比率越大,表明市场投机的成分越高,适用的税率随之越高。通过这种方式,土地增值税可以起到调节房地产市场的目的。

在实际房地产交易活动中,有些纳税人由于不能准确提供房地产转让价格或扣除项目金额,致使增值额不能准确计算出来,直接影响应纳税额的计算和缴纳。因此,纳税人有下列情形之一的,按照房地产评估价格计算征收:(1)隐瞒、虚报房地产成交价格的;(2)提供扣除项目金额不实的;(3)转让房地产的成交价格低于房地产评估价格,又无正当理由的。

这里所说的"房地产评估价格",是指由政府批准设立的房地产评估机构根据相同地段、同类房地产进行综合评定的价格。

## 八、土地增值税的减免措施

纳税人建造普通标准住宅出售,增值额未超过扣除项目金额20%的,免征土地增值税。增值额超过扣除项目金额20%的,应就其全部增值额按规定计税。这里所说的"普通标准住宅",是指按所在地一般民用住宅标准建造的居住用住宅。高级公寓、别墅、度假村等不属于普通标准住宅。普通标准住宅与其他住宅的具体划分界限由各省、自治区、直辖市人民政府规定。纳税人既建普通标准住宅又搞其他房地产开发的,应分别核算增值额。不分别核算增值额或不能准确核算增值额的,其建造的普通标准住宅不能适用这一免税规定。

因国家建设需要依法征用、征回的房地产,免征土地增值税。因城市实施规划、国家建设的需要而搬迁,由纳税人自行转让原房地产的,比照有关规定免征土地增值税。

个人因工作调动或改善居住条件而转让原自用住房,经向税务机关申报核准,凡居住满5年或5年以上的,免予征收土地增值税;居住满3年未满5年的,减半征收土地增值税;居住未满3年的,按规定计征土地增值税。转让住宅之外的其他住房,如商铺、写字楼等,不适用前述规定。

## 九、土地增值税的征收管理

土地增值税的纳税人应向房地产所在地主管税务机关办理纳税申报,并在税务机关核定的期限内缴纳土地增值税。

这里所说的"房地产所在地",是指房地产的坐落地。纳税人转让的房地产坐落在两个或两个以上地区的,应按房地产所在地分别申报纳税。

土地增值税的纳税人应在转让房地产合同签订后的7日内,到房地产所在地主管税务机关办理纳税申报,并向税务机关提交房屋及建筑物产权、土地使用权证书,土地转让、房产买卖合同,房地产评估报告及其他与转让房地产有关的资料。纳税人因经常发生房地产转让而难以在每次转让后申报的,经税务机关审核同意后,可以定期进行纳税申报,具体期限由税务机关根据情况确定。

按照《土地增值税暂行办法实施细则》的规定,纳税人在项目全部竣工结算前转让房地产取得的收入,可以预征土地增值税,具体办法由各省、自治区、直辖市地方税务局根据当地情况制定。因此,对于纳税人预售房地产所取得的收入,凡当地税务机关规定预征土地增值税的,纳税人应当到主管税务机关办理纳税申报,并按规定比例预交土地增值税,待办理决算后,多退少补。

## 十、房地产开发企业土地增值税的清算

尽管《土地增值税暂行条例》自 1994 年 1 月 1 日就已经生效,但长期以来,土地增值税并没有在全国普遍推开。直到 2005 年之后,许多地方才开始陆续对房地产开发企业征收土地增值税。考虑到房地产开发周期长的特点,大部分地区采取以预征的形式进行征收,要求房地产企业按照预(销)售商品房收入 1% ~2% 的比例进行预征。但在很长时期内,土地增值税的结算一直没有真正落实,房地产开发企业借此逃避土地增值税的现象比较普遍。正因如此,土地增值税的功能并没有充分发挥,土地增值税对财政收入的贡献也非常有限。2006 年,全国税收收入超过 3 万亿元,但土地增值税收入仅为 231 亿元。[8]

鉴于 2006 年前后房地产市场过热的情况,中央采取了多项宏观调控政策稳定房价,其中之一就是清算房地产开发企业的土地增值税。2006 年 12 月 28 日国家税务总局下发《关于房企土地增值税清算管理有关问题的通知》(国税发〔2006〕187 号),要求对房地产开发企业土地增值税进行清算,并且于 2007 年 2 月 1 日起执行。此后,国家税务总局于 2010 年发布《关于加强土地增值税征管工作的通知》(国税发〔2010〕53 号)、2013 年发布《关于进一步做好土地增值税征管工作的通知》(税总发〔2013〕67 号),要求加强土地增值税的征管清算工作。

根据前述通知,土地增值税以国家有关部门审批的房地产开发项目为单位进行清算;对于分期开发的项目,以分期项目为单位清算。需要清算的情形包括:(1)房地产开发项目全部竣工、完成销售的;(2)整体转让未竣工决算房地产开发项目的;(3)直接转让土地使用权的。符合上述条件的纳税人,须在满足清算条件之日起 90 日内,到主管税务机关办理清算手续。

而满足下列情形之一的,主管税务机关可要求纳税人进行土地增值税清算:(1)已竣工验收的房地产开发项目,已转让的房地产建筑面积占整个项目可售建筑面积的比例在 85% 以上或该比例虽未超过 85% ,但剩余的可售建筑面积已经出租或自用的;(2)取得销售(预售)许可证满 3 年仍未销售完毕的;(3)纳税人申请注销税务登记但未办理土地增值税清算手续的;(4)省税务机关规定的其他情况。符合上述条件的纳税人,须在主管税务机关限定的期限内办理清算手续。

房地产开发企业有下列情形之一的,税务机关可以参照与其开发规模和收入水平相近的当地企业的土地增值税税负情况,按不低于预征率的征收率核定征收土地增值税:(1)依照法律、行政法规的规定应当设置但未设置账簿的;(2)擅自销毁账簿或者拒不提供纳税资料的;(3)虽设置账簿,但账目混乱或者成本资料、收入凭证、费用凭证残缺不全,难以确定转让收入或扣除项目金额的;(4)符合土地增值税清算条件,未按照规定的期限办理清算手续,经税务机关责令限期清算,逾期仍不清算的;(5)申报的计税依据明显偏低,又无正当理由的。

---

〔8〕 参见 http://data. stats. gov. cn/easyquery. htm? cn = C01,最后访问日期:2019 年 7 月 4 日。

## 第四节 消 费 税 法

消费税是指以特定消费品为课税对象所征收的一种税。我国现行消费税是1994年税制改革中新设置的一个税种,其目的是调节产品结构,引导消费方向,保证国家财政收入。具体的标志是1993年12月13日国务院颁布《消费税暂行条例》,在对货物普遍征收增值税的基础上,选择少数消费品再征收一道消费税。1993年12月25日,财政部发布《消费税暂行条例实施细则》,对消费税制度的具体内容有所补充和细化。之后的十余年里,虽然个别项目的消费税政策有所调整,但是结构和内容基本上没有大的变动。

不过,随着我国经济的快速发展,现行消费税制存在的一些问题逐渐凸显出来:一是征税范围偏窄,不利于在更大范围内发挥消费税的调节作用;二是原来确定的某些属于高档消费品的产品,如今已经逐渐具有大众消费的特征;三是有些应税品目的税率结构与国内产业结构、消费水平和消费结构的变化不相适应;四是消费税促进节约资源和环境保护的作用有待加强。为了解决上述问题,2006年3月20日,财政部、国家税务总局联合下发通知,自当年4月1日起,对我国消费税的税目、税率及相关政策进行调整。[9] 此次消费税政策调整是1994年税制改革以来规模最大的一次,对纳税人的利益影响深远。2008年11月5日,国务院修订《消费税暂行条例》,自2009年1月1日起实施。《消费税暂行条例实施细则》也随之被修订。

消费税制此后经历多次调整,主要侧重于征税税目增删与税率调整等方面。如2014年财政部、国家税务总局发布《关于调整消费税政策的通知》,决定取消气缸容量250毫升(不含)以下的小排量摩托车消费税、汽车轮胎税目、车用含铅汽油消费税、酒精消费税。2014年11月、2014年12月以及2015年1月,财政部、国家税务总局分三次提高成品油的消费税单位税额。2015年5月7日,财政部、国家税务总局发布《关于调整卷烟消费税的通知》,将卷烟批发环节从价税税率由5%提高至11%,并按0.005元/支加征从量税。2015年1月26日,财政部、国家税务总局颁布《关于对电池、涂料征收消费税的通知》,将电池、涂料纳入征税范围,进一步扩大消费税范围。2016年9月30日,财政部、国家税务总局发布《关于调整化妆品消费税政策的通知》以及《关于调整化妆品进口环节消费税的通知》,取消对普通美容、修饰类化妆品征收消费税,将"化妆品"税目名称更改为"高档化妆品",税率调整为15%,同时将进口环节消费税税率由30%下调为15%,等等。

和增值税不同的是,消费税实行单一环节征收,一般在应税消费品的生产、委托加工

---

〔9〕 参见财政部、国家税务总局《关于调整和完善消费税政策的通知》(财税〔2006〕第33号)。

和进口环节缴纳,在以后的批发、零售等环节中,由于价款中已包含消费税,因此不必再缴纳消费税。从1995年1月1日起,金银首饰由生产销售环节征税改为零售环节征税;从2002年1月1日起,钻石及钻石饰品由生产、进口环节征税改为零售环节征税;从2009年5月1日起,在卷烟批发环节加征一道从价税,并自2015年5月10日起,将其改为复合税率;2016年12月1日起,在小汽车税目下增设"超豪华小汽车"子税目,对零售(进口完税)价格130万元(不含增值税)及以上的乘用车和中轻型商用客车,在零售环节加征10%的消费税。另外一个不同之处在于,消费税属于价内税,作为计税基础的销售额本身即含有消费税税款。

特别需要指出的是,为了平衡烟叶产区地方政府的财政收入,国务院于2006年4月28日制定了《烟叶税暂行条例》,用烟叶税替代原来的烟叶特产农业税。在提出落实税收法定原则要求后,2017年12月27日,全国人大常委会通过了《烟叶税法》,税制内容较暂行条例并无实质性改动。从具体内容来看,除了收入归属不同之外,烟叶税与消费税非常相似,可以将其定性为特别消费税。因此,本节除阐述消费税之外,还将对烟叶税予以介绍。

### 一、消费税的纳税义务人

在中国境内生产、委托加工和进口应税消费品的单位和个人,为消费税纳税义务人。这里所谓的单位,是指国有企业、集体企业、私有企业、股份制企业、外商投资企业和外国企业、其他企业和行政单位、事业单位、军事单位、社会团体及其他单位。这里所谓的个人,是指个体经营者及其他个人。所谓在中国境内,是指生产、委托加工和进口属于应当征收消费税的消费品的起运地或所在地在境内。

委托加工的应税消费品,由受托方向委托方交货时代收代缴税款。但对委托个体经营者加工应税消费品的,一律于委托方收回应税消费品后在委托方所在地缴纳消费税。

### 二、消费税的税目及税率

消费税的征税范围主要有两种情况。一种是由征收产品税改征增值税后税负大幅度下降的产品;另一种是需要进行特殊税收调节的消费品。需要进行税收调节的消费品主要有:(1)过度消费对人类健康、社会秩序和生态环境造成危害的;(2)奢侈品;(3)高能耗及高能耗消费品;(4)不可再生和替代的消费品;(5)非生活必需品;(6)具有一定财政意义的消费品。

如表2所示,确定征收消费税的有烟、酒、成品油、化妆品等15个税目,有的税目还进一步划分若干子目,以便分别适用不同的税率。

**表2　消费税税目税率**

| 税目 | 税率 |
| --- | --- |
| 一、烟 | |
| 1. 卷烟 | |
| (1)工业 | |
| ①甲类卷烟 | 56%加0.003元/支 |
| ②乙类卷烟 | 36%加0.003元/支 |
| (2)商业批发 | 11%加0.005元/支 |
| 2. 雪茄烟 | 36% |
| 3. 烟丝 | 30% |
| 二、酒 | |
| 1. 白酒 | 20%加0.5元/500克(或者500毫升) |
| 2. 黄酒 | 240元/吨 |
| 3. 啤酒 | |
| (1)甲类啤酒 | 250元/吨 |
| (2)乙类啤酒 | 220元/吨 |
| 4. 其他酒 | 10% |
| 三、高档化妆品 | 15% |
| 四、贵重首饰及珠宝玉石 | |
| 1. 金银首饰、铂金首饰和钻石及钻石饰品 | 5% |
| 2. 其他贵重首饰和珠宝玉石 | 10% |
| 五、鞭炮、焰火 | 15% |
| 六、成品油 | |
| 1. 汽油 | 1.52元/升 |
| 2. 柴油 | 1.20元/升 |
| 3. 航空煤油 | 1.20元/升 |
| 4. 石脑油 | 1.52元/升 |
| 5. 溶剂油 | 1.52元/升 |
| 6. 润滑油 | 1.52元/升 |
| 7. 燃料油 | 1.20元/升 |
| 七、摩托车 | |
| 1. 气缸容量(排气量,下同)在250毫升的 | 3% |
| 2. 气缸容量在250毫升以上的 | 10% |
| 八、小汽车 | |
| 1. 乘用车 | |
| (1)气缸容量(排气量,下同)在1.0升(含1.0升)以下的 | 1% |
| (2)气缸容量在1.0升以上至1.5升(含1.5升)的 | 3% |
| (3)气缸容量在1.5升以上至2.0升(含2.0升)的 | 5% |
| (4)气缸容量在2.0升以上至2.5升(含2.5升)的 | 9% |
| (5)气缸容量在2.5升以上至3.0升(含3.0升)的 | 12% |
| (6)气缸容量在3.0升以上至4.0升(含4.0升)的 | 25% |
| (7)气缸容量在4.0升以上的 | 40% |
| 2. 中轻型商用客车 | 5% |
| 3. 超豪华小汽车(零售环节) | 10% |

续表

| 税目 | 税率 |
|---|---|
| 九、高尔夫球及球具 | 10% |
| 十、高档手表 | 20% |
| 十一、游艇 | 10% |
| 十二、木质一次性筷子 | 5% |
| 十三、实木地板 | 5% |
| 十四、电池 | 4% |
| 十五、涂料 | 4% |

### 三、消费税应纳税额的计算

#### (一)销售应税消费品应纳税额的计算

按照现行消费税法的基本规定,销售应税消费品应纳税额的计算分为从价定率、从量定额、从价定率和从量定额混合计算三类计算方法。具体计算方法为:

1. 从价定率计算方法

在从价定率计算方法下,应纳税额的计算取决于应税消费品的销售额和适用税率两个因素。其基本计算公式为:

应纳税额 = 应税消费品的销售额 × 适用税率

应税消费品的销售额为纳税人销售应税消费品向购买方收取的全部价款和价外费用。“价外费用”是指价外收取的基金、集资费、返还利润、补贴、违约金(延期付款利息)和手续费、包装费、储备费、优质费、运输装卸费、代收款项、代垫款项以及其他各种性质的价外收费。但对于代垫运费,如果承运部门将运费发票开具给购货方,纳税人将该项发票转交给购货方,则该代垫费用不属于价外费用。

另外,应税消费品连同包装销售的,无论是否单独计价,也无论在会计上如何核算,均应并入应税消费品的销售额中征收消费税。如果包装物不作价随同产品销售,而是收取押金,且单独核算又未过期的,此项押金则不应并入应税消费品的销售额中征税。但对因逾期未收回的包装物不再退还的和已收取1年以上的押金,应并入应税消费品的销售额,按照应税消费品的适用税率征收消费税。对既作价随同应税消费品销售,又另外收取的包装物押金,凡纳税人在规定的期限内不予退还的,均应并入应税消费品的销售额,按照应税消费品的适用税率征收消费税。对酒类产品生产企业销售酒类产品(黄酒、啤酒除外)而收取的包装物押金,无论押金是否返还与会计上如何核算,均需并入酒类产品销售额中,依酒类产品的适用税率征收消费税。

纳税人通过自设非独立核算门市部销售的自产应税消费品,应当按照门市部对外销售额或者是销售数量征收消费税。纳税人用于换取生产资料和消费资料,投资入股和抵偿债务等方面的应税消费品,应当以纳税人同类应税消费品的最高销售价格作为计税依据计算消费税。纳税人将自产的应税消费品与外购或自产的非应税消费品组成套装销售的,以套装产品的销售额(不含增值税)为计税依据。纳税人兼营不同税率的应税消费品,应当分别核算不同税率应税消费品的销售额、销售数量;未分别核算销售额、销售数量,或者将不同税率的应税消费品组成成套消费品销售的,从高适用税率。此外,纳税人兼营卷烟批发和零售业务的,应当分别核算批发和零售环节的销售额、销售数量;未分别核算批发和零售环节销售额、销售数量的,按照全部销售额、销售数量计征批发环节消费税。

2009年7月17日,为保全税基,对设立销售公司的白酒生产企业,税务总局制定了《白酒消费税最低计税价格核定管理办法(试行)》,自2009年8月1日起执行。白酒生产企业销售给销售单位的白酒,生产企业消费税计税价格低于销售单位对外销售价格(不含增值税)70%以下的,税务机关应核定消费税最低计税价格。已核定最低计税价格的白酒,生产企业实际销售价格高于消费税最低计税价格的,按实际销售价格申报纳税;实际销售价格低于消费税最低计税价格的,按最低计税价格申报纳税。已核定最低计税价格的白酒,销售单位对外销售价格持续上涨或下降时间达到3个月以上、累计上涨或下降幅度在20%(含)以上的白酒,税务机关重新核定最低计税价格。

应税消费品在缴纳消费税的同时,与一般货物一样,还应缴纳增值税。按照《消费税暂行条例实施细则》的规定,应税消费品的销售额,不包括应向购货方收取的增值税税款。如果纳税人应税消费品的销售额中未扣除增值税税款,或者因不得开具增值税专用发票而发生价款和增值税税款合并收取的,在计算消费税时,应将含增值税的销售额换算为不含增值税税款的销售额。其换算公式为:

应税消费品的销售额 = 含增值税的销售额 ÷ (1 + 增值税税率或征收率)

2. 从量定额计算方法

在从量定额计算方法下,应纳税额的计算取决于应税消费品的销售数量和单位税额两个因素。其基本计算公式为:

应纳税额 = 应税消费品的销售数量 × 单位税额

应税消费品的销售数量是指纳税人生产、加工和进口应税消费品的数量。具体规定为:销售应税消费品的,为应税消费品的销售数量;自产自用应税消费品的,为应税消费品的移送使用数量;委托加工应税消费品的,为纳税人收回的应税消费品数量;进口的应税消费品,为海关核定的应税消费品进口征税数量。

3. 从价定率和从量定额混合计算方法

现行消费税的征税范围中,只有卷烟、白酒采用混合计算方法。其基本计算公式为:

应纳税额 = (应税销售数量 × 定额税率) + (应税销售额 × 比例税率)

生产销售卷烟、白酒从量定额计税依据为实际销售数量。进口、委托加工、自产自用卷烟、白酒从量定额计税依据分别为海关核定的进口征税数量、委托方收回数量、移送使用数量。

### (二) 自产自用应税消费品应纳税额的计算

纳税人自产自用金银首饰以外的其他应税消费品,用于连续生产应税消费品的,免征消费税。所谓“纳税人自产自用的应税消费品,用于连续生产应税消费品的”,是指作为生产最终应税消费品的直接材料并构成最终产品实体的应税消费品。例如,卷烟厂生产出烟丝,烟丝已是应税消费品,卷烟厂再用生产出的烟丝连续生产卷烟,这样,用于连续生产卷烟的烟丝就不缴纳消费税,只对生产的卷烟征收消费税。当然,生产出的烟丝如果是直接销售,则烟丝要缴纳消费税。税法规定对自产自用的应税消费品,用于连续生产应税消费品的不征税,体现了税不重征且计税简便的原则。

纳税人自产自用的应税消费品,除用于连续生产应税消费品外,凡用于其他方面的,于移送使用时纳税。用于其他方面的是指纳税人用于生产非应税消费品和在建工程,管理部门、非生产机构,提供劳务,以及馈赠、赞助、集资、广告、样品、职工福利、奖励等方面的应税消费品。在这些情况下,消费税的计税价格为纳税人生产的同类消费品的销售价格;没有同类消费品销售价格的,按照组成计税价格计算纳税。

如果当月同类消费品各期销售价格高低不同,应按照销售数量加权平均计算。但销售的应税消费品的销售价格明显偏低又无正当理由的,不得列入加权平均价格。如果当月无销售,应按照同类消费品上月或最近月份的销售价格计算纳税。对应税消费品价格明显偏低又无正当理由的,按下列顺序确定计税销售额:(1)按纳税人当月同类消费品的平均销售价格确定;(2)按纳税人最近时期同类应税消费品的平均销售价格确定;(3)按组成计税价格确定。

实行从价定率办法计算纳税的组成计税价格计算公式:

组成计税价格 =(成本 + 利润)÷(1 − 比例税率)

实行复合计税办法计算纳税的组成计税价格计算公式:

组成计税价格 =(成本 + 利润 + 自产自用数量 × 定额税率)÷(1 − 比例税率)

上述公式中所说的“利润”,是指根据应税消费品的全国平均成本利润率计算的利润。应税消费品全国平均成本利润率由国家税务总局确定。

### (三)委托加工应税消费品应纳税额的计算

委托加工的应税消费品是指由委托方提供原料和主要材料,受托方只收取加工费和代垫部分辅助材料而加工的应税消费品。对于由受托方提供原材料生产的应税消费品,或者受托方先将原材料卖给委托方,然后再接受加工的应税消费品,以及由受托方以委托方名义购进原材料生产的应税消费品,无论纳税人在财务上是否作销售处理,都不得作为委托加工应税消费品,而应当按照销售自制应税消费品缴纳消费税。按照规定,委托加工的应税消费品,由受托方在向委托方交货时代收代缴税款。

委托加工应税消费品,按照受托方的同类消费品的销售价格计算纳税;没有同类消费品销售价格的,按照组成计税价格计算纳税。

实行从价定率办法计算纳税的组成计税价格计算公式:

组成计税价格 =(材料成本 + 加工费)÷(1 − 比例税率)

实行复合计税办法计算纳税的组成计税价格计算公式:

组成计税价格 =(材料成本 + 加工费 + 委托加工数量 × 定额税率)÷(1 − 比例税率)

其中,材料成本是指委托方所提供加工材料的实际成本,加工费是指受托方加工应税消费品向委托方所收取的全部费用(包括代垫费用、辅助材料的实际成本)。

委托加工的应税消费品,受托方在交货时已代收代缴消费税,委托方收回后直接出售的,不再征收消费税。委托方收回货物后用于连续生产应税消费品的,其已纳税款准予按照规定从连续生产的应税消费品应纳消费税税额中抵扣。[10] 按照国家税务总局的规定,从1995年6月1日起,下列连续生产的应税消费品准予从应纳消费税税额中按当期生产领用数量计算扣除委托加工收回的应税消费品已纳消费税税款:(1)以委托加工收回的已税烟丝为原料生产的卷烟;(2)以委托加工收回的已税化妆品为原料生产的化妆品;(3)以委托加工收回的已税珠宝玉石为原料生产的贵重首饰及珠宝玉石;(4)以委托加工收回的已税鞭炮、焰火为原料生产的鞭炮、焰火;(5)以委托加工收回的已税汽车轮胎生产的汽车轮胎;(6)以委托加工收回的已税摩托车生产的摩托车。

另外,从2006年4月1日起,下列应税消费品准予从消费税应纳税额中扣除原料中已纳的消费税税款:(1)以委托加工收回的已税杆头、杆身和握把为原料生产的高尔夫球杆;(2)以委托加工收回的已税木质一次性筷子为原料生产的木质一次性筷子;(3)以委托加工收回的已税实木地板为原料生产的实木地板;(4)以委托加工收回的已税石脑油为原料生产的应税消费品;(5)以委托加工收回的已税润滑油为原料生产的润滑油。

需要说明的是,纳税人用委托加工收回的已税珠宝玉石生产的改在零售环节征收消费税的金银首饰,在计税时不得扣除委托加工收回的珠宝玉石的已纳消费税税款。

#### (四)进口应税消费品

纳税人进口应税消费品,按照组成计税价格和规定的税率计算应纳税额。

实行从价定率办法计算纳税的组成计税价格计算公式:

组成计税价格=(关税完税价格+关税)÷(1-消费税比例税率)

实行复合计税办法计算纳税的组成计税价格计算公式:

组成计税价格=(关税完税价格+关税+进口数量×消费税定额税率)÷(1-消费税比例税率)

实行从量定额办法的应税消费品的应纳税额的计算公式:

应纳税额=应税消费品数量×消费税单位税额

实行从价定率和从量定额混合征收办法的应税消费品的应纳税额的计算公式:

应纳税额=(组成计税价格×消费税税率)+(应税消费品数量×消费税单位税额)

进口环节消费税除国务院另有规定者外,一律不得给予减税、免税。

### 四、出口应税消费品退(免)税

和出口货物的增值税政策一样,纳税人出口应税消费品时,国家也给予退(免)税优

---

〔10〕 外购应税消费品,用于连续生产应税消费品的,其已纳税款准予从连续生产的应税消费品应纳消费税税额中扣除。准予扣除的应税消费品范围和扣除方法与此处所提到的范围和方法相同。

惠。出口货物退(免)消费税与出口货物退(免)增值税在退(免)税范围的限定、退(免)税办理程序、退(免)税审核及管理上都有许多一致的地方。目前,主要规则是2012年7月1日起实施的财政部、国家税务总局《关于出口货物劳务增值税和消费税政策的通知》及国家税务总局《出口货物劳务增值税和消费税政策的通知》。

### 五、消费税纳税义务发生时间、纳税期限与纳税地点

#### (一)纳税义务发生时间

纳税人生产的应税消费品于销售时纳税,进口消费品于应税消费品报关进口环节纳税,但金银首饰、钻石及钻石饰品在零售环节纳税。消费税纳税义务发生的时间,以货款结算方式或行为发生时间分别确定。

纳税人销售的应税消费品,其纳税义务的发生时间为:(1)纳税人采取赊销和分期收款结算方式的,其纳税义务的发生时间,为书面合同约定的收款日期的当天;书面合同没有约定收款日期或者无书面合同的,为发出应税消费品的当天;(2)纳税人采取预收货款结算方式的,其纳税义务的发生时间,为发出应税消费品的当天;(3)纳税人采取托收承付和委托银行收款方式销售的应税消费品,其纳税义务的发生时间,为发出应税消费品并办妥托收手续的当天;(4)纳税人采取其他结算方式的,其纳税义务的发生时间,为收讫销售款或者取得索取销售款的凭据的当天。

纳税人自产自用的应税消费品,其纳税义务的发生时间,为移送使用的当天。

纳税人委托加工的应税消费品,其纳税义务的发生时间,为纳税人提货的当天。

纳税人进口的应税消费品,其纳税义务的发生时间,为报关进口的当天。

#### (二)纳税期限

按照《消费税暂行条例》的规定,消费税的纳税期限分别为1日、3日、5日、10日、15日、1个月或者1个季度。纳税人的具体纳税期限,由主管税务机关根据纳税人应纳税额的大小分别核定;不能按照固定期限纳税的,可以按次纳税。

纳税人以1个月或者1个季度为一期纳税的,自期满之日起15日内申报纳税;以1日、3日、5日、10日或者15日为一期纳税的,自期满之日起5日内预缴税款,于次月1日起至15日内申报纳税并结算上月应纳税款。

纳税人进口应税消费品,应当自海关填发税款缴款书之日起15日内缴纳税款。

#### (三)纳税地点

纳税人销售的应税消费品以及自产自用的应税消费品,除国家另有规定的外,纳税人应当向机构所在地或者居住地主管税务机关申报。

委托加工的应税消费品,除受托方为个体经营者外,由受托方向所在地主管税务机关代收代缴消费税税款。

进口的应税消费品,由进口人或者其代理人向报送地海关申报纳税。

纳税人到外县(市)销售或委托外县(市)代销自产应税消费品的,于应税消费品销售后,回纳税人机构所在地或者居住地缴纳消费税。

纳税人的总机构与分支机构不在同一县(市)的,应在生产应税消费品的分支机构所在地缴纳消费税。根据国家税务总局发布的《消费税若干具体问题的规定》,对纳税人的总机构与分支机构不在同一省、自治区、直辖市的,如须改由总机构汇总在总机构所在地纳税的,须经国家税务总局批准;对纳税人的总机构与分支机构在同一省(自治区、直辖市)内而不在同一县(市)的,如须改由总机构汇总在总机构所在地纳税的,须经省级国家税务局批准。

纳税人销售的应税消费品,如因质量等原因由购买者退回时,经所在地主管税务机关审核批准后,可退还已征收的消费税税款,但不能自行直接抵减应纳税款。

### 六、烟叶税法

2004 年 6 月,根据中共中央、国务院《关于促进农民增加收入若干政策的意见》,财政部、税务总局下发了《关于取消除烟叶外的农业特产农业税有关问题的通知》,规定从 2004 年起,除对烟叶暂保留征收农业特产农业税外,取消对其他农业特产品征收农业特产农业税。2005 年 12 月 29 日,全国人大常委会决定废止《农业税条例》。农业特产农业税是依据该条例开征的,取消农业税以后,意味着农业特产农业税也要同时取消。因此,2006 年 2 月 17 日,国务院第 459 号令废止了国务院《关于对农业特产收入征收农业税的规定》。这样,对烟叶征收农业特产农业税也失去了法律依据。

为了保持政策的连续性,充分兼顾地方利益和有利于烟叶产区可持续发展,国务院于制定了《烟叶税暂行条例》,于 2006 年 4 月 28 日公布并实施,用开征烟叶税的方式取代原烟叶特产农业税。烟叶税之所以需要单独开征,而不是采取在消费税税目中增加“烟叶子税目”,是因为消费税属于中央税,而烟叶税纯粹是地方政府收入,在收入归属上存在一些技术障碍。另外一种可供替代的方案是,适当提高卷烟消费税税率,然后由中央财政通过转移支付对地方财政进行弥补。不过,转移支付通常较为滞后,容易割断地方政府与烟草种植的经济互动关系,影响烟叶生产,地方财政也无法得到及时保证。考虑以上因素,烟叶税的方案才最后成为首选。

随着税制改革的日益推进,烟叶税立法加速启动。2016 年 10 月 17 日,财政部、国家税务总局发布《烟叶税法(征求意见稿)》,[11] 2017 年 12 月 17 日由全国人大常委会通过《烟叶税法》,并于 2018 年 7 月 1 日正式施行。该法基本延续了 2006 年《烟草税暂行条例》的规定,仅对局部表述作出调整,使立法文义更准确、严谨。

根据《烟叶税法》的规定,在中国境内依照《烟草专卖法》的规定收购烟叶的单位为烟叶税的纳税人。本法所称烟叶,是指烤烟叶、晾晒烟叶。烟叶税实行比例税率,税率为 20%。烟叶税的计税依据是纳税人收购烟叶实际支付的价款。纳税人收购烟叶实际支付

---

〔11〕《关于〈中华人民共和国烟叶税法(征求意见稿)〉向社会公开征求意见的通知》,载财政部:http://tfs.mof.gov.cn/zhengwuxinxi/gongzuotongzhi/201610/t20161018_2437619.html,最后访问日期:2016 年 11 月 10 日。

的价款包括纳税人支付给烟叶生产销售单位和个人的烟叶收购价款和价外补贴。其中,价外补贴统一按烟叶收购价款的10%计算。[12] 纳税人收购烟叶,应当向烟叶收购地的主管税务机关申报纳税。烟叶税的纳税义务发生时间为纳税人收购烟叶的当日。烟叶税按月计征,纳税人应当于纳税义务发生月终了之日起15日内申报并缴纳税款。烟叶税的征收管理,依照《税收征收管理法》及条例的有关规定执行。

## 第五节　关　税　法

### 一、关税法概述

关税是海关对进出境货物、物品征收的一种税。所谓"境"指关境,又称"海关境域"或"关税领域",是一国海关法全面实施的领域。在通常情况下,关境与国境相一致,包括国家全部的领土、领海、领空。但如果一国国境内设立了自由港、自由贸易区等,这些区域就进出口关税而言则处在关境之外。与此同时,一个国家还可能设立多个关境,各关境之间的货物或物品往来,仍然需要征收进出口关税。例如,根据《香港特别行政区基本法》和《澳门特别行政区基本法》,香港和澳门保持自由港地位,即我国单独的关境区。如果国家之间结成关税同盟,实施统一的关税法令和统一的对外税则,那么,这些国家之间的货物往来不征收关税,而只对来自或运往其他国家的货物进出共同关境时征收关税。例如,欧洲联盟就组成了一个共同关境,其范围大于任何一个成员国的国境。

从理论上说,关税包括进口税、出口税和过境税三种。进口税是指一国海关对进口货物和物品征收的关税。进口税有正税和附加税之分。进口正税是按照关税税则中法定的税率征收的进口税。进口附加税是在征收进口正税的基础上有针对性地加征的临时性关税,如反倾销税、反补贴税、报复性关税、紧急进口税。出口税是指本国货物或物品出境时需要缴纳的一种关税。目前,大部分发达国家都已经废止出口税,但发展中国家为增加财政收入,限制本国紧缺资源的输出,仍普遍保留出口税。过境税是指对通过本国关境运输的货物所征收的一种关税。过境税在重商主义时代比较盛行,目的是为了增加财政收入。目前开征过境税的国家极少,世界贸易组织协定也严格禁止成员国开征任何形式的过境关税。

我国关税分为进口税和出口税两类。进口税的征收范围较广,但出口税仅对少数物品征收。现行关税法以《海关法》《进出口关税条例》《海关进出口税则》《入境旅客行李物品和个人邮递物品征收进口税办法》为基本法规。《海关法》自1987年7月1日起生效,2000年7月、2013年6月、2013年12月、2016年11月、2017年11月予以修订。《进

〔12〕 财政部、税务总局《关于明确烟叶税计税依据的通知》(财税〔2018〕75号)。

出口关税条例》于1985年3月由国务院发布，1987年和1992年国务院曾对个别条款进行调整。2003年、2011年、2013年、2016年、2017年，《进出口关税条例》又分别被修订。《海关进出口税则》则每年发布一次，以适应进出口商品税率调整的需要。

## 二、关税的征税对象及纳税义务人

关税征收的对象仅限于准许进出境的货物或物品。货物是指贸易性的进出口商品；物品是指非贸易性的进出口商品，包括入境旅客随身携带的行李物品，个人邮递进境的物品，各种运输工具上的服务人员携带的进口物品、馈赠物品以及以其他方式进境的个人物品。关税在货物或物品进出关境的环节一次性征收。货物或物品入境后，其在国内流通的任何环节均不再征收关税。

进口货物的收货人、出口货物的发货人、进出境物品的所有人，是关税的纳税义务人。进出口货物的收、发货人是依法取得对外贸易经营权，并进口或者出口货物的法人或者是其他社会团体。进出境物品的所有人包括该物品的所有人和推定为所有人的人。一般情况下，对于携带进境的物品，推定其携带人为所有人；对分离运输的行李，推定相应的进出境旅客为所有人；对以邮递方式进境的物品，推定其收件人为所有人；以邮递或其他运输方式出境的物品，推定其寄件人或托运人为所有人。

## 三、关税的税目与税率

关税税目和税率的确定需要借助海关进出口税则。海关进出口税则是一国政府根据国家关税政策和经济政策，通过一定的立法程序制定公布实施的进出口货物和物品应税的关税税率表。进出口税则以税率表为主体，通常还包括实施税则的法令、适用税则的有关说明和附录等。《海关进出口税则》是我国海关征收关税的法律依据，也是我国关税政策的具体体现。

### （一）关税的税目

在海关进出口税则中，税率表是其中的主体，它包括税则商品分类目录和税率栏两大部分。我国目前实施了以《商品名称及编码协调制度》（Harmonized Commodity Description and Coding System，HS）为基础的进出口税则。HS由海关合作理事会（1994年1月改名为世界海关组织）组织编制，它采用国际公认的语言，按照商品的自然属性、成分、用途、加工程度或制造阶段等不同标志对商品进行分类编码，是一部科学、系统的国际贸易商品分类体系。不同编码的商品，实际上就是不同的关税税目。

我国现行税则采用八位编码法，前六位等效采用HS编码，第七、八位为我国根据中国进出口商品的实际情况，在HS基础上延伸的两位编码，也称增列税目。增列税目的原则主要是遵循HS分类原则和方法，适应科学技术发展需要，有利于对相关商品实行有区别的关税政策，有利于执行国家重要产业政策，有利于解决商品归类分歧，便于海关统计。每项具体进出口商品都必须按其特性在税则中找出其最适合的某一个税号，以便确定其适用的税率，计算关税税负。

### (二)进口关税税率

在加入世界贸易组织(WTO)之前,我国进口税则设有两栏税率,即普通税率和优惠税率。对原产于与我国未订有关税互惠协议的国家或者地区的进口货物,按照普通税率征税;对原产于与我国订有关税互惠协议的国家或者地区的进口货物,按照优惠税率征税。我国加入WTO之后,自2002年1月1日起,进口税则设有最惠国税率、协定税率、特惠税率、普通税率、关税配额税率等税率。对进口货物在一定期限内还可以实行暂定税率。

最惠国税率适用原产于与我国共同适用最惠国待遇条款的WTO成员方的进口货物,或原产于与我国签订有相互给予最惠国待遇条款的双边贸易协定的国家或地区进口的货物以及原产于我国境内的进口货物;协定税率适用原产于我国参加的含有关税优惠条款的区域性贸易协定有关缔约方的进口货物;特惠税率适用原产于与我国签订有特殊优惠关税协定的国家或地区的进口货物;普通税率适用原产于上述国家或地区以外的其他国家或地区的进口货物。按照普通税率征税的进口货物,经国务院关税税则委员会特别批准,可以适用最惠国税率。适用最惠国税率、协定税率、特惠税率的国家或者地区名单,由国务院关税税则委员会决定。

根据经济发展需要,国家对部分进口原材料、零部件、农药原药和中间体、乐器及生产设备实行暂定税率。暂定税率优先适用于优惠税率或最惠国税率,按普通税率征税的进口货物不适用暂定税率。同时,对部分进口农产品和化肥产品实行关税配额,即一定数量内的上述进口商品适用税率较低的配额内税率,超出该数量的进口商品适用税率较高的配额外税率。

任何国家或者地区违反与我国签订或者共同参加的贸易协定及相关协定,对我国在贸易方面采取禁止、限制、加征关税或者其他影响正常贸易的措施的,对原产于该国家或者地区的进口货物可以征收报复性关税,可以适用报复性关税税率。征收报复性关税的货物、适用国别、税率、期限和征收办法,由国务院关税税则委员会决定并公布。

我国对进口商品基本上都实行从价税,即以进口货物的完税价格作为计税依据,以应征税额占货物完税价格的百分比作为税率。不过,从1997年7月1日起,部分产品实行从量税、复合税和滑准税。从量税是以进口商品的重量、长度、容量、面积等计量单位为计税依据。复合税是对某种进口商品同时使用从价和从量计征的一种计征关税方法。滑准税是一种关税税率随进口商品价格由高到低而由低至高设置计征关税的方法,可以使进口商品价格越高,其进口关税税率越低,进口商品的价格越低,其进口关税税率越高。其主要特点是可保持滑准税商品的国内市场价格的相对稳定,尽可能减少国际市场价格波动的影响。

### (三)出口关税税率

出口关税税率没有普通税率与优惠税率之分,按不同商品实行差别比例税率。目前,我国仅对少数资源性产品及需要规范出口秩序的半制成品征收出口关税。

### （四）税率的适用

我国《进出口关税条例》规定，进出口货物，应当依照税则规定的归类原则归入合适的税号，并按照适用的税率征税。其中：

进出口货物，应当适用海关接受该货物申报进口或者出口之日实施的税率征税。

进口货物到达前，经海关核准先行申报的，应当按照装载此货物的运输工具申报进境之日实施的税率征税。

进出口货物的补税和退税，适用该进出口货物原申报进口或者出口之日所实施的税率，但下列情况除外：（1）按照特定减免税办法批准予以减免税的进口货物，后因情况改变经海关批准转让或出售或移作他用需要补税的，适用海关接受纳税人再次填写报送单申报办理纳税及有关手续之日实施的税率征税。（2）加工贸易进口料、件等属于保护性质的进口货物，如经批准转为内销，应按向海关申报转为内销之日实施的税率征税；如未经批准擅自转为内销的，则按海关查获日期所实施的税率征税。（3）暂进口货物转为正式进口需要补税时，应按其申报正式进口之日实施的税率征税。（4）分期支付租金的租赁进口货物，分期付税时，适用海关接受纳税人再次填写报送单申报办理纳税及有关手续之日实施的税率征税。（5）溢卸、误卸货物事后确定需征税时，应按其原运输工具申报进口日期所实施的税率征税。如原进口日期无法查明的，可按确定补税当天实施的税率征税。（6）对由于税则归类的改变、完税价格的审定或其他工作差错而需补税的，应按原征税日期实施的税率征税。（7）对经批准缓税进口的货物以后交税时，无论是分期或一次交清税款，都应按货物原进口之日实施的税率征税。（8）查获的走私进口货物需补税时，应按查获日期实施的税率征税。

### （五）进境货物的原产地

确定进境货物原产地的主要原因之一，是为了正确适用进口税则的各栏税率，对产自不同国家或地区的进口货物适用不同的关税税率。我国采用了两种国际上通用的原产地标准，即“全部产地生产标准”和“实质性加工标准”。

1. 全部产地生产标准

全部产地生产标准是指进口货物完全在一个国家内生产或制造，生产或制造国即为该货物的原产国。完全在一国生产或制造的进口货物包括：（1）在该国领土或领海内开采的矿产品；（2）在该国领土上收获或采集的植物产品；（3）在该国领土上出生或由该国饲养的活动物及从其所得产品；（4）在该国领土上狩猎或捕捞所得的产品；（5）在该国的船只上卸下的海洋捕捞物以及由该国船只在海上取得的其他产品；（6）在该国加工船加工上述第（5）项所列物品所得的产品；（7）在该国收集的只适用于做再加工制造的废碎料和废旧物品；（8）在该国完全使用上述第（1）~（7）项所列产品加工成的制成品。

2. 实质性加工标准

实质性加工标准适用于确定有两个或两个以上国家参与生产产品的原产国，其基本含义是：经过几个国家加工、制造的进口货物，以最后一个对货物进行经济上可以视为实质性加工的国家作为有关货物的原产国。“实质性加工”是指产品加工后,在进出口税则中四位数税号一级的税则归类已经有了改变,或者加工增值部分所占新产品总值的比例已超过30%及以上的。

对机器、仪器、器材或车辆所用零件、部件、配件、备件及工具,如与主件同时进口且数量合理的,其原产地按主件的原产地确定;分别进口的则按各自的原产地确定。

## 四、关税完税价格

### (一)一般进口货物的完税价格

根据《海关法》的规定,进出口货物的完税价格,由海关以该货物的成交价格为基础审查确定。成交价格不能确定时,完税价格由海关依法估定。进口货物的完税价格包括货物的货价、货物运抵我国境内输入地点起卸前的运输及其相关费用、保险费。我国境内输入地为入境海关地,包括内陆河、江口岸,一般为第一口岸。货物的货价以成交价格为基础。进口货物的成交价格是指买方为购买该货物,并按《海关审定进出口货物完税价格办法》有关规定调整后的实付或应付价格,包括直接支付的价款和间接支付的价款。

1. 进口货物的成交价格

进口货物的成交价格应当符合下列条件:(1)对买方处置或者使用进口货物不予限制,但是法律、行政法规规定实施的限制、对货物转售地域的限制和对货物价格无实质性影响的限制除外;(2)该货物的成交价格没有因搭售或者其他因素的影响而无法确定;(3)卖方不得从买方直接或者间接获得因该货物进口后转售、处置或者使用而产生的任何收益,或者虽有收益但能够按照规定进行调整;(4)买卖双方没有特殊关系,或者虽有特殊关系但未对成交价格产生影响。

有下列情形之一的,应当视为对买方处置或者使用进口货物进行了限制:进口货物只能用于展示或者赠送的;进口货物只能销售给指定第三方的;进口货物加工为成品后只能销售给卖方或者指定第三方的;其他经海关审查,认定买方对进口货物的处置或者使用受到限制的。

有下列情形之一的,应当视为进口货物的价格受到了使该货物成交价格无法确定的条件或者因素的影响:进口货物的价格是以买方向卖方购买一定数量的其他货物为条件而确定的;进口货物的价格是以买方向卖方销售其他货物为条件而确定的;其他经海关审查,认定货物的价格受到使该货物成交价格无法确定的条件或者因素影响的。

2. 成交价格的调整项目

以成交价格为基础审查确定进口货物的完税价格时,未包括在该货物实付、应付价格中的下列费用或者价值应当计入完税价格:(1)由买方负担的下列费用:除购货佣金以外的佣金和经纪费;与该货物视为一体的容器费用;包装材料费用和包装劳务费用。(2)与进口货物的生产和向中国境内销售有关的,由买方以免费或者以低于成本的方式提供,并可以按适当比例分摊的下列货物或者服务的价值:进口货物包含的材料、部件、零件和类似货物;在生产进口货物过程中使用的工具、模具和类似货物;在生产进口货物过程中消耗的材料;在境外进行的为生产进口货物所需的工程设计、技术研发、工艺及制图等相关服务。(3)买方需向卖方或者有关方直接或者间接支付的特许权使用费,但是符合下列情形之一的除外:特许权使用费与该货物无关;特许权使用费的支付不构成该货物向中国境内销售的条件。(4)卖方直接或者间接从买方对该货物进口后销售、处置或者使用所得中获得的收益。

进口货物的价款中单独列明的下列税收、费用,不计入该货物的完税价格:(1)厂房、机械或者设备等货物进口后发生的建设、安装、装配、维修或者技术服务的费用,但是保修费用除外;(2)进口货物运抵中国境内输入地点起卸后的运输及其相关费用、保险费;(3)进口关税及国内税收;(4)为在境内复制进口货物而支付的费用;(5)境内外技术培训及境外考察费用。

3. 对买卖双方之间有特殊关系的规定

买卖双方有特殊关系是指,买卖双方为同一家庭成员;买卖双方互为商业上的高级职员或董事;一方直接或间接地受另一方控制;买卖双方都直接或间接地受第三方控制;买卖双方共同直接或间接地控制第三方;一方直接或间接地拥有、控制或持有对方5%或以上公开发行的有表决权的股票或股份;一方是另一方的雇员、高级职员或董事;买卖双方是同一合伙的成员。买卖双方在经营上相互联系,一方是另一方的独家代理、经销或受让人,也应当视为有特殊关系。

买卖双方之间有特殊关系的,经海关审定其特殊关系未对成交价格产生影响,或进口货物的收货人能证明,其成交价格与同时或大约同时发生的下列任一款价格相近,该成交价格海关应当接受:(1)向境内无特殊关系的买方出售的相同或类似货物的成交价格;(2)按照使用倒扣价格有关规定所确定的相同或类似货物的完税价格;(3)按照使用计算价格有关规定所确定的相同或类似货物的完税价格。

海关在使用上述价格做比较时,应当考虑商业水平和进口数量的不同以及成交价格的调整规定所列各项目和交易中买卖双方有无特殊关系造成的费用差异。

### (二)特殊进口货物的完税价格

1. 加工贸易进口料件及其制成品需征税或内销补税的,海关按照一般进口货物的完税价格规定,审定完税价格。其中:(1)进口时需征税的进料加工进口料件,以该料件申报进口时的价格估定。(2)内销的进料加工进口料件或其制成品(包括残次品、副产品),以料件原进口时的价格估定。(3)内销的来料加工进口料件或其制成品(包括残次品、副产品),以料件申报内销时的价格估定。(4)出口加工区内的加工企业内销的制成品(包括残次品、副产品),以制成品申报内销时的价格估定。(5)保税区内的加工企业内销的进口料件或其制成品(包括残次品、副产品),分别以料件或制成品申报内销时的价格估定。如果内销的制成品中含有从境内采购的料件,则以所含从境外购入的料件原进口时的价格估定。(6)加工贸易加工过程中产生的边角料,以申报内销时的价格估定。

2. 从保税区或出口加工区销往区外、从保税仓库出库内销的进口货物(加工贸易进口料件及其制成品除外),以海关审定的价格估定完税价格。对经审核销售价格不能确定的,海关应当按照一般进口货物估价办法的规定估定完税价格。

3. 运往境外修理的机械器具、运输工具或其他货物,出境时已向海关报明,并在海关规定期限内复运进境的,应当以海关审定的境外修理费和料件费为完税价格。

4. 运往境外加工的货物,出境时已向海关报明,并在海关规定期限内复运进境的,应当以海关审定的境外加工费和料件费以及该货物复运进境的运输及其相关费用、保险费估定完税价格。

5. 对于经海关批准的暂时进境的货物,应当按照一般进口货物估价办法的规定估定完税价格。

6. 租赁方式进口的货物中,以租金方式对外支付的租赁货物,在租赁期间以海关审定的租金作为完税价格;留购的租赁货物,以海关审定的留购价格作为完税价格;承租人申请一次性缴纳税款的,经海关同意,按照一般进口货物估价办法估定完税价格。

7. 对于境内留购的进口货样、展览品和广告陈列品,以海关审定的留购价格作为完税价格。

8. 减税或免税进口的货物需要补税时,应当以海关审定的该货物进口时的价格,扣除折旧部分价值作为完税价格。

9. 以易货贸易、寄售、捐赠、赠送等其他方式进口的货物,应当按照一般进口货物估价办法的规定估定完税价格。

### (三)进口货物海关估价方法

进口货物的价格不符合成交价格条件或者成交价格不能确定的,海关应当依次以相同货物成交价格方法、类似货物成交价格方法、倒扣价格方法、计算价格方法及合理方法确定的价格为基础,估定完税价格。如果进口货物的收货人提出要求,并提供相关资料,经海关同意,倒扣价格方法和计算价格方法的适用次序可以颠倒。

1. 相同或类似货物成交价格方法

相同或类似货物成交价格方法,即以与被估的进口货物同时或大约同时进口的相同或类似货物的成交价格为基础,估定完税价格。以该方法估定完税价格时,应使用与该货物相同商业水平且进口数量基本一致的相同或类似货物的成交价格,但对因运输距离和运输方式不同,在成本和其他费用方面产生的差异应当进行调整。在没有上述的相同或类似货物的成交价格的情况下,可以使用不同商业水平或不同进口数量的相同或类似货物的成交价格,但对因商业水平、进口数量、运输距离和运输方式不同,在价格、成本和其他费用方面产生的差异应当作出调整。以该方法估定完税价格时,应当首先使用同一生产商生产的相同或类似货物的成交价格。只有在没有这一成交价格的情况下,才可以使用同一生产国或地区生产的相同或类似货物的成交价格。如果有多个相同或类似货物的成交价格,应当以最低的成交价格为基础,估定进口货物的完税价格。

2. 倒扣价格估价方法

倒扣价格估价方法即以被估的进口货物、相同或类似进口货物在境内销售的价格为基础,扣除境内发生的有关费用后,估定完税价格。该价格销售应当同时符合五个条件,即是在该货物进口的同时或者大约同时，将该货物、相同或者类似进口货物在境内销售的价格；是按照货物进口时的状态销售的价格；是在境内第一销售环节销售的价格；是向境内无特殊关系方销售的价格；是按照该价格销售的货物合计销售总量最大的。不过，按照倒扣价格估价方法审查确定进口货物完税价格的，下列各项应当扣除：同等级或者同种类货物在境内第一销售环节销售时，通常的利润和一般费用以及通常支付的佣金；货物运抵境内输入地点起卸后的运输及其相关费用、保险费；进口关税、进口环节海关代征税及其他国内税。

3. 计算价格估价方法

计算价格估价方法，是指海关以下列各项的总和为基础，审查确定进口货物完税价格的估价方法：生产该货物所使用的料件成本和加工费用；向境内销售同等级或者同种类货物通常的利润和一般费用（包括直接费用和间接费用）；该货物运抵境内输入地点起卸前的运输及相关费用、保险费。

4. 合理估价方法

合理估价方法，是指当海关不能根据成交价格估价方法、相同货物成交价格估价方法、类似货物成交价格估价方法、倒扣价格估价方法和计算价格估价方法确定完税价格时，海关根据客观、公平、统一的原则，以客观量化的数据资料为基础审查确定进口货物完税价格的估价方法。海关在采用合理方法确定进口货物的完税价格时，不得使用以下价格：境内生产的货物在境内的销售价格；可供选择的价格中较高的价格；货物在出口地市场的销售价格；以计算价格方法有关各项之外的价格或费用计算的价格；出口到第三国或地区的货物的销售价格；最低限价或武断、虚构的价格。

### （四）出口货物的完税价格

出口货物的完税价格，由海关以该货物向境外销售的成交价格为基础审查确定，并应包括货物运至我国境内输出地点装载前的运输及其相关费用、保险费，但其中包含的出口关税税额，应当扣除。出口货物的成交价格，是指该货物出口销售到我国境外时买方向卖方实付或应付的价格。出口货物的成交价格中含有支付给境外的佣金的，如果单独列明，应当扣除。

出口货物的成交价格不能确定时，完税价格经海关了解有关情况，并且与纳税义务人进行价格磋商后，依次使用下列方法估定：(1)同时或大约同时向同一国家或地区出口的相同货物的成交价格；(2)同时或大约同时向同一国家或地区出口的类似货物的成交价格；(3)根据境内生产相同或类似货物的成本、利润和一般费用、境内发生的运输及其相关费用、保险费计算所得的价格；(4)按照合理方法估定的价格。

### （五）完税价格的审定

进出口货物的收发货人应当向海关如实申报进出口货物的成交价格，提供包括发票、合同、装箱清单及其他证明申报价格真实、完整的单证、书面资料和电子数据。海关认为必要时，还应当向海关补充申报反映买卖双方关系和成交活动的情况。

海关为审查申报价格的真实性和准确性,可以查阅、复制与进出口货物有关的合同、发票、账册、结付汇凭证、单据、业务函电和其他反映买卖双方关系及交易活动的书面资料和电子数据;可以向进出口货物的收发货人及与其有资金往来或有其他业务往来的公司、企业调查与进出口货物价格有关的问题;可以对进出口货物进行查验或提取货样进行检验或化验;可以进入进出口货物收发货人的生产经营场所、货物存放场所,检查与进出口活动有关的货物和生产经营情况;可以向有关金融机构或税务部门,查询了解与进出口货物有关的收付汇资料或缴纳国内税的情况。

海关对申报价格的真实性、准确性有疑问时,或者认为买卖双方之间的特殊关系影响成交价格时,应当制发《中华人民共和国海关价格质疑通知书》,将质疑的理由书面告知纳税义务人或者其代理人,纳税义务人或者其代理人应当自收到该通知书之日起5个工作日内,以书面形式提供相关资料或者其他证据,证明其申报价格真实、准确或者双方之间的特殊关系未影响成交价格。纳税义务人或者其代理人确有正当理由无法在规定时间内提供前款资料的,可以在规定期限届满前以书面形式向海关申请延期。除特殊情况外,延期不得超过10个工作日。纳税义务人在规定的期限内未作说明、未提供有关资料的,或者海关仍有理由怀疑申报价格的真实性和准确性的,海关可以不接受纳税义务人申报的价格,并按照规定估定完税价格。

海关不接受申报价格,按照相同货物或类似货物成交价格的规定估定完税价格时,为获得合适的相同或类似进出口货物的成交价格,可以与进出口货物的纳税义务人进行价格磋商。

海关审查确定进出口货物的完税价格后,纳税义务人可以以书面形式要求海关就如何确定其进出口货物的完税价格作出书面说明,海关应当向纳税义务人作出书面说明。

海关为确定进出口货物的完税价格需要推迟作出估价决定的,进出口货物的纳税义务人可以在依法向海关提供担保后,先行提取货物。

### 五、关税减免

关税减免是贯彻国家关税政策的一项重要措施。关税减免分为法定减免税、特定减免税和临时减免税。根据《海关法》的规定,除法定减免税外的其他减免税均由国务院决定。减征关税在我国加入世界贸易组织之前以税则规定税率为基准,在我国加入世界贸易组织之后以最惠国税率或者普通税率为基准。

#### (一)法定减免税

法定减免税是税法中明确列出的减税或免税。符合税法规定可予减免税的进出口货物,纳税义务人无须提出申请,海关可按规定直接予以减免税。我国《海关法》和《进出口条例》明确规定,对下列货物、物品予以减免关税:

1. 关税税额在人民币50元以下的一票货物,免征关税。
2. 无商业价值的广告品和货样,免征关税。
3. 外国政府、国际组织无偿赠送的物资,免征关税。

4. 进出境运输工具装载的途中必需的燃料、物料和饮食用品，免征关税。

5. 经海关核准暂时进境或者暂时出境，并在6个月内复运出境或者复运进境的货样、展览品、施工机械、工程车辆、工程船舶、供安装设备时使用的仪器和工具、电视或者电影摄制器械、盛装货物的容器以及剧团服装道具，在货物收发货人向海关缴纳相当于税款的保证金或者提供担保后，可予暂时免税。

6. 为境外厂商加工、装配成品和为制造外销产品而进口的原材料、辅料、零件、部件、配套件和包装物料，海关按照实际加工出口的成品数量免征进口关税；或者对进口料件先征进口关税，再按照实际加工出口的成品数量予以退税。

7. 因故退还的中国出口货物，经海关审查属实，可予免征进口关税，但已征收的出口关税不予退还。

8. 因故退还的境外进口货物，经海关审查属实，可予免征出口关税，但已征收的进口关税不予退还。

9. 进口货物如有以下情形，经海关查明属实，可酌情减免进口关税：(1)在境外运输途中或者在起卸时，遭受损坏或者损失的；(2)起卸后海关放行前，因不可抗力遭受损坏或者损失的；(3)海关查验时已经破漏、损坏或者腐烂，经证明不是保管不慎造成的。

10. 无代价抵偿货物，即进口货物在征税放行后，发现货物残损、短少或品质不良，而由国外承运人、发货人或保险公司免费补偿或更换的同类货物，可以免税。但有残损或质量问题的原进口货物如未退运国外，其进口的无代价抵偿货物应照章征税。

11. 我国缔结或者参加的国际条约规定减征、免征关税的货物、物品，按照规定予以减免关税。

12. 法律规定减征、免征的其他货物。

(二)特定减免税

在法定减免税之外，国务院按照国际通行规则和我国实际情况，制定发布的有关进出口货物减免关税的政策，称为特定或政策性减免税。特定减免税货物一般有地区、企业和用途的限制，海关需要进行后续管理，也需要进行减免税统计。

1. 对科学研究机构和学校，不以营利为目的，在合理数量范围内进口国内不能生产的科学研究和教学用品，直接用于科学研究或者教学的，免征进口关税和进口环节增值税、消费税。

2. 对规定的残疾人个人专用品，免征进口关税和进口环节增值、消费税；对康复、福利机构、假肢厂和荣誉军人康复医院进口国内不能生产的特定残疾人专用品，免征进口关税和进口环节增值税。

3. 对境外自然人、法人或者其他组织等境外捐赠人，无偿向经国务院主管部门依法批准成立的，以人道救助和发展扶贫、慈善事业为宗旨的社会团体以及国务院有关部门和各省、自治区、直辖市人民政府捐赠的，直接用于扶贫、慈善事业的物资，免征进口关税和进口环节增值税。

4. 对于加工装配和补偿贸易，进境料件不予征税，准许在境内保税加工为成品后返销出口;进口外商的不作价设备和作价设备,分别比照外商投资项目和国内投资项目的免税规定执行;剩余料件或增产的产品,经批准转内销时,价值在进口料件总值2%以内,且总价值在人民币3000元以下的,可予免税。

对专为加工出口商品而进口的料件,海关按实际加工复出口的数量,免征进口税;加工的成品出口,免征出口税,但内销料件及成品照章征税;对加工过程中产生的副产品、次品、边角料,海关根据其使用价值估价征税或者酌情减免税;剩余料件或增产的产品,经批准转内销时,价值在进口料件总值2%以内,且总价值在人民币5000元以下的,可予免税。

5. 边民通过互市贸易进口的商品(列入边民互市进口商品不予免税清单的除外),每人每日价值在人民币8000元以下的,免征进口关税和进口环节增值税。超过人民币8000元的,对超出部分按照规定征收进口关税和进口环节税。边境小额贸易企业通过指定边境口岸进口原产于毗邻国家的商品,除烟、酒、化妆品以及国家规定必须照章征税的其他商品外,进口关税和进口环节增值税减半征收。

6. 进口供保税区使用的机器、设备、基建物资、生产用车辆,为加工出口产品进口的原材料、零部件、元器件、包装物料,供储存的转口货物以及在保税区内加工运输出境的产品免征进口关税和进口环节税;保税区内企业进口专为生产加工出口产品所需的原材料、零部件、包装物料以及转口货物予以保税;从保税区运往境外的货物,一般免征出口关税。

7. 从境外进入出口加工区内的生产性基础设施建设项目所需的机器、设备和建设生产厂房、仓储设施所需的基建物资,区内企业生产所需的机器、设备、模具及其维修用零配件,区内企业和行政管理机构自用合理数量的办公用品,予以免征进口关税和进口环节税;区内企业为加工出口产品所需的原材料、零部件、元器件、包装物料及消耗性材料,予以保税;对加工区运往区外的货物,海关按照对进口货物的有关规定办理报关手续并按照制成品征税;对从区外进入加工区的货物视同出口,可按规定办理出口退税。

8. 对符合《外商投资产业指导目录》鼓励类和限制乙类并转让技术的外商投资项目,在投资总额内进口的自用设备以及外国政府贷款和国际金融组织贷款项目进口的自用设备、加工贸易外商提供的不作价进口设备,除《外商投资项目不予免税的进口商品目录》所列商品外,免征进口关税和进口环节增值税;对符合《当前国家重点鼓励发展的产业、产品和技术目录》的国内投资项目,在投资总额内进口的自用设备,除《国内投资项目不予免税的进口商品目录》所列商品外,免征进口关税和进口环节增值税;对符合上述规定的项目,按照合同随设备进口的技术及配套件、备件,也免征进口关税和进口环节增值税。

### 六、关税的征收管理程序

关税的征收管理主要依据《海关法》。具体而言,其主要包括以下几项内容:

#### (一)关税缴纳

进口货物自运输工具申报进境之日起14日内,出口货物在货物运抵海关监管区后装货的 24 小时以前,应由进出口货物的纳税义务人向海关申报,海关根据税则归类和完税价格计算应缴纳的关税和进口环节代征税,并填发税款缴款书。

纳税义务人应当自海关填发税款缴款书之日起 15 日内,向指定银行缴纳税款。如关税缴纳期限的最后 1 日是周末或法定节假日,则关税缴纳期限顺延至周末或法定节假日过后的第 1 个工作日。

纳税义务人一般应当向货物进(出)境地海关申报。经申请且海关同意,进口货物的收货人可以在设有海关的指运地、出口货物的发货人可以在设有海关的启运地办理海关手续。

关税纳税义务人因不可抗力或者在国家税收政策调整的情形下不能按期缴纳税款的,经依法提供税款担保后,可以延期缴纳税款,但最长不得超过 6 个月。

### (二)关税滞纳措施

纳税义务人未在缴纳期限内缴纳税款,即构成关税滞纳,《海关法》赋予海关对滞纳关税的纳税义务人强制执行的权利。强制措施主要有两类:第一,征收关税滞纳金。滞纳金自关税缴纳期限届满之日起,至纳税义务人缴纳关税之日止,按滞纳税款 5‰的比例按日征收,周末或法定节假日不予扣除。第二,强制执行措施。如纳税义务人自海关填发缴款书之日起 3 个月仍未缴纳税款,经海关关长批准,海关可以采取强制扣缴、变价抵缴等强制措施。强制扣缴即海关从纳税义务人在开户银行或者其他金融机构的存款中直接扣缴税款。变价抵缴即海关将应税货物依法变卖,以变卖所得抵缴税款。

### (三)关税退还

根据《海关法》的规定,关税纳税义务人按海关核定的税额缴纳关税后,如果海关发现实际征收多于应当征收的税额,应当立即将溢征税款退还给纳税义务人。纳税义务人自缴纳税款之日起 1 年内,可以申请退还关税。

有下列情形之一的,进出口货物的纳税义务人可以自缴纳税款之日起 1 年内,书面声明理由,连同原纳税收据向海关申请退税并加算银行同期活期存款利息,逾期不予受理:(1)因海关误征、多纳税款的;(2)海关核准免验进口的货物,在完税后,发现有短缺情形,经海关审查认可的;(3)已征出口关税的货物,因故未将其运出口,申报退关,经海关查验属实的。

对已征出口关税的出口货物和已征进口关税的进口货物,因货物品种或规格原因,原状复运进境或出境的,经海关查验属实,也应退还已征关税。海关应当自受理退税申请之日起 30 日内,作出书面答复并通知退税申请人。

### (四)关税补征和追征

关税纳税义务人按海关核定的完税价格额缴纳关税后,如果海关发现实际征收税额少于应当征收的税额,应当责令纳税义务人补缴短征税款。根据《海关法》的规定,进出境货物和物品放行后,海关发现少征或者漏征税款,应当自缴纳税款或者货物、物品放行之日起1年内,向纳税义务人补征;因纳税义务人违反规定而造成的少征或者漏征的税款,自纳税义务人应缴纳税款之日起3年以内可以追征,并从缴纳税款之日起按日加收少征或者漏征税款万分之五的滞纳金。

### (五)关税纳税争议

纳税义务人同海关发生纳税争议时,应当缴纳税款,并可以依法申请行政复议;对复议决定仍不服的,可以依法向人民法院提起诉讼。纳税争议的内容一般涉及进出境货物和物品的纳税义务人对海关在原产地认定、税则归类、税率或汇率适用,完税价格确定、关税减征、免征、追征、补征和退还等征税行为是否合法或适当,是否侵害了纳税义务人的合法权益。

纳税义务人自海关签发税款缴款书之日起30日内,向原征税海关的上一级海关书面申请复议。逾期申请复议的,海关不予受理。海关应当自收到复议申请之日起60日内作出复议决定,并以复议决定书的形式正式答复纳税义务人;纳税义务人对海关复议决定仍然不服的,可以自收到复议决定书之日起15日内,向人民法院提出诉讼。

## 七、关税特别措施

在征收一般性关税之外,对于特定类型的进口产品,政府还可能采取特别措施,以避免本国产业免受实质性损害,或者报复外国的关税歧视。特别关税包括反倾销税、反补贴税和保障措施。国务院曾于1997年制定《反倾销与反补贴条例》。2001年1月1日,《反倾销条例》和《反补贴条例》生效,《反倾销与反补贴条例》被废止,同时生效的还有《保障措施条例》。2004年3月,《反倾销条例》《反补贴条例》《保障措施条例》同时被修改,并自2006年6月1日起实施。另外,我国已于2001年加入世界贸易组织,世界贸易组织《反倾销协议》《补贴与反补贴协议》《保障措施协议》对我国也具有约束力。

### (一)反倾销税

根据《反倾销条例》的规定,进口产品以倾销方式进入我国市场,并对已经建立的国内产业造成实质损害或者产生实质损害威胁,或者对建立国内产业造成实质阻碍的,我国将依照该条例进行调查,采取反倾销措施。所谓倾销,是指在正常贸易过程中,进口产品以低于其正常价值的出口价格进入我国市场。对倾销和损害的调查和确定,由商务部负责;其中,涉及农产品的反倾销国内产业损害调查,由商务部会同农业部进行。

征收反倾销税的具体程序如下:

1. 反倾销调查

国内产业或者代表国内产业的自然人、法人或者有关组织(以下统称申请人),可以依照本条例的规定向商务部提出反倾销调查的书面申请。商务部应当自收到申请人提交的申请书及有关证据之日起60日内,对申请是否由国内产业或者代表国内产业提出、申请书内容及所附具的证据等进行审查,并决定是否立案调查。在决定立案调查前,应当通知有关出口国(地区)政府。在特殊情形下,商务部没有收到反倾销调查的书面申请,但有充分证据认为存在倾销和损害以及二者之间有因果关系的，也可以依职权决定立案调查。

2. 临时反倾销税

商务部根据调查结果，分别就倾销、损害作出初裁决定，就二者之间的因果关系是否成立作出初裁决定，并予以公告。初裁决定确定倾销成立，并由此对国内产业造成损害的，可以采取临时反倾销措施，包括征收临时反倾销税或者要求提供保证金、保函或其他形式的担保。临时反倾销税税额或者要求提供担保的金额，应当不超过初裁决定确定的倾销幅度。征收临时反倾销税，由商务部提出建议，国务院关税税则委员会作出决定，由商务部予以公告。海关自公告规定实施之日起执行。临时反倾销措施实施的期限，自临时反倾销措施决定公告规定实施之日起，不超过 4 个月；在特殊情形下，可以延长至 9 个月。自反倾销立案调查决定公告之日起 60 日内，不得采取临时反倾销措施。

3. 价格承诺

倾销进口产品的出口经营者在反倾销调查期间，可以向商务部作出改变价格或者停止以倾销价格出口的价格承诺。商务部也可以向出口经营者提出价格承诺的建议。出口经营者不作出价格承诺或者不接受价格承诺的建议的，不妨碍对反倾销案件的调查和确定。出口经营者继续倾销进口产品的，调查机关有权确定损害威胁更有可能出现。

商务部认为出口经营者作出的价格承诺能够接受并符合公共利益的，可以决定中止或者终止反倾销调查，不采取临时反倾销措施或者征收反倾销税。中止或者终止反倾销调查的决定由商务部予以公告。商务部不接受价格承诺的，应当向有关出口经营者说明理由。调查机关对倾销以及由倾销造成的损害作出肯定的初裁决定前，不得寻求或者接受价格承诺。

依据上述规定中止或者终止反倾销调查后，应出口经营者请求或者调查机关认为有必要，调查机关可以对倾销和损害继续进行调查。调查机关根据调查结果，作出倾销或者损害的否定裁定的，价格承诺自动失效；作出倾销或者损害的肯定裁定的，价格承诺继续有效。

出口经营者违反其价格承诺的，商务部可以立即决定恢复反倾销调查；根据可获得的最佳信息，可以决定采取临时反倾销措施，并可以对实施临时反倾销措施前 90 日内进口的产品追溯征收反倾销税，但违反价格承诺前进口的产品除外。

4. 征收反倾销税

初裁决定确定倾销、损害以及二者之间的因果关系成立的，商务部应当对倾销及倾销幅度、损害及损害程度继续进行调查，并根据调查结果分别作出终裁决定，并予以公告。终裁决定确定倾销成立，并由此对国内产业造成损害的，可以征收反倾销税。征收反倾销税应当符合公共利益。征收反倾销税，由商务部提出建议，国务院关税税则委员会根据商务部的建议作出决定，由商务部予以公告。海关自公告规定实施之日起执行。

5. 反倾销税的期限与救济

反倾销税的征收期限和价格承诺的履行期限不超过 5 年；但是，经复审确定终止征收反倾销税有可能导致倾销和损害的继续或者再度发生的，反倾销税的征收期限可以适当延长。

反倾销税生效后,商务部可以在有正当理由的情况下,决定对继续征收反倾销税的必要性进行复审;也可以在经过一段合理时间,应利害关系方的请求并对利害关系方提供的相应证据进行审查后,决定对继续征收反倾销税的必要性进行复审。

根据复审结果,由商务部依照本条例的规定提出保留、修改或者取消反倾销税的建议,国务院关税税则委员会根据商务部的建议作出决定,由商务部予以公告。复审期限自决定复审开始之日起,不超过12个月。在复审期间,复审程序不妨碍反倾销措施的实施。

对倾销终裁决定不服的,对是否征收反倾销税的决定不服的,以及对追溯征收、退税、对新出口经营者征税的决定不服的,或者对复审决定不服的,可以依法申请行政复议,也可以依法向人民法院提起诉讼。

### (二)反补贴税

根据《反补贴税条例》的规定,进口产品存在补贴,并对已经建立的国内产业造成实质损害或者产生实质损害威胁,或者对建立国内产业造成实质阻碍的,我国将依照该条例进行调查,采取反补贴措施。这里所谓的补贴,是指出口国(地区)政府或者其任何公共机构提供的并为接受者带来利益的财政资助以及任何形式的收入或者价格支持。对补贴和损害的调查和确定,由商务部负责;其中,涉及农产品的反补贴国内产业损害调查,由商务部会同农业部进行。征收反补贴税的具体程序如下:

1. 反补贴调查

国内产业或者代表国内产业的自然人、法人或者有关组织,可以向商务部提出反补贴调查的书面申请。商务部应当自收到申请人提交的申请书及有关证据之日起60日内,决定立案调查或者不立案调查。在特殊情形下,可以适当延长审查期限。在决定立案调查前,应当就有关补贴事项向产品可能被调查的国家(地区)政府发出磋商的邀请。在特殊情形下,商务部有充分证据认为存在补贴和损害以及二者之间有因果关系的,可依职权决定立案调查。

2. 临时反补贴税

商务部根据调查结果,就补贴、损害和二者之间的因果关系是否成立作出初裁决定,并予以公告。初裁决定确定补贴成立,并由此对国内产业造成损害的,可以采取临时反补贴措施。临时反补贴措施采取以保证金或者保函作为担保的征收临时反补贴税的形式。

3. 价格承诺

在反补贴调查期间,出口国(地区)政府提出取消、限制补贴或者其他有关措施的承诺或者出口经营者提出修改价格的承诺的,商务部应当予以充分考虑。商务部可以向出口经营者或者出口国(地区)政府提出有关价格承诺的建议。商务部认为承诺能够接受并符合公共利益的,可以决定中止或者终止反补贴调查,不采取临时反补贴措施或者征收反补贴税。

4. 征收反补贴税

初裁决定确定补贴、损害以及二者之间的因果关系成立的，商务部应当对补贴及补贴金额、损害及损害程度继续进行调查，并根据调查结果作出终裁决定，予以公告。在磋商没有取得效果的情况下，如果终裁决定确定补贴成立，并由此对国内产业造成损害的，可以征收反补贴税。

5. 反补贴税的期限与救济

反补贴税的征收期限不超过 5 年；但是，经复审确定终止征收反补贴税有可能导致补贴和损害的继续或者再度发生的，反补贴税的征收期限可以适当延长。

反补贴税生效后，商务部可以在有正当理由的情况下，决定对继续征收反补贴税的必要性进行复审；也可以在经过一段合理时间，应利害关系方的请求并对利害关系方提供的相应证据进行审查后，决定对继续征收反补贴税的必要性进行复审。

对反补贴终裁决定不服的，对是否征收反补贴税的决定以及追溯征收的决定不服的，或者对复审决定不服的，可以依法申请行政复议，也可以依法向人民法院提起诉讼。

### （三）保障措施

根据我国《保障措施条例》的规定，进口产品数量增加，并对生产同类产品或者直接竞争产品的国内产业造成严重损害或者严重损害威胁的，我国将依照该条例进行调查，采取保障措施。

1. 调查与裁定

与国内产业有关的自然人、法人或者其他组织，可以向商务部提出采取保障措施的书面申请。商务部没有收到采取保障措施的书面申请，但有充分证据认为国内产业因进口产品数量增加而受到损害的，可以决定立案调查。商务部根据调查结果，可以作出初裁决定，也可以直接作出终裁决定，并予以公告。

2. 临时保障措施

有明确证据表明进口产品数量增加，在不采取临时保障措施将对国内产业造成难以补救的损害的紧急情况下，可以作出初裁决定，并采取临时保障措施。临时保障措施采取提高关税的形式，自决定公告规定实施之日起，不超过 200 天。

3. 保障措施

终裁决定确定进口产品数量增加，并由此对国内产业造成损害的，可以采取保障措施。实施保障措施应当符合公共利益。保障措施可以采取提高关税、数量限制等形式。终裁决定确定不采取保障措施的，已征收的临时关税应当予以退还。

## 八、行李和邮递物品进口税

行李和邮递物品进口税，简称行邮税，是海关对入境旅客行李物品和个人邮递物品征收的进口税。行邮税并不是一个独立的税种，而是现有进口税收的简易征收，包含了应在进口环节征收的增值税、消费税和关税。行李和邮递物品进口税的法律依据是 1994 年国务院批准、国务院关税税则委员会公布实施的公布实施的《关于入境旅客行李物品和个人邮递物品征收进口税办法》。

行邮税的课税对象包括入境旅客、运输工具服务人员携带的应税行李物品、个人邮递物品、馈赠物品以及以其他方式入境的个人物品,简称进口物品。此处所谓的进口物品,不包括汽车、摩托车及其配件、附件。对进口应税个人自用汽车、摩托车及其配件、附件以及超过海关规定自用合理数量部分的应税物品,应按货物进口程序办理报关验放手续,适用《海关进出口税则》和其他有关税法、规定征收进口税。

行邮税的税率依据《进境物品进口税率表》执行,具体的税目和税率都经过了多次调整。目前我国行邮税税率分为50%、20%、13%三个档次:属于50%税率的物品为烟、酒;贵重首饰及珠宝玉石;高档化妆品;高尔夫球及球具以及高档手表;属于20%税率的物品,包括运动用品(不含高尔夫球及球具)、钓鱼用品;纺织品及其制成品;电视摄像机及其他电器用具;自行车;税目1、3中未包含的其他商品;属于10%税率的物品,包括书报、刊物、教育用影视资料;计算机、视频摄录一体机、数字照相机等信息技术产品;食品、饮料;金银;家具;玩具、游戏品、节日或其他娱乐用品;药品。

行邮税的纳税人是携带应税个人自用物品入境的旅客及运输工具服务人员,进口邮递物品的收件人以及以其他方式进口应税个人自用物品的收件人。

进口税采用从价计征,完税价格由海关参照该项物品的境外正常零售平均价格确定。完税价格乘以进口税税率即为应纳的进口税税额。海关按照填发税款缴纳书当日有效的税率和完税价格计算征收。纳税人应当在海关放行应税个人自用物品之前缴清税款。

## 九、跨境电子商务零售进口税收

随着跨境电子商务的兴起,其所涉及的进口税收问题也越发受到重视。我国于2016年4月1日正式实施《关于跨境电子商务零售进口税收政策的通知》,并自2019年1月1日起,对相关制度进行了完善。

跨境电子商务零售进口商品按照货物征收关税和进口环节增值税、消费税。购买跨境电子商务零售进口商品的个人作为纳税义务人,电子商务企业、电子商务交易平台企业或物流企业可作为代收代缴义务人,以实际交易价格(包括货物零售价格、运费和保险费)作为完税价格。

该政策适用于从其他国家或地区进口的、《跨境电子商务零售进口商品清单》范围内的以下商品:(1)所有通过与海关联网的电子商务交易平台交易,能够实现交易、支付、物流电子信息“三单”比对的跨境电子商务零售进口商品;(2)未通过与海关联网的电子商务交易平台交易,但快递、邮政企业能够统一提供交易、支付、物流等电子信息,并承诺承担相应法律责任进境的跨境电子商务零售进口商品。

跨境电子商务零售进口商品的单次交易限值为人民币5000元,个人年度交易限值为人民币26000元。在限值以内进口的跨境电子商务零售进口商品,关税税率暂设为0%;进口环节增值税、消费税取消免征税额,暂按法定应纳税额的70%征收。

完税价格超过5000元单次交易限值但低于26000元年度交易限值,且订单下仅一件商品时,可以自跨境电商零售渠道进口,按照货物税率全额征收关税和进口环节增值税、消费税，交易额计入年度交易总额，但年度交易总额超过年度交易限值的，应按一般贸易管理。

已经购买的电商进口商品属于消费者个人使用的最终商品，不得进入国内市场再次销售；原则上不允许网购保税进口商品在海关特殊监管区域外开展“网购保税+线下自提”模式。

# 第八章　所得税法

## 第一节　所得税法概述

### 一、所得税的概念和特征

所得税亦称收益税，是指以法人、自然人和其他经济组织在一定期间内的纯所得（净收入）额为征税对象的税收。所得税1799年创始于英国，当时它只是一种为筹捐军费而开征的临时性税收，之后逐渐形成一个永久性的税种。由于这种税以所得的多少为负担能力的标准，比较符合社会公平原则，具有一定普遍性，而且具有经济调节功能，所以被大多数西方经济学家视为良税，并在世界各国迅速推广。从19世纪后期到20世纪初期，各主要资本主义国家如美国、法国、德国、日本纷纷开征所得税，经过几十年的发展，所得税已成为世界大多数国家的主要税种。各国目前征收的所得税很多，税种的名称或称谓也不同，常见的名称有市政所得税、个人所得税、公司所得税、自然人税、法人税等；比较特殊的称谓则有教会税、工资税、伊斯兰税、公共税等。

尽管所得税的名称各异，但国际上通行的是以纳税人为标准，将所得税划分为个人所得税和公司所得税。经济合作发展组织（OECD）和国际货币基金组织（IMF）将所得、利润和资本利润课征的税收划归为所得税，并分为三个子目：（1）个人所得税，包括对个人的综合收入、专业收入、权利金收入以及非居民取得上述收入课征的税收；（2）公司所得税，包括对企业经营所得、资本利得以及非居民公司取得上述收入课征的税收；（3）其他所得税，主要指那些划不清的所得税收入。目前，我国的所得税仅由个人所得税、企业所得税构成。具有所得税性质的农业税已经废止，而社会保障税尚未开征。

除此之外，值得关注的是，一些经营或投资所得，并不是个人或者公司直接挣得的，而是通过那些依据法律制度可以或不可以成为独立个体的实体或安排挣得的，如我们所熟知的合伙、信托。在这种情况下必须决定，或是将实体作为独立的自然人或法人征税，或是规定实施会计透明政策，使实体的所得流向实体的所有人。[1] 这其中的税收处理，也需要法律加以关注。这可以信托所得税为例加以说明。信托是指委托人基于对受托人的信任，将其财产权委托给受托人，由受托人按委托人的意愿以自己的名义，为受益人的利益或者特定目的，进行管理或者处分的行为。信托所得课税是对受托人管理、处分或使用

---

〔1〕［美］V.图瓦尼主编：《税法的起草与设计》，国家税务总局政策法规司译，中国税务出版社2004年版，第941页。

信托财产所产生的收益为征税对象的所得税,其并不构成所得税的一个类别。但是就目前的规则而言,对于信托课税只是适用税法关于一般经济业务的规定,致使信托所得税在征纳过程中出现了诸如纳税主体不明、征税客体无法界定、征税环节不定、适用税率不统一的问题。[2] 此外,信托所具有的巨大弹性空间和实务设计上的灵活性,使其可能被用于规避税收。因此,在法律、政策上对信托所得税规则进行建构和完善,将是未来一段时间内我国所得税制需要重点加以关注的内容之一。而对于合伙所得税,我国税收政策已经有所涉及,为此,教材新增一节对合伙所得税加以特别介绍。

所得税的特点主要是:

第一,所得税以纯所得或净收入为征税对象。例如,在计算企业的应税所得时,须以收入减去相应的费用、损失和税金,而不是以毛收入作为征税对象。现实中,出于征管便利方面的考虑,应税所得未必完全表现为纯所得。例如,在我国个人所得税中,有许多所得项目不允许扣除费用,这样的所得就不是完全的净收入。在这种情况下,可以考虑以税率的降低替代费用的扣除,对这类所得适用低于标准税率的低税率。

第二,所得税分享的是资本的收益,而不能扩及资本本身。如果对资本本身征税,整个社会的投资总额会越来越少,这样就会影响财富的发生和增长。所得税以纯所得为征税对象,本身就体现为一种资本收益税。如果在计算应税所得时,不能做到彻底的成本、费用扣除,计算出来的所得就会包含资本,影响所得税作为收益税的特征。

第三,所得税必须遵守量能课税原则。所得税的征收与纳税人的税收负担能力具有内在联系。所得多、负担能力大的多征,所得少、负担能力小的少征,无所得、没有负担能力的不征,以体现税收公平的原则。例如,个人所得税允许生计费用扣除,企业所得税对中小企业或微利企业设置低档税率,就体现了量能课税的基本要求。

第四,所得税属于直接税,纳税人和实际负担人通常一致,纳税人很难将税收负担转嫁给他人。正因如此,所得税可以起到直接调节纳税人收入的作用。特别是在采用累进税率的情况下,所得税在调节个人收入差距方面具有较为明显的作用。而对公司征收所得税,还可以起到调节经济的杠杆作用。

## 二、所得税管辖权的冲突与协调

税收管辖权,就是一国政府行使的征税权力。基于这种权力,一国政府可以决定对哪些人征税,征哪些税,征多少税以及如何征税。税收管辖权在性质上是国家管辖权在税收领域的体现,因此,税收管辖权的确定也应遵循属人原则和属地原则。属人性质的连结因素一般为税收居所,而属地性质的连结因素一般为所得来源地。相应地,税收管辖权的基本方式有居民税收管辖权和收入来源地税收管辖权。

### (一)居民税收管辖权

居民税收管辖权是一国政府对其境内居住的所有居民(包括自然人和法人)来自世

---

〔2〕 郝琳琳:《信托所得课税困境及其应对》,载《法学论坛》2011 年第 5 期。

界范围内的全部收入以及存在于世界范围内的财产所行使的课税权力。它是按照属人主义原则所确立起来的一种税收管辖权。行使居民税收管辖权的核心在于纳税人居民身份的确定,凡是本国居民,对其一切应税收益、所得或财产都要征税,而不论这些课税对象是来自或存在于本国或是其他国家。

1. 自然人居民身份的确认标准

(1)住所标准。通常是指人的永久性或者固定性居住的住所。确定人的住所的永久性、固定性,是确定纳税人是否在征税国存在住所的主要标准。采用该标准时,凡是住所设在该国的纳税人即为该国的税收居民。

(2)居所标准。居所是指人们经常居住的处所,是住所以外的不具有永久性质的居住场所。一个人只有一个住所但是可以同时有几处居所。与住所相比,各国对于居所并没有明确的法律定义,在国际税收实践中,居所标准一般与居住期限相结合。

(3)停留时间标准。即一个人即便是在一国没有住所或居所,但在一个纳税年度中如果在该国实际停留的时间较长,超过了规定的天数,这个人就是该国的税收居民。

(4)国籍标准。采用国籍标准来确定自然人居民身份,不考虑纳税人与征税国之间是否存在实际的经济利益关系。

2. 法人居民身份的确定标准

(1)注册地标准。该标准又称法律标准,是指法人的居民身份是根据法人在何国注册成立而定。凡是在本国境内依法注册成立的法人,即本国的居民纳税人,而不论该法人的管理机构所在地及经营活动地是否在本国境内。

(2)实际管理中心所在地标准。该标准是指法人的居民身份是根据法人在何国设有管理和控制中心而定。管理和控制中心一般以股东大会的场所、董事会的场所以及行使指挥监督权力的场所等因素来综合判断。因为管理中心容易改变,并且这种改变一般不会引发资产增值的纳税义务,所以公司法人在该标准下容易进行避税活动。

(3)总机构所在地标准。该标准是指法人的居民身份是根据法人在何国设有总机构而定,凡是在本国境内设有该法人的总机构即本国的居民纳税人。

(4)控股权标准。根据该标准,控制公司的股东是哪国的居民,该公司即哪个国家的居民公司,由该国对其行使管辖权,对其来自全世界范围的所得征税。例如,澳大利亚就采用这一标准,将其作为确定法人居民身份的标准之一。

### (二)收入来源地税收管辖权

行使收入来源地税收管辖权的核心是判定收入来源地,即判定纳税人所获取的收入是否源于本国境内以及财产是否存在于本国境内。行使来源地税收管辖权的前提条件,是纳税人的各种所得与征税国之间存在经济上的源泉关系。这些渊源联系的连结标志,主要有不动产所在地,常设机构所在地,投资产生的股息、利息、特许权使用费、租金等所得的发生地,债务人或支付人所在地等。在对于这些所得的来源地进行判断时,各国立法和实践上所采纳的标准和原则并不完全一致,但其中某些所得的来源地判断标准也为国际社会一致认可,如联合国范本和经合范本所采用的来源地认定标准得到了大多数国家的认同。

各种所得大致可以分为四类：(1)营业所得，又称营业利润，指纳税人从事工业生产、交通运输、农林牧业、商业、服务业等企业经营性质的活动而取得的利润。其来源地的主要判断标准有交易地标准和常设机构标准。(2)劳务所得，即自然人从事劳务活动而取得的报酬，故又称个人劳务所得。对于劳务所得，较为重要的判断标准有劳务提供地标准和劳务所得支付地标准。(3)投资所得，指纳税人从事各种间接投资活动所获得的收益，投资所得的投资者不直接参与企业的经营管理活动，具有消极和被动的性质，因而又被称为消极投资所得。投资所得主要包括利息、股息、租金和特许权使用费。对投资所得，各国采用的主要标准有权利提供地标准和权利使用地标准。(4)财产所得，包括不动产所得和财产收益。不动产所得是指纳税人在不转让不动产所有权的情况下，使用和出租不动产所取得的所得。对于不动产所得来源地的判定，各国的做法比较一致，一般以不动产的所在地或坐落地为不动产所得的来源地。财产收益，又称财产转让所得或资本利得，指转移财产的所有权所获取的收益，即转让财产取得的收入扣除财产的购置成本和有关的转让费用后的余额，财产收益又可分为不动产转让所得与动产转让所得，对于不动产转让所得，各国一般以不动产所在地为判断标准。而对于动产转让所得，则有以转让者的居住国为来源地和以财产的实际销售地和成交地为来源地两种主张。[3]

### (三)所得税管辖权的冲突

各国在属地原则和属人原则下，可以任意选择标准来确立自己的税收管辖权，国际上对此既无统一的规则，也没有禁止性惯例。所得税管辖权的冲突，就是指对同一跨国纳税人或同一笔跨国所得，有两个或两个以上的国家对其进行税收管辖，从而形成的税收管辖权的重叠。

第一，居民税收管辖权与收入来源地税收管辖权的冲突。这种冲突是由于世界上多数国家都同时主张这两种税收管辖权所造成的，如对甲国居民公司对源于乙国的其常设代表机构的营业收入，乙国政府依收入来源地管辖权对其征税，甲国政府依居民管辖权也对此项收入征收所得税。

第二，居民税收管辖权与居民税收管辖权的冲突。这种冲突主要是由于各国在行使居民税收管辖权时对居民公司的判断标准不同以及国籍冲突所造成的。两个以上国家依住所原则的不同标准对具有两个或两个以上住所(居所)的人课税时可以形成该种冲突。两个以上国家依国籍原则对具有双重或多重国籍的人课税时也形成这种类型的冲突。

第三，收入来源地税收管辖权与收入来源地税收管辖权的冲突。这种冲突主要是由于各国对收入来源地的判断标准不同引起的，如甲国某公司支付报酬聘请乙国一公司在丙国提供服务，则报酬支付地的甲国和服务履行地的丙国都可能作为来源地国向乙国公司征税。

---

〔3〕 刘剑文主编：《国际税法学》(第二版)，北京大学出版社2004年版，第90~95页。

(四)所得税管辖权的协调

所得税管辖权冲突的直接结果就是重复征税。国际社会为避免重复征税对世界经济发展的不良影响,采取了一定措施来协调其冲突。所得税管辖权涉及国家主权,很难产生统一适用于各国的措施。各国一般是单独采取措施减轻或消除重复征税的影响,或者通过税收协定来进行调整。

第一,在国际法层面,通过双边或多边税收协定形式协调两个国家的税收管辖权。各缔约国一般参照 OECD 税收协定范本、联合国税收协定范本的规则,通过双边或多边税收协定将各类跨国所得与财产予以分类,对不同类型的所得构建不同的协调规则与原则,如对于跨国营业所得,采取常设机构原则;对于跨国劳务所得,采用“固定基地原则”和“183 天规则”;对于跨国投资所得,亦即跨国股息、利息及特许权使用费所得,一般采取税收分享原则;对于跨国不动产所得和财产收益,采取不动产所在地国优先课税原则;等等。

第二,在国内法层面,各国尤其是享有居民税收管辖权的国家有义务在国内法中采取适当措施消除重复征税问题。具体而言,各国主要采取免税法、抵免法、扣除法、减免法来减除国际重复征税。免税法是指居住国对本国居民来源于境外的所得或财产免予征税。抵免法是指居住国先对纳税人境内外全部所得按本国税法计算应纳税款,然后抵消其在境外实际缴纳的所得。纳税人仅就其余额履行缴纳义务。扣除法是指居住国对居民纳税人征收所得税时,允许该居民将其在境外已缴纳的税款作为费用从应税所得中扣除,扣除后的余额按相应的税率计算纳税。减免法是指一国对本国居民的境外所得在标准税率的基础上减免一定比例,按较低的税率征税,对其国内所得则按标准税率征税。

**三、我国所得税法的历史发展**

我国于民国初期即开征了所得税。中华人民共和国成立后,1950 年,政务院颁布了《全国税政实施要则》,规定对个人征收薪金报酬所得税和利息所得税,但前者并未开征,后者只是从 1950 年 4 月开征,到 1959 年便停征。在新中国成立以后的很长一段时间里,所得税收入在我国税收收入中的比重很小。这种状况一直延续到改革开放前。

1980 年 9 月,第五届全国人大通过并公布了《个人所得税法》。从严格意义上说,这是新中国诞生以来第一部规定对个人所得课税的法律。1986 年,国务院颁布了只适用于对中国公民个人收入征税的《个人收入调节税暂行条例》。这意味着,从 1987 年 1 月 1 日起,《个人所得税法》实际上只适用外籍人员、华侨和港、澳、台同胞。与此同时,由于我国个体经济的迅速恢复和发展,为了调节个体工商业户的所得,国务院于 1986 年又颁布了《城乡个体工商业户所得税暂行条例》,形成了我国对个人所得课税的“一部法律”和“两个条例”并存的格局。我国社会主义市场经济体制改革的目标确定后,参照国际惯例,全国人大常委会对原有法律法规进行修改、合并,1993 年公布了修改后的《个人所得税法》,之后分别于 1999 年、2005 年、2007 年、2011 年六次修订。最新一次的修订是 2018 年 8 月 31 日。

1978 年改革开放以后,随着外国投资大量涌入,外商投资企业和外国企业的税收问题日益突出。为了解决这个问题,我国于 1980 年制定了《中外合资经营企业所得税法》,

又于1981年制定了《外国企业所得税法》。然而,随着我国对外开放力度的加大,两部税法已经不能适应多渠道、多方式引进外资和外国先进技术的需要,主要原因在于征税对象、征税方式不符合国际惯例,两部税法的优惠政策也存在差别。1991年,我国将《中外合资经营企业所得税法》和《外国企业所得税法》合并,制定了《外商投资企业和外国企业所得税法》,统一了税收优惠、税率及税收管辖权。

我国内资企业所得税制建立于20世纪80年代初期。1983年,国家对国营企业试行"利改税",开征了国营企业所得税,把国营企业长期以来上缴利润的做法改为缴纳企业所得税,1985年开征了集体企业所得税,1988年又开征了私营企业所得税,基本形成了按照不同经济成分,分别适用不同所得税的体系。这种模式不利于企业的公平竞争,不利于提升企业的创造力和竞争力。随着市场经济体制的建立和发展,建立统一和规范的内资企业所得税势在必行。为此,国务院于1993年颁布《企业所得税暂行条例》,财政部于1994年发布《企业所得税暂行条例实施细则》,合并了国营企业所得税、集体企业所得税和私营企业所得税,取消了国营企业调节税和国有企业上缴的国家交通重点建设基金和预算调节基金。

内资企业与外资企业所得税分立固然有其历史理由,对促进外国投资、推动中国经济的发展,也发挥了积极的作用。但是,长期对外商投资采取的特别优惠待遇,对内资企业带来了严重的机会不平等,扭曲了市场的公平竞争机制,刺激了许多"假外资"的诞生,给政府的监管也带来了许多障碍。为了推动国内产业的升级换代,促进公平竞争的市场环境的形成,全国人大制定了《企业所得税法》,统一适用于外国投资企业、外国企业和内资企业,2008年1月1日起实施。

对于个人独资企业和个体工商户等组织形式,2000年6月,国务院发布《关于个人独资企业和合伙企业征收所得税问题的通知》(国发〔2000〕16号),决定自2000年1月1日起,对个人独资企业和合伙企业停止征收企业所得税,其投资者的生产经营所得,比照个体工商户的生产、经营所得征收个人所得税。

至此,我国所得税制度进入了一个新的历史时期,《个人所得税法》和《企业所得税法》成为所得税法的主体。个人所得税适用于自然人、个体工商户、个人独资企业和合伙企业等非法人企业和单位,企业所得税主要针对具有法人资格的企业和企业性单位。政府不再对合伙企业和个人独资企业征收企业所得税,而只对合伙人和独资企业主征收个人所得税。非营利性单位则比照适用企业所得税。

## 第二节 个人所得税法

### 一、个人所得税的征税模式

个人所得税制度自1799年在英国建立以来,经过二百多年的发展,已成为西方国家税制结构中的主体税种之一,其在国家财政收入、公平分配以及宏观经济调控中发挥着举足轻重的作用。在我国,个人所得税是指对居民个人从中国境内和境外取得的所得,以及非居民个人从中国境内取得的所得征收的一种税。由于不同国家经济、政治、法律制度的不同,按课征方式的不同,个人所得税法律制度通常可分为以下三种模式:

(一)分类所得税制

分类所得税制,是指把所得依其来源的不同分为若干类别,对不同类别的所得适用不同的税率分别计税的所得税制度。分类所得税制的优点是,第一,它可按不同性质的所得,分别采用不同的税率,实行差别待遇,通常对劳务性所得征轻税而对投资所得征重税,有利于实现特定的政策目标。第二,这种模式可以广泛采用源泉征课法,从而既可以控制税源,又大大减少汇算清缴的麻烦,降低了税收成本。其缺点在于,针对不同来源和性质的所得采取不同的税率和扣除标准,使所得税的结构过于复杂,导致税收成本增加,而且有时不能按照纳税人的真实纳税能力纳税,不符合量能课税原则。

(二)综合所得税制

综合所得税制,是对纳税人全年各种不同来源的所得综合起来,减除法定宽免额和扣除额之后的净所得,依据统一税率计征税款的一种所得税制度。目前大多数国家实行综合所得税制。这种模式的优点是,第一,它将各种来源的所得加总,综合所得水平相同的纳税人,纳税能力相同,缴纳的税收相同,符合横向公平原则。第二,综合所得越高,表明纳税人的纳税能力越大,因此要缴纳的税收越多,符合纵向公平原则。第三,综合所得税制平等对待各种来源所得,对各种所得实行相同的边际税率,纳税人难以转移所得或更改所得性质。第四,综合所得税制不会改变收益率,税前收益率相同的所得组合税后净收益率也相同,因此它不会影响所得的最优组合,符合税收中性原则。这种模式的缺点在于,计税依据的确定较为复杂和困难,征税成本较高,不便于实行源泉扣缴,对个人申报和税务稽查水平要求较高,且以完善的信息设施和全面可靠的原始资料为条件。

(三)分类综合所得税制

分类综合所得税制又称为混合所得税制,是指对纳税人的各类来源所得首先适用不同税率分类征收,再综合纳税人一定期限内的全部所得按统一的税率计算征收,同时,对已缴纳的各项分类所得税款予以扣除,多退少补。这一模式是介于分类税制与综合税制之间的折中模式,兼顾了两种税制的优点。通观各国实践,分类综合所得税制又有三种不同的类型:一是交叉型所得税制,先从各类所得中扣除必要费用后按一定税率源泉扣缴,纳税年度结束后再计算全年度总所得,从总所得中扣除各项费用扣除项目,对净所得按累进税率予以汇算清缴。英国、日本采用这一类型。二是并立型所得税制,将个人的总所得大体归类分为劳动所得和资本所得,对两类所得采取不同的税率和计税方式予以课税,即对劳动所得按照综合模式,考虑个人及家庭的各项费用扣除,并以累进税率方式予以课税,而对于资本所得直接按照分类所得采取比例税率源泉扣缴,一般不考虑费用扣除问题。大多数北欧国家采用这一类型。三是附加税制，这一类型源于法国的混合型模式，基本在原法属殖民地国家实行，先对纳税人的各类所得分类课征，再就其总所得课征附加税。故其重心在分类税上，对总所得的课征则是一种补充。[4] 中共中央十八届三中全会《关于全面深化改革若干重大问题的决定》以及《深化财税体制改革总体方案》指出，要实行分类与综合相结合的个人所得税制。为此，2018 年修订的《个人所得税法》将工资、薪金所得，劳务报酬所得，稿酬所得，特许权使用费所得进行归并集合，形成综合所得予以征收，而对经营所得，资本所得等其他所得依然实行分类课征。

## 二、我国个人所得税法的修改

我国《个人所得税法》于 1980 年制定后，为适应形势的变化，先后于 1993 年、1999 年、2005 年、2007 年 6 月、2007 年 12 月、2011 年、2018 年经历了七次修正，法律的内容日趋系统和完善。

### （一）1993 年的修正

《个人所得税法》生效后，由于个人收入调节税和城乡个体工商业户所得税的实施，事实上变成了“涉外”个人所得税，严重影响了《个人所得税法》的效力。1993 年 10 月，全国人大常委会决定修改《个人所得税法》，具体内容包括：

第一，个人收入调节税和城乡个体工商业户所得税被废止，《个人所得税法》统一适用于所有产生应税所得的个人，包括中国公民、外籍个人，也包括海外华侨、港澳台居民。

第二，引入居民概念，采用住所和居住时间两种标准，将纳税人分为居民和非居民，使纳税主体更为明确，有利于我国更好地行使税收管辖权。

第三，拓宽了应税所得的范围，将原个人所得税法的 6 个应税项目增列为 11 项。

第四，调整了适用税率和减除费用。在税率方面，区分不同所得分别采用比例税率和累进税率，并做了相应变动，如增加了工资、薪金所得的征税级距，在原 5% ~45% 的超额累进税率中间增设了 15%、25% 和 35% 三级税率。各项所得的费用扣除也进一步明确。

第五，统一个人所得税的计征方法。原《个人所得税法》实行分项征收，个人收入调节税是综合与单项征收相结合的模式。修改后的《个人所得税法》实行分项扣除、分项定率和分项征收。

### （二）1999 年的修正

1999 年 8 月，全国人大常委会对《个人所得税法》进行了第二次修正，针对当时投资不足、消费疲软的经济特点，取消了储蓄存款利息的免税待遇，并授权国务院确定对储蓄存款利息所得征收个人所得税的开征时间和征收办法。

1999 年 9 月，国务院颁布《对储蓄存款利息所得征收个人所得税的实施办法》，决定自 1999 年 11 月 1 日起恢复征收储蓄存款利息个人所得税，并对其适用 20% 的比例税率。

---

〔4〕 李波等：《我国个人所得税改革与国际比较》，中国财政经济出版社 2011 年版，第 35 ~36 页。

(三)2005年的修正

《个人所得税法》1999年修订后,工资、薪金的费用扣除额仍然为800元,明显低于城镇居民生计费用,影响低收入群体的生存权。在这种情况下,一些地方擅自提高费用扣除额,影响了税法的统一性和严肃性。个人所得税自行申报的问题也成为社会关注焦点。

2005年10月,全国人大常委会对个人所得税法进行了第三次修正,修订的内容包括:(1)将"工资、薪金所得"项目的费用扣除标准从原来的每月800元提高到每月1600元。承包经营、承租经营所得的费用扣除标准,个体工商户业主、个人独资企业和合伙企业投资者的费用扣除标准,随之提高到每月1600元或每年19200元。(2)扩大了纳税人自行申报范围,个人所得超过国务院规定数额的和具有国务院规定的其他情形的纳税人需自行申报。(3)增加了扣缴义务人实行全员全额扣缴申报的内容。

(四)2007年6月的修正

2007年6月,全国人大常委会对《个人所得税法》进行第四次修正,原第12条"对储蓄存款利息所得征收个人所得税的开征时间和征收办法由国务院规定"被修改为:"对储蓄存款利息所得开征、减征、停征个人所得税及其具体办法,由国务院规定。"随后,国务院决定自2007年8月15日起,将储蓄存款利息所得个人所得税的适用税率由20%调减为5%。2008年10月,针对我国社会经济面临的新情况,国务院决定自2008年10月9日起,对储蓄存款利息所得暂免征收个人所得税。

(五)2007年12月的修正

2007年12月,全国人大常委会对《个人所得税法》进行了第五次修正,2008年3月1日起开始实施。工资、薪金所得的费用扣除标准从原来的每月1600元提高到每月2000元。承包经营、承租经营所得的费用扣除标准也从原来的每月1600元提高到每月2000元。

(六)2011年的修正

2011年6月,全国人大常委会对《个人所得税法》进行第六次修正,工资薪金的费用扣除标准从原来的2000元提高到3500元,所适用的税率由5%～45%调整为3%～45%,取消10%和40%两个税率级次,工资薪金的九级超额累进税率缩减为七级。相应的,承包经营、承租经营的费用扣除标准也从原来的2000元提高到3500元。

(七)2018年的修订

2018年8月,全国人大常委会对《个人所得税法》进行了大规模修订,主要表现在如下几个方面:(1)引入居民个人和非居民个人的概念,并明确了判断标准;(2)将工资、薪金所得,劳务报酬所得,稿酬所得,特许权使用费所得共4项劳动性所得纳入综合征税范围;(3)扩大3%、10%、20%三档低税率的级距,缩小25%税率的级距;(4)将综合所得的基本减除费用标准提高到5000元/月;(5)增加子女教育、继续教育、大病医疗、住房贷款利息或者住房租金、赡养老人等支出专项扣除;(6)增加了反避税条款。

## 三、个人所得税的纳税人

《个人所得税法》第1条规定:“在中国境内有住所,或者无住所而一个纳税年度内在中国境内居住累计满一百八十三天的个人,为居民个人。居民个人从中国境内和境外取得的所得,依照本法规定缴纳个人所得税。在中国境内无住所又不居住,或者无住所而一个纳税年度内在中国境内居住累计不满一百八十三天的个人,为非居民个人。非居民个人从中国境内取得的所得,依照本法规定缴纳个人所得税。”据此,我国个人所得税的纳税人是在中国境内居住并取得所得的个人以及虽然不在中国境内居住但从中国境内取得所得的个人,包括中国国内公民,在华取得所得的外籍人员(包括无国籍人员,下同)和香港、澳门、台湾地区人士。中国境内有住所并取得所得的个人以及虽然无住所而1个纳税年度内在中国境内居住累计满183天的个人,是中国的居民个人,中国政府可以对其行使居民管辖权。在中国境内无住所又不居住或者无住所而1个纳税年度内在中国境内居住累计不满183天的个人,如果有从中国境内取得的所得,则是中国的非居民个人,中国政府只能对其行使收入来源地管辖权。

### (一)居民个人的判断标准

1.住所标准

住所是一个民法上的概念,通常指自然人生活和进行民事活动的主要场所。住所具有永久性和固定性的特征,采用住所标准,比较容易确定纳税人的居民身份,许多国家都对住所有明确的法律规定。我国《民法总则》明确规定:“自然人以户籍登记或者其他有效身份登记记载的居所为住所;经常居所与住所不一致的,经常居所视为住所。”这样就是说一般情况下,公民的住所就是其户籍所在地的居住地。但随着经济活动范围的日益扩大,公民实际的生活和活动场所很多,公民的经常居住地可能与公民的户籍所在地不一致,此时经常居所可以视为住所。

《个人所得税法实施条例》第2条规定,“在中国境内有住所,是指因户籍、家庭、经济利益关系而在中国境内习惯性居住”。所谓习惯性居住,是判定纳税义务人是居民或非居民的一个法律意义上的标准,不是指实际居住或在某一个特定时期内的居住地,如因学习、工作、探亲、旅游等而在中国境外居住的,在其原因消除之后,必须回到中国境内居住的个人,则中国即为该纳税人习惯性居住地。因此,只要某人的住所在中国境内,在某个纳税年度,即便该个人没有实际在中国境内居住,他仍然属于在中国习惯性居住,该年度他仍然属于中国的居民个人。

2.居住时间标准

居住时间是指个人在一国境内实际居住的日数。根据居住时间标准,自然人的居民纳税人身份完全由其在一国停留的时间决定,并不考虑他在该征税国境内有无住宅或财产等因素(居住标准一般对这些因素会有考虑)。在实际生活中,有时个人在一国境内并无住所,也无居所,但在该国却停留有较长时间,并从该国取得了收入,该国往往会对其行使税收管辖权。在对个人所得征税的实践中,各国逐渐形成了以个人在一国实际停留的时间作为判断税收居民和非居民的标准。

按照我国法律的规定,1个公历年度作为1个纳税年度。在这个年度之内,纳税人是否达到居住时间标准,以满183天或者不满183天的时间来判断。如果居住时间满183天,就符合了居民纳税人的条件。其中在中国境内停留的当天满24小时的,计入中国境内居住天数,在中国境内停留的当天不足24小时的,不计入中国境内居住天数。

现行税法中的"中国境内"是指中国内地,目前还不包括香港、澳门和台湾地区。

### (二)居民个人的纳税义务范围

根据上述两个标准,在中国境内有住所,或者无住所而一个纳税年度内在中国境内居住累计满183天的个人,可以判断为我国个税法上的居民个人,应就其源于我国境内和境外的所得,依法缴纳个人所得税。我国政府对居民行使的管辖权,就是居民管辖权。

例外的情形是,根据《个人所得税法实施条例》第4条的规定,在中国境内无住所的个人,在中国境内居住累计满183天的年度连续不满6年的,经向主管税务机关备案,其来源于中国境外且由境外单位或者个人支付的所得,免予缴纳个人所得税;在中国境内居住累计满183天的任1年度中有一次离境超过30天的,其在中国境内居住累计满183天的年度的连续年限重新起算。也就是说,判断该无住所个人本纳税年度纳税义务范围时,如果此前6年其在中国境内每年累计居住天数都满183天而且没有任何1年单次离境超过30天,该纳税年度源于中国境内、境外所得应当缴纳个人所得税;如果此前6年的任1年在中国境内累计居住天数不满183天或者单次离境超过30天,该纳税年度源于中国境外且由境外单位或者个人支付的所得,免予缴纳个人所得税。此前6年,是指该纳税年度的前1年至前6年的连续6个年度,此前6年的起始年度自2019年(含)以后开始计算。

### (三)非居民个人的纳税义务范围

在中国境内无住所又不居住,或者无住所而1个纳税年度内在中国境内居住累计不满183天的个人,属于我国税法中的非居民个人,只就其源于中国境内的所得向我国政府履行有限纳税义务,依法缴纳个人所得税。我国政府对这类纳税人行使的税收管辖权即收入来源地管辖权。

非居民个人的情况比较复杂,涉及的所得来源及其支付形式也比较多。为了兼顾相关国家的财政利益,我国税法根据国际惯例,对非居民个人的纳税义务范围做了规定。[5]

在一个纳税年度内,在境内累计居住不超过90天的非居民个人,仅就归属于境内工作期间并由境内雇主支付或者负担的工资薪金所得计算缴纳个人所得税。境内雇主包括雇佣员工的境内单位和个人以及境外单位或者个人在境内的机构、场所。

---

〔5〕 财政部、税务总局《关于非居民个人和无住所居民个人有关个人所得税政策的公告》(财政部税务总局公告2019年第35号)。

在一个纳税年度内,在境内累计居住超过 90 天但不满 183 天的非居民个人,取得归属于境内工作期间的工资薪金所得,均应当计算缴纳个人所得税;其取得归属于境外工作期间的工资薪金所得,不征收个人所得税。

此外,按照我国政府签订的避免双重征税协定;内地与香港、澳门签订的避免双重征税安排居民条款规定为缔约对方税收居民的个人,可以按照税收协定及财政部、税务总局有关规定享受税收协定待遇,也可以选择不享受税收协定待遇计算纳税。

对在中国境内无住所的个人,需要计算确定其在中国境内居住天数,以便依照税法和协定或安排的规定判定其在我国负有何种纳税义务时,均应以该个人实际在我国境内逗留天数计算。

上述关于工资薪金支付的规定,可以简化归纳如表 1 所示,以做直观了解。

**表 1　纳税义务人及纳税义务简表**

<table>
<tr><th colspan="3" rowspan="3">纳税人身份</th><th colspan="4">应税所得范围</th></tr>
<tr><th colspan="2">中国境内所得</th><th colspan="2">中国境外所得</th></tr>
<tr><th>境内支付</th><th>境外支付</th><th>境内支付</th><th>境外支付</th></tr>
<tr><td rowspan="3">非居民</td><td rowspan="2">基本原则</td><td>无住所又不居住</td><td colspan="2">应税</td><td colspan="2">不征税</td></tr>
<tr><td>无住所而居住不满 183 天</td><td colspan="2">应税</td><td colspan="2">不征税</td></tr>
<tr><td>放宽</td><td>无住所居住少于 90 天</td><td>应税</td><td>境外负担的免税</td><td colspan="2">不征税</td></tr>
<tr><td rowspan="4">居民</td><td rowspan="2">基本原则</td><td>有住所</td><td colspan="2">应税</td><td colspan="2">应税</td></tr>
<tr><td>无住所但居住满 183 天</td><td colspan="2">应税</td><td colspan="2">应税</td></tr>
<tr><td rowspan="2">放宽</td><td>无住所但居住满 183 天连续不满 6 年</td><td colspan="2">应税</td><td>应税</td><td>免税</td></tr>
<tr><td>无住所且居住满 183 天的年度连续满 6 年</td><td colspan="2">应税</td><td colspan="2">应税</td></tr>
</table>

注:1. 企业高管的境内所得和境外所得判定较一般雇员有所差异。高管人员取得由境内居民企业支付或负担的报酬,无论其是否在境内履行职务,均属于源于境内的所得,应在境内缴税。对高管人员取得不是由境内居民企业支付或者负担的报酬,仍需按照任职、受雇、履约地点划分境内、境外所得。

2. 居民个人无住所且居住满 183 天的年度连续满 6 年,是指此前 6 年其在中国境内每年累计居住天数都满 183 天而且没有任何 1 年单次离境超过 30 天。

## 四、个人所得来源的确定

既然居民纳税人就其源于中国境内、境外的所得缴纳个人所得税,而非居民纳税人仅就其源于中国境内的所得缴纳个人所得税,那么除了居民纳税人的判断之外,所得的来源地判断也十分重要。

"来源地"一词是一个广义的概念,指与征税对象存在经济上的源泉关系的国家或地区。一般来说,所得的支付地便是所得来源地,但两者并不完全同一,并不是所有的在一国支付的所得均源于该国。在一国境外支付的所得也可能源于该国。总体来说,所得来源地的确定要反映出经济活动的实质,另外也要维护国家的税收利益,方便税务机关实行有效的征管,同时还要考虑到国际惯例如何处理。

根据我国《个人所得税法实施条例》,下列所得,无论支付地点是否在中国境内,均为源于中国境内的所得:(1)因任职、受雇、履约等在中国境内提供劳务取得的所得;(2)将财产出租给承租人在中国境内使用而取得的所得;(3)许可各种特许权在中国境内使用而取得的所得;(4)转让中国境内的不动产等财产或者在中国境内转让其他财产取得的所得;(5)从中国境内企业、事业单位、其他组织以及居民个人取得的利息、股息、红利所得。

### 五、个人所得税的征税对象

个人所得税的征税对象,是指纳税人从中国境内和境外取得的应税所得。我国《个人所得税法》采用分类与综合所得税制,明确列举了9项应纳税个人所得,其中居民个人取得下述(1)~(4)项所得计入综合所得,按纳税年度合并计算个人所得税,非居民个人按月或按次分项计算个人所得税。

#### (一)工资、薪金

工资、薪金是指个人因任职或者受雇而取得的工资、薪金、奖金、年终加薪、劳动分红、津贴、补贴以及与任职或者受雇有关的其他所得。工资、薪金与劳务所得的区别在于,它属于非独立个人劳动所得。所谓非独立个人劳动,是指个人所从事的是他人指定、安排并接受管理的劳动、工作,这种劳动、工作具有意愿上的长期性而不是阶段性,且一般某一时间只能是为一家雇主而不是多家提供该种劳动、工作。

除工资、薪金外,其他与劳动、工作相关的奖金、年终加薪、劳动分红、津贴、补贴也被确定为工资、薪金范畴。其中,年终加薪、劳动分红不分种类和取得情况,一律按工资、薪金课税。但津贴、补贴等则有例外。一些不属于工资、薪金性质的补贴、津贴或者不属于纳税人本人工资、薪金所得项目的收入,不予征税。这些项目包括:(1)独生子女补贴;(2)执行公务员工资制度未纳入基本工资总额的补贴、津贴差额和家属成员的副食品补贴;(3)托儿补助费;(4)差旅费津贴、误餐补助。其中,误餐补助是指按照财政部规定,个人因公在城区、郊区工作,不能在工作单位或返回就餐的,根据实际误餐顿数按规定的标准领取的误餐费。单位以误餐补助名义发给职工的补助、津贴不包括在内。奖金是指所有具有工资性质的奖金,免税奖金的范围在税法中另有规定。

对于工资、薪金的界定,还有如下需要注意的问题:

第一,实行内部退养的个人在其办理内部退养手续后至法定离退休年龄之间从原任职单位取得的工资、薪金所得,不属于离退休工资,应按工资、薪金所得项目计征个人所得税。

第二,个人在办理内部退养手续后从原任职单位取得的一次性收入,应按办理内部退养手续后至法定离退休年龄之间的所属月份进行平均,并与领取当月的工资、薪金所得合并后减除当月费用扣除标准,以余额为基数确定适用税率,再将当月工资、薪金加上取得的一次性收入,减去费用扣除标准,按适用税率计征个人所得税。

第三,个人在办理内部退养手续后至法定离退休年龄之间重新就业取得的工资、薪金所得，应与其从原任职单位取得的同一月份的工资、薪金所得合并，依法自行向主管税务机关申报缴纳个人所得税。

第四，出租汽车经营单位对出租车驾驶员采取单车承包或承租方式运营，出租车驾驶员从事客货营运所取得的收入，按工资、薪金所得征税。

第五，自2004年1月20日起，对商品营销活动中，企业和单位对营销业绩突出的雇员以培训班、研讨会、工作考察等名义组织旅游活动，通过免收差旅费、旅游费对个人实行的营销业绩奖励（包括实物、有价证券等），应根据所发生费用的全额并入营销人员当期的工资、薪金所得，按照工资、薪金所得项目征收个人所得税，并由提供上述费用的企业和单位代扣代缴所得税。

第六，员工接受实施股票期权计划企业授予的股票期权时，除另有规定外，一般不作为应税所得征税。员工行权时，其从上市公司取得股票的实际购买价（施权价）低于购买日公平市场价（指该股票当日的收盘价）的差额，按"工资、薪金所得"适用的规定计算缴纳个人所得税，但可延长至取得股票期权之日起12个月内缴纳。对因特殊情况，员工在行权日之前将股票期权转让的，以股票期权的转让净收入，作为工资薪金所得征收个人所得税。对于员工从非上市公司取得的股票期权，经向主管税务机关备案，实行递延纳税政策，在其行权时暂不征收个人所得税，待其转让股票时一并收取。享受这个待遇的除了股票期权，还有股权期权、限制性股票和股票奖励。

### （二）劳务报酬

劳务报酬是指个人从事设计、装潢、安装、制图、化验、测试、医疗、法律、会计、咨询、讲学、翻译、审稿、书画、雕刻、影视、录音、录像、演出、表演、广告、展览、技术服务、介绍服务、经纪服务、代办服务以及其他劳务取得的所得。

个人担任公司董事职务所取得的董事费收入，如果仅担任董事、监事，且不在公司任职、受雇的，属于劳务报酬性质。个人在公司（包括关联公司）任职、受雇，同时兼任董事、监事的，应将董事费、监事费与个人工资收入合并，统一按工资、薪金缴纳个人所得税。[6]

在校学生因参与勤工俭学活动（包括参与学校组织的勤工俭学活动）而取得属于《个人所得税法》规定的应税所得，应依法缴纳个人所得税。

自2004年1月20日起，对商品营销活动中，企业和单位对营销业绩突出的非雇员以培训班、研讨会、工作考察等名义组织旅游活动，通过免收差旅费、旅游费对个人实行的营销业绩奖励（包括实物、有价证券等），应将所发生费用的全额，按照"劳务报酬所得"项目征收个人所得税，并由提供上述费用的企业和单位代扣代缴。

### （三）稿酬

稿酬是指个人因其作品以图书、报刊形式出版、发表而取得的所得。这里所说的作品，包括文学作品、书画作品、摄影作品以及其他作品。

---

〔6〕 国家税务总局《关于明确个人所得税若干政策执行问题的通知》（国税发〔2009〕121号）。

本来稿酬具有特许权使用费、劳务报酬等的性质。在原来的个人所得税和个人收入调节税中,曾把稿酬列入特许权使用费或投稿、翻译所得。修订后的《个人所得税法》将稿酬单列为一个独立征税项目。其原因在于,出版、发表作品与一般的劳务有所不同,它是一种依靠智力创作精神产品的活动,而且出版、发表作品的报酬相对偏低。因此,对稿酬单列征税,有利于单独制定征税办法,体现国家的优惠和照顾。

(四)特许权使用费

特许权使用费是指个人提供专利权、商标权、著作权、非专利技术以及其他特许权的使用权而取得的所得。提供著作权使用权而取得的所得,不包括稿酬。

对特许权使用费的征税办法,各国不尽一致,如许多国家对将专利权提供给他人使用而取得的所得列入特许权使用费,而对转让专利权所得征收资本利得税。我国因没有开征资本利得税,故将提供和转让所得一并列入个人所得税的征税范围。

根据国家税务总局国税发〔1994〕089 号文件的规定,作者将自己的文字作品手稿原件或复印件公开拍卖(竞价)取得的所得,也按特许权使用费所得项目征收个人所得税。对于个人所取得的特许权的经济赔偿收入,应按"特许权使用费所得"应税项目缴纳个人所得税,税款由支付赔款的单位或个人代扣代缴。

(五)经营所得

经营所得包括:(1)个体工商户从事生产、经营活动取得的所得,个人独资企业投资人、合伙企业的个人合伙人源于境内注册的个人独资企业、合伙企业生产、经营的所得;(2)个人依法从事办学、医疗、咨询以及其他有偿服务活动取得的所得;(3)个人对企业、事业单位承包经营、承租经营以及转包、转租取得的所得;(4)个人从事其他生产、经营活动取得的所得。

个人因从事彩票代销业务而取得所得,应按照"经营所得"项目计征个人所得税。

出租车属个人所有,但挂靠出租汽车经营单位或企事业单位,驾驶员向挂靠单位缴纳管理费的,或出租汽车经营单位将出租车所有权转移给驾驶员的,出租车驾驶员从事客货运营取得的收入,按经营所得项目征税。

个人独资企业、合伙企业的个人投资者以企业资金为本人、家庭成员及其相关人员支付与企业生产经营无关的消费性支出,及购买汽车、住房等财产性支出,视为企业对个人投资者利润分配,并入投资者个人的生产经营所得,按经营所得项目计征个人所得税。〔7〕

个人对企事业单位承包、承租经营后,如工商登记改变为个体工商户的,应依照经营所得项目计征个人所得税,不再征收企业所得税。如果其工商登记仍为企业的,无论其分配方式如何,均应先按照企业所得税的有关规定缴纳企业所得税,然后对承包、承租经营者按合同规定取得的所得,依照《个人所得税法》的有关规定征收个人所得税。具体为:其一,承包人、承租人对企业经营成果不拥有所有权,仅按合同规定取得一定所得的,应按

〔7〕 财政部、国家税务总局《关于规范个人投资者个人所得税征收管理的通知》(财税〔2003〕158 号)。

工资、薪金所得项目征收个人所得税。其二,承包人、承租人按合同规定只向发包方、出租人缴纳一定的费用,缴纳承包、承租费后企业的经营成果归承包、承租人所有的,其取得的所得,按经营所得项目征收个人所得税。

外商投资企业采取发包、出租经营且经营人为个人的,对经营人从外商投资企业分享的收益或取得的所得,也按照经营所得征收个人所得税。

(六)利息、股息、红利

利息一般是指拥有债权而取得的利息,包括存款、贷款和债券的利息。股息、红利是指个人拥有股权取得的公司、企业的股息、红利。按照一定的比率派发的每股的息金,称为股息;根据公司、企业应分配的、超过股息部分的利润,按股派发的称为红利。

除国债和国家发行的金融债券利息外,其他利息所得都应依法缴纳个人所得税。不过,根据现行规定,储蓄存款利息暂免征收个人所得税。个人取得的 2012 年及以后年度发行的地方政府债券利息收入,免征个人所得税。

集体所有制企业在改制为股份合作制企业时将有关资产量化给职工个人的,根据国税发〔2000〕60 号文件的规定,对职工个人以股权形式取得的仅作为分红依据,不拥有所有权的企业量化资产,不征收个人所得税。对职工个人根据股权比例参与企业分配而获得的股息、红利,按“利息、股息、红利”项目征收个人所得税。对职工个人以股份形式取得的拥有所有权的企业量化资产,暂缓征收个人所得税,待个人将股份转让时,就其转让收入额,减除个人取得该股份时实际支付的费用支出和合理转让费用后的余额,按“财产转让所得”项目计征个人所得税。

对以未分配利润、盈余公积和除股票溢价发行外的其他资本公积转增注册资本和股本的,要按照“利息、股息、红利所得”项目,依据现行政策规定计征个人所得税。〔8〕 自 2016 年 1 月 1 日起,全国范围内的中小高新技术企业以未分配利润、盈余公积、资本公积向个人股东转增股本时,个人股东一次缴纳个人所得税确有困难的,可根据实际情况自行制定分期缴税计划,在不超过 5 个公历年度内(含)分期缴纳。个人股东获得转增的股本,应按照“利息、股息、红利所得”项目征收个人所得税。〔9〕

除个人独资企业、合伙企业以外的其他企业(法人类企业)的个人投资者,以企业资金为本人、家庭成员及其相关人员支付与企业生产经营无关的消费性支出及购买汽车、住房等财产性支出,视为企业对个人投资者的红利分配,依照“利息、股息、红利所得”项目计征个人所得税。

纳税年度内个人投资者从其投资企业(法人类企业)借款,在该纳税年度终了后既不归还,又未用于企业生产经营的,其未归还的借款可视为企业对个人投资者的红利分配,依照“利息、股息、红利所得”项目计征个人所得税。〔10〕

---

〔8〕 国家税务总局《关于进一步加强高收入者个人所得税征收管理的通知》(国税发〔2010〕54 号)。

〔9〕 财政部、国家税务总局《关于将国家自主创新示范区有关税收试点政策推广到全国范围实施的通知》(财税〔2015〕116 号)。

〔10〕 财政部、国家税务总局《关于规范个人投资者个人所得税征收管理的通知》(财税〔2003〕158 号)。

(七)财产租赁所得

财产租赁所得,是指个人出租不动产、机器设备、车船以及其他财产取得的所得。个人取得的财产转租收入,属于"财产租赁所得"的征税范围。

在确定财产租赁所得的纳税人时,应以产权凭证为依据,对无产权凭证的,由主管税务机关根据实际情况确定;产权所有人死亡,在未办理产权继承手续期间,该财产出租而有租金收入的,以领取租金的个人为纳税人。

(八)财产转让所得

财产转让所得,是指个人转让有价证券、股权、合伙企业中的财产份额、不动产、机器设备、车船以及其他财产取得的所得。财产转让所得,以转让财产的收入额减除财产原值和合理费用后的余额,为应纳税所得额。

根据《个人所得税法实施条例》的规定,对股票转让所得征收个人所得税的办法,由国务院另行规定,并报全国人大常委会备案。因为我国证券市场发育还不成熟,股份制还处于试点阶段,为支持我国证券市场的发展,对上市公司股票转让所得暂不征收个人所得税。

个人出售自有住房,本应按《个人所得税法》的规定,按"财产转让所得"项目征收个人所得税,税率为20%。1999年,财政部、国家税务总局、建设部联合下发财税字〔1999〕278号文,对个人转让房屋所得征收个人所得税的一些特殊情况规定了优惠政策。2006年7月18日,国家税务总局又下发了国税发〔2006〕108号文,对于有关问题做了进一步明确。具体的规定如下:

第一,个人出售除已购公有住房以外的其他自有住房,其应纳税所得额按照《个人所得税法》的有关规定确定。

第二,个人出售已购公有住房,其应纳税所得额为个人出售已购公有住房的销售价,减除住房面积标准的经济适用住房价款、原支付超过住房面积标准的房价款、向财政或原产权单位缴纳的所得收益以及税法规定的合理费用后的余额。

第三,职工以成本价(或标准价)出资的集资合作建房、安居工程住房、经济适用住房以及拆迁安置住房,比照已购公有住房确定应纳税所得额。

第四,对个人转让自用5年以上并且是家庭唯一生活用房取得的所得,免征个人所得税。

另外,根据《关于加强房地产交易个人无偿赠与不动产税收管理有关问题的通知》(国税发〔2006〕144号),个人向他人无偿赠与不动产,包括继承、遗产处分及其他无偿赠与不动产等,受赠人取得赠与人无偿赠与的不动产后,虽然当时不需要缴纳个人所得税,但再次转让该项不动产的,在缴纳个人所得税时,以财产转让收入减除受赠、转让住房过程中缴纳的税金及有关合理费用后的余额为应纳税所得额,缴纳个人所得税。

(九)偶然所得

偶然所得是指个人得奖、中奖、中彩以及其他偶然性质的所得。其中,得奖是指参加各种有奖竞赛活动,取得获奖资格而获得的奖金;中奖、中彩是指参加各种射幸性有奖活动,如有奖销售、有奖储蓄或购买彩票,经过规定程序,抽中、摇中号码或其他中奖标志而取得的奖金。

除《个人所得税法实施条例》规定的得奖、中奖、中彩等所得外,偶然性所得还包括个人在各种非正常情况下得到的不确定性收入,如财政部、国家税务总局《关于企业向个人支付不竞争款项征收个人所得税问题的批复》(财税〔2007〕102 号)规定:不竞争款项是指资产购买方企业与资产出售方企业自然人股东之间在资产购买交易中,通过签订保密和不竞争协议等方式,约定资产出售方企业自然人股东在交易完成后一定期限内,承诺不从事有市场竞争的相关业务,并负有相关技术资料的保密义务,资产购买方企业则在约定期限内,按一定方式向资产出售方企业自然人股东所支付的款项。根据《个人所得税法》第 2 条第 8 项有关规定,鉴于资产购买方企业向个人支付的不竞争款项,属于个人因偶然因素取得的一次性所得,为此,资产出售方企业自然人股东取得的所得,应按照"偶然所得"项目计算缴纳个人所得税,税款由资产购买方企业在向资产出售方企业自然人股东支付不竞争款项时代扣代缴。

新个税法删除了原来作为所得类型兜底项目的"其他所得",但是原有列入其他所得项目的税收政策如何处理并不明确。例如,根据财政部、税务总局公告 2018 年第 177 号,包括了国家税务总局《关于个人所得税有关政策问题的通知》(国税发〔1999〕58 号)中规定的个人因任职单位缴纳有关保险费用而取得的无赔款优待收入;财政部、国家税务总局《关于个人无偿受赠房屋有关个人所得税问题的通知》(财税〔2009〕78 号)、财政部、国家税务总局《关于企业促销展业赠送礼品有关个人所得税问题的通知》(财税〔2011〕50 号)、财政部、税务总局、人力资源社会保障部、中国银行保险监督管理委员会、证监会《关于开展个人税收递延型商业养老保险试点的通知》(财税〔2018〕22 号)等都继续有效。2019 年 6 月 19 日,财政部 2019 年第 74 号公告对上述这些文件内容进行了修订,将部分"其他所得"转入了"偶然所得"项目继续征税。不无疑问的是,这样的转变是否符合税收法定原则,是否符合"偶然所得"的性质。

## 六、个人所得税的税率

我国税法根据不同的征收项目,规定了超额累进税率和比例税率两种形式。不同类型所得的适用税率分别如下:

### (一)综合所得

综合所得适用 3% ~45% 的七级超额累进税率,具体如表 2 所示。

**表 2　综合所得全年应纳税**

| 级数 | 全年应纳税所得额 | 税率(%) | 速算扣除数(元) |
|---|---|---|---|
| 1 | 不超过 36000 元的部分 | 3 | 0 |
| 2 | 36000 元至 144000 元的部分 | 10 | 2520 |

续表

| 级数 | 全年应纳税所得额 | 税率(%) | 速算扣除数(元) |
| --- | --- | --- | --- |
| 3 | 144000元至300000元的部分 | 20 | 16920 |
| 4 | 300000元至420000元的部分 | 25 | 31920 |
| 5 | 420000元至660000元的部分 | 30 | 52920 |
| 6 | 660000元至960000元的部分 | 35 | 85920 |
| 7 | 超过960000元的部分 | 45 | 181920 |

(二)经营所得

经营所得适用5%~35%的五级超额累进税率。具体税率的适用如表3所示。

**表3 经营所得全年应纳税**

| 级数 | 全年应纳税所得额 | 税率(%) | 速算扣除数(元) |
| --- | --- | --- | --- |
| 1 | 不超过30000元的部分 | 5 | 0 |
| 2 | 30000元至90000元的部分 | 10 | 1500 |
| 3 | 90000元至300000元的部分 | 20 | 10500 |
| 4 | 300000元至500000元的部分 | 30 | 40500 |
| 5 | 超过500000元的部分 | 35 | 65500 |

(三)其他类型的所得

除了上述两类所得之外的所得,其适用税率为20%。

## 七、个人所得税的计税依据

个人所得税的计税依据是纳税人取得的应纳税所得额。应纳税所得额是个人取得的各项收入减去税法规定的扣除项目或扣除金额之后的余额。

在计算应纳税所得额时,首先要确定个人所取得的各项收入,然后再确定扣除额。对于收入的取得,一般都是一次性或是一段时间内取得,对于收入的形式,可能为货币也可能为具有货币价值的实物或其他权利。而扣除费用,根据个人所得税的应税项目不同,税法规定不同收入项目的所得所需费用也不相同,计算个人应纳税所得额时需按不同应税项目分项计算。

(一)收入的形式

个人取得的收入一般是货币金额。除现金外,纳税人的所得为实物的,应当按照所取得实物的凭证上注明的价格,计算应纳税所得额。无凭证的实物或者凭证上所注明的价格明显偏低的,由主管税务机关参照当地的市场价格,核定应纳税所得额。纳税人的所得为有价证券的,由主管税务机关根据票面价格和市场价格核定其应纳税所得额。所得为其他形式的经济利益的,参照市场价格核定应纳税所得额。

### (二)每次收入的确定

我国《个人所得税法》对纳税义务人取得的利息、股息、红利所得,财产租赁所得,偶然所得都是明确应该按次计算征税的。由于扣除费用依据每次应纳税所得额,分别规定了定额和定率两种标准,如何准确划分"次"十分重要。《个人所得税法实施条例》根据不同项目的特点,对此分别作出了明确具体规定:

劳务报酬所得、稿酬所得、特许权使用费所得,属于一次性收入的,以取得该项收入为一次;属于同一项目连续性收入的,以一个月内取得的收入为一次。财产租赁所得,以一个月内取得的收入为一次。利息、股息、红利所得,以支付利息、股息、红利时取得的收入为一次。偶然所得,以每次收入为一次。

### (三)费用的扣除标准

我国现行的个人所得税分项确定所得、分类扣除费用,根据其所得的不同情况分别实行定额、定率和会计核算几种扣除办法。

1. 综合所得

居民个人取得综合所得后,其费用扣除包括了 6 万元/年的基本减除费用标准,以及专项扣除、专项附加扣除以及依法确定的其他扣除。其中,专项扣除,包括居民个人按照国家规定的范围和标准缴纳的基本养老保险、基本医疗保险、失业保险等社会保险费和住房公积金等;专项附加扣除,包括子女教育、继续教育、大病医疗、住房贷款利息或者住房租金、赡养老人等支出。对劳务报酬、稿酬、特许权使用费依然实行原有的费用扣除标准。

非居民个人取得工资、薪金,以每月扣除基本减除费用标准 5000 元后为应纳税所得额;劳务报酬所得、稿酬、特许权使用费以每次收入额减除 20% 后为应纳税所得额,并对稿酬所得收入额减按 70% 计算。

关于专项附加扣除,国务院于 2018 年 12 月 13 日发布《个人所得税专项附加扣除暂行办法》对其加以明确:(1)纳税人的子女接受全日制学历教育的相关支出,按照每个子女每月 1000 元的标准定额扣除。(2)纳税人在中国境内接受学历(学位)继续教育的支出,在学历(学位)教育期间按照每月 400 元定额扣除。同一学历(学位)继续教育的扣除期限不能超过 48 个月。纳税人接受技能人员职业资格继续教育、专业技术人员职业资格继续教育的支出,在取得相关证书的当年,按照 3600 元定额扣除。(3)在一个纳税年度内,纳税人发生的与基本医保相关的医药费用支出,扣除医保报销后个人负担(指医保目录范围内的自付部分)累计超过 15000 元的部分,由纳税人在办理年度汇算清缴时,在 80000 元限额内据实扣除。(4)纳税人本人或者配偶单独或者共同使用商业银行或者住房公积金个人住房贷款为本人或者其配偶购买中国境内住房,发生的首套住房贷款利息支出,在实际发生贷款利息的年度,按照每月 1000 元的标准定额扣除,扣除期限最长不超过 240 个月。纳税人只能享受一次首套住房贷款的利息扣除。(5)纳税人在主要工作城市没有自有住房而发生的住房租金支出,按照以下标准定额扣除:直辖市、省会(首府)城市、计划单列市以及国务院确定的其他城市,扣除标准为每月1500元;除第一项所列城市以外,市辖区户籍人口超过100万的城市,扣除标准为每月1100元;市辖区户籍人口不超过100万的城市,扣除标准为每月800元。纳税人的配偶在纳税人的主要工作城市有自有住房的,视同纳税人在主要工作城市有自有住房。(6)纳税人赡养一位及以上被赡养人的赡养支出,统一按照以下标准定额扣除:纳税人为独生子女的,按照每月2000元的标准定额扣除;纳税人为非独生子女的,由其与兄弟姐妹分摊每月2000元的扣除额度,每人分摊的额度不能超过每月1000元。

2019年1月1日至2021年12月31日,外籍个人符合居民个人条件的,可以选择享受个人所得税专项附加扣除,也可以选择按照有关规定,享受住房补贴、语言训练费、子女教育费等津补贴免税优惠政策。两种扣除不得同时享受,外籍个人一经选择,在一个纳税年度内不得变更。自2022年1月1日起,外籍个人不再享受住房补贴、语言训练费、子女教育费津补贴免税优惠政策,应按规定享受专项附加扣除。

依法确定的其他扣除,包括个人缴付符合国家规定的企业年金、职业年金,个人购买符合国家规定的商业健康保险、税收递延型商业养老保险的支出,以及国务院规定可以扣除的其他项目。如科技人员取得职务科技成果转化现金奖励,可减按50%计入科技人员工资薪金所得。

专项扣除、专项附加扣除和依法确定的其他扣除,以居民个人一个纳税年度的应纳税所得额为限额;一个纳税年度扣除不完的,不结转以后年度扣除。

2. 经营所得

经营所得以每一纳税年度的收入总额,减除成本、费用及损失后的余额为应纳税所得额。其中,成本、费用是指生产、经营活动中发生的各项直接支出和分配计入成本的间接费用以及销售费用、管理费用、财务费用;损失是指生产、经营活动中发生的固定资产和存货的盘亏、毁损、报废损失,转让财产损失,坏账损失,自然灾害等不可抗力因素造成的损失以及其他损失。取得经营所得的个人,没有综合所得的,计算其每一纳税年度的应纳税所得额时,应当减除费用6万元、专项扣除、专项附加扣除以及依法确定的其他扣除。专项附加扣除在办理汇算清缴时减除。从事生产、经营活动,未提供完整、准确的纳税资料,不能正确计算应纳税所得额的,由主管税务机关核定应纳税所得额或者应纳税额。

3. 财产租赁所得

财产的出租人除按《个人所得税法》的规定减除费用外,在出租财产过程中缴纳的税费(包括房地产税、营业税、印花税等)可从财产租赁所得中扣除。如果能够提供有效、准确凭证,证明由纳税义务人负担该财产实际开支的修缮费用,以每次800元为限,可以从财产租金中扣除。一次扣除不完的,准予在下一次继续扣除,直至扣完为止。

4. 财产转让所得

财产转让所得以个人每次转让财产取得的收入额减除财产原值和相关税、费后的余额为应纳税所得额。财产转让所得以一件财产的所有权一次转让取得的收入为一次。如果纳税人未提供完整、准确的财产原值凭证,不能正确计算财产原值,由主管税务机关核定其财产原值。财产转让所得中允许减除的合理费用,是指卖出财产时按照规定支付的有关税费。

财产转让所得中允许减除的财产原值是指:(1)有价证券,其原值为买入价以及买入时按规定缴纳的有关费用;(2)建筑物,其原值为建造费或者购进价格以及其他有关税费;(3)土地使用权,其原值为取得土地使用权所支付的金额、开发土地的费用以及其他有关税费;(4)机器设备、车船,其原值为购进价格、运输费、安装费以及其他有关费用;(5)其他财产,其原值参照以上方法确定。

5. 利息、股息、红利所得,偶然所得

上述类型以每次收入额为应纳税所得额,一般不得从中扣除任何费用,但相关文件专门规定的除外。

### (四)关于费用扣除的特殊规定

个人将其所得中国境内的公益性社会组织、国家机关向教育、扶贫、济困等公益慈善事业的捐赠,捐赠额未超过纳税人申报的应纳税所得额30%的部分,可以从应纳税所得额中扣除,超过部分不得扣除。

对个人通过非营利性的社会团体和国家机关对公益性青少年活动场所(其中包括新建)的捐赠,在缴纳个人所得税前准予全额扣除。

对个人通过非营利性的社会团体和政府部门向福利性、非营利性的老年服务机构的捐赠,在缴纳个人所得税前准予全额扣除。

对个人向中华健康快车基金会和孙冶方经济科学基金会、中华慈善总会、中国法律援助基金会和中华见义勇为基金会的捐赠,准予在缴纳个人所得税前全额扣除。

纳税人通过中国境内非营利的社会团体、国家机关向教育事业的捐赠,准予在个人所得税前全额扣除。

根据《关于实施上市公司股息红利差别化个人所得税政策有关问题的通知》(财税〔2012〕85号)规定:个人从公开发行和转让市场取得的上市公司股票,持股期限在1个月以内(含1个月)的,其股息红利所得全额计入应纳税所得额;持股期限在1个月以上至1年(含1年)的,暂减按50%计入应纳税所得额;持股期限超过1年的,暂减按25%计入应纳税所得额。证券投资基金从上市公司取得的股息红利所得,按照本通知规定计征个人所得税。《关于实施全国中小企业股份转让系统挂牌公司股息红利差别化个人所得税政策有关问题的通知》(财税〔2014〕48号)对个人持有全国中小企业股份转让系统挂牌公司的股票的股息红利所得,其减免规则与上市公司股票类型有关。

## 八、个人所得税应纳税额的计算

### (一)综合所得应纳税额的计算

《个人所得税法》第11条规定,居民个人取得综合所得,按年计算个人所得税;有扣缴义务人的,由扣缴义务人按月或者按次预扣预缴税款;需要办理汇算清缴的,应当在取得所得的次年3月1日至6月30日内办理汇算清缴。

居民个人向扣缴义务人提供专项附加扣除信息的,扣缴义务人按月预扣预缴税款时应当按照规定予以扣除,不得拒绝。

非居民个人取得工资、薪金所得,劳务报酬所得,稿酬所得和特许权使用费所得,有扣缴义务人的,由扣缴义务人按月或者按次代扣代缴税款,不办理汇算清缴。

1. 预扣预缴的应纳税额计算

(1)扣缴义务人向居民个人支付工资、薪金所得时,应当按照累计预扣法计算预扣税款,并按月办理全员全额扣缴申报。具体计算公式如下:

本期应预扣预缴税额=(累计预扣预缴应纳税所得额×预扣率-速算扣除数)-累计减免税额-累计已预扣预缴税额

累计预扣预缴应纳税所得额=累计收入-累计免税收入-累计减除费用-累计专项扣除-累计专项附加扣除-累计依法确定的其他扣除

其中:累计减除费用,按照5000元/月乘以纳税人当年截至本月在本单位的任职受雇月份数计算。

(2)扣缴义务人向居民个人支付劳务报酬所得、稿酬所得、特许权使用费所得,按次或者按月预扣预缴个人所得税。具体预扣预缴方法如下:

劳务报酬所得、稿酬所得、特许权使用费所得以收入减除费用后的余额为收入额。其中,稿酬所得的收入额减按70%计算。

减除费用:劳务报酬所得、稿酬所得、特许权使用费所得每次收入不超过4000元的,减除费用按800元计算;每次收入4000元以上的,减除费用按20%计算。

应纳税所得额:劳务报酬所得、稿酬所得、特许权使用费所得,以每次收入额为预扣预缴应纳税所得额。劳务报酬所得适用20%～40%的超额累进预扣率,稿酬所得、特许权使用费所得适用20%的比例预扣率。

劳务报酬所得应预扣预缴税额=预扣预缴应纳税所得额×预扣率-速算扣除数

稿酬所得、特许权使用费所得应预扣预缴税额=预扣预缴应纳税所得额×20%

2. 汇算清缴的应纳税额计算

对于需要汇算清缴的纳税人,其综合所得实行按年计算个人所得税,适用七级超额累进税率,按年收入扣除6万元,及法律规定的扣除项目外,其余额为应纳税所得额,按适用税率计算应纳税额。其计算公式为:

应纳税额=应纳税所得额×适用税率-速算扣除数

3. 不计入综合所得计税的特殊规定

(1)在2021年12月31日前,纳税人取得的全年一次性奖金不并入当年综合所得,以全年一次性奖金收入除以12个月得到的数额,以按月换算后的综合所得税率表,确定适用税率和速算扣除数,单独计算纳税。计算公式为:

应纳税额=全年一次性奖金收入×适用税率-速算扣除数

居民个人取得全年一次性奖金,也可以选择并入当年综合所得计算纳税。

自2022年1月1日起,居民个人取得全年一次性奖金,应并入当年综合所得计算缴纳个人所得税。

(2)中央企业负责人取得年度绩效薪金延期兑现收入和任期奖励,符合国家税务总局《关于中央企业负责人年度绩效薪金延期兑现收入和任期奖励征收个人所得税问题的通知》(国税发〔2007〕118号)的,其在2021年12月31日前也不并入当年综合所得,而采取与全年一次性奖金同样的税收处理方式。

(3)居民个人取得股票期权、股票增值权、限制性股票、股权奖励等股权激励(以下简称股权激励),符合财政部、国家税务总局《关于个人股票期权所得征收个人所得税问题的通知》(财税〔2005〕35号),财政部、国家税务总局《关于股票增值权所得和限制性股票所得征收个人所得税有关问题的通知》(财税〔2009〕5号),财政部、国家税务总局《关于将国家自主创新示范区有关税收试点政策推广到全国范围实施的通知》(财税〔2015〕116号)第4条,财政部、国家税务总局《关于完善股权激励和技术入股有关所得税政策的通知》(财税〔2016〕101号)第4条第1项规定的相关条件的,在2021年12月31日前,不并入当年综合所得,全额单独适用综合所得税率表,计算纳税。计算公式为:

应纳税额 = 股权激励收入 × 适用税率 - 速算扣除数

居民个人一个纳税年度内取得两次以上(含两次)股权激励的,应合并按上述公式计算纳税。

(4)个人达到国家规定的退休年龄,领取的企业年金、职业年金,符合财政部、人力资源社会保障部、国家税务总局《关于企业年金、职业年金个人所得税有关问题的通知》(财税〔2013〕103号)规定的,不并入综合所得,全额单独计算应纳税款。其中按月领取的,适用月度税率表计算纳税;按季领取的,平均分摊计入各月,按每月领取额适用月度税率表计算纳税;按年领取的,适用综合所得税率表计算纳税。

个人因出境定居而一次性领取的年金个人账户资金,或个人死亡后,其指定的受益人或法定继承人一次性领取的年金个人账户余额,适用综合所得税率表计算纳税。对个人除上述特殊原因外一次性领取年金个人账户资金或余额的,适用月度税率表计算纳税。

(5)单位按低于购置或建造成本价格出售住房给职工,职工因此而少支出的差价部分,符合财政部、国家税务总局《关于单位低价向职工售房有关个人所得税问题的通知》(财税〔2007〕13号)第2条规定的,不并入当年综合所得,以差价收入除以12个月得到的数额,按照月度税率表确定适用税率和速算扣除数,单独计算纳税。计算公式为:

应纳税额 = 职工实际支付的购房价款低于该房屋的购置或建造成本价格的差额 × 适用税率 - 速算扣除数

(6)个人与用人单位解除劳动关系取得一次性补偿收入(包括用人单位发放的经济补偿金、生活补助费和其他补助费),在当地上年职工平均工资3倍数额以内的部分,免征个人所得税;超过3倍数额的部分,不并入当年综合所得,单独适用综合所得税率表,计算纳税。

个人办理提前退休手续而取得的一次性补贴收入,应按照办理提前退休手续至法定离退休年龄之间实际年度数平均分摊,确定适用税率和速算扣除数,单独适用综合所得税率表,计算纳税。计算公式:

应纳税额 = {[(一次性补贴收入 ÷ 办理提前退休手续至法定退休年龄的实际年度数) - 费用扣除标准] × 适用税率 - 速算扣除数} × 办理提前退休手续至法定退休年龄的实际年度数

个人办理内部退养手续而取得的一次性补贴收入,按照国家税务总局《关于个人所得税有关政策问题的通知》(国税发〔1999〕58 号)规定计算纳税。

### (二)经营所得的应纳税额计算

经营所得减除成本、费用以及损失后的余额,为应纳税所得额。取得经营所得的个人,没有综合所得的,计算其每一纳税年度的应纳税所得额时,应当减除费用 6 万元、专项扣除、专项附加扣除以及依法确定的其他扣除。专项附加扣除在办理汇算清缴时减除。

计算公式为:

应纳税所得额 = 收入总额 - (成本 + 费用 + 损失 + 准予扣除的税金)

应纳税额 = 应纳税所得额 × 适用税率 - 速算扣除数

从事生产、经营活动,未提供完整、准确的纳税资料,不能正确计算应纳税所得额的,由主管税务机关核定应纳税所得额或者应纳税额。

实践中,核定征收方式包括:定期定额征收、核定应税所得率征收以及其他合理的征收方式。

定期定额征税制度是指,税务机关依照有关法律、法规,按照规定程序,核定纳税人在一定经营时期内的应纳税经营额及收益额,并以此为计税依据,确定其应纳税额的一种征收方式。具体的计算公式是:

应纳税额 = 事先核定的应纳税所得额 × 适用税率

如果纳税人实际的应纳税所得超过税务机关核定数额的一定比例的,纳税人应该按照实际的应纳税所得缴纳所得税。

实行核定应税所得率征收方式的,应纳所得税额的计算公式如下:

应纳税额 = 应纳税所得额 × 适用税率

应纳税所得额 = 收入总额 × 应税所得率

或,应纳税所得额 = 成本费用支出额 ÷ (1 - 应税所得率) × 应税所得率

### (三)财产租赁所得的应纳税额计算

以租赁收入减除必要的税费、修缮费及费用扣除标准等为应纳税所得额,以 20% 税率计征应纳税额。需要注意的是,费用扣除标准为租赁收入低于 4000 元的,减除费用 800 元,租赁收入 4000 元以上的,减除 20% 的费用。计算公式如下:

应纳税所得额 = 租赁收入 - 税费 - 修缮费用(限额 800) - 800

或应纳税所得额 = 租赁收入 - 税费 - 修缮费用 - (租赁收入 - 税费) × 20%

应纳税额 = 应纳税所得额 × 20%

### (四)财产转让所得的应纳税额计算

以转让财产的收入额减除财产原值和合理费用后的余额,为应纳税所得额,按 20%

的税率予以征税。

应纳税所得额 = 财产转让收入额 − 财产原值 − 合理费用

应纳税额 = 应纳税所得额 × 适用税率

（五）利息、股息、红利所得、偶然所得的应纳税额计算

以每次收入额为应纳税所得额，按 20% 的比例税率予以计税。应纳税额的计算公式为：

应纳税额 = 应纳税所得额 × 适用税率

（六）个人所得税的税收抵免

在中国境内有住所，或者虽无住所，但在中国境内居住满 183 天以上的个人，从中国境内和境外取得的所得，都应缴纳个人所得税。实际上，纳税人的境外所得一般均已缴纳或负担了有关国家的所得税额。为了避免发生国家间对同一所得重复征税，同时又要维护我国的税收权益，我国税法规定，居民个人从中国境外取得的所得，可以从其应纳税额中抵免已在境外缴纳的个人所得税税额，但抵免额不得超过该纳税人境外所得依照本法规定计算的应纳税额。如发生实缴境外税款超过抵免限额，超限额部分可以在以后纳税年度仍来自该国家或地区的不足限额，即实缴境外税款低于抵免限额的部分中补扣，下一年度结转后仍有超限额的，可继续结转，但每年发生的超限额结转期最长不得超过 5 年。

可见，我国个人所得税的抵免限额采用分国不分项的限额抵免法，即区分来自不同国家或地区的应税项目，依照税法规定的费用减除标准和适用税率计算抵免限额。对于同一国家或地区的不同应税项目，以其各项的抵免限额之和作为来自该国或该地区所得的抵免限额。其计算公式为：

来自某国或地区收入的抵免限额 = $\sum$（来自某国或地区的某一应税项目的所得 − 费用减除标准）× 适用税率 − 速算扣除数

或来自某国或地区收入的抵免限额 = $\sum$（来自某国或地区的某一种应税项目的净所得 + 境外实缴税款 − 费用减除标准）× 适用税率 − 速算扣除数

上式中的费用减除标准和适用税率，均指我国个人所得税法及其实施条例规定的有关费用减除标准和适用税率。不同的应税项目减除不同的费用标准，计算出的单项抵免限额相加后，得出来自一国或地区所得的抵免限额，即分国的抵免限额。纳税人来自某一特定外国的所得，其在该国所缴纳的个人所得税，只要不超过该国收入的抵免限额，就可以从其应向我国缴纳的税款中予以抵扣。

## 九、个人所得税的减免措施

从个人所得税的功能来看，其不仅具有财政收入的目的，也是一种社会分配手段，起着调节收入分配的作用。另外，个人所得税也是体现国家政策的重要工具，为了鼓励科学发明，支持社会福利和慈善事业的发展，照顾某些纳税人的实际困难，个人所得税法对有关所得项目，作出了免税、减税的优惠规定。

(一)免税项目

根据《个人所得税法》第 4 条的规定,下列各项个人所得,免予征税:(1)省级人民政府、国务院部委和中国人民解放军军以上单位以及外国组织、国际组织颁发的科学、教育、技术、文化、卫生、体育、环境保护等方面的奖金。(2)国债和国家发行的金融债券利息。国债利息,是指个人持有财政部发行的债券而取得的利息;国家发行的金融债券利息,是指个人持有经国务院批准发行的金融债券而取得的利息所得。(3)按照国家统一规定发给的补贴、津贴。这是指按照国务院规定发给的政府特殊津贴和国务院规定免纳个人所得税的补贴、津贴。(4)福利费、抚恤金、救济金。这里的福利费是指根据国家有关规定,从企业、事业单位、国家机关、社会团体提留的福利费或者从工会经费中支付给个人的生活补助费;救济金是指国家民政部门支付给个人的生活困难补助费。(5)保险赔款。(6)军人的转业安置费、复员费、退役金。(7)按照国家统一规定发给干部、职工的安家费、退职费、基本养老金或者退休费、离休费、离休生活补助费。(8)依照有关法律规定应予免税的各国驻华使馆、领事馆的外交代表、领事官员和其他人员的所得。(9)中国政府参加的国际公约、签订的协议中规定免税的所得。(10)国务院规定的其他免税所得。国务院规定的其他免税所得,由国务院报全国人大常委会备案。

(二)减税项目

根据《个人所得税法》第 5 条的规定,有下列情形之一的,可以减征个人所得税,具体幅度和期限,由省、自治区、直辖市人民政府规定,并报同级人大常委会备案:(1)残疾、孤老人员和烈属的所得;(2)因严重自然灾害造成重大损失的。国务院可以规定其他减税,报全国人大常委会备案。

(三)其他减免税项目

虽然新《个人所得税法》将其他减免税权力上收至国务院,但是政策的落实需要时间。根据财政部、税务总局 2018 年第 177 号公告,下列暂予免税的优惠措施继续有效:(1)外籍个人以非现金形式或实报实销形式取得的住房补贴、伙食补贴、搬迁费、洗衣费,外籍个人按合理标准取得的境内、境外出差补贴,外籍个人取得的探亲费、语言训练费和子女教育费补贴,外籍个人从外商投资企业取得的股息、红利所得。(2)凡符合下列条件之一的外籍专家取得的工资、薪金所得,可免征个人所得税:根据世界银行专项贷款协议由世界银行直接派往我国工作的外国专家;联合国组织直接派往我国工作的专家;为联合国援助项目来华工作的专家;援助国派往我国专为该国援助项目工作的专家;根据两国政府签订的文化交流项目来华工作 2 年以内的文教专家,其工资、薪金所得由该国负担的;根据我国大专院校国际交流项目来华工作 2 年以内的文教专家,其工资、薪金所得由该国负担的;通过民间科研协定来华工作的专家,其工资、薪金所得由该国政府机构负担的。(3)个人举报、协查各种违法、犯罪行为而获得的奖金。(4)个人办理代扣代缴手续,按规定取得的扣缴手续费。(5)个人转让自用达 5 年以上,并且是唯一的家庭生活用房取得的所得。(6)对个人购买福利彩票、体育彩票，一次中奖收入在1万元以下的(含1万元)暂免征收个人所得税，超过1万元的按全额缴纳个人所得税。(7)达到离休、退休年龄，但确因工作需要，适当延长离休、退休年龄的高级专家(指享受国家发放的政府特殊津贴的专家、学者)，其在延长离休、退休期间的工资、薪金所得，视同离休、退休工资免纳个人所得税。(8)企业依照国家有关法律规定宣告破产，企业职工从该破产企业取得的一次性安置费收入，免纳个人所得税。(9)个人因与用人单位解除劳动关系而取得的一次性补偿收入(包括用人单位发放的经济补偿金、生活补助费和其他补助费用)，其收入在当地上年职工年平均工资3倍数额以内的部分，免纳个人所得税。(10)企业和个人按照国家或地方政府规定的比例提取并向指定金融机构实际缴付的住房公积金、医疗保险金、基本养老保险金以及按照《失业保险条例》规定的比例实际缴付的失业保险费(金)，均不计入个人当期的工资、薪金收入，免予缴纳个人所得税。(11)个人领取原提存的住房公积金、医疗保险金、基本养老保险金以及具备《失业保险条例》规定条件的失业人员领取的失业保险金，免纳个人所得税。(12)个人取得的教育储蓄存款利息所得和按照国家或省级地方政府规定的比例缴付的住房公积金、医疗保险金、基本养老保险金、失业保险金存入银行个人账户所取得的利息所得，免予征收个人所得税。(13)对被拆迁人按照国家有关城镇房屋拆迁管理办法规定的标准取得的拆迁补偿款，免征个人所得税。(14)对乡、镇(含)以上人民政府或经县(含)以上人民政府主管部门批准成立的有机构有章程的见义勇为基金或类似性质组织，奖励见义勇为者的奖金或奖品，经税务主管部门核准，免征个人所得税。(15)生育妇女按照县级以上人民政府根据国家有关规定制定的生育保险办法取得的生育津贴、生育医疗费或者其他属于生育保险性质的津贴、补贴，免征个人所得税。(16)股权分置改革中非流通股股东通过对价方式向流通股股东支付的股份、现金等收入，暂免征收流通股股东应缴纳的个人所得税。(17)个人取得单张有奖发票奖金所得不超过800元(含)的，暂免征收个人所得税。(18)保险营销员、证券经纪人佣金中的展业成本，不征收个人所得税。佣金中的展业成本的比例为收入额的25%。(19)科研机构、高等学校转化职务科技成果以股份或出资比例等股权形式给予个人奖励，经主管税务机关审核后，暂不征收个人所得税。(20)对工伤职工及其近亲属按照《工伤保险条例》规定取得的工伤保险待遇，免征个人所得税。(21)自2016年1月1日起，对个人投资者从投保基金公司取得的行政和解金，暂免征收个人所得税。(22)自2018年11月1日(含)起，对个人转让新三板挂牌公司非原始股取得的所得，暂免征收个人所得税。(23)广东省、深圳市按内地与香港个人所得税税负差额，对在大湾区工作的境外(含港澳台)高端人才和紧缺人才给予补贴，该补贴免征个人所得税。(24)2018年1月1日至2020年12月31日对易地扶贫搬迁贫困人口按规定取得的住房建设补助资金、拆旧复垦奖励资金等与易地扶贫搬迁相关的货币化补偿和易地扶贫搬迁安置住房，免征个人所得税。

### 十、个人所得税的申报

#### (一)纳税申报的情形

根据《个人所得税法》第10条的规定，有下列情形之一的，纳税人应当依法办理纳税申报:(1)取得综合所得需要办理汇算清缴;(2)取得应税所得没有扣缴义务人;(3)取得应税所得,扣缴义务人未扣缴税款;(4)取得境外所得;(5)因移居境外注销中国户籍;(6)非居民个人在中国境内从两处以上取得工资、薪金所得;(7)国务院规定的其他情形。

其中,取得综合所得需要办理汇算清缴是指:(1)从两处以上取得综合所得,且综合所得年收入额减除专项扣除后的余额超过6万元;(2)取得劳务报酬所得、稿酬所得、特许权使用费所得中一项或者多项所得,且综合所得年收入额减除专项扣除的余额超过6万元;(3)纳税年度内预缴税额低于应纳税额;(4)纳税人申请退税。我国个人所得税依然实行以支付所得的单位或者个人为扣缴义务人的源泉扣缴制度。如果纳税人没有发生上述需要汇算清缴的情形,不需要自行申报。

### (二)自行纳税申报的期限

个人所得税自行纳税申报的期限,分以下情况处理:

1. 需要办理汇算清缴的纳税人,应当在取得所得的次年3月1日至6月30日内办理纳税申报。

2. 纳税人取得经营所得,按年计算个人所得税,由纳税人在月度或季度终了后15日内,办理预缴纳税申报。在取得所得的次年3月31日前,办理汇算清缴。

3. 取得应税所得、扣缴义务人未扣税款时,居民个人取得综合所得的,应在取得所得的次年3月1日至6月30日内办理纳税申报;非居民个人取得工资、薪金所得,劳务报酬所得,稿酬所得,特许权使用费所得的,应在取得所得的次年6月30日前办理纳税申报;非居民个人在次年6月30日前离境(临时离境除外)的,应当在离境前办理纳税申报。纳税人取得利息、股息、红利所得,财产租赁所得,财产转让所得和偶然所得的,应当在取得所得的次年6月30日前,按相关规定向主管税务机关办理纳税申报。

4. 居民个人从中国境外取得所得的,应当在取得所得的次年3月1日至6月30日内办理纳税申报。

5. 纳税人因移居境外注销中国户籍的,应当在申请注销中国户籍前办理纳税申报,进行税款清算。

6. 非居民个人在中国境内从两处以上取得工资、薪金所得的,应当在取得所得的次月15日内办理纳税申报。

### (三)申报纳税地点

1. 需要办理汇算清缴的纳税人,向任职、受雇单位所在地主管税务机关办理纳税申报;纳税人有两处以上任职、受雇单位的,选择向其中一处任职、受雇单位所在地主管税务机关办理纳税申报;纳税人没有任职、受雇单位的,向户籍所在地或经常居住地主管税务机关办理纳税申报。

2. 取得经营所得的纳税人,向经营管理所在地主管税务机关办理纳税申报及汇算清缴。从两处以上取得经营所得的,选择向其中一处经营管理所在地主管税务机关办理年度汇总申报。

3. 居民个人取得综合所得，扣缴义务人未扣缴的，向任职、受雇单位所在地主管税务机关办理纳税申报。

非居民个人取得工资、薪金所得，劳务报酬所得，稿酬所得，特许权使用费所得，扣缴义务人未扣缴的，向扣缴义务人所在地主管税务机关办理纳税申报，有两个以上扣缴义务人均未扣缴税款的，选择向其中一处扣缴义务人所在地主管税务机关办理纳税申报。

4. 居民个人从中国境外取得所得的，向中国境内任职、受雇单位所在地主管税务机关办理纳税申报；在中国境内没有任职、受雇单位的，向户籍所在地或中国境内经常居住地主管税务机关办理纳税申报；户籍所在地与中国境内经常居住地不一致的，选择其中一地主管税务机关办理纳税申报；在中国境内没有户籍的，向中国境内经常居住地主管税务机关办理纳税申报。

5. 纳税人因移居境外注销中国户籍的，向户籍所在地主管税务机关办理纳税申报，进行税款清算。

6. 非居民个人在中国境内从两处以上取得工资、薪金所得的，向其中一处任职、受雇单位所在地主管税务机关办理纳税申报。

#### （四）申报方式

纳税人可以采用远程办税端、邮寄等方式申报，也可以直接到主管税务机关申报。

### 十一、个人所得税的源泉扣缴

#### （一）扣缴义务人的范围

《个人所得税法》第 9 条规定，个人所得税以取得所得的个人为纳税人，以支付所得的单位或者个人为扣缴义务人。这里所谓的支付单位，包括支付储蓄存款利息的银行、支付股息的股份公司、支付工资薪金的单位、支付专利使用费的被许可人等。

个人所得税实行源泉扣缴税款，这种做法既符合国际惯例，也有利于我国现阶段税源控制及保障税收收入。鉴于我国目前的征管水平，也从降低征收成本的角度考虑，即便我国将来推行综合所得税，源泉扣缴制度仍然会作为补充，形成事实上的分类综合所得税制。

#### （二）全员全额扣缴申报

《个人所得税法》第 10 条要求，扣缴义务人应该按照国家规定办理全员全额扣缴申报，并向纳税人提供其个人所得和已扣缴税款等信息。《个人所得税法》修订后，国家税务总局据此发布了《个人所得税扣缴申报管理办法（试行）》，对个人所得税的扣缴申报做了规定。扣缴义务人应当在代扣税款的次月 15 日内，向主管税务机关报送其支付所得的所有个人的有关信息、支付所得数额、扣除事项和数额、扣缴税款的具体数额和总额以及其他相关涉税信息资料。

### (三)累计预扣申报

扣缴义务人向居民个人支付工资、薪金所得时,应当按照累计预扣法计算预扣税款,并按月办理扣缴申报。累计预扣法,是指扣缴义务人在一个纳税年度内预扣预缴税款时,以纳税人在本单位截至当前月份工资、薪金所得累计收入减除累计免税收入、累计减除费用、累计专项扣除、累计专项附加扣除和累计依法确定的其他扣除后的余额为累计预扣预缴应纳税所得额,适用个人所得税预扣率表,计算累计应预扣预缴税额,再减除累计减免税额和累计已预扣预缴税额,其余额为本期应预扣预缴税额。余额为负值时,暂不退税。纳税年度终了后余额仍为负值时,由纳税人通过办理综合所得年度汇算清缴,税款多退少补。

具体计算公式如下:

本期应预扣预缴税额=(累计预扣预缴应纳税所得额×预扣率-速算扣除数)-累计减免税额-累计已预扣预缴税额

累计预扣预缴应纳税所得额=累计收入-累计免税收入-累计减除费用-累计专项扣除-累计专项附加扣除-累计依法确定的其他扣除

其中:累计减除费用,按照5000元/月乘以纳税人当年截至本月在本单位的任职受雇月份数计算

### (四)扣缴义务人的信息提供与改正

支付工资、薪金所得的扣缴义务人应当于年度终了后两个月内,向纳税人提供其个人所得和已扣缴税款等信息。纳税人年度中间需要提供上述信息的,扣缴义务人应当提供。

纳税人取得除工资、薪金所得以外的其他所得,扣缴义务人应当在扣缴税款后,及时向纳税人提供其个人所得和已扣缴税款等信息。

扣缴义务人应当按照纳税人提供的信息计算税款、办理扣缴申报,不得擅自更改纳税人提供的信息。

扣缴义务人发现纳税人提供的信息与实际情况不符的,可以要求纳税人修改。纳税人拒绝修改的,扣缴义务人应当报告税务机关,税务机关应当及时处理。

纳税人发现扣缴义务人提供或者扣缴申报的个人信息、支付所得、扣缴税款等信息与实际情况不符的,有权要求扣缴义务人修改。扣缴义务人拒绝修改的,纳税人应当报告税务机关,税务机关应当及时处理。

### (五)扣缴义务人的法律责任

扣缴义务人有未按照规定向税务机关报送资料和信息、未按照纳税人提供信息虚报虚扣专项附加扣除、应扣未扣税款、不缴或少缴已扣税款、借用或冒用他人身份等行为的,依照《税收征收管理法》等相关法律、行政法规处理。

扣缴义务人应扣未扣、应收而不收税款的,由税务机关向纳税人追缴税款,对扣缴义务人处应扣未扣、应收未收税款50%以上3倍以下的罚款;纳税人、扣缴义务人逃避、拒

绝或者以其他方式阻挠税务机关检查的，由税务机关责令改正，可以处1万元以下的罚款；情节严重的，处1万元以上5万元以下的罚款。

扣缴义务人的法人代表（或单位主要负责人）、财会部门的负责人及具体办理代扣代缴税款的有关人员，共同对依法履行代扣代缴义务负法律责任。根据税法规定，扣缴义务人有偷税或者抗税行为的，除依法追缴税款，处以罚款（罚金）外，对情节严重的，还应追究直接责任人的刑事责任。

（六）代扣代缴税款的手续费

税务机关应根据扣缴义务人所扣缴的税款，按年付给2%的手续费，不包括税务机关、司法机关等查补或者责令补扣的税款。扣缴义务人领取的扣缴手续费可用于提升办税能力、奖励办税人员。

### 十二、个人所得税的反避税规则

《个人所得税法》第8条规定，有下列情形之一的，税务机关有权按照合理方法进行纳税调整：（1）个人与其关联方之间的业务往来不符合独立交易原则而减少本人或者其关联方应纳税额，且无正当理由；（2）居民个人控制的，或者居民个人和居民企业共同控制的设立在实际税负明显偏低的国家（地区）的企业，无合理经营需要，对应当归属于居民个人的利润不作分配或者减少分配；（3）个人实施其他不具有合理商业目的的安排而获取不当税收利益。

税务机关依照前款规定作出纳税调整，需要补征税款的，应当补征税款，并依法加收利息。此处的利息，应当按照税款所属纳税申报期最后一日中国人民银行公布的与补税期间同期的人民币贷款基准利率计算，自税款纳税申报期满次日起至补缴税款期限届满之日止按日加收。纳税人在补缴税款期限届满前补缴税款的，利息加收至补缴税款之日。

对于该反避税条款如何理解及适用，目前尚存在诸多困境，《个人所得税法实施条例（征求意见稿）》中对该条款内容的解释共规定了5个条款，但是最终通过的《实施条例》将大部分删除，也足以见得个人所得税反避税的重重困难。

## 第三节　企业所得税法

### 一、企业所得税法立法概况

2007年3月16日之前，我国企业所得税按内资、外资企业分别立法。外资企业适用1991年全国人大通过的《外商投资企业和外国企业所得税法》，内资企业适用1993年国务院发布的《企业所得税暂行条例》。这里所谓的外资企业，是指外商投资企业和外国企业,包括海外华侨和港澳台人士所投资的企业。内外资企业所得税的主要差异在于,外资企业享受更加优惠的税收政策,实际税收负担远远低于内资企业。造成这种立法分立的原因在于,我国在改革开放的过程中,急需引进外部的资金、管理和技术。

通过对外商投资的税收优待,我国成功引进了大量外资,对改革开放、促进经济发展发挥了重要作用。不过,随着改革开放进程的深入,我国经济社会情况发生了很大的变化。特别是加入世贸组织后,国内市场对外资进一步开放,内资企业也逐渐融入世界经济体系之中,面临越来越大的竞争压力。内外有别的企业所得税政策,事实上使内资企业处于不平等的竞争地位,影响统一、规范、公平竞争的市场环境的建立。正因为这种差异的存在,一些内资企业将资金转到境外再投资境内,从而享受外资企业所得税优惠。这种行为扭曲了企业经营行为,造成国家税款的流失。

为有效解决上述问题,2007 年 3 月 16 日,全国人大审议通过了《企业所得税法》,统一适用于内资企业和外资企业,并自 2008 年 1 月 1 日起开始实施。《企业所得税法》除总则和附则外,分为应纳税所得额、应纳税额、税收优惠、源泉扣缴、特别纳税调整、征收管理共 6 章,60 个条款。2007 年 12 月 6 日,国务院公布了《企业所得税法实施条例》,与《企业所得税法》同日实施。和《外商投资企业与外国企业所得税法》《企业所得税暂行条例》相比,《企业所得税法》的最重大创新即为"两税合一"改革,在内容上体现了"四个统一":内资、外资企业适用统一的企业所得税税法;统一并适当降低企业所得税税率;统一和规范收入确认和税前扣除办法;统一税收优惠政策,实行"产业优惠为主、区域优惠为辅"的新税收优惠体系。企业所得税"两法合一"改革,有利于促进我国经济结构优化和产业升级,有利于为各类企业创造一个公平竞争的税收法制环境。

除了上述内容之外,《企业所得税法》还按照国际上的通行做法,采用了规范的"居民企业"和"非居民企业"的概念,明确了二者各自的纳税义务范围。在纳税方式上,《企业所得税法》要求,不具有法人资格的居民企业,应当汇总计算、缴纳企业所得税。在反避税方面,《企业所得税法》借鉴国际惯例,对防止关联方转让定价做了明确规定,同时增加了一般反避税、防范资本弱化、防范受控外国公司、核定程序和对补征税款加收利息等条款,强化了反避税手段,有利于防范和制止避税行为,维护国家利益。

## 二、企业所得税的纳税人

### (一)企业所得税纳税人的范围

在中国境内的企业、事业单位、社会团体和其他取得收入的组织为企业所得税的纳税人,依照《企业所得税法》缴纳企业所得税。个人独资企业、合伙企业不适用该法。

和《企业所得税暂行条例》相比,《企业所得税法》关于纳税人的规定有两点明显的变化。

第一,按照《企业所得税暂行条例》的规定,个人独资企业和合伙企业本来应该缴纳企业所得税,只是通过国务院 2000 年的特别规定,才不对个人独资企业和合伙企业征收企业所得税,只对独资企业主或合伙人征收个人所得税。《企业所得税法》延续这种做法,明确规定个人独资企业和合伙企业不适用该法,使我国企业所得税的性质,事实上成为一种法人所得税。

第二,《企业所得税暂行条例》以是否实行独立经济核算,作为判断企业或者组织是否构成独立纳税人的标准。所谓独立核算,是指在银行开设结算账户,独立建立账簿,编制财务会计报表,独立计算盈亏。按照这个标准,企业的分支机构完全可能成为独立的纳税人。而根据《企业所得税法》关于纳税人的界定,企业的分支机构不再是独立的纳税人。居民企业在中国境内设立不具有法人资格的营业机构的,应当汇总计算并缴纳企业所得税。

和《外商投资企业与外国企业所得税法》相比,个人独资企业和合伙企业不缴纳企业所得税,这仍然是一种不同以往的新规定。在外商投资企业中,中外合作经营企业中包括不具备法人资格的个人合伙企业,外资企业中也包括不具备法人资格的外商独资企业。由于我国对外国投资者从外商投资企业中获得的收益免征个人所得税,所以,尽管外商投资的个人合伙企业和独资企业需要缴纳企业所得税,但是其中并不存在重复征税的问题。至于分支机构的税收地位问题,《企业所得税法》和《外商投资企业与外国企业所得税法》基本一致,都实行总机构汇总纳税,分支机构不作为独立的纳税人处理。

### (二)居民企业和非居民企业

居民是所得税法上非常重要的概念。纳税人是否是居民,居民纳税人的判断标准直接影响纳税人实际的纳税义务。在我国以往的所得税立法中,对于如何判断纳税人的义务范围,虽然居民概念实际上发挥了作用,成为了我国税收管辖权的基础,但是没有在立法文件中明确提出来。《企业所得税法》第 2 条明确定义居民企业和非居民企业,并在第 3 条中廓清二者不同的纳税义务范围,这在我国所得税立法上还是第一次。

我国《企业所得税法》所称的居民企业,是指依法在中国境内成立,或者依照外国(地区)法律成立但实际管理机构在中国境内的企业。非居民企业则是指依照外国(地区)法律成立且实际管理机构不在中国境内,但在中国境内设立机构、场所的,或者在中国境内未设立机构、场所,但有源于中国境内所得的企业。可见,我国采纳的是登记注册地标准和实际管理机构地标准相结合的办法,用于判断居民企业和非居民企业。

此处所谓的实际管理机构,是指对企业的生产经营、人员、账务、财产等实施实质性全面管理和控制的机构。此处所谓的机构、场所,是指在中国境内从事生产经营活动的机构、场所,包括:(1)管理机构、营业机构、办事机构;(2)工厂、农场、开采自然资源的场所;(3)提供劳务的场所;(4)从事建筑、安装、装配、修理、勘探等工程作业的场所;(5)其他从事生产经营活动的机构、场所。

非居民企业委托营业代理人在中国境内从事生产经营活动的,包括委托单位或者个人经常代其签订合同,或者储存、交付货物等,该营业代理人视为非居民企业在中国境内设立的机构、场所。

居民企业应当就其源于中国境内、境外的所得缴纳企业所得税。非居民企业在中国境内设立机构、场所的,应当就其所设机构、场所取得的源于中国境内的所得以及发生在中国境外但与其所设机构、场所有实际联系的所得,缴纳企业所得税。非居民企业在中国境内未设立机构、场所的,或者虽设立机构、场所但取得的所得与其所设机构、场所没有实际联系的,应当就其源于中国境内的所得缴纳企业所得税。此处所谓的实际联系,是指非居民企业在中国境内设立的机构、场所拥有据以取得所得的股权、债权,以及拥有、管理、控制据以取得所得的财产等。

企业所得税法上所称的"源于中国境内、境外的所得",按以下原则确定:(1)销售货物所得,按照交易活动发生地确定;(2)提供劳务所得,按照劳务发生地确定;(3)转让财产所得,不动产转让所得按照不动产所在地确定,动产转让所得按照转让动产的企业或者机构、场所所在地确定,权益性投资资产转让所得按照被投资企业所在地确定;(4)股息、红利等权益性投资所得,按照分配所得的企业所在地确定;(5)利息所得、租金所得、特许权使用费所得,按照负担、支付所得的企业或者机构、场所所在地确定,或者按照负担、支付所得的个人的住所地确定;(6)其他所得,由国务院财政、税务主管部门确定。

### 三、企业所得税的税率

按照《企业所得税法》第4条的规定,一般情况下,企业所得税的税率为25%。这个税率水平比《企业所得税暂行条例》规定的内资企业所得税名义税率低8%,比《外商投资企业与外国企业所得税法》规定的外资所得税税率名义上也低8%。由于外资企业事实上适用24%或15%的优惠税率,外资企业所得税的税率因此提高了1%或者10%。不过,新税法执行后,一部分外资企业可以继续按新税法规定享受高新技术企业优惠税率和小型微利企业照顾性低税率,一部分外资企业可以享受过渡优惠政策,新税法执行后对外资企业即期财务成本应该不会造成大的影响。

非居民企业在中国境内未设立机构、场所的,或者虽设立机构、场所但取得的所得与其所设机构、场所没有实际联系的,应当就其源于中国境内的所得缴纳企业所得税,其适用税率为20%。这种情况下的税收,一般采取代扣代缴的形式,纳税人不能从中扣除任何费用。通过设置稍低一些的税率,可以一定程度上体现纯所得原则,体现不同类型所得的税收公平。

根据《企业所得税法》第28条的规定,符合条件的小型微利企业,减按20%的税率征收企业所得税。对小型微利企业实行照顾性税率,这是各国比较普遍的做法。相对于大型企业而言,小型微利企业的税收负担能力较弱,低税率本身是量能课税原则的要求。另外,小型微利企业体现一国的经济活力,税率的降低还体现了政府的扶持和鼓励。根据财政部、国家税务总局的最新规定,自2018年1月1日至2020年12月31日,将小型微利企业的年应纳税所得额上限由50万元提高至100万元,对年应纳税所得额低于100万元(含)的小型微利企业,其所得减按50%计入应纳税所得额,按20%的税率缴纳企业所得税。

《企业所得税法》第28条还规定,国家需要重点扶持的高新技术企业,减按15%的税率征收企业所得税。

由于企业的经营经常跨越国境,为了避免双重征税,相关国家之间往往签订一些税收协定,其中往往会涉及一些降低税率的内容。例如,根据《中日关于对所得避免双重征税和防止偷漏税的协定》第10、11、12条的规定,发生在缔约国一方而支付给缔约国另一方居民的股息、利息和特许权使用费,可以在其发生的缔约国按照该缔约国的法律征税。但是,如果收款人是该项收入的实际收益人,则所征税款不应超过收入总额的10%。这体现了跨境投资所得在缔约国双方之间的收入分享原则。由于《企业所得税法》第58条规定:中国政府同外国政府订立的有关税收的协定与本法有不同规定的,依照协定的规定办理。故事实上,税收协定中的有关税率也构成缔约国一方企业所得税征税的适用税率。

### 四、企业所得税的收入确认

企业所得税按纳税年度计算,纳税年度自公历1月1日起至12月31日止。企业在一个纳税年度中间开业,或者终止经营活动,使该纳税年度的实际经营期不足12个月的,应当以其实际经营期为一个纳税年度。企业依法清算时,应当以清算期间作为一个纳税年度。

企业每一纳税年度的收入总额,减除不征税收入、免税收入、各项扣除以及允许弥补的以前年度亏损后的余额,为应纳税所得额。企业应纳税所得额的计算,以权责发生制为原则,属于当期的收入和费用,无论款项是否收付,均作为当期的收入和费用;不属于当期的收入和费用,即使款项已经在当期收付,均不作为当期的收入和费用。国务院及其财政、税务主管部门另有规定的除外。

为了准确合法地计算应纳税所得额,必须首先对企业所得税的收入确认有所了解。根据《企业所得税法》第6条的规定,企业以货币形式和非货币形式从各种来源取得的收入,为收入总额。所谓货币形式,包括现金、存款、应收账款、应收票据、准备持有至到期的债券投资以及债务的豁免等。所谓非货币形式,包括固定资产、生物资产、无形资产、股权投资、存货、不准备持有至到期的债券投资、劳务以及有关权益等。企业以非货币形式取得的收入,应当按照公允价值(市场价格确定的价值)确定收入额。

具体的收入类型及其收入确认时点如下:(1)销售货物收入,是指企业销售商品、产品、原材料、包装物、低值易耗品以及其他存货取得的收入。(2)提供劳务收入,是指企业从事建筑安装、修理修配、交通运输、仓储租赁、金融保险、邮电通信、咨询经纪、文化体育、科学研究、技术服务、教育培训、餐饮住宿、中介代理、卫生保健、社区服务、旅游、娱乐、加工以及其他劳务服务活动取得的收入。(3)转让财产收入,是指企业转让固定资产、生物资产、无形资产、股权、债权等财产取得的收入。(4)股息、红利等权益性投资收益,是指企业因权益性投资从被投资方取得的收入。股息、红利等权益性投资收益,除国务院财政、税务主管部门另有规定外,按照被投资方作出利润分配决定的日期确认收入的实现。(5)利息收入,是指企业将资金提供他人使用但不构成权益性投资,或者因他人占用本企业资金取得的收入,包括存款利息、贷款利息、债券利息、欠款利息等收入。利息收入,按照合同约定的债务人应付利息的日期确认收入的实现。(6)租金收入,是指企业提供固定资产、包装物或者其他有形资产的使用权取得的收入。租金收入,按照合同约定的承租人应付租金的日期确认收入的实现。(7)特许权使用费收入,是指企业提供专利权、非专利技术、商标权、著作权以及其他特许权的使用权取得的收入。特许权使用费收入,按照合同约定的特许权使用人应付特许权使用费的日期确认收入的实现。(8)接受捐赠收入,是指企业接受的来自其他企业、组织或者个人无偿给予的货币性资产、非货币性资产。接受捐赠收入,按照实际收到捐赠资产的日期确认收入的实现。(9)其他收入,是指企业取得的上述收入外的其他收入,包括企业资产溢余收入、逾期未退包装物押金收入、确实无法偿付的应付款项、已作坏账损失处理后又收回的应收款项、债务重组收入、补贴收入、违约金收入、汇兑收益等。

企业的下列生产经营业务可以分期确认收入的实现:(1)以分期收款方式销售货物的,按照合同约定的收款日期确认收入的实现;(2)企业受托加工制造大型机械设备、船舶、飞机,以及从事建筑、安装、装配工程业务或者提供其他劳务等,持续时间超过12个月的,按照纳税年度内完工进度或者完成的工作量确认收入的实现。采取产品分成方式取得收入的,按照企业分得产品的日期确认收入的实现,其收入额按照产品的公允价值确定。

企业发生非货币性资产交换,以及将货物、财产、劳务用于捐赠、偿债、赞助、集资、广告、样品、职工福利或者利润分配等用途的,应当视同销售货物、转让财产或者提供劳务,但国务院财政、税务主管部门另有规定的除外。

《企业所得税法》第7条还规定,收入总额中的下列收入为不征税收入:(1)财政拨款。财政拨款是指各级政府对纳入预算管理的事业单位、社会团体等组织拨付的财政资金,但国务院及其财政、税务主管部门另有规定的除外。(2)依法收取并纳入财政管理的行政事业性收费、政府性基金。(3)国务院规定的其他不征税收入。国务院规定的其他不征税收入,是指企业取得的,由国务院财政、税务主管部门规定专项用途并经国务院批准的财政性资金。

## 五、企业所得税的扣除项目

### (一)企业所得税扣除的一般要求

《企业所得税法》第8条规定,企业实际发生的与取得收入有关的、合理的支出,包括成本、费用、税金、损失和其他支出,准予在计算应纳税所得额时扣除。所谓“实际发生”,是指支出真实,非虚构。所谓“有关的支出”,是指与取得收入直接相关的支出,间接相关的不在其内。所谓“合理的支出”,是指符合生产经营活动常规,应当计入当期损益或者有关资产成本的必要和正常的支出。这说明,企业能够扣除的费用必须符合真实性、相关性和合理性原则。只要符合上述原则,又不属于限制扣除项目和禁止扣除项目,企业发生的成本、费用、损失、税金和其他支出,就可以从收入总额中予以扣除。

企业发生的支出应当区分收益性支出和资本性支出。收益性支出在发生当期直接扣除;资本性支出应当分期扣除或者计入有关资产成本,不得在发生当期直接扣除。企业的不征税收入用于支出所形成的费用或者财产,不得扣除或者计算对应的折旧、摊销扣除。除《企业所得税法》及其实施条例另有规定外,企业实际发生的成本、费用、税金、损失和其他支出,不得重复扣除。

成本,是指企业在生产经营活动中发生的销售成本、销货成本、业务支出以及其他耗费。《企业所得税法》第15条规定，企业使用或者销售存货，按照规定计算的存货成本，准予在计算应纳税所得额时扣除。第16条又规定，企业转让资产，该项资产的净值，准予在计算应纳税所得额时扣除。这两条就涉及成本的扣除。

费用，即纳税人为生产、经营商品和提供劳务等所发生的销售（经营）费用、管理费用和财务费用，已计入成本的有关费用除外。销售费用是应由纳税人负担的为销售商品而发生的费用，包括广告费、运输费、装卸费、包装费、展览费、保险费、销售佣金、代销手续费、经营性租赁费及销售部门发生的差旅费、工资、福利费等费用。管理费用是纳税人的行政管理部门为管理组织经营活动提供各项支援性服务而发生的费用。财务费用是纳税人筹集经营性资金而发生的费用，包括利息净支出、汇兑净损失、金融机构手续费以及其他非资本化支出。

税金，是指企业发生的除企业所得税和允许抵扣的增值税以外的各项税金及其附加。增值税属于价外税，故不在扣除之列。

损失，是指企业在生产经营活动中发生的固定资产和存货的盘亏、毁损、报废损失，转让财产损失，呆账损失，坏账损失，自然灾害等不可抗力因素造成的损失以及其他损失。企业发生的损失，减除责任人赔偿和保险赔款后的余额，依照国务院财政、税务主管部门的规定扣除。企业已经作为损失处理的资产，在以后纳税年度又全部收回或者部分收回时，应当计入当期收入。

其他支出，是指除成本、费用、税金、损失外，企业在生产经营活动中发生的与生产经营活动有关的、合理的支出。

目前，除了设置限制扣除项目和禁止扣除项目之外，《企业所得税法》并没有规定每个项目的扣除方法，而是授权国务院财政、税务部门制定具体的标准。在计算应纳税所得额时，企业财务、会计处理办法与税收法律、行政法规的规定不一致的，应当依照税收法律、行政法规的规定计算。

### （二）准予扣除项目

#### 1.《企业所得税法》的规定

按照《企业所得税法》，除资本性项目外，下列项目在规定的范围和标准内准予扣除：

（1）企业发生的公益性捐赠支出，在年度利润总额12%以内的部分，准予在计算应纳税所得额时扣除。自2017年1月1日起，超过年度利润总额12%的部分，准予结转以后3年内在计算应纳税所得额时扣除。所谓公益性捐赠，一般是指纳税人向教育、民政等公益事业以及遭受自然灾害地区、贫困地区的捐赠。为支持脱贫攻坚，自2019年1月1日至2022年12月31日，企业通过公益性社会组织或者县级（含县级）以上人民政府及其组成部门和直属机构，用于目标脱贫地区的扶贫捐赠支出，准予在计算企业所得税应纳税所得额时据实扣除。[11]

---

〔11〕 财政部、税务总局、国务院扶贫办《关于企业扶贫捐赠所得税税前扣除政策的公告》（财政部、税务总局、国务院扶贫办公告2019年第49号）。

(2)企业纳税年度发生的亏损,准予向以后年度结转,用以后年度的所得弥补,但结转年限最长不得超过5年。

2.《企业所得税法实施条例》的规定

按照《企业所得税法实施条例》的列举,下列项目在规定的标准和范围内准予扣除:

(1)企业发生的合理的工资、薪金支出,准予扣除。

(2)企业依照国务院有关主管部门或者省级人民政府规定的范围和标准为职工缴纳的基本养老保险费、基本医疗保险费、失业保险费、工伤保险费、生育保险费等基本社会保险费和住房公积金,准予扣除。企业为投资者或者职工支付的补充养老保险费、补充医疗保险费,在国务院财政、税务主管部门规定的范围和标准内,准予扣除。

(3)除企业依照国家有关规定为特殊工种职工支付的人身安全保险费和国务院财政、税务主管部门规定可以扣除的其他商业保险费外,企业为投资者或者职工支付的商业保险费,不得扣除。

(4)企业在生产经营活动中发生的合理的不需要资本化的借款费用,准予扣除。企业为购置、建造固定资产、无形资产和经过12个月以上的建造才能达到预定可销售状态的存货发生借款的,在有关资产购置、建造期间发生的合理的借款费用,应当作为资本性支出计入有关资产的成本,并依照规定扣除。

(5)企业在生产经营活动中发生的下列利息支出,准予扣除:其一,非金融企业向金融企业借款的利息支出、金融企业的各项存款利息支出和同业拆借利息支出、企业经批准发行债券的利息支出;其二,非金融企业向非金融企业借款的利息支出,不超过按照金融企业同期同类贷款利率计算的数额的部分。

(6)企业在货币交易中,以及纳税年度终了时将人民币以外的货币性资产、负债按照期末即期人民币汇率中间价折算为人民币时产生的汇兑损失,除已经计入有关资产成本以及与向所有者进行利润分配相关的部分外,准予扣除。

(7)企业发生的职工福利费支出,不超过工资、薪金总额14%的部分,准予扣除。企业拨缴的工会经费,不超过工资、薪金总额2%的部分,准予扣除。自2018年1月1日起,为鼓励企业加大职工教育投入,对企业发生的职工教育经费支出,不超过工资薪金总额8%的部分,准予在计算企业所得税应纳税所得额时扣除;超过部分,准予在以后纳税年度结转扣除。

(8)企业发生的与生产经营活动有关的业务招待费支出,按照发生额的60%扣除,但最高不得超过当年销售(营业)收入的5‰。企业发生的符合条件的广告费和业务宣传费支出,除国务院财政、税务主管部门另有规定外,不超过当年销售(营业)收入15%的部分,准予扣除;超过部分,准予在以后纳税年度结转扣除。自2016年1月1日至2020年12月31日,化妆品制造或销售、医药制造和饮料制造(不含酒类制造)企业发生的广告费和业务宣传费支出,不超过当年销售(营业)收入30%的部分,准予扣除;超过部分,准予在以后纳税年度结转扣除。烟草企业的烟草广告费和业务宣传费支出,一律不得在计算应纳税所得额时扣除。

(9)企业依照法律、行政法规有关规定提取的用于环境保护、生态恢复等方面的专项资金,准予扣除。上述专项资金提取后改变用途的,不得扣除。

(10)企业参加财产保险,按照规定缴纳的保险费,准予扣除。自2018年以后,企业参加雇主责任险、公众责任险等责任保险,按照规定缴纳的保险费,准予在企业所得税税前扣除。

(11)企业根据生产经营活动的需要租入固定资产支付的租赁费,按照以下方法扣除:其一,以经营租赁方式租入固定资产发生的租赁费支出,按照租赁期限均匀扣除;其二,以融资租赁方式租入固定资产发生的租赁费支出,按照规定构成融资租入固定资产价值的部分应当提取折旧费用,分期扣除。

(12)企业发生的合理的劳动保护支出,准予扣除。

(13)企业之间支付的管理费、企业内营业机构之间支付的租金和特许权使用费,以及非银行企业内营业机构之间支付的利息,不得扣除。

(14)非居民企业在中国境内设立的机构、场所,就其中国境外总机构发生的与该机构、场所生产经营有关的费用,能够提供总机构出具的费用汇集范围、定额、分配依据和方法等证明文件,并合理分摊的,准予扣除。

### (三)禁止扣除项目

1. 与对外投资有关的开支。对外投资期间,投资资产的成本在计算应纳税所得额时不得扣除。这里所谓的“不得扣除”,不仅包括直接扣除,也包括折旧或摊销。不过,一般而言,在转让、处置有关投资资产时,投资资产的成本可以从取得的财产转让收入中减除,据以计算财产转让所得或损失。

2. 与亏损弥补相关的开支。一般情况下,企业在境内设立多个营业机构时,一个营业机构的亏损可以抵减另一个营业机构的盈利。但《企业所得税法》第17条规定,企业在汇总计算缴纳企业所得税时,其境外营业机构的亏损不得抵减境内营业机构的盈利。

3. 与取得收入不相关的开支。《企业所得税法》第10条规定,在计算应纳税所得额时,下列支出不得扣除:(1)向投资者支付的股息、红利等权益性投资收益款项;(2)企业所得税税款;(3)税收滞纳金;(4)罚金、罚款和被没收财物的损失;(5)超过规定标准的捐赠支出;(6)赞助支出;(7)未经核定的准备金支出;(8)与取得收入无关的其他支出。

### (四)税前扣除凭证

企业所得税税前扣除,应当提供相应的扣除凭证。扣除凭证,是指在计算企业所得税应纳税所得额时,证明与取得收入有关的、合理的支出实际发生,并据以税前扣除的各类凭证。

税前扣除凭证在管理中遵循真实性、合法性、关联性原则。真实性是指税前扣除凭证反映的经济业务真实,且支出已经实际发生;合法性是指税前扣除凭证的形式、来源符合国家法律、法规等相关规定;关联性是指税前扣除凭证与其反映的支出相关联且有证明力。

企业取得私自印制、伪造、变造、作废、开票方非法取得、虚开、填写不规范等不符合规定的发票(以下简称不合规发票),以及取得不符合国家法律、法规等相关规定的其他外部凭证(以下简称不合规其他外部凭证),不得作为税前扣除凭证。

企业应当取得而未取得发票、其他外部凭证或者取得不合规发票、不合规其他外部凭证的,若支出真实且已实际发生,应当在当年度汇算清缴期结束前,要求对方补开、换开发票、其他外部凭证。补开、换开后的发票、其他外部凭证符合规定的,可以作为税前扣除凭证。

企业在补开、换开发票、其他外部凭证过程中,因对方注销、撤销、依法被吊销营业执照、被税务机关认定为非正常户等特殊原因无法补开、换开发票、其他外部凭证的,可凭以下资料证实支出真实性后,其支出允许税前扣除:(1)无法补开、换开发票、其他外部凭证原因的证明资料(包括工商注销、机构撤销、列入非正常经营户、破产公告等证明资料);(2)相关业务活动的合同或者协议;(3)采用非现金方式支付的付款凭证;(4)货物运输的证明资料;(5)货物入库、出库内部凭证;(6)企业会计核算记录以及其他资料。前款第(1)项至第(3)项为必备资料。

## 六、企业资产的税务处理

资产在企业所得税法上有特殊地位,除了取得资产时要确定成本或计税基础外,还要考虑资产的折旧、损耗等如何在税法上扣除,以及资产转移时其所得是否实现、如何实现等问题。资本性支出之所以必须分期扣除或者计入有关资产成本,不得在发生当期直接扣除,主要是因为其受益期并非限于一个纳税年度。例如,房屋的物理寿命长达六七十年,发明专利权的有效期为20年,商标权的有效期可达10年。如果允许其开支一次性在资产取得年度扣除,不符合所得与费用的匹配原则,难以真实反映企业的所得状况。

### (一)固定资产

企业的各项资产,包括固定资产、生物资产、无形资产、长期待摊费用、投资资产、存货等,以历史成本为计税基础。计税基础是指企业通过转让、投资、赠与等方式实现资产之后,按照税法规定计算应税所得额时可以从应税收入中抵扣的金额。历史成本是指企业取得该项资产时实际发生的支出。企业持有各项资产期间资产增值或者减值,除国务院财政、税务主管部门规定可以确认损益外,不得调整该资产的计税基础。

固定资产是指企业为生产产品、提供劳务、出租或者经营管理而持有的、使用时间超过12个月的非货币性资产,包括房屋、建筑物、机器、机械、运输工具以及其他与生产经营活动有关的设备、器具、工具等。固定资产按照以下方法确定计税基础:(1)外购的固定资产,以购买价款和支付的相关税费以及直接归属于使该资产达到预定用途发生的其他支出为计税基础;(2)自行建造的固定资产,以竣工结算前发生的支出为计税基础;(3)融资租入的固定资产,以租赁合同约定的付款总额和承租人在签订租赁合同过程中发生的相关费用为计税基础,租赁合同未约定付款总额的,以该资产的公允价值和承租人在签订租赁合同过程中发生的相关费用为计税基础;(4)盘盈的固定资产,以同类固定资产的重置完全价值为计税基础;(5)通过捐赠、投资、非货币性资产交换、债务重组等方式取得的固定资产,以该资产的公允价值和支付的相关税费为计税基础;(6)改建的固定资产,以改建过程中发生的改建支出增加计税基础。例外的情况是,已足额提取折旧的固定资产的改建支出,以及租入的固定资产的改建支出,列为长期待摊费用。

固定资产按照直线法计算的折旧,准予扣除。企业应当自固定资产投入使用月份的次月起计算折旧;停止使用的固定资产,应当自停止使用月份的次月起停止计算折旧。企业应当根据固定资产的性质和使用情况,合理确定固定资产的预计净残值。固定资产的预计净残值一经确定,不得变更。

除国务院财政、税务主管部门另有规定外,固定资产计算折旧的最低年限如下:(1)房屋、建筑物,为20年;(2)飞机、火车、轮船、机器、机械和其他生产设备,为10年;(3)与生产经营活动有关的器具、工具、家具等,为5年;(4)飞机、火车、轮船以外的运输工具,为4年;(5)电子设备,为3年。事实上,国务院财政、税务主管部门基于特殊的政策目的,常常对某些行业的固定资产折旧年限作出特别规定。如财政部、国家税务总局《关于进一步完善固定资产加速折旧企业所得税政策的通知》(财税〔2015〕106号)规定,对轻工、纺织、机械、汽车等四个领域重点行业的企业2015年1月1日后新购进的固定资产,可由企业选择缩短折旧年限或采取加速折旧的方法。对上述行业的小型微利企业2015年1月1日后新购进的研发和生产经营共用的仪器、设备,单位价值不超过100万元的,允许一次性计入当期成本费用在计算应纳税所得额时扣除,不再分年度计算折旧;单位价值超过100万元的,可由企业选择缩短折旧年限或采取加速折旧的方法。财政部、税务总局《关于设备、器具扣除有关企业所得税政策的通知》(财税〔2018〕54号)继续加大优惠,规定企业在2018年1月1日至2020年12月31日期间新购进的设备、器具,单位价值不超过500万元的,允许一次性计入当期成本费用在计算应纳税所得额时扣除,不再分年度计算折旧。

下列固定资产不得计算折旧扣除:(1)房屋、建筑物以外未投入使用的固定资产;(2)以经营租赁方式租入的固定资产;(3)以融资租赁方式租出的固定资产;(4)已足额提取折旧仍继续使用的固定资产;(5)与经营活动无关的固定资产;(6)单独估价作为固定资产入账的土地;(7)其他不得计算折旧扣除的固定资产。

### (二)生产性生物资产

生产性生物资产,是指企业为生产农产品、提供劳务或者出租等而持有的生物资产,包括经济林、薪炭林、产畜和役畜等。生产性生物资产按照以下方法确定计税基础:(1)外购的生产性生物资产,以购买价款和支付的相关税费为计税基础;(2)通过捐赠、投资、非货币性资产交换、债务重组等方式取得的生产性生物资产,以该资产的公允价值和支付的相关税费为计税基础。

生产性生物资产按照直线法计算的折旧,准予扣除。企业应当自生产性生物资产投入使用月份的次月起计算折旧;停止使用的生产性生物资产,应当自停止使用月份的次月起停止计算折旧。企业应当根据生产性生物资产的性质和使用情况,合理确定生产性生物资产的预计净残值。生产性生物资产的预计净残值一经确定,不得变更。

生产性生物资产计算折旧的最低年限如下:(1)林木类生产性生物资产,为10年;(2)畜类生产性生物资产,为3年。

### (三)无形资产

无形资产是指企业为生产产品、提供劳务、出租或者经营管理而持有的、没有实物形态的非货币性长期资产,包括专利权、商标权、著作权、土地使用权、非专利技术、商誉等。

无形资产按照以下方法确定计税基础:(1)外购的无形资产,以购买价款和支付的相关税费以及直接归属于使该资产达到预定用途发生的其他支出为计税基础;(2)自行开发的无形资产,以开发过程中该资产符合资本化条件后至达到预定用途前发生的支出为计税基础;(3)通过捐赠、投资、非货币性资产交换、债务重组等方式取得的无形资产,以该资产的公允价值和支付的相关税费为计税基础。

无形资产按照直线法计算的摊销费用,准予扣除。无形资产的摊销年限不得低于10年。作为投资或者受让的无形资产,有关法律规定或者合同约定了使用年限的,可以按照规定或者约定的使用年限分期摊销。外购商誉的支出,在企业整体转让或者清算时,准予扣除。

下列无形资产不得计算摊销费用扣除:(1)自行开发的支出已在计算应纳税所得额时扣除的无形资产;(2)自创商誉;(3)与经营活动无关的无形资产;(4)其他不得计算摊销费用扣除的无形资产。

### (四)长期待摊费用

长期待摊费用是指企业已经支出,但摊销期限在1年以上(不含1年)的各项费用。

按照《企业所得税法》及其实施条例,长期待摊费用的扣除规则如下:(1)已足额提取折旧的固定资产的改建支出,按照固定资产预计尚可使用年限分期摊销。固定资产的改建支出,是指改变房屋或者建筑物结构、延长使用年限等发生的支出。(2)租入固定资产的改建支出,按照合同约定的剩余租赁期限分期摊销。(3)固定资产的大修理支出,按照固定资产尚可使用年限分期摊销。固定资产的大修理支出,是指同时符合下列条件的支出:第一,修理支出达到取得固定资产时的计税基础50%以上;第二,修理后固定资产的使用年限延长2年以上。(4)其他应当作为长期待摊费用的支出,自支出发生月份的次月起,分期摊销,摊销年限不得低于3年。

### (五)投资资产

投资资产,是指企业对外进行权益性投资和债权性投资形成的资产。企业在转让或者处置投资资产时,投资资产的成本准予扣除。投资资产按照以下方法确定成本:(1)通过支付现金方式取得的投资资产,以购买价款为成本;(2)通过支付现金以外的方式取得的投资资产,以该资产的公允价值和支付的相关税费为成本。

### (六)存货

存货,是指企业持有以备出售的产品或者商品、处在生产过程中的在产品、在生产或者提供劳务过程中耗用的材料和物料等。

存货按照以下方法确定成本:(1)通过支付现金方式取得的存货,以购买价款和支付的相关税费为成本;(2)通过支付现金以外的方式取得的存货,以该存货的公允价值和支付的相关税费为成本;(3)生产性生物资产收获的农产品,以产出或者采收过程中发生的材料费、人工费和分摊的间接费用等必要支出为成本。

企业使用或者销售的存货的成本计算方法,可以在先进先出法、加权平均法、个别计价法中选用一种。计价方法一经选用,不得随意变更。

## 七、企业所得税应纳税额的计算

### (一)应纳税额计算的一般方法

企业每一纳税年度的收入总额,减除不征税收入、免税收入、各项扣除以及允许弥补的以前年度亏损后的余额,为应纳税所得额。允许弥补的以前年度亏损,是指企业依照企业所得税法及其实施条例的规定将每一纳税年度的收入总额减除不征税收入、免税收入和各项扣除后小于零的数额。企业的应纳税所得额乘以适用税率,减除税收减免和税收抵免后的余额,即应纳税额。具体的计算公式是:

应纳税所得额 = 收入总额 − 不征收收入 − 免税收入 − 准予扣除项目 − 以前年度的亏损

应纳税额 = 应纳税所得额 × 适用税率 − 税收减免额 − 税收抵免额

### (二)非居民企业应纳税额的计算

非居民企业在中国境内未设立机构、场所的,或者虽设立机构、场所但取得的所得与其所设机构、场所没有实际联系的,应当就其源于中国境内的所得缴纳企业所得税,其适用税率为20%。根据《企业所得税法》第19条的规定,非居民企业取得的此类所得,按照下列方法计算其应纳税所得额:(1)股息、红利等权益性投资收益和利息、租金、特许权使用费所得,以收入全额为应纳税所得额;(2)转让财产所得,以收入全额减除财产净值后的余额为应纳税所得额;(3)其他所得,参照前两项规定的方法计算应纳税所得额。

对于非居民企业在中国境内设立机构、场所的,就其所设机构、场所取得的源于中国境内的所得,以及发生在中国境外但与其所设机构、场所有实际联系的所得的应纳税额计算,采用前述应纳税额计算的一般方法计算。

### (三)企业所得税的税收抵免

税收抵免是解决跨国所得重复征税的方法之一。按照这种方法,对于纳税人的境外所得,只要没有超过抵免限额,其在境外所缴纳的税款,就可以从纳税人的应纳税额中予以扣除。我国《企业所得税法》既规定了直接税收抵免,又规定了间接税收抵免,二者的原理基本一致,但在具体做法上有一些不同。

1. 直接抵免

《企业所得税法》第23条规定,企业取得的下列所得已在境外缴纳的所得税税额,可以从其当期应纳税额中抵免,抵免限额为该项所得依照该法规定计算的应纳税额;超过抵免限额的部分,可以在以后5个年度内,用每年度抵免限额抵免当年应抵税额后的余额进行抵补:(1)居民企业来源于中国境外的应税所得;(2)非居民企业在中国境内设立机构、场所,取得发生在中国境外但与该机构、场所有实际联系的应税所得。

根据上述规定,抵免限额的计算公式是:

抵免限额=境外所得×本国税率

设定抵免限额的意义,主要是针对外国企业所得税税率高于中国企业所得税税率的情况。如果没有抵免限额的要求,当外国税率高于中国税率时,对同一笔所得,中国政府所收取的税款,将不足以抵扣其在境外已经缴纳的税款。这样造成的后果是,中国政府将对纳税人提供财政补贴,而外国政府则从其高税率中得到好处。

按照财政部、国家税务总局《关于企业境外所得税收抵免有关问题的通知》(财税〔2009〕125号),企业所得税跟个人所得税一样,也实行分国不分项的税收抵免制度。不过,2017年12月,财政部、国家税务总局发布《关于完善企业境外所得税收抵免政策问题的通知》(财税〔2017〕84号),对境内居民企业境外所得税收抵免政策作了调整,追溯至2017年1月1日执行。基于此,企业可以选择按国别分别计算,或者不按国别汇总计算其源于境外的应纳税所得额。

2. 间接抵免

《企业所得税法》第24条规定,居民企业从其直接或者间接控制的外国企业分得的来自中国境外的股息、红利等权益性投资收益,外国企业在境外实际缴纳的所得税税额中属于该项所得负担的部分,可以作为该居民企业的可抵免境外所得税税额,在该法第23条规定的抵免限额内抵免。所谓直接控制,是指居民企业直接持有外国企业20%以上股份。所谓间接控制,是指居民企业以间接持股方式持有外国企业20%以上股份,具体认定办法由国务院财政、税务主管部门另行制定。

在直接抵免的情况下,纳税人直接在国外取得所得,而该所得已经在境外根据当地法律纳税。如果中国又对其征税,就构成了重复征税。这样的重复征税,又被称为法律上的重复征税。通过直接抵免,可以在很大程度上消除这种重复征税。而在间接抵免的情况下,纳税人并没有直接在境外获得收入,而是通过其投资的企业获得收入。从法律上看,纳税人与其投资的企业是两个独立的纳税人,即使同时被两国课税,也不存在重复征税问题。但是,纳税人的所得已经是税后所得,事实上已经承受经济上的负担。所以,这种重复征税又被称为经济性的重复征税。通过间接抵免的方式,可以在很大程度上将其消除。

## 八、企业重组清算的所得税处理

企业重组,是指企业在日常经营活动以外发生的法律结构或经济结构重大改变的交易,包括企业法律形式改变、债务重组、股权收购、资产收购、合并、分立等。企业重组的税务处理区分不同条件分别适用一般性税务处理规定和特殊性税务处理规定。

（一）企业重组的一般性税务处理

企业重组，除符合适用特殊性税务处理规定的外，按一般原则和方法进行税务处理。《企业所得税法实施条例》第75条规定，除国务院财政、税务主管部门另有规定外，企业在重组过程中，应当在交易发生时确认有关资产的转让所得或者损失，相关资产应当按照交易价格重新确定计税基础。财政部、国家税务总局《关于企业重组业务企业所得税处理若干问题的通知》（财税〔2009〕59号）、《企业重组业务企业所得税管理办法》（国家税务总局2010年第4号公告）以及国家税务总局《关于企业重组业务企业所得税征收管理若干问题的公告》（国家税务总局公告2015年第48号）中所遵循的一般性税务处理，就是基于上述规定。

1. 企业法律形式改变

企业由法人转变为个人独资企业、合伙企业等非法人组织，或将登记注册地转移至中国境外（包括港澳台地区），应视同企业进行清算、分配，股东重新投资成立新企业。企业的全部资产以及股东投资的计税基础均应以公允价值为基础确定。企业发生其他法律形式简单改变的，可直接变更税务登记，除另有规定外，有关企业所得税纳税事项（包括亏损结转、税收优惠等权益和义务）由变更后的企业承继，但因住所发生变化而不符合税收优惠条件的除外。

2. 企业债务重组

债务重组相关交易应按以下规定处理：（1）以非货币资产清偿债务，应当分解为转让相关非货币性资产、按非货币性资产公允价值清偿债务两项业务，确认相关资产的所得或损失；（2）发生债权转股权的，应当分解为债务清偿和股权投资两项业务，确认有关债务清偿所得或损失；（3）债务人应当按照支付的债务清偿额低于债务计税基础的差额，确认债务重组所得；债权人应当按照收到的债务清偿额低于债权计税基础的差额，确认债务重组损失；（4）债务人的相关所得税纳税事项原则上保持不变。

3. 股权收购重组、资产收购重组

股权收购重组和资产收购重组按以下规定处理：（1）被收购方应确认股权、资产转让所得或损失；（2）收购方取得股权或资产的计税基础应以公允价值为基础确定；（3）被收购企业的相关所得税事项原则上保持不变。

4. 企业合并

企业合并应按下列规定处理：（1）合并企业应按公允价值确定接受被合并企业各项资产和负债的计税基础；（2）被合并企业及其股东都应按清算进行所得税处理；（3）被合并企业的亏损不得在合并企业结转弥补。

5. 企业分立

企业分立按下列规定处理：（1）被分立企业对分立出去的资产应按公允价值确认资产转让所得或损失；（2）分立企业应按公允价值确认接受资产的计税基础；（3）被分立企业继续存在时，其股东取得的对价应视同被分立企业分配进行处理；（4）被分立企业不再继续存在时，被分立企业及其股东都应按清算进行所得税处理；（5）企业分立相关企业的亏损不得相互结转弥补。

(二)企业重组特殊性税务处理

1. 适用特殊性税务处理的企业重组条件

企业重组同时符合下列条件的,方可适用特殊性税务处理:(1)具有合理的商业目的,且不以减少、免除或者推迟缴纳税款为主要目的;(2)被收购、合并或分立部分的资产或股权比例符合规定的比例;(3)企业重组后的连续12个月内不改变重组资产原来的实质性经营活动;(4)重组交易对价中涉及股权支付金额符合规定比例;(5)企业重组中取得股权支付的原主要股东,[12]在重组后连续12个月内,不得转让所取得的股权。企业重组符合上述规定条件的,交易各方对其交易中的股权支付部分,可以按特殊性税务处理方式进行税务处理。

企业在重组发生前后连续12个月内分步对其资产、股权进行交易,应根据实质重于形式原则将上述交易作为一项企业重组交易进行处理。"企业重组后的连续12个月内",是指自重组日起计算的连续12个月内。若同一项重组业务涉及在连续12个月内分步交易,且跨两个纳税年度,各当事方在首个纳税年度交易完成时预计整个交易符合特殊性税务处理条件,经协商一致选择特殊性税务处理的,可以暂时适用特殊性税务处理,并在当年企业所得税年度申报时提交书面申报资料。在下一纳税年度全部交易完成后,企业应判断是否适用特殊性税务处理。如适用特殊性税务处理的,各当事方应按要求申报相关资料;如适用一般性税务处理的,应调整相应纳税年度的企业所得税年度申报表,计算缴纳企业所得税。

企业重组的税务处理区分不同条件分别适用一般性税务处理规定和特殊性税务处理规定。同一重组业务的各当事方应采取一致税务处理原则,不允许出现一方按一般性税务处理,而另一方按特殊性税务处理的情况。

2. 企业债务重组的特殊性税务处理

企业债务重组确认的应纳税所得额占该企业当年应纳税所得额50%以上,可以在5个纳税年度的期间内,均匀计入各年度的应纳税所得额。企业发生债权转股权业务,对债务清偿和股权投资两项业务暂不确认有关债务清偿所得或损失,股权投资的计税基础以原债权的计税基础确定。企业的其他相关所得税事项保持不变。

3. 股权收购的特殊性税务处理

股权收购,收购企业购买的股权不低于被收购企业全部股权的50%,[13]且收购企业在该股权收购发生时的股权支付金额不低于其交易支付总额的85%,可以选择按以下规定处理:(1)被收购企业的股东取得收购企业股权的计税基础,以被收购股权的原有计税基础确定;(2)收购企业取得被收购企业股权的计税基础,以被收购股权的原有计税基础确定;(3)收购企业、被收购企业的原有各项资产和负债的计税基础和其他相关所得税事

〔12〕 原主要股东,是指原持有转让企业或被收购企业20%以上股权的股东。

〔13〕 财政部、国家税务总局《关于促进企业重组有关企业所得税处理问题的通知》(财税〔2014〕109号)。

项保持不变。

4. 资产收购的特殊税务处理

资产收购,受让企业收购的资产不低于转让企业全部资产的50%,且受让企业在该资产收购发生时的股权支付金额不低于其交易支付总额的85%,可以选择按以下规定处理:(1)转让企业取得受让企业股权的计税基础,以被转让资产的原有计税基础确定;(2)受让企业取得转让企业资产的计税基础,以被转让资产的原有计税基础确定。

5. 企业合并的特殊税务处理

企业合并,企业股东在该企业合并发生时取得的股权支付金额不低于其交易支付总额的85%,以及同一控制下且不需要支付对价的企业合并,[14]可以选择按以下规定处理:(1)合并企业接受被合并企业资产和负债的计税基础,以被合并企业的原有计税基础确定;(2)被合并企业合并前的相关所得税事项由合并企业承继;(3)可由合并企业弥补的被合并企业亏损的限额 = 被合并企业净资产公允价值 × 截至合并业务发生当年年末国家发行的最长期限的国债利率;(4)被合并企业股东取得合并企业股权的计税基础,以其原持有的被合并企业股权的计税基础确定。

在企业吸收合并中,合并后的存续企业性质及适用税收优惠的条件未发生改变的,可以继续享受合并前该企业剩余期限的税收优惠,其优惠金额按存续企业合并前一年的应纳税所得额(亏损计为零)计算。

6. 企业分立的特殊税务处理

企业分立,被分立企业所有股东按原持股比例取得分立企业的股权,分立企业和被分立企业均不改变原来的实质经营活动,且被分立企业股东在该企业分立发生时取得的股权支付金额不低于其交易支付总额的85%,可以选择按以下规定处理:(1)分立企业接受被分立企业资产和负债的计税基础,以被分立企业的原有计税基础确定;(2)被分立企业已分立出去资产相应的所得税事项由分立企业承继;(3)被分立企业未超过法定弥补期限的亏损额可按分立资产占全部资产的比例进行分配,由分立企业继续弥补;(4)被分立企业的股东取得分立企业的股权(以下简称“新股”),如需部分或全部放弃原持有的被分立企业的股权(以下简称“旧股”),“新股”的计税基础应以放弃“旧股”的计税基础确定。如不需放弃“旧股”,则其取得“新股”的计税基础可从以下两种方法中选择确定:直接将“新股”的计税基础确定为零;或者以被分立企业分立出去的净资产占被分立企业全部净资产的比例先调减原持有的“旧股”的计税基础,再将调减的计税基础平均分配到“新股”上。

在企业存续分立中,分立后的存续企业性质及适用税收优惠的条件未发生改变的,可以继续享受分立前该企业剩余期限的税收优惠,其优惠金额按该企业分立前一年的应纳税所得额(亏损计为零)乘以分立后存续企业资产占分立前该企业全部资产的比例计算。

---

〔14〕 同一控制,是指参与合并的企业在合并前后均受同一方或相同的多方最终控制,且该控制并非暂时性的。能够对参与合并的企业在合并前后均实施最终控制权的相同多方,是指根据合同或协议的约定,对参与合并企业的财务和经营政策拥有决定控制权的投资者群体。在企业合并前,参与合并各方受最终控制方的控制在12个月以上,企业合并后所形成的主体在最终控制方的控制时间也应达到连续12个月。

7. 非股权支付的税务处理

重组交易各方按特殊税务处理方式对交易中股权支付暂不确认有关资产的转让所得或损失的,其非股权支付仍应在交易当期确认相应的资产转让所得或损失,并调整相应资产的计税基础。

非股权支付对应的资产转让所得或损失 =(被转让资产的公允价值 − 被转让资产的计税基础)×(非股权支付金额 ÷ 被转让资产的公允价值)

8. 涉外企业重组适用特殊性税务处理的条件

企业发生涉及中国境内与境外之间(包括港澳台地区)的股权和资产收购交易,除应符合境内企业重组适用特殊税务处理的条件外,还应同时符合下列条件,才可选择适用特殊性税务处理规定:(1)非居民企业向其 100% 直接控股的另一非居民企业转让其拥有的居民企业股权,没有因此造成以后该项股权转让所得预提税负变化,且转让方向主管税务机关书面承诺在 3 年(含)内不转让其拥有受让方的股权;(2)非居民企业向与其具有 100% 直接控股关系的居民企业转让其拥有的另一居民企业股权;(3)居民企业以其拥有的资产或股权向其 100% 直接控股的非居民企业进行投资;(4)财政部、国家税务总局核准的其他情形。

居民企业以其拥有的资产或股权向其 100% 直接控股关系的非居民企业进行投资,其资产或股权转让收益如选择特殊性税务处理,可以在 10 个纳税年度内均匀计入各年度应纳税所得额。

### (三)企业清算企业所得税处理

1. 企业清算所得税处理的概念

企业清算的所得税处理,是指企业在不再持续经营,发生结束自身业务、处置资产、偿还债务以及向所有者分配剩余财产等经济行为时,对清算所得、清算所得税、股息分配等事项的处理。下列企业应进行清算的所得税处理:(1)按《公司法》《企业破产法》等规定需要进行清算的企业;(2)企业重组中需要按清算处理的企业。

2. 企业清算所得税处理的内容

企业清算的所得税处理包括以下内容:(1)全部资产均应按可变现价值或交易价格,确认资产转让所得或损失;(2)确认债权清理、债务清偿的所得或损失;(3)改变持续经营核算原则,对预提或待摊性质的费用进行处理;(4)依法弥补亏损,确定清算所得;(5)计算并缴纳清算所得税;(6)确定可向股东分配的剩余财产、应付股息等。

3. 企业清算所得税处理的方法

企业的全部资产可变现价值或交易价格,减除资产的计税基础、清算费用、相关税费,加上债务清偿损益等后的余额,为清算所得。企业应将整个清算期作为一个独立的纳税年度计算清算所得。

企业全部资产的可变现价值或交易价格,减除清算费用、职工的工资、社会保险费用和法定补偿金,结清清算所得税、以前年度欠税等税款,清偿企业债务,按规定计算可以向所有者分配的剩余资产。被清算企业的股东分得的剩余资产的金额,其中相当于被清算企业累计未分配利润和累计盈余公积金中按该股东所占股份比例计算的部分,应确认为股息所得;剩余资产减除股息所得后的余额,超过或低于股东投资成本的部分,应确认为股东的投资转让所得或损失。被清算企业的股东从被清算企业分得的资产应按可变现价值或实际交易价格确定计税基础。

## 九、企业所得税的减免措施

### (一)税收减免的一般原则

从量能课税的角度看,税收减免主要涉及税收负担能力的衡量。例如,《个人所得税法》所规定的工资、薪金免征额,就体现了生存权保障和税收公平的要求。企业所得税法中的税收减免主要涉及经济发展等政策性的衡量。这种减免在形式上不符合量能课税原则,但在目前政府促进经济发展,提高国际竞争力的背景下,这也是一种不可忽略的法律手段。

在《企业所得税法》生效以前,我国针对企业设计了很多减免政策,其中最显著的两个特点是,根据资金来源对外资提供更多优惠及根据地域划分对沿海地区、经济开发区提供更多优惠。外资优惠政策促进了外资的引入,但导致内外资企业的不公平竞争。地区优惠政策促进了沿海地区、经济特区和经济开发区的发展,但是对特定经济区域之外的企业构成了歧视。企业所得税税收减免政策的改革,主要就是针对这两个特点而来的。

《企业所得税法》第 25 条规定,国家对重点扶持和鼓励发展的产业和项目,给予企业所得税优惠。从这一条的内容可以看出,企业所得税优惠政策已经发生转变,从外资和地区的优惠转变到产业和项目的优惠。只要是国家重点扶持和鼓励发展的产业和项目,无论投资资金源于境内还是境外,无论投资地点在沿海还是内地,在经济开发区还是老城区,都可以享受到税收减免。

### (二)法定免税项目

《企业所得税法》第 26 条规定,企业的下列收入为免税收入:

第一,国债利息收入。国债利息收入之所以在各国普遍免税,是因为其利率相对银行存款利率低,同时也是体现对购买国债行为的鼓励。目前,我国银行还未完全商业化,银行存款的风险并不甚于国债,所以无法在利率上进行比较,只能反映出国家对购买国债行为的鼓励。根据财税〔2013〕5 号文,企业和个人取得的 2012 年及以后年度发行的地方政府债券利息收入,也免征企业所得税和个人所得税。

第二,符合条件的居民企业之间的股息、红利等权益性投资收益。此种投资性收益,是指居民企业直接投资于其他居民企业取得的投资收益,不包括连续持有居民企业公开发行并上市流通的股票不足 12 个月取得的投资收益。这种免税主要是为了避免重复征税。企业的投资所得一般都已经是税后收入。如果再对其征税,就会构成重复征税。不过,这种免税待遇只限于居民企业之间。居民与非居民企业之间的投资收益,适用《企业所得税法》关于间接抵免的规定。

第三,在中国境内设立机构、场所的非居民企业从居民企业取得与该机构、场所有实际联系的股息、红利等权益性投资收益。这种免税也是为了避免双重征税,其原理前文已经作出解释。

第四,符合条件的非营利组织的收入。此处非营利性组织收入不包括非营利组织从事营利性活动取得的收入。非营利性组织如果从事公益活动,实际上代行了部分政府职能,因此可以考虑免除企业所得税,以体现对其行为的支持和鼓励。

(三)酌定减免税

《企业所得税法》第27条规定,企业的下列所得,可以免征、减征企业所得税:(1)从事农、林、牧、渔业项目的所得;(2)从事国家重点扶持的公共基础设施项目投资经营的所得;(3)从事符合条件的环境保护、节能节水项目的所得;(4)符合条件的技术转让所得;(5)非居民企业在中国境内未设立机构、场所的,或者虽设立机构、场所但取得的所得与其所设机构、场所没有实际联系的,其来自中国境内的所得。

以上减免税之所以被称为酌定减免税,是因为这是一项授权性的规定。在规定的范围内,政府根据授权,可以决定是否给予这些项目减免税,也可以根据需要调整已有的减免税。对于政府据此发布的减免税项目,企业是否需要进行申请,根据具体的减免税办法而定。如果规定需要进行申请,则只有经过纳税人申请和政府批准,纳税人才能享受减免税待遇。

(四)低税率

《企业所得税法》第28条规定,符合条件的小型微利企业,减按20%的税率征收企业所得税。国家需要重点扶持的高新技术企业,减按15%的税率征收企业所得税。2019年1月1日至2021年12月31日,对符合条件的从事污染防治的第三方企业减按15%的税率征收企业所得税。在标准税率之下,政府对特定企业或项目适用低税率,本身也是一种税收优惠。

(五)民族自治地区的特别规定

民族自治地方实行财政自治。《民族区域自治法》第35条规定,民族自治地方的自治机关在执行国家税法的时候,除应由国家统一审批的减免税收项目以外,对属于地方财政收入的某些需要从税收上加以照顾和鼓励的,可以实行减税或者免税。自治州、自治县决定减税或者免税,须报省、自治区、直辖市人民政府批准。与此相一致,《企业所得税法》第29条也规定,民族自治地方的自治机关对本民族自治地方的企业应缴纳的企业所得税中属于地方分享的部分,可以决定减征或者免征。自治州、自治县决定减征或者免征的,须报省、自治区、直辖市人民政府批准。

(六)加计扣除

所谓加计扣除,是指在准予纳税人按实际成本、费用、损失、税金完全扣除的基础上,允许纳税人对特定项目的开支再扣除一定比例。加计扣除的费用范围一般是与技术创新有关的项目,或者属于其他特定的需要鼓励或照顾的项目。

企业的下列支出,可以在计算应纳税所得额时加计扣除:(1)开发新技术、新产品、新工艺发生的研究开发费用,在按照规定据实扣除的基础上,按照研究开发费用的50%加计扣除;形成无形资产的,按照无形资产成本的150%摊销。为了进一步激励研发投入、鼓励创新,在2018年1月1日至2020年12月31日,企业研发费用在据实扣除的基础上,再按照实际发生额的75%在税前加计扣除;形成无形资产的,在上述期间按照无形资产成本的175%在税前摊销。(2)企业安置残疾人员的,在按照支付给残疾职工工资据实扣除的基础上,按照支付给残疾职工工资的100%加计扣除。

### (七)投资抵扣与抵免

投资抵免主要针对特定类型的投资项目。一般情况下,企业的对外投资支出不允许从企业年度总收入中扣除。《企业所得税法》第14条即规定,企业对外投资期间,投资资产的成本在计算应纳税所得额时不得扣除。不过,为了鼓励特定类型的投资,对于企业的投资额,税法采取了抵扣和抵免两种方法:(1)创业投资企业采取股权投资方式投资于未上市的中小高新技术企业2年以上的,可以按照其投资额的70%在股权持有满2年的当年,抵扣该创业投资企业的应纳税所得额;当年不足抵扣的,可以在以后纳税年度结转抵扣;(2)企业购置用于符合条件的环境保护、节能节水、安全生产等专用设备,其投资额的10%可以从企业当年的应纳税额中抵免;当年不足抵免的,可以在以后5个纳税年度结转抵免。需要指出的是,“抵扣”应纳税所得额与“抵免”应纳税额是不一样的。前者只是相当于将投资作为费用扣除,后者则是直接冲抵应纳税款。

### (八)加速折旧

加速折旧可以从两方面进行:一是缩短折旧年限;二是采用加速折旧法。加速折旧法的依据是效用递减,即固定资产的效用随着其使用寿命的缩短而逐渐降低。加速折旧法使折旧费用呈递减的动态,则企业缴纳的所得税便呈递增的状态。与直接法相比,所得税的现值总和就更低,这实质上可以使企业获得一笔无息贷款。从这个意义上讲,折旧是国家的一项宏观经济政策,可用于鼓励某一行业的发展或刺激投资。

正是基于这个原理,《企业所得税法》第32条规定,企业的固定资产由于技术进步等原因,确需加速折旧的,可以缩短折旧年限或者采取加速折旧的方法。为此,财政部、税务总局在2014年发文对6个行业的企业2014年1月1日后新购进的固定资产,可缩短折旧年限或加速折旧进行了规定,并自2019年起将固定资产加速折旧的范围扩大到所有制造业领域。

### (九)减计收入

和加计扣除不同的是,减计收入是指按照税法规定准予对经营活动取得的应税收入,按一定比例减少计算,进而减少应纳税所得额的一种税收优惠措施。按《企业所得税法实施条例》的规定,企业综合利用资源,生产符合国家产业政策规定的产品所取得的收入,可以在计算应纳税所得额时减按90%计入收入总额。

(十)税收优惠的授权

税收优惠是一项政策性非常强的活动,需要根据具体的经济活动进行确定和调整。《企业所得税法》虽然明确了税收优惠的原则,也规定了税收优惠的对象和方法,但是,何种类型的企业符合这些标准,税收优惠的幅度如何把握,何种优惠最适合特定的行为或主体,《企业所得税法》本身很难予以细化,只能由行政机关在执行过程中酌情确定。正是基于这个考虑,《企业所得税法》第35条规定,该法规定的税收优惠的具体办法,由国务院规定。此外,第36条还规定,除了已经规定的税收优惠项目外,根据国民经济和社会发展的需要,或者由于突发事件等原因对企业经营活动产生重大影响的,国务院可以制定企业所得税专项优惠政策,报全国人民代表大会常务委员会备案。

## 十、特别纳税调整

《企业所得税法》专设"特别纳税调整"一章,除了继承《企业所得税暂行条例》和《外商投资企业与外国企业所得税法》中已有的关联企业转让定价规则外,新增了受控外国公司规则、资本弱化规则两种特别反避税规则。不仅如此,《企业所得税法》还规定了一般反避税条款,授权税务机关采取合理措施应对各种避税行为。除了《企业所得税法实施条例》所做的补充和解释外,国家税务总局还专门制定了《特别纳税调整实施办法(试行)》(国税发〔2009〕2号),分13章118条,详细规定了特别纳税调整的具体要求。此后,国家税务总局又出台发布了一系列实施规范,细化了特别纳税调整的规则内容。〔15〕

(一)转让定价规则

转让定价(transfer pricing)是指对集团内部的某一部门提供给集团内其他部门产品或劳务等内部交易进行作价,即对关联企业间的交易进行定价的行为。关联企业之间的关系较为复杂,有的是从属关系,有的是股权关系,有的是平行关系。由于关联企业之间存在这种复杂而特殊的关系,因此,关联企业为了谋求它们共同的经济利益,就有可能利用关联关系作为掩护,进行避税活动。关联企业之间进行避税的手段主要有两种:一种是通过抬高或压低商品、劳务价格或资金利率来转移利润;另一种是通过不合理地分摊成本、费用,改变关联企业的利润状况。

我国关联企业转让定价规则的主要内容如下:

〔15〕　如2008年9月财政部、国家税务总局《关于企业关联方利息支出税前扣除标准有关税收政策问题的通知》(财税〔2008〕121号)2014年12月国家税务总局《一般反避税管理办法(试行)》(国家税务总局令第32号)、2016年6月国家税务总局《关于完善关联申报和同期资料管理有关事项的公告》(国家税务总局公告2016年第42号)、2016年10月国家税务总局《关于完善预约定价安排管理有关事项的公告》(国家税务总局公告2016年第64号),2017年3月国家税务总局《关于发布特别纳税调查调整及相互协商程序管理办法的公告》(国家税务总局公告2017年第6号)等。

1. 企业与其关联方之间的业务往来,不符合独立交易原则而减少企业或者其关联方应纳税收入或者所得额的,税务机关有权按照合理方法调整。

此处所谓的关联方,是指与企业有下列关联关系之一的企业、其他组织或者个人:(1)在资金、经营、购销等方面存在直接或者间接的控制关系;(2)直接或者间接地同为第三方控制;(3)在利益上具有相关联的其他关系。

此处所谓的独立交易原则,是指没有关联关系的交易各方,按照公平成交价格和营业常规进行业务往来遵循的原则。

此处所谓的合理方法,包括:(1)可比非受控价格法,是指按照没有关联关系的交易各方进行相同或者类似业务往来的价格进行定价的方法;(2)再销售价格法,是指按照从关联方购进商品再销售给没有关联关系的交易方的价格,减除相同或者类似业务的销售毛利进行定价的方法;(3)成本加成法,是指按照成本加合理的费用和利润进行定价的方法;(4)交易净利润法,是指按照没有关联关系的交易各方进行相同或者类似业务往来取得的净利润水平确定利润的方法;(5)利润分割法,是指将企业与其关联方的合并利润或者亏损在各方之间采用合理标准进行分配的方法;(6)其他符合独立交易原则的方法。

2. 企业与其关联方共同开发、受让无形资产,或者共同提供、接受劳务发生的成本,在计算应纳税所得额时应当按照独立交易原则进行分摊。企业可以按照独立交易原则与其关联方分摊共同发生的成本,达成成本分摊协议。企业与其关联方分摊成本时,应当按照成本与预期收益相配比的原则进行分摊,并在税务机关规定的期限内,按照税务机关的要求报送有关资料。企业与其关联方分摊成本时不符合上述规定的,其自行分摊的成本不得在计算应纳税所得额时扣除。

3. 企业可以向税务机关提出与其关联方之间业务往来的定价原则和计算方法,税务机关与企业协商、确认后,达成预约定价安排。预约定价安排包括单边、双边和多边三种类型。预约定价制度的适用具有一定的条件限制,国家税务总局《关于完善预约定价安排管理有关事项的公告》第4条规定:预约定价安排一般适用于主管税务机关向企业送达接收其谈签意向的《税务事项通知书》之日所属纳税年度前3个年度每年度发生的关联交易金额4000万元人民币以上的企业。

4. 企业向税务机关报送年度企业所得税纳税申报表时,应当就其与关联方之间的业务往来,附送年度关联业务往来报告表。税务机关在进行关联业务调查时,企业及其关联方以及与关联业务调查有关的其他企业,应当按照规定提供相关资料。企业需按纳税年度准备并按税务机关要求提供其关联交易的同期资料。同期资料包括主体文档、本地文档和特殊事项文档。主体文档主要披露最终控股企业所属企业集团的全球业务整体情况,本地文档主要披露企业关联交易的详细信息,特殊事项文档包括成本分摊协议特殊事项文档和资本弱化特殊事项文档。

5. 企业不提供与其关联方之间业务往来资料,或者提供虚假、不完整资料,未能真实反映其关联业务往来情况的,税务机关有权依法核定其应纳税所得额。核定方法包括:(1)参照同类或者类似企业的利润率水平核定;(2)按照企业成本加合理的费用和利润的方法核定;(3)按照关联企业集团整体利润的合理比例核定;(4)按照其他合理方法核定。

企业对税务机关按照前款规定的方法核定的应纳税所得额有异议的,应当提供相关证据,经税务机关认定后,调整核定的应纳税所得额。

### (二)受控外国公司规则

根据《企业所得税法》第45条的规定,由居民企业,或者由居民企业和中国居民控制的设立在实际税负明显低于25%的国家或地区的企业,并非由于合理的经营需要而对利润不作分配或者减少分配的,上述利润中应归属于该居民企业的部分,应当计入该居民企业的当期收入。这就是税法上的受控外国公司规则,其核心即在于利润的拟制分配。

这里所称的控制,包括:(1)居民企业或者中国居民直接或者间接单一持有外国企业10%以上有表决权股份,且由其共同持有该外国企业50%以上股份。此处的股份控制,是指由中国居民股东在纳税年度任何一天单层直接或多层间接单一持有外国企业10%以上有表决权股份,且共同持有该外国企业50%以上股份。(2)居民企业,或者居民企业和中国居民持股比例没有达到前项规定的标准,但在股份、资金、经营、购销等方面对该外国企业构成实质控制。这里所称实际税负明显低于25%的税率水平,是指低于其50%。

《特别纳税调整实施办法(试行)》第84条规定:中国居民企业股东能够提供资料证明其控制的外国企业满足以下条件之一的,可免于将外国企业不作分配或减少分配的利润视同股息分配额,计入中国居民企业股东的当期所得:(1)设立在国家税务总局指定的非低税率国家(地区);(2)主要取得积极经营活动所得;(3)年度利润总额低于500万元人民币。对于受控外国公司被利润拟制分配后又实际分配利润的,中国将不再计入中国居民企业股东的当期所得。

拟制分配并不是实际的利润分配,它针对的是企业将投资收益保留在境外低税率地区,逃避本国税收管辖权的现象。由于存在税率的差异,如果纳税人能够长期将利润保留在境外,不向本国缴纳企业所得税,就可以获得可观的期限利益,但会给本国造成税收损失。所以许多国家都规定,如果出现这种现象,即便纳税人没有实际利润分配,对于投资收益中应该归属于本国企业的部分,应当计入该企业的当期收入。

我国税法以前没有受控外国公司规则,《企业所得税法》的上述条款首开先河,对于企业在境外累积利润、不将利润调入境内的行为,会产生强有力的抑制作用。

### (三)资本弱化规则

资本弱化规则涉及利息和股息的不同税收待遇。例如,根据《企业所得税法》第10条第1项的规定,企业向投资者支付的股息、红利等权益性投资收益款项,不得从收入总额中扣除。但是,对于企业向债权人支付的利息,《企业所得税法》却没有禁止性或限制性的规定。由于这种差别的存在,同样的投资总额,如果采用债权性投资,即从关联方借款,相比股权性投资,即便收入总额相同,企业当期的应税所得也会降低。也正因如此,为了规避企业所得税,投资人会尽量降低股权性投资的比重,提高债权性投资的比重。

针对这种现象,《企业所得税法》第46条规定,企业从其关联方接受的债权性投资与权益性投资的比例超过规定标准而发生的利息支出,不得在计算应纳税所得额时扣除。

这里所称债权性投资,是指企业直接或者间接从关联方获得的,需要偿还本金和支付利息或者需要以其他具有支付利息性质的方式予以补偿的融资。企业间接从关联方获得的债权性投资,包括:(1)关联方通过无关联第三方提供的债权性投资;(2)无关联第三方提供的、由关联方担保且负有连带责任的债权性投资;(3)其他间接从关联方获得的具有负债实质的债权性投资。权益性投资是指企业接受的不需要偿还本金和支付利息,投资人对企业净资产拥有所有权的投资。

至于债权性投资与股权性投资的比例究竟应该是多少,才会导致利息支出不能从收入总额中扣除,财税〔2008〕121 号文件规定,金融性企业为 5:1,其他企业为 2:1。不过,企业如果能够按照税法及其实施条例的有关规定提供相关资料,并证明相关交易活动符合独立交易原则的;或者该企业的实际税负不高于境内关联方的,其实际支付给境内关联方的利息支出,在计算应纳税所得额时准予扣除。

(四)一般反避税规则

以上所介绍的特别纳税调整,都属于特别的反避税规则。但是,现实生活中的避税形式不胜枚举,远远超出《企业所得税法》所列举的范围。为了解决这个问题,《企业所得税法》第 47 条规定,企业实施其他不具有合理商业目的的安排而减少其应纳税收入或者所得额的,税务机关有权按照合理方法调整。这里所称的不具有合理商业目的,是指以减少、免除或者推迟缴纳税款为主要目的。这条规定形式上属于兜底条款,实际上属于一般反避税规则,对于遏制企业的各种避税行为,将产生深远的影响。

不可忽视的是,企业行为是否具有合理商业目的,这本身并不容易判断,站在不同立场可能会得出不同结论。《企业所得税法》将判断权交给税务机关,如果税务机关行使不当或者滥用权力,对纳税人的利益将产生非常大的损害。因此,在后续的立法中,应该通过标准、程序等方式,加上具有约束力的判例的积累,对税务机关的权力进行约束,防止其侵犯纳税人的权利。正因如此,2009 年,国家税务总局颁布《特别纳税调整实施办法(试行)》(以下简称实施办法),其中专章规定一般反避税规则,对其予以细化管理。2014 年 12 月 2 日,国税总局发布《一般反避税管理办法(试行)》(以下简称管理办法),从立案、调查、结案、争议处理等几方面对一般反避税规则适用作出更细致的规定。

管理办法对避税构成要件做了明确,避税安排具有以下特征:(一)以获取税收利益为唯一目的或者主要目的;(二)以形式符合税法规定、但与其经济实质不符的方式获取税收利益。此外,根据实施办法,税务机关法对存在以下避税安排的企业,启动一般反避税调查:(1)滥用税收优惠;(2)滥用税收协定;(3)滥用公司组织形式;(4)利用避税港避税;(5)其他不具有合理商业目的的安排。

税务机关应当以具有合理商业目的和经济实质的类似安排为基准,按照实质重于形式的原则实施特别纳税调整。调整方法包括:(一)对安排的全部或者部分交易重新定性;(二)在税收上否定交易方的存在,或者将该交易方与其他交易方视为同一实体;(三)对相关所得、扣除、税收优惠、境外税收抵免等重新定性或者在交易各方间重新分配;(四)其他合理方法。管理办法对一般反避税案件的立法、调查与处理结案做了明确细致的规定。

为防止基层税务机关滥用职权,过度侵害纳税人的财产和自由,实施办法专门要求,一般反避税调查及调整须层报国家税务总局批准。层报制度贯穿于一般反避税案件立案、调查、结案、争议处理等整个过程,每一环节的决定作出均须报国家税务总局批准。不仅如此,国家税务总局还建立了专家会审制度。每个案件必须经过集体会审程序,由专家小组对立案、审核分析、结案各环节进行统一评估审核,避免各地在调整方法和补税力度等方面出现差异,促进全国统一规范的形成,并以此强化税务机关的"内控机制"的建设,降低反避税工作的执法风险。

还需要注意的是,无论是根据一般反避税规则,还是根据特别纳税调整规则,对于非正常交易行为,《企业所得税法》只是赋予税务机关调整交易结果的权力,并没有否定交易本身的合法性和有效性。正因如此,这些行为在税法上不具有可罚性,税务机关不能对其进行处罚。

#### (五)加计利息规则

根据《企业所得税法》第 48 条的规定,税务机关依照规定作出纳税调整,需要补征税款的,应当补征税款,并按照国务院规定加收利息。《企业所得税法实施条例》第 122 条规定,企业所得税法第 48 条所称利息,应当按照税款所属纳税年度中国人民银行公布的与补税期间同期的人民币贷款基准利率加 5 个百分点计算。对补征税款加收利息,《企业所得税法》的上述规定尚属首次。对纳税人来说,除了按照税务机关调整后的数额缴纳税款外,如果还要加计利息,这种负担确实非常重。所以,这也可以说是一种反避税规则。

### 十一、企业所得税的征收管理

企业所得税的征收管理除《企业所得税法》规定外,依照《税收征收管理法》的规定执行。《企业所得税法》的相关规定如下:

#### (一)企业所得税的纳税方式

企业所得税采取纳税申报为主、源泉扣缴为辅的纳税方式。企业所得税一般不实行源泉扣缴,而是由纳税人直接取得收入分期预缴、年终汇总申报纳税。对于居民企业取得的境内、境外所得,以及非居民企业在中国境内设立机构、场所的,应当就其所设机构、场所取得的源于中国境内的所得,以及发生在中国境外但与其所设机构、场所有实际联系的所得,应当按法律规定的期限与纳税地点向税务机关申报纳税。

源泉扣缴是一种辅助性的纳税方式,主要适用于对于没有在中国境内设立机构、场所的非居民企业,或者虽然设有机构、场所,但取得与常设机构没有联系的收入的纳税适用。对于这一类收入,《企业所得税法》第 37 条规定,对于其所取得的所得,实行源泉扣缴所得税,以支付人为扣缴义务人。税款由扣缴义务人在每次支付或者到期应支付时,从支付或者到期应支付的款项中扣缴。此外,《企业所得税法》第 38 条还规定,对非居民企业在中国境内取得工程作业和劳务所得应缴纳的所得税,税务机关可以指定工程价款或者劳务费的支付人为扣缴义务人。

### （二）企业所得税的纳税地点

在我国现行体制之下，由于企业所得税实行中央与地方共享，所以纳税地点不仅关系纳税人如何履行义务，更关系地方政府之间的利益分配。

根据《企业所得税法》第50条的规定，除税收法律、行政法规另有规定外，居民企业以企业登记注册地为纳税地点；但登记注册地在境外的，以实际管理机构所在地为纳税地点。居民企业在中国境内设立不具有法人资格的营业机构的，应当汇总计算并缴纳企业所得税。

根据《企业所得税法》第51条的规定，非居民企业取得的所得，应该在中国申报缴纳企业所得税的，以机构、场所所在地为纳税地点。非居民企业在中国境内设立两个或者两个以上机构、场所的，经税务机关审核批准，可以选择由其主要机构、场所汇总缴纳企业所得税。非居民企业取得的实行源泉扣缴的所得，以扣缴义务人所在地为纳税地点。

《企业所得税法》第52条还规定，除国务院另有规定外，企业之间不得合并缴纳企业所得税。企业之间可以合并纳税的情形，一般是大型企业集团内部。具体范围有待国务院进一步规定。

在《企业所得税法》生效之前，根据《企业所得税暂行条例》的规定，是否独立核算是判断独立纳税人的标准。企业设在各地的分支机构，只要符合独立核算的要求，就可以成为独立的纳税人。《企业所得税法》生效之后，是否具有法人资格成为判断独立纳税人的标准。不具有法人资格的分支机构不再是独立的纳税人，而必须与总机构一起汇总计算企业所得税。

在汇总纳税的模式下，企业的纳税地点固定统一，但其税源却可能分布在全国各地。根据国务院《关于印发所得税收入分享改革方案的通知》，企业所得税是中央与地方分享。对于跨地区经营集中缴库的企业所得税，其中属于地方分享的部分，需要在地方政府间进行分配。为此财政部、国家税务总局和中国人民银行联合下发了《跨省市总分机构企业所得税分配及预算管理暂行办法》（财预〔2008〕10号）。属于中央与地方共享收入范围的跨省市总分机构企业缴纳的企业所得税，按照统一规范、兼顾总机构和分支机构所在地利益的原则，实行“统一计算、分级管理、就地预缴、汇总清算、财政调库”的处理办法，总分机构统一计算的当期应纳税额的地方分享部分，25%由总机构所在地分享，50%由各分支机构所在地分享，剩余的25%按一定比例在各地间进行分配。

### （三）企业所得税的纳税期限

企业所得税按纳税年度计算。纳税年度自公历1月1日起至12月31日止。企业在一个纳税年度中间开业或者终止经营活动，使该纳税年度的实际经营期不足12个月的，应当以其实际经营期为一个纳税年度。企业依法清算时，应当以清算期间作为一个纳税年度。

企业所得税分月或者分季预缴。企业应当自月份或者季度终了之日起15日内，向税务机关报送预缴企业所得税纳税申报表，预缴税款。企业应当自年度终了之日起5个月内,向税务机关报送年度企业所得税纳税申报表,并汇算清缴,结清应缴应退税款。

企业在年度中间终止经营活动的,应当自实际经营终止之日起60日内,向税务机关办理当期企业所得税汇算清缴。企业应当在办理注销登记前,就其清算所得向税务机关申报并依法缴纳企业所得税。

## 第四节 合伙所得税法

### 一、合伙所得税概述

理论上而言,合伙所得税,是指对合伙在一定期间内的净所得额征收的税收。所谓合伙,各国法律对其地位的认识并不一致。有的国家认为,合伙是一种协议,如《德国民法典》第705条的规定,合伙是因合伙合同,合伙人相互有义务以该合同所规定的方式促进共同目的的达到,特别是提供所约定的出资。而在英美法系国家,合伙更多地被看作一类组织。如美国1994年《统一合伙法》第6条规定,合伙是指两个或两个以上的人以营利为目的、以共同所有人的身份共同经营的联合体。对合伙的法律地位认识差异,会对合伙的税收处理产生直接影响。

合伙企业所得税的处理在不同国家有不同的模式。总体来看,主要存在两种课税模式:

#### (一)纳税实体模式[16]

这种征税模式,是由合伙企业本身对所得承担纳税义务,合伙企业是独立的纳税主体,在税收上与公司地位相同,按照企业所得税征税。在合伙企业层面计算收益、成本费用扣除等,进而确定合伙企业的应纳税所得。合伙企业在缴纳合伙企业所得税之后,如果其向合伙人进行分红,合伙人的分红,等同于股东从公司获得的股息红利,对合伙人适用股息红利的个人所得税征税规定。

纳税实体课税模式具有管理简单的优点,可以较大程度地避免实施流经处理的税收规则复杂化,同时作为实体征税,可以避免在不同类型的经营组织之间的差别待遇。但是其不足之处也非常明显,例如,与公司一样的双重征税。

#### (二)非纳税实体模式

非纳税实体,也称"透明实体",是指由合伙人而不是合伙企业对合伙企业的收益承担所得税纳税义务,合伙企业既不是个人所得税的纳税人,也不是企业所得税的纳税人。

---

〔16〕 纳税实体,并不完全等同于法人资格。有的国家将合伙视为法人,但并不将其视为纳税实体,而有的国家虽然不将合伙视为法人,但是按照纳税实体对其征税。

此种模式下，又可以基于对合伙企业层面的税收处理差异，细化为两类：

1. 实体论。虽然不认为合伙企业属于独立的纳税人，但是认为其是独立于合伙人而存在的实体，应当单独计算应税所得额。税收上的具体操作为，合伙企业先依据一定的会计处理方法与原则，计算合伙企业的收入、成本、费用及损失项目，确定合伙企业的收益或者亏损，然后将其分配给合伙人，由各合伙人根据自身的纳税地位和身份进行申报纳税。

2. 集合论。此种模式下，合伙企业不被要求单独计算利润或者亏损，而是将各项性质不同的收入来源与支出按照一定的标准分项分配给合伙人，各项所得在能相互区分并保持原有性质的条件下，在合伙人环节被计算出来并课以所得税。[17]

目前而言，各国对于合伙企业所得税采何种征税模式，往往是基于合伙法律地位、税制体系、征管能力、纳税意识等多方面因素综合考量而确定的。各国也会根据国情在上述模式中加以选择或者变更。如西班牙。1985 年前，西班牙没有法人资格的民事合伙企业，其取得的税收收入必须分配给合伙人；而有法人资格的合伙企业，被视为公司所得税的纳税人缴纳公司所得税；未注册的民事合伙企业，则适用实体论模式征税。而到 2006 年，西班牙个人所得税法规定，所有的民事合伙企业和非注册的商业合伙企业，都适用集合论模式；而拥有法人资格的商业合伙企业，则为公司所得税的纳税人。[18]

此外，在许多大陆法系国家，将合伙区分为民事合伙与商事合伙。民事合伙是指那些从事农场或土地投资，或是那些自由职业者结成的联合体所从事的非营业活动。[19] 不过，在本节中，教材并不对民事合伙的税收问题加以讨论。

## 二、部分国家的合伙所得税法

在介绍各国的合伙所得税之前，必须强调的是各国法律上所规定的合伙类型及其名称是存在差异的，虽然翻译的结果是一样的。因此，在比较各国的合伙所得税法规则时，需要对各国所规定的合伙企业本身有足够认识。

### （一）美国的合伙所得税

美国 1994 年《统一合伙法》采用了“独立实体”原则，明确合伙企业是区别于合伙人的独立商业实体。但是在合伙所得税上，美国所采用的方式是非纳税实体模式下的实体论方式，其税收规则主要规定于《美国国内税收法典》中的第 K 分章，共分为 4 个部分，包括税收债务的确定，出资、分配与转让、定义以及特殊规定。

需要说明的是，美国税法上的合伙企业包括企业联合、集团、联营、共同投资或其他非法人组织，通过该组织进行任意商业、金融运营或投资，且在本标题所规定的含义范围内，该组织不是公司、信托或不动产。[20] 也就是说，其判断标准并不以组织法为准，而是主要根据是否具有合伙性质而定。合伙企业的所有收入、收益、扣除、损失和抵免都“流经”至

---

〔17〕 吴金光：《三种合伙企业所得税课税模式比较》，载《涉外税务》2002 年第 8 期。

〔18〕 魏志梅：《合伙企业所得税制研究》，载《税务研究》2014 年第 4 期。

〔19〕 ［美］V. 图瓦尼：《税法的起草与设计》，国家税务总局政策法规司译，中国税务出版社 2004 年版，第 945 页。

〔20〕 《外国税收征管法律译本》，译本组译，中国税务出版社 2012 年版，第 619、630 页。

合伙人层面课税,但是合伙企业必须提出纳税申报。不过,美国合伙税制中设计了纳税人选择条款,合伙企业和有限责任公司可以申请成为法人公司,符合条件的,可作为企业所得税纳税人。

美国的合伙所得税,对合伙层面的税收规定相当复杂。在应税所得的确定上,对合伙企业应税所得的计算,既有项目分列的要求,也有不得扣除的规定,还对计算所得的主体有所限制。应税所得、损失、扣除的分配以合伙企业协议为主,但是如果向合伙人分配所得、损失、扣除等没有实质经济效果的,应当按照合伙人在合伙企业中的利益予以确定。

在出资、分配与转让的税基确定上,美国合伙所得税制规定也非常详细。包括对出资利得与损失的不予确认,对非货币出资的计税基础的确定及其利得或者损失调整;合伙企业向合伙人进行分配,合伙企业和合伙人都不确认任何利得与损失;合伙人承担合伙企业债务,被视为向合伙企业以货币进行出资;等等。

当合伙企业清算时,如果分配财产而不是现金时,在合伙企业层面和合伙人层面都不涉及财产转让所得或损失问题。合伙人持有合伙企业的成本会变成持有合伙企业分配财产的成本。如果合伙人在清算时取得现金的,首先要相应调减合伙人持有合伙利益的成本,超过部分要确认财产转让所得。合伙人取得的新增财产,计税成本为零。当只分配现金或特定的一般性收入时,可能会出现财产转让损失。[21]

### (二)德国的合伙所得税

德国法上的合伙,被称为“人的联合”或者“人合公司”。德国的合伙形式主要有:无限责任公司、两合公司、有限责任两合公司、民事合伙公司、隐名合伙等。

德国税法规定,由合伙人对合伙企业所得承担纳税义务,合伙企业的利润和损失在合伙企业层面计算后直接分配给各合伙人并由其纳税。但对有限合伙企业,有限合伙人只有一个公司的,合伙企业所有收入都要作为经营所得对待。而且根据《德国所得税法》规定,合伙人从合伙企业取得的营业利润、提供劳务的报酬、投入贷款或转让资产的收益都要并入合伙企业经营所得项目予以课税。

在收入确认和扣除方法上,必须在合伙企业层面决定,合伙人不得自行决定。一般来讲,不允许采取特殊方法分配收入或成本、扣除,利润和损失的分配比例依据法律或者合伙合同的规定。德国税法同时也对合伙人可扣除的损失进行了限制,一般而言,不得超过其在合伙财产份额减去合伙企业债务余额中的份额。但是当存在有限合伙人时,其成本、扣除等会受到限制。合伙人向合伙企业提供劳务、借款、财产租赁而获得的报酬、利息等所得,合伙人应当进行专户记载。合伙企业清算环节的所得税,德国税法提供了税收优惠,包括优惠税率和递延纳税措施。

### (三)日本的合伙所得税

日本税法并没有合伙概念,所有根据日本民法典成立的构成法律实体的组织,除个别

---

〔21〕 史耀斌:《中国个人所得税制度改革研究》,财政部财政科学研究所2013年博士学位论文,第261页。

情况外,都需要缴纳企业所得税。一般合伙企业和有限合伙企业都是法律实体,缴纳企业所得税。不属于法律实体的非公司制联合体不需要缴纳企业所得税,而是要通过流经原则,由实际受益人缴纳个人所得税。例如,对基于性质不明的联合体建立的合同关系,其参与者要直接计算纳税,联合体不需要计算纳税。

日本的合伙企业中,不属于法律实体、不构成独立的纳税主体的组织形式主要有"普通合伙"和"隐名合伙"。其中普通合伙是根据《民法典》设立,合伙成员之间订有合伙合同,无须注册登记,一般由律师、税务代理人以及医生所采用。隐名合伙则是根据《商法典》设立的,只有公司有资格采取此种组织形式。此两种形式的合伙企业,不承担纳税义务,而由合伙人按照规定申报纳税。

### 三、我国合伙所得税法沿革

我国的合伙所得税与合伙企业立法的变化密切相关,大致可以分为三个阶段:

(一)1978～1999 年

中共中央十一届三中全会之后,为推动改革开放、经济建设,国务院出台了一系列与合伙制度相关的规定。如 1980 年 7 月 1 日发布的《关于推动经济联合的暂行规定》,对组织联合,参与主体可以确定分享经营成果(利润、产品)的比例,签署协议或合同。联合的形式允许多种多样,不硬套某种模式。1983 年 4 月 13 日,国务院出台《关于城镇劳动者合作经营的若干规定》,对城镇个体工商业者或待业青年、社会闲散人员自愿联合,合作经营工商业的新情况进行了规范:合作经营组织成员入股的资金或其他财物仍属个人所有,归合作经营组织统一使用和管理;合作经营组织的年终税后盈余,应按公积金、公益金、劳动分红、股金分红四个方面进行分配;合作经营组织的成员可以个人投保,投保的费用,可以各人自行负担,也可以由合作经营组织支付一部或全部,作为工资福利,列入费用开支;合作经营组织并应依照税法规定进行纳税登记,办理纳税手续。此后,1986 年国务院又出台《关于进一步推动横向经济联合若干问题的规定》,对于横向经济联合的所得税问题,更是作出了专门规定:经济联合组织及参加各种形式联合的企业,应在当地依法缴纳产品税(增值税)、营业税,然后按照"先分后税"的原则,由联合各方按协议规定分配利润,在各自所在地缴纳所得税。企业和单位向能源、交通设施以及"老、少、边、穷"地区进行投资分得的利润,可减半征收所得税五年。参与投资的企业和单位,从联合中分得的利润再投资于上述行业和地区的,可免征所得税。虽然在这些文件中都未使用"合伙"一词,但是从文件内容看,无论是经济联合,还是合作经营,其中许多制度与合伙是相类似的,也对我国此后法律规定的合伙及合伙课税规则产生了重要影响。

我国法律上的合伙,最早规定于 1986 年六届全国人大审议通过的《民法通则》,其在第 2 章公民(自然人),下设专节"个人合伙",规定合伙人投入的财产,由合伙人统一管理和使用。合伙经营积累的财产,归合伙人共有。合伙的债务,由合伙人按照出资比例或者协议的约定,以各自的财产承担清偿责任。合伙人对合伙的债务承担连带责任,法律另有规定的除外。此后,1997 年 2 月 23 日,全国人大常委会通过了《合伙企业法》立法。至此,合伙企业成为我国市场经济中的一类重要企业组织形式。不过,此种合伙企业的合伙人只能是个人,法人之间的合作被视为是联营,而非合伙。

在合伙的税收处理上,1993年《企业所得税暂行条例》规定,企业所得税的纳税义务人包括国有企业、集体企业、私营企业、联营企业、股份制企业、有生产、经营所得和其他所得的其他组织。其中合伙企业也属于企业所得税的纳税人,应当缴纳企业所得税。从而实现了我国合伙企业"纳税实体"的课税模式。

(二)2000~2005年

2000年,为公平税负,支持和鼓励个人投资兴办企业,促进国民经济持续、快速、健康发展,国务院决定,自2000年1月1日起,对个人独资企业和合伙企业停止征收企业所得税,其投资者的生产经营所得,比照个体工商户的生产、经营所得征收个人所得税。

为此,财政部、国家税务总局于2000年9月19日发布《关于个人独资企业和合伙企业投资者征收个人所得税的规定》(财税〔2000〕91号),对合伙企业的合伙人缴纳个人所得税的相关规则进行了规定,如合伙企业每一纳税年度的收入总额减除成本、费用以及损失后的余额,作为投资者个人的生产经营所得,比照个人所得税法的"个体工商户的生产经营所得"应税项目,适用5%~35%的五级超额累进税率,计算征收个人所得税。

2001年1月17日,国家税务总局出台《〈关于个人独资企业和合伙企业投资者征收个人所得税的规定〉执行口径的通知》,对于合伙企业对外投资取得的"利息、股息、红利"进行了专门规定,合伙企业对外投资分回的利息、股息、红利,不并入合伙企业收入,而单独作为投资者个人取得的利息、股息、红利所得,按照"利息、股息、红利所得"项目计算缴纳个人所得税。

经过此次调整,我国合伙企业的基本课税模式由纳税实体模式转变为非纳税实体模式,并主要以"实体论模式"为主。但是也有例外,如2003年国家税务总局发布的《关于外商投资创业投资公司缴纳企业所得税有关税收问题的通知》,对组建为非法人的创投企业赋予其类似于美国"勾选规则"的选择权,即可以由投资各方分别申报缴纳企业所得税;也可以由创投企业申请,经当地税务机关批准,统一按照税法的规定,申报缴纳企业所得税。

结合上述文件我们可以看到,因为我国法律对合伙企业范围的限定,导致税法上对个人合伙与企业合伙的课税模式有相当大的区别,这也阻碍了合伙企业的快速发展。为此,以《合伙企业法》修订为基础的合伙企业课税模式,进入了新的调整转型期。

(三)2006年以后

2006年8月27日,全国人大常委会修订《合伙企业法》,规定公司法人可以投资合伙企业,成为合伙企业的合伙人,并首次以法律形式规定了合伙企业缴纳所得税的方式,对合伙企业是否缴纳所得税予以明确。修改后的《合伙企业法》第6条明确规定,"合伙企业的生产经营所得和其他所得,按照国家有关税收规定,由合伙人分别缴纳所得税"。2007年《企业所得税法》第1条也强调,合伙企业和个人独资企业不适用企业所得税。

据此，财政部、国家税务总局于2008年6月3日出台了《关于调整个体工商户个人独资企业和合伙企业个人所得税税前扣除标准有关问题的通知》，对税前扣除作了细化规定，包括个人合伙人的费用扣除标准；合伙企业支付的工资、薪金据实扣除；合伙企业的工会经费、职工福利费、职工教育经费支出扣除；广告费和业务宣传费扣除；业务招待费扣除；等等。

2008年12月31日，财政部、国家税务总局发布了迄今为止我国合伙企业所得税最为关键的文件——《关于合伙企业合伙人所得税问题的通知》。据此，我国对依照中国法律、行政法规成立的合伙企业适用非实体课税模式；而对依外国法律、法规成立的外国合伙企业，并不按照该通知规定纳税，而是依据《企业所得税法》征税，即实行纳税实体课税模式。

合伙企业以每一个合伙人为纳税人。合伙企业合伙人是自然人的，缴纳个人所得税；合伙人是法人和其他组织的，缴纳企业所得税。在实践中，可能出现多层合伙企业的组织形式，此时，确定最终的纳税人及其纳税义务会更显复杂。

合伙企业生产经营所得和其他所得采取“先分后税”的原则。合伙企业合伙人的计税所得，包括合伙企业分配给所有合伙人的所得和企业当年留存的所得（利润）。

合伙企业的合伙人按照下列原则确定应纳税所得额：(1)合伙企业的合伙人以合伙企业的生产经营所得和其得，按照合伙协议约定的分配比例确定应纳税所得额。(2)合伙协议未约定或者约定不明确的，以全部生产经营所得和其他所得，按照合伙人协商决定的分配比例确定应纳税所得额。(3)协商不成的，以全部生产经营所得和其他所得，按照合伙人实缴出资比例确定应纳税所得额。(4)无法确定出资比例的，以全部生产经营所得和其他所得，按照合伙人数量平均计算每个合伙人的应纳税所得额。合伙协议不得约定将全部利润分配给部分合伙人。合伙企业的合伙人是法人和其他组织的，合伙人在计算其缴纳企业所得税时，不得用合伙企业的亏损抵减其盈利。

此后，我国的合伙所得税制随着个人所得税的改革而加以修正，如2011年个人所得税将统一费用扣除标准提升至3500元，相应的合伙人的费用扣除标准也随之提升。

2018年个人所得税法修订后，原有的“个体工商户生产经营所得”项目与“对企事业单位的承包经营、承租经营所得”合并为“经营所得”。相应地，自然人合伙人的个人所得税项目也产生改变。

在保持实体论课税模式的基础上，对于创投合伙企业，赋予了企业在“流经”中的选择权。根据财税〔2019〕8号文的规定，创投企业选择按单一投资基金核算的，其个人合伙人从该基金应分得的股权转让所得和股息红利所得，按照20%税率计算缴纳个人所得税。创投企业选择按年度所得整体核算的，其个人合伙人应从创投企业取得的所得，按照“经营所得”项目、5%～35%的超额累进税率计算缴纳个人所得税。

## 四、我国合伙所得税法的未来发展

从2000年年初步确立的合伙所得税课税模式至今，我国的合伙所得税主体规则已有近20年，遗憾地是，对于合伙所得税的规定依然极为简陋，尤其是合伙企业层面。随着税收法定原则的落实,合伙所得税自然也会受到越来越多的关注。未来,我国合伙所得税需要在合伙企业层面进一步加以完善。具体而言,以下方面值得探讨:

1. 合伙企业的范围

合伙所得税的适用起点是合伙企业,而且确定合伙企业的范围,也会对合伙所得税的国际税收协调产生直接影响。如何判断一个企业是否属于合伙企业,并不像法律规定的那么简单。例如,根据财税〔2000〕91 号文,合伙企业包括:(1)依照《合伙企业法》登记成立的合伙企业;(2)依照《私营企业暂行条例》登记成立的合伙性质的私营企业;(3)依照《律师法》登记成立的合伙制律师事务所;(4)经政府有关部门依照法律法规批准成立的负无限责任和无限连带责任的个人合伙性质的机构或组织。可见,一个特定企业是否在税法意义上讲是一个合伙企业,取决于它是否具有合伙性质,而不是它成立依据的组织法。[22] 随着《合伙企业法》的扩围,虽然原有的不属于其范围的部分合伙企业被纳入其中,如特殊的普通合伙企业已将多数律师事务所归入,但我们也看到,在目前的法律规范中,对于合伙与企业的区分并不是那么明显。《企业所得税法实施条例》第 2 条规定:"企业所得税法第一条所称合伙企业,是指依照中国法律、行政法规成立的合伙企业。"第 3 条规定:"企业所得税法第二条所称依法在中国境内成立的企业,包括依照中国法律、行政法规在中国境内成立的企业、事业单位、社会团体以及其他取得收入的组织。"该解释并没有澄清合伙与企业的区别,会使部分合伙性质的企业被纳入企业所得税法征税。

因而,税法上是否有必要设立区别于《合伙企业法》及相关法律的合伙企业认定规则,确立税法特有的"合伙所得税制",是需要考虑的现实问题。

2. 纳税主体

2007 年《合伙企业法》引入有限合伙之后,有限合伙人的法律地位与普通合伙人有明显区别,但是目前而言,对于有限合伙人的税法地位并没有明确、清晰的态度,有限自然合伙人是否也按照"经营所得"纳税,各个国家的规定并不统一,我国所得税法需要作出选择。此外,现实中存在的隐名合伙等特殊合伙形式,即使合伙企业法对该合伙形式没有进行规范,或者不承认其有效性,其纳税主体如何确定也需要予以考虑。

3. 计税基础调整

合伙企业的合伙人可以用货币、实物、知识产权、土地使用权或者其他财产权利出资,也可以用劳务出资。非货币资产出资的计税基础如何认定,需要予以明确,因为这涉及所得的计算。合伙人在合伙企业的计税基础也应当随着合伙企业分摊亏损、分配利润而发生变化,不能一成不变。

合伙人与合伙企业之间发生的交易如何认定,也没有成熟的方案。如合伙人向合伙企业提供劳务而获得的报酬,是作为劳务所得,还是并入经营所得,需要加以明确。类似的还有合伙人与合伙企业间发生借款、特许权许可使用、财产租赁等交易而获得的收益。

4. 反避税规则

由于合伙协议的灵活性,可以按约定在合伙人之间分配利润、损失等,合伙有可能被

---

〔22〕 崔威:《新〈合伙企业法〉及〈企业所得税法〉对合伙企业所得税制的挑战》,载《法学评论》2009 年第 2 期。

滥用于规避所得税。我国目前的合伙所得税禁止将利润分配给部分合伙人,也禁止合伙企业向合伙人分摊损失,只能用本企业下一年度的生产经营所得弥补。这样简单的规定尚不足以限制纳税人以合伙企业形式进行避税。

因而,如何治理合伙企业避税也是今后合伙所得税制完善的重要方向。第一,应当确立实质课税原则,对于合伙企业的异常交易及其分配行为予以关注,防止纳税人利用合伙企业避税;第二,对于合伙企业关联交易加以规范。虽然目前所得税法与税收征管法对关联交易都有所规范,但这些规则是否能够延伸到合伙企业所得税上,是需要研究和探讨的;第三,完善合伙企业所得税相关法律规则,如前文所提到的费用、损失扣除限制,防止合伙人之间协商避税。

# 第九章　财产与行为税法

财产与行为税是针对财产与行为征税的税种。其中财产税作为现代税收体系中的三大支柱之一，其重要性不言而喻。不过，我国目前的财产税制与所得税、商品与服务税相比，从收入占比来看较为落后，税种多小型且分散，能够挑财产税大梁的税种尚未成型，如房地产税、遗产与赠与税等。行为税是为了对某些特定行为进行限制或开辟某些财源而课征的一类税收，其征纳行为的发生具有偶然性或一次性。随着对财产、所得、交易课税的兴起，行为税的弊端凸显，如收入的偶然性、征管难度大等，在税制体系中的地位也逐渐降低。通说认为，我国税制体系中最典型的行为税是印花税。

## 第一节　财产与行为税法概述

### 一、财产税的概念及特点

财产税是以纳税人所拥有或支配的某些财产为征税对象的一类税。它不是税种名称，而是对“财产”征税的系列税种归类，即一个税系。财产税法就是调整财产税征纳关系的法律规范的总称。所谓财产，从广义上说，既包括自然资源、人类劳动产品等有形财产，也包括版权、专利权等各种无形财产。但是，由于稽征技术方面的限制，也考虑到对经济方面的影响，财产税并不对全部财产课税，而是对某些特定财产课税。一般来说，各国财产税的课征对象主要是使用、消费中的那部分财产，如房屋、汽车，而不包括生产、流通中的那部分财产，如营业设备、原材料。

作为财产税法客体的财产，可分为两大类：一类是不动产，如土地、房屋、建筑物。这类财产不易被隐瞒和转移，对其征税容易。另一类是动产，其中又可分为有形动产和无形动产。有形动产主要包括营业用设备、原材料等收益性财产和家庭用消费性财产。无形动产包括有价证券等。由于动产易于被隐瞒和转移，不利于控制税源，征收管理比较困难。因此，各国在选择财产税的征税对象时，一般只对不动产征税，对动产则不征税。财产税有悠久的历史，它的设立比商品税和所得税要早得多，也是为大多数国家所采用的一类税。与其他税种相比，财产税具有以下特点：

第一，财产税的税源充足，收入稳定。财产税大多对财产占有与财产增值征税，税源比较充足,而且由于财产具有相对稳定性,财产税不易受经济变动等因素的影响,税收收入稳定可靠,并且财产税有久远的历史,各国人民有较好的纳税习惯。

第二,财产税属于直接税,税收负担较难转嫁。财产税主要是对使用、消费过程中的财产征收的,而对生产、流通中的财产不征税,因此,财产税很少有转嫁的机会。

第三,财产税在功能上与所得税相辅相成。财产税通常是以纳税人的应税财产数量或价值为计税依据计算征收的,其应纳税额同纳税人所拥有或支配的财产数量和价值成正比,对财产数量多、价值大的多征,对财产数量少、价值小的少征,可在一定程度上缓解社会财富分配不均的矛盾。如果与所得税结合起来,能够更好地贯彻和体现税收的公平原则,更有效地促进社会财富的公平分配。

第四,财产税大多属于地方税,在税制体系中处于辅助地位。财产税的税源分散,征收管理比较困难。随着商品税和所得税的兴起与发展,财产税体系在各国税制体系中的主导地位已被商品税和所得税所替代,成为一种辅助性的税收,征收管理和收入支配权均归属地方政府。

## 二、财产税的分类

现代财产税的分类标准多种多样,但最常见的有以下几种:

### (一)一般财产税和个别财产税

根据征收范围和课征方式的不同,财产税可分为一般财产税和个别财产税两大类。

一般财产税,也称综合财产税,是对纳税人所拥有的全部财产,按其综合计算的价值进行课征的财产税。在现实中,即便是一般财产税,也并非将纳税人所有财产作为计税依据,在课征时通常要考虑到对一定货币数量以下的财产和纳税人日常生活必需品免税,同时考虑负债的扣除。目前,世界各国的一般财产税大致有三种类型:(1)名为一般财产税,实为有选择的财产税,如美国现今的财产税就属于这种类型。(2)规定免税项目,以应税财产总价值额减去负债后的净额为计税依据,设免税扣除及给予生活费豁免,采用比例税率的一般财产税,如德国、荷兰等国就实行这种财产税。(3)以应税财产总价值额减去负债后的净值额为计税依据,采用累进税率的一般财产税,如英国、印度、瑞典等国就实行这种类型的财产税。

个别财产税,也称特别财产税或特种财产税,是对纳税人的某种财产单独课征的一种财产税。如对土地课征的土地税或地产税,对房屋课征的房产税,对土地和房屋合并征收的房地产税等均属个别财产税。个别财产税在课征时一般不需要考虑免税和扣除。个别财产税是财产税的最早形式,其税种名称多种多样,但随着社会经济的不断发展,个别财产税呈现着合并的趋势,税种日趋减少。

### (二)静态财产税和动态财产税

根据课税对象形态的不同,财产税可分为静态财产税和动态财产税两大类。

静态财产税,是对一定时期处于相对静止状态的财产,按其数量或价值进行课征的财产税,如地产税、房产税等均属于静态财产税。其特点是在征收时间上有一定的规律性,通常是定期征收,如房产税一般都是实行按年征收。

动态财产税,是对发生所有权变动的财产按其价值所课征的财产税,如遗产税、继承税。动态财产税一般在财产转移时一次性征收,且大多将财产的取得者作为纳税人。我国税法中的契税、车辆购置税就属于这种类型。

### (三)从量财产税和从价财产税

从量财产税,是指以纳税人的应税财产数量为计税依据,实行从量定额征收的财产税。其特点是纳税人应纳税额的多少,完全取决于其拥有财产的数量,而与其财产的价值无关。从量财产税一般受财产数量变动的影响。

从价财产税,是指以纳税人的应税财产的价值为计税依据,实行从价定率征收的财产税。其特点是纳税人应纳税额的多少,视其所拥有财产的价值大小而定,从价财产税通常受价格变动的影响较大。

从价财产税又可分为财产价值税和财产增值税。所谓财产价值税,就是按财产的全部价值计算课征的财产税。在现实中,财产的计税价格又有原始价、重置价和市场价之分。所谓财产增值税,是指按财产的增值部分计算课征的财产税,即只对财产的现值超过原值的增值部分征税,而不考虑财产的总价值或财产净值。

## 三、财产税的立法沿革

财产税是一个古老的税种,最早的税收形式是属于对财产课税的土地税与人头税,在人类社会早期几乎占据了国家税收收入的全部。从理论上推断,随着财产私有制度的确立,就已具备了对财产征税的可能性。早在古希腊、罗马时代,就开始征收了一般财产税。古希腊财产税的课税范围包括土地、房屋、奴隶、牲畜、家具、钱财;古罗马财产税的课税范围包括农具、钱财、衣物等。在奴隶社会,财产税总是同贡、租等联系在一起。进入封建社会以后,各国相继建立了对土地等不动产课税的一般财产税制度。公元 12 世纪以后,随着工商业的发展,动产大幅度增加,欧洲各国便将动产税、土地税与地产税合并,设立了一般财产税。后因动产税征收管理难度大、对无形财产课税更不可能,结果又退回到土地税等个别财产税制度。我国秦汉时期征收的车船税、牲畜税、山泽园池税等,都属于个别财产税。

现代意义上的财产税于 1892 年创行于荷兰,之后德国、丹麦、瑞典、挪威等国相继依法开征了财产税。随着社会经济的发展,社会财富不断增加,财产税的征收范围也逐渐由不动产扩展到动产,并一度成为一些国家税法体系中的主要税种之一。随着商品经济的进一步发展,财产的数量和种类日益增多,社会上不仅存在大量的有形财产,而且也有种类繁多的无形财产,而无形财产容易转移、隐瞒、藏匿,难以准确估价,因此对其征税在管理上难度较大。在这种情况下,对纳税人的全部财产征税已不现实。于是,许多国家开始以个别财产税代替一般财产税,其中的静态财产税也趋向于只对不动产征税,并辅之以遗产税、赠与税等动态财产税。

由于财产税本身存在难以克服的弱点，加上当代各国纳税人的经济负担能力主要表现在其所得的多少，而不完全表现在其拥有财产的多少，因此，19 世纪末以来，随着商品税和所得税的兴起，财产税已从各国税法体系中主体地位退居从属地位。但无论是哪一个国家，也无论是哪一类税制结构设计，对财产的保有、转让及收益的课税都构成其税制体系的重要组成部分，财产税成为现代税制体系的三大支柱之一。各国税收实践也表明，财产税仍然是现代税收体系的重要组成部分，作为地方税的主要税种和地方政府取得财政收入的重要手段，在组织财政收入、公平社会财富分配以及优化资源的配置等方面，仍具有其他税种无法取代的作用。

## 四、我国财产税立法概况

新中国成立以后，我国建立了以生产资料公有制为基础的社会主义经济制度，绝大部分财产属于国家所有，而且社会产品实行集中平均分配，个人拥有的财产种类和数量较少，居民之间个人财产的占有量也相对均衡。在这种情况下，既不具备对居民的财产普遍征税的可能性，也没有运用财产税来调节居民收入的必要性。因此，新中国成立后我国虽然开征了房产税、城市房地产税、车船税等财产税，但征收范围十分有限，税收收入很少，而且一直没有形成完整的体系。

随着改革开放的不断深入，我国经济形势发生了巨大变化，社会财富的分配形成了新的格局：一是随着以公有制为主导、多种经济成分并存的多元化经济结构的确立，居民收入水平提高，非国有财产大量增加；二是随着"鼓励一部分人先富起来"的政策的推行，居民之间收入水平差距拉大，个人之间财产的占有量较为悬殊。针对这种情况，国家先后恢复开征了房产税、契税、城市房地产税、车船税等。1994 年税制改革时，又提出了要征收遗产税和赠与税，以期形成以房产税、车船税等静态财产税和契税、遗产税等动态财产税为主要组成部分的较为完整的财产税法体系。

从现行税制看，在房地产税方面，自 2009 年 1 月 1 日起，《城市房地产税暂行条例》废止，外商投资企业、外国企业和组织以及外籍个人依照《房产税暂行条例》缴纳房产税。2006 年，城镇土地使用税税率翻倍，并统一适用于外商投资企业。在车船税方面，2006 年，车船使用税与车船使用牌照税被合并，形成统一的车船税，适用于所有拥有车船的单位和个人。2011 年 2 月 25 日，全国人大常委会审议通过《车船税法》，这是继《个人所得税》《企业所得税法》后第三个由立法机关制定的税种法，是我国第一个由税收行政法规上升为税收法律的税种法，也是财产税领域的第一部税种法律。[1] 在落实税收法定原则要求提出后，涉及车船的税种，《船舶吨税法》及《车辆购置税法》均已由全国人大常委会立法通过，其中《船舶吨税法》于 2017 年 12 月 27 日通过，自 2018 年 7 月 1 日起施行。《车辆购置税法》于 2018 年 12 月 29 日审议通过，自 2019 年 7 月 1 日起施行。

至于契税，经过 1997 年的重新立法，其征税范围和税率都有所变化，对有偿取得房地产的当事人会有一定影响。遗产与赠与税尚未开征，短期内也没有开征的计划。总体而

---

〔1〕 刘剑文：《车船税法的通过具有特殊意义》，载《中国财经报》2011 年 3 月 1 日，第 6 版。

言,相比于商品税制和所得税制,我国财产税制建设相对落后,有待加速推动。

未来几年,在全面深化财税体制改革的背景下,新一轮税收改革扬帆起航,财产税制是其中的“重头戏”。中共中央十八届三中全会《关于全面深化改革若干重大问题的决定》和《深化财税体制改革总体方案》提出,加快房地产税立法并适时推进改革。从现行改革趋势及各方态度看,房地产税改革将彻底改变现行“房地分离主义”的课税格局,推行“房地一体主义”的税制模式,对房屋和土地合并征税,创设一个新税种——“房地产税”。这意味着现行房产税与城镇土地使用税的归并整合。此外,房地产领域的税制改革,是兼顾房地产开发、交易和保有环节税收的整体全局改革,即弱化开发、交易环节的房地产税,凸显保有环节税收在房地产税体系中的中心地位,与之相关的土地增值税、契税、耕地占用税必将一并改革。由此可见,财产税制将进入全面、纵深、系统的改革阶段。

## 五、关于行为税分类标准的迷思

从词义上看,行为税是针对行为而课征的税。如果将其作为一类税种,独立于商品与服务税、所得税、财产税、环境资源税,就必须发现其独特性。事实上,商品与服务税的征税对象也可以理解成行为,如销售商品行为、提供服务行为等,财产税中的契税可以理解为对取得不动产产权行为的课税,环境保护税更是纯粹的排污行为税。可见,行为税中的“行为”一词很难凸显其特色,区别于其他类型的税种。

长期以来,印花税、屠宰税、筵席税、固定资产调节方向调节税、城市维护建设税、车船使用税等税种被定性为行为税,意指其针对纳税人的特定行为课税,体现国家特定的政策意图。然而,如果仔细观察,这个结论是不成立的。实际上,印花税、屠宰税、车船使用税并未承载任何政策调控意图,纯粹是为了获取财政收入。车船使用税如果因为“使用”二字就定性为行为税,就意味着停驶的车船不能课税。但《车船使用税暂行条例》从未提供这种待遇,只要拥有车船,每年固定缴税,无论其处于行使还是闲置状态。另外,如果拥有车船就等于使用车船的行为,那么,拥有不动产也可以理解为利用不动产的行为。但房屋税、土地税从未被定性为行为税,而是一直被当作典型的财产税。至于筵席税,既可以理解为对奢侈行为课税,更可以理解为对消费课税,从而将其归入消费税。城市维护建设税最为特别,它并不是对城市维护建设行为课税,而是将所课之税用于城市维护建设,其税基是增值税和消费税税额,与纳税人的行为没有任何关系。

如果将行为分为法律行为与事实行为,并将行为税的课税对象定位为事实行为,似乎可以独辟蹊径为其正名。例如,固定资产投资方向的课税对象是固定资产投资行为,屠宰税的课税对象是屠宰牲畜行为,印花税课税对象是书立或领受应税凭证的行为,车船使用税课税对象是驾驶车船的行为,等等。不过,我们需要严格界定事实行为的范围,避免其泛滥。仔细观察不难发现,固定资产投资是纳税人有意而为的,与资产设备和建筑劳务的购买息息相关,是典型的法律行为而不是事实行为。驾驶车船确实是一种事实行为,但车船使用税所针对的其实不是驾驶车船的行为,而是拥有车船的状态。正因如此,车船使用税之后被更名为车船税,并顺利被归入了财产税类型。至于屠宰税,其课税对象确实符合事实行为的特征,区别于生猪销售、屠宰之后的鲜肉销售。宠物税、狩猎税都属于这种类型。由于是事实行为，自然不存在是否有效、是否能撤销等问题。事实行为一旦发生，就不可能撤回，也不可能被撤销，也就不存在退税的问题。

不过，印花税是否如此，还需要仔细甄别。印花税原本是针对国王在私法契约上盖印的行为，形式上可以理解为一种行为税。但这种盖印不是孤立的行为，而是为了利用国王的名义增信，类似于现代社会中的国家公证行为。正因如此，印花税课征的对象未必见得是事实行为，更可以理解为一种法律行为。现代印花税已经脱离了这种课税形式，改为针对当事人书立或领受应税凭证的行为而征税。但无可否认，无论是订立合同或产权转移书据，还是领受权利许可证照，都是与特定法律行为联系在一起的。如果法律行为无效或者被撤销、被解除，这些文书或证照本身对纳税人毫无意义，对其征税自然也就失去了正当性。立账簿的行为看起来比较单纯，实际上也是投资行为的结果。如果投资不受保护，账簿自然失去意义。由于允许采用贴花方式缴税，划销之后的印花无法重新使用，加之印花税整体上税率不高，税负不重，我国没有规定合同无效或被撤销之后退还印花税的问题。但是，这并不能说明该逻辑本身能够成立。

现实是复杂的，任何分类都不可能百分之百周延。一种分类标准确立之后，总会存在难以被归类的残留。在商品与服务税、所得税、财产税、环境资源税之外，行为税在学理上也许确有存在的价值，可以将其覆盖针对事实行为课税的税种。但在这五类之外，仍然可以发现难以归类的税种，如印花税。对此，我们不妨将之称为杂税（miscellaneous tax）。

## 第二节　房地产税法

在当前税制体系中，所谓的房地产税并不是一个单一的税种，而涉及房产税和城镇土地使用税两个税种。土地增值税与耕地占用税虽然也与土地相关，但是我们认为，土地增值税的性质及其税制结构更靠近商品与服务税，而耕地占用税则更贴近资源税，因此二者不放置在本节中加以介绍。

### 一、房产税法

#### （一）房产税及其立法概况

房产税是以房产为征税对象，依据房产价格或房产租金收入向房产所有人或经营人征收的一种税。现行房产税的基本规范只有1986年9月15日国务院颁布的《房产税暂行条例》，自2009年1月1日起，外商投资企业、外国企业和组织以及外籍个人也依照《房产税暂行条例》缴纳房产税。

房地产税改革是新一轮税制改革的“重中之重”，牵涉社会公众的期待与利益诉求。2013年11月12日，中共中央十八届三中全会提出“加快房地产税立法并适时推进改革”,2014 年中共中央《关于深化财税体制改革总体方案》也有类似表述。按改革的预期及初步规划,此轮房地产税改革不仅局限于房产税这一税种,也涉及房地产开发、交易、保有环节的所有税费体系改革,囊括房产税、城镇土地使用税、土地增值税、耕地占用税、契税等一系列税种的归并与存废,触及对房地产税征税模式的彻底变革。从其意义上看,房地产税改革也不仅限于完善房地产税体系,还被赋予完善财产税制、直接税制的重要使命,是深化中央与地方财税分权改革、完善地方税体系的关键环节。[2]

在此之前,房地产税改革已经在地方试点。如 2011 年 1 月 28 日,重庆市和上海市相继颁布重庆市《关于开展对部分个人住房征收房产税改革试点的暂行办法》和上海市《开展对部分个人住房征收房产税试点的暂行办法》,两地决定自当年 1 月 28 日起对个人所有非营利房产开征房产税。

### (二)房产税的纳税义务人及征税对象

房产税以在征税范围内的房屋产权所有人为纳税人。其中:(1)产权属国家所有的,由经营管理单位纳税;产权属集体和个人所有的,由集体单位和个人纳税。(2)产权出典的,由承典人纳税。(3)产权所有人、承典人不在房屋所在地的,由房产代管人或者使用人纳税。(4)产权未确定及租典纠纷未解决的,由房产代管人或者使用人纳税。(5)无租使用其他房产的问题。纳税单位和个人无租使用房产管理部门、免税单位及纳税单位的房产,应由使用人代为缴纳房产税。

房产税的征税对象是房产。所谓房产,是指在屋面和围护结构(有墙或两边有柱),能够遮风避雨,可供人们在其中生产、学习、工作、娱乐、居住或贮藏物资的场所。房地产开发企业建造的商品房,在出售前不征收房产税;但对出售前房地产开发企业已使用或出租、出借的商品房应按规定征收房产税。

房产税仅在城市、县城、建制镇和工矿区开征,农村的房屋未被纳入房产税征税范围。

### (三)房产税的计税依据与税率

房产税的计税依据是房产的计税价值或房产的租金收入。按照房产计税价值征税的,称为从价计征;按照房产租金收入计征的,称为从租计征。

1. 从价计征

《房产税暂行条例》规定,房产税依照房产原值一次减除 10% ~30% 后的余值计算缴纳。各地扣除和比例由省、自治区、直辖市政府确定。房产原值是指纳税人按照会计制度规定,在账簿“固定资产”科目中记载的房屋原价。房产原值应包括与房屋不可分割的各种附属设备或一般不单独计算价值的配套设施。纳税人对原有房屋进行改建、扩建的,要相应增加房屋的原值。具体的减除比例由省、自治区、直辖市政府在规定的范围内确定。

对投资联营的房产,在计征房产税时应予以区别对待。对于以房产投资联营,投资者

---

〔2〕 张学诞:《中国房地产税:问题与探索》,中国财政经济出版社 2013 年版;高培勇:《坚持分税制的财税改革方向》,载《经济参考报》2014 年 2 月 17 日。

参与投资利润分红，共担风险的，按房产余值作为计税依据计征房产税；对以房产投资，获取固定收入，不承担联营风险的，实际是以联营名义取得房产租金，应根据《房产税暂行条例》的有关规定由出租方按租金收入计缴房产税。

在融资租赁房屋的情况下，租赁费包括购进房屋的价款、手续费、借款利息等，与一般房屋出租的"租金"内涵不同。租赁期满后，当承租方偿还最后一笔租赁费时，房屋产权要转移到承租方。因此，这实际上是一种变相的分期付款购买固定资产的形式，房产税应以房产余值计算征收。至于租赁期内房产税的纳税人，由当地税务机关根据实际情况确定。

按房产原值一次减除10% ~30%后的余值计征的，房产税的税率为1.2%。房产税应纳税额具体的计算公式是：

应纳税额 = 应税房产原值 ×(1 - 扣除比例) ×1.2%

2. 从租计征

房产出租的，以房产租金收入为房产税的计税依据。所谓房产的租金收入，是房屋产权所有人出租房产使用权所得的报酬，包括货币收入和实物收入。以劳务或者其他形式为报酬抵付房租收入的，应根据当地同类房产的租金水平，确定一个标准租金额从租计征。纳税人对个人出租房屋的租金收入申报不实或申报数与同一地段同类房屋的租金收入相比明显不合理的，税务部门可以核定其应纳税款。

按房产出租的租金收入计征的，税率为12%。从2001年1月1日起对个人按市场价格出租的居民住房，用于居住的，可暂减按4%的税率征收房产税。房产税应纳税额具体的计算公式是：

应纳税额 = 租金收入 ×12%（或4%）

（四）房产税的减免

目前房产税的税收减免政策主要有：(1)国家机关、人民团体、军队自用的房产免征房产税。但上述免税单位的出租房产以及非自身业务使用的生产、营业用房，不属于免税范围。"自用的房产"，是指这些单位本身的办公用房和公务用房。(2)由国家财政部门拨付事业经费的单位，其本身业务范围内使用的房产免征房产税。经费来源为自收自支的事业单位，从实行自收自支的年度起，免征房产税3年。(3)宗教寺庙、公园、名胜古迹自用的房产免征房产税。(4)个人所有非营业用的房产免征房产税。(5)经财政部批准免税的其他房产。如专门经营农产品的农产品批发市场、农贸市场使用（包括自有和承租）的房产、土地，暂免征收房产税。[3] (6)为推进去产能、调结构，自2018年10月1日至2020年12月31日，对按照去产能和调结构政策要求停产停业、关闭的企业，自停产停业次月起，免征房产税。企业享受免税政策的期限累计不得超过2年。(7)自2019年1月1日至2021年12月31日，对国家级、省级科技企业孵化器、大学科技园和国家备案众创空间

[3] 财政部、国家税务总局《关于继续实行农产品批发市场 农贸市场房产税城镇土地使用税优惠政策的通知》（财税〔2016〕1号）。

自用以及无偿或通过出租等方式提供给在孵对象使用的房产、土地,免征房产税。

除上面提出的可以免纳房产税的情况以外,如纳税人确有困难的,可由省、自治区、直辖市政府确定,定期减征或者免征房产税。

### (五)房产税的征收管理

房产税的纳税义务发生时间为:(1)纳税人将原有房产用于生产经营,从生产经营之月起缴纳房产税;(2)纳税人自行新建房屋用于生产经营,从建成之次月起缴纳房产税;(3)纳税人委托施工企业建设的房屋,从办理验收手续之次月起缴纳房产税;(4)纳税人购置新建商品房,自房屋交付使用之次月起缴纳房产税;(5)纳税人购置存量房,自办理房屋权属转移、变更登记手续,房地产权属登记机关签发房屋权属证书之次月起缴纳房产税;(6)纳税人出租、出借房产,自交付出租、出借房产之次月起缴纳房产税;(7)房地产开发企业自用、出租、出借本企业建造的商品房,自房屋使用或交付之次月起缴纳房产税。

房产税实行按年计算、分期缴纳的征收方法,具体纳税期限由省、自治区、直辖市政府确定。

房产税在房产所在地缴纳。房产不在同一地方的纳税人,应按房产的坐落地分别向房产所在地的税务机关纳税。

### (六)重庆、上海房产税改革试点

2011年1月底,国务院召开常务会议,同意在部分城市进行对个人住房征收房产税的改革试点,具体征收办法由试点省(自治区、直辖市)政府从实际出发制定。据此,2011年1月28日,重庆和上海同日下文,决定自当年1月28日起对个人所有非营利房产开征房产税。这即是地方房产税试点改革。

从税收法定主义与正当程序角度,在《房产税暂行条例》关于"个人所有非营业用的房产免纳房产税"未作修改的情况下,重庆和上海的试点方案将这一部分房产纳税课税范围中,与上位法存在明显的抵触。虽然这次试点经过国务院授权,但是,国务院的税收立法权本身来自全国人大的授权,按照《立法法》第12条,被授权机关应当严格按照授权目的和范围行使该项权力,被授权机关不得将该项权力转授给其他机关。同时,两地试点规定也与《税收征收管理法》第2条所要求的税收法定原则背道而驰,难以成为两地征收房产税可援以引用的规范依据。因此,重庆、上海房产税试点的法律效力存疑。

但从税制改革角度,由地方率先试点改革、进而总结成熟经验推向全面,是中国税制改革乃至于改革开放的一贯做法,也是被实践证明的行之有效的改革策略,只是应注意满足其改革的合法性与正当程序而已。鉴于此,本次地方房产税试点改革,尽管是房产税制的小修小补改革,与即将推行的房地产税改革在税制模式上存在根本差别,但毫无疑问可以为未来全国性房地产税改革提供宝贵经验。

## 二、城镇土地使用税法

城镇土地使用税是以城镇土地为征税对象,对拥有国有土地使用权的单位和个人征收的一种税。它于1988年11月1日起对国内企业、单位和个人开征，其法律依据为国务院1988年9月27日发布的《城镇土地使用税暂行条例》（以下简称暂行条例）。为了实施土地宏观调控的新政策，抑制建设用地过度扩张，2006年12月30日，国务院决定对暂行条例进行修改，将税率提高2倍，同时将征收范围扩大到外商投资企业和外国企业，并自2007年1月1日开始实施。2011年1月8日，国务院决定修订暂行条例，对个别文字做了调整。为推进行政审批制度改革、转变政府职能，2013年12月7日，国务院再次修订暂行条例，将第7条"纳税人缴纳土地使用税确有困难需要定期减免的，由省、自治区、直辖市税务机关审核后，报国家税务局批准"修改为"由县以上地方税务机关批准"，自修订之日起实施。2019年3月2日，配合国务院机构改革，第7条中的"地方税务机关"修改为"税务机关"。

和资源税一样，城镇土地使用税的开征不是以城市土地属于国家所有为前提，其目的也不是为了变土地的无偿使用为有偿使用，而仅仅是以政权所有者的身份，要求城市居民为其所享有的公共服务承担合理的代价。城镇土地使用税实行差别税率也未必能够起到调节土地级差收入的作用。事实上，征收这种税的时候，土地并没有流转，而是由权利人静态保有。所以，即便土地使用权的价值不一，对权利人来说也不存在级差收入。此外，我国目前对城镇土地使用既以国家所有权身份收取土地出让金，又以政权所有者身份征收城镇土地使用税，实质上存在重复征收的嫌疑。[4]

新一轮税制改革背景下，我国正在考虑合并房地产领域的系列税种，并在此基础上开征房地产税。从改革趋势上看，城镇土地使用税、房产税将合并成为新的"房地产税"。作为房地产税制改革的其中重要一环，城镇土地使用税将面临新的改革。

### （一）城镇土地使用税的纳税人

在城市、县城、建制镇、工矿区范围内使用土地的单位和个人，为城镇土地使用税的纳税人，应当缴纳土地使用税。这里所谓的单位，包括国有企业、集体企业、私营企业、股份制企业、外商投资企业、外国企业以及其他企业和事业单位、社会团体、国家机关、军队以及其他单位；所称个人，包括个体工商户以及其他个人。

城镇土地使用税的纳税人按以下标准判断：(1)拥有土地使用权的单位和个人是纳税人；(2)拥有土地使用权的单位和个人不在土地所在地的，其土地的实际使用人和代管人为纳税人；(3)土地使用权未确定或权属纠纷未解决的，其实际使用人为纳税人；(4)土地使用权共有的，共有各方都是纳税人，由共有各方分别纳税。

城镇土地使用税的征税范围，包括在城市、县城、建制镇和工矿区内的国家所有和集体所有的土地。城市是指经国务院批准设立的市，县城是指县政府所在地，建制镇是指经省、自治区、直辖市政府批准设立的建制镇。工矿区是指工商业比较发达，人口比较集中，符合国务院规定的建制镇标准，但尚未设立建制镇的大中型工矿企业所在地，工矿区须经

---

〔4〕 熊伟：《房产税改革的财政动因与法治约束》，载李林主编：《中国法治发展报告（2012年）》，社会科学文献出版社2012年版，第173页。

省、自治区、直辖市政府批准设立。

上述城镇土地使用税的征税范围中,城市的土地包括市区和郊区的土地,县城的土地是指县政府所在地的城镇的土地,建制镇的土地是指镇政府所在地的土地。建立在城市、县城、建制镇和工矿区以外的工矿企业则不需缴纳城镇土地使用税。

1990年以前,外商投资企业和外国企业通过行政划拨方式取得土地使用权的,按照有关法律、行政法规规定,缴纳场地使用费。1990年我国实行土地有偿使用制度后,生产经营用地一般都需要通过出让方式取得,并缴纳土地出让金。缴纳土地出让金的外商投资企业和外国企业不再缴纳场地使用费。外商投资企业和外国企业缴纳场地使用费和土地出让金,不缴纳城镇土地使用税。而对于内资企业,即便缴纳了土地出让金,也还需要缴纳城镇土地使用税。这种情况对内资企业非常不公平。为了改变这种状况,国务院决定,从2007年1月1日之后,对外商投资企业和外国企业在华机构的用地也需要征收城镇土地使用税。

### (二)城镇土地税的计税依据

城镇土地使用税以纳税人实际占用的土地面积为计税依据,土地面积计量标准为每平方米。

纳税人实际占用的土地面积按下列办法确定:(1)凡由省、自治区、直辖市政府确定的单位组织测定土地面积的,以测定的面积为准;(2)尚未组织测量,但纳税人持有政府部门核发的土地使用证书的,以证书确认的土地面积为准;(3)尚未核发出土地使用证书时,应由纳税人申报土地面积,据以纳税,待核发土地使用证以后再做调整。

### (三)城镇土地使用税的税率

城镇土地使用税采用定额税率,按大、中、小城市和县城、建制镇、工矿区分别规定每平方米土地使用税年应纳税额。具体标准如下:[5](1)大城市每平方米1.5~30元;(2)中等城市每平方米1.2~24元;(3)小城市每平方米0.9~18元;(4)县城、建制镇、工矿区每平方米0.6~12元。

省、自治区、直辖市政府在规定的税额幅度内,根据市政建设状况、经济繁荣程度等条件,确定所辖地区的适用税额幅度。市、县政府应当根据实际情况,将本地区土地划分为若干等级,在省、自治区、直辖市政府确定的税额幅度内,制定相应的适用税额标准,报省、自治区、直辖市政府批准执行。

经省、自治区、直辖市政府批准,经济落后地区土地使用税的适用税额标准可以适当降低,但降低额不得超过规定最低税额的30%。经济发达地区土地使用税的适用税额标准可以适当提高,但须报经财政部批准。

---

[5] 这是2007年1月1日之后经过国务院调整的标准,比原来的税率标准翻了一倍。

（四）城镇土地使用税的税收减免

根据《城镇土地使用税暂行条例》第6条的规定，下列土地免缴土地使用税：（1）国家机关、人民团体、军队自用的土地；（2）由国家财政部门拨付事业经费的单位自用的土地；（3）宗教寺庙、公园、名胜古迹自用的土地；（4）市政街道、广场、绿化地带等公共用地；（5）直接用于农、林、牧、渔业的生产用地；（6）经批准开山填海整治的土地和改造的废弃土地，从使用的月份起免缴土地使用税5年至10年；（7）由财政部另行规定免税的能源、交通、水利设施用地和其他用地。如对城市公交站场、道路客运站场的运营用地，免征城镇土地使用税；[6]等等。

除上述免税规定外，纳税人缴纳土地使用税确有困难需要定期减免的，由省、自治区、直辖市税务机关审核后，由县以上税务机关批准。

（五）城镇土地使用税的征收管理

城镇土地使用税实行按年计算、分期缴纳的征收方法，具体纳税期限由省、自治区、直辖市政府确定。

纳税人购置新建商品房，自房屋交付使用之次月起缴纳城镇土地使用税。纳税人购置存量房，自办理房屋权属转移、变更登记手续，房地产权属登记机关签发房屋权属证书之次月起缴纳城镇土地使用税。纳税人出租、出借房产，自交付出租、出借房产之次月起缴纳城镇土地使用税。房地产开发企业自用、出租、出借本企业建造的商品房，自房屋使用或交付之次月起缴纳城镇土地使用税。纳税人新征用的耕地，自批准征用之日起满1年时开始缴纳土地使用税。纳税人新征用的非耕地，自批准征用之次月起缴纳土地使用税。

城镇土地使用税在土地所在地缴纳。纳税人使用的土地不属于同一省、自治区、直辖市管辖的，由纳税人分别向土地所在地的税务机关缴纳土地使用税；在同一省、自治区、直辖市管辖范围内，纳税人跨地区使用的土地，其纳税地点由各省、自治区、直辖市税务局确定。土地使用税由土地所在地的税务机关征收，其收入纳入地方财政预算管理。

## 第三节 契 税 法

### 一、契税法概述

契税是以产权发生转移、变动的不动产为征税对象，向产权承受人征收的一种财产

---

〔6〕财政部、国家税务总局《关于对城市公交站场道路客运站场免征城镇土地使用税的通知》（财税〔2016〕16号）。

税。和房产税、城镇土地使用税等房地产税相比,契税虽然也和房地产有关,但它是针对房地产交易行为而课征的,是一种动态财产税。和针对房地产交易的增值税相比,契税的纳税人是产权承受人,而不是产权的转让人。契税之所以被定性为财产税而不是流转税,主要就是因为它是纳税人承受房地产产权的代价,与取得房地产的行为息息相关。

契税是一个古老的税种,最早起源于东晋的"古税"。新中国成立后,政务院于1950年颁布《契税暂行条例》。该条例对旧中国的契税进行了改革,其基本内容是:凡土地、房屋之买卖、典当、赠与和交换,均应凭土地、房屋的产权证明,在当事人双方订立契约时,由产权承受人缴纳契税。税率分两种:买卖、赠与税率为6%,典当税率为3%;对交换房屋双方价值相等的,免税;不相等的,就其超过价值部分按6%缴纳契税。

1954年,财政部对《契税暂行条例》进行修改。修改的主要内容是:对公有制单位的买卖、典当、承受赠与和交换土地、房屋的行为,免征契税。社会主义三大改造完成后,国家禁止土地买卖和转让,土地契税自然停征。契税的征税范围只限于非公有制单位的房屋产权转移行为。有的省市甚至停征了契税。

1978年之后,随着改革开放的不断深入,城乡房屋买卖得以恢复和发展。为了适应新形势的要求,财政部于1981年发出了《关于改进和加强契税征收管理工作的通知》,要求各地加强对契税的征收和管理,并对契税政策进行了一些补充和调整,契税征收工作全面恢复。

1997年7月7日,国务院重新颁布了《契税暂行条例》,并于1997年10月1日起施行,成为现行契税的基本法律依据。1997年10月28日,财政部发布《契税暂行条例细则》,自1997年10月1日起实施。2019年3月2日,配合国务院机构改革,对《契税暂行条例》涉及的条款进行了修订。

### 二、契税的征税对象与纳税人

根据《契税暂行条例》的规定,契税的征税对象包括以下五项内容:

#### (一)国有土地使用权出让

国有土地使用权出让是指土地使用者向国家交付土地使用权出让费用,国家将国有土地使用权在一定年限内让与土地使用者的行为。对承受国有土地使用权所应支付的土地出让金,要计征契税,不得因减免土地出让金而减免契税。

#### (二)土地使用权的转让

土地使用权的转让是指土地使用者以出售、赠与、交换、投资入股、抵债或者其他方式将土地使用权转移给其他单位和个人的行为,土地使用权的转让不包括农村集体土地承包经营权的转移。

#### (三)房屋买卖

房屋买卖以有偿和转移房屋所有权作为基本特征。经当地政府和有关部门批准,以房抵债和以实物交换房屋，均视同房屋买卖，应由产权承受人，按房屋现值缴纳契税。以房产作投资入股，需要办理房屋产权转移的，视同房屋买卖，由产权承受方按契税税率计算缴纳契税。以自有房产作股投入本人独资经营企业，不需办理房产变更手续，不征收契税。买房拆料或翻建新房，应照章征收契税。

(四)房屋赠与

房屋赠与是指房屋产权所有人将房屋无偿转让给他人所有。房屋赠与必须签订书面合同，并到房地产管理机关或农村基层政权机关办理登记过户手续，才能生效。所以，房屋的受赠人要按规定缴纳契税。

(五)房屋交换

房屋交换是指房屋所有者之间互相交换房屋的行为。

在中国境内转移土地、房屋权属时，承受产权的单位和个人是契税的纳税人，具体包括土地使用权出让或转让中的受让人、房屋的买主、房屋的受赠人、土地使用权的受赠人、房屋或土地使用权交换的双方。中国境内是指中华人民共和国实际税收行政管辖范围内。土地、房屋权属是指土地使用权和房屋所有权。单位是指企业单位、事业单位、国家机关、军事单位和社会团体以及其他组织。个人是指个体经营者及其他个人，包括中国公民和外籍人员。

《契税暂行条例细则》第8条规定：土地、房屋权属以下列方式转移的，视同土地使用权转让、房屋买卖或者房屋赠与征税：(一)以土地、房屋权属作价投资、入股；(二)以土地、房屋权属抵债；(三)以获奖方式承受土地、房屋权属；(四)以预购方式或者预付集资建房款方式承受土地、房屋权属。

### 三、契税的计税依据与税率

(一)契税的计税依据

契税的计税依据为不动产的价格。

国有土地使用权出让、土地使用权出售、房屋买卖，以成交价格为计税依据。成交价格是指土地、房屋权属转移合同确定的价格，包括承受者应交付的货币、实物、无形资产或者其他经济利益。

土地使用权赠与、房屋赠与，由征收机关参照土地使用权转让、房屋买卖的市场价格核定。

土地使用权交换、房屋交换，计税依据为所交换的土地使用权、房屋的价格差额。交换价格相等时，免征契税；交换价格不等时，由多交付货币、实物、无形资产或者其他经济利益的一方缴纳契税。

以划拨方式取得土地使用权，经批准转让房地产时，由房地产转让者补交契税。计税依据为补交的土地使用权转让费用或者土地收益。

成交价格明显低于市场价格并且无正当理由的,或者所交换土地使用权、房屋的价格差额明显不合理并且无正当理由的,征收机关可参照市场价格核定计税依据。

采取分期付款方式购买房屋附属设施土地使用权、房屋所有权的,应按合同规定的总价款计征契税。承受的房屋附属设施权属单独计价的,按照当地确定的适用税率征收契税;与房屋统一计价的,适用与房屋相同的契税税率。

### (二)契税的税率

契税实行3%~5%的幅度税率。各省、自治区、直辖市政府可以在规定范围内,按照本地区的实际情况决定。

### (三)契税应纳税额的计算方法

应纳税额=计税依据×税率

## 四、契税的减免

### (一)一般规定

国家机关、事业单位、社会团体、军事单位承受土地、房屋用于办公、教学、医疗、科研和军事设施的,免征契税;因不可抗力灭失住房而重新购买住房的,酌情减免;土地、房屋被县级以上政府征用、占用后,重新承受土地、房屋权属的,由省级政府确定是否减免;承受荒山、荒沟、荒丘、荒滩土地使用权,并用于农、林、牧、渔业生产的,免征契税;城镇职工第一次购买公有住房,免征契税;2019年1月1日至2020年12月31日,公租房经营管理单位购买住房作为公租房,免征契税。

### (二)特别规定

1. 企业公司制改造

自2018年1月1日起至2020年12月31日,企业按照《公司法》有关规定整体改制,包括非公司制企业改制为有限责任公司或股份有限公司,有限责任公司变更为股份有限公司,股份有限公司变更为有限责任公司,原企业投资主体存续并在改制(变更)后的公司中所持股权(股份)比例超过75%,且改制(变更)后公司承继原企业权利、义务的,对改制(变更)后公司承受原企业土地、房屋权属,免征契税。[7]

事业单位按照国家有关规定改制为企业,原投资主体存续并在改制后企业中出资(股权、股份)比例超过50%的,对改制后企业承受原事业单位土地、房屋权属,免征契税。

2. 企业股权重组

在股权转让中,单位、个人承受企业股权,企业土地、房屋权属不发生转移,不征收契税。但在增资扩股中,如果是以土地使用权来认购股份,承受方需缴契税。

---

〔7〕 财政部、国家税务总局《关于继续支持企业、事业单位改制重组有关契税政策的通知》(财税〔2018〕17号)。

国有、集体企业实施“企业股份合作制改造”，由职工买断企业产权，或向其职工转让部分产权，或者通过其职工投资增资扩股，将原企业改造为股份合作制企业的，对改造后的股份合作制企业承受原企业的土地、房屋权属，免征契税。

3. 企业合并、分立

两个或两个以上的公司，依照法律规定、合同约定，合并为一个公司，且原投资主体存续的，对合并后公司承受原合并各方土地、房屋权属，免征契税。公司依照法律规定、合同约定分立为两个或两个以上与原公司投资主体相同的公司，对分立后公司承受原公司土地、房屋权属，免征契税。2018 年 1 月 1 日起执行至 2020 年 12 月 31 日。

4. 企业出售

国有、集体企业出售，被出售企业法人予以注销，并且买受人按照《劳动法》等国家有关法律法规政策妥善安置原企业全部职工，其中与原企业 30% 以上职工签订服务年限不少于 3 年的劳动用工合同的，对其承受所购企业的土地、房屋权属，减半征收契税；与原企业全部职工签订服务年限不少于 3 年的劳动用工合同的，免征契税。

5. 企业破产

企业依照有关法律法规规定实施破产，债权人（包括破产企业职工）承受破产企业抵偿债务的土地、房屋权属，免征契税；对非债权人承受破产企业土地、房屋权属，凡按照《劳动法》等国家有关法律法规政策妥善安置原企业全部职工，与原企业全部职工签订服务年限不少于 3 年的劳动用工合同的，对其承受所购企业土地、房屋权属，免征契税；与原企业超过 30% 的职工签订服务年限不少于 3 年的劳动用工合同的，减半征收契税。2018 年 1 月 1 日起执行至 2020 年 12 月 31 日。

6. 资产划转

对承受县级以上政府或国有资产管理部门按规定进行行政性调整、划转国有土地、房屋权属的单位，免征契税。同一投资主体内部所属企业之间土地、房屋权属的划转，包括母公司与其全资子公司之间，同一公司所属全资子公司之间，同一自然人与其设立的个人独资企业、一人有限公司之间土地、房屋权属的划转，免征契税。2018 年 1 月 1 日起执行至 2020 年 12 月 31 日。

7. 债权转股权

经国务院批准实施债权转股权的企业，对债权转股权后新设立的公司承受原企业的土地、房屋权属，免征契税。2018 年 1 月 1 日起执行至 2020 年 12 月 31 日。

8. 房屋附属设施

对于承受与房屋相关的附属设施（如停车位、汽车库等）所有权或土地使用权的行为，按照契税法律、法规的规定征收契税；对于不涉及土地使用权和房屋所有权转移变动的，不征收契税。

9. 继承土地、房屋权属

法定继承人继承土地、房屋权属，不征契税；非法定继承人继承应征收契税。

10. 房地产交易契税优惠

2016 年 2 月 17 日，财政部、国家税务总局、住房城乡建设部发布《关于调整房地产交易环节契税营业税优惠政策的通知》,对房地产交易的税收优惠作出新规定。其中:(1)对个人购买家庭唯一住房(家庭成员范围包括购房人、配偶以及未成年子女),面积为90平方米及以下的,减按1%的税率征收契税;面积为90平方米以上的,减按1.5%的税率征收契税。(2)对个人购买家庭第二套改善性住房,面积为90平方米及以下的,减按1%的税率征收契税;面积为90平方米以上的,减按2%的税率征收契税。家庭第二套改善性住房是指已拥有一套住房的家庭,购买的家庭第二套住房。

11. 农村产权改制契税优惠

自2017年1月1日起,为支持农村集体产权制度改革,财政部、税务总局发布《关于支持农村集体产权制度改革有关税收政策的通知》规定:(1)对进行股份合作制改革后的农村集体经济组织承受原集体经济组织的土地、房屋权属,免征契税。(2)对农村集体经济组织以及代行集体经济组织职能的村民委员会、村民小组进行清产核资收回集体资产而承受土地、房屋权属,免征契税。(3)对农村集体土地所有权、宅基地和集体建设用地使用权及地上房屋确权登记,不征收契税。

### 五、契税的征收管理

契税的纳税义务发生时间是纳税人签订土地、房屋权属转移合同的当天,或者纳税人取得其他具有土地、房屋权属转移合同性质凭证的当天。

纳税人应当自纳税义务发生之日起10日内,向土地、房屋所在地的契税征收机关办理纳税申报,并在契税征收机关核定的期限内缴纳税款。

契税的征收机关为土地、房屋所在地的财政部门或税务机关,具体征收机关由省、自治区、直辖市政府确定。

纳税人办理纳税事宜后,征收机关应向纳税人开具契税完税凭证。纳税人持契税完税凭证和其他规定的文件材料,依法向土地管理部门、房产管理部门办理有关土地、房屋的权属变更登记手续。土地管理部门和房产管理部门应向契税征收机关提供有关资料,协助契税征收机关征收契税。

## 第四节 车船税法

本节之车船税法泛指与车船有关的税法,不仅包括税制体系中的"车船税法",还包括车辆购置税法和船舶吨税法。

### 一、车船税法

#### (一)我国车船税的由来

新中国成立初期,我国就开始对车船征税。1951年,政务院颁布了《车船使用牌照税暂行条例》，对行驶于我国公共道路，航行于国内河流、湖泊或领海口岸的车辆、船舶征收车船使用牌照税。1973 年工商税制改革时，对企业征收的车船使用牌照税被并入工商税，但中国内地公民、华侨和外资企业仍按原规定缴纳车船使用牌照税。1977 年之后，一些省、自治区、直辖市对个人停征车船使用牌照税。

1984 年第二步“利改税”和工商税制改革时，国务院决定全面恢复征收车船税。考虑到车船使用牌照税这一名称不能准确反映该税的性质，且容易被人误认为对牌照征税，混淆税与费的界限，因此删除了“牌照”二字，定名为车船使用税。1985 年，国务院颁布《车船使用税暂行条例》，规定自同年 10 月 1 日起，在全国范围内对拥有和使用车船的单位和个人征收车船使用税，但对外商投资企业、外国企业和外籍个人仍按《车船使用牌照税暂行条例》的规定征税，形成了我国内外有别的两套车船使用税制度。

以上两个税种自开征以来，在组织地方财政收入，调节和促进经济发展方面发挥了积极作用。但随着市场经济体制的建立和完善，尤其是我国加入 WTO 后，两个暂行条例在实施中遇到了一些问题：一是内外两个税种，不符合税政统一、简化税制的要求；二是缺乏必要的税源监控手段，不利于征收管理；三是车船使用牌照税的适用税额 55 年没有调整，车船使用税的适用税额也已 20 年没有调整，随着经济的发展，两个税种的征税标准已明显偏低。基于这些情况，国务院制定了《车船税暂行条例》，自 2007 年 1 月 1 日起开征车船税，取代原车船使用牌照税和车船使用税。2011 年 2 月 25 日，全国人大常委会通过《车船税法》，自 2012 年 1 月 1 日起施行，车船税的理念和规则都出现了一些调整。国务院据此制定了《车船税法实施条例》，与《车船税法》同日实施。2013 年 7 月，国家税务总局发布《关于车船税征管若干问题的公告》（国家税务总局公告 2013 年第 42 号）。2019 年全国人大常委会对《车船税法》进行修订，增加了悬挂应急救援专用号牌的国家综合性消防救援车辆和国家综合性消防救援专用船舶免税的规定。

除了车船税之外，我国目前还开征了车辆购置税、船舶吨税。车辆购置税源于 1985 年由国务院批准的车辆购置附加费。为了适应“费改税”的需要，更好地调控车辆购置行为，加强对财政性资金的管理，2000 年 10 月 22 日，国务院颁布了《车辆购置税暂行条例》，用车辆购置税取代车辆购置附加费，自 2001 年 1 月 1 日起实施。车辆购置税的税率与车辆购置附加费的征收率相当，其开征并没有给消费者增加额外负担，只是改变了征收机关和资金的管理方式。2005 年 11 月，国家税务总局出台《车辆购置税征收管理办法》，对车辆购置税征收管理做了细化规定。2011 年 11 月、2014 年 12 月，国家税务总局分别对其做了第一次、第二次修改。2018 年 12 月 29 日全国人大常委会通过了《车辆购置税法》，自 2019 年 7 月 1 日起施行。

船舶吨税的开征则可以追溯到 1952 年 9 月 29 日中国海关总署发布的《海关船舶吨税暂行办法》，其对在中国港口行驶的外国籍船舶、外商租用的中国籍船舶，以及中外合营企业使用的中外国籍船舶征税。2011 年 12 月 5 日国务院公布《船舶吨税暂行条例》后，上述暂行办法才予以废止。2017 年 12 月 27 日，为落实税收法定原则，全国人大常委会审议通过《船舶吨税法》，于 2018 年 7 月 1 日正式施行。

(二)车船税的主要内容

1. 车船税的纳税人、征税对象及税额

在中国境内属于《车船税法》所附《车船税税目税额表》(以下简称税额表)(见表1)规定的车辆、船舶(以下简称车船)的所有人或者管理人,为车船税的纳税人。车船的适用税额依税额表执行。车辆的具体适用税额由省级政府依税额表规定的税额幅度和国务院的规定确定。船舶的具体适用税额由国务院在税额表规定的税额幅度内确定。

表1 车船税税目税额表

| 税目 | | 计税单位 | 年基准税额 | 备注 |
|---|---|---|---|---|
| 乘用车〔按发动机汽缸容量(排气量)分档〕 | 1.0升(含)以下的 | 每辆 | 60~360元 | 核定载客人数9人(含)以下 |
| | 1.0升以上至1.6升(含)的 | | 300~540元 | |
| | 1.6升以上至2.0升(含)的 | | 360~660元 | |
| | 2.0升以上至2.5升(含)的 | | 660~1200元 | |
| | 2.5升以上至3.0升(含)的 | | 1200~2400元 | |
| | 3.0升以上至4.0升(含)的 | | 2400~3600元 | |
| | 4.0升以上的 | | 3600~5400元 | |
| 商用车 | 客车 | 每辆 | 480~1440元 | 核定载客人数9人以上,包括电车 |
| | 货车 | 整备质量每吨 | 16~120元 | 包括半挂牵引车、三轮汽车和低速载货汽车等 |
| 挂车 | | 整备质量每吨 | 按照货车税额的50%计算 | |
| 其他车辆 | 专用作业车 | 整备质量每吨 | 16~120元 | 不包括拖拉机 |
| | 轮式专用机械车 | | 16~120元 | |
| 摩托车 | | 每辆 | 36~180元 | |
| 船舶 | 机动船舶 | 净吨位每吨 | 3~6元 | 拖船、非机动驳船分别按照机动船舶税额的50%计算 |
| | 游艇 | 艇身长度每米 | 600~2000元 | |

2. 车船税的减免

根据《车船税法》,下列车船免征车船税:(1)捕捞、养殖渔船;(2)军队、武装警察部队专用的车船;(3)警用车船;(4)悬挂应急救援专用号牌的国家综合性消防救援车辆和国家综合性消防救援专用船舶;(5)依照法律规定应当予以免税的外国驻华使领馆、国际组织驻华代表机构及其有关人员的车船。

对节约能源、使用新能源的车船可以减征或者免征车船税;对受严重自然灾害影响纳税困难以及有其他特殊原因确需减税、免税的,可以减征或者免征车船税。具体办法由国务院规定,并报全国人民代表大会常务委员会备案。根据财政部、税务总局、工业和信息化部及交通运输部的联合发文,自 2018 年 7 月 10 日起,对符合标准的节能汽车,减半征收车船税;对符合标准的新能源车船,免征车船税。

省、自治区、直辖市政府根据当地实际情况,可以对公共交通车船,农村居民拥有并主要在农村地区使用的摩托车、三轮汽车和低速载货汽车定期减征或者免征车船税。

3. 车船税的征收管理

机动车的车船税具有涉及面广、税源流动性强的特点,且纳税人多为个人,征管难度较大。由保险机构在办理机动车交通事故责任强制保险业务时代收代缴机动车的车船税,可以方便纳税人缴纳车船税,提高税源控管水平,节约征纳双方的成本。《车船税法》规定,从事机动车交通事故责任强制保险业务的保险机构为机动车车船税的扣缴义务人,应当在收取保险费时依法代收代缴车船税,并出具代收税款凭证。

车船税的纳税地点为车船的登记地或者车船税扣缴义务人所在地。依法不需要办理登记的车船,车船税的纳税地点为车船的所有人或者管理人所在地。车船税纳税义务发生时间为取得车船所有权或者管理权的当月。车船税按年申报缴纳。具体申报纳税期限由省、自治区、直辖市政府规定。公安、交通运输、农业、渔业等车船登记管理部门、船舶检验机构和车船税扣缴义务人的行业主管部门应当在提供车船有关信息等方面,协助税务机关加强车船税的征收管理。车辆所有人或者管理人在申请办理车辆相关登记、定期检验手续时,应当向公安机关交通管理部门提交依法纳税或者免税证明。公安机关交通管理部门核查后办理相关手续。

4. 车船税课税理念辨析

在《车船税法》实施之前,客车按照车辆的数量计税,货车根据自重吨位来计税。这种方法不仅不利于发挥车船税的组织收入功能,而且由于完全没有顾及车辆的价值,具有明显的累退性,即车船价值越高、实际税收负担率越低,违背了税收公平原则。《车船税法》对车辆改用排量计税,排气量大则税负高,排气量小则税负低,上述缺陷似乎得到弥补。

然而,车船税到底是财产税还是环境税,这是一个值得关注的问题。假如车船税是纯粹的财产税,当然应基于车船的价值来征收,价值越高,征税越多,以体现量能课税原则。但是,当车船因为使用而磨损时,计税基础应当扣除相应的折旧,需要被课税的则只能是财产净值。倘若按照环境税思路来设计,车船税也许需要遵循另一种模式。

汽车动力目前绝大部分是燃油,排气量和排污量基本一致。排气量越大税率越高的做法,很大程度上体现了环境税思维,而不完全是财产税的模式。不仅如此,由于汽车行驶里程越长,发动机的性能越差,排污量越大,按环境税思维,当排气量一定时,车越旧,缴税越多。但事实上,《车船税法》并没有采用这个做法,而是按照排气量核定应纳税款,永久不变。

可见,车船税共存在两种课税思路。第一种是基于量能课税原则的财产税思路,要求按照车辆的价值课税,并且随着价值存量的递减而递减。第二种是基于污染者付费的环境税思路,要求按照实际的排污量课税,并且随着排污量的递增而递增。最后的实际结果是,两种思路都做了妥协,车船税对汽车按排气量课税,但不随价值递减而递减,也不随排污量递增而递增,而是一直维持不变。

## 二、车辆购置税的主要内容

### (一)车辆购置税概述

车辆购置税是对在我国境内购置应税车辆的单位和个人,按其所购置的车辆价格的一定比率征收的一种税。

随着我国改革开放的不断深入,社会经济迅速发展,人民的生活水平有了很大提高,单位和个人购置车辆的数量也急剧增加。征收车辆购置税,一方面可以通过税收杠杆,增加购置车辆的经济成本,在社会范围内调控购置车辆的比例,防止和抑制盲目购置车辆的行为;另一方面,我国交通基础设施建设还比较薄弱,而此项税收收入可以增加政府财力,在满足基础设施建设、改善公共道路等方面能够起到积极作用。

车辆购置税属于中央税。尽管车辆购置税具有一定的消费调控效果,但其主要功能仍应是筹集财政收入,且具有较强的财产税属性。从长远看,宜将车辆购置税界定为地方税,作为地方税体系的一部分,其收入用于地方政府进行交通基础设施建设与维护。事实上,从2014年11月财政部、交通运输部、商务部联合印发了《车辆购置税收入补助地方资金管理暂行办法》,可以看出中央将车辆购置税收入逐步交由地方支配的趋势。因此,未来的车辆购置税改革,应将其改造为地方税属性,税收收入相应归属地方,作为地方税体系中收入来源较为稳定的税种。

### (二)车辆购置税的征税范围

在中华国境内购置应税车辆的,应当缴纳车辆购置税。购置,包括购买、进口、自产、受赠、获奖或者以其他方式取得并自用应税车辆的行为。应税车辆,包括汽车、有轨电车、汽车挂车、排气量超过150ml的摩托车。地铁、轻轨等城市轨道交通车辆,装载机、平地机、挖掘机、推土机等轮式专用机械车,以及起重机(吊车)、叉车、电动摩托车,不属于应税车辆。

### (三)车辆购置税的纳税人

在中国境内购置应税车辆的单位和个人,为车辆购置税的纳税人。

### (四)车辆购置税的计税依据和税率

车辆购置税以纳税人所购置车辆的价格为计税依据,实行从价定率征收,税率为10%,应纳税额的计算公式为:

应纳税额 = 计税价格 × 税率

车辆购置税的计税价格根据不同情况,分别确定。纳税人购买自用的应税车辆的计税价格,为纳税人购买应税车辆而支付给销售者的全部价款,不包括增值税税款。

纳税人进口自用的应税车辆的计税价格的计算公式为:

计税价格 = 关税完税价格 + 关税 + 消费税

纳税人自产自用应税车辆的计税价格,按照纳税人生产的同类应税车辆的销售价格确定,不包括增值税税款。没有同类应税车辆销售价格的,按照组成计税价格确定。组成计税价格计算公式如下:

组成计税价格 = 成本 ×(1 + 成本利润率)

属于应征消费税的应税车辆,其组成计税价格中应加计消费税税额。

纳税人以受赠、获奖或者其他方式取得并自用的应税车辆的计税价格,按照购置应税车辆时相关凭证载明的价格确定,不包括增值税税款。

纳税人申报的应税车辆计税价格明显偏低,又无正当理由的,由税务机关依照《税收征收管理法》的规定核定其应纳税额。

车辆购置税实行一次征收制度。已征收车辆购置税的车辆,再被其他单位或者个人购置时,不再征收车辆购置税。

### (五)车辆购置税的减免

外国驻华使馆、领事馆和国际组织驻华机构及其有关人员自用的车辆免税;中国人民解放军和中国人民武装警察部队列入装备订货计划的车辆免税;悬挂应急救援专用号牌的国家综合性消防救援车辆免税;设有固定装置的非运输车辆免税;城市公交企业购置的公共汽电车辆免税。

根据国民经济和社会发展的需要,国务院可以规定其他减征或者免征车辆购置税的情形,报全国人民代表大会常务委员会备案。

根据财政部、税务总局、工业和信息化部公告2018年第69号,自2018年7月1日至2021年6月30日,对购置挂车减半征收车辆购置税。

免税、减税车辆因转让、改变用途等原因不再属于免税、减税范围的,纳税人应当在办理车辆转移登记或者变更登记前缴纳车辆购置税。计税价格以免税、减税车辆初次办理纳税申报时确定的计税价格为基准,每满一年扣减10%。使用年限取整计算,不满1年的不计算在内。

应纳税额 = 初次办理纳税申报时确定的计税价格 ×(1 − 使用年限 ×10%)×10% − 已纳税额

纳税人将已征车辆购置税的车辆退回车辆生产企业或者销售企业的,可以向主管税务机关申请退还车辆购置税。退税额以已缴税款为基准,自缴纳税款之日至申请退税之日,每满1年扣减10%。

应退税额 = 已纳税额 ×(1 − 使用年限 ×10%)

### (六)车辆购置税的征收管理

纳税人购置应税车辆,应当向车辆登记注册地的主管税务机关申报纳税;纳税人购置不需要办理车辆登记注册手续的应税车辆,应当向纳税人所在地的主管税务机关申报纳税。车购税实行一车一申报制度。

车辆购置税的纳税义务发生时间为纳税人购置应税车辆的当日。以纳税人购置应税车辆所取得的车辆相关凭证上注明的时间为准。纳税人应当自纳税义务发生之日起60日内申报缴纳车辆购置税:(1)购买自用应税车辆的,应当自购买之日起60日内申报纳税;(2)进口自用应税车辆的,应当自进口之日起60日内申报纳税;(3)自产、受赠、获奖或者以其他方式取得并自用应税车辆的,应当自取得之日起60日内申报纳税。

车辆购置税税款应当一次缴清。纳税人应当在向公安机关车辆管理机构办理车辆登记注册前,缴纳车辆购置税。

车辆购置税由税务机关征收。税务机关和公安、商务、海关、工业和信息化等部门应当建立应税车辆信息共享和工作配合机制,及时交换应税车辆和纳税信息资料。

### 三、船舶吨税

船舶吨税简称吨税,是对进出我国港口的外籍船舶征收的一种税。船舶吨税旧称"船钞",具有使用费的性质,所收税款专用于助航设施的建造与维修,因此,船舶吨税也有"灯塔税"之称。目前船舶吨税适用的是由全国人大常委会审议通过的《船舶吨税法》,自2018年7月1日起实施。

自1986年10月1日起,海关征收的船舶吨税不再入中央金库,改划归交通部管理,由海关代交通部征收。由各港口外轮代理公司和对外贸易运输公司根据海关填发的《海关代理船舶吨税缴款书》,将应缴纳的船舶吨税款直接汇解中国银行总行,并解入交通部账户,直接用于海上干线公用航标的维修和建设,专款专用。

#### (一)船舶吨税征税范围及税率

根据《船舶吨税法》的规定,自中国境外港口进入境内港口的船舶,应当依照本法缴纳船舶吨税。船舶吨税的税率由船舶停靠的时间与船舶本身吨位两部分决定。停靠时间分成三档:1年、90日与30日,由纳税人于申请完税时自行选报。船舶吨税以船舶注册净吨位为计税依据,净吨位尾数不足0.5吨的不计,达到或超过0.5吨的按1吨计。船舶吨税按船舶净吨位大小分等级设置单位税额。吨位越大,单位税额越高(见表2)。

在船舶吨税税率表中,每一等级的船舶又分别适用一般吨税率和优惠吨税率。应征吨税船舶的国籍,如属于我国的应税船舶,以及同我国签有条约或协定对船舶的税费相互给予最惠国待遇的国家,该船舶的吨税按优惠税率计征;对其他外籍船舶按一般吨税率计征。

表2 船舶吨税税率表

| 税目（按船舶净吨位划分） | 税率(%) | | | | | | 备注 |
|---|---|---|---|---|---|---|---|
| | 普通税率（按执照期限划分） | | | 优惠税率（按执照期限划分） | | | |
| | 1年 | 90日 | 30日 | 1年 | 90日 | 30日 | |
| 不超过2000净吨 | 12.6 | 4.2 | 2.1 | 9.0 | 3.0 | 1.5 | 1. 拖船按照发动机功率每千瓦折合净吨位0.67吨。<br>2. 无法提供净吨位证明文件的游艇，按照发动机功率每千瓦折合净吨位0.05吨。<br>3. 拖船和非机动驳船分别按相同净吨位船舶税率的50%计征税款。 |
| 超过2000净吨，但不超过10000净吨 | 24.0 | 8.0 | 4.0 | 17.4 | 5.8 | 2.9 | |
| 超过10000净吨，但不超过50000净吨 | 27.6 | 9.2 | 4.6 | 19.8 | 6.6 | 3.3 | |
| 超过50000净吨 | 31.8 | 10.6 | 5.3 | 22.8 | 7.6 | 3.8 | |

（二）船舶吨税的减免

下列各种应税船舶，免征吨税：(1)应纳税额在人民币50元以下的船舶；(2)在境外以购买、受赠、继承等方式取得船舶所有权的初次进口到港的空载船舶；(3)吨税执照期满后24小时内不上下客货的船舶；(4)非机动船舶（不包括非机动驳船）；(5)捕捞、养殖渔船；(6)避难、防疫隔离、修理、改造、终止运营或者拆解，并不上下客货的船舶；(7)军队、武装警察部队专用或者征用的船舶；(8)警用船舶；(9)依照法律规定应当予以免税的外国驻华使领馆、国际组织驻华代表机构及其有关人员的船舶；(10)国务院规定免税的其他船舶，由国务院报全国人民代表大会常务委员会备案。

（三）船舶吨税的征管

船舶吨税由海关负责征收，吨税纳税义务发生时间为应税船舶进入港口的当日。应税船舶在进入港口办理入境手续时，向海关申报纳税领取吨税执照，或者交验吨税执照（或者申请核验吨税执照电子信息）。应税船舶在离开港口办理出境手续时交验吨税执照（或者申请核验吨税执照电子信息）。

应税船舶负责人申领吨税执照时，应当向海关提供下列文件：(1)船舶国籍证书或者海事部门签发的船舶国籍证书收存证明；(2)船舶吨位证明。

应税船舶因不可抗力在未设立海关地点停泊的，船舶负责人应当立即向附近海关报告，并在不可抗力原因消除后，依照本法规定向海关申报纳税。

应税船舶在吨税执照期满后尚未离开港口的，应当申领新的吨税执照，自上一次执照期满的次日起续缴吨税。

在吨税执照期限内，应税船舶发生下列情形之一的，海关按照实际发生的天数批注延长吨税执照期限：(1)避难、防疫隔离、修理、改造，并不上下客货；(2)军队、武装警察部队征用。

应税船舶负责人应当自海关填发吨税缴款凭证之日起15日内缴清税款。未按期缴清税款的，自滞纳税款之日起至缴清税款之日止，按日加收滞纳税款5‰的税款滞纳金。

## 第五节　印 花 税 法

### 一、印花税法概述

印花税是对经济活动和经济交往中书立、使用、领受具有法律效力的凭证的单位和个人征收的一种税。

印花税于1624年起源于荷兰,因采用在应税凭证上粘贴印花税票作为完税标志而得名。我国曾在清朝末年制定印花税法,但没有执行。1912年10月,北洋政府又颁布了《印花税法》,于1913年1月1日起开征印花税。1927年,国民党政府将印花税列入中央税,并颁布了《印花税暂行条例》,1934年修订为《印花税法》。

新中国成立之初,政务院颁发了《印花税暂行条例》,规定在全国范围内开征印花税。1958年,印花税被并入工商统一税中。改革开放之后,经济活动越来越发达,当事人依法书立、领受各种凭证的现象日趋普遍,为重新开征印花税创造了条件。1988年8月6日,国务院颁布《印花税暂行条例》,于同年10月1日实施,成为现行印花税的基本法律依据。2011年,国务院修正了条例中的一个援引条款。

与其他税种相比,印花税具有下列特点:

第一,覆盖面广。印花税规定的征税范围广泛,凡税法列举的合同或具有合同性质的凭证、产权转移书据、营业账簿及权利、许可证照等,都必须依法纳税。

第二,税率低,税负轻。印花税最高税率为1‰,最低税率为0.03‰;按定额税率征税的,每件5元。

第三,纳税人自行完税。印花税与其他税种不同,实行"三自"的纳税办法,即自行计算应纳税额、自行购买税票、自行粘贴并划销印花税票。

值得一提的是证券交易印花税。我国历次印花税制的调整乃至于未来印花税制的改革,主要侧重于这一领域。[8] 1990年6月28日,深圳市发布《关于对股权转让和个人持有股票收益征税的暂行规定》,首先开征股票交易印花税,由卖出股票者按成交金额的0.6%交纳。同年11月23日,深圳市对股票买方也开征0.6%的印花税。我国双边征收印花税的历史由此开始。1991年10月,深圳市将印花税率调整到0.3%,上海证券交易所也开始对股票买卖双方实行双向征收,税率为0.3%。1992年6月,国家税务总局、国家体改委联合下发《股份制试点企业有关税收问题的暂行规定》,明确对股票交易双方课

〔8〕 有观点提出,印花税组织财政收入的功能日益下降,加之其功能可以为增值税等其他流转税所取代,且印花税遵从度及征管成本较高,可以考虑废除普通印花税。另外,由于证券交易印花税的财政功能和证券市场调控效果明显,有必要继续保留。参见饶立新:《中国证券交易印花税的变革趋势》,载《当代财经》2009年第10期;范南、王礼平:《我国印花税变动对证券市场波动性影响实证研究》,载《金融研究》2003年第6期。

征交易印花税，税率为0.3%。为抑制证券市场的过度投机行为，1997年5月10日，国务院调整证券（股票）交易印花税税率，对买卖、继承、赠与所书立的股权转让书据，均依照书立时证券市场当日实际成交价格计算的金额，由立据双方当事人分别按5‰的税率缴纳印花税；经国务院批准，从1998年6月12日起，国家税务总局将其调整为按4‰的税率缴纳印花税，由办理股权交割手续的单位代扣代缴。另外，针对各省的柜台交易以及北京的NET和STAQ市场中的交易，交易双方按产权转移书据分别缴纳5‰的印花税。2001年11月16日，为了激活市场，财政部决定将交易印花税率从4‰调整为2‰。从2005年1月24日起，股票交易印花税的税率调为1‰，包括A股和B股。2007年5月30日，财政部、国家税务总局将股票交易印花税税率由1‰调整为3‰，2008年4月又从3‰调回1‰，并决定自2008年9月起将其调整为单边征税。2014年5月27日，财政部、国家税务总局决定自6月1日起在全国中小企业股份转让系统转让股票需要由出让方按1‰缴纳证券交易印花税，同时对于在上海证券交易所、深圳证券交易所、全国中小企业股份转让系统买卖、继承、赠与优先股所书立的股权转让书据，均依书立时实际成交金额，由出让方按1‰的税率计算缴纳证券（股票）交易印花税。2015年12月31日，国务院发布《关于调整证券交易印花税中央与地方分享比例的通知》，决定从2016年1月1日起，将证券交易印花税由现行按中央97%、地方3%比例分享全部调整为中央收入。

可以看出，自证券交易印花税实施以来，针对其税率及课税对象相关部门曾作出10多次的税制改革，既有国务院发起的，也有国务院财税主管部门所主导的，还包括地方政府启动的规则修补。事实上，每一次改革都触及对税收立法合法性与正当程序的考验。

## 二、印花税的纳税人

印花税的纳税人，是在中国境内书立、使用、领受应税凭证的单位和个人，其范围包括各类企业、事业、机关、团体、部队以及个人。

印花税应税凭证的范围包括合同、产权转移书据、营业账簿，以及权利、许可证照。按照书立、使用、领受应税凭证的不同，印花税的纳税人可以分别确定为立合同人、立据人、立账簿人、领受人和使用人五种。

### （一）立合同人

立合同人指合同的当事人。所谓当事人，是指对凭证有直接权利义务关系的单位和个人，不包括合同的担保人、证人、鉴定人。所谓合同，是指根据《合同法》和其他合同法规所订立的合同。所谓具有合同性质的凭证，是指具有合同效力的协议、契约、合约、单据、确认书及其他各种名称的凭证。当事人的代理人有代理纳税的义务，他与纳税人负有同等的税收法律义务和责任。

### （二）立据人

产权转移书据的纳税人是立据人。产权转移书据是指财产所有权、版权、商标专用权、专利权和专有技术使用权等产权的买卖、继承、赠与、交换、分割时所书立的书据。财产所有权的转移书据,是指经政府管理机关登记注册的动产、不动产的所有权转移所立的书据,以及企业股权转让所立的书据。

(三)立账簿人

营业账簿的纳税人是立账簿人。所谓立账簿人,指设立并使用营业账簿的单位和个人。所谓营业账簿,是指单位或个人从事生产经营活动时所设立的记载生产经营活动的财务会计核算账簿,包括记载资金的账簿和其他账簿。记载资金的账簿,是指反映生产经营单位资本金数额增减变化的账簿。其他账簿,是指除上述账簿以外的有关其他生产经营活动内容的账簿,包括日记账簿和各明细分类账簿。

(四)领受人

权利、许可证照的纳税人是领受人。领受人,是指领取或接受并持有该项凭证的单位和个人。权利、许可证照是指政府颁发的房屋产权证、工商营业执照、商标注册证、专利证、土地使用证等证书。

(五)使用人

在国外书立、领受,但在国内使用的应税凭证,其纳税人是使用人。

凡是有两方或两方以上当事人共同书立的凭证,其当事人各方都是印花税的纳税人,各就其所持凭证的计税金额履行纳税义务。

## 三、印花税的税目与税率

印花税共有13个税目,即购销合同、加工承揽合同、建设工程勘察设计合同、建筑安装工程承包合同、财产租赁合同、货物运输合同、仓储保管合同、借款合同、财产保险合同、技术合同、产权转移书据、营业账簿,以及权利、许可证照。只有税目列举的对象才需要缴纳印花税,不在列举范围内的合同、书据或凭证无须缴纳印花税。

在印花税的13个税目中,各类合同以及具有合同性质的凭证、产权转移书据、营业账簿中记载资金的账簿,适用比例税率。印花税的比例税率分为4个档次,分别是0.05‰、0.3‰、0.5‰、1‰。"借款合同"适用0.05‰的税率;"购销合同""建筑安装工程承包合同""技术合同"适用0.3‰的税率;"加工承揽合同""建筑工程勘察设计合同""货物运输合同""产权转移书据""营业账簿"税目中记载资金的账簿适用0.5‰的税率;"财产租赁合同""仓储保管合同""财产保险合同"适用1‰的税率。

在印花税的13个税目中,"权利、许可证照"和"营业账簿"税目中的其他账簿,适用定额税率,均为按件贴花,税额为5元。之所以这样规定,主要是考虑到上述应税凭证比较特殊,有的是无法计算金额的凭证,如权利、许可证照;有的是虽记载有金额,但以其作为计税依据又明显不合理的凭证,例如,其他账簿。采用定额税率,便于纳税人缴纳,也便于税务机关征管。

## 四、印花税的计税依据

### (一)印花税计税依据的一般规定

印花税的计税依据为各种应税凭证上所记载的计税金额。具体规定为:(1)购销合同的计税依据为合同记载的购销金额;(2)加工承揽合同的计税依据是加工或承揽收入的金额;[9](3)建设工程勘察设计合同的计税依据为收取的费用;(4)建筑安装工程承包合同的计税依据为承包金额;(5)财产租赁合同的计税依据为租金金额;(6)货物运输合同的计税依据为运费收入,不包括所运货物的金额、装卸费和保险费等;(7)仓储保管合同的计税依据为收取的仓储保管费用;(8)借款合同的计税依据为借款金额;[10](9)财产保险合同的计税依据为支付(收取)的保险费,不包括所保财产的金额;(10)技术合同的计税依据为合同所载的价款、报酬或使用费,为鼓励技术研究开发,对技术开发合同,只就合同所载的报酬金额计税,研究开发经费不作为计税依据;(11)产权转移书据的计税依据为所载金额;(12)营业账簿税目中,记载资金的账簿的计税依据为"实收资本"与"资本公积"两项的合计金额;[11](13)权利、许可证照的计税依据为应税凭证件数。

### (二)印花税计税依据的特殊规定

同一凭证,载有两个或两个以上经济事项而适用不同税目税率,如分别记载金额的,应分别计算应纳税额,相加后按合计税额贴花;如未分别记载金额的,按税率高的计税贴花。

按金额比例贴花的应税凭证,未标明金额的,应按照凭证所载数量及国家牌价计算金

---

〔9〕 对于由受托方提供原材料的加工、定做合同,凡在合同中分别记载加工费金额和原材料金额的,应分别按"加工承揽合同""购销合同"计税,两项税额相加数,即合同应贴印花;若合同中未分别记载,则应就全部金额依照加工承揽合同计税贴花。对于由委托方提供主要材料或原料,受托方只提供辅助材料的加工合同,无论加工费和辅助材料金额是否分别记载,均以辅助材料与加工费的合计数,依照加工承揽合同计税贴花。对委托方提供的主要材料或原料金额不计税贴花。

〔10〕 针对实际借贷活动中不同的借款形式,税法规定了不同的计税方法:(1)凡是一项信贷业务既签订借款合同,又一次或分次填开借据的,只以借款合同所载金额为计税依据计税贴花;凡是只填开借据并作为合同使用的,应以借据所载金额为计科依据计税贴花。(2)借贷双方签订的流动资金周转性借款合同,一般按年(期)签订,规定最高限额,借款人在规定的期限和最高限额内随借随还。这类合同只以其规定的最高额为计税依据在签订时贴花一次,在限额内随借随还不签订新合同的,不再另贴印花。(3)对借款方以财产作抵押,从贷款方取得一定数量抵押贷款的合同,按借款合同贴花;借款方因无力偿还借款而将抵押财产转移给贷款方时,再就双方书立的产权书据,按产权转移书据的有关规定计税贴花。(4)银行及其他金融组织的融资租赁业务签订的融资租赁合同,按合同所载租金总额,暂按借款合同计税。(5)对银团贷款合同,借款方与贷款银团各方应分别在所执的合同正本上,按各自的借款金额计税贴花。(6)在基本建设贷款中,如果按年度用款计划分年签订借款合同,在最后一年按总概算签订借款总合同,且总合同的借款金额包括各个分合同的借款金额的,对这类基建借款合同,应按分合同分别贴花,最后签订的总合同,只就借款总额扣除分合同借款金额后的余额计税贴花。

〔11〕 实收资本,包括现金、实物、无形资产和材料物资。现金按实际收到或存入纳税人开户银行的金额确定。实物指房屋、机器等,按评估确认的价值或者合同、协议约定的价格确定。无形资产和材料物资,按评估确认的价值确定。资本公积,包括接受捐赠、资产重估增值、资本折算差额、资本溢价等。其他账簿的计税依据为应税凭证件数。

额;没有国家牌价的,按市场价格计算金额,然后按规定税率计算应纳税额。

应税凭证所载金额为外国货币的,应按照凭证书立当日国家外汇管理局公布的外汇牌价折合成人民币,然后计算应纳税额。

应税合同在签订时纳税义务即已产生的,无论合同是否兑现或是否按期兑现,均应计算税额并贴花。对已履行并贴花的合同,所载金额与合同履行后实际结算金额不一致的,只要双方未修改合同金额,一般不再办理完税手续。

对有经营收入的事业单位,凡属由国家财政拨付事业经费,实行差额预算管理的单位,其记载经营业务的账簿,按其他账簿定额贴花,不记载经营业务的账簿不贴花;凡属经费来源实行自收自支的单位,应对记载资金的账簿和其他账簿分别计算应纳税额。跨地区经营的分支机构使用的营业账簿,应由各分支机构于其所在地计算贴花。对上级单位核拨资金的分支机构,其记载资金的账簿按核拨的账面资金额计税贴花,其他账簿按定额贴花;对上级单位不核拨资金的分支机构,只就其他账簿按件定额贴花。上级单位记载资金的账簿,应按扣除拨给下属机构资金数额后的剩余部分计税贴花。

商品购销活动中,采用以货换货方式进行商品交易签订的合同,应按合同所载的购、销合计金额计税贴花。合同未列明金额的,应按合同所载购、销数量依照国家牌价或者市场价格计算应纳税额。

施工单位将自己承包的建设项目,分包或者转包给其他施工单位所签订的分包合同或者转包合同,应按新的分包合同或转包合同所载金额计算应纳税额。

对国内各种形式的货物联运,凡在起运地统一结算全程运费的,应以全程运费作为计税依据,由起运地运费结算双方缴纳印花税;凡分程结算运费的,应以分程的运费作为计税依据,分别由办理运费结算的各方缴纳印花税。

根据财税〔2003〕183 号文件,经县级以上政府及企业主管部门批准改制的国有企业,在改制过程中涉及的印花税政策如下:(1)资金账簿的印花税。实行公司制改造的国有企业在改制过程中成立的新企业(重新办理法人登记的),其新启用的资金账簿记载的资金或因企业建立资本纽带关系而增加的资金,凡原已贴花的部分可不再贴花,未贴花的部分和以后新增加的资金按规定贴花。以合并或分立方式成立的新企业,其新启用的资金账簿记载的资金,凡原已贴花的部分可不再贴花,未贴花的部分和以后新增加的资金按规定贴花。企业债权转股权新增加的资金按规定贴花;企业改制中经评估增值的资金按规定贴花;企业其他会计科目记载的资金转为实收资本或资本公积的资金按规定贴花。(2)企业改制前签订但尚未履行完毕的各类应税合同,改制后需要变更执行主体的,对仅改变执行主体、其余条款未作变动且改制前已贴花的,不再贴花。(3)企业因改制签订的产权转移书据免予贴花。(4)股权分置改革过程中因非流通股股东向流通股股东支付对价而发生的股权转让,暂免征收印花税。

根据财税〔2006〕162 号文件,(1)对纳税人以电子形式签订的各类应税凭证按规定征收印花税。(2)对发电厂与电网之间、电网与电网之间(国家电网公司系统、南方电网公司系统内部各级电网互供电量除外)签订的购售电合同按购销合同征收印花税。电网与用户之间签订的供用电合同不属于印花税列举征税的凭证,不征收印花税。(3)对土地使用权出让合同、土地使用权转让合同按产权转移书据征收印花税。(4)对商品房销售合同按照产权转移书据征收印花税。

印花税计税依据确定之后,纳税人的应纳税额,根据应纳税凭证的性质,分别按比例税率或者定额税率计算,其计算公式是:

应纳税额＝应税凭证计税金额(或应税凭证件数)×适用税率

## 五、印花税的减免规定

已缴纳印花税凭证的副本或者抄本免税。副本或者抄本对外不发生权利义务关系,只是留存备查,不征收印花税。以副本或者抄本视同正本使用的,则应另贴印花。

财产所有人将财产赠给政府、社会福利单位、学校所立的书据免税。

国家指定的收购部门与村民委员会、农民个人书立的农副产品收购合同免税。

商业银行按照国家金融政策发放无息、贴息贷款时所书立的合同免税。

外国政府或者国际金融组织向我国政府及国家金融机构提供优惠贷款所书立的合同免税。

房地产管理部门与个人签订的用于生活居住的租赁合同免税。

农业牧业保险合同免税。

军事物资运输凭证、抢险救灾物资运输凭证、新建铁路的工程临管线运输凭证免税。

自2014年11月1日至2017年12月31日,对金融机构与小型、微型企业签订的借款合同免征印花税。

自2017年1月1日起,对因农村集体经济组织以及代行集体经济组织职能的村民委员会、村民小组进行清产核资收回集体资产而签订的产权转移书据,免征印花税。

自2018年5月1日起,对按0.5‰税率贴花的资金账簿减半征收印花税,对按件贴花5元的其他账簿免征印花税。

2019年1月1日至2020年12月31日,对公租房经营管理单位免征建设、管理公租房涉及的印花税。对公租房经营管理单位购买住房作为公租房,免征印花税;对公租房租赁双方免征签订租赁协议涉及的印花税。

## 六、印花税的征收管理

### (一)印花税的纳税方法

1. 自行贴花办法

这种办法适用于应税凭证较少或者贴花次数较少的纳税人。纳税人书立、领受或者使用印花税法列举的应税凭证时,应当根据应纳税凭证的性质和适用的税目税率,自行计算应纳税额,自行购买印花税票,自行一次贴足印花税票并加以注销或划销,纳税义务才算全部履行完毕。纳税人购买了足额的印花税票,但没有在应税凭证上贴花,或者虽然贴花,但是没有注销或划销的,印花税纳税义务不因此消灭。

对已贴花的凭证,修改后所载金额增加的,其增加部分应当补贴印花税票。凡多贴印花税票者,不得申请退税或者抵用。

印花税票为有价证券,其票面金额以人民币为单位,分为1角、2角、5角、1元、2元、5元、10元、50元、100元九种。

经税务机关核准,持有代售许可证的代售户,代售印花税票取得的税款须专户存储,并按照规定的期限,向当地税务机关结报,或者是填开专用缴款书直接向银行缴纳,不得逾期不缴或者挪作他用。代售户领存的印花税票及所售印花税票的税款,如有损失,应负责赔偿。

2. 汇贴或汇缴办法

这种办法一般适用于应纳税额较大或者贴花次数频繁的纳税人。

一份凭证应纳税额超过500元的,应向当地税务机关申请填写缴款书或者完税证,将其中一联粘贴在凭证上或者由税务机关在凭证上加注完税标记代替贴花。这就是通常所说的汇贴办法。

同一种类应纳税凭证,须频繁贴花的,纳税人可以根据实际情况自行决定是否采用按期汇总缴纳印花税的方式,汇总缴纳的期限为1个月。采用按期汇总缴纳方式的纳税人应事先告知主管税务机关。缴纳方式一经选定,1年内不得改变。

3. 委托代征办法

这一办法主要是通过税务机关的委托,经由发放或者办理应纳税凭证的单位代为征收印花税税款。税务机关应与代征单位签订代征委托书。所谓发放或者办理应纳税凭证的单位,是指发放权利、许可证照的单位和办理凭证的鉴证、公证及其他有关事项的单位。例如,工商行政管理机关核对核发各类营业执照和商标注册证的同时,负责代售印花税票,征收印花税税款,并监督领受单位或个人负责贴花。

### (二)印花税的纳税环节

印花税应当在书立或领受应税凭证时贴花。具体是指在合同签订时、账簿启用时或权利、许可证照领受时贴花。如果合同是在国外签订,并且不便在国外贴花的,应在将合同带入境时办理贴花纳税手续。

### (三)印花税的纳税地点

印花税一般实行就地纳税。对于全国性商品物资订货会(包括展销会、交易会等)上所签订合同应纳的印花税,由纳税人回其所在地后及时办理贴花完税手续;对地方主办、不涉及省际关系的订货会、展销会上所签合同的印花税,其纳税地点由各省、自治区、直辖市政府自行确定。

### (四)核定征收印花税

根据《税收征收管理法》第35条的规定和印花税的税源特征,纳税人有下列情形的,税务机关可以核定纳税人印花税的计税依据:(1)未按规定建立印花税应税凭证登记簿,或未如实登记和完整保存应税凭证的;(2)拒不提供应税凭证或不如实提供应税凭证致使计税依据明显偏低的;(3)采用按期汇总缴纳办法的,未按税务机关规定的期限报送汇总缴纳印花税情况报告,经税务机关责令限期报告,逾期仍不报告的,或者税务机关在检查中发现纳税人有未按规定汇总缴纳印花税情况的。

税务机关核定征收印花税时,应向纳税人发放核定征收印花税通知书,注明核定征收的计税依据和规定的税款缴纳期限。

税务机关核定征收印花税时,应根据纳税人的实际生产经营收入,参考纳税人各期印花税纳税情况及同行业合同签订情况,确定科学合理的数额或比例作为纳税人印花税计税依据。

# 第十章 环境与资源税法

## 第一节 环境与资源税法概述

### 一、环境与资源税的概念与特点

环境与资源税,也有学者称“生态税”、[1]“环境税”[2]或者“绿色税”,[3]是国家为了保护资源和环境、实现可持续发展,对开发、利用资源环境的单位和个人,按照其开发、利用自然资源的数量、价值或污染、破坏资源环境的程度征收的一类税。

目前学界对于环境与资源税的概念并没有形成统一意见,究其根本是因为环境与资源税的内涵与外延本身还处于随着社会经济的发展而变迁中。综观环境与资源税的概念,可以将其大致划分为三个层次:狭义上的环境与资源税,主要是指对开发、利用资源及破坏、污染环境所征收的专门税种,如环境保护税、资源税;中观层面的环境与资源税,除了狭义上的环境与资源税外,还包括了以保持和维护生态安全、生态系统平衡为目标的税种,如碳税、气候变化税;广义上的环境与资源税,包括一切基于环境保护、资源合理利用等目的而征收的税种或者税收措施,如增值税、所得税等税种中对环境保护所实施的优惠措施,消费税中对成品油、小汽车的征税,就目的上而言,均可纳入广义的环境与资源税中。教材所讨论的环境与资源税主要是基于中观层面理解的,也就是专门性环境与资源税,在我国目前的税制体系中主要包括环境保护税、资源税和耕地占用税。

环境与资源税的主要特点有:

第一,环境与资源税具有特定目的。征收环境与资源税的主要目的是保护生态环境,防止环境污染,促使合理利用资源。

第二,环境与资源税大都实行差别税率。环境与资源税多结合地域、资源质量等因素,实行差别税率。这体现在税收制度上,即中央立法机关规定税率范围,地方立法机关或者地方政府根据本地实际情况确定具体的适用税率。

第三,环境与资源税征税范围有限。环境与资源税并非对任何造成环境破坏、污染或者开发、利用的各种资源都征税,而是只有选择性地对其中部分征收环境与资源税。

---

〔1〕 陈少英:《生态税法论》,北京大学出版社 2008 年版。

〔2〕 丛中笑:《环境税论略》,载《当代法学》2006 年第 6 期。

〔3〕 王金霞:《绿色税收》,中国环境出版社 2017 年版。

第四,环境与资源税与相关收费关系密切。环境与资源税的理论基础较一般税种有别,其在税与费的区分上更显困难,在实践中,税与费往往会并行或交替存在。如我国在开征资源税的同时,也存在矿产管理费、矿山专项维护费、水资源补偿费等收费项目,环境保护税也是由排污费改革而来。

第五,环境与资源税征管往往需要其他部门协同。环境与资源税的税制设计会涉及环境与资源专业技术,需要专业的政府部门,如环境保护部门、水利部门、国土资源管理部门等,与税务机关分工负责、互相配合、共同征管,才能提高环境与资源税的征管效率。

## 二、环境与资源税的理论基础

环境与资源税的出现时间并不长,理论上的研究源于20世纪20年代,主要代表人物为英国经济学家庇古。

第一,外部性理论与“庇古税”。庇古在其1920年出版的《福利经济学》中提出了“庇古税”思想。在环境资源领域,市场配置失灵的原因是生产经营者并不会自觉地将生态环境成本纳入私人成本之中,相反,无偿接受环境资源,向环境排污则被认为是理所当然的。即环境资源利用具有外部性。为此,庇古提出,资源最优配置的条件是私人成本与利益和相应的社会成本与利益相等,而这不可能单靠市场完成,需要政府通过征税的方式来实现,使税收等于私人厂商污染所造成的边际社会损失。此后,庇古的思想被其他经济学家所修正和发展,外部性理论也成为环境资源税的重要理论基础。

第二,环境资源的价值属性。环境资源的价值属性是征收环境税收的前提条件。环境资源作为一种特殊的商品,其经济价值毋庸置疑,除此之外,环境资源还具有生态价值和社会价值,此类价值多体现在信息和服务功能上,如森林提供的水土保持、净化空气等价值,自然景观、珍稀物种的观赏价值;等等。这些价值无法简单地用货币形式衡量,不能在市场上进行交换,但却非常重要,极有必要将其纳入成本要素之中,使其与其他生产要素一样,享受环境资源服务就应当支付对价。同时,基于环境资源的所有权归属,政府有权代表国家行使环境资源的产权,对开发、利用资源,破坏、污染环境的行为征收合适的税费,作为服务对价。

第三,环境资源的公共物品属性。环境资源具有非排他性、非竞争性、共同受益性等公共物品特性,也使无论是对环境资源的开发利用,还是对环境的保护与治理,都无法完全依靠市场配置,进而导致“公地悲剧”的发生,也引致“搭便车”现象的出现。为此,需要国家出面,为人们提供美好的环境、便利高效的资源等公共物品,需要国家投入相应的财政资金,征收环境与资源税就是其中重要资金来源。另外,征收环境与资源税也能规制滥用环境资源、“免费搭便车”的行为。

第四,可持续发展理论。1987年以挪威前首相布伦特兰夫人为首的世界环境与发展委员会发表的报告《我们共同的未来》中正式提出可持续发展理论,即“既满足当代人的需求,又不妨碍后代人满足其需求发展的能力”。可持续发展理论强调发展与环境的平衡,要在保护生态环境的基础上实现经济发展和社会公平。此后,可持续发展理论不断渗透,包括法律政策也需要符合可持续发展理论,税法自然也不例外。为此,以欧盟为先,各国各地区都纷纷进行“税收绿化”运动,环境与资源税愈发受到各国重视,逐渐从零散、琐碎的状态发展成为一个相对独立的税收体系。

### 三、环境与资源税的立法沿革

环境与资源税的形成,与环境污染、资源短缺现象的日益严重有关,也与环境保护、资源节约理念的兴起密切相关。20 世纪 70 年代,欧洲各国纷纷开始对环境污染收费,如荷兰在 1970 年开始征收废水排污费和居民生活垃圾处置费,到 20 世纪 80 年代初,法国、德国也相继出台排污收费制度。这个阶段的环境与资源税费主要是以收费形式存在的,其产生主要是基于“污染者承担”的原则,并且规制的范围非常狭窄。

进入 20 世纪 80 年代中期,人们对美好的自然环境的需求日益旺盛,而各国陆续出现严重的环境污染与生态破坏事件,推动了环境保护立法,也加快了环境与资源税的立法进程,环境与资源税的征收范围不断扩大,新设的专门税种也在不同国家开始涌现。如 1985 年法国开始征收硫税,1986 年丹麦开征填埋和焚烧垃圾税,1990 年以后北欧国家陆续引入二氧化碳税,美国则从 1987 年开始引入一氧化硫税,陆续出台相关环境与资源税收,形成了包括氯氟烃税、开采税、固体废物处理税、二氧化硫税等税种的环境与资源税体系。比利时 1993 年通过的《生态税法》中规定了一系列生态税,适用于饮料包装、可处理的剃刀和照相机、农药、纸张及电池等产品。英国则自 1996 年开始对居民征收垃圾填埋税,自 2001 年起向特定能源供应者开征气候变化税。

我国在改革开放之前,环境与资源税专门立法几乎空白,一来是因为主要的着力点在于恢复和发展经济,二来当时的税收制度较为单一,专门的环境与资源税缺乏现实土壤。

改革开放之后,随着环境资源问题越来越突出,人民的环保意识觉醒,环境保护立法逐步推开,环境与资源税也逐渐提上日程。如 1979 年通过的《环境保护法(试行)》规定了排污费制度;1984 年国务院发布《资源税暂行条例(草案)》,对原油、天然气、煤炭三种资源课税;1986 年《矿产资源法》规定对矿产资源实行有偿开采,并且必须按照规定缴纳资源税和资源补偿费;1987 年《耕地占用税暂行条例》颁布,以限制非农业建设用地,保护耕地资源。

此后,作为 1994 年税制改革的一部分,国务院出台《资源税暂行条例》,扩大征税范围,实行普遍征收、级差调节,并从 2010 年开始,对资源税进行从价计征改革。

2013 年 11 月,中共中央《关于全面深化改革若干重大问题的决定》中明确指出,“加快资源税改革,推动环境保护费改税”,为新时期环境与资源税的改革奠定了基调。自此,环境与资源税的改革进入快速道。2016 年 12 月 25 日,全国人大常委会审议通过《环境保护税法》,2018 年 12 月 29 日通过《耕地占用税法》。2018 年 12 月,《资源税法》也进入全国人大常委会审议阶段。环境与资源税的税收法定落实工作卓有成效。

但是与此同时我们也注意到,我国目前的环境与资源税制存在不少的不足,如征税范围较窄,碳税尚未开征;资源税与环境保护税的征税范围有限;征收税率偏低,无法真正起到调节行为,保护环境,合理利用资源的目的,也无法征收到足量的税收用于污染治理和资源高效利用。随着美丽中国建设的深入,环境与资源税在我国税制体系中的地位应该会不断强化,环境与资源税的制度内容也需要加以调整,以适应人们对环境美好的追求和对资源合理利用的需求。

## 第二节　环境保护税法

### 一、我国环境保护税法概述

环境保护税,是对在我国领域内直接向环境排放污染物所征收的税种。我国现行环境保护税的法律依据是2016年12月25日全国人大常委会审议通过的《环境保护税法》。从内容来看,环境保护税是由排污费改革而来,遵循"税负平移"原则。

我国排污费制度最早规定于1979年9月13日颁布的《环境保护法(试行)》中,该法第18条第3款规定:"超过国家规定的标准排放污染物,要按照排放污染物的数量和浓度,根据规定收取排污费。"此后,全国人大常委会分别于1984年5月21日颁布《水污染防治法》、1987年9月5日通过《大气污染防治法》、1995年10月30日颁布《固体废物污染环境防治法》、1996年10月29日通过《环境噪声污染防治法》、1999年12月25日修订通过《海洋环境保护法》,对相关污染行为都规定了排污费制度,区别在于,有的法律规定的是超标排污费,有的则是排污即收费。

1982年2月5日,国务院依据《环境保护法(试行)》发布《征收排污费暂行办法》,对排污费的征收标准予以细化,强化征管。1996年国务院发布《关于环境保护若干问题的决定》(国发〔1996〕31号),要求按照"排污费高于污染治理成本"的原则,提高排污费征收标准,促使排污单位积极治理污染。对排污费、罚没收入实行"收支两条线"管理,按规定使用,不得挪用、截留。此后,2003年1月2日,国务院公布《排污费征收使用管理条例》,同时废止了《征收排污费暂行办法》。2003年2月28日,为配套实施,国家发改委、财政部、环保总局等部门联合发布《排污费征收标准管理办法》。此次暂行办法及其配套措施,对排污收费制度进行了重大改革,将排污收费由原来的超标收费改为排污即收费和超标收费并行;按照污染要素的不同,将排污收费由原来的单因子收费改为多因子收费。此后,排污费制度随着环境保护相关法律制度的修订有所调整,但是变化不大,直至2007年开始研究环境税。

2011年3月14日,全国人大通过《国民经济和社会发展第十二个五年规划纲要》,明确提出"积极推进环境税费改革,选择防治任务繁重、技术标准成熟的税目开征环境保护税,逐步扩大征收范围"。正式在中央文件中提出了环境税费改革的要求,此后环境税费的关注重点从排污费转向了环境保护税。

2011年10月21日,国务院发布《关于加强环境保护重点工作的意见》,提出实施有利于环境保护的经济政策,积极推进环境税费改革,研究开征环境保护税。2014年《环境保护法》修订,明确规定“依照法律规定征收环境保护税的,不再征收排污费”,为《环境保护税法》的出台提供了法律依据。2015 年 6 月 10 日,国务院法制办公室对《环境保护税法(征求意见稿)》公开征求意见。2016 年 12 月 25 日,全国人大常委会表决通过《环境保护税法》,并于 2018 年 1 月 1 日起正式施行。2017 年 12 月 30 日,国务院据此颁布《环境保护税法实施条例》,同时废止了《排污费征收使用管理条例》。

## 二、环境保护税的纳税人、税目及税率

在我国领域和我国管辖的其他海域,直接向环境排放应税污染物的企业事业单位和其他生产经营者,为环境保护税的纳税人,不包括个人。应税污染物是指《环境保护税法》所附《环境保护税税目税额表》《应税污染物和当量值表》规定的大气污染物、水污染物、固体废物和噪声。

有下列情形之一的,不属于直接向环境排放污染物,不缴纳相应污染物的环境保护税:(1)企业事业单位和其他生产经营者向依法设立的污水集中处理、生活垃圾集中处理场所排放应税污染物的;(2)企业事业单位和其他生产经营者在符合国家和地方环境保护标准的设施、场所贮存或者处置固体废物的。

依法设立的城乡污水集中处理、生活垃圾集中处理场所超过国家和地方规定的排放标准向环境排放应税污染物的,应当缴纳环境保护税。其中城乡污水集中处理场所,是指为社会公众提供生活污水处理服务的场所,不包括为工业园区、开发区等工业聚集区域内的企业事业单位和其他生产经营者提供污水处理服务的场所,以及企业事业单位和其他生产经营者自建自用的污水处理场所。

企业事业单位和其他生产经营者贮存或者处置固体废物不符合国家和地方环境保护标准的,应当缴纳环境保护税。达到省级人民政府确定的规模标准并且有污染物排放口的畜禽养殖场,应当依法缴纳环境保护税;依法对畜禽养殖废弃物进行综合利用和无害化处理的,不属于直接向环境排放污染物,不缴纳环境保护税。

环境保护税的税目、税额,依照《环境保护税税目税额表》执行(见表 1)。应税大气污染物和水污染物的具体适用税额的确定和调整,由省、自治区、直辖市政府统筹考虑本地区环境承载能力、污染物排放现状和经济社会生态发展目标要求,在表 1 规定的税额幅度内提出,报同级人大常委会决定,并报全国人大常委会和国务院备案。

燃烧产生废气中的颗粒物,按照烟尘征收环境保护税。排放的扬尘、工业粉尘等颗粒物,除可以确定为烟尘、石棉尘、玻璃棉尘、炭黑尘的外,按照一般性粉尘征收环境保护税。

**表 1　环境保护税税目税额表**

| 税目 | 计税单位 | 税额 | 备注 |
|---|---|---|---|
| **大气污染物** | 每污染当量 | 1.2～12 元 | — |
| **水污染物** | 每污染当量 | 1.4～14 元 | — |

续表

<table>
<tr><th colspan="2">税目</th><th>计税单位</th><th>税额</th><th>备注</th></tr>
<tr><td rowspan="4">固体废物</td><td>煤矸石</td><td>每吨</td><td>5 元</td><td rowspan="4">—</td></tr>
<tr><td>尾矿</td><td>每吨</td><td>15 元</td></tr>
<tr><td>危险废物</td><td>每吨</td><td>1000 元</td></tr>
<tr><td>冶炼渣、粉煤灰、其他固体废物(含半固体、液态废物)</td><td>每吨</td><td>25 元</td></tr>
<tr><td rowspan="6">噪声</td><td rowspan="6">工业噪声</td><td>超过 1~3 分贝</td><td>每月 350 元</td><td rowspan="6">1. 一个单位边界上有多处噪声超标,根据最高一处超标升级计算应纳税额;当沿边界长度超过 100 米有两处以上噪声超标,按照两个单位计算应纳税额<br>2. 一个单位有不同地点作业场所的,应当分别计算应纳税额,合并计征<br>3. 昼、夜均超标的环境噪声,昼、夜分别计算应纳税额,累计计征<br>4. 声源一个月内超标不足 15 天的,减半计算应纳税额<br>5. 夜间频繁突发和夜间偶然突发厂界超标噪声,按等效声级和峰值噪声两种指标中超标分贝值高的一项计算应纳税额</td></tr>
<tr><td>超过 4~6 分贝</td><td>每月 700 元</td></tr>
<tr><td>超过 7~9 分贝</td><td>每月 1400 元</td></tr>
<tr><td>超过 10~12 分贝</td><td>每月 2800 元</td></tr>
<tr><td>超过 13~15 分贝</td><td>每月 5600 元</td></tr>
<tr><td>超过 16 分贝以上</td><td>每月 11200 元</td></tr>
</table>

## 三、环境保护税的计税依据

根据《环境保护税法》第 7 条,应税污染物的计税依据,按照下列方法确定:(1)应税大气污染物按照污染物排放量折合的污染当量数确定;(2)应税水污染物按照污染物排放量折合的污染当量数确定;(3)应税固体废物按照固体废物的排放量确定;(4)应税噪声按照超过国家规定标准的分贝数确定。

应税大气污染物、水污染物、固体废物的排放量和噪声的分贝数,按照下列方法和顺序计算:(1)纳税人安装使用符合国家规定和监测规范的污染物自动监测设备的,按照污染物自动监测数据计算;(2)纳税人未安装使用污染物自动监测设备的,按照监测机构出具的符合国家有关规定和监测规范的监测数据计算;(3)因排放污染物种类多等原因不具备监测条件的,按照国务院生态环境主管部门规定的排污系数、物料衡算方法计算;(4)不能按照第(1)项至第(3)项规定的方法计算的,按照省、自治区、直辖市政府生态环境主管部门规定的抽样测算方法核定计算。

应税大气污染物、水污染物的污染当量数,以该污染物的排放量除以该污染物的污染当量值计算。每种应税大气污染物、水污染物的具体污染当量值,依照《应税污染物和当量值表》执行。每一排放口或者没有排放口的应税大气污染物,按照污染当量数从大到小排序,对前三项污染物征收环境保护税。每一排放口的应税水污染物,按照该表,区分第一类水污染物和其他类水污染物,按照污染当量数从大到小排序,对第一类水污染物按照前五项征收环境保护税,对其他类水污染物按照前三项征收环境保护税。

省、自治区、直辖市人民政府根据本地区污染物减排的特殊需要,可以增加同一排放口征收环境保护税的应税污染物项目数,报同级人大常委会决定,并报全国人大常委会和国务院备案。

纳税人有下列情形之一的,以当期应税大气污染物、水污染物的产生量作为污染物的排放量:(1)未依法安装使用污染物自动监测设备或者未将污染物自动监测设备与环境保护主管部门的监控设备联网;(2)损毁或者擅自移动、改变污染物自动监测设备;(3)篡改、伪造污染物监测数据;(4)通过暗管、渗井、渗坑、灌注或者稀释排放以及不正常运行防治污染设施等方式违法排放应税污染物;(5)进行虚假纳税申报。

应税固体废物的计税依据,按照固体废物的排放量确定。固体废物的排放量为当期应税固体废物的产生量减去当期应税固体废物的贮存量、处置量、综合利用量的余额。纳税人有下列情形之一的,以其当期应税固体废物的产生量作为固体废物的排放量:(1)非法倾倒应税固体废物;(2)进行虚假纳税申报。

从两个以上排放口排放应税污染物的,对每一排放口排放的应税污染物分别计算征收环境保护税;纳税人持有排污许可证的,其污染物排放口按照排污许可证载明的污染物排放口确定。

环境保护税应纳税额按照下列方法计算:(1)应税大气污染物的应纳税额为污染当量数乘以具体适用税额。(2)应税水污染物的应纳税额为污染当量数乘以具体适用税额。(3)应税固体废物的应纳税额为固体废物排放量乘以具体适用税额。(4)应税噪声的应纳税额为超过国家规定标准的分贝数对应的具体适用税额。

### 四、环境保护税的减免措施

下列情形,暂予免征环境保护税:(1)农业生产(不包括规模化养殖)排放应税污染物的;(2)机动车、铁路机车、非道路移动机械、船舶和航空器等流动污染源排放应税污染物的;(3)依法设立的城乡污水集中处理、生活垃圾集中处理场所排放相应应税污染物,不超过国家和地方规定的排放标准的;(4)纳税人综合利用的固体废物,符合国家和地方环境保护标准的;(5)国务院批准免税的其他情形。本项免税规定,由国务院报全国人大常委会备案。

依法设立的生活垃圾焚烧发电厂、生活垃圾填埋场、生活垃圾堆肥厂,属于生活垃圾集中处理场所,其排放应税污染物不超过国家和地方规定的排放标准的,依法予以免征环境保护税。

纳税人排放应税大气污染物或者水污染物的浓度值低于国家和地方规定的污染物排放标准30%的,减按75%征收环境保护税。纳税人排放应税大气污染物或者水污染物的浓度值低于国家和地方规定的污染物排放标准50%的,减按50%征收环境保护税。浓度值,是指纳税人安装使用的污染物自动监测设备当月自动监测的应税大气污染物浓度值的小时平均值再平均所得数值或者应税水污染物浓度值的日平均值再平均所得数值,或者监测机构当月监测的应税大气污染物、水污染物浓度值的平均值。

减征环境保护税的，应当对每一排放口排放的不同应税污染物分别计算。

## 五、环境保护税的征管

环境保护税涉及专业的污染物排放数据的监测，因而在环境保护税的征管中强调税务机关与环境保护部门之间的分工配合。《环境保护税法》规定，环境保护税由税务机关征收管理，生态环境主管部门依照本法和有关环境保护法律法规的规定负责对污染物的监测管理。县级以上地方政府应当建立税务机关、生态环境主管部门和其他相关单位分工协作工作机制，加强环境保护税征收管理，保障税款及时足额入库。

为实现这个目标，《环境保护税法》要求，生态环境主管部门和税务机关应当建立涉税信息共享平台和工作配合机制。[4] 生态环境主管部门应当将排污单位的排污许可、污染物排放数据、环境违法和受行政处罚情况等环境保护相关信息，定期交送税务机关。税务机关应当将纳税人的纳税申报、税款入库、减免税额、欠缴税款以及风险疑点等环境保护税涉税信息，定期交送生态环境主管部门。

纳税人应当向应税污染物排放地的税务机关申报缴纳环境保护税。应税污染物排放地是指：(1)应税大气污染物、水污染物排放口所在地；(2)应税固体废物产生地；(3)应税噪声产生地。纳税人跨区域排放应税污染物，税务机关对税收征收管辖有争议的，由争议各方按照有利于征收管理的原则协商解决；不能协商一致的，报请共同的上级税务机关决定。

环境保护税的纳税义务发生时间为纳税人排放应税污染物的当日。环境保护税按月计算，按季申报缴纳。不能按固定期限计算缴纳的，可以按次申报缴纳。纳税人按季申报缴纳的，应当自季度终了之日起 15 日内，向税务机关办理纳税申报并缴纳税款。纳税人按次申报缴纳的，应当自纳税义务发生之日起 15 日内，向税务机关办理纳税申报并缴纳税款。

税务机关应当将纳税人的纳税申报数据资料与生态环境主管部门交送的相关数据资料进行比对。税务机关发现纳税人的纳税申报数据资料异常或者纳税人未按照规定期限办理纳税申报的，可以提请生态环境主管部门进行复核，生态环境主管部门应当自收到税务机关的数据资料之日起 15 日内向税务机关出具复核意见。税务机关应当按照生态环境主管部门复核的数据资料调整纳税人的应纳税额。

---

〔4〕 关于涉税信息共享平台的相关制度内容，可以参见《环境保护税法实施条例》第 14 ~ 16 条。

## 第三节 资源税法

### 一、我国资源税概述及改革进程

从理论上说,资源税是国家对开发、利用其境内资源的单位和个人就其所开发、利用资源的数量或价值征收的一种税。所谓资源,是指自然存在的、能够为人类所利用的物质财富。资源的范围很广,土地、矿产、森林、草原、海洋、水力等,都是人类可以利用的资源。随着科学技术的进步,人类开发和利用资源的广度和深度也在不断提高。尽管如此,资源税的征税范围非常有限,它并不是对所有资源征税,而是仅仅选择某些特殊资源作为征税对象,并通过列举的方式加以规定。因此,资源税是对从事应税资源开发利用的单位和个人,就其所开发利用的资源数量或价值征收的一种税。

资源税按其性质,可以分为一般资源税和级差资源税两大类。一般资源税对使用某种自然资源的单位和个人就其资源的数量或价值而征收,不考虑其所使用资源的贫富状况和开采条件,也不考虑其因开发利用资源所取得收入的多少。级差资源税按资源的级差收入分别征税,纳税人应纳税额的多少同其所使用资源的贫富状况和开采利用条件有关。我国现行资源税,是对在中国境内开采应税矿产品和生产盐的单位和个人,就其因资源形成和开发条件的差异而形成的级差收入所征收的一种税。

新中国成立之初,我国就在《全国税政实施要则》中规定对盐的生产、运销征收盐税。1973 年,盐税被并入工商税之中。1984 年 9 月 18 日,国务院发布《资源税暂行条例(草案)》,对原油、天然气、煤炭三种资源课税,并自该年 10 月 1 日起实施。该条例以企业销售利润为参照,按超额累进率计算应纳税额,即企业利润增加,税负也随之增加;利润减少,税负也随之减少。这样做容易挫伤企业的生产经营积极性,甚至会促使企业人为地降低利润率。为此,财政部于 1986 年将资源税超额累进计征办法改为从量定额计征方式。1994 年税制改革时,根据“普遍征收、级差调节”的原则,我国对资源税又进行了调整和改革,资源税的征收范围有所扩大,单位税额也被适当提高,此外,盐税被并入资源税,作为资源税中的一个税目,原资源税和盐税的有关法规同时废止。2010 年以来,新一轮资源税改革启动,大方向就是由从量计征改为从价计征。当年 6 月 1 日,财政部印发《新疆原油天然气资源税改革若干问题的规定》,率先在新疆实行原油、天然气资源税从价计征,税率为5%。但是,这次改革并没有将煤炭资源税纳入其中。同年 12 月 1 日,资源税改革试点扩大到内蒙古、甘肃、四川、青海、贵州、宁夏等 12 个西部省和自治区,煤炭资源税改革仍然缺席。2011 年 10 月 10 日,国务院正式决定修改《资源税暂行条例》,并于 2011 年 11 月 1 日执行。焦煤资源税率得以提高,达到 8~20 元/吨,其他煤种仍维持 0.3~5 元/吨,但煤炭资源税依然为从量计征。同时,国务院修改《对外合作开采海洋石油资源条例》和

《对外合作开采陆上石油资源条例》,明确了对外合作开采海洋和陆上油气资源不再缴纳矿区使用费,统一缴纳资源税。中共中央十八届三中全会决定及《深化财税体制改革总体方案》提出加快煤炭资源税改革,推进资源税从价计征改革。在这一背景下,2014 年 10 月,财政部和国家税务总局发布《关于实施煤炭资源税改革的通知》(财税〔2014〕72 号),将从价计征资源税改革推广到煤炭领域,税率幅度为 2% ~10%。与此同时,财税〔2014〕73 号文以及财税〔2014〕74 号文,将原油、天然气资源税适用税率由原先的 5% 提高至 6%。2015 年 4 月,财政部、国家税务总局颁布《关于实施稀土、钨、钼资源税从价计征改革的通知》(财税〔2015〕52 号),资源税改革进一步拓展到稀土、钨、钼三类资源,对这三类资源实行从价定率计征,并调整相关税率。

2016 年 5 月 9 日,财政部、国家税务总局发布《全面推进资源税改革的通知》,提出全面资源税改革的总体要求和具体内容,包括扩大资源税征收范围、实施矿产资源税从价计征改革、全面清理涉及矿产资源的收费基金、合理确定资源税税率水平、加强矿产资源税收优惠政策管理,提高资源综合利用效率、调整资源税收入分配体制及经费保障等。与此同时,财政部、国家税务总局、水利部发布《水资源税改革试点暂行办法》,决定自 2016 年 7 月 1 日起在河北省实施水资源税改革试点。2017 年 12 月 1 日,水资源税的改革试点范围被扩大到北京、天津、山西、内蒙古、山东、河南、四川、陕西、宁夏共 9 个省市及自治区。2018 年 3 月 30 日,为了范资源税征收管理,优化纳税服务,防范涉税风险,国家税务总局出台《资源税征收管理规程》,自 2018 年 7 月 1 日起施行。

2018 年 12 月 23 日,《资源税法(草案)》提请全国人大常委会审议,意味着资源税的税收法定落实工作已经步入最后冲刺阶段。本次资源税立法将按照税制平移的思路,保持现行税制框架和税负水平总体不变,同时对相关征税事项作相应调整。

## 二、资源税的纳税人及税目、税率

在我国领域及管辖海域开采本条例规定的矿产品或者生产盐(以下简称开采或者生产应税产品)的单位和个人为资源税的纳税人。

资源税的税目、税率,依照《资源税税目税率表》(见表 2)及财政部的有关规定执行。税目、税率的部分调整,由国务院决定。纳税人具体适用的税率,在该表规定的税率幅度内,根据纳税人所开采或者生产应税产品的资源品种、开采条件等情况,由财政部和国务院有关部门确定;财政部未列举名称且未确定具体适用税率的其他非金属矿原矿和有色金属矿原矿,由省、自治区、直辖市政府根据实际情况确定,报财政部和国家税务总局备案。

表 2 资源税税目税率表

| 税目 | | 税率 |
|---|---|---|
| 一、原油 | | 6% |
| 二、天然气 | | 6% |
| 三、煤炭 | | 2% ~10% |

续表

| 税目 | | 税率 |
|---|---|---|
| 四、非金属矿 | 非金属矿 | 1% ~12%,视具体税目而定 |
| | 黏土、砂石 | 每吨或立方米0.1~5元 |
| | 未列举名称的其他金属原矿 | 从量税率每吨或立方米不超过30元;<br>从价税率不超过20% |
| 五、金属矿 | 稀土矿 | 7.5% ~27%,视不同地区、不同类型稀土而定 |
| | 钨矿石 | 6.5% |
| | 钼矿石 | 11% |
| | 其他金属矿 | 1% ~9%,视具体税目而定 |
| | 未列举名称的其他金属矿 | 税率不超过20% |
| 六、盐 | 井矿盐(氯化钠初级产品) | 1% ~6% |
| | 湖盐(氯化钠初级产品) | 1% ~6% |
| | 提取地下卤水晒制的盐(氯化钠初级产品) | 3% ~15% |
| | 海盐(氯化钠初级产品) | 1% ~5% |

注:参见《关于实施煤炭资源税改革的通知》(财税〔2014〕72号)、《关于实施稀土、钨、钼资源税从价计征改革的通知》(财税〔2015〕52号)及《全面推进资源税改革的通知》(财税〔2016〕53号)等。相关具体税目、征税对象名称及其具体税率,请参见上述规范性文件。

## 三、资源税的计税依据

资源税的应纳税额,按照从价定率或者从量定额的办法,分别以应税产品的销售额乘以纳税人具体适用的比例税率或者以应税产品的销售数量乘以纳税人具体适用的定额税率计算。全面推进资源税改革的背景下,资源税应纳税额主要采取从价定率方式,具体参见上述表格。

纳税人开采或者生产不同税目应税产品的,应当分别核算不同税目应税产品的销售额或者销售数量;未分别核算或者不能准确提供不同税目应税产品的销售额或者销售数量的,从高适用税率。

纳税人开采或者生产应税产品,自用于连续生产应税产品的,不缴纳资源税;自用于其他方面的,视同销售,依照本条例缴纳资源税。

纳税人与其关联企业之间的业务往来,应当按照独立企业之间的业务往来收取或支付价款、费用;不按照独立企业之间的业务往来收取或支付价款、费用,而减少其应纳税收入的,税务机关有权按照《税收征收管理法》及其实施细则的有关规定进行合理调整。

纳税人申报的应税产品销售额明显偏低并且无正当理由的、有视同销售应税产品行为而无销售额的,除财政部、国家税务总局另有规定外,按下列顺序确定销售额:(1)按纳税人最近时期同类产品的平均销售价格确定;(2)按其他纳税人最近时期同类产品的平均销售价格确定;(3)按组成计税价格确定。组成计税价格为:

组成计税价格 = 成本 ×（1 + 成本利润率）÷（1 − 税率）

公式中的成本是指应税产品的实际生产成本，成本利润率由省、自治区、直辖市税务机关确定。

## 四、资源税的减免措施

按照《资源税暂行条例》，有下列情形之一的，减征或者免征资源税：(1)开采原油过程中用于加热、修井的原油，免税；(2)纳税人开采或者生产应税产品过程中，因意外事故或者自然灾害等原因遭受重大损失的，由省、自治区、直辖市政府酌情决定减税或者免税；(3)国务院规定的其他减税、免税项目。

纳税人的减税、免税项目，应当单独核算销售额或者销售数量；未单独核算或者不能准确提供销售额或者销售数量的，不予减税或者免税。

此外，财政部、国家税务总局在资源税改革过程中发布的规范性文件，也有对各类资源税规定诸多的税收优惠措施。如对稠油、高凝油和高含硫天然气资源税减征 40%，对深水油气田资源税减征 30%，自 2018 年 4 月 1 日至 2021 年 3 月 31 日，对页岩气资源税(按 6% 的规定税率)减征 30%；等等。

## 五、资源税的征收管理

资源税属于中央和地方共享税，海洋石油资源税收入作为中央财政收入，其余资源税收入作为地方财政收入。资源税由应税资源产品的开采或生产所在地的税务机关负责征收管理。纳税人在本省、自治区、直辖市范围内开采或者生产应税产品，其纳税地点需要调整的，由省、自治区、直辖市税务机关决定。

纳税人销售应税产品，纳税义务发生时间为收讫销售款或者取得索取销售款凭据的当天；自产自用应税产品，纳税义务发生时间为移送使用的当天。收购未税矿产品的单位为资源税的扣缴义务人。

纳税人的纳税期限为 1 日、3 日、5 日、10 日、15 日或者 1 个月，由主管税务机关根据实际情况具体核定。不能按固定期限计算纳税的，可以按次计算纳税。纳税人以 1 个月为一期纳税的，自期满之日起 10 日内申报纳税；以 1 日、3 日、5 日、10 日或者 15 日为一期纳税的，自期满之日起 5 日内预缴税款，于次月 1 日起 10 日内申报纳税并结清上月税款。扣缴义务人的解缴税款期限，比照上述规定执行。

## 六、水资源税试点

资源税扩围是资源税改革的主要内容，其中水资源税试点又是改革“排头兵”。自 2016 年 7 月 1 日起，河北省实施水资源税改革试点工作，自 2017 年 12 月 1 日起在北京、天津、山西、内蒙古、山东、河南、四川、陕西、宁夏共 9 个省(自治区、直辖市)扩大水资源税改革试点。

### (一)水资源税纳税人、征税范围

根据《水资源税改革试点暂行办法》及《扩大水资源税改革试点实施办法》，利用取水工程或者设施直接从江河、湖泊(含水库)和地下取用地表水、地下水的单位和个人,为水资源税纳税人。

水资源税的征税对象为地表水和地下水。地表水是陆地表面上动态水和静态水的总称,包括江、河、湖泊(含水库)、雪山融水等水资源。地下水是埋藏在地表以下各种形式的水资源。

下列情形,不缴纳水资源税:(1)农村集体经济组织及其成员从本集体经济组织的水塘、水库中取用水的;(2)家庭生活和零星散养、圈养畜禽饮用等少量取用水的;(3)水利工程管理单位为配置或者调度水资源取用水的;(4)为保障矿井等地下工程施工安全和生产安全必须进行临时应急取用(排)水的;(5)为消除对公共安全或者公共利益的危害临时应急取用水的;(6)为农业抗旱和维护生态与环境必须临时应急取用水的。

### (二)水资源税计税依据

水资源税实行从量计征。应纳税额计算公式:

应纳税额 = 取水口所在地税额标准 × 实际取用水量

水力发电和火力发电贯流式(不含循环式)冷却取用水应纳税额的计算公式为:

应纳税额 = 实际发电量 × 适用税额

除中央直属和跨省(区、市)水力发电取用水外,由试点省份省级政府统筹考虑本地区水资源状况、经济社会发展水平和水资源节约保护要求,在所附《试点省份水资源税最低平均税额表》规定的最低平均税额基础上,分类确定具体适用税额。

试点省份的中央直属和跨省(区、市)水力发电取用水税额为每千瓦时 0.005 元。跨省(区、市)界河水电站水力发电取用水水资源税额,与涉及的非试点省份水资源费征收标准不一致的,按较高一方标准执行。

对取用地下水从高确定税额;对特种行业取用水,从高确定税额。对超计划(定额)取用水,从高确定税额。

对超过规定限额的农业生产取用水,以及主要供农村人口生活用水的集中式饮水工程取用水,从低确定税额。对回收利用的疏干排水和地源热泵取用水,从低确定税额。

### (三)水资源税减免

下列情形,予以免征或者减征水资源税:(1)规定限额内的农业生产取用水,免征水资源税;(2)取用污水处理再生水,免征水资源税;(3)除接入城镇公共供水管网以外,军队、武警部队通过其他方式取用水的,免征水资源税;(4)抽水蓄能发电取用水,免征水资源税;(5)采油排水经分离净化后在封闭管道回注的,免征水资源税;(6)财政部、税务总局规定的其他免征或者减征水资源税情形。

### (四)水资源税征收管理

水资源税的纳税义务发生时间为纳税人取用水资源的当日。除农业生产取用水外,水资源税按季或者按月征收,由主管税务机关根据实际情况确定。对超过规定限额的农业生产取用水,水资源税可按年征收。不能按固定期限计算纳税的,可以按次申报纳税。

纳税人应当自纳税期满或者纳税义务发生之日起15日内申报纳税。除规定的情形外,纳税人应当向生产经营所在地的税务机关申报缴纳水资源税。在试点省份内取用水,其纳税地点需要调整的,由省级财政、税务部门决定。跨省(区、市)调度的水资源,由调入区域所在地的税务机关征收水资源税。

## 七、对资源税法的简评

我国开征资源税的目的有三个:一是体现《矿产资源法》中所规定的"国家对矿产资源实行有偿开采"的原则;二是优化资源配置,促进资源合理有效利用;三是调节资源级差收入,为资源开采企业创造公平的竞争环境。然而我们认为,如果资源税真正满足这三项要求,其作为税收的特点将很难体现,资源税事实上会变成资源占用费,造成税收与费用界限的混淆。如果按照这个逻辑,在矿产资源私有的国家,政府就不能开征资源税。而这显然是不能成立的。恰恰相反,税收的基本特点是,政府分享不属于自己的财产,以便为公众提供公共服务。如果自然资源本身就属于政府,完全可以通过拍卖采矿权或者征收资源占用费的形式,实现资源的有偿利用,同时灵活有效地调整级差收入。

事实上,我国既实行采矿权有偿转让制度,[5]又实行矿产资源补偿费征收制度,[6]还实行资源税制度。无论是采矿权的有偿使用,还是矿产资源补偿费的征收,都是基于国有矿产资源有偿开采这个前提,而且都能优化资源配置,促进资源合理有效利用,调节资源开采的级差收入。至于在矿产品的销售环节,和其他商品的销售一样,纳税人还需要缴纳增值税,可以起到筹集财政收入的作用。因此我们认为,资源税在定位上似乎并不是非常准确。从理论上来说,将资源税并入矿产资源补偿费或者采矿权有偿使用费,更具有说服力。

从时间上来看,资源税开征的时间远远早于采矿权有偿转让制度和矿产资源补偿费制度。如果资源税真能理想地发挥作用,也就没必要引入后续的两项制度。事实上,资源税对矿产品销售额课征的做法,并不十分利于优化资源配置,提高矿产资源的利用效率。另外,要确定资源贮存状况、开采条件、资源优劣、地理位置等客观存在的差别,本身就不是一件轻而易举的事情。况且,矿产品的税率一旦确定,就无法根据情况进行调整,资源税调节机制过于僵硬的一面因此凸显。所以,无论是从资源有偿使用,还是从资源的有效利用或是从调节级差收入而言,资源税都不一定是一种非常理想的手段。

---

〔5〕 参见《矿业权出让转让管理暂行规定》(2000年11月1日国土资源部发布)、《探矿权采矿权转让管理办法》(1998年2月12日国务院令第242号发布)。

〔6〕 参见《矿产资源补偿费征收管理规定》(1994年2月27日国务院令第150号发布,1997年7月3日国务院令第222号修改)。

## 第四节　耕地占用税法

### 一、耕地占用税概述

耕地占用税是对在我国境内占用耕地建房或者从事其他非农业建设的单位和个人，按其实际占用面积定额征收的一种税。1987 年 4 月 1 日，国务院发布《耕地占用税暂行条例》，正式设立“耕地占用税”这一税种，旨在保护耕地、促进耕地资源的有效管理和利用。2007 年 12 月 1 日，国务院对《耕地占用税暂行条例》进行修改，提高了耕地占用税额的上、下限标准，并将其适用范围扩大至外商投资企业、外国企业和组织以及外籍个人，自 2008 年 1 月 1 日起实施。2008 年 2 月 26 日，财政部、国家税务总局颁布《耕地占用税暂行条例实施细则》。针对耕地占用税征管中出现的问题，2016 年 1 月 15 日，国家税务总局制定发布《耕地占用税管理规程（试行）》，旨在进一步规范和加强征收管理，提高耕地占用税管理水平。2018 年 12 月 29 日，全国人大常委会审议通过了《耕地占用税法》，于 2019 年 9 月 1 日起正式施行。

开征耕地占用税的目的在于限制不合理地占用农业耕地。农业是国民经济的基础，耕地是农业生产的基本条件，保持一定的耕地面积，对于农业生产乃至整个国民经济的发展，有特别重要的意义。现行耕地占用税具有以下特点：

第一，耕地占用税以占用耕地建设建筑物、构筑物或从事非农业建设的单位和个人为纳税义务人，以其占用的耕地为征税对象，因而征税范围较广。

第二，耕地占用税以县为单位，按人均耕地面积确定单位税额。人均耕地面积越少，单位税额就越多，体现了对人多地少地区耕地占用的限制政策。

第三，耕地占用税按规定的税额，对非农业占用耕地实行一次性征收。

### 二、耕地占用税的征税范围和纳税人

耕地占用税的征税范围包括我国境内属于国家所有和集体所有的耕地。所谓耕地，是指用于种植农作物的土地。据此，占用耕地建设建筑物、构筑物或者从事非农业建设的单位或者个人，成为耕地占用税的纳税人。

占用园地、林地、草地、农田水利用地、养殖水面、渔业水域滩涂以及其他农用地建设建筑物、构筑物或者从事非农业建设的，依照法律规定征收耕地占用税。占用此类农用地的，适用税额可以适当低于本地区占用耕地的适用税额，但降低的部分不得超过 50%。具体适用税额由省、自治区、直辖市政府提出，报同级人大常委会决定，并报全国人大常委会和国务院备案。

占用耕地和农用地建设农田水利设施的，不缴纳耕地占用税。

纳税人因建设项目施工或者地质勘查临时占用耕地，应当依照本法的规定缴纳耕地占用税。纳税人在批准临时占用耕地期满之日起1年内依法复垦，恢复种植条件的，全额退还已经缴纳的耕地占用税。

## 三、耕地占用税的税率

耕地占用税以纳税人实际占用的耕地面积为计税依据，实行地区差别定额税率，以县为单位，按人均占用耕地面积的多少，参照经济发展情况，将全国划分为四类不同地区，确定相应的税额幅度。具体规定如下：(1)人均耕地不超过1亩的地区(以县级行政区域为单位，下同)，每平方米为10～50元；(2)人均耕地超过1亩但不超过2亩的地区，每平方米为8～40元；(3)人均耕地超过2亩但不超过3亩的地区，每平方米为6～30元；(4)人均耕地超过3亩的地区，每平方米为5～25元。占用基本农田的，应当按照本法确定的当地适用税额，加按150%征收。

各地区耕地占用税的适用税额，由省、自治区、直辖市政府根据人均耕地面积和经济发展等情况，在前款规定的税额幅度内提出，报同级人大常委会决定，并报全国人大常委会和国务院备案。各省、自治区、直辖市耕地占用税适用税额的平均水平，不得低于本法所附《各省、自治区、直辖市耕地占用税平均税额表》规定的平均税额。

在人均耕地低于0.5亩的地区，省、自治区、直辖市可以根据当地经济发展情况，适当提高耕地占用税的适用税额，但提高的部分不得超过本法确定的适用税额的50%。

## 四、耕地占用税的减免

下列情形免征耕地占用税：(1)军事设施占用耕地；(2)学校、幼儿园、社会福利机构、医疗机构占用耕地。

铁路线路、公路线路、飞机场跑道、停机坪、港口、航道占、水利工程用耕地，减按每平方米2元的税额征收耕地占用税。

农村居民在规定用地标准以内占用耕地新建住宅，按照当地适用税额减半征收耕地占用税。农村居民经批准搬迁，新建自用住宅占用耕地不超过原宅基地面积的部分，免征耕地占用税。

农村烈士家属、因公牺牲军人遗属、残疾军人以及符合农村最低生活保障条件的农村居民，在规定用地标准以内新建自用住宅，免征耕地占用税。

根据国民经济和社会发展的需要，国务院可以规定免征或者减征耕地占用税的其他情形，报全国人大常委会备案。

纳税人改变原占地用途，不再属于免征或者减征耕地占用税情形的，应当按照当地适用税额补缴耕地占用税。

## 五、耕地占用税的征收管理

耕地占用税由税务机关负责征收。

耕地占用税的纳税义务发生时间为纳税人收到自然资源主管部门办理占用耕地手续

的书面通知的当日。纳税人应当自纳税义务发生之日起30日内申报缴纳耕地占用税。自然资源主管部门凭耕地占用税完税凭证或者免税凭证和其他有关文件发放建设用地批准书。

税务机关应当与相关部门建立耕地占用税涉税信息共享机制和工作配合机制。县级以上地方人民政府自然资源、农业农村、水利等相关部门应当定期向税务机关提供农用地转用、临时占地等信息,协助税务机关加强耕地占用税征收管理。

税务机关发现纳税人的纳税申报数据资料异常或者纳税人未按照规定期限申报纳税的,可以提请相关部门进行复核,相关部门应当自收到税务机关复核申请之日起30日内向税务机关出具复核意见。

# 第十一章　税收征收管理法

税收程序法包括税额确定、税款征收、税务检查、税务处罚等行政程序，也包括税务复议和诉讼等救济程序。在我国现行法律体系中，商品与服务税、所得税、财产与行为税等内地税的征收管理由《税收征收管理法》及其相关法规加以规定；关税、进出口环节海关代征的增值税、消费税由海关负责征收或代征，程序上适用《海关法》的规定。税务复议主要由《行政复议法》加以规定，但《税收征收管理法》和《海关法》设置了特别限制。税务诉讼由《行政诉讼法》予以调整。从便利教学的角度考虑，本章对税务行政复议和行政诉讼不予展开，只介绍其中几个与税收相关的特殊问题。《海关法》的内容也不会涉及太多，只会偶尔作为对比有所提及。因此，本章主要内容仍然以《税收征收管理法》为依据。正因如此，本应属于实体法的税收法律责任，也在本章予以介绍。

## 第一节　税收征收管理法概述

### 一、《税收征收管理法》的立法沿革

从广义上来说，税收征收管理法包括《税收征收管理法》《税收征收管理法实施细则》《发票管理办法》《发票管理办法实施细则》《税收票证管理办法》《邮寄纳税申报办法》《税务违法案件举报奖励办法》等一系列法律、法规和规章。从狭义上来说，它仅仅指《税收征收管理法》。《税收征收管理法》不仅是纳税人履行纳税义务的法律准则，也是税务机关履行征税职责的法律依据。

1950年，政务院颁布了《全国税政实施要则》，统一了全国税政，建立起新中国的税收制度，其中对税收征管也做了原则性的规定。1986年，国务院又颁布了《税收征收管理暂行条例》，初步实现了我国税收实体法与程序法的相对分离，在实现税收征管制度的系统化、规范化、法律化方面跨出了一大步。不过，该条例仅适用于对内资企业和个人税收的征收管理，而涉外的征收管理则按照各个单行涉外税法的有关条款执行。这两套税收征管制度在征收管理的具体要求和违章处罚标准等方面存在明显的差异，不仅带来了解释和执行上的困难，也在事实上造成了适用税法的不平等，有悖于税收公平原则。随着以法治税的推行和税制改革的发展，该条例明显严重落后于市场经济的需要。

1992年9月4日,《税收征收管理法》经全国人大常委会审议通过,1993年1月1日起施行。随后,国务院又颁布了《税收征收管理法实施细则》,《税收征收管理暂行条例》被废止。1995年2月28日,《税收征收管理法》个别条款被修改。《税收征收管理法》详细规定了税收征管的基本程序和要求,增强了税务机关的法律地位和职权,逐步明确了征纳双方的权利义务。不过,随着对外开放的扩大和社会主义市场经济的发展,尤其是1994年新税制改革和1997年实施税收征管制度的改革,《税收征收管理法》已经不能适应新的发展要求。2001年4月8日,全国人大常委会修改《税收征收管理法》,同年5月1日起施行。此次修订条文修改达90多处,由原来的6章62条增加为6章94条,修改篇幅较大。修改后的《税收征收管理法》在税款征收管理、对纳税人合法权益保护、法律责任等方面作出了进一步完善。2013年6月29日,为适应行政审批制度改革,全国人大常委会进一步修改《税收征收管理法》。2015年4月24日,全国人大常委会再次修改该法,在减免税领域进一步落实税收法定原则。2018年国务院机构改革之后,国地税合并,税收征收管理的主要机构发生变化,《税收征收管理法》中的相关条款也需要相应修改。

2001年《税收征收管理法》第一次全面修订以来,为适应经济社会变化以及税制改革对税收征管的新要求,修订《税收征收管理法》一直是社会各界的广泛共识。2003年、2008年十届全国人大常委会、十一届全国人大常委会均将其列为立法的五年规划,由国务院作为提请审议机关或牵头起草单位,但一直未完成修订。2013年6月7日,国务院法制办将《税收征收管理法修正案(征求意见稿)》在网上全文公布,向全社会公开征求意见。2013年10月,十二届全国人大常委会再次把该法修改纳入立法规划,由国务院作为提请审议机关或牵头起草单位。2015年1月5日,国务院法制办将调整后的《税收征管法修正案(征求意见稿)》在网上全文公布,再次公开征求意见。

近年来,财税体制改革的进程加快,落实税收法定原则的任务十分紧迫,加之国地税机构合并、数字经济迅猛发展、国际税收通力协作的新形势,以及自然人纳税人越来越普遍的可预期前景,建立在传统经济、行政分割、国别独立、企业为主基础上的《税收征收管理法》日益显得落伍。尤其是随着法治中国建设的推进,纳税人权利保护成为税法的主调,作为规范税务行政执法的专门法律,《税收征收管理法》亟须在观念、制度、规则等各个方面全面改革,才能顺应国家经济社会发展的大势,也才能满足基层税务执法的现实需求。

### 二、《税收征收管理法》的适用范围

《税收征收管理法》适用于由税务机关负责征收的各种税的征收管理。该法第90条规定,耕地占用税、契税、农业税、牧业税征收管理的具体办法,由国务院另行制定。然而实际上,国务院至今都未制定相关的具体办法。为了解决这一问题,国家税务总局经国务院同意,发布了《关于农业税、牧业税、耕地占用税、契税征收管理暂参照〈税收征收管理法〉执行的通知》,使内地税各项税种在程序适用上保持一致。不过,随着农村税费改革的深入,截至2005年,农业税和牧业税都已经被取消。耕地占用税和契税的征收主管机关也实现了由财政部门向税务部门转移。

《税收征收管理法》第90条还规定，关税及海关代征税收的征收管理，依照法律、行政法规的有关规定执行。这里的有关规定是指《海关法》，其中第五章"关税"对关税征收主体、纳税主体、征税客体、税率、课税标准、关税减免、缴纳、退补、关税强制措施、税收保全措施、关税纳税争议等关税征收制度的主要构成要素都做了规定。其他一切有关关税的行政法规、规章都不得与之相抵触。海关总署为履行《海关法》和《进出口关税条例》赋予的职责，可以单独或会同国务院其他有关部、委、直属机构共同制定有关征收关税具体措施、办法的行政规章和规范性文件。

### 三、《税收征收管理法》的结构

《税收征收管理法》共分6章94条。第一章总则，对《征管法》的立法宗旨、适用范围、对象、主管机关及其权利和义务以及有关部门、单位的协助工作做了原则性规定；第二章税务管理，规定了纳税人、扣缴义务人履行纳税义务或扣缴税款义务的基本程序和要求；第三章税款征收，明确了税务机关征收税款的程序和权利；第四章税务检查，规定了税务机关的各项检查权；第五章法律责任，规定了纳税人、扣缴义务人、其他当事人以及税务机关和税务人员违反本法规定所应承担的法律责任；第六章附则，明确了《税收征收管理法》的适用范围、施行时间等问题。

与《税收征收管理法》的结构基本一致，本章将按税收管理程序、税收确定程序、税收征收程序、税收检查程序、税收救济程序的顺序排列，同时增加对税务代理制度的介绍。

## 第二节　税务管理制度

设置税务管理制度的目的，是获取纳税人完整准确的税务信息，为税务机关确定和征收税款提供依据。从纳税人的角度观察，税收管理制度其实就是纳税协助程序，税务登记、账簿凭证管理、纳税申报、发票管理等莫过如此。不过，纳税申报的功能除了提供信息外，本身还具有确定税款的作用，我们将在"税收确定程序"对其加以介绍。

### 一、税务登记制度

税务登记，又称纳税登记，是纳税人在开业、歇业前以及生产经营期间发生有关变动时，在法定时间内就其经营情况向主管税务机关办理书面登记的一项制度。这是税收管理工作的首要环节，也是税务机关掌握税源和对纳税人进行监督管理的依据。虽然税务登记并不是确认纳税人权利的依据，而只是为了便于税务机关掌握信息，但是，在税务机关的内部管理程序上，是否办理税务登记，办理何种税务登记，也会影响纳税人的某些权利。例如，纳税人只有办理了增值税一般纳税人登记，才有可能领取到增值税专用发票。

2006年，全国开始普遍推行国税、地税联合登记制度。所谓联合办理税务登记，即统一受理税务登记、统一税务登记表式、统一纳税人识别码、统一税务登记证件、统一使用税务机关印章。2015 年 6 月 23 日,国务院要求在全国范围内推行“三证合一”登记制度改革。“三证合一”登记制度是指将企业登记时依次申请,分别由工商行政管理部门核发工商营业执照、质量技术监督部门核发组织机构代码证、税务部门核发税务登记证,改为一次申请、由工商行政管理部门核发一个加载法人和其他组织统一社会信用代码的营业执照,即“一照一码”登记模式。从 2016 年 10 月 1 日起,在“三证合一”登记制度改革的基础上,国务院要求再整合社会保险登记证和统计登记证,实现“五证合一、一照一码”。[1]

无论是“三证合一”还是“五证合一”,实现信息共享、电子档案,免去纳税人多头登记的麻烦,都是值得肯定的便民措施。不过,从税务管理的实践来看,由于目前改革尚处于探索阶段,仍有诸多问题有待解决。例如,工商机关登记的信息不完整,不能充分满足税务管理的需要,或者,由于网络系统的不兼容,工商登记的部分信息无法被税务机关识别,最为重要的是,发票管理、增值税一般纳税人认定等事项,仍需要单独的信息辨别。因此,就目前阶段而言,在统一的信息登记之外,在个别情况下,税务登记仍然有存在的必要。

## 二、账簿、票证管理

所谓账簿,亦称“账册”,是由具有一定格式而又相互联系的账页所组成,以全面、系统、连续地记录各项经济业务的簿籍,是纳税人用来连续地登记和反映其各种经济业务的账册或簿籍,是编制报表的依据,也是保存会计数据资料的工具和载体。所谓凭证,就是指会计凭证,是用来记载经济业务,明确经济责任,并据以登记账簿的书面证明。纳税人的凭证主要分为两类:一是原始凭证,它是经济业务活动发生或完成时的最初记录;二是记账凭证,是由财会人员根据原始凭证填制而成的记账依据。

账簿、凭证不仅是纳税人记录生产经营活动,进行经济核算的重要工具,而且也是税务机关确定应纳税额,进行财务监督和税务检查的主要依据。纳税人使用的账簿、凭证以及编制的会计报表,直接反映出纳税人的纳税能力,所载经济信息是税务机关据以确定纳税人的应纳税额、征收税款的重要依据,也是税务机关对纳税人、扣缴义务人进行财务监督和税务检查的主要依据。大多数偷、逃、漏税行为都是在会计凭证、账簿上做文章,以隐瞒收入或多列支出的手段逃避纳税义务,而账簿、凭证的有效管理能为查处税收违法行为提供明确、有力的证据。

根据《税收征收管理法》及其实施细则,从事生产、经营的纳税人应当自领取营业执照或者发生纳税义务之日起 15 日内,按照国家有关规定设置账簿,根据合法、有效凭证记账,进行核算。扣缴义务人应当自税收法律、行政法规规定的扣缴义务发生之日起 10 日内,按照所代扣、代收的税种,分别设置代扣代缴、代收代缴税款账簿。

随着现代科技的发展和信息时代的到来,利用电子计算机记账得到普遍应用。它突破了记账的传统形式和方法,具有高效、快捷和网络化的优势,得到《税收征收管理法实施细则》第 26 条的确认:“纳税人、扣缴义务人会计制度健全,能够通过计算机正确、完整

〔1〕 参见国务院办公厅《关于加快推进“五证合一、一照一码”登记制度改革的通知》(国办发〔2016〕53 号文)。

计算其收入和所得或者代扣代缴、代收代缴税款情况的,其计算机输出的完整的书面会计记录,可视同会计账簿。"

从事生产、经营的纳税人应当自领取税务登记证件之日起15日内,将其财务、会计制度或者财务、会计处理办法报送主管税务机关备案;纳税人使用计算机记账的,应当在使用前将会计电算化系统的会计核算软件、使用说明书及有关资料报送主管税务机关备案。

纳税人、扣缴义务人的财务、会计制度或者财务、会计处理办法与国务院或者国务院财政、税务主管部门有关税收的规定抵触的,依照国务院或者国务院财政、税务主管部门有关税收的规定计算应纳税款、代扣代缴和代收代缴税款。

### 三、发票管理

发票是指在购销商品、提供或者接受服务以及从事其他经营活动中,开具、收取的收付款凭证。发票不仅是会计核算的原始凭证,而且是税务稽征的重要依据,其涉及面之广泛,作用之巨大,不仅关系到税收管理和财务监督,而且是维护市场经济秩序的重要环节。

发票管理是指税务机关对发票的印制、领购、开具、保管、检查、处罚等各个环节进行的组织、协调和监督。企业在经济活动和财务收支业务中,必须开具发票或取得合法凭证。税务机关加强发票管理,可以制止企业乱摊成本、做假账,确保财务收支的真实性和合法性,督促企业按照财政、税收法规对其生产经营成果予以反映和核算。加强发票管理,有利于控制税收,堵塞漏洞,确保国家财政收入。

1992年9月4日,《税收征收管理法》对发票的印制管理做了原则规定。1993年12月23日,经国务院批准,财政部发布了《发票管理办法》,国家税务总局亦于同期发布了《发票管理办法实施细则》和《增值税专用发票使用规定》。为适应税制改革的需要,同时加强对增值税专用发票的管理,1995年2月28日,全国人大常委会对《税收征收管理法》中有关发票管理的条文进行了修改。

2001年,《税收征收管理法》经历大规模修改,进一步加强了对发票的管理。2010年12月,国务院决定修改《发票管理办法》,并以国务院令的形式重新公布,自2011年2月1日起施行。电子商务兴起后,发票制度遭遇冲击。2013年,国家税务总局依据《发票管理办法》出台了《网络发票管理办法》,以规范网络发票的开具与使用。此外,我国还在探索电子发票的应用,发票管理的重点越来越转向信息获取,而不再局限于对其物理介质的关注。

按照《发票管理办法》,国务院税务主管部门统一负责全国的发票管理工作。省级税务机关依据各自的职责,共同做好本行政区域内的发票管理工作。财政、审计、工商行政管理、公安等有关部门在各自的职责范围内,配合税务机关做好发票管理工作。税务机关对发票印制实行统一管理。增值税专用发票由国务院税务主管部门指定的企业印制;其他发票,按照国务院税务主管部门的规定,分别由省级税务机关确定的企业印制。

《发票管理办法》设定了发票领购制度,但随着行政收费制度改革,从2013年1月1日起,发票工本费被取消,纳税人可以免费领用发票。需要领用发票的单位和个人,应当持税务登记证件、经办人身份证明、按照国务院税务主管部门规定式样制作的发票专用章的印模,向主管税务机关办理发票领用手续。需要临时使用发票的单位和个人,可以凭购销商品、提供或者接受服务以及从事其他经营活动的书面证明及经办人身份证明,直接向经营地税务机关申请代开发票。

销售商品、提供服务以及从事其他经营活动的单位和个人,对外发生经营业务收取款项,收款方应当向付款方开具发票;特殊情况下,由付款方向收款方开具发票。所有单位和从事生产、经营活动的个人在购买商品、接受服务以及从事其他经营活动支付款项时,应当向收款方取得发票。不符合规定的发票,不得作为财务报销凭证,任何单位和个人有权拒收。

开具发票应当按照规定的时限、顺序、栏目,全部联次一次性如实开具,并加盖发票专用章。任何单位和个人不得有下列虚开发票行为:(1)为他人、为自己开具与实际经营业务情况不符的发票;(2)让他人为自己开具与实际经营业务情况不符的发票;(3)介绍他人开具与实际经营业务情况不符的发票。开具发票的单位和个人应当按照税务机关的规定存放和保管发票,不得擅自损毁。已经开具的发票存根联和发票登记簿,应当保存5年。保存期满,报经税务机关查验后销毁。

## 第三节 税款确定制度

根据我国各项实体税法的规定,纳税人从事一定行为之后,只要满足了法定的构成要件,就自动发生纳税义务。不过,这种纳税义务并不具体,还需要通过一定的程序确定,才能成为纳税和征税的依据。由此可知,税收确定并非创制纳税义务,而只是确认已有的纳税义务。

应纳税额的确定方式有两种:一是纳税申报,即根据纳税人的申报确定应纳税额;二是行政核定,即纳税人的应纳税额由征税机关通过行政处分加以确定。目前,我国税法对纳税义务的确定,以纳税申报为主,辅之以税收核定。纳税人对于已经发生的税收,首先有义务进行申报。如果纳税人没有及时申报,或者申报不准确,税务机关会通过行政途径进行核定。

### 一、纳税申报

#### (一)纳税申报的概念

纳税申报,是指纳税人发生纳税义务后,依照法律法规的规定,向税务机关提交有关纳税事项的书面报告。具体而言,纳税人依照实体税法有关课税要素的规定,自己计算应税的计税依据及税额,确定纳税义务的具体内容,并将此结果以纳税申报表的形式提交征税机关。广义上的纳税申报还包括扣缴义务人发生扣缴义务后,按照规定期限向税务机关报送代扣代缴、代收代缴税款报告表以及其他有关资料的行为。

申报纳税能产生公法上的确定效力，使抽象的纳税义务转化为具体的纳税义务，因此在法律性质上属于私人的公法行为。[2] 所谓私人的公法行为，是指由私人进行的，但产生公法上法律效果的行为。在纳税申报中，确定纳税义务原则上由纳税义务人自己进行，只要其申报符合税法的规范要求，无怠于申报、过高或过低申报之情形，税收行政机关即无介入的必要，而申报的结果产生公法上的确定效力，征纳双方据此履行各自的权利和义务。

纳税申报的法律性质决定了它必然是一种要式行为，必须使用法律规定的申报表和申报书的书面形式，且该申报必须以本人的名义进行，以第三人的名义进行的申报无效。但由于纳税申报行为与纳税人的人格属性并无直接密切关系，因此除法律另有规定外，纳税人的申报义务原则上均可授权他人代为办理。又因为应纳税额的计算过于专业、复杂，纳税人又负有判明税法的重大责任，纳税申报同时涉及税收行政程序的效率，因此，纳税申报的代理一般要求由具有专业代理资格的律师、注册会计师、税务师等专业代理人从事，且服从国家行政部门的监督与管理。

纳税申报所具有的独特性质决定了其法律上的重大意义。

第一，纳税申报符合民主纳税的思想。应纳税额的确定原则上由纳税人依据税法计算、申报并据以征收，使纳税人处于税收债务关系的中心地位，在强化纳税人的纳税义务观念的同时，体现民主纳税的宪政思想。

第二，纳税申报有助于依法治税。纳税义务的确定由税务行政机关移转到纳税人，有利于减少行政机关自行擅断和徇私舞弊的概率。税务机关只是在纳税人未依法申报和申报不当的情形下履行补充性职责，使征纳双方以税法为依据互相监督。

第三，申报纳税符合税收公平和效率性要求。让最知晓自己课税内容的纳税者来承担第一次申报课税标准的义务，有助于实现向情形各异的纳税人进行公平课税的目标；广泛的纳税人参与分担课税行政机关的各种课税功能，又能极大地提高税收征管的效率，减少行政机关资源有限的制约。

第四，纳税申报有助于提高国民的纳税意识和权利意识。让纳税者主动确定纳税义务，有助于提升纳税人依法纳税的意识。在此过程中，真切的“税痛”感，又会促使纳税人积极关心税收的来龙去脉，对决定税收用途的机构、人员行使监督职责，积极维护自身作为纳税者的权利。

正因为申报纳税方式具有让纳税者自主地、民主地分担国家在行政上各种课税的功能，“是一种远比赋课征收方式更具有伦理性的收税方式”，这种为美国广为采用的传统纳税方式，“二战”后为日本引进。目前，配合现代化的计算机信息网络技术，纳税申报制度几乎为世界各国所采用。我国在1992年《税收征收管理法》初次颁布之时即确立了纳税人自行申报纳税制度。2001年《税收征收管理法》修订时，又对纳税申报制度的有关规定有所完善。2002年修订后的《税收征收管理法实施细则》进一步指出，税务机关应当建

---

[2] [日]金子宏：《日本税法原理》，战宪斌、郑林根等译，法律出版社2004年版，第421页。

立健全纳税人自行申报纳税制度。

(二)我国纳税申报制度的有关规定

纳税申报不仅是纳税人履行纳税义务、扣缴义务人履行扣缴税款义务的法定手续,也是税务机关核定应征税款、办理税款征收、开具完税凭证的重要依据,因而是联结税务管理和税款征收的纽带和桥梁。我国目前提出的现代化征管目标模式是以税务登记、纳税申报和优化服务为基础,以计算机网络为依托,集中征收,重点稽查。这是借鉴国外税收征管的成功经验,适应我国税制改革和市场经济发展需要而提出的税收征管方式,其中心环节便是纳税申报。

1. 申报主体

(1)纳税人。办理了税务登记的纳税人,无论在纳税期内有无应纳税款,在程序上均应履行纳税申报的义务。享有减税、免税待遇的纳税人,在减免税期间也应当按照规定办理纳税申报。取得临时应税收入或发生应税行为的纳税人,虽无须办理税务登记,但在发生纳税义务之后,也应立即向经营地税务机关办理纳税申报并缴纳税款。个人所得税实行源泉扣缴制度。不过,2018 年个人所得税改革之后,取得综合所得需要办理汇算清缴;取得应税所得没有扣缴义务人;取得应税所得,扣缴义务人未扣缴税款;取得境外所得;因移居境外注销中国户籍;非居民个人在中国境内从两处以上取得工资、薪金所得的,必须主动向税务机关申报。

(2)扣缴义务人。扣缴义务人由于负有代扣代缴、代收代缴税款的义务,而被法律规定为申报主体,必须依照法律、行政法规规定或者税务机关依照法律、行政法规规定确定的申报期限和申报内容如实办理申报事宜。即便是个人所得税的扣缴义务人,根据《个人所得税法》第 10 条有关全员全额扣缴申报的规定,也必须进行扣缴申报。

2. 申报内容

纳税人必须在规定的申报期限内如实〔3〕办理纳税申报,报送各种税的纳税申报表、财务会计报表以及税务机关根据实际需要要求纳税人报送的其他纳税资料;扣缴义务人则须在申报期限内如实报送代扣代缴、代收代缴税款报告表以及税务机关根据实际需要要求其报送的其他有关资料。

享受减、免税优惠的纳税人,其减免税期间纳税申报表要分为两部分填报:一部分是按正常纳税年度进行填报,并据以计算应纳税额;另一部分是按其享受税收优惠的待遇,依据税收优惠规定计算应纳税额。

3. 申报期限

根据我国现行税法的规定,申报期限有两种:一是法律、行政法规明确规定的;二是税务机关按照法律、行政法规的原则规定,结合纳税人生产经营的实际情况以及其所应缴纳的税种等相关问题予以确定。

---

〔3〕《税收征收管理法》2001 年第二次修改时,在纳税申报有关规定中特别增加了"如实"二字,并在法律责任一章还专门规定了对纳税人和扣缴义务人不实申报行为的处罚措施。

申报期限是纳税人、扣缴义务人申报纳税或解缴税款的法定期间。如果纳税人负有申报义务，在申报期限内，无论有无应税收入、所得、其他应税项目或者代扣代缴、代收代缴税款项目，纳税人、扣缴义务人均应到主管税务机关办理申报事宜。逾期申报，则要承担不利的法律后果。申报期限的最后一日如遇公休假日可以顺延。

纳税人、扣缴义务人按照规定的期限办理纳税申报或者报送代扣代缴、代收代缴税款报告表确有困难，需要延期的，应当在规定的期限内向税务机关提出书面延期申请，经税务机关核准，在核准的期限内办理。经核准延期办理纳税申报事项的，应当在纳税期内按照上期实际缴纳的税额或者税务机关核定的税额预缴税款，并在核准的延期内办理税款结算。允许延期申报的期限一般是由当地主管税务机关视纳税人和扣缴义务人的困难程度而具体确定，但最长不得超过3个月。

纳税人、扣缴义务人因不可抗力，不能按期办理纳税申报或者报送代扣代缴、代收代缴税款报告表的，可以延期办理；但是，应当在不可抗力情形消除后立即向税务机关报告。税务机关应当查明事实，予以核准。

4. 纳税申报的方式

纳税人、扣缴义务人可以直接到税务机关办理纳税申报，也可以按照规定采取邮寄、数据电文或者其他方式办理纳税申报。纳税人、扣缴义务人采取邮寄、数据电文方式办理纳税申报或报送代扣代缴、代收代缴税款报告表，须经税务机关批准。实行定期定额缴纳税款的纳税人，可以实行简易申报、简并征期等申报纳税方式。

(1)直接申报，也称“上门申报”，是指纳税人、扣缴义务人在规定的申报期限内，直接到主管税务机关报送纳税申报表，代扣代缴、代收代缴税款报告表及有关资料的方式。

(2)邮寄申报，是指纳税人、扣缴义务人在规定的申报期限内，通过邮政部门向主管税务机关邮寄报送纳税申报资料或者代扣代缴、代收代缴税款报告表及有关资料的方式。采取邮寄方式办理纳税申报的，应当使用统一的纳税申报专用信封，并以邮政部门收据作为申报凭据。邮寄申报以寄出的邮戳日期为实际申报日期。

(3)数据电文申报，是指税务机关确定的电话语音、电子数据交换和网络传输等电子申报方式。纳税人、扣缴义务人在规定的申报期限内，通过与税务机关接受办理纳税申报、代扣代缴、代收代缴税款申报的电子系统联网的电脑终端，输入申报内容，以完成纳税申报或者代扣代缴、代收代缴税款申报。纳税人采取电子方式办理纳税申报的，应当按照税务机关规定的期限和要求保存有关资料，并定期书面报送主管税务机关。

## 二、税收核定

在税收征管程序中，税收核定是指税务机关依照税法的规定，确定纳税义务的具体内容。税收一般由纳税人主动申报，但是可能会出现错误，或者某些纳税人为了逃避税收债务，也可能不履行申报纳税义务，因此，必须有一种行政措施对此进行纠正，税务机关的税收核定就成了必要。从另一角度来说，税收核定只是在特定的情况下适用。

### (一)税收核定的法律性质

税收核定只是一种对申报纳税的补充性措施。在大多数情况下，只要税收构成要件得以满足,税收债务关系就已经发生。在申报纳税的方式下,如果纳税人已经如实申报纳税,也就没有必要再进行税收核定。只有在申报不实或者未申报时,税务机关才能启动税收核定程序,确认已发生税收的具体数额、缴纳期限和地点等。可见,税收核定不具有创设纳税义务的作用,只是一种确认行为。

但在税收核定程序中,税务机关需要向纳税人下达通知书。通知书一般都记载纳税的数额、期限、地点以及不履行义务可能承担的责任等,若不履行通知书上的内容,税务机关可以根据通知书进行处罚或者强制执行。但是这仅仅是行政行为的存续力,对纳税义务是否存在并不产生影响。[4] 判断纳税义务是否发生的标准,仍然是法定构成要件的实现。因此,任何税收核定通知或税款缴纳通知,除非法律授权税务机关自由裁定,都属于准法律行为性质的确认行为。[5]

### (二)税收核定与推定课税

根据税法的规定,准确计量税基是准确课税的基本前提。一般情况下,纳税人的税基根据纳税人提供的相关资料予以确定;但在一些特定的情况下,由于纳税人没有提供资料,或者提供的资料不真实,税务机关无法准确计量纳税人的税基,只能采用推定的方法来确定。某些情况下,虽然纳税人没有提供资料,但是税务机关可以通过一定的渠道获得准确信息,就不能用推定方法来课税。所以,从理论上说,税收核定与推定课税并不完全一致。税收核定既可能基于准确的信息,也可能基于信息推定。我国《税收征收管理法》将税收核定等同于推定课税,没有考虑税务机关据实课税的可能性,对纳税人的利益可能构成侵害。好在《税收征收管理法》同时规定,纳税人对核定课税的结果不服的,可以举出反证推翻。

### (三)我国相关法律规定

《税收征收管理法》第35条和第36条规定,"纳税人有下列情形之一的,税务机关有权核定其应纳税额:(1)依照法律、行政法规的规定可以不设置账簿的;(2)依照法律、行政法规的规定应当设置账簿但未设置的;(3)擅自销毁账簿或者拒不提供纳税资料的;(4)虽设置账簿,但账目混乱或者成本资料、收入凭证、费用凭证残缺不全,难以查账的;(5)发生纳税义务,未按照规定的期限办理纳税申报,经税务机关责令限期申报,逾期仍不申报的;(6)纳税人申报的计税依据明显偏低,又无正当理由的;(7)未按照规定办理税务登记从事生产、经营的;(8)临时从事经营的。

税务机关核定应纳税额的方式有:(1)参照当地同类行业或者类似行业中经营规模和收入水平相近的纳税人的收入额和利润率核定;(2)按照成本加合理的费用和利润核定;(3)按照耗用的原材料、燃料、动力等推算或者测算核定;(4)按照其他合理的方法核定。采取上述一种方法不足以正确核定应纳税额时,可以同时采用两种以上的方法核定。

---

〔4〕 刘剑文、熊伟:《税法基础理论》,北京大学出版社2004年版,第383页。
〔5〕 刘剑文、熊伟:《税法基础理论》,北京大学出版社2004年版,第384页。

一般的核定征收，税务机关负有举证责任，但是，《税收征收管理法》规定的核定课税，其实只是推定课税，纳税人和税务机关的举证责任不一样。税务机关只需要证明符合推定课税的条件，同时证明推定方法的合理性即可。纳税人如果不服，需要举出反证。如果纳税人能够举证反证，税务机关核定的结果可以推翻。

《税收征收管理法》第36条规定，"企业或者外国企业在中国境内设立的从事生产、经营的机构、场所与其关联企业之间的业务往来，应当按照独立企业之间的业务往来收取或者支付价款、费用；不按照独立企业之间的业务往来收取或者支付价款、费用，而减少其应纳税的收入或者所得额的，税务机关有权进行合理调整"。这里所谓的合理调整，其实也是一种税收核定，是对纳税人申报税额的变更。纳税人与其关联企业未按照独立企业之间的业务往来支付价款、费用的，税务机关自该业务往来发生的纳税年度起3年内进行调整；有特殊情况的，可以自该业务往来发生的纳税年度起10年内进行调整。

（四）税收核定与预约定价

所谓预约定价，是指纳税人事先将其和关联企业之间转让定价的标准，向税务机关申报，经税务机关认可后作为征税的依据，以避免税务机关事后对转让定价进行调整。如上文所述，若关联企业之间不按照独立交易原则进行交易，税务机关事后对其应纳税额就可以进行调整。而实施预约定价制度之后，税务机关由于与纳税人事先达成协议，因此必须受协议约束，不能随意调整纳税人的交易价格。这时，税务机关是基于企业与税务机关之间的"预约定价协议"进行征纳，协议也就成了税收核定的基础。例如，《税收征收管理法实施细则》第53条规定，"纳税人可以向主管税务机关提出与其关联企业之间业务往来的定价原则和计算方法，主管税务机关审核、批准后，与纳税人预先约定有关定价事项，监督纳税人执行"。《企业所得税法》第42条也规定，"企业可以向税务机关提出与其关联方之间业务往来的定价原则和计算方法，税务机关与企业协商、确认后，达成预约定价安排"。

## 第四节　税款征收制度

### 一、税款征收概述

税款征收是指税务机关对已确定税收征收入库的行为。从程序的衔接来看，税款确定是税款征收的前提。如果税款没有通过一定的程序确定，无论是纳税人还是税务机关，都无从知晓税收的具体数额。税款征收与税款缴纳相对应。在申报纳税的情形下，纳税人按照税法规定足额缴清税款后，税款征收程序即告完成。如果纳税人仅仅递交申报材料，但没有在规定期限内足额缴纳税款，则必须采取一定的征收措施。在核定课税的情形下,《税务处理决定书》送达纳税人之后,如果纳税人按照要求缴纳税款,征收程序也会就此了结。只有当纳税人拒绝按照要求缴纳税款时,才有必要采取税款征收措施。

1994年,我国实行分税制财政体制改革,初步确立了政府间税收权限划分的雏形。省以下税务机关划分为国家税务局和地方税务局。2018年,国务院机构改革,将省级和省级以下国税地税机构合并,具体承担所辖区域内的各项税收、非税收入征管等职责。国地税分立的格局终止,相应的税款征收主体也加以调整。

本节所介绍的税款征收程序,是以《税收征收管理法》为基础的。海关的征税程序参见《海关法》的相关规定。

## 二、税款征收的方式

税款征收方式指的是税务机关具体组织税款入库的方法。依据现行法律、法规的规定以及税收实务中的做法,我国的税款征收方式有以下几种:查账征收、核定征收、定期定额征收、代扣代缴、代收代缴、委托征收。

查账征收,是指纳税人依法向税务机关申报应税收入或应税所得及应纳税额,并报送有关账册和资料,税务机关依法对纳税人报送的纳税申报表和有关账册、资料进行审核,填开纳税缴款书,由纳税人自行到指定银行缴纳税款的一种征收方式。这种征收方式要求纳税人会计核算真实准确完整,财务会计制度健全,能够正确计算应纳税额,能够依法纳税。

核定征收,是指税务机关对纳税人的生产经营情况进行调查或评估,进而核定其应纳税额的一种征收方式。这种征收方式适用于生产经营规模小,财务会计制度不健全,账册不齐全的小型企业和个体工商户,以及不进行纳税申报、税务机关无从查实生产经营情况的纳税人。

定期定额征收,是指税务机关根据纳税人的生产经营情况,按期核定应纳税额,分期征收税款的一种征收方式。这种征收方式主要适用于难以查清真实收入,账册不全的个体工商户。根据《个体工商户税收定期定额征收管理办法》,定期定额户还必须在税务机关规定的期限内如实申报经营情况,报送纳税申报表和其他有关资料,并对申报内容的真实性承担相应的法律责任。从这个角度来看,定期定额的核定并不具有确定税收的效力,只是为纳税人申报纳税提供一个标准。如果纳税人的实际经营额低于定额,必须首先请求调低定额,这时,在税务机关依法调整之前,纳税人申报的税额不能低于定额,这时该核定就有一定的拘束力。当实际经营额高于核定标准时,纳税人应依法据实申报,否则,税务机关应当追缴税款、加收滞纳金,并按照法律、行政法规规定予以处理。其经营额、所得额连续纳税期超过定额,税务机关应当重新核定其定额。[6]

代扣代缴、代收代缴,是指依照税法规定负有代扣代缴、代收代缴税款义务的扣缴义务人,按照税法规定对纳税人应纳税款进行扣缴或收缴的征收方式。《个人所得税法》《企业所得税法》规定了代扣代缴税款的方式。《消费税暂行条例》规定了代收代缴税款

---

〔6〕 有关税收定额法律效力的质疑,参见熊伟、王华:《我国定期定额征税制度检讨——以陈德惠律师涉嫌偷税案为例》,载《涉外税务》2004年第9期。

的方式。

《税收征收管理法实施细则》第 44 条规定:“税务机关根据有利于税收控管和方便纳税的原则,可以按照国家有关规定委托有关单位和人员代征零星分散和异地缴纳的税收,并发给委托代征证书。受托单位和人员按照代征证书的要求,以税务机关的名义依法征收税款,纳税人不得拒绝;纳税人拒绝的,受托代征单位和人员应当及时报告税务机关。”

## 三、纳税担保制度

纳税担保是指经税务机关同意或确认,纳税人或其他第三人以保证、抵押、质押的方式,为纳税人应当缴纳的税款及滞纳金提供担保的行为。纳税担保人包括以保证方式为纳税人提供担保的第三人和其他以财产为税款偿还提供担保的人,既包括纳税人,也包括第三人。

### (一)提供纳税担保的原因

税法上既有就程序方面的义务要求纳税人提供担保的规定,也有就实体方面的义务要求纳税人提供担保的规定。尽管二者的最终目的都在于确保税收,但程序义务方面的担保与税收的联系相对而言要间接一些,而实体义务方面的担保则直接针对税收。由于其法律性质以及权利义务结构并无本质的不同,因此本文将其统称为纳税担保。

尽管在立法上常有“责令纳税人提供担保”的表述,但是从法理上分析,这并不是针对纳税人的行政命令,而只是一种观念通知行为。纳税人并不因此而负有提供担保的行政义务,相反,他可以根据自己的利益衡量决定是否提供担保。根据我国法律法规的规定,纳税人提供担保的原因主要有以下几类:

第一,异地申请领购发票。《发票管理办法》规定,临时到本省、自治区、直辖市以外从事经营活动的单位和个人,应当凭其所在地税务机关的证明,向经营地税务机关申请领购发票。经营地税务机关可以要求其提供保证人或者根据所购发票的票面限额及数量缴纳不超过 1 万元的保证金,并限期缴销发票。按期缴销发票的,解除保证人的担保义务或者退还保证金;未按期缴销发票的,由保证人或者以保证金承担法律责任。

第二,进口货物先放后验。《海关法》第 29 条规定,除海关特准的外,进出口货物在收发货人缴清税款或者提供担保后,由海关签印放行。第 59 条规定,经海关批准暂时进口或者暂时出口的货物,以及特准进口的保税货物,在货物收发货人向海关缴纳相当于税款的保证金或者提供担保后,准予暂时免纳关税。第 66 条第 1 款规定,在确定货物的商品归类、估价和提供有效报关单证或者办结其他海关手续前,收发货人要求放行货物的,海关应当在其提供与其依法应当履行的法律义务相适应的担保后放行。法律、行政法规规定可以免除担保的除外。

第三,阻止税收保全措施。《税收征收管理法》第 38 条第 1 款规定,税务机关有根据认为从事生产、经营活动的纳税人有逃避纳税义务行为的,可以在规定的纳税期限之前,责令限期缴纳应纳税款;在限期内发现纳税人有明显的转移、隐匿其应纳税的商品、货物以及其他财产,或者应纳税的收入的迹象的,税务机关可以责成纳税人提供纳税担保。如果纳税人不能提供纳税担保,经县以上税务局(分局)局长批准,税务机关可以采取相应的税收保全措施。如果纳税人已经依上述法律提供纳税担保,税务机关不得采取税收保全措施。

第四,出境纳税担保。《税收征收管理法》第44条规定,欠缴税款的纳税人或者他的法定代表人需要出境的,应当在出境前向税务机关结清应纳税款、滞纳金或者提供担保。未结清税款、滞纳金,又不提供担保的,税务机关可以通知出境管理机关阻止其出境。国家税务总局和公安部1996年联合颁布的《阻止欠税人出境实施办法》对阻止出境对象做了进一步明确。

第五,发生纳税争议时适用的纳税担保。《税收征收管理法》第88条第1款规定:"纳税人、扣缴义务人、纳税担保人同税务机关在纳税上发生争议时,必须先依照税务机关的纳税决定缴纳或者解缴税款及滞纳金或者提供相应的担保,然后可以依法申请行政复议;对行政复议不服的,可以依法向人民法院起诉。"

### (二)纳税担保的类型

《税收征收管理法实施细则》第61条第1款规定:"税收征收管理法第三十八条、第八十八条所称担保,包括经税务机关认可的纳税保证人为纳税人提供的纳税保证,以及纳税人或者第三人以其未设置或者未全部设置担保物权的财产提供的担保。"可见,我国现行的纳税担保制度所采取的形式也是分为纳税保证人的保证和纳税人或第三人以财产担保两种。根据《担保法》的规定,人的担保即保证。物的担保有抵押、质押、留置、定金四种形式。纳税担保可采抵押和质押方式当无异议,定金不适用于税收,值得探讨的是留置。

留置权是一种法定的担保物权,如我国《担保法》第84条和《合同法》第264条就规定了留置权产生的四种合同形式。一般情况下,留置不适合作为纳税担保的方式。税务机关或者海关不大可能因为合同关系而占有纳税人的财产。但是就关税征收而言,如果纳税人拒绝缴纳关税,也不提供适当担保,海关就不会将货物通关放行。就此而言,其形式又类似于留置。

### (三)纳税担保的设置

《税收征收管理法实施细则》第62条规定,纳税担保人同意为纳税人提供纳税担保的,应当填写纳税担保书,写明担保对象、担保范围、担保期限和担保责任以及其他有关事项。担保书须经纳税人、纳税担保人签字盖章并经税务机关同意,方为有效。纳税人或者第三人以其财产提供纳税担保的,应当填写财产清单,并写明财产价值以及其他有关事项。纳税担保财产清单须经纳税人、第三人签字盖章并经税务机关确认,方为有效。这说明,纳税担保必须采用书面形式,口头担保不产生法律效力。

至于抵押担保是否需要登记,我国现行税法没有作出规定。我们认为,抵押的对象为不动产,抵押担保权应该经过公示,而公示的形式应该是登记。否则,其他债权人或交易伙伴无从知晓此项权利的存在,其利益可能会因此受到损害。权利质押也有必要登记公示,防止侵害第三人的利益。

### (四)纳税担保的效力

纳税担保的对象和范围通过担保协议约定。纳税担保的对象一般包括税款、滞纳金和实现税款、滞纳金的费用。费用包括抵押、质押登记费用,质押保管费用以及保管、拍卖、变卖担保财产等相关费用支出。就保证担保而言,担保的范围既可能是一般保证,也可能是连带保证。

用于纳税担保的财产、权利的价值不得低于应当缴纳的税款、滞纳金,并考虑相关的费用。纳税担保的财产价值不足以抵缴税款、滞纳金的,税务机关应当向提供担保的纳税人或纳税担保人继续追缴。用于纳税担保的财产、权利的价格估算,除法律、行政法规另有规定外,由税务机关参照同类商品的市场价、出厂价或者评估价估算。

## 四、税收保全制度

税法中的保全制度不但借鉴了民事诉讼法的财产保全,而且吸收了民法中的债权保全,同时还创设了对特定主体的人身限制。例如,我国税法既允许对纳税人财产进行查封、扣押和冻结,又允许对纳税人或其负责人限制出境,还允许税务机关行使代位权和撤销权。不过,无论是哪一种税收保全,都必须符合法定的条件,而且必须遵守法定的程序。

### (一)查封、扣押、冻结纳税人的财产

根据《税收征收管理法》第38条的规定,税务机关有根据认为从事生产、经营的纳税人有逃避纳税义务行为的,可以在规定的纳税期之前,责令限期缴纳应纳税款;在限期内发现纳税人有明显的转移、隐匿其应纳税的商品、货物以及其他财产或者应纳税的收入的迹象的,税务机关可以责成纳税人提供纳税担保。如果纳税人不能提供纳税担保,经县以上税务局(分局)局长批准,税务机关可以采取下列税收保全措施:(1)书面通知纳税人开户银行或者其他金融机构冻结纳税人相当于应纳税款的存款;(2)扣押、查封纳税人的价值相当于应纳税款的商品、货物或者其他财产。这里的其他财产,根据《税收征收管理法实施细则》第59条第1款的规定,包括纳税人的房地产、现金、有价证券等不动产和动产。

税务机关在查封、扣押纳税人财产时,应符合如下法定的要求:

第一,在执行扣押、查封商品、货物或者其他财产时,应当由两名以上税务人员执行,并通知被执行人。被执行人是自然人的,应当通知被执行人本人或其成年家属到场;被执行人是法人或者其他组织的,应当通知其法定代表人或其主要负责人到场;拒不到场的,不影响执行。

第二,扣押商品、货物或其他财产时,必须开付收据;查封商品、货物或其他财产时,必须开付清单。

第三,对于扣押、查封财产的价值,税务机关参照同类商品的市场价、出厂价或者评估价估算,同时,税务机关在确定价值时,除了税款外,还应当包括滞纳金和扣押、查封、保管、拍卖、变卖所发生的费用。

第四,在实施扣押、查封时,对有产权证件的动产或者不动产,税务机关可以责令当事人将产权证件交税务机关保管,同时可以向有关机关发出协助执行通知书,有关机关在扣押、查封期间不再办理该动产或者不动产的过户手续。

第五,对查封的商品、货物或者其他财产,税务机关可以指令被执行人负责保管,保管责任由被执行人承担。继续使用被查封的财产不会减少其价值的,税务机关可以允许被执行人继续使用。因被执行人保管或者使用的过错造成的损失,由被执行人承担。

第六,个人及其所扶养家属维持生活必需的住房和用品,不在税收保全措施的范围之内。《税收征收管理法实施细则》第59条规定,机动车辆、金银饰品、古玩字画、豪华住宅或者一处以上的住房不包括在个人及其所扶养的家属维持生活必需的住房和用品的范围之内。税务机关对单价5000元以下的其他生活用品,不采取税收保全措施。第60条规定,个人所扶养家属是指与纳税人共同居住生活的配偶、直系亲属以及无生活来源并由纳税人扶养的其他亲属。

采取税收保全措施不当,或者纳税人在限期内已缴纳税款,税务机关未立即解除税收保全措施的,或税务机关滥用职权违法采取税收保全措施,使纳税人的合法利益遭受损失的,税务机关应当承担赔偿责任。

### (二)税收代位权与撤销权制度

欠缴税款的纳税人因怠于行使到期债权,或者放弃到期债权,或者无偿转让财产,或者以明显不合理的低价转让财产而受让人知道该情形,对国家税收造成损害的,税务机关可以依照《合同法》第73、74条的规定行使代位权、撤销权。税务机关依照规定行使代位权、撤销权的,不免除欠缴税款的纳税人尚未履行的纳税义务和应承担的法律责任。

税收代位权,是指当欠缴税款的纳税人怠于行使其到期债权而对国家税收造成损害时,税务机关以自己的名义代替纳税人行使其债权的权利。税收代位权的构成要件:一是存在纳税人欠缴税款的事实;二是纳税人怠于行使到期债权,即纳税人和其债务人之间存在合法且已到期的债权(不包括专属于债务人自身的财产),但却怠于行使;三是纳税人的行为对国家税收造成了损害,即纳税人怠于行使其到期债权,导致其偿还债务能力的减弱,从而对国家税收造成损害;四是代位权的行使范围以达到保全税款的程度为必要。如果满足上述条件,税务机关可以依照《合同法》第73条的规定行使代位权,即请求人民法院以自己的名义代位行使债务。

税收撤销权,是指税务机关对欠缴税款的纳税人滥用财产处分权而对国家税收造成损害的行为,请求法院予以撤销的权利。税收撤销权的客观构成要件有两个:一是存在构成撤销的事由;二是对国家税收造成损害。构成撤销的事由包括:欠缴税款的纳税人放弃到期债权或者无偿转让财产或以明显不合理的低价转让财产,这是抛弃权利的单方行为,这一行为影响了其履行债务的能力。与税收代位权一样,税收撤销权的行使也是通过诉讼方式。撤销权的行使范围以纳税人欠缴的税款为限。税务机关行使撤销权的必要费用由纳税人承担。

有一点需要指出的是，虽然根据合同法理论，在撤销债务人的行为或代位行使债权之后，税务机关取回的财产或利益，应作为一般债权人的共同担保，一般债权人对这些财产应平等受偿。但是，鉴于税款的优先效力，税务机关对取得的财产或利益也可以享有优先权。债务人应首先缴纳所欠税款，然后再对其他债权人进行清偿。税务机关依规定行使撤销权，并不免除欠缴税款的纳税人尚未履行的纳税义务和应承担的法律责任。

### （三）限制出境制度

根据《税收征收管理法》第44条，欠缴税款的纳税人或者其法定代表人在离开国境前必须缴清应纳税款、滞纳金或者提供担保，才准许出境。未结清税款、滞纳金，又不提供担保的，税务机关可以通知出境管理机关阻止其出境。事实上，除了增加限制纳税人的法定代表人出境之外，上述条文不过是《税收征收管理法》2001年修订前的翻版，限制出境的构成要件十分模糊，免责条件显得过于苛刻，行政裁量的标准也完全缺位，对公民人身自由可能造成不必要的侵害。尽管国家税务总局、公安部此前曾制定《阻止欠税人出境实施办法》，对限制出境的标准和程序有进一步的补充规定，[7]但被限制对象的权利保护仍然考虑得不够细致。

例如，如果纳税人欠税的数额过小，就实在看不出限制出境的必要，除非纳税人本身定居境外，今后也不太可能回到境内。又如，对于公益性单位的法定代表人，其出境本身是基于公益的目的，况且与单位又不存在财产联系，因此也看不出有限制出境的必要。再如，如果纳税人在境内有足够的财产，尽管其没有缴清欠税或者提供担保，也没有必要限制其出境，税务机关可以直接强制执行纳税人的财产。如果已经采取了财产保全措施，就更不能限制纳税人的人身自由。最后，如果当事人无力缴纳税款，也无法提供担保，但确实有奔丧、探病等紧急事务需要出境，一概拒绝其出境也明显有违人伦。这些问题在《阻止欠税人出境暂行办法》中也没有作出规定。

由此可见，对于税收保全的限制出境，法律应该预设一些条件。对于没有必要限制出境的情形，应当直接作出除外性的规定，而不能委由行政机关自由裁量。即便在税务机关裁量范围内的事由，也只有在必要的情况下才能适用。如果税务机关能够采取财产保全措施，就不必采取针对人身的保全措施。如果税务机关能够直接强制执行，就不必限制纳税人的出境自由。如果当事人与纳税人没有任何财产联系，是否有必要限制其出境也应多加考虑。如果纳税人确有紧急事务需要出境，还应该考虑一定的通融余地，以免过于侵害当事人的利益和情感。当然，假如纳税人已经没有任何财产，即便限制出境也无法促使其缴纳税款，那么，限制出境就更没有必要实施了。

---

〔7〕 参见1996年12月17日国税发〔1996〕215号文。该文第7条规定，边防检查站阻止欠税人出境的期限一般为1个月。对控制期限逾期的，边防检查站可自动撤控。需要延长控制期限的，税务机关按照规定办理续控手续。第8条规定，被阻止出境的欠税人有下列情形之一者，有关省、自治区、直辖市税务机关应立即依照布控程序通知同级公安厅、局撤控：(1)已结清阻止出境时欠缴的全部税款（包括滞纳金和罚款，下同）；(2)已向税务机关提供相当全部欠缴税款的担保；(3)欠税企业已依法宣告破产，并依《破产法》程序清偿终结者。这些都体现了对纳税人权利的保护。

## 五、税收强制执行措施

《税收征收管理法》规定了两类税收强制执行措施,即间接强制执行和直接强制执行。

### (一)间接强制执行制度

间接强制执行,即加收滞纳金。这一强制执行的主要目的在于促使纳税主体尽早履行纳税义务。纳税人未按照规定期限缴纳税款,扣缴义务人未按照规定期限解缴税款的,税务机关除责令限期缴纳外,从滞纳税款之日起,按日加收滞纳税款5‰的滞纳金。加收税款滞纳金的具体起止时间为法律、行政法规规定或者税务机关依照法律、行政法规的规定确定的税款缴纳期限届满次日起,至纳税人、扣缴人义务人实际缴纳或者解缴税款之日止。

2012年1月1日实施的《行政强制法》第45条规定,行政机关依法作出金钱给付义务的行政决定,当事人逾期不履行的,行政机关可以依法加处罚款或者滞纳金。加处罚款或者滞纳金的标准应当告知当事人。加处罚款或者滞纳金的数额不得超出金钱给付义务的数额。此处的滞纳金与《税收征收管理法》上的滞纳金构成要件并不一致,它是一种执行罚,是为了督促当事人履行行政决定,因此必须以生效行政决定作为前提。而税法上的滞纳金从滞纳税款之日起开始征收,并不以税务行政决定作为前提。二者之间关系如何处理,实务上存在很多争议,需要从立法的角度进行协调。

### (二)直接强制执行制度

直接强制执行,从事生产、经营的纳税人、扣缴义务人未按照规定的期限缴纳或者解缴税款,纳税担保人未按照规定的期限缴纳所担保的税款,由税务机关发出限期缴纳税款通知书,责令缴纳或者解缴税款的最长期限不得超过15日。逾期仍未缴纳的,经县以上税务局(分局)局长批准,税务机关可以采取下列强制执行措施:(1)书面通知其开户银行或者其他金融机构从其存款中扣缴税款;(2)扣押、查封、依法拍卖或者变卖其价值相当于应纳税款的商品、货物或者其他财产,以拍卖或者变卖所得抵缴税款。税务机关采取强制执行措施时,对未缴纳的滞纳金同时强制执行。对价值超过应纳税额且不可分割的商品、货物或者其他财产,税务机关在纳税人、扣缴义务人或者纳税担保人无其他可供强制执行的财产的情况下,可以整体扣押、查封、拍卖,以拍卖所得抵缴税款、滞纳金、罚款以及扣押、查封、保管、拍卖费用。

### (三)税收强制执行的主体

《税收征收管理法》对税款与行政处罚的强制执行,分别规定了不同的执行主体。该法第40条规定,从事生产、经营的纳税人、扣缴义务人未按照规定的期限缴纳或者解缴税款,纳税担保人未按照规定的期限缴纳所担保的税款,由税务机关责令限期缴纳,逾期仍未缴纳的,经县以上税务局(分局)局长批准,税务机关可以采取强制执行措施。至于税务行政处罚,按照该法第 88 条的规定,税务机关有权直接强制执行,也可以申请人民法院执行。不过,由于税务征收案件可能经过行政诉讼,而诉讼的生效裁判是法院的当然执行依据,因此,对税务案件的强制执行,法院管辖的范围远远超过行政机关。

另外,《税收征收管理法》里还有一个空白。根据规定,税务机关能够强制执行的对象,都只限于从事生产、经营活动的纳税人,或者从事生产、经营活动的扣缴义务人。如果是普通的个人,没有从事生产、经营活动,无论是作为纳税人还是扣缴义务人,当其未能主动履行缴纳或解缴税款义务时,法律既没有授权税务机关采取强制执行措施,也没有授权税务机关申请法院执行。

如果将来修改法律或者进行补充性立法,从程序便利和程序公平角度出发,笔者认为应该增加税务机关的执行权限,也就是无论个人还是单位,无论纳税人还是扣缴义务人,只要符合强制执行条件的税款,就应由税务机关执行。即便是经过行政诉讼的税款征收决定,也应该由税务机关执行。假如法院变更了征税决定,税务机关据此作出新的征税决定,就可以作为执行依据。如果法院确认了征税决定,原来的征税决定直接可以作为执行依据。

### 六、税收优先权

《税收征收管理法》第 45 条规定,税务机关征收税款,税收优先于无担保债权,法律另有规定的除外;纳税人欠缴的税款发生在纳税人以其财产设定抵押、质押或者纳税人的财产被留置之前,税收应当先于抵押权、质权、留置权执行。纳税人欠缴税款,同时又被行政机关决定处以罚款、没收违法所得的,税收优先于罚款、没收违法所得。所谓纳税人欠缴的税款,是指纳税人发生纳税义务,但未按照法律、行政法规规定的期限或者未按照税务机关依照法律、行政法规的规定确定的期限向税务机关申报缴纳的税款或者少缴的税款,纳税人应缴纳税款的期限届满之次日即是纳税人欠缴税款的发生时间。

《企业破产法》虽然也肯定了税收的优先权,但是其内容与《税收征收管理法》有异。《企业破产法》第 113 条规定,破产财产在优先清偿破产费用和共益债务后,依照下列顺序清偿:(1)破产人所欠职工的工资和医疗、伤残补助、抚恤费用,所欠的应当划入职工个人账户的基本养老保险、基本医疗保险费用,以及法律、行政法规规定应当支付给职工的补偿金;(2)破产人欠缴的除前项规定以外的社会保险费用和破产人所欠税款;(3)普通破产债权。破产财产不足以清偿同一顺序的清偿要求的,按照比例分配。

从上述规定来看,《企业破产法》解决了税收与一般的无担保债权的关系,即税收优先于无担保债权。但是,《企业破产法》第 109 条规定,对破产人的特定财产享有担保权的权利人,对该特定财产享有优先受偿的权利。这意味着,在企业的破产还债程序中,有财产担保的普通债权绝对优先于税收,无论纳税人欠缴税款的时间早于或者晚于设定担保的时间。

另外,《企业破产法》还界定了破产费用与共益费用。破产管理人拍卖、变卖债务人的财产,或者继续履行相关合同发生的税收,或者属于破产费用,或者属于共益费用。《企业破产法》第 43 条规定,破产费用和共益债务由债务人财产随时清偿。这说明,在破产还债程序中,作为破产费用或者共益费用的税收,优先于作为特别破产债权的税收。

## 七、税款的追征与退还

### (一)税款的追征

《税收征收管理法》第52条规定,因税务机关的责任,致使纳税人、扣缴义务人未缴或者少缴税款的,税务机关在3年内可以要求纳税人、扣缴义务人补缴税款,但是不得加收滞纳金。因纳税人、扣缴义务人计算错误等失误,未缴或者少缴税款的,税务机关在3年内可以追征税款、滞纳金;有特殊情况的,追征期可以延长到5年。对偷税、抗税、骗税的,税务机关追征其未缴或者少缴的税款、滞纳金或者所骗取的税款,不受前款规定期限的限制。由于追征期的适用条件采用列举式,实务中很容易引起误解的是,对既不是由于税务机关的责任,也不是由于纳税人、扣缴义务人计算错误造成的未缴或少缴税款,是否也能受到追征期限制。我们认为,"计算错误"只是对"失误"的不完全列举,其他任何因纳税人失误造成的未缴或少缴税款,都应适用对应的追征期。

关于追征期的起算日期,《税收征收管理法》没有明确规定。我们认为,对于企业所得税、增值税等要求申报的税收,如果纳税人已经及时申报,其追征期应当从纳税申报之日开始起算。如果纳税人没有在规定期限内申报,其追征期应当从纳税申报期限届满之日起算;针对扣缴义务人的追征期,如果扣缴义务人没有在规定期限内申报,其追征期应当自申报期限届满之日起算;印花税则应当自纳税义务发生之日起算。

追征期究竟在法律上是消灭时效还是除斥期间,我国法律并没有给出明确的答案。消灭时效与除斥期间最大的区别就在于客体不同。消灭时效的客体是请求权,而除斥期间的客体是形成权。我们认为,由于纳税义务的形成并不依赖于税务机关的核定或者征收,因此,追征期针对的是税务机关代表国家对纳税人行使的税款缴纳请求权。因此,追征期的性质是消灭时效。

### (二)税款的退还

《税收征收管理法》第51条规定,纳税人超过应纳税额缴纳的税款,税务机关发现后应当立即退还;纳税人自结算缴纳税款之日起3年内发现的,可以向税务机关要求退还多缴的税款并加算银行同期存款利息,税务机关及时查实后应当立即退还;涉及从国库中退库的,依照法律、行政法规有关国库管理的规定退还。

纳税人按税务机关要求缴纳税款后,在向税务行政复议机关申请复议时,可以一并提出税款返还要求。即便纳税人没有提出退税申请,复议机关经过审理后,如果发现纳税人确实存在溢缴税款的事实,复议机关也应该主动处理。在行政诉讼程序中,除了诉请确认具体行政行为违法之外,纳税人同样可以申请退还税款。

如果纳税人直接向税务机关申请退税,应在规定的时效内向税务机关提出退税申请,领取税务退税申请审批表,并向税务机关报送相关资料,税务机关应指定相关部门予以受理审核,并依照税收管理权限逐级上报审批。税务局在税务检查中发现应退税的,在送达税务处理决定书时通知纳税人填写税务退税申请审批表,连同税务处理决定书和有关文书资料到税务机关指定部门申请办理退税。

## 八、其他相关法律规定

### (一)欠缴税款公布、报告以及担保说明制度

《税收征收管理法》规定,税务机关应当对纳税人欠缴税款的情况定期予以公布。县级以上各级税务机关应当将纳税人的欠税情况,在办税场所或者广播、电视、报纸、期刊、网络等新闻媒体上定期公告。欠缴税款数额较大的纳税人在处分其不动产或者大额资产之前,应当向税务机关报告。纳税人有欠税情形而以其财产设定抵押、质押的,应当向抵押权人、质权人说明其欠税情况。抵押权人、质权人可以请求税务机关提供有关的欠税情况。

### (二)企业合并、分立的税收问题

为了防止企业改制重组中规避纳税义务,《税收征收管理法》第48条规定,纳税人有合并、分立情形的,应当向税务机关报告,并依法缴清税款。纳税人合并时未缴清税款的,应当由合并后的纳税人继续履行未履行的纳税义务;纳税人分立时未缴清税款的,分立后的纳税人对未履行的纳税义务应当承担连带责任。

### (三)滞纳金与延期纳税

依据《税收征收管理法》的规定,纳税人、扣缴义务人应按照法律、行政法规规定的期限缴纳或解缴税款,未按期缴纳者,需承担具有迟延赔偿性质的滞纳金。2001年《税收征收管理法》修改之前,滞纳金的标准为按日加收滞纳税款的2‰。现行的标准是按日加收滞纳税款的5‱。

纳税人因特殊困难,不能在规定的纳税期限内缴纳税款时,经有权税务机关批准,可以延期缴纳税款。"有权"税务机关是指延期纳税的法定审批机关。2001年《税收征收管理法》修订后,从严规定了延期纳税的审批权限,由原县级以上税务机关改为省、自治区、直辖市税务机关负责延期纳税的审批,以规范曾一度失控的延期纳税审批权。至于何谓"特殊困难",该法未做规定。根据有关规章规定,是指有下列情形之一导致的短期资金困难:不可抗拒的自然灾害;可供纳税的财产遭遇偷盗、抢劫等意外事故;国家调整经济政策的直接影响;短期贷款拖欠;其他经省级税务机关明文列举的特殊困难。延期纳税是立法对纳税人的实际困难予以考虑而设置的一种宽缓期或恩惠期,是按期纳税原则的例外。在税务机关批准的延期内,对纳税人滞纳税款不加收滞纳金;但超出批准期限仍未纳税的,则属税收违法行为,要加收滞纳金。延期纳税的最长期限不得超过3个月。

## 第五节 税务检查制度

税务检查是指税务机关以国家税收法律、行政法规为依据，对纳税人、扣缴义务人履行纳税义务和扣缴义务的情况进行检查和处理。税务检查的目的在于收集信息，以确定纳税人或扣缴义务人遵守税法的情况。但是，税务检查本身也是对当事人的一种侵扰，会涉及当事人的营业自由、商业秘密，甚至个人隐私。所以，需要法律对税务检查程序予以特别规定。

### 一、税务机关的权利和义务

#### (一)税务机关的权利

税务机关的检查权必须依法定范围和程序行使，不得滥用，也不得越权。依据我国《税收征收管理法》及其实施细则的规定，税务机关的税务检查权主要包括以下几个方面：

1. 查账权

税务机关有权检查纳税人的账簿、记账凭证、报表和有关资料，检查扣缴义务人代扣代缴、代收代缴税款账簿、记账凭证和有关资料。税务机关既可以在纳税人、扣缴义务人的业务场所行使资料检查权，也可以在必要时，经县以上税务局(分局)局长批准，将上述纳税主体以往会计年度的账簿、记账凭证、报表和其他有关资料调回税务机关检查。

2. 实地检查权

税务机关有权到纳税人的生产、经营场所和货物存放地实地检查纳税人应纳税的商品、货物或者其他财产，检查扣缴义务人与代扣代缴、代收代缴税款有关的经营情况。

3. 资料取得权

税务机关有权责成纳税人、扣缴义务人提供与纳税或者代扣代缴、代收代缴税款有关的文件、证明材料和有关资料。

4. 询问权

税务机关有权询问纳税人、扣缴义务人与纳税或者代扣代缴、代收代缴税款有关的问题和情况。

5. 查验权

税务机关有权到车站、码头、机场、邮政企业及其分支机构检查纳税人托运、邮寄应纳税商品、货物或者其他财产的有关单据、凭证和有关资料。

6. 存款查核权

经县以上税务局(分局)局长批准，凭全国统一格式的检查存款账户许可证明，税务机关有权查核从事生产经营的纳税人、扣缴义务人在金融机构的存款账户。此外,税务机关查核从事生产、经营的纳税人的储蓄存款,须经银行县、市支行或者市分行的区办事处核对,指定所属储蓄所提供资料。

税务机关依法进行税收检查时,纳税人、扣缴义务人必须予以配合,如实反映情况,提供有关资料,不得拒绝、隐瞒。税务机关向有关单位和个人调查纳税人、扣缴义务人和其他当事人与纳税或者代扣代缴税款有关的情况时,有关单位和个人也有义务向税务机关如实提供有关资料及证明。

#### (二)税务机关的义务

依据我国《税收征收管理法》及其实施细则的规定,税务机关在税务检查方面的义务主要有以下几项:

1. 资料退还的义务

税务机关把纳税人、扣缴义务人以前会计年度的账簿、记账凭证、报表和其他有关资料调回税务机关检查的,税务机关必须向纳税人、扣缴义务人开付清单,并在3个月内完整退还。

2. 保守秘密的义务

税务机关派出的人员在进行税务检查时,有义务为被检查人保守秘密。尤其是在行使存款查核权时,税务机关应当指定专人负责,凭全国统一格式的检查存款账户许可证明进行检查,并应为被检查人保守秘密。

3. 持证检查的义务

税务人员进行税务检查时,必须出示税务检查证;无税务检查证的,纳税人、扣缴义务人及其他当事人有权拒绝检查。

### 二、日常税务检查与税务稽查

税务检查可以分为多种类型,其中比较重要的包括日常检查和税务稽查。

日常检查属于事前、事中的检查,是税务机关在纳税评估的基础上,通过分析纳税人、扣缴义务人生产经营情况、财务数据、申报情况、税负情况等,发现问题并查找原因,及时予以解决。而税务稽查属于事后检查,是由专业稽查部门依法对纳税人、扣缴义务人履行纳税义务、扣缴税款义务及其他义务情况进行的检查和处理,其目的和作用是查处偷、逃、骗税行为,打击税收违法犯罪活动。

在现行体制下,日常检查权一般由税务机关的征收部门行使,税务稽查权则专门由税务稽查部门行使。为了明确二者的界限,国家税务总局在《关于进一步加强税收征管基础工作若干问题的意见》中,提出了划分征收管理部门与稽查部门税务检查职责的三个原则,国家税务总局《关于进一步加强税收征管工作的若干意见》则明确提出,从检查对象、范围、性质、时间上划清日常检查与税务稽查的业务边界。

日常检查的工作内容主要包括:清理漏征漏管户、清理注销户、核查发票、评估问询、了解纳税人生产经营和财务状况及对申报征收管理的日常性检查和专项性检查等工作。

日常检查采取的手段和结果是,催报催缴、补正申报、补缴税款、调整账目、责令限期改正、加收滞纳金等;涉及处罚的,按照有关规定进行处罚。涉嫌"偷税、逃税、骗税、抗税"等税收违法行为需要立案的,要及时移交税务稽查部门查处。

税务稽查的案件范围是:举报案件;交办、转办(包括国际情报交换)案件;协查中有偷、逃、骗、抗税嫌疑的纳税人和扣缴义务人;专项检查中经科学选案有偷、逃、骗、抗税嫌疑的纳税人和扣缴义务人;日常检查(管理)中有偷、逃、骗、抗税嫌疑的纳税人和扣缴义务人以及其他有偷、逃、骗、抗税嫌疑的纳税人和扣缴义务人。

### 三、税务稽查的主体及管辖

税务稽查是一项法定的权力,只能由特定的主体享有和行使。我国自从1986年《税收征收管理条例》颁布以来,除关税及其他特定税种外,税务稽查的权力一直归属于税务机关。1992年《税收征收管理法》制定以后,虽然明确规定了税务机关的检查权,但未曾出现征收和稽查相分离的观念。1995年《税收征收管理法》修改以后,税务稽查部门虽然得以建立,并实际行使法律所赋予的税收检查权,但是,它仍然是税务机关的内设机构,没有独立的行政执法权。由于征收部门与稽查部门的职能交叉,二者之间容易发生业务冲突,重复检查和互相推诿的现象同时存在。这不仅严重制约了稽查效率的发挥,而且也给纳税人带来了不必要的负担。

经过2001年的修改,《税收征收管理法》第14条规定:"本法所称税务机关是指各级税务局、税务分局、税务所和按照国务院规定设立的并向社会公告的税务机构。"《税收征收管理法实施细则》第9条第1款则明确指出:"税收征管法第十四条所称按照国务院规定设立的并向社会公告的税务机构,是指省以下税务局的稽查局。稽查局专司偷税、逃避追缴欠税、骗税、抗税案件的查处。"这说明,税务稽查局虽然仍旧隶属于税务机关,但已经具备了独立的行政执法资格,可以自己的名义独立对外进行税务稽查。相应地,税收征收部门则只能基于纳税申报,从事税款的征收入库工作,并行使与此有关的日常检查权。此后,国家税务总局《关于进一步加强税收征管基础工作若干问题的意见》、国家税务总局《关于稽查局有关执法权限的批复》、国家税务总局《关于进一步加强税收征管工作的若干意见》、《关于进一步规范国家税务局系统机构设置明确职责分工的意见》均对税务稽查局的职权职责做了解释性补充。尽管如此,关于稽查局与税收征收部门的职权边界,无论在立法上还是在实践中仍然难以有效界分,成为税务争讼中征纳双方争议的焦点所在。

1995年,国家税务总局制定了《税务稽查工作规程》,2009年做了重要修正,除总则和附则外,内容覆盖管辖、选案、检查、审理、执行、案卷管理,相比税务机关的日常检查,其程序更加严格和规范。例如,稽查局查处税收违法案件时,实行选案、检查、审理、执行分工制约原则;税务稽查人员应当依法为纳税人、扣缴义务人的商业秘密、个人隐私保密;税务稽查人员有《税收征管法细则》规定回避情形的,应当回避;等等。

税务稽查局应当在所属税务局的征收管理范围内实施税务稽查,除此以外的税收违法行为,由违法行为发生地或者发现地的稽查局查处。税收法律、行政法规和国家税务总局对税务稽查管辖另有规定的,从其规定。税务稽查管辖有争议的,由争议各方本着有利于案件查处的原则逐级协商解决;不能协商一致的,报请共同的上级税务机关协调或者决定。

省、自治区、直辖市和计划单列市税务局稽查局可以充分利用税源管理和税收违法情况分析成果,结合本地实际,在管辖区域范围内实施分级分类稽查。分级分类稽查应当结合税收违法案件查处、税收专项检查、税收专项整治等相关工作统筹确定。

上级稽查局可以根据税收违法案件性质、复杂程度、查处难度以及社会影响等情况,组织查处或者直接查处管辖区域内发生的税收违法案件。下级稽查局查处有困难的重大税收违法案件,可以报请上级稽查局查处。

## 四、税务稽查的程序

税务稽查的一般程序包括:确定稽查对象、实施税务检查、得出稽查结论。按照《税务稽查工作规程》的要求,税务稽查各自应当按照确定稽查对象、实施稽查、审理、执行等程序分工负责,互相配合,互相制约,以保证准确有效地执行税收法律、法规。每一个环节的目的和意义都不一样,因此有不同的程序要求。

### (一)确定稽查对象

确定稽查对象实际上是一个选案和立案的过程。在实践中,税务稽查对象一般应当通过以下方法产生:(1)采用计算机选案分析系统进行筛选。(2)根据稽查计划按征管户数的一定比例筛选或随机抽样选择。(3)根据公民举报、有关部门转办、上级交办、情报交换的资料确定。

### (二)实施税务检查

1. 稽查人员的回避

《税务稽查工作规程》规定,稽查人员与被查对象有下列关系之一的应当自行回避,被查对象也有权要求他们回避:(1)稽查人员与被查当事人有近亲属关系的;(2)稽查人员与被查对象有利害关系的;(3)稽查人员与被查对象有其他关系可能影响公正执法的。对被查对象认为应当回避的,稽查人员是否回避,由本级税务机关的局长审定。这使《税收征收管理法》的要求有了可操作性。

2. 稽查的事前通知

《税收征收管理法》第59条只是规定,税务机关派出的人员进行税务检查时,应当出示税务检查通知书;未出示税务检查通知书的,被检查人有权拒绝检查。但《税务稽查工作规程》第22条则进一步要求,实施稽查前应当向纳税人发出书面稽查通知,告知其稽查时间、需要准备的资料、情况等,但预先通知有碍稽查的除外。

3. 稽查的合法性提示

税务人员进行税务检查时,应当出示税务检查证和税务检查通知书。无税务检查证和税务检查通知书的,纳税人、扣缴义务人及其他当事人有权拒绝检查。

4. 税务机关的稽查手段

实施检查时,依照法定权限和程序,可以采取实地检查、调取账簿资料、询问、查询存款账户或者储蓄存款、异地协查等方法。对采用电子信息系统进行管理和核算的被查对象,可以要求其打开该电子信息系统,或者提供与原始电子数据、电子信息系统技术资料一致的复制件。

5. 税务稽查的取证规则

《税收征收管理法》第58条规定:"税务机关调查税务违法案件时,对与案件有关的情况和资料,可以记录、录音、录像、照相和复制。"《税务稽查工作规程》进一步要求,实施检查时,应当依照法定权限和程序,收集能够证明案件事实的证据材料。收集的证据材料应当真实,并与所证明的事项相关联。调查取证时,不得违反法定程序收集证据材料;不得以偷拍、偷录、窃听等手段获取侵害他人合法权益的证据材料;不得以利诱、欺诈、胁迫、暴力等不正当手段获取证据材料。

### (三)得出稽查结论

审理部门接到检查部门移交的《税务稽查报告》及有关资料后,应当及时安排人员进行审理。审理人员应当依据法律、行政法规、规章及其他规范性文件,对检查部门移交的《税务稽查报告》及相关材料进行逐项审核,提出书面审理意见,由审理部门负责人审核。案情复杂的,稽查局应当集体审理;案情重大的,稽查局应当依照国家税务总局有关规定报请所属税务局集体审理。[8]

审理完毕,审理人员应当制作《税务稽查审理报告》,由审理部门负责人审核。审理部门区分下列情形分别作出处理:(1)认为有税收违法行为,应当进行税务处理的,拟制《税务处理决定书》;(2)认为有税收违法行为,应当进行税务行政处罚的,拟制《税务行政处罚决定书》;(3)认为税收违法行为轻微,依法可以不予税务行政处罚的,拟制《不予税务行政处罚决定书》;(4)认为没有税收违法行为的,拟制《税务稽查结论》。

《税务处理决定书》《税务行政处罚决定书》《不予税务行政处罚决定书》《税务稽查结论》经稽查局局长或者所属税务局领导批准后由执行部门送达执行。

## 第六节　税务违法责任

税务违法责任包括行政责任和刑事责任两种。税收犯罪的刑罚由刑法调整,本节主要介绍税收违法行为的行政处罚。实施税务行政处罚的主体是县级以上(含县级)的税务机关,含独立行使职权的税务稽查局。除法律特别授权外,各级税务机关的内设派出机构不具备处罚主体资格,不能以自己的名义实施税务行政处罚。罚款额在2000元以下的,可以由税务所决定。

---

[8] 参见《重大税务案件审理办法》(国家税务总局令第34号)第11条。

## 一、税务行政处罚的种类

在行政实践中,行政机关作出的不利于相对人的行为,不限于行政处罚这一种。有些行政强制行为,无论是在外观、内容还是效果上,都与行政处罚非常相似,如强制检查、强制扣留、强制医疗。不过,它们不以制裁或惩戒为目的,也不必然以违反法律作为前提,有的甚至还是为了保护当事人利益。因此,只有从制裁或惩戒的角度出发,才能把握行政处罚的特性。

首先,在税法中不存在申诫罚。申诫罚是一种以损害被处罚人名誉为手段的处罚,又称名誉罚,其形态一般包括警告、通报批评、责令具结悔过。税法中虽然也有责令改正、责令缴纳税款等措施,但其目的并不在于损害当事人名誉,因此不具有制裁或惩戒的意义。至于公告欠税,确实能起到类似于名誉罚的作用,对纳税人的利益影响很大。我们也主张取消这项制度或者对其进行严格规范。不过,税务机关公布欠税时,只是罗列欠税事实,并不能直接进行谴责。况且,公布出来的欠税信息,还具有供社会查询的作用。因此,其既不属于警告,也不属于通报批评,不能归入申诫罚的行列。

其次,对于财产罚的范围,我们也认为应当限缩。罚款具有制裁或惩戒性,对此人们一般没有异议。至于违法所得,有的观点认为其不是合法财产,将其没收不会产生制裁效果,因此不是行政处罚。不过,鉴于违法所得在被没收之前,实际上被违法行为人所控制,而没收可以剥夺其财产能力,因此其惩罚性质还是比较明显的,应当属于行政处罚。除此之外,无论是滞纳金还是加处罚款,都不是行政处罚,而只是一种执行措施,其目的在于督促行为人履行义务,而不在于制裁或惩罚当事人的行为。一旦行为人开始履行义务,滞纳金或加处的罚款即不再征收。

再次,对于限制出境的法律性质,我们认为,它不是一种行政处罚,而只是一种保全税收的手段。在行政法上,也可以归入行政强制措施之列。限制出境既不以行为人的主观过错作为前提,也不一定针对直接违法行为人,同时还不限制采取其他处罚措施,因此,与行政处罚的差别很大。最主要的原因在于,限制出境不具有法律评价的效果,其不是为了制裁或惩罚当事人,而只是为了使税款更具有安全保障。因此,如果纳税人已经缴纳税款,或者提供了相当的担保,税务机关必须立即解除出境限制。

最后,对于行为罚的范围,我们认为,无论是收缴税务登记证,还是取消增值税一般纳税人资格;无论是停止增值税进项税额抵扣权,还是收缴发票、停收发票或是停止出口退税权,都不属于税务行政处罚,而只是一般的行政行为。至于税务机关申请工商行政管理机关吊销营业执照,根本就不是具体行政行为。即使其属于对纳税人的制裁和惩罚,也只是工商行政管理机关的行为,而不是税务行政处罚。

第一,税务登记是为了掌握纳税人信息,税务登记证最主要的功能是证明纳税人已办理纳税登记,而不是为了证实纳税人的身份合法。纳税人身份不存在合法与否的问题,只要符合税收构成要件,发生纳税义务,自然就是纳税人,不需要通过登记而授予资格。在具体的征管实践中,当纳税人购买发票或开办银行账户等事项时,必须出示税务登记证。这只是为了核实纳税人的信息,并不具有其他的法律效力。按照《税务登记管理办法》的规定,[9]纳税人办理注销登记时,需要收缴税务登记证。对于非正常户,可以暂停其税务登记证件的使用,列入非正常户超过3个月的,可以宣布税务登记证无效。我们认为,无论是注销税务登记证,还是暂停使用税务登记证或者宣布税务登记证无效,都属于正常的法律确认程序,而不是对纳税人的一种制裁或惩戒。纳税人可以对此申请救济,但这种行为并不是行政处罚。更何况,随着"五证合一"登记制度改革,单独的税务登记证不复存在,收缴税务登记证也无从谈起了。

第二,就增值税的一般纳税人资格而言,这并不是一种法定权利或利益,而仅仅是一种管理上的分类。只要达到《增值税暂行条例》的标准,任何人都可以申请成为一般纳税人。一般纳税人虽然可以使用增值税专用发票,可以抵扣进项税额,可以适用法定税率,但这也不见得就是一种利益。在某些情况下,一般纳税人的地位还可能不如小规模纳税人。例如,对于软件行业而言,由于几乎没有进项税额,如果适用法定税率,而不是征收率,其税负必然重于小规模纳税人。一般纳税人被确认之后,由于经营情况的变化,如果不能继续满足法律规定的条件,税务机关当然必须取消其一般纳税人资格。这种取消其实也只是身份的重新确认,并不代表纳税人必然有违反法律的行为,也不代表税务机关对纳税人的制裁或惩戒,同时还不一定会损害纳税人的利益,因此不是一种税务行政处罚,而只是普通的行政行为。

第三,关于停止增值税进项税额抵扣权,其法律依据为国税发〔1993〕154号文、国税发〔1995〕15号文,其内容涉及纳税人未办理外出经营活动证明、未按规定使用发票等。不过,《行政处罚法》实施之后,国家税务总局已经将其废止。[10] 我们认为,如果不允许抵扣进项税额,就会让纳税人重复缴纳税款,增值税的效用也就无法发挥。因此,尽管禁止抵扣进项税额相当于罚款,但废止该措施的理由,不应该是违反《行政处罚法》,而应该是违反了增值税的内在机理。如果在允许抵扣进项税额的同时,对纳税人的违法行为处以罚款,这样就与法理完全吻合了。用禁止抵扣进项税额替代行政处罚,反映出当时规章的立法水平有待提高。但是,这并不能使禁止抵扣进项税额,在性质上转变成税务行政处罚,其仍然是一种行政处理决定。

第四,按照《税收征收管理法》第72条,从事生产、经营的纳税人、扣缴义务人有本法规定的税收违法行为,拒不接受税务机关处理的,税务机关可以收缴其发票或者停止向其发售发票。在此之前,国税发〔1995〕101号文规定,对不按规定保管专用发票而发生丢失的企业,除按有关规定予以处罚外,还要根据情节轻重,给予半年内不得使用、领购专用发票并收缴结存的专用发票的处罚。国税函发〔1995〕92号文也有类似规定。不过,《行政处罚法》实施之后,国家税务总局也已经废止上述内容。[11] 我们认为,按照现行法律的规定,无论是收缴发票还是停止出售发票,其目的都不在于处罚纳税人,而在于督促其接受税务处理,改正税收违法行为。由于发票是纳税人正常经营的基础,税务机关收缴发票或

---

〔9〕 参见《税务登记管理办法》,2004年2月1日起施行,2014年12月27日修订,新办法于2015年3月1日起实施。

〔10〕 国家税务总局《关于税务行政处罚有关问题的通知》(国税发〔1998〕20号)。

〔11〕 国家税务总局《关于税务行政处罚有关问题的通知》(国税发〔1998〕20号)。

停止发售发票，实际上相当于限制纳税人的经营权，对纳税人利益的影响远远超过罚款。不过，一旦纳税人改正违法行为，接受税务处罚，税务机关仍然必须向纳税人出售发票。所以，这种收缴及停售发票已经不再具有原来的处罚性质。

第五，按照《税收征收管理法》第66条的规定，以假报出口或者其他欺骗手段，骗取国家出口退税款的，由税务机关追缴其骗取的退税款，并处骗取税款1倍以上5倍以下的罚款；构成犯罪的，依法追究刑事责任。对骗取国家出口退税款的，税务机关可以在规定期间内停止为其办理出口退税。可见，对行为人的骗税行为，《税收征收管理法》已经规定了罚款，严重的还须追究刑事责任。但在税收征管实践中，仅仅设置法律责任远远不够，还必须采取措施阻止其继续骗税。正是基于这种考虑，《税收征收管理法》在法律责任之外，还规定了停止出口退税措施。其目的不在于制裁已经实施的骗税行为，而是为了防止行为人继续骗税，给国家的税收造成更大的损失。有学者主张，停止出口退税属于一种行政处罚措施。[12] 我们认为，基于上述分析，停止出口退税只是一种税收保全措施，而不是行政处罚措施。《税务行政复议规则（暂行）》将其列入行政处罚，这种观点有待商榷。

## 二、税务行政处罚的内容

### （一）纳税人违反税法的行为

1. 纳税人违反税务登记管理。纳税人未按照规定的期限申报办理税务登记、变更或者注销登记的，由税务机关责令限期改正，可以处2000元以下的罚款；情节严重的，处2000元以上1万元以下的罚款。纳税人未按照规定使用税务登记证件，或者转借、涂改、损毁、买卖、伪造税务登记证件的，处2000元以上1万元以下的罚款；情节严重的，处1万元以上5万元以下的罚款。

2. 纳税人违反账簿、凭证管理。纳税人未按照规定设置、保管账簿或者保管记账凭证和有关资料，或者未按照规定将财务会计制度或财务会计处理方法和会计核算软件报送税务机关备查，以及未按照规定将其全部银行账号向税务机关报告的，由税务机关责令限期改正，可以处2000元以下的罚款；情节严重的，处2000元以上1万元以下的罚款。纳税人编造虚假计税依据的，由税务机关责令限期改正，并处5万元以下罚款。

3. 纳税人违反税控装置管理。纳税人未按照规定安装、使用税控装置，或者损毁或者擅自改动税控装置的，由税务机关责令限期改正，可以处2000元以下的罚款；情节严重的，处2000元以上1万元以下的罚款。

4. 纳税人未按期办理纳税申报。纳税人未按照规定的期限办理纳税申报和报送纳税资料的，由税务机关责令限期改正，可以处以2000元以下的罚款；情节严重的，可以处以2000元以上1万元以下的罚款。纳税人不进行纳税申报，不缴或者少缴应纳税款的，由税务机关追缴其不缴或少缴的税款、滞纳金，并处不缴或少缴税款50%以上5倍以下

---

〔12〕 谢景开等：《税收行政法制简论》，法律出版社1997年版，第49～63页。

罚款。

5. 纳税人偷税。纳税人偷税数额不满1万元或者偷税数额占应纳税额不到10%的，由税务机关追缴其不缴或者少缴的税款，并处不缴或者少缴的税款50%以上5倍以下的罚款。偷税是指纳税人伪造、变造、隐匿、擅自销毁账簿、记账凭证，或者在账簿上多列支出或者不列、少列收入，或者经税务机关通知申报而拒不申报或者进行虚假的纳税申报，不缴或者少缴应纳税款。

6. 纳税人抗税。以暴力、威胁方法拒不缴纳税款的是抗税，除由税务机关追缴其拒缴的税款、滞纳金外，依法追究刑事责任。情节轻微，未构成犯罪的，由税务机关追缴其拒缴的税款、滞纳金，并处拒缴税款1倍以上5倍以下的罚款。

7. 纳税人骗税。骗取国家出口退税款的违法行为具体有以下三种形式：生产、经营出口产品的企事业单位，在出口退税申报中多报已纳税额骗取退税款；生产、经营内销产品的企事业单位通过假报出口的办法骗取退税款；不从事生产、经营的单位和个人采取伪造票证等手段骗取退税款。骗取出口退税行为应追究行政责任，由税务机关追缴其骗取的退税款，并处骗取税款1倍以上5倍以下的罚款；构成犯罪的，应依法追究刑事责任。对骗取国家出口退税款的，税务机关可以在规定期间内停止为其办理出口退税。

8. 纳税人逃避追缴欠税。纳税人欠缴应纳税款，采取转移或者隐匿财产的手段，妨碍税务机关追缴欠缴的税款的，由税务机关追缴欠缴的税款、滞纳金，并处欠缴税款50%以上5倍以下的罚款。

9. 纳税人逾期未缴纳欠税。纳税人在规定期限内不缴或者少缴应纳税款的，经税务机关责令限期缴纳，逾期仍未缴纳的，税务机关除采取强制执行措施追缴税款外，可以处不缴或者少缴税款50%以上5倍以下的罚款。

10. 纳税人发票违法行为。纳税人未按规定印制、领购、开具、保管、取得发票，未按规定接受发票检查，税务机关可以责令限期改正，没收非法所得，并处1万元以下的罚款。非法携带、邮寄、运输或者存放空白发票的，由税务机关收缴发票，没收非法所得，可以并处1万元以下的罚款。

对私自印刷、伪造、变造、倒卖倒买发票，私自制作发票监制章、发票防伪专用章的，由税务机关依法予以查封、扣押或者销毁，没收非法所得和作案工具，同时可以并处1万元以上5万元以下的罚款。

11. 纳税人逃避检查。纳税人以逃避、拒绝或者以其他方式阻挠税务机关检查的，由税务机关责令改正，可以处1万元以下的罚款；情节严重的，处1万元以上5万元以下的罚款。

### (二)扣缴义务人的违法行为

1. 扣缴义务人未按照规定设置、保管代扣代缴、代收代缴税款账簿或者保管代扣代缴、代收代缴税款计账凭证及有关资料的，由税务机关责令限期改正，可以处2000元以下的罚款；情节严重的，处2000元以上5000元以下的罚款。

2. 扣缴义务人未按照规定的期限向税务机关报送代扣代缴、代收代缴税款报告表和有关资料的，由税务机关责令限期改正，可以处以 2000 元以下的罚款；情节严重的，可以处以 2000 元以上 1 万元以下的罚款。

3. 扣缴义务人在规定期限内不缴或者少缴应解缴税款，由税务机关责令限期缴纳，逾期仍未缴纳的，税务机关除追缴其不缴或者少缴的税款外，可以处不缴或者少缴的税款 50% 以上 5 倍以下的罚款。

4. 扣缴义务人应扣未扣、应收而不收税款的，由税务机关向纳税人追缴税款，对扣缴义务人处应扣未扣、应收未收税款 50% 以上 3 倍以下的罚款。

### （三）其他主体的违法行为

1. 纳税人、扣缴义务人的开户银行或者其他金融机构拒绝接受税务机关依法检查纳税人、扣缴义务人存款账户，或者拒绝执行税务机关作出的冻结存款或者扣缴税款决定，或者在接到税务机关的书面通知后帮助纳税人、扣缴义务人转移存款，造成税款流失的，由税务机关处 10 万元以上 50 万元以下的罚款，对直接负责的主管人员和其他直接责任人员处 1000 元以上 1 万元以下的罚款。

2. 未经税务机关依法委托征收税款的，责令退还收取的财物，依法给予行政处分或者行政处罚；致使他人合法权益受到损失的，依法承担赔偿责任；构成犯罪的，依法追究刑事责任。

## 三、税务行政处罚的执行与争讼

税务机关依法作出行政处罚决定后，当事人应当在行政处罚决定书规定的期限内履行。当事人在法定期限内不申请复议又不起诉，且未在规定期限内履行的，税务机关可以申请法院强制执行。税务机关对当事人作出罚款决定的，当事人应当在收到行政处罚决定书之日起 15 日内缴纳罚款。到期不缴纳的，税务机关可以对当事人每日按罚款数额的 3% 加处罚款。

《税收征收管理法》第 88 条规定："纳税人、扣缴义务人、纳税担保人同税务机关在纳税上发生争议时，必须先依照税务机关的纳税决定缴纳或者解缴税款及滞纳金或者提供相应的担保，然后可以依法申请行政复议；对行政复议决定不服的，可以依法向人民法院起诉。当事人对税务机关的处罚决定、强制执行措施或者税收保全措施不服的，可以依法申请行政复议，也可以依法向人民法院起诉。"

这说明，税务争议可以分为两类：一类是纳税人对税务机关的征税决定不服而引起的争议；另一类是税务行政管理相对人对税务机关的处罚决定和强制执行措施、税收保全措施不服而引起的争议。对于前一类税务争议实行"复议前置"，即纳税人对税务机关的征税决定不服、发生争议时，必须先经行政复议再提起行政诉讼。而对于后一类税务争议，则实行"自由选择"，即税务行政相对人对税务机关的处罚决定和强制执行措施、税收保全措施不服的，既可以选择税务行政复议，也可以选择税务行政诉讼。选择了行政复议的，如果对复议决定不服，还可以向法院起诉。

图书在版编目(CIP)数据

财政税收法 / 刘剑文，熊伟著. -- 8 版. -- 北京 ：
法律出版社，2019
ISBN 978 - 7 - 5197 - 3810 - 5

Ⅰ. ①财… Ⅱ. ①刘… ②熊… Ⅲ. ①财政法－法的
理论－中国－高等学校－教材②税法－法的理论－中国－
高等学校－教材 Ⅳ. ①D922.201

中国版本图书馆 CIP 数据核字(2019)第 200826 号

财政税收法(第八版)
CAIZHENG SHUISHOUFA(DI - BA BAN)

刘剑文 熊 伟 著

责任编辑 陈 慧
装帧设计 乔智炜

出版 法律出版社
总发行 中国法律图书有限公司
经销 新华书店
印刷 永清县金鑫印刷有限公司
责任校对 杨锦华
责任印制 沙 磊

编辑统筹 法律教育出版分社
开本 787 毫米×1092 毫米 1/16
印张 25
字数 557 千
版本 2019 年 9 月第 8 版
印次 2019 年 9 月第 1 次印刷

法律出版社/北京市丰台区莲花池西里 7 号(100073)
网址/www.lawpress.com.cn
投稿邮箱/info@lawpress.com.cn
举报维权邮箱/jbwq@lawpress.com.cn

销售热线/400 - 660 - 8393
咨询电话/010 - 63939796

中国法律图书有限公司/北京市丰台区莲花池西里 7 号(100073)
全国各地中法图分、子公司销售电话：
统一销售客服/400 - 660 - 8393/6393
第一法律书店/010 - 83938432/8433
西安分公司/029 - 85330678
重庆分公司/023 - 67453036
上海分公司/021 - 62071639/1636
深圳分公司/0755 - 83072995

书号：ISBN 978 - 7 - 5197 - 3810 - 5
定价：54.00 元